最新

最新中华人民共和国法律配套解读与实例系列

6

中华人民共和国

道路交通安全法

配套解读与实例

罗震雷　傅卫卫　编著

法律出版社
LAW PRESS·CHINA
北京

图书在版编目(CIP)数据

最新中华人民共和国道路交通安全法配套解读与实例/罗震雷，傅卫卫编著. -- 4 版. -- 北京 : 法律出版社，2024

ISBN 978 - 7 - 5197 - 9029 - 5

Ⅰ. ①最… Ⅱ. ①罗… ②傅… Ⅲ. ①道路交通安全法－法律解释－中国②道路交通安全法－案例－中国 Ⅳ. ①D922.145

中国国家版本馆 CIP 数据核字(2024)第 076060 号

最新中华人民共和国道路交通安全法配套解读与实例
ZUIXIN ZHONGHUA RENMIN GONGHEGUO DAOLU JIAOTONG ANQUANFA PEITAO JIEDU YU SHILI

罗震雷　傅卫卫 编著

责任编辑 冯高琼
装帧设计 李　瞻

出版发行 法律出版社
编辑统筹 法规出版分社
责任校对 张红蕊
责任印制 耿润瑜
经　　销 新华书店

开本 710 毫米×1000 毫米　1/16
印张 35.25　　**字数** 608 千
版本 2024 年 6 月第 4 版
印次 2024 年 6 月第 1 次印刷
印刷 三河市龙大印装有限公司

地址:北京市丰台区莲花池西里 7 号(100073)
网址:www.lawpress.com.cn
投稿邮箱:info@lawpress.com.cn
举报盗版邮箱:jbwq@lawpress.com.cn

销售电话:010 - 83938349
客服电话:010 - 83938350
咨询电话:010 - 63939796

书号:ISBN 978 - 7 - 5197 - 9029 - 5　　**定价**:78.00 元

凡购买本社图书，如有印装错误，我社负责退换。电话:010 - 83938349

出版说明

“最新中华人民共和国法律配套解读与实例系列”丛书由相关领域法律专家编写，收录法律标准文本，解读法律重点条文，并对与法律条文相配套的法律、法规、部门规章、司法解释、审判政策和典型案例予以精要分析。丛书自2014年出版以来，得到了广大读者的关注与厚爱，连续再版。

近年来，随着我国立法的完善与发展，国家出台或者修改了与丛书各个领域联系紧密的法律、法规、部门规章及司法解释，如《刑法修正案（十二）》《公司法》《民事诉讼法》《安全生产法》《道路交通安全法》等。为了进一步适应新的形势需要，编者再次对丛书进行了较为系统的修改和完善。

丛书此次修订，重点吸纳最新的配套规定，精选近年来最高人民法院公报案例、最高人民法院和最高人民检察院指导案例及典型案例，旨在提高案例的典型性和代表性，增强案例的针对性。

丛书编写以实用、易用为原则，编写体例如下：

1. 法律适用提要。分册皆由该领域法律专家撰写适用提要，帮助读者对立法背景、主要内容、注意事项有更全面深入的理解。

2. 重点法条注释。对重点法条进行条文解读，且给每个条文都提炼条文主旨，帮助读者准确理解法条内容。

3. 配套法规解读。对与主体法重点条文配套的其他法律、法规、部门规章、司法解释、审判政策进行解读，使观点更为鲜明、准确，语言更为通俗、精练，主体法更便于读者理解和适用。

4. 关联法规索引。详细列出与主体法条文相关联的法规的名目，方便读者查询使用。

5. 典型案例精选。重点条文下精选典型案例，以案说法、以案析法。

6. 附录法规实用。书末收录与本领域紧密相关的法律、法规和司法解释，增强法律法规的实效性。

需要说明的是，本丛书的“适用提要”“条文主旨”“条文解读”“法规解读”等内容皆是编者为方便读者阅读、理解而编写，非国家正式颁布的法律文本，不具有法律效力。

总之，我们所有的付出都旨在提高本书的实用性，以满足广大读者的需求。书中不足之处还望读者在使用过程中不吝赐教，提出宝贵意见，以便本书继续修订完善。

法律出版社法规中心

2024 年 5 月

目　　录

中华人民共和国道路交通安全法

配套法规

附　　录

《中华人民共和国道路交通安全法》适用提要

《中华人民共和国道路交通安全法》(以下简称《道路交通安全法》)*共8章,124条,主要从人、车、路和管理几个方面系统地规范了车辆和驾驶人管理,明确了道路通行条件和各种道路交通主体的通行规则,确立了道路交通事故处理原则和机制,加强了对公安机关交通管理部门及其交通警察的执法监督,完善了违反交通安全管理行为的法律责任。该法于2003年10月28日由第十届全国人民代表大会常务委员会第五次会议通过,自2004年5月1日起施行。2007年12月29日和2011年4月22日对该法进行了两次修正。其中,2007年主要对第76条关于交通事故的赔偿责任问题进行了修正;2011年主要对第91条关于饮酒、醉酒驾驶机动车的处罚问题,第96条关于对假牌、套牌车的处罚力度问题进行了修正。2021年4月29日第十三届全国人民代表大会常务委员会第二十八次会议对其进行了第三次修正。

针对《道路交通安全法》的具体实施,国务院、公安部、最高人民法院、最高人民检察院、司法部等部门还配套颁布施行了《道路交通安全法实施条例》《机动车交通事故责任强制保险条例》《校车安全管理条例》《道路交通事故处理程序规定》《道路交通安全违法行为处理程序规定》《机动车驾驶证申领和使用规定》《机动车登记规定》《最高人民法院关于审理交通肇事刑事案件具体应用法律若干问题的解释》《最高人民法院关于审理人身损害赔偿案件适用法律若干问题的解释》《最高人民法院关于审理道路交通事故损害赔偿案件适用法律若干问题的解释》《最高人民法院、最高人民检察院、公安部、司法部关于办理醉酒危险驾驶刑事案件的意见》《司法部司法鉴定管理局关于车辆驾驶人员血液中酒精含量测定适用标准有关意

---

* 为便于阅读,本书中的法律法规均使用简称。——编者注

见的函》《公安部关于公安机关办理醉酒驾驶机动车犯罪案件的指导意见》等法规、部门规章、司法解释、司法文件及行业标准。

在现实生活中，《道路交通安全法》及其配套法律法规除了作为交警执法的基本准则外，还主要用于处理道路交通中可能发生的交通事故责任认定纠纷、交通事故人身损害赔偿纠纷、交通事故财产损害赔偿纠纷以及交通事故保险理赔纠纷等。

对于《道路交通安全法》的理解和适用，需要重点注意以下几个问题。

一是关于区分不同的责任主体问题。从主体上划分，《道路交通安全法》中关于法律责任部分由三个方面构成，包括非机动车驾驶人、机动车驾驶人以及其他相关责任人和单位。在此基础上，《道路交通安全法》确立了一个归责原则体系，规定了不同主体之间的责任承担适用不同的归责原则：(1)机动车之间的交通事故责任适用过错责任；(2)机动车和非机动车驾驶人、行人之间的交通事故适用无过错责任或严格责任。所以，现实生活中，在处理各种道路交通违法行为时，应区分各种主体的不同责任，严格遵循相关法条关于处罚的规定进行处理。

二是关于机动车与行人、非机动车驾驶人发生交通事故的民事赔偿责任问题。机动车作为高速运输工具，对行人、非机动车驾驶人的生命财产安全具有一定的危险性，在涉及民事赔偿时，既要考虑归责问题，又要侧重保护道路交通事故受害人的合法权益；既要体现公平原则，又要考虑到可操作性，即当“机动车发生交通事故造成人身伤亡、财产损失的，由保险公司在机动车第三者责任强制保险责任限额范围内予以赔偿；不足的部分，按照下列规定承担赔偿责任：(一)机动车之间发生交通事故的，由有过错的一方承担赔偿责任；双方都有过错的，按照各自过错的比例分担责任。(二)机动车与非机动车驾驶人、行人之间发生交通事故，非机动车驾驶人、行人没有过错的，由机动车一方承担赔偿责任；有证据证明非机动车驾驶人、行人有过错的，根据过错程度适当减轻机动车一方的赔偿责任；机动车一方没有过错的，承担不超过百分之十的赔偿责任”(《道路交通安全法》第 76 条第 1 款)。

三是关于第三者责任强制保险和道路交通事故社会救助基金问题。《道路交通安全法》规定了机动车实行第三者责任强制保险制度，并设立了道路交通事故社会救助基金。实行机动车第三者责任强制保险，利用强制保险解决交通事故损害赔偿，通过浮动保费减少交通安全违法行为和交通事故，不仅有利于预防交通事故，而且有利于社会稳定。同时，由于机动车第三者责任强制保险与机动车行车安全实绩挂钩，实行费率上下浮动，利用经济杠杆控制交通事故的发生，既可以规范保险市场,又可以促进道路交通安全。建立道路交通事故社会救助基金,将之用于支付交通事故受伤人员的抢救费用,则着眼于挽救伤者生命,体现了社会对生命权的尊重,有利于减少社会矛盾。

四是关于酒后驾车、毒驾责任问题。2011 年 5 月 1 日《刑法修正案(八)》正式施行,“醉驾入刑”成为我国有史以来对酒后驾车最为严厉的处罚。2015 年 8 月 29 日公布的《刑法修正案(九)》对《刑法》第 133 条之一“危险驾驶罪”进行了补充。修正后的《道路交通安全法》规定,醉酒驾驶机动车的,由公安机关交通管理部门约束至酒醒,吊销机动车驾驶证,依法追究刑事责任,5 年内不得重新取得机动车驾驶证。对醉酒后驾驶营运机动车的,不仅由公安机关交通管理部门约束至酒醒,并依法追究刑事责任,还将吊销其机动车驾驶证,且 10 年内不得重新取得机动车驾驶证,重新取得机动车驾驶证后,不得驾驶营运机动车。修正后的《道路交通安全法》还增加了对饮酒或醉酒驾驶机动车发生重大交通事故构成犯罪后的处罚,规定驾驶人若出现上述行为将由公安机关交通管理部门吊销机动车驾驶证,终生不得重新取得机动车驾驶证。此外,还大幅提高了对酒后驾车的罚款额度和暂扣驾照期限。随着司法进程的不断完善,针对酒驾、醉驾类案件的法律认定、执行标准、办理程序等问题,2011 年至今相关部门又陆续出台了《最高人民法院、最高人民检察院、公安部关于办理醉酒驾驶机动车刑事案件适用法律若干问题的意见》(已废止)、《司法部司法鉴定管理局关于车辆驾驶人员血液中酒精含量测定适用标准有关意见的函》、《公安部关于公安机关办理醉酒驾驶机动车犯罪案件的指导意见》、《最高人民法院、最高人民检察院、公安部、司法部关于办理醉酒危险驾驶刑事案件的意见》等法律文件。2023 年全国刑事技术标准化技术委员会(TC179)在进一步丰富优化该项行业标准检测分析方法、细化完善有关技术要求的基础上,组织制定了《血液、尿液中乙醇、甲醇、正丙醇、丙酮、异丙醇和正丁醇检验》(GB/T 42430—2023)国家标准,将进一步支撑法律和强制性国家标准落地实施,为各类鉴定机构开展血液中酒精含量检验技术工作提供标准方法。同时,该国家标准可适用于五种醇类物质及丙酮的中毒、死亡检验、医疗急救检验、科学研究等其他更为广泛的场景。除酒驾外,近年来毒驾的发展态势也不容乐观,其引发的交通事故和社会危害日益被人们所重视。吸毒后驾驶机动车的违法行为被称为毒驾,经检测被认定为吸毒后驾驶机动车的,公安机关交通管理部门将按照《道路交通安全法》的规定进行处罚,同时由本级公安机关依照《治安管理处罚法》《禁毒法》的规定予以处理；属于吸毒成瘾未戒除人员的，相关执法部门将抄告驾驶证核发地车辆管理所，按规定注销驾驶证。除上述法律法规外，目前我国各地公安机关在处理毒驾问题时还要遵守《车辆驾驶人员体内毒品含量阈值与检验》（GA 1333—2017）中的相关规定，并依照各地区的禁毒条例对相关人员进行追责，如 2011 年浙江省在国内首次提出严格针对毒驾的立法；自 2012 年以来，江苏、北京、上海、湖南、湖北等地陆续出台了规制毒驾的地方性法规；2016 年，福建省首创性地在禁毒条例中规定了毒驾问题的管理和处罚等细则。

五是关于交通事故认定书的证据能力问题。交通事故认定书是交通部门或交通警察根据交通肇事现场的各种痕迹物证等证据得出的一种认识或结论，不是证据本身，因此不能作为公安机关的具体行政行为而被提起行政复议或行政诉讼。在交通肇事罪的审理中，交通事故认定书主要起到认定事实、分析事故成因的作用，是一个专业的技术性分析结果。对人民法院而言，交通事故认定书是由专门机关的专业人士依据现场的客观证据得出的结论，虽然具有证据能力，但不是进行损害赔偿的当然依据，其作用类似于既决事实。所以，司法机关对于交通事故认定书可以援引，亦可以推翻。事实上，在道路交通事故损害赔偿诉讼或调解中，双方当事人都可以将交通事故认定书作为自己主张的证据，也可以对作为证据的交通事故认定书的真实性、可靠性和科学性质疑。

六是关于道路交通事故损害赔偿问题。由道路交通事故引发的损害赔偿包括人身损害赔偿和财产损害赔偿，赔偿类案件的重点在于事故责任和赔偿数额的认定。事故责任认定主要由《道路交通安全法》第 76 条规定，而《最高人民法院关于审理道路交通事故损害赔偿案件适用法律若干问题的解释》则对责任主体的认定、赔偿范围的认定、承担责任的认定和诉讼程序的认定等作出了更为详尽的规定。道路交通事故的赔偿项目和计算方法参照《最高人民法院关于审理人身损害赔偿案件适用法律若干问题的解释》的规定，各省及地区每年根据本地区的实际情况，参照统计部门的规定发布具体的赔偿标准。

中华人民共和国道路交通安全法

（2003年10月28日第十届全国人民代表大会常务委员会第五次会议通过
根据2007年12月29日第十届全国人民代表大会常务委员会第三十一次会议
《关于修改〈中华人民共和国道路交通安全法〉的决定》第一次修正
根据2011年4月22日第十一届全国人民代表大会常务委员会第二十次会议
《关于修改〈中华人民共和国道路交通安全法〉的决定》第二次修正
根据2021年4月29日第十三届全国人民代表大会常务委员会第二十八次会议
《关于修改〈中华人民共和国道路交通安全法〉等八部法律的决定》第三次修正）

第一章　总　　则

本章介绍

总则是《道路交通安全法》的统领性条文，共7条，主要规定了制定道路交通安全法的立法宗旨、适用范围、道路交通安全管理工作应该遵循的原则、各级人民政府在道路交通安全管理规划及实施过程中应承担的职责、从中央到地方各级道路交通安全管理工作的主管部门及其管辖范围、有关部门对于道路交通安全教育的责任以及加强对交通安全管理的科技投入和发展要求等。

第一条　【立法目的】* 为了维护道路交通秩序，预防和减少交通事故，保护人身安全，保护公民、法人和其他组织的财产安全及其他合法权益，提高通行效率，制定本法。

---

* 条文主旨为编者所加，下同。

条文解读

本条是关于《道路交通安全法》立法目的的规定。

制定本法的目的，就是要适应道路交通安全管理的需要，建立健全道路交通管理法律制度，为国家的经济发展和社会进步提供必要的条件。发达国家的成功经验表明，经济的高速发展离不开发达的道路交通。从这个意义上讲，切实维护道路交通秩序，保障道路交通安全，是关系国计民生的大事。本法主要从以下三个方面对道路交通安全管理工作作出了严格的规定：

(1)防止存在安全隐患的车辆上路行驶；

(2)防止超载运输；

(3)强化对机动车驾驶人，尤其是营运机动车驾驶人的安全管理。

根据本条规定，本法为我国道路交通管理相关立法的基本法，其他与道路交通管理相关的条例、解释、规定等都必须以本法为基础和依据，不得与之抵触，若与其相抵触，则相关的法律内容不具有法律效力。

第二条 【适用范围】中华人民共和国境内的车辆驾驶人、行人、乘车人以及与道路交通活动有关的单位和个人，都应当遵守本法。

条文解读

本条是关于《道路交通安全法》适用范围的规定。

通常情况下，我们所说的“交通”是指人与货物的运送，不仅包括陆地、水上、空中的交通，还包括太空的交通。其中陆上交通最多。本法并不适用于所有的交通活动，它只适用于在中国境内陆地上的，经由人的活动修筑的道路上的交通活动，涉及的对象有车辆驾驶人、行人、乘车人以及与道路交通活动有关的单位和个人。

根据此规定，本法适用的空间范围为中华人民共和国境内，对象范围为在我国境内驾驶机动车，或者通行、乘车的中国公民、外国人和无国籍人。依照本条规定，任何单位和个人，只要是在我国境内道路上通行或者从事与道路交通有关的活动，都必须遵守本法，不允许任何单位或者个人享有特权。

本条所说的“车辆驾驶人”，是指车辆的操纵者，也即我们通常所说的驾驶员或司机。车辆驾驶人驾驶车辆在道路上行驶时,必须遵守本法的规定;车辆驾驶人若未从事与驾驶车辆有关的活动,就不属于车辆驾驶人,如走路,则是行人;如乘车,则是乘车人。

本条所说的“行人”,是指走路的人。并不是所有走路的人都要受本法规范,只有走在道路上的行人,才要遵守本法的规定。这里所说的“道路”,依据本法第119条规定是指公路、城市道路和虽在单位管辖范围但允许社会机动车辆通行的地方,包括广场、公共停车场等用于公众通行的场所。也就是说,凡是在上述地点行走的人,都是本法规定的“行人”。至于“走在家里的人”,虽然也是行走的人,却不在本法的规定之内。

本条所说的“乘车人”,是指本人不驾驶车辆,搭乘他人驾驶的车辆的人。

本条所说的“与道路交通活动有关的单位和个人”,是指虽然与道路交通活动无直接联系,但行为或者活动与维护道路交通秩序密切相关的一些单位和个人,主要包括:机动车所有人;机动车安全技术检验机构及其工作人员;负责道路及其附属设施的规划、设计、施工、设置、养护的部门及其工作人员,等等。

第三条 【工作原则】道路交通安全工作,应当遵循依法管理、方便群众的原则,保障道路交通有序、安全、畅通。

条文解读

本条是关于有关单位和个人在实施道路交通安全工作时应依循的基本原则,以及道路交通安全工作的目的的规定。

所谓“依法管理”,是指各道路交通安全管理机关不能擅用公权力。也就是说,道路交通安全管理机关可以在何种情形下为何种行为必须有法律条文规定或源自法律法规的授权,而行为的程度及程序也必须符合法律规定。所谓“方便群众”,要求在立法层面和执法层面体现高效便民、公开透明和注重效率的态度。

自改革开放以来,我国道路交通有了很大的发展,在通车里程、汽车保有量大大增加的同时,道路交通安全方面也出现了不少问题。其主要表现在:

(1)道路交通拥堵现象增多,由此引发的道路交通秩序混乱,不仅严重影响了人们的工作和生活,而且是危害道路交通安全畅通的重大隐患。

(2)我国道路交通事故发生率逐年提高,对人民的生命财产安全构成威胁。

(3)现阶段,我国公民的道路交通安全意识和法治观念不够,交通违法现象比较严重。

在上述情况下,道路交通安全管理工作更需要借助法律手段调整人、车、路三者之间的关系。依法管理,不仅要求被管理者服从法律,而且要求管理者依法行政。只有依法管理才能保证管理的有效,才能使被管理者与管理者处于平等地位,才能使其真心接受管理。同时,管理还要方便群众,这是道路交通安全管理的重要原则。依法管理和方便群众是统一的,管理的目的是使道路交通有序、安全、畅通。

第四条 【政府职责】各级人民政府应当保障道路交通安全管理工作与经济建设和社会发展相适应。

县级以上地方各级人民政府应当适应道路交通发展的需要,依据道路交通安全法律、法规和国家有关政策,制定道路交通安全管理规划,并组织实施。

条文解读

本条是关于人民政府在道路交通安全方面职责和任务的规定。

国内外经验表明,道路交通安全管理工作不仅是公安机关交通管理部门的主要职责,还是一项与整个国家或地区的社会发展水平、经济状况、基础设施建设、产业政策、文明程度等息息相关的系统工程。只有全国各级人民政府相互配合,积极做好协调和调控工作,综合治理,我国的道路交通安全管理工作才能做好。

本条共分两款,第1款主要从宏观上规定了人民政府在保证和实施道路交通管理方面的责任;第2款则明确指出县级以上地方各级人民政府在不违反道路交通安全法律、法规和国家相关政策的前提下,可以根据实际情况制定当地的道路交通管理规划,并组织实施。

依据本条规定,县级以上人民政府要把城市道路的建设和改造统一纳入城市建设总体规划中去。在制定城市建设总体规划时,应吸收公安机关交通管理部门参加。根据城市的发展统一规划城市交通,把道路的合理布局、道路系统健全和道路改造以及公共停车场的改造、扩建等列入城市建设总体规划。新建临街大型建筑、公共场所和大型住宅区,要配套建设相应的停车场(库)。公安机关的交通管理部门要加强对现有道路的管理,严格控制违章占用和随意挖掘。凡需临时占用、挖掘城市道路的,要经市政和公安机关交通管理部门批准。

配套法规及解读

《校车安全管理条例》(2012年4月5日)

第四条 国务院教育、公安、交通运输以及工业和信息化、质量监督检验检疫、安全生产监督管理等部门依照法律、行政法规和国务院的规定,负责校车安全管理的有关工作。国务院教育、公安部门会同国务院有关部门建立校车安全管理工作协调机制,统筹协调校车安全管理工作中的重大事项,共同做好校车安全管理工作。

第五条 县级以上地方人民政府对本行政区域的校车安全管理工作负总责,组织有关部门制定并实施与当地经济发展水平和校车服务需求相适应的校车服务方案,统一领导、组织、协调有关部门履行校车安全管理职责。

县级以上地方人民政府教育、公安、交通运输、安全生产监督管理等有关部门依照本条例以及本级人民政府的规定,履行校车安全管理的相关职责。有关部门应当建立健全校车安全管理信息共享机制。

※法规解读:校车使用涉及人身安全等社会重大利益,校车安全涉及诸多管理部门,如教育、公安、交通、质监、卫生等相关部门。为明确各级政府和部门职责,本条例在责任划分上作了较为详细的规定。本条例首先明确了县级以上地方政府对本行政区域的校车安全管理工作负总责,并可以根据本地区实际情况制定管理办法,同时规定教育、公安、交通运输、安全生产监督管理等有关部门要依照本条例以及本级人民政府的规定,履行校车安全管理的相关职责,还指明了国务院教育、公安部门会同国务院有关部门建立校车安全管理工作协调机制,统筹协调校车安全管理工作中的重大事项,共同做好校车安全管理工作。

关联法规索引

《河北省实施〈中华人民共和国道路交通安全法〉办法》第3条;《山东省实施〈中华人民共和国道路交通安全法〉办法》第4条

第五条 【主管部门】 国务院公安部门负责全国道路交通安全管理工作。县级以上地方各级人民政府公安机关交通管理部门负责本行政区域内的道路交通安全管理工作。

县级以上各级人民政府交通、建设管理部门依据各自职责,负责有关的道路交通工作。

条文解读

本条是关于道路交通安全管辖的规定。本条共分两款。

本条明确指出了各级交通安全管理行政部门,以及其他负责涉及道路交通安全管理工作的部门各自的职责范围和分工状态。其中,县级以上公安机关交通管理部门,是指县级以上公安机关交通管理部门或者相当于同级的公安机关交通管理部门。

本条第1款规定了道路交通安全管理工作由公安机关负责。其中,国务院公安部门主要负责统领全国道路交通安全管理工作,并负责管理跨省性的道路交通安全问题,如制定全国统一的道路交通安全管理规章,指导全国城乡道路交通安全管理、安全宣传教育、交通指挥、维护交通秩序、处理交通事故和车辆安全检验、驾驶员考核与发证、发牌等工作并制定技术规范和标准,参与道路建设和交通安全设施的规划等。县级以上地方各级人民政府公安机关交通管理部门则分别负责本行政区域内的道路交通安全管理工作,如车辆登记、发牌、发证和车辆检验,驾驶员考试和管理,道路交通指挥,道路交通秩序维护,处理交通事故,纠正违章和进行行政处罚,交通安全宣传教育等。

本条第2款规定了其他县级以上各级人民政府交通、建设管理部门也应依据各自的职权,负责有关的道路交通工作。这些部门主要是指交通厅(局)和建设厅(局),它们主要负责公路基础设施建设,建立和完善道路运输车辆管理体系,保障旅客、货物运输安全等。道路交通管理之所以有此规定,是因为道路交通管理不是公安机关单一部门就能完成的工作,它需要政府各部门协调一致,相互配合,综合治理。

配套法规及解读

《道路交通安全法实施条例》(2017年10月7日修订)

第一百零九条　对道路交通安全违法行为人处以罚款或者暂扣驾驶证处罚的,由违法行为发生地的县级以上人民政府公安机关交通管理部门或者相当于同级的公安机关交通管理部门作出决定;对处以吊销机动车驾驶证处罚的,由设区的市人民政府公安机关交通管理部门或者相当于同级的公安机关交通管理部门作出决定。

公安机关交通管理部门对非本辖区机动车的道路交通安全违法行为没有当场处罚的,可以由机动车登记地的公安机关交通管理部门处罚。

《道路交通事故处理程序规定》(2017年7月22日修订)

第四条　道路交通事故的调查处理应当由公安机关交通管理部门负责。

财产损失事故可以由当事人自行协商处理,但法律法规及本规定另有规定的除外。

第九条　道路交通事故由事故发生地的县级公安机关交通管理部门管辖。未设立县级公安机关交通管理部门的,由设区的市公安机关交通管理部门管辖。

第十条　道路交通事故发生在两个以上管辖区域的,由事故起始点所在地公安机关交通管理部门管辖。

对管辖权有争议的,由共同的上一级公安机关交通管理部门指定管辖。指定管辖前,最先发现或者最先接到报警的公安机关交通管理部门应当先行处理。

第十一条　上级公安机关交通管理部门在必要的时候,可以处理下级公安机关交通管理部门管辖的道路交通事故,或者指定下级公安机关交通管理部门限时将案件移送其他下级公安机关交通管理部门处理。

案件管辖权发生转移的,处理时限从案件接收之日起计算。

第十二条　中国人民解放军、中国人民武装警察部队人员、车辆发生道路交通事故的,按照本规定处理。依法应当吊销、注销中国人民解放军、中国人民武装警察部队核发的机动车驾驶证以及对现役军人实施行政拘留或者追究刑事责任的,移送中国人民解放军、中国人民武装警察部队有关部门处理。

上道路行驶的拖拉机发生道路交通事故的,按照本规定处理。公安机关交通管理部门对拖拉机驾驶人依法暂扣、吊销、注销驾驶证或者记分处理的,应当将决定书和记分情况通报有关的农业(农业机械)主管部门。吊销、注销驾驶证的,还应当将驾驶证送交有关的农业(农业机械)主管部门。

《道路交通安全违法行为处理程序规定》(2020 年 4 月 7 日修正)

第四条 交通警察执勤执法中发现的违法行为由违法行为发生地的公安机关交通管理部门管辖。

对管辖权发生争议的,报请共同的上一级公安机关交通管理部门指定管辖。上一级公安机关交通管理部门应当及时确定管辖主体,并通知争议各方。

第五条 违法行为人可以在违法行为发生地、机动车登记地或者其他任意地公安机关交通管理部门处理交通技术监控设备记录的违法行为。

违法行为人在违法行为发生地以外的地方(以下简称处理地)处理交通技术监控设备记录的违法行为的,处理地公安机关交通管理部门可以协助违法行为发生地公安机关交通管理部门调查违法事实、代为送达法律文书、代为履行处罚告知程序,由违法行为发生地公安机关交通管理部门按照发生地标准作出处罚决定。

违法行为人或者机动车所有人、管理人对交通技术监控设备记录的违法行为事实有异议的,可以通过公安机关交通管理部门互联网站、移动互联网应用程序或者违法行为处理窗口向公安机关交通管理部门提出。处理地公安机关交通管理部门应当在收到当事人申请后当日,通过道路交通违法信息管理系统通知违法行为发生地公安机关交通管理部门。违法行为发生地公安机关交通管理部门应当在五日内予以审查,异议成立的,予以消除;异议不成立的,告知当事人。

第六条 对违法行为人处以警告、罚款或者暂扣机动车驾驶证处罚的,由县级以上公安机关交通管理部门作出处罚决定。

对违法行为人处以吊销机动车驾驶证处罚的,由设区的市公安机关交通管理部门作出处罚决定。

对违法行为人处以行政拘留处罚的,由县、市公安局、公安分局或者相当于县一级的公安机关作出处罚决定。

※法规解读:在公安执法过程中,"县级以上地方各级人民政府公安机关交通管理部门"具体指县级以上(包括县一级在内)的公安机关的交通警察大队、支队、总队。根据我国法律规定,道路交通安全管理工作应当由各地方公安机关的交通警察负责,其他任何单位和部门不得行使这一职权。交通警察行使道路交通安全管理职权,必须在自己所辖的行政区域内,不得越区行使。

道路交通安全管理是一个动态的过程,道路交通安全管理部门在进行具体管理活动时,可能需要在自己所辖行政区域外实施一些行为,如追赶肇事后逃逸车辆、执行对异地违章车辆的处罚决定等。这些行为实际上是先前的管理行为的继续,仍然属于对自己管辖范围内的事项行使管理权,不属于越区行使职权。

道路交通安全管理工作虽然强调要权责明确,各负其责,但也不能因此将之简单理解为"交通警察各管一段"。事实上,道路交通安全管理既是一条线,更是一张网,需要各管理机关有机配合。因此,在实际工作中既要讲分工,又要讲配合,要防止各自为政、互甩包袱等错误做法。各个地方在具体划分道路交通安全管理职责时,要按照道路交通安全管理的实际需要,科学确定各个部门的具体职责、责任路段。

当前,随着机动车保有量的迅猛增加,驾驶人在登记地外的交通违法行为也随之增加,如果一味地要求当事人去违法行为发生地接受处理,不仅处理成本过高,而且容易造成部分违法行为得不到处理,或不能及时处理。因此,《道路交通安全违法行为处理程序规定》明确规定,如果当事人对交通技术监控资料记录的违法行为无异议,可以在本省、自治区范围内,自行选择违法行为发生地、发现地或者机动车登记地的公安交通管理部门处理。

关联法规索引

《山东省实施〈中华人民共和国道路交通安全法〉办法》第5条;《新疆维吾尔自治区实施〈中华人民共和国道路交通安全法〉办法》第4条

第六条 【宣传教育】 各级人民政府应当经常进行道路交通安全教育,提高公民的道路交通安全意识。

公安机关交通管理部门及其交通警察执行职务时,应当加强道路交通安全法律、法规的宣传,并模范遵守道路交通安全法律、法规。

机关、部队、企业事业单位、社会团体以及其他组织,应当对本单位的人员进行道路交通安全教育。

教育行政部门、学校应当将道路交通安全教育纳入法制教育的内容。

新闻、出版、广播、电视等有关单位,有进行道路交通安全教育的义务。

条文解读

本条是关于进行道路交通安全教育的规定，旨在推广、普及、宣传道路交通安全知识，提高广大公民道路交通安全意识。本条共分5款。

本条第1款规定了各级政府在加强道路交通安全教育、提高公民道路交通安全意识方面的职责。根据此规定，各级人民政府要将开展道路交通安全教育纳入群众性社会主义精神文明创建活动的总体布局中，把增强公民的交通法治意识和交通文明意识作为提高国民素质和社会公共生活文明程度的一项基础工作。要将交通管理法治宣传纳入全民普法教育的主要内容中，有计划地开展经常性的宣传教育。

本条第2款规定了公安机关进行道路交通安全教育的途径和内容，并强调警察要模范遵守道路交通安全法律法规。根据此规定，公安机关不仅要加强道路交通安全科学管理水平，而且要寓道路交通管理宣传教育于执法活动之中。公安机关要积极探索驾驶员道路交通安全宣传教育工作机制，充分发挥交通安全协会、驾驶员协会等交通安全组织的积极协助作用，扩大对驾驶员道路交通安全宣传教育的覆盖面，推动驾驶员宣传教育管理的社会化进程。与此同时，公安机关要带头模范地遵守道路交通安全法律、法规，带动全社会遵守《道路交通安全法》。

本条第3款旨在明确机关、部队、企事业单位、社会团体以及其他组织在道路交通安全宣传教育工作中应承担的相应责任。根据此规定，上述单位应当对本单位人员进行道路交通安全教育，加大监督和管理力度，健全规章制度，把道路交通安全宣传教育工作纳入各行业安全生产管理措施之中。

本条第4款着重强调道路交通安全教育应纳入教育行政部门、学校的法制教育体系，在一定程度给予重视，并在大、中、小各级学生中深入宣传道路交通安全理念。按照此规定，上述单位和部门应将道路交通安全教育纳入法制教育的内容，要将交通法制教育渗透在学校有关课程中进行，公安机关交通管理部门也应积极配合和支持学校开展交通法制教育活动。

本条第5款着重指出新闻、出版、广播、电视等媒体在道路交通安全宣传教育工作中的义务。按照此规定，上述单位有进行道路交通安全教育的义务，要通过群众喜闻乐见的宣传形式及时传播有关交通信息，深入普及交通法律知识，强化对广大群众的交通安全教育。

关联法规索引

《新疆维吾尔自治区实施〈中华人民共和国道路交通安全法〉办法》第 5 条；《浙江省实施〈中华人民共和国道路交通安全法〉办法》第 4 条

第七条　【科学推广】对道路交通安全管理工作，应当加强科学研究，推广、使用先进的管理方法、技术、设备。

条文解读

本条是关于道路交通安全科技工作的规定。

长期以来，我国的交通管理手段单一，科技含量低、技术落后，交通安全管理大多停留在经验层面。事实上，科学的道路交通安全管理工作是一门精深的学问，不仅涉及用最科学的方法、最优化的配置进行管理的问题，还会影响到整个社会现代化、人性化进程。大到城市交通规划是否合理，小到交通标志设置是否科学；大到道路交通法律法规的制定，小到驾驶证审验、审核的程序……道路交通管理的科研工作涉及这一领域的每个角落。自道路交通管理体制改革以来，特别是在 1997 年公安部印发了《道路交通管理科技发展"九五"计划和 2010 年规划》以后，我国确定了道路交通科技发展坚持"科技强警、科学管理"的战略。把交通管理纳入依靠科技进步和提高交警素质的轨道。提出了"建立科学的交通管理体系""提高道路交通管理的科学化水平""智能交通系统"等道路交通管理的科技发展目标，希望借此改善道路交通管理的技术手段和装备，缓解城市交通堵塞，减少交通事故。

第二章　车辆和驾驶人

本章介绍

本章共17条，分为两节，主要从车辆和驾驶人角度对道路交通管理中的相关问题作出了具体的规定。其中，第1节规范机动车和非机动车，共有11条内容，主要规定了机动车注册登记制度、机动车登记程序、机动车登记检验制度、机动车上路行驶的牌证标志要求、机动车的其他登记项目、机动车的常规检验制度、机动车的强制报废制度、特种车辆的管理、对机动车及其牌证的禁止性规定、机动车第三者强制保险制度以及对非机动车上路行驶的基本要求。第2节规范机动车驾驶人，共有6条内容，分别规定了驾驶证的取得和管理、机动车驾驶技能培训的管理、对机动车驾驶人上路行驶的要求、驾驶证的审验以及驾驶员违章累积记分制度等。本章所涉及的条款有些有明确具体的要求，有些需要相应的行政法规或者规章制度与之配套实施，本章解读主要依据立法背景、配套法规以及现行的车辆和驾驶员的规范等内容进行。

第一节　机动车、非机动车

第八条　【机动车登记制度】国家对机动车实行登记制度。机动车经公安机关交通管理部门登记后，方可上道路行驶。尚未登记的机动车，需要临时上道路行驶的，应当取得临时通行牌证。

条文解读

本条是关于机动车注册登记制度的规定。其主要规定了机动车注册登记制度，禁止未经登记的机动车上路行驶，并规定了尚未登记的机动车临时上道路行驶时需要取得临时通行牌证。

“尚未登记的机动车，需要临时上道路行驶的”，主要是指机动车从出厂或进口到购买人上路行驶中间的阶段，如运输、销售及机动车所有人购买机动车以后，在申请登记前的这一段时间需要上路的情况。对于这些尚未取得机动车号牌、行驶证的机动车实行临时通行牌证管理，是整个机动车牌证管理制度的一个部分。

根据本条规定，尚未进行注册登记却需要临时上路行驶的机动车，必须先取得临时通行牌证。这里所说的“临时通行牌证”，是指道路交通主管部门根据实际需要核发的、允许机动车在短时间内上路行驶的号牌和其他证件，如“移动证”“临时号牌”等。在实践中，需要领取临时号牌的机动车大多属于以下情形：

（1）尚未固定车籍需要临时试用的；

（2）新购置车辆需要驶回本单位或驻地的；

（3）车辆转籍已收缴正式号牌，需要驶向异地的；

（4）未申领正式号牌的新车和需要驶往外地改装的车辆等。

一般来说，机动车临时牌证应由公安机关交通管理部门依法发放，临时通行牌证只能用于机动车运输、移动等临时通行需要，不得代替机动车牌证。使用临时通行牌证的机动车应遵守国家规定，及时办理机动车登记手续，取得正式的机动车牌证。另外，持有外国号牌和行驶证，经由外国外交机关许可进入我国境内短期行驶的车辆也需要申请领取临时机动车号牌。

配套法规及解读

《道路交通安全法实施条例》（2017 年 10 月 7 日修订）

第四条　机动车的登记，分为注册登记、变更登记、转移登记、抵押登记和注销登记。

《机动车登记规定》（2021 年 12 月 17 日修订）

第三条　车辆管理所办理机动车登记业务，应当遵循依法、公开、公正、便民的原则。

车辆管理所办理机动车登记业务，应当依法受理申请人的申请，审查申请人提交的材料，按规定查验机动车。对符合条件的，按照规定的标准、程序和期限办理机动车登记。对申请材料不齐全或者不符合法定形式的，应当一次书面或者电子告知申请人需要补正的全部内容。对不符合规定的，应当书面或者电子告知不予受理、登记的理由。

车辆管理所应当将法律、行政法规和本规定的有关办理机动车登记的事项、条件、依据、程序、期限以及收费标准、需要提交的全部材料的目录和申请表示范文本等在办公场所公示。

省级、设区的市或者相当于同级的公安机关交通管理部门应当在互联网上发布信息，便于群众查阅办理机动车登记的有关规定，查询机动车登记、检验等情况，下载、使用有关表格。

第四条 车辆管理所办理机动车登记业务时，应当按照减环节、减材料、减时限的要求，积极推行一次办结、限时办结等制度，为申请人提供规范、便利、高效的服务。

公安机关交通管理部门应当积极推进与有关部门信息互联互通，对实现信息共享、网上核查的，申请人免予提交相关证明凭证。

公安机关交通管理部门应当按照就近办理、便捷办理的原则，推进在机动车销售企业、二手车交易市场等地设置服务站点，方便申请人办理机动车登记业务，并在办公场所和互联网公示辖区内的业务办理网点、地址、联系电话、办公时间和业务范围。

第五条 车辆管理所应当使用全国统一的计算机管理系统办理机动车登记、核发机动车登记证书、号牌、行驶证和检验合格标志。

计算机管理系统的数据库标准和软件全国统一，能够完整、准确地记录和存储机动车登记业务全过程和经办人员信息，并能够实时将有关信息传送到全国公安交通管理信息系统。

第六条 车辆管理所应当使用互联网交通安全综合服务管理平台受理申请人网上提交的申请，验证申请人身份，按规定办理机动车登记业务。

互联网交通安全综合服务管理平台信息管理系统数据库标准和软件全国统一。

第七条 申请办理机动车登记业务的，应当如实向车辆管理所提交规定的材料、交验机动车，如实申告规定的事项，并对其申请材料实质内容的真实性以及机动车的合法性负责。

第八条 公安机关交通管理部门应当建立机动车登记业务监督制度，加强对机动车登记、牌证生产制作和发放等监督管理。

第五十条　车辆管理所办理机动车登记业务时可以依据相关法律法规认可、使用电子签名、电子印章、电子证照。

第五十一条　机动车号牌灭失、丢失或者损毁的，机动车所有人应当向登记地车辆管理所申请补领、换领。申请时，机动车所有人应当确认申请信息并提交身份证明。

车辆管理所应当审查提交的证明、凭证，收回未灭失、丢失或者损毁的号牌，自受理之日起十五日内补发、换发号牌，原机动车号牌号码不变。

补发、换发号牌期间，申请人可以申领有效期不超过十五日的临时行驶车号牌。

补领、换领机动车号牌的，原机动车号牌作废，不得继续使用。

第五十二条　机动车登记证书、行驶证灭失、丢失或者损毁的，机动车所有人应当向登记地车辆管理所申请补领、换领。申请时，机动车所有人应当确认申请信息并提交身份证明。

车辆管理所应当审查提交的证明、凭证，收回损毁的登记证书、行驶证，自受理之日起一日内补发、换发登记证书、行驶证。

补领、换领机动车登记证书、行驶证的，原机动车登记证书、行驶证作废，不得继续使用。

第五十三条　机动车所有人发现登记内容有错误的，应当及时要求车辆管理所更正。车辆管理所应当自受理之日起五日内予以确认。确属登记错误的，在机动车登记证书上更正相关内容，换发行驶证。需要改变机动车号牌号码的，应当收回号牌、行驶证，确定新的机动车号牌号码，重新核发号牌、行驶证和检验合格标志。

※法规解读：机动车注册登记又称行驶资格登记，是机动车辆的“出生”登记。根据本规定，机动车只有在经过公安机关道路交通管理部门注册登记后才能上道行驶。这是因为，机动车只有通过注册登记，才能取得参与道路交通活动的合法主体资格，才能确定自己特定的身份。有了机动车注册登记制度，不仅可以规范主管机关的管理行为，而且能够有效地遏制对机动车的盗窃、抢夺与抢劫等犯罪行为，促进经济发展，保护自然人、法人和其他组织的合法权益。一般来说，机动车登记制度主要包括新车注册登记、所有权发生转移登记、登记内容的变更登记、机动车抵押登记、机动车报废登记等。需要特别指出的是，上述规定只适用于一般社会车

辆，其他诸如中国人民解放军和中国人民武装警察部队在编机动车的检验以及驾驶人考核等管理工作，主要由中国人民解放军、中国人民武装警察部队有关部门负责，而拖拉机则由法律授权给农业(农业机械)主管部门予以登记。

根据《机动车登记规定》的规定，当前我国的机动车登记管理主要使用计算机登记系统办理。机动车登记时，车辆管理所应当按照机动车登记信息数据库规范和信息代码标准建立相应的数据库，并按照机动车登记信息采集和签注标准，将登记信息和经办人信息录入计算机登记系统，打印相关证、表。机动车登记之所以采用计算机登记系统，并建立数据库，一方面是因为这种方法方便、快捷、规范，全国联网，便于机动车管理；另一方面是因为建立数据库，实现全国联网后，相关部门能从整体上动态把握我国道路交通发展整体情况，及时掌握机动车转入、转出、变更、转移、抵押、注销等变化，不仅能为未来的道路规划、交通设计等提供具体、翔实的资料，还能为治安管理等社会综合治理工作提供及时有效的信息。

关联法规索引

《河北省实施〈中华人民共和国道路交通安全法〉办法》第8条

典型案例

朱某与彭某机动车交通事故责任纠纷案[1]

※案情简介：2018年12月1日14时30分许，彭某无证驾驶未注册的二轮普通摩托车与同向在前行驶的由朱某无证驾驶未注册的二轮摩托车发生碰撞，造成朱某受伤、两车受损的交通事故。

事故发生后，双峰县公安局交通警察大队派员现场勘查、调查取证、检验鉴定，于2019年1月10日作出道路交通事故认定书。认定：彭某违反了《道路交通安全法》第19条第1款“驾驶机动车，应当依法取得机动车驾驶证”之规定，《道路交通安全法》第43条“同车道行驶的机动车，后车应当与前车保持足以采取紧急制动措施的安全距离”之规定，《道路交通安全法》第8条“国家对机动车实行登记制度。

〔1〕 本案根据(2019)湘1321民初591号判决书整理。

机动车经公安机关交通管理部门登记后,方可上道路行驶。尚未登记的机动车,需要临时上道路行驶的,应当取得临时通行牌证”之规定,负主要责任。朱某违反了《道路交通安全法》第8条“国家对机动车实行登记制度。机动车经公安机关交通管理部门登记后,方可上道路行驶。尚未登记的机动车,需要临时上道路行驶的,应当取得临时通行牌证”之规定,《道路交通安全法》第19条第1款“驾驶机动车,应当依法取得机动车驾驶证”之规定,负次要责任。

原告朱某于2018年12月1日受伤后,当即被送往双峰县杏子铺镇中心医院住院治疗,于2018年12月18日出院,共住院17天。入院诊断为:(1)多处皮肤软组织挫擦伤;(2)头部外伤后反应;(3)糖尿病;(4)冠心病;(5)腰椎退行性变;(6)左侧输尿管结石。出院诊断为:(1)多处皮肤软组织挫擦伤;(2)头部外伤后反应;(3)糖尿病;(4)冠心病;(5)腰椎退行性变;(6)胆石症;(7)泌尿系结石;(8)右肾多发囊肿。出院医嘱为:(1)多休息,清淡饮食;(2)按时服药,巩固治疗;(3)不适随诊。

被告彭某事发时无证驾驶的未注册的二轮摩托车没有投保交强险,该车的所有人为被告彭某。交强险死亡伤残赔偿限额110,000元,医疗费用赔偿限额10,000元,财产损失赔偿限额2000元。死亡伤残赔偿限额项下负责赔偿残疾赔偿金、护理费、交通费、误工费、被保险人依照法院判决或者调解承担的精神损害抚慰金等;医疗费赔偿限额项下负责赔偿医药费、住院伙食补助费、必要及合理的后续治疗费、营养费。

法院查明:原告朱某在本次交通事故中造成的经济损失,经审查认定如下。

(1)根据原告朱某提交的病历资料、正式医疗费用票据,对有正式医疗费票据的3799.26元,法院予以认定。

(2)误工费根据受害人的误工时间和收入状况确定,误工时间根据受害人接受治疗的医疗机构出具的证明确定。原告朱某已年满75周岁,且未提供证据证明受伤前有从事其他工作,故法院对此不予支持。

(3)护理费根据护理人员的收入状况和护理人数、护理期限确定。护理人员有收入的,参照误工费的规定计算;护理人员没有收入或者雇佣护工的,参照当地护工从事同等级别护理的劳务报酬标准计算。护理人员原则上为一人,但医疗机构或者鉴定机构有明确意见的,可以参照确定护理人员人数。原告朱某没有提交证据予以证明护理人员有固定收入,护理人员的收入状况比照居民服务业和其他服务业标准计算，故其护理费计算为 47,885 ÷365 ×17≈2230.26 元。

(4)住院伙食补助费可以参照当地国家机关一般工作人员的出差伙食补助标准予以确定。原告朱某在双峰县杏子铺镇中心医院住院 17 天，其住院伙食补助费为 17 天 ×60 元/天 =1020 元。

(5)原告朱某主张的生活补助费无法律依据，法院依法不予认定。

(6)原告朱某主张摩托车修理费 530 元。原告虽仅提供维修车辆收据，没有提交正式维修发票，但其车辆受损是事实，法院酌情认定为 300 元。

综上(1)～(6)项，认定原告朱某因交通事故造成的合理经济损失为 7349.52 元。

事故发生后，被告彭某支付了原告朱某医药费等合计 1200 元。

※裁判理由：本案的争议焦点在于：被告彭某和原告朱某均为无证驾驶未注册的二轮普通摩托车，案件审理的关键在于谁负主要责任，谁负次要责任。

本次交通事故，被告彭某和原告朱某均为无证驾驶未注册的二轮普通摩托车，其中，被告彭某违反了《道路交通安全法》第 8 条、第 19 条第 1 款、第 43 条之规定，负主要责任；原告朱某违反了《道路交通安全法》第 8 条、第 19 条第 1 款之规定，负次要责任。虽然如此，但由于被告彭某驾驶的二轮摩托车没有投保交强险，依法应先在该车应当投保的交强险保险责任限额内予以赔偿，即原告朱某的医疗费 3799.26 元、住院伙食补助费 1020 元，合计 4819.26 元，由被告彭某在交强险医疗费用赔偿限额 10,000 元内赔偿 4819.26 元。原告朱某的护理费 2230.26 元，由被告彭某在交强险死亡伤残赔偿限额 110,000 元内赔偿 2230.26 元；原告朱某的财产损失 300 元，由被告彭某在交强险财产损失赔偿限额 2000 元内赔偿 300 元。案件受理费 100 元，由原告朱某承担 30 元，由被告彭某承担 70 元。

※裁判要旨：本案主要涉及《道路交通安全法》第 8 条、第 19 条第 1 款和第 43 条之规定，在被告和原告均为无证驾驶未注册的二轮摩托车的情况下，主要依据《道路交通安全法》第 43 条"同车道行驶的机动车，后车应当与前车保持足以采取紧急制动措施的安全距离"的规定明确责任主体，并据此确定赔偿方式和数额。

第九条 【申请登记证明及受理】申请机动车登记，应当提交以下证明、凭证：

（一）机动车所有人的身份证明；

（二）机动车来历证明；

（三）机动车整车出厂合格证明或者进口机动车进口凭证；

（四）车辆购置税的完税证明或者免税凭证；

（五）法律、行政法规规定应当在机动车登记时提交的其他证明、凭证。

公安机关交通管理部门应当自受理申请之日起五个工作日内完成机动车登记审查工作，对符合前款规定条件的，应当发放机动车登记证书、号牌和行驶证；对不符合前款规定条件的，应当向申请人说明不予登记的理由。

公安机关交通管理部门以外的任何单位或者个人不得发放机动车号牌或者要求机动车悬挂其他号牌，本法另有规定的除外。

机动车登记证书、号牌、行驶证的式样由国务院公安部门规定并监制。

条文解读

本条是关于办理机动车注册登记程序的有关规定。本条共分 4 款。

本条第 1 款规定了办理机动车注册登记应当提交的凭证和证明。机动车所有人或管理人在购得新机动车后，应当根据本条规定向车辆管理所申请办理机动车登记，填写机动车登记申请表，提交有效的申请资料。需要注意的是，机动车所有人的身份证明对不同对象所指的证件是不同的。此外，机动车注册登记时要求出示机动车来历证明是为了证明注册车辆的合法性，防止不法机动车通过注册登记而合法化。

机动车注册登记时还须提交整车出厂合格证明或进口机动车的进口凭证。这项内容主要用来作为机动车技术性能合格的参照，同时也具有证明机动车来历合法的辅助作用。对于国产机动车而言，只要具有机动车整车出厂合格证就可以。对于进口机动车，则需要进口凭证。

机动车注册登记时还需提交车辆购置税的完税证明或者免税凭证。

机动车注册登记时还需提供法律、行政法规规定的其他证明、凭证。这是一项补充性的规定，主要考虑国家机动车登记主管部门可以根据技术、政策、通行的规定，灵活掌握机动车登记工作，如提供第三者责任强制保险凭证、停车泊位证明等，目的是切实保障机动车所有人的合法权益。

本条第 2 款规定了对公安机关交通管理部门办理机动车注册登记的程序性要

求。根据本规定，车辆管理所在接受机动车所有人、管理人的申请后，要依法审核相关资料，检验车辆，并在规定时限内(5个工作日内)决定准予或不准予登记。对符合规定条件的机动车，机动车登记机构要对机动车进行登记编号，建立机动车档案，核发机动车号牌、机动车行驶证和机动车登记证书。对于不符合规定条件的，不予办理注册登记，并向申请人说明不予登记的原因。

本条第3款规定了公安机关交通管理部门发放机动车号牌的排他性职权，公安机关交通管理部门以外的任何单位或者个人不得发放机动车号牌或者要求机动车悬挂其他号牌，但是本法另有规定的除外。在本款中所说的“本法另有规定的除外”，主要是指本法附则第120条、第121条中关于军队车辆的管理规定以及拖拉机的管理规定。

本条第4款规定了机动车登记证书、号牌、行驶证的式样由国务院公安部门规定并监制，以此来为公安部对机动车实施全国统一的管理提供有力的保障措施，同时也可以防止伪造登记证书、机动车号牌、行驶证的行为。

配套法规及解读

《刑法》(2023年12月29日修正)

第二十二条 为了犯罪，准备工具、制造条件的，是犯罪预备。

对于预备犯，可以比照既遂犯从轻、减轻处罚或者免除处罚。

第二百八十条第三款 伪造、变造、买卖居民身份证、护照、社会保障卡、驾驶证等依法可以用于证明身份的证件的，处三年以下有期徒刑、拘役、管制或者剥夺政治权利，并处罚金；情节严重的，处三年以上七年以下有期徒刑，并处罚金。

第二百八十条之一 在依照国家规定应当提供身份证明的活动中，使用伪造、变造的或者盗用他人的居民身份证、护照、社会保障卡、驾驶证等依法可以用于证明身份的证件，情节严重的，处拘役或者管制，并处或者单处罚金。

有前款行为，同时构成其他犯罪的，依照处罚较重的规定定罪处罚。

《道路交通安全法实施条例》(2017年10月7日修订)

第五条 初次申领机动车号牌、行驶证的，应当向机动车所有人住所地的公安机关交通管理部门申请注册登记。

申请机动车注册登记，应当交验机动车，并提交以下证明、凭证：

（一）机动车所有人的身份证明；

（二）购车发票等机动车来历证明；

（三）机动车整车出厂合格证明或者进口机动车进口凭证；

（四）车辆购置税完税证明或者免税凭证；

（五）机动车第三者责任强制保险凭证；

（六）法律、行政法规规定应当在机动车注册登记时提交的其他证明、凭证。

不属于国务院机动车产品主管部门规定免予安全技术检验的车型的，还应当提供机动车安全技术检验合格证明。

第十条　办理机动车登记的申请人提交的证明、凭证齐全、有效的，公安机关交通管理部门应当当场办理登记手续。

人民法院、人民检察院以及行政执法部门依法查封、扣押的机动车，公安机关交通管理部门不予办理机动车登记。

第十一条　机动车登记证书、号牌、行驶证丢失或者损毁，机动车所有人申请补发的，应当向公安机关交通管理部门提交本人身份证明和申请材料。公安机关交通管理部门经与机动车登记档案核实后，在收到申请之日起15日内补发。

第十二条　税务部门、保险机构可以在公安机关交通管理部门的办公场所集中办理与机动车有关的税费缴纳、保险合同订立等事项。

《机动车登记规定》（2021年12月17日修订）

第十条　初次申领机动车号牌、行驶证的，机动车所有人应当向住所地的车辆管理所申请注册登记。

第十一条　机动车所有人应当到机动车安全技术检验机构对机动车进行安全技术检验，取得机动车安全技术检验合格证明后申请注册登记。但经海关进口的机动车和国务院机动车产品主管部门认定免予安全技术检验的机动车除外。

免予安全技术检验的机动车有下列情形之一的，应当进行安全技术检验：

（一）国产机动车出厂后两年内未申请注册登记的；

（二）经海关进口的机动车进口后两年内未申请注册登记的；

（三）申请注册登记前发生交通事故的。

专用校车办理注册登记前，应当按照专用校车国家安全技术标准进行安全技术检验。

第十二条　申请注册登记的，机动车所有人应当交验机动车，确认申请信息，

并提交以下证明、凭证:

(一)机动车所有人的身份证明;

(二)购车发票等机动车来历证明;

(三)机动车整车出厂合格证明或者进口机动车进口凭证;

(四)机动车交通事故责任强制保险凭证;

(五)车辆购置税、车船税完税证明或者免税凭证,但法律规定不属于征收范围的除外;

(六)法律、行政法规规定应当在机动车注册登记时提交的其他证明、凭证。

不属于经海关进口的机动车和国务院机动车产品主管部门规定免予安全技术检验的机动车,还应当提交机动车安全技术检验合格证明。

车辆管理所应当自受理申请之日起二日内,查验机动车,采集、核对车辆识别代号拓印膜或者电子资料,审查提交的证明、凭证,核发机动车登记证书、号牌、行驶证和检验合格标志。

机动车安全技术检验、税务、保险等信息实现与有关部门或者机构联网核查的,申请人免予提交相关证明、凭证,车辆管理所核对相关电子信息。

第十三条 车辆管理所办理消防车、救护车、工程救险车注册登记时,应当对车辆的使用性质、标志图案、标志灯具和警报器进行审查。

机动车所有人申请机动车使用性质登记为危险货物运输、公路客运、旅游客运的,应当具备相关道路运输许可;实现与有关部门联网核查道路运输许可信息、车辆使用性质信息的,车辆管理所应当核对相关电子信息。

申请危险货物运输车登记的,机动车所有人应当为单位。

车辆管理所办理注册登记时,应当对牵引车和挂车分别核发机动车登记证书、号牌、行驶证和检验合格标志。

第十四条 车辆管理所实现与机动车制造厂新车出厂查验信息联网的,机动车所有人申请小型、微型非营运载客汽车注册登记时,免予交验机动车。

车辆管理所应当会同有关部门在具备条件的摩托车销售企业推行摩托车带牌销售,方便机动车所有人购置车辆、投保保险、缴纳税款、注册登记一站式办理。

第十五条 有下列情形之一的,不予办理注册登记:

(一)机动车所有人提交的证明、凭证无效的;

(二)机动车来历证明被涂改或者机动车来历证明记载的机动车所有人与身份

证明不符的;

(三)机动车所有人提交的证明、凭证与机动车不符的;

(四)机动车未经国务院机动车产品主管部门许可生产或者未经国家进口机动车主管部门许可进口的;

(五)机动车的型号或者有关技术参数与国务院机动车产品主管部门公告不符的;

(六)机动车的车辆识别代号或者有关技术参数不符合国家安全技术标准的;

(七)机动车达到国家规定的强制报废标准的;

(八)机动车被监察机关、人民法院、人民检察院、行政执法部门依法查封、扣押的;

(九)机动车属于被盗抢骗的;

(十)其他不符合法律、行政法规规定的情形。

第八十六条　机动车所有人可以委托代理人代理申请各项机动车登记和业务,但共同所有人变更、申请补领机动车登记证书、机动车灭失注销的除外;对机动车所有人因死亡、出境、重病、伤残或者不可抗力等原因不能到场的,可以凭相关证明委托代理人代理申请,或者由继承人申请。

代理人申请机动车登记和业务时,应当提交代理人的身份证明和机动车所有人的委托书。

《校车安全管理条例》(2012 年 4 月 5 日)

第十四条　使用校车应当依照本条例的规定取得许可。

取得校车使用许可应当符合下列条件:

(一)车辆符合校车安全国家标准,取得机动车检验合格证明,并已经在公安机关交通管理部门办理注册登记;

(二)有取得校车驾驶资格的驾驶人;

(三)有包括行驶线路、开行时间和停靠站点的合理可行的校车运行方案;

(四)有健全的安全管理制度;

(五)已经投保机动车承运人责任保险。

第十五条　学校或者校车服务提供者申请取得校车使用许可,应当向县级或者设区的市级人民政府教育行政部门提交书面申请和证明其符合本条例第十四条规定条件的材料。教育行政部门应当自收到申请材料之日起 3 个工作日内,分别送同级公安机关交通管理部门、交通运输部门征求意见,公安机关交通管理部门和交通运输部门应当在3个工作日内回复意见。教育行政部门应当自收到回复意见之日起5个工作日内提出审查意见,报本级人民政府。本级人民政府决定批准的,由公安机关交通管理部门发给校车标牌,并在机动车行驶证上签注校车类型和核载人数;不予批准的,书面说明理由。

※法规解读:机动车申请人或所有人在申办机动车登记时需提交以下资料:机动车所有人的身份证明,机动车来历证明,机动车整车出厂合格证明或者进口机动车进口凭证,车辆购置税的完税证明或者免税凭证,以及法律、行政法规规定应当在机动车登记时提交的其他证明、凭证。

机动车所有人的身份证明因人而异,如机关、学校、工厂、公司等行政、事业、企业单位和社会团体的身份证明是指该单位的组织机构代码证书;公民的身份证明则指公安机关核发的居民身份证或者居民户口簿;军人的身份证明是指中国人民解放军或者中国人民武装警察部队核发的军人身份证件和团以上单位出具的本人住所地址的证明;香港、澳门特别行政区的居民、台湾地区居民和外国人的身份证明是指由公安机关核发的居留证件;各国驻华使领馆和外国驻华办事机构的身份证明是指该使领馆或者外国驻华办事机构出具的证明。

居民在申请机动车登记时提交的证明、凭证应该真实有效,一旦出现了伪造、变造居民身份证件的行为,即视为犯罪,应受到法律制裁。这里所说的“居民身份证件”包括护照、社会保障卡、驾驶证等证件。同时,如果申请人使用买卖得来的居民身份证、护照等证件申请机动车登记也是犯罪行为。之所以作出这样的修改是为了惩治失信背信行为,体现现代法治精神。

机动车来历证明具体是指:

(1)在国内购买的机动车,要提交全国统一的机动车销售发票或者旧机动车交易发票;在国外购买的机动车,要提交该车销售单位开具的销售发票。

(2)人民法院调解、裁定或者判决所有权转移的机动车,要提交人民法院出具的、已经生效的调解书、裁定书或者判决书以及相应的协助执行通知书。

(3)仲裁机构仲裁裁决所有权转移的机动车,要提交仲裁裁决书和人民法院出具的协助执行通知书。

(4)继承、赠与、协议抵偿债务的机动车,要提交继承、赠与、协议抵偿债务的相关文书和公证机关出具的公证书。

(5)资产重组或者资产整体买卖中包含的机动车,要提交资产主管部门的批准文件。

(6)国家机关统一采购并调拨到下属单位的未注册登记的机动车,要提交全国统一的机动车销售发票和该部门出具的调拨证明。

(7)国家机关已注册登记并调拨到下属单位的机动车,要提交该部门出具的调拨证明。

(8)更换发动机、车身、车架的机动车要提交销售单位开具的发票或者修理单位开具的发票。

机动车注册登记时提交的车辆购置税,是指在中华人民共和国境内购置应税车辆的单位和个人,为购置车辆而必须缴纳的特种购置税。这里的购置不仅是指购买,还包括以进口、自产、受赠、获奖或者其他方式取得并自用应税车辆的行为。车辆购置税的征收范围包括汽车、摩托车、电车、挂车、农用运输车。车辆购置税实行从价定率的办法计算应纳税额。应纳税额的计算公式为:应纳税额 = 计税价格 × 税率。目前,我国车辆购置税实行一次征收制度,税款应当一次缴清。对购置已征车辆购置税的车辆,不再征收车辆购置税。根据《车辆购置税法》第 9 条第 1 款的规定,下列车辆免征车辆购置税:(1)依照法律规定应当予以免税的外国驻华使馆、领事馆和国际组织驻华机构及其有关人员自用的车辆;(2)中国人民解放军和中国人民武装警察部队列入装备订货计划的车辆;(3)悬挂应急救援专用号牌的国家综合性消防救援车辆;(4)设有固定装置的非运输专用作业车辆;(5)城市公交企业购置的公共汽电车辆。需要说明的是,因转让、改变用途等不再属于免税范围的,应当在办理车辆过户手续前或者办理变更车辆登记注册手续前缴纳车辆购置税。

校车安全问题事关重大,我国校车管理采取许可制。国家以行政法规的形式,从车、人、路、管理和保险五个方面对校车的安全管理工作提出了严格的条件和要求,即车辆安全性能要符合规定;驾驶人要取得校车驾驶资格;校车运行线路要符合规定;校车安全管理制度必须健全;校车应当投保承运人责任保险。这里所说的“许可”有两层含义:一是被许可的是一项特定的活动,即使用校车接送学生上下学的活动。未经许可,任何单位和个人不得从事校车运输活动。二是被许可的对象是学校和校车服务提供者,不是校车本身(《校车安全管理条例》第 9 条规定,校车服务提供者包括道路旅客运输经营企业、城市公共交通企业、校车运营单位、依法取得道路旅客运输经营许可的个体经营者)。校车申请登记及受理的程序遵循“教育部门受理、各部门分工审查、政府作出许可决定”的工作模式。批准校车使用许可的主体是县级或设区的市级人民政府,受理校车使用许可的是县级或设区的市级教育部门,审查校车使用许可的是同级的公安机关交通管理部门、交通运输部门。其中,县级或者设区的市级公安机关交通管理部门查验的项目有:校车标志灯、停车指示标志、卫星定位装置以及逃生锤、干粉灭火器、急救箱等安全设备等;审查的证明和凭证有:机动车所有人的身份证明,机动车行驶证,校车安全技术检验合格证明,校车行驶线路、开行时间和停靠站点的校车运行方案,校车驾驶人的机动车驾驶证。属于专用校车的,还应当查验校车外观标识。

公安机关交通管理部门和交通运输部门根据各自职责在收到教育部门征求意见的材料后,对车辆、驾驶人、校车等进行实质审查,并在3个工作日内回复意见(申请人未按规定交验机动车的除外);教育行政部门收到回复意见之日起5个工作日内提出审查意见,报本级人民政府,并由县级或设区的市级人民政府作出批准与否的决定。经本级人民政府决定批准的,由公安机关交通管理部门发给校车标牌。

关联法规索引

《陕西省实施〈中华人民共和国道路交通安全法〉办法》第9条

第十条 【安全技术检验】准予登记的机动车应当符合机动车国家安全技术标准。申请机动车登记时,应当接受对该机动车的安全技术检验。但是,经国家机动车产品主管部门依据机动车国家安全技术标准认定的企业生产的机动车型,该车型的新车在出厂时经检验符合机动车国家安全技术标准,获得检验合格证的,免予安全技术检验。

条文解读

本条是关于机动车注册登记检验的规定。

根据本条规定,机动车接受安全技术检验,必须到具有机动车安全技术检验资质的检测站进行,以保障检测数据的真实可靠。

本条所指的“国家安全技术标准”主要是指《机动车运行安全技术条件》(GB 7258—2017),该标准主要规定了机动车(含列车)的整车及其发动机、转向系、制动系、传动系、行驶系、照明和信号装置等有关运行安全的技术要求。该标准既是我国机动车安全技术管理的最基本的技术性法规,规定了公安机关交通管理部门新车注册登记和在用车定期检验、事故车检验等安全技术检验的主要技术数据,同时也是我国机动车新车定型强制性检验、新车出厂检验及进口机动车检验的重要技术依据之一。

本条还规定了国产机动车新车登记免检相关制度。根据此规定,申请免检的机动车新车必须是经国家机动车产品主管部门依据机动车国家安全技术标准允许企业投入生产的机动车型,同时,该车型的新车在出厂检验时必须符合机动车国家安全技术标准,并获得合格证。

配套法规及解读

《校车安全管理条例》(2012 年 4 月 5 日)

第六条　国务院标准化主管部门会同国务院工业和信息化、公安、交通运输等部门,按照保障安全、经济适用的要求,制定并及时修订校车安全国家标准。

生产校车的企业应当建立健全产品质量保证体系,保证所生产(包括改装,下同)的校车符合校车安全国家标准;不符合标准的,不得出厂、销售。

※法规解读:校车,是指依照《校车安全管理条例》取得使用许可,用于接送接受义务教育的学生上下学的 7 座以上的载客汽车。接送小学生的校车应当是按照专用校车国家标准设计和制造的小学生专用校车。2012 年 4 月 10 日,国家质量监督检验检疫总局(现为国家市场监督管理总局)、国家标准化管理委员会批准发布《专用校车安全技术条件》(GB 24407—2012)和《专用校车学生座椅系统及其车辆固定件的强度》(GB 24406—2012)两项强制性国家标准(以下简称专用校车安全国家标准),并于 2012 年 5 月 1 日正式实施。这两项标准明确了专用校车及座椅系统的各项技术指标和试验方法,充分考虑了专用校车的设计、生产、使用等各阶段的特点,不仅明确规定了车辆安全性能方面的要求,规定了车身结构强度、碰撞防护结构、制动装置、司机视野、轮胎、安全带设置、应急逃生配置、座椅性能等技术

性指标，而且注重车辆配置的人性化，在专用校车的踏步（台阶）、上下车扶手、通道、座椅、隔板、车内空气质量等方面也提出了具体的要求，同时注重安全管理的相关配置，对限速装置、乘员数量限制、急救箱配备、照管人员座椅配置、灭火装置、专用校车标志灯、停车指示牌、停车提醒标示、行驶记录仪录像监控系统等也作出了一系列规定。

关联法规索引

《北京市实施〈中华人民共和国道路交通安全法〉办法》第 13 条；《湖北省实施〈中华人民共和国道路交通安全法〉办法》第 10 条

第十一条　【车牌号的使用规定】驾驶机动车上道路行驶，应当悬挂机动车号牌，放置检验合格标志、保险标志，并随车携带机动车行驶证。

机动车号牌应当按照规定悬挂并保持清晰、完整，不得故意遮挡、污损。

任何单位和个人不得收缴、扣留机动车号牌。

条文解读

本条是关于机动车上道行驶手续和号牌悬挂方面的规定。本条共分 3 款。

本条第 1 款、第 2 款主要规定了上路行驶的机动车在注册登记后，必须配置必要的牌证和标志，并保持号牌的清晰、完整和容易识别。

机动车检验合格标志是机动车符合国家安全技术标准的证明，保险标志是证明机动车所有人已经按照国家规定参加了机动车第三者责任强制保险的标识。行驶证是机动车登记主管部门依法签发的用于证明机动车身份，表示机动车可以上道路行驶的证明。要求机动车驾驶人随车携带以上证明，是为了便于公安机关交通管理部门根据管理的需要查验。如果机动车号牌、机动车行驶证等灭失或者丢失，机动车所有人应当及时补领。

本条第 3 款是关于对机动车号牌的保护规定。本款中所说的“任何单位和个人”，既包括没有道路交通安全管理行政处罚权的单位和个人，也包括可以依法行使处罚权的公安机关交通管理部门及其交通警察。根据本款规定，机动车号牌是上路机动车不可缺少的法定标识和资格证明，不可和机动车分离、不可被随意剥夺。所以，公安机关在执法时可以按规定扣留机动车以及暂扣或者吊销驾驶证，强制拆除、收缴机动车非法安装的警报器、标志灯具，但不可以收缴、扣留机动车号牌。只有对那些已达到强制报废标准，却继续在道路上行驶的汽车，公安机关道路管理部门及交通警察可以采取扣留汽车牌证，转交车籍地公安机关交通管理部门办理报废、注销登记。因为在这种条件下，机动车已经不再具备上路行驶的资格了。

配套法规及解读

《道路交通安全法实施条例》(2017 年 10 月 7 日修订)

第十三条 机动车号牌应当悬挂在车前、车后指定位置，保持清晰、完整。重型、中型载货汽车及其挂车、拖拉机及其挂车的车身或者车厢后部应当喷涂放大的牌号，字样应当端正并保持清晰。

机动车检验合格标志、保险标志应当粘贴在机动车前窗右上角。

机动车喷涂、粘贴标识或者车身广告的，不得影响安全驾驶。

《机动车登记规定》(2021 年 12 月 17 日修订)

第四十三条 机动车所有人可以通过计算机随机选取或者按照选号规则自行编排的方式确定机动车号牌号码。

公安机关交通管理部门应当使用统一的机动车号牌选号系统发放号牌号码，号牌号码公开向社会发放。

第四十五条 夫妻双方共同所有的机动车将登记的机动车所有人姓名变更为另一方姓名，婚姻关系存续期满一年且经夫妻双方共同申请的，可以使用原机动车号牌号码。

第四十八条 对智能网联机动车进行道路测试、示范应用需要上道路行驶的，道路测试、示范应用单位应当向车辆管理所申领临时行驶车号牌，提交以下证明、凭证：

（一）道路测试、示范应用单位的身份证明；

（二）机动车交通事故责任强制保险凭证；

（三）经主管部门确认的道路测试、示范应用凭证；

（四）机动车安全技术检验合格证明。

车辆管理所应当自受理之日起一日内，审查提交的证明、凭证，核发临时行驶车号牌。临时行驶车号牌有效期应当与准予道路测试、示范应用凭证上签注的期限保持一致，但最长不得超过六个月。

第五十一条 机动车号牌灭失、丢失或者损毁的，机动车所有人应当向登记地车辆管理所申请补领、换领。申请时，机动车所有人应当确认申请信息并提交身份证明。

车辆管理所应当审查提交的证明、凭证，收回未灭失、丢失或者损毁的号牌，自受理之日起十五日内补发、换发号牌，原机动车号牌号码不变。

补发、换发号牌期间，申请人可以申领有效期不超过十五日的临时行驶车号牌。

补领、换领机动车号牌的，原机动车号牌作废，不得继续使用。

第五十四条 机动车所有人可以在机动车检验有效期满前三个月内向车辆管理所申请检验合格标志。除大型载客汽车、校车以外的机动车因故不能在登记地检验的，机动车所有人可以向车辆所在地车辆管理所申请检验合格标志。

申请前，机动车所有人应当将涉及该车的道路交通安全违法行为和交通事故处理完毕。申请时，机动车所有人应当确认申请信息并提交行驶证、机动车交通事故责任强制保险凭证、车船税纳税或者免税证明、机动车安全技术检验合格证明。

车辆管理所应当自受理之日起一日内，审查提交的证明、凭证，核发检验合格标志。

※法规解读：机动车号牌是机动车登记后，依法取得的用于识别机动车身份的带有编号的标识。机动车上道路行驶之所以要按照规定悬挂车辆号牌，一方面是为了便于公安机关交通管理部门实施管理，另一方面也是为了便于社会公众行使监督权利。因此，机动车所有人应当注意保持号牌清洁卫生、号码清晰可辨，号牌因故损坏的，应按照规定及时修复或更换。

机动车号牌、行驶证灭失、丢失或者损毁的，机动车所有人应当向登记地车辆管理所申请补领、换领。车辆管理所审查通过后，自受理之日起 1 日内补发、换发行驶证，15 日内补发、换发号牌，原机动车号牌号码不变。在补发、换发号牌期间，应向机动车所有人核发有效期不超过 15 日的临时行驶车号牌。

夫妻间变更机动车所有人的，需婚姻关系存续期满一年，且在经夫妻双方共同申请的情况下，可以使用原机动车号牌号码。

智能网联机动车进行道路测试、示范应用前，道路测试、示范应用单位应当向车辆管理所申领临时行驶车号牌，车辆管理所应当自受理之日起一日内，审查提交的证明、凭证，核发临时行驶车号牌。临时行驶车号牌有效期应当与准予道路测试、示范应用凭证上签注的期限保持一致，最长不得超过6个月。

根据国家相关规定，机动车要定期检验，合格标志也应定期更换。本地机动车可以在机动车检验有效期满前3个月内，向登记地车辆管理所申请检验合格标志。申请前，机动车所有人应当将涉及该车的道路交通安全违法行为和交通事故处理完毕。除大型载客汽车以外的异地机动车因故不能在登记地检验的，机动车所有人可以向登记地车辆管理所申请委托核发检验合格标志。机动车检验合格标志灭失、丢失或者损毁的，机动车所有人应当持行驶证向机动车登记地或者检验合格标志核发地车辆管理所申请补领或者换领。

关联法规索引

《新疆维吾尔自治区实施〈中华人民共和国道路交通安全法〉办法》第7条；《福建省实施〈中华人民共和国道路交通安全法〉办法》第6～8条

第十二条 【变更登记】有下列情形之一的，应当办理相应的登记：

（一）机动车所有权发生转移的；

（二）机动车登记内容变更的；

（三）机动车用作抵押的；

（四）机动车报废的。

条文解读

本条是关于机动车变更登记制度的规定。本条共分4项。

本条第1项主要规定了机动车在所有权发生转移的情况下应变更登记。所谓机动车所有权转移，是指已注册登记机动车的所有权发生转移，即旧机动车交易。一般来说，机动车所有权发生转移的登记方式主要有两种：过户登记和所有权转移的转出转入登记。无论机动车所有权以哪种方式发生转移,机动车所有人依法享有的各项权利、义务,如定期接受安全技术检验、参加机动车第三者责任强制保险等,都相应地转移给新的机动车所有人。新的机动车所有人及时办理机动车过户登记,既是道路交通安全管理的需要,也是保护自身权利的需要。

本条第2项主要规定了在机动车登记内容发生变化的情况下,机动车所有人应及时变更登记。所谓机动车登记内容的变更,是指机动车注册登记的有关事项因主客观情况发生变化而引起的变更,如机动车所有人姓名变更、工作单位名称变更、机动车车身颜色改变、机动车更换发动机或改变燃料种类、机动车变更车身或车架等。在这种情况下,机动车所有人应依法办理变更登记手续,以保证登记资料与机动车实际状况相适应。

本条第3项主要规定了在抵押机动车时机动车所有人应及时变更登记。所谓机动车抵押,是指机动车所有人作为债务人或第三人,在不转移对机动车的占有的情况下,将机动车作为债权的担保。当机动车所有人或被担保人不履行债务时,担保权人有权依照法律规定优先受偿。对机动车设立抵押,是对机动车所有权的重大限制。要求机动车抵押实行登记制度,是为了保证第三人的合法权益,保障交易安全。

本条第4项主要规定了机动车在报废后应及时变更登记。根据本法第14条的规定,我国实行机动车强制报废制度。因此,机动车只要达到国家规定的报废标准,机动车所有人就应该及时依法办理报废登记。

配套法规及解读

《道路交通安全法实施条例》(2017年10月7日修订)

第四条 机动车的登记,分为注册登记、变更登记、转移登记、抵押登记和注销登记。

第五条 初次申领机动车号牌、行驶证的,应当向机动车所有人住所地的公安机关交通管理部门申请注册登记。

申请机动车注册登记,应当交验机动车,并提交以下证明、凭证:

(一)机动车所有人的身份证明;

(二)购车发票等机动车来历证明;

（三）机动车整车出厂合格证明或者进口机动车进口凭证；

（四）车辆购置税完税证明或者免税凭证；

（五）机动车第三者责任强制保险凭证；

（六）法律、行政法规规定应当在机动车注册登记时提交的其他证明、凭证。

不属于国务院机动车产品主管部门规定免予安全技术检验的车型的，还应当提供机动车安全技术检验合格证明。

第六条　已注册登记的机动车有下列情形之一的，机动车所有人应当向登记该机动车的公安机关交通管理部门申请变更登记：

（一）改变机动车车身颜色的；

（二）更换发动机的；

（三）更换车身或者车架的；

（四）因质量有问题，制造厂更换整车的；

（五）营运机动车改为非营运机动车或者非营运机动车改为营运机动车的；

（六）机动车所有人的住所迁出或者迁入公安机关交通管理部门管辖区域的。

申请机动车变更登记，应当提交下列证明、凭证，属于前款第（一）项、第（二）项、第（三）项、第（四）项、第（五）项情形之一的，还应当交验机动车；属于前款第（二）项、第（三）项情形之一的，还应当同时提交机动车安全技术检验合格证明：

（一）机动车所有人的身份证明；

（二）机动车登记证书；

（三）机动车行驶证。

机动车所有人的住所在公安机关交通管理部门管辖区域内迁移、机动车所有人的姓名（单位名称）或者联系方式变更的，应当向登记该机动车的公安机关交通管理部门备案。

第七条　已注册登记的机动车所有权发生转移的，应当及时办理转移登记。

申请机动车转移登记，当事人应当向登记该机动车的公安机关交通管理部门交验机动车，并提交以下证明、凭证：

（一）当事人的身份证明；

（二）机动车所有权转移的证明、凭证；

（三）机动车登记证书；

（四）机动车行驶证。

第八条 机动车所有人将机动车作为抵押物抵押的，机动车所有人应当向登记该机动车的公安机关交通管理部门申请抵押登记。

第九条 已注册登记的机动车达到国家规定的强制报废标准的，公安机关交通管理部门应当在报废期满的2个月前通知机动车所有人办理注销登记。机动车所有人应当在报废期满前将机动车交售给机动车回收企业，由机动车回收企业将报废的机动车登记证书、号牌、行驶证交公安机关交通管理部门注销。机动车所有人逾期不办理注销登记的，公安机关交通管理部门应当公告该机动车登记证书、号牌、行驶证作废。

因机动车灭失申请注销登记的，机动车所有人应当向公安机关交通管理部门提交本人身份证明，交回机动车登记证书。

《机动车登记规定》(2021年12月17日修订)

第十六条 已注册登记的机动车有下列情形之一的，机动车所有人应当向登记地车辆管理所申请变更登记：

（一）改变车身颜色的；

（二）更换发动机的；

（三）更换车身或者车架的；

（四）因质量问题更换整车的；

（五）机动车登记的使用性质改变的；

（六）机动车所有人的住所迁出、迁入车辆管理所管辖区域的。

属于第一款第一项至第三项规定的变更事项的，机动车所有人应当在变更后十日内向车辆管理所申请变更登记。

第二十一条 有下列情形之一的，不予办理变更登记：

（一）改变机动车的品牌、型号和发动机型号的，但经国务院机动车产品主管部门许可选装的发动机除外；

（二）改变已登记的机动车外形和有关技术参数的，但法律、法规和国家强制性标准另有规定的除外；

（三）属于第十五条第一项、第七项、第八项、第九项规定情形的。

距机动车强制报废标准规定要求使用年限一年以内的机动车，不予办理第十六条第五项、第六项规定的变更事项。

第二十二条 有下列情形之一，在不影响安全和识别号牌的情况下，机动车所

有人不需要办理变更登记:

(一)增加机动车车内装饰;

(二)小型、微型载客汽车加装出入口踏步件;

(三)货运机动车加装防风罩、水箱、工具箱、备胎架等。

属于第一款第二项、第三项规定变更事项的,加装的部件不得超出车辆宽度。

第二十三条　已注册登记的机动车有下列情形之一的,机动车所有人应当在信息或者事项变更后三十日内,向登记地车辆管理所申请变更备案:

(一)机动车所有人住所在车辆管理所管辖区域内迁移、机动车所有人姓名(单位名称)变更的;

(二)机动车所有人身份证明名称或者号码变更的;

(三)机动车所有人联系方式变更的;

(四)车辆识别代号因磨损、锈蚀、事故等原因辨认不清或者损坏的;

(五)小型、微型自动挡载客汽车加装、拆除、更换肢体残疾人操纵辅助装置的;

(六)载货汽车、挂车加装、拆除车用起重尾板的;

(七)小型、微型载客汽车在不改变车身主体结构且保证安全的情况下加装车顶行李架,换装不同式样散热器面罩、保险杠、轮毂的;属于换装轮毂的,不得改变轮胎规格。

第二十九条　有下列情形之一的,不予办理转让登记:

(一)机动车与该车档案记载内容不一致的;

(二)属于海关监管的机动车,海关未解除监管或者批准转让的;

(三)距机动车强制报废标准规定要求使用年限一年以内的机动车;

(四)属于第十五条第一项、第二项、第七项、第八项、第九项规定情形的。

第三十一条　机动车作为抵押物抵押的,机动车所有人和抵押权人应当向登记地车辆管理所申请抵押登记;抵押权消灭的,应当向登记地车辆管理所申请解除抵押登记。

第三十七条　机动车有下列情形之一的,机动车所有人应当向登记地车辆管理所申请注销登记:

(一)机动车已达到国家强制报废标准的;

(二)机动车未达到国家强制报废标准,机动车所有人自愿报废的;

(三)因自然灾害、失火、交通事故等造成机动车灭失的;

(四)机动车因故不在我国境内使用的;

(五)因质量问题退车的。

属于第一款第四项、第五项规定情形的,机动车所有人申请注销登记前,应当将涉及该车的道路交通安全违法行为和交通事故处理完毕。

属于二手车出口符合第一款第四项规定情形的,二手车出口企业应当在机动车办理海关出口通关手续后二个月内申请注销登记。

第三十八条 属于第三十七条第一款第一项、第二项规定情形,机动车所有人申请注销登记的,应当向报废机动车回收企业交售机动车,确认申请信息,提交机动车登记证书、号牌和行驶证。

报废机动车回收企业应当确认机动车,向机动车所有人出具报废机动车回收证明,七日内将申请表、机动车登记证书、号牌、行驶证和报废机动车回收证明副本提交车辆管理所。属于报废校车、大型客车、重型货车及其他营运车辆的,申请注销登记时,还应当提交车辆识别代号拓印膜、车辆解体的照片或者电子资料。

车辆管理所应当自受理之日起一日内,审查提交的证明、凭证,收回机动车登记证书、号牌、行驶证,出具注销证明。

对车辆不在登记地的,机动车所有人可以向车辆所在地机动车回收企业交售报废机动车。报废机动车回收企业应当确认机动车,向机动车所有人出具报废机动车回收证明,七日内将申请表、机动车登记证书、号牌、行驶证、报废机动车回收证明副本以及车辆识别代号拓印膜或者电子资料提交报废地车辆管理所。属于报废校车、大型客车、重型货车及其他营运车辆的,还应当提交车辆解体的照片或者电子资料。

报废地车辆管理所应当自受理之日起一日内,审查提交的证明、凭证,收回机动车登记证书、号牌、行驶证,并通过计算机登记管理系统将机动车报废信息传递给登记地车辆管理所。登记地车辆管理所应当自接到机动车报废信息之日起一日内办理注销登记,并出具注销证明。

机动车报废信息实现与有关部门联网核查的,报废机动车回收企业免予提交相关证明、凭证,车辆管理所应当核对相关电子信息。

第四十二条 属于第十五条第一项、第八项、第九项或者第二十九条第一项规定情形的,不予办理注销登记。机动车在抵押登记、质押备案期间的,不予办理注销登记。

※法规解读：机动车登记以后，如果机动车产权发生转移或者受到重大限制，或者登记资料发生重大变更，或者机动车报废，都应当按照国家规定及时办理相应的手续，这样才能保证机动车登记资料的准确性。机动车所有权发生转移后，新的所有权人，应当按照国家规定到机动车登记主管部门依法办理机动车过户登记手续。机动车所有权发生转移的，相应的权利义务也应当转移给新的机动车所有人。机动车登记资料变更后，机动车所有人依法享有的各项权利义务不变，如定期接受安全技术检验、参加机动车第三者责任强制保险等。

本法的配套法律法规根据机动车登记的不同情形，分别详细规定了在申请注册登记、变更登记、转移登记（转入登记、转出登记）、抵押登记和注销登记时应提交的证明、凭证等，并对一些具体情况给出了较为详细的说明，具体做法请参照相关法条。

关联法规索引

《陕西省实施〈中华人民共和国道路交通安全法〉办法》第9条

第十三条　【安检】对登记后上道路行驶的机动车，应当依照法律、行政法规的规定，根据车辆用途、载客载货数量、使用年限等不同情况，定期进行安全技术检验。对提供机动车行驶证和机动车第三者责任强制保险单的，机动车安全技术检验机构应当予以检验，任何单位不得附加其他条件。对符合机动车国家安全技术标准的，公安机关交通管理部门应当发给检验合格标志。

对机动车的安全技术检验实行社会化。具体办法由国务院规定。

机动车安全技术检验实行社会化的地方，任何单位不得要求机动车到指定的场所进行检验。

公安机关交通管理部门、机动车安全技术检验机构不得要求机动车到指定的场所进行维修、保养。

机动车安全技术检验机构对机动车检验收取费用，应当严格执行国务院价格主管部门核定的收费标准。

条文解读

本条是关于机动车安全技术检验制度的规定。本条共分 5 款。

本条第 1 款是关于投入使用的机动车应当定期接受安全技术检验,以及在进行机动车安全技术检验时不得随意附加条件的规定。所谓“定期进行安全技术检验”,包括两层含义:一是对所有上路行驶的机动车,无论是营运车辆还是非营运车辆都应视其车型、老旧程度、使用条件和使用强度等制定定期检验制度,以减少机动车交通事故和控制排放污染物及噪声等;二是要定期对车辆进行维护和安全技术检验,以确定车辆是否需要大修、是否存在安全隐患等。本款要求机动车在进行安全技术检验时需要提交机动车行驶证和第三者责任强制保险单,其目的是确认进行安全技术检验的机动车的身份,推广和落实第三者强制责任保险制度。

本条第 2 款、第 3 款是关于机动车安全技术检验社会化的规定。机动车安全技术检验社会化是一个很复杂的问题,具体包括五层含义:一是机动车安全技术检验机构的社会化;二是检验标准要严格化;三是检验结果要社会化;四是检验机构选择要自由化;五是检验机构管理要严格化。

本条第 4 款、第 5 款主要规定了机动车在进行安全技术检验时,机动车所有人在维修、保养场所等方面具有自主选择权,与此同时,机动车维修、养护场所也要根据国家法律法规和国务院价格主管部门核定的标准收费,任何机构或部门都无权自发定价。

配套法规及解读

《道路交通安全法实施条例》(2017 年 10 月 7 日修订)

第十五条 机动车安全技术检验由机动车安全技术检验机构实施。机动车安全技术检验机构应当按照国家机动车安全技术检验标准对机动车进行检验,对检验结果承担法律责任。

质量技术监督部门负责对机动车安全技术检验机构实行计量认证管理,对机动车安全技术检验设备进行检定,对执行国家机动车安全技术检验标准的情况进行监督。

机动车安全技术检验项目由国务院公安部门会同国务院质量技术监督部门规定。

第十六条 机动车应当从注册登记之日起，按照下列期限进行安全技术检验：

（一）营运载客汽车5年以内每年检验1次；超过5年的，每6个月检验1次；

（二）载货汽车和大型、中型非营运载客汽车10年以内每年检验1次；超过10年的，每6个月检验1次；

（三）小型、微型非营运载客汽车6年以内每2年检验1次；超过6年的，每年检验1次；超过15年的，每6个月检验1次；

（四）摩托车4年以内每2年检验1次；超过4年的，每年检验1次；

（五）拖拉机和其他机动车每年检验1次。

营运机动车在规定检验期限内经安全技术检验合格的，不再重复进行安全技术检验。

第十七条 已注册登记的机动车进行安全技术检验时，机动车行驶证记载的登记内容与该机动车的有关情况不符，或者未按照规定提供机动车第三者责任强制保险凭证的，不予通过检验。

《机动车登记规定》(2021年12月17日修订)

第七十二条 机动车安全技术检验机构应当按照国家机动车安全技术检验标准对机动车进行检验，对检验结果承担法律责任。

公安机关交通管理部门在核发机动车检验合格标志时，发现机动车安全技术检验机构存在为未经检验的机动车出具检验合格证明、伪造或者篡改检验数据等出具虚假检验结果行为的，停止认可其出具的检验合格证明，依法进行处罚，并通报市场监督管理部门；构成犯罪的，依法追究相关责任人员刑事责任。

第七十三条 从事机动车查验工作的人员，应当持有公安机关交通管理部门颁发的资格证书。公安机关交通管理部门应当在公安民警、警务辅助人员中选拔足够数量的机动车查验员，从事查验工作。机动车登记服务站工作人员可以在车辆管理所监督下承担机动车查验工作。

机动车查验员应当严格遵守查验工作纪律，不得减少查验项目、降低查验标准，不得参与、协助、纵容为违规机动车办理登记。公安民警、警务辅助人员不得参与或者变相参与机动车安全技术检验机构经营活动，不得收取机动车安全技术检验机构、机动车销售企业、二手车交易市场、报废机动车回收企业等相关企业、申请人的财物。

车辆管理所应当对机动车查验过程进行全程录像，并实时监控查验过程，没有使用录像设备的，不得进行查验。机动车查验中，查验员应当使用执勤执法记录仪记录查验过程。车辆管理所应当建立机动车查验音视频档案，存储录像设备和执勤执法记录仪记录的音像资料。

《校车安全管理条例》(2012年4月5日)

第二十条 校车应当每半年进行一次机动车安全技术检验。

※法规解读：定期检验是对已经领取正式号牌和行驶证上路行驶的车辆，定期按照国家标准进行的检验。定期检验通常每年进行一次，所以又称年度检验。定期检验的目的在于检查机动车的主要技术状况，督促加强机动车的维修保养，使机动车经常处于完好状态，确保机动车行驶安全。

机动车定期检验的主要内容有：

(1)检查机动车发动机、底盘、车身及附属设备是否齐全有效，主要零件是否更换，与初次检验的记录是否相同。

(2)检查制动性、转向操作性、灯光、排放等是否符合国家标准要求。

(3)机动车经过改装、改型是否办理了审验和异动登记手续。

(4)检查号牌与行驶证有无损坏、涂改，字迹是否清楚等情况。

(5)转籍、过户是否办理了规定的手续，在册机动车与实有机动车是否一致等。

办理机动车定期检验的车辆所有人应当遵守以下规定：

(1)车主在接到车辆管理机关定期检验通知后，应按照规定的时间、地点和要求参加审验。

(2)对于检验合格的车辆分别在行驶证和机动车定期检验表上加盖印章。

(3)定期检验不合格的车辆，应在规定期限内修复，逾期仍不合格的，不能通过检验，并不准该机动车在道路上行驶也不允许转籍。

(4)因故不能参加定期审验的车辆，应事先向车辆管理机关申请延期，驻外地机动车可委托所在地车管机关代验，检验后将结果通知原籍车管机关，无故不参加定期检验的车辆，不准在道路上行驶。

从事机动车查验工作的人员，应当持有公安机关交通管理部门颁发的资格证书，查验过程进行全程录像，并实时监控查验过程，没有使用录像设备的，不得进行查验。

为保障校车安全运行，《校车安全管理条例》规定校车在办理注册登记前必须进行安全技术检验，保证校车安全技术性能。专用校车在办理注册登记手续等合法上路的凭证后，必须及时向人民政府申请校车使用许可，否则不能从事校车运营。校车投入使用后，需要每半年参加一次安全技术检验。考虑到校车一般不涉及跨地区运行，还规定校车不得委托异地检验，以加强属地化安全管理。如果校车需要报废，要由车辆管理所监督解体，杜绝报废校车继续上路行驶。

关联法规索引

《北京市实施〈中华人民共和国道路交通安全法〉办法》第 17 条

第十四条　【强制报废制度】国家实行机动车强制报废制度，根据机动车的安全技术状况和不同用途，规定不同的报废标准。

应当报废的机动车必须及时办理注销登记。

达到报废标准的机动车不得上道路行驶。报废的大型客、货车及其他营运车辆应当在公安机关交通管理部门的监督下解体。

条文解读

本条是关于机动车强制报废制度的规定。本条共分 3 款。

所谓机动车强制报废制度，又称法定报废制度，是指对于达到国家强制报废标准的机动车，由国家强制回收拆解，防止其被重拼组装重新上路行驶。所有人必须按照规定的程序对其机动车进行报废。机动车强制报废制度是排除道路交通安全隐患、维护道路交通安全的重要制度。世界各国一般均采用强制报废制度。

本条第 1 款是关于国家实行机动车强制报废制度的规定。本款共规定了两个方面的内容：一是国家实行机动车强制报废制度。根据此规定，对于达到报废标准的机动车，有关单位或个人必须及时进行报废处理，任何单位或个人不得将报废机动车出售、赠与、自行拆解或者使报废机动车继续上路行驶。二是本款对机动车的报废标准作了原则性规定，规定有关部门要根据机动车的安全技术状况和不同用途，规定不同的报废标准。

本条第 2 款是关于应当报废的机动车必须及时办理注销登记的规定。国家对机动车实行登记制度，应当报废的机动车不能再继续上路行驶，应当按照有关机动车登记制度及时办理注销登记。对于应当报废的机动车，机动车所有人应填写申请表，持机动车登记证书等，向机动车管辖地车辆登记机关申请注销登记，交回机动车号牌和机动车行驶证。

本条第3款是关于达到报废标准的机动车不得上道路行驶和报废的营运车辆应当在公安机关交通管理部门的监督下解体的规定。本款规定了两个方面的内容：一是达到报废标准的机动车不得上道路行驶。目前，公安机关交通管理部门对已达到强制报废标准但仍继续在道路上行驶的汽车，均采取扣留汽车牌证，转交车籍地公安交通管理部门办理报废、注销登记的措施。发现已办理了报废、注销登记的汽车上路行驶的，一律强制报废，送交报废汽车回收单位解体。二是规定达到报废标准的大型客、货车及营运车辆要在公安机关交通管理部门的监督下解体，这也体现了我国对这类车辆从严管理的立法政策。

配套法规及解读

《道路交通安全法实施条例》(2017年10月7日修订)

第九条 已注册登记的机动车达到国家规定的强制报废标准的，公安机关交通管理部门应当在报废期满的2个月前通知机动车所有人办理注销登记。机动车所有人应当在报废期满前将机动车交售给机动车回收企业，由机动车回收企业将报废的机动车登记证书、号牌、行驶证交公安机关交通管理部门注销。机动车所有人逾期不办理注销登记的，公安机关交通管理部门应当公告该机动车登记证书、号牌、行驶证作废。

因机动车灭失申请注销登记的，机动车所有人应当向公安机关交通管理部门提交本人身份证明，交回机动车登记证书。

《机动车强制报废标准规定》(2012年12月27日)

第二条 根据机动车使用和安全技术、排放检验状况，国家对达到报废标准的机动车实施强制报废。

第三条 商务、公安、环境保护、发展改革等部门依据各自职责，负责报废机动车回收拆解监督管理、机动车强制报废标准执行有关工作。

第四条 已注册机动车有下列情形之一的应当强制报废，其所有人应当将机动车交售给报废机动车回收拆解企业，由报废机动车回收拆解企业按规定进行登记、拆解、销毁等处理，并将报废机动车登记证书、号牌、行驶证交公安机关交通管理部门注销：

（一）达到本规定第五条规定使用年限的；

（二）经修理和调整仍不符合机动车安全技术国家标准对在用车有关要求的；

（三）经修理和调整或者采用控制技术后，向大气排放污染物或者噪声仍不符合国家标准对在用车有关要求的；

（四）在检验有效期届满后连续3个机动车检验周期内未取得机动车检验合格标志的。

※法规解读：我国制定的机动车的报废标准主要考虑了机动车生产、交通运输发展、交通安全、节能、环保等因素，其主要指标包括累计行驶公里数、使用年限、车型、技术状况、污染物排放标准等。

机动车报废或申请注销的程序如下：

已注册登记的机动车，达到国家规定的报废标准、灭失或者因故不在我国境内道路上使用的，机动车所有人应当填写申请表，持下列资料向机动车管辖地车辆管理所申请注销登记：

（1）机动车所有人的身份证明；

（2）机动车登记证书；

（3）海关监管车辆，还应当提交海关监管车辆进（出）境领（销）牌照通知书；

（4）交回机动车号牌和机动车行驶证。

车辆管理所应当于受理当日内，在机动车登记证书上记载注销登记事项，收回机动车号牌、机动车行驶证和机动车登记证书。对于因机动车灭失无法交回机动车号牌和机动车行驶证的，应当公告该机动车号牌和机动车行驶证作废。

已注册登记的机动车，达到国家规定的强制报废标准后1年内不申请注销登记的，机动车档案自动注销。车辆管理所应当公告该车的机动车号牌、机动车行驶证和机动车登记证书作废。

关联法规索引

《湖北省实施〈中华人民共和国道路交通安全法〉办法》第9条

第十五条 【特种车辆标志的使用】 警车、消防车、救护车、工程救险车应当按照规定喷涂标志图案,安装警报器、标志灯具。其他机动车不得喷涂、安装、使用上述车辆专用的或者与其相类似的标志图案、警报器或者标志灯具。

警车、消防车、救护车、工程救险车应当严格按照规定的用途和条件使用。

公路监督检查的专用车辆,应当依照公路法的规定,设置统一的标志和示警灯。

条文解读

本条是关于特种车辆管理的规定。本条共分 3 款。

本条中的“警车”,是指公安机关用于侦察、警卫和治安、交通管理的巡逻车、勘察车、救护车、囚车以及其他执行特别紧急任务的车辆;国家安全机关用于执行侦察和其他特殊任务的车辆;人民检察院用于侦察刑事犯罪案件的现场勘察车和押解人犯的囚车;人民法院用于押解人犯的囚车;司法行政机关用于押解罪犯、运送劳教人员的囚车、专用车和追缉逃犯的车辆。

本条中的“消防车”,是指公安消防部队和其他消防部门用于灭火的专用车辆和现场指挥车辆。

本条中的“救护车”,是指急救、医疗机构和卫生防疫部门用于抢救危重病人或处理紧急疫情的专用车辆。

本条中的“工程救险车”,是指防汛、水利、电力、矿山、城建、交通、铁路等部门用于抢修公用设施、抢救人民生命财产的专用车辆和现场指挥车辆。

根据本条规定,警车、消防车、救护车、工程救险车属于特种车辆,经批准应当喷涂标志图案,安装警报器和标志灯具。这么做,一方面以示其与其他机动车的区别,便于识别;另一方面也有利于执行直接保护人民群众人身、财产安全的特殊任务。根据本条规定,凡不属于警车、消防车、救护车、工程救险车范围的,不得喷涂有关标志图案,安装警报器和标志灯具,属于警车、消防车、救护车、工程救险车范围的,在喷涂标志图案,安装警报器和标志灯具时,必须严格按照有关规定执行。

需要强调的是,虽然本条第 3 款规定了公路监督检查的专用车辆应当设置统一的标志和示警灯，但由于其不属于本条第1款所列的警车、消防车、救护车、工程救险车的范围，故不享有本法所赋予上述车辆在通行规则上的优先通行权。

配套法规及解读

《道路交通安全法实施条例》（2017年10月7日修订）

第十八条　警车、消防车、救护车、工程救险车标志图案的喷涂以及警报器、标志灯具的安装、使用规定，由国务院公安部门制定。

《道路交通安全违法行为处理程序规定》（2020年4月7日修正）

第三十七条　对非法安装警报器、标志灯具或者自行车、三轮车加装动力装置的，公安机关交通管理部门应当强制拆除，予以收缴，并依法予以处罚。

交通警察现场收缴非法装置的，应当在二十四小时内，将收缴的物品交所属公安机关交通管理部门。

对收缴的物品，除作为证据保存外，经县级以上公安机关交通管理部门批准后，依法予以销毁。

《校车安全管理条例》（2012年4月5日）

第十六条　校车标牌应当载明本车的号牌号码、车辆的所有人、驾驶人、行驶线路、开行时间、停靠站点以及校车标牌发牌单位、有效期等事项。

第十七条　取得校车标牌的车辆应当配备统一的校车标志灯和停车指示标志。

校车未运载学生上道路行驶的，不得使用校车标牌、校车标志灯和停车指示标志。

※法规解读：根据《公安部关于特种车辆安装、使用警报器和标志灯具的规定》的规定，警车、消防车、工程救险车、救护车的警报器和标志灯具是根据不同标准进行安装的。

警车：安装“双音转换调”“紧急调频调”警报器和红色回转式警灯。

消防车：安装“连续调频调”警报器和红色回转式警灯。

工程救险车：安装“单音断鸣调”警报器和黄色回转式标志灯具。

救护车：安装“慢速双音转换调”警报器和蓝色回转式标志灯具。

上述各类特种车辆安装的警报器，音调声压级为110～115分贝。

根据《道路交通安全法》的规定，对于违反规定非法安装警报器、标志灯具的，由公安机关交通管理部门强制拆除，予以收缴，并处200元以上2000元以下罚款。

各类特种车辆在使用警报器和标志灯具时，必须遵守下列事项：

(1)在执行非紧急任务时，不准使用警报器和标志灯具。

(2)执行紧急任务时，可视交通情况断续使用警报器和标志灯具。

(3)两辆车以上列队行驶时，前车使用警报器，后车无特殊情况不得再使用警报器。

(4)夜间12点后，除特殊需要又特别紧急的情况以外，不准使用警报器。

根据《校车安全管理条例》的规定，我国校车必须有校车标牌、校车标志灯和停车指示标志，专用校车要按照《校车标识》(GB 24315—2009)喷涂专用校车外观标识，非专用校车没有作强制要求，但是一旦喷涂有校车外观标识，也应当符合专用校车外观标识的标准要求。

校车配备统一的校车标志等，主要是为了使校车更加醒目，容易被识别。一是便于其他机动车驾驶人避让，落实校车优先通行权；二是便于加强对校车运行的监督，提高校车驾驶人、照管人员的安全意识。根据《校车标识》(GB 24315—2009)标准，校车标牌共有两块，分别置于前风窗玻璃右下角和后风窗玻璃适当位置。置于前风窗玻璃右下角的标牌，正面有由红、黄、白三种颜色组成的校车标识图案，背面按照《校车安全管理条例》要求签注有车辆号牌号码、车辆所有人、驾驶人、行驶线路、开行时间、停靠站点以及校车标牌发放单位、有效期。置于后风窗玻璃的标牌只有正面，没有背面，不签注任何内容。《校车安全管理条例》明确校车标牌不是长期有效的，标牌上应当签注有效期限。专用校车安装的校车标志灯应当符合专用校车国家标准的要求，在车外顶部前后各安装2个黄色专用校车标志灯。专用校车安装的停车指示标志应当符合专用校车国家标准的要求，停车指示牌应在车辆左侧安装，停车指示牌伸出时，其外边缘距离车辆要小于等于61厘米。

关联法规索引

《陕西省实施〈中华人民共和国道路交通安全法〉办法》第10条；《青海省实施〈中华人民共和国道路交通安全法〉办法》第18条；《浙江省实施〈中华人民共和国道路交通安全法〉办法》第15条

第十六条　【禁止行为】任何单位或者个人不得有下列行为：

（一）拼装机动车或者擅自改变机动车已登记的结构、构造或者特征；

（二）改变机动车型号、发动机号、车架号或者车辆识别代号；

（三）伪造、变造或者使用伪造、变造的机动车登记证书、号牌、行驶证、检验合格标志、保险标志；

（四）使用其他机动车的登记证书、号牌、行驶证、检验合格标志、保险标志。

条文解读

本条是关于禁止针对机动车和机动车证照实施违法行为的规定。本条共分4项。

本条第1项规定了禁止两种针对机动车和机动车证照的违法行为。一种是拼装机动车，包括拼装、改装、组装等具体行为。另一种是擅自改动机动车已经登记的结构、构造或者其他特征的行为。

所谓拼装机动车，是指使用报废或者不合格的机动车的发动机、方向机、变速器、前后桥、车架以及其他零配件组装机动车。所谓擅自改变机动车已登记的结构、构造或者特征，是指在对机动车进行改装或者修理时，未经有关部门批准，改变了机动车注册登记时载明的机动车的结构、构造或者特征。如更换不同型号的发动机，改变燃料种类等。拼装车辆和对机动车进行重大改装，很难达到机动车应有的安全技术标准，这样的车辆上路行驶，会构成很大的事故隐患。

本条第2项规定了禁止改变机动车型号、发动机号、车架号或者车辆识别代号的行为。所谓机动车型号，是指机动车的车型技术参数。一般来说，发动机号、车架号或者车辆识别代号都是实际打刻在机动车的发动机、车架等部位的特定号码。根据本项规定，任何改变机动车型号、发动机号、车架号或者车辆识别代号，包括在登记证书、行驶证和机动车发动机、车架等部位上采用涂抹、喷涂、凿改等手段改变上述型号、号码的内容的行为都是违法行为。

本条第3项、第4项主要针对机动车的登记证书、号牌、行驶证、检验合格标志或者保险标志等提出了禁止行为，具体包括：禁止伪造、变造上述证照；禁止使用伪造、变造的上述证照；禁止使用其他机动车的上述证照。

其中，所谓"伪造"，是指没有制作权的单位或者个人，以冒用名义非法制作机动车登记证书、号牌、行驶证、检验合格标志或者保险标志的行为。所谓"变造"，是指对已经领取的机动车登记证书、号牌、行驶证、检验合格标志或者保险标志通过涂改等方式，改变其记载内容的行为。

配套法规及解读

《道路交通安全违法行为处理程序规定》(2020年4月7日修正)

第十条 交通警察查验机动车驾驶证时，应当询问驾驶人姓名、住址、出生年月并与驾驶证上记录的内容进行核对；对持证人的相貌与驾驶证上的照片进行核对。必要时，可以要求驾驶人出示居民身份证进行核对。

第十三条 调查中发现违法行为人有其他违法行为的，在依法对其道路交通安全违法行为作出处理决定的同时，按照有关规定移送有管辖权的单位处理。涉嫌构成犯罪的，转为刑事案件办理或者移送有权处理的主管机关、部门办理。

第三十八条 公安机关交通管理部门对扣留的拼装或者已达到报废标准的机动车，经县级以上公安机关交通管理部门批准后，予以收缴，强制报废。

第三十九条 对伪造、变造或者使用伪造、变造的机动车登记证书、号牌、行驶证、检验合格标志、保险标志、驾驶证的，应当予以收缴，依法处罚后予以销毁。

对使用其他车辆的机动车登记证书、号牌、行驶证、检验合格标志、保险标志的，应当予以收缴，依法处罚后转至机动车登记地车辆管理所。

《机动车登记规定》(2021年12月17日修订)

第七十九条 除第十六条、第二十二条、第二十三条规定的情形外，擅自改变机动车外形和已登记的有关技术参数的，由公安机关交通管理部门责令恢复原状，并处警告或者五百元以下罚款。

《公路安全保护条例》(2011年3月7日)

第六十三条 违反本条例的规定，非法生产、销售外廓尺寸、轴荷、总质量不符合国家有关车辆外廓尺寸、轴荷、质量限值等机动车安全技术标准的车辆的，依照《中华人民共和国道路交通安全法》的有关规定处罚。

具有国家规定资质的车辆生产企业未按照规定车型和技术参数改装车辆的，由原发证机关责令改正，处4万元以上20万元以下的罚款；拒不改正的，吊销其资质证书。

《校车安全管理条例》(2012年4月5日)

第十八条 禁止使用未取得校车标牌的车辆提供校车服务。

※法规解读:禁止任何单位或者个人利用报废机动车的发动机、方向机、变速器、前后桥、车架以及其他零配件拼装机动车。改装机动车,需要更换发动机、改变车型或者改变其他已登记的结构、构造或者特征的,应当经公安机关交通管理部门审批,出具机动车变更、改装审批证明。机动车修理企业和个体工商户承修更换发动机或车身(架)、改装车型等项目的,必须查验公安机关交通管理部门出具的机动车变更、改装审批证明。任何单位或者个人都不得擅自改变机动车已登记的结构、构造或者特征。根据《道路交通安全法》第103条第4款、第5款的规定,生产、销售拼装的机动车或者生产、销售擅自改装的机动车的,没收非法生产、销售的拼装车或者擅自改装的机动车,可以并处非法产品价值3倍以上5倍以下罚款;有营业执照的,由工商行政管理部门吊销营业执照,没有营业执照的,予以查封。构成犯罪的,依法追究刑事责任。

机动车的登记证书、号牌、行驶证、检验合格标志、保险标志等是识别机动车真实身份的重要信息,通常人们不会对这些信息进行涂改,除非有专门的目的。一般来说,变改机动车证照的目的多是掩盖机动车的真实身份,如对盗窃或者抢劫的机动车的这些号码进行涂改等。按照我国《机动车修理业、报废机动车回收业治安管理办法》规定,对更改发动机号码和车架号码的机动车修理企业和个体工商户,可处5000元以上30,000元以下罚款,对主管人员和其他直接责任人员处警告或2000元以下罚款。

关联法规索引

《大连市实施〈中华人民共和国道路交通安全法〉办法》第8条;《北京市实施〈中华人民共和国道路交通安全法〉办法》第15条

典型案例

中国人民财产保险股份有限公司长三角一体化示范区(浙江)支公司与张某才等机动车交通事故责任纠纷案[1]

※案情简介:2021年8月26日11时55分许,张某中驾驶×××小型面包车在嘉兴市平湖—黎里(X108)公路31KM+491M处与闫某驾驶的登记所有人为嘉善福运公司的×××重型自卸货车发生追尾碰撞,致张某中经医院抢救无效死亡。

一审法院查明并认定以下事实,(1)事故责任认定:闫某负事故次要责任,张某中负事故主要责任。(2)投保情况:×××重型自卸货车在中国人民财产保险股份有限公司长三角一体化示范区(浙江)支公司(以下简称人保长三角公司)投保有交强险及商业三者险150万元(含不计免赔险)。(3)×××重型自卸货车在事故发生后经有关部门检验检测,结果为:"1.该车的制动尾灯性能良好,后防撞护栏缺失,结果为不合格;2.该车的车辆识别代号和发动机号与登记的相符。"

一审法院认为,本案是因机动车交通事故引起的损害赔偿纠纷,交警部门作出闫某次责、张某中负主责的责任认定,因当事人未提出异议,予以采纳。由于闫某驾驶的×××重型自卸货车在人保长三角公司投保有交强险及商业三者险150万元(含不计免赔险),对于张某才等6人的损失,依法应由人保长三角公司先后在交强险、商业三者险限额内赔付;双方系机动车之间发生交通事故,负次要责任的闫某一方宜在交强险外承担30%的民事赔偿责任。因嘉善福运公司未到庭参加诉讼,致法庭无法查明驾驶者闫某与车辆登记所有人嘉善福运公司之间存在何种法律关系,对于保险外部分损失,宜由两者按责承担连带赔偿责任。×××重型自卸货车在事故后检测为后防撞护栏缺失,人保长三角公司断言擅自改装不妥,同时人保长三角公司也未向法庭提供相应证据证明"改装",由此,对人保长三角公司这一答辩意见不予采信。根据被扶养人生活费的有关规定,被扶养人有数人的,年赔偿总额累计不超过上一年度城镇居民人均消费支出额或者农村居民人均年生活消费支出额。本案中被扶养人有4人,单独计算为:父亲张某才36,197元/年×13年÷3人、母亲杜某芳36,197元/年×14年÷3人、女儿张某一36,197元/年×6年÷2

---

〔1〕 本案根据(2022)浙04民终2380号判决书整理。

人、儿子张某二36,197元/年×7年÷2人,显然是“超标”了。张某才等6人按36,197元/年诉请,在合理范围内,结合上述规定,核定被扶养人生活费为410,233元。张某才等6人诉请赔偿处理丧事人员的误工费、交通费,无法律依据,不予支持。综上,法院核定各项损失如下:死亡赔偿金1,561,053元(其中死亡赔偿金57,541元/年×20年=1,150,820元、被扶养人生活费410,233元)、丧葬费54,322.50元、精神损害抚慰金15,000元。

依照《民法典》第1165条第1款、第1179条、第1183条第1款、第1208条、第1213条,《道路交通安全法》第76条和《民事诉讼法》第67条第1款、第147条之规定,判决:(1)人保长三角公司赔偿张某才等6人第三者责任强制保险180,000元(含精神损害抚慰金15,000元)、商业保险435,113元,合计615,113元,于判决生效后30日内给付;(2)驳回张某才等6人的其他诉讼请求。如果未按判决指定期限履行给付义务,应当依照《民事诉讼法》第260条之规定,加倍支付迟延履行期间的债务利息。案件受理费减半收取1749元,由张某才等6人负担1224元,闫某、嘉善福运公司负担525元。

人保长三角公司不服一审判决,提出上诉。

※裁判理由:二审法院认为,本案二审的争议焦点为:人保长三角公司是否应当在商业三者险的范围内承担赔偿责任。“道路交通事故认定书”虽然认定闫某的行为违反了《道路交通安全法》第16条第1项“任何单位或者个人不得有下列行为:(一)拼装机动车或者擅自改变机动车已登记的结构、构造或者特征”之规定,但并没有说明涉案车辆改变的内容,不能证明涉案车辆有人保长三角公司所提及的被保险机动车被转让、改装、加装或者改变使用性质等情形,涉案车辆在事故之后的检测鉴定意见书中,检测结果为后防撞护栏缺失,同样未认定后防撞护栏缺失系改装所致,人保长三角公司亦未向法庭提供相应证据证明涉案车辆存在改装行为。因此,人保长三角公司认为涉案机动车存在私自改装的情况缺少证据支持,二审法院不予认定,人保长三角公司应在商业三者险的范围内承担赔偿责任。

※裁判结果:二审法院判决人保长三角公司的上诉请求不能成立,应予驳回;一审判决认定事实清楚,适用法律正确,应予维持。二审案件受理费7826.7元,由上诉人人保长三角公司负担。

※裁判要旨:根据“谁主张,谁举证”的一般规则,提出“车辆存在改装行为”的一方应提供相应的证据来证明。本案中,人保长三角公司未提供充足的证据证明

被保险机动车被转让、改装、加装或者改变使用性质等情形，并且在双方都无异议的鉴定意见书中也同样未认定后防撞护栏缺失系改装所致，故而本案人保长三角公司的上诉请求不能成立。

第十七条 【强制保险】国家实行机动车第三者责任强制保险制度，设立道路交通事故社会救助基金。具体办法由国务院规定。

条文解读

本条是关于确立机动车第三者责任法定保险制度以及建立道路交通事故社会救助基金的原则性规定。

本条从三个方面对机动车第三者责任强制保险制度作了规定：一是国家实行机动车第三者责任强制保险制度；二是国家设立道路交通事故社会救助基金；三是由国务院制定机动车第三者责任强制险和道路交通事故社会救助基金的具体措施和配套法规。

在本条中，“第三者责任强制保险”，是指机动车交通事故责任强制保险，简称“交强险”。按照我国《机动车交通事故责任强制保险条例》的规定，“交强险”是由保险公司对被保险机动车发生道路交通事故造成受害人（不包括本车人员和被保险人）的人身伤亡、财产损失，在责任限额内予以赔偿的强制性责任保险，属于责任保险的一种。根据该规定，在我国境内道路上行驶的机动车所有人或者管理人都应当投保交强险，机动车所有人、管理人未按照规定投保交强险的，公安机关交通管理部门有权扣留机动车，通知机动车所有人、管理人依照规定投保，并处应缴纳的保险费的2倍罚款。交强险的保险期间通常为1年，但有四种情形例外，即“境外机动车临时入境的；机动车临时上道路行驶的；机动车距规定的报废期限不足1年的；国务院保险监督管理机构规定的其他情形”。在上述四种情况下，投保人可以投保1年以内的短期交强险。

需要特别指出的是，本条中的“第三者”，是指除本车驾驶员和乘车人以外的其他受害人，不包括本车车上人员。在现实生活中，机动车一旦发生交通事故，就涉及有关车辆的所有人、驾驶人与受害人之间的损害赔偿问题。有时候会发生车辆的所有人、驾驶人负担不起赔偿金额的问题，致使受害人的合法权益得不到有效保障;即使车辆的所有人、驾驶人能够负担有关的赔偿,巨大的赔偿责任对于车辆的所有人、驾驶人的正常经营、生产和生活也往往会产生非常不利的影响。机动车辆责任险在很大程度上可以缓解这一社会经济问题。根据这一制度,在我国境内所有的机动车,都必须购买第三者责任险。这是一种强制制度,机动车的所有人、管理人有法律义务为自己的机动车购买第三者责任险。

道路交通事故社会救助基金,是指国家依法设立的用于向道路交通事故中受害人先行垫付人身伤亡的丧葬费用、部分或者全部抢救费用的基金。这项制度是对机动车交通事故强制保险制度的补充,旨在保证道路交通事故中受害人不能按照交强险制度或从侵权人处得到赔偿时,可以通过救助基金的救助,获得及时抢救或者适当补偿。建立这项制度,是贯彻科学发展观的重要举措,在制度设计上坚持以人为本的原则,充分体现了国家和社会对公民生命安全和健康的关爱和救助,是一种新型社会保障制度,对于化解社会矛盾、促进和谐社会建设具有十分重要的现实意义和深远的历史意义。

配套法规及解读

《道路交通安全法实施条例》(2017 年 10 月 7 日修订)

第五条　初次申领机动车号牌、行驶证的,应当向机动车所有人住所地的公安机关交通管理部门申请注册登记。

申请机动车注册登记,应当交验机动车,并提交以下证明、凭证:

(一)机动车所有人的身份证明;

(二)购车发票等机动车来历证明;

(三)机动车整车出厂合格证明或者进口机动车进口凭证;

(四)车辆购置税完税证明或者免税凭证;

(五)机动车第三者责任强制保险凭证;

(六)法律、行政法规规定应当在机动车注册登记时提交的其他证明、凭证。

不属于国务院机动车产品主管部门规定免予安全技术检验的车型的,还应当提供机动车安全技术检验合格证明。

《机动车交通事故责任强制保险条例》(2019 年 3 月 2 日修订)

第三条　本条例所称机动车交通事故责任强制保险,是指由保险公司对被保险机动车发生道路交通事故造成本车人员、被保险人以外的受害人的人身伤亡、财产损失，在责任限额内予以赔偿的强制性责任保险。

第二十二条 有下列情形之一的，保险公司在机动车交通事故责任强制保险责任限额范围内垫付抢救费用，并有权向致害人追偿：

（一）驾驶人未取得驾驶资格或者醉酒的；

（二）被保险机动车被盗抢期间肇事的；

（三）被保险人故意制造道路交通事故的。

有前款所列情形之一，发生道路交通事故的，造成受害人的财产损失，保险公司不承担赔偿责任。

第二十四条 国家设立道路交通事故社会救助基金（以下简称救助基金）。有下列情形之一时，道路交通事故中受害人人身伤亡的丧葬费用、部分或者全部抢救费用，由救助基金先行垫付，救助基金管理机构有权向道路交通事故责任人追偿：

（一）抢救费用超过机动车交通事故责任强制保险责任限额的；

（二）肇事机动车未参加机动车交通事故责任强制保险的；

（三）机动车肇事后逃逸的。

第二十五条 救助基金的来源包括：

（一）按照机动车交通事故责任强制保险的保险费的一定比例提取的资金；

（二）对未按照规定投保机动车交通事故责任强制保险的机动车的所有人、管理人的罚款；

（三）救助基金管理机构依法向道路交通事故责任人追偿的资金；

（四）救助基金孳息；

（五）其他资金。

第二十六条 救助基金的具体管理办法，由国务院财政部门会同国务院保险监督管理机构、国务院公安部门、国务院卫生主管部门、国务院农业主管部门制定试行。

※法规解读：根据我国《道路交通安全法》和《机动车交通事故责任强制保险条例》的规定，公安机关交通管理部门、管理拖拉机的农业机械管理部门对交强险实施监督制度，在受理机动车注册登记、变更登记、改装和安全技术检验时，符合要求的机动车辆均须具备有效的交强险，否则不能办理相关登记。每辆机动车只需投保一份交强险，投保人可以根据自身需要决定或选择购买不同责任限额的商业险。

我国实行交强险制度，是通过国家法规强制机动车所有人或管理人购买相应的责任保险,以提高第三者责任险的投保面,最大限度为交通事故受害人提供及时和基本的保障。从这个意义上讲,交强险的职能更多地体现在社会管理方面。建立机动车交通事故责任强制保险制度,不仅有利于道路交通事故受害人获得及时、有效的经济保障和医疗救治,而且有助于减轻交通事故肇事方的经济负担。此外,交强险还具有一般责任保险所没有的强制性。只要是在中国境内道路上行驶的机动车的所有人或者管理人,都应当投保交强险,未投保的机动车不得上路行驶。这种强制性不仅体现在强制投保上,而且体现在强制承保上,具有经营机动车交通事故责任强制保险资格的保险公司不得拒绝承保,也不能随意解除合同。

国家在强制实行第三者责任保险制度的同时,还设立了道路交通事故社会救助基金。该制度是对机动车第三者责任保险制度的重要补充。按照规定,道路交通事故社会救助基金是一项对肇事逃逸机动车、未投保机动车辆造成的交通事故受害人进行补偿的制度,主要用于支付尚未参保的机动车造成的交通事故和肇事逃逸机动车造成的交通事故受害人的抢救费用。根据我国法律规定,肇事车辆参加机动车第三者责任强制保险的,由保险公司在责任限额范围内支付抢救费用;抢救费用超过责任限额的,未参加机动车第三者责任强制保险或者肇事后逃逸的,由道路交通事故社会救助基金先行垫付部分或者全部抢救费用,道路交通事故社会救助基金管理机构有权向交通事故责任人追偿。

救助基金垫付抢救费用的基本程序如下:需要救助基金垫付部分或者全部抢救费用的,公安机关交通管理部门应当在3个工作日内书面通知救助基金管理机构;救助基金管理机构收到公安机关交通管理部门垫付通知和医疗机构垫付尚未结算抢救费用的相关材料及申请后,应当在5个工作日内进行审核,对符合垫付要求的,救助基金管理机构应当将相关费用划入医疗机构账户。需要强调的是,《道路交通安全法》第75条规定,医疗机构对交通事故中的受伤人员应当及时抢救,不得因抢救费用未及时支付而拖延救治。

救助基金垫付丧葬费用的基本程序如下:需要救助基金垫付丧葬费用的,由受害人亲属凭处理该道路交通事故的公安机关交通管理部门出具的尸体处理通知书和本人身份证明向救助基金管理机构提出书面垫付申请;救助基金管理机构收到丧葬费用垫付申请和有关证明材料后,对符合垫付要求的,应当在3个工作日内按照有关标准垫付丧葬费用,并书面告知处理该道路交通事故的公安机关交通管理部门;对无主或者无法确认身份的遗体,由公安部门按照有关规定处理。

典型案例

赵某男与刘某宇等机动车交通事故责任纠纷案

——交强险不适用于被鉴定为机动车的电动车[1]

※案情简介：2015年12月5日，沈阳市长白环卫所保洁员刘某宇驾驶其所有的两轮电动车检查路面保洁情况，当行驶至沈阳市和平区仙岛南路长白三街西侧时，与行人赵某男发生交通事故，导致赵某男受伤。事发后，交警部门委托鉴定机构对事故进行鉴定，鉴定机构认定涉案电动车为两轮轻便摩托车，属于机动车。交警部门随后作出道路交通事故认定书，载明"刘某宇未取得机动车驾驶证驾驶未经公安机关交通管理部门登记的两轮轻便摩托车、未戴头盔走禁行路段的行为……是该起事故形成的主要原因。赵某男横过道路时未走人行横道的行为……是该起事故形成的次要原因"，故赵某男负次要责任，刘某宇负主要责任。

赵某男受伤后，被送往医院救治，诊断结果为"右膝软组织损伤"及"右腔骨平台骨折，右膝骨挫伤，右膝交叉韧带损伤，侧副韧带损伤"等。经治疗，赵某男共支付医疗费19,455.56元。后，其伤情经鉴定为"右下肢伤残程度为十级"。

后赵某男将被告起诉至沈阳市和平区人民法院，主张医疗费、误工费、护理费等各项损失。本案庭审中，赵某男主张因刘某宇驾驶的电动车属于机动车，应投保交强险，但其未予投保，故其损失应先行由被告在交强险限额范围内承担全部责任，超出部分，再由肇事双方按事故责任比例分别承担。被告辩称，涉案车辆系电动车，非一般意义上的机动车，不应投保交强险，故不同意先行在交强险限额范围内承担赔偿责任。

※裁判结果：辽宁省沈阳市和平区人民法院裁定赵某男承担事故责任的25%，刘某宇承担事故责任的75%，由此，长白环卫所对该75%承担赔偿责任。一审宣判后，长白环卫所不服判决，向沈阳市中级人民法院提起上诉。二审法院经审理判决：驳回上诉，维持原判。

※裁判理由：本案的争议焦点在于：涉案电动车被鉴定为机动车，该机动车是否应按照规定投保交强险，如未投保交强险，赔偿义务人是否应先行在交强险赔偿

---

〔1〕 本案根据(2017)辽01民终字第650号判决书整理。

限额范围内承担赔偿责任。

一、电动车被认定为机动车或非机动车的影响

根据《道路交通安全法》的规定,机动车是指以动力装置驱动或者牵引,上道路行驶的供人员乘用或者用于运送物品以及进行工程专项作业的轮式车辆。非机动车是指以人力或者畜力驱动,上道路行驶的交通工具,以及虽有动力装置驱动但设计最高时速、空车质量、外形尺寸符合有关国家标准的残疾人机动轮椅车、电动自行车等交通工具。依据上述规定,如果电动自行车的设计最高时速、空车质量、外形尺寸超过国家标准,将被认定为轻便摩托车,属于机动车。

众所周知,近年来,随着节能、环保理念的不断倡导,电动自行车行业得到了迅速发展。但由于该行业管理不规范,有些电动自行车在最高时速、空车质量、外形尺寸等方面越来越接近或等同于轻便摩托车,实际上已超出了正常电动车的范围,该类车辆在交通事故认定中经鉴定常常被确定系机动车,而根据《道路交通安全法》第 76 条的规定,机动车发生交通事故造成人身伤亡、财产损失的,由保险公司在机动车第三者责任强制保险责任限额范围内予以赔偿,不足部分,按照下列规定承担赔偿责任:(1)机动车之间发生交通事故的,由有过错的一方承担赔偿责任;双方都有过错的,按照各自过错的比例分担责任。(2)机动车与非机动车驾驶人、行人之间发生交通事故,非机动车驾驶人、行人没有过错的,由机动车一方承担赔偿责任;有证据证明非机动车驾驶人、行人有过错的,根据过错程度适当减轻机动车一方的赔偿责任;机动车一方没有过错的,承担不超过 10% 的赔偿责任。交通事故的损失是由非机动车驾驶人、行人故意碰撞机动车造成的,机动车一方不承担赔偿责任。上述规定说明,发生交通事故后,肇事各方所驾驶的车辆类型是属于机动车还是非机动车,将对交警部门进行事故责任划分产生较大影响。

同时,根据《道路交通安全法》第 17 条的规定,国家对机动车实行交强险制度。这意味着,只要在我国境内上路行驶的机动车,就应当依法投保交强险。基于此,便出现了该类被鉴定为机动车的电动车是否需要向保险公司投保交强险的问题。如果需要投保交强险,那么,依据《最高人民法院关于审理道路交通事故损害赔偿案件适用法律若干问题的解释》第 16 条、第 19 条的规定,机动车发生交通事故造成损害,当事人同时起诉侵权人和保险公司的,人民法院应当确定先由承保交强险的保险公司在责任限额范围内予以赔偿;不足部分,由承保商业三者险的保险公司根据保险合同予以赔偿;仍有不足的,依照《道路交通安全法》和《侵权责任法》的

相关规定由侵权人予以赔偿。而对未依法投保交强险的机动车上路行驶发生交通事故造成损害的,受害人有权请求投保义务人在交强险责任限额范围内予以赔偿。公安交通管理部门有权扣留车辆,并对该机动车所有人或管理人处以应缴纳交强险保险费2倍的罚款。

二、"机动车须投保交强险"的具体适用

前述表明,我国对机动车实行交强险制度,这一制度负有更多的社会职能,其设计的初衷是国家从保险层面最大程度上为交通事故受害人提供及时和基本的保障,同时,也有利于减轻侵权人的经济负担,化解经济赔偿纠纷,通过实行"奖优罚劣"的费率浮动机制,促进机动车驾驶人增强交通安全意识;有利于充分发挥保险的保障功能,维护社会稳定。

在本案中,首先,交警部门委托鉴定机构对事故电动车作出鉴定意见,是其为行使行政管理职能而为,系公安交通管理部门在处理交通违法并对违法行为人实施行政处罚的依据,但案中涉及的机动车仅为一般意义上的机动车。其次,目前两轮电动车并未列入国家发展和改革委员会公布的机动车目录,电动车在办理机动车登记和保险手续时无法按照普通意义上的机动车对待。这是社会管理体制和机制构建的问题,将该社会管理责任归咎于电动车一方既不符合公平原则,也不合情理。最后,电动车购买人在购买车辆时,并非按照购买机动车的初衷购买。目前,在电动车生产企业印制的产品说明书、保修卡等随车材料上几乎无一例外地宣传自己生产的是电动车,且事实上,即便所购车辆存在"超标"情形,也无法简单地通过肉眼作出判定。

认定被鉴定为机动车的电动车无须先行承担交强险赔偿责任,能够较好地体现行政管理职能与民事司法裁判的关联性及区别性,也对当事人的合法权益给予了充分保护,在最大程度上实现法律效果和社会效果的统一。具体到本案,因涉案电动车未投保交强险,赵某男要求被告先行在交强险赔偿限额范围内承担赔偿责任的诉求依据不足,法院不予支持。

※裁判要旨:交警部门对肇事电动车属于机动车的认定,系从行政管理角度作出的。实践中,保险企业不为该类所谓的"机动车"办理交强险,所以,无法投保交强险并非投保义务人主观意愿所致,该种状况不具有可责难性,故投保义务人亦不得因此加重责任。

第十八条　【非机动车的登记】依法应当登记的非机动车，经公安机关交通管理部门登记后，方可上道路行驶。

依法应当登记的非机动车的种类，由省、自治区、直辖市人民政府根据当地实际情况规定。

非机动车的外形尺寸、质量、制动器、车铃和夜间反光装置，应当符合非机动车安全技术标准。

条文解读

本条是关于非机动车上道路行驶的许可规定和条件要求。本条共分 3 款。

根据本法附则中关于非机动车的界定，非机动车是指以人力或者畜力驱动，在道路上行驶的交通工具，以及虽有动力装置驱动但设计最高时速、空车质量、外形尺寸符合有关国家标准的残疾人机动轮椅车、电动自行车等交通工具。非机动车可以包括自行车、三轮车、人力车、畜力车、残疾人专用车、电动自行车等。

本条第 1 款和第 2 款确立了非机动车行驶许可制度的法律地位。本法对非机动车实施行驶许可制度主要有两个方面的考虑：一是实施上路许可制度可以适当控制非机动车的种类和数量；二是实施上路许可制度可以实现对非机动车的安全技术标准的要求。

需要注意的是，这里的规定，并非要求所有非机动车的上路行驶均需要通过许可，只有按照地方性法规、规章确定需要进行登记的非机动车种类，上路行驶才需要许可。这样规定的目的也是规范对非机动车的管理，避免在没有明确规范规定的情况下，随意管理和处罚非机动车驾驶人。

鉴于各地非机动车的种类差别大，本法要求各省、自治区、直辖市根据当地的实际情况规定应登记的非机动车种类。根据我国立法的规定，较大的市（包括省、自治区政府所在地的市、特区政府所在地的市和国务院批准的其他较大的市）也具有一定程度的制定地方性法规的权力和独立制定规章的权力。所以较大的市也可以根据当地的实际，在不与其所在的省、自治区的相关规定冲突的情况下，制定更加符合当地特点的非机动车登记管理办法。

关联法规索引

《山西省实施〈中华人民共和国道路交通安全法〉办法》第17条;《浙江省实施〈中华人民共和国道路交通安全法〉办法》第50条

第二节　机动车驾驶人

第十九条　【驾驶证】驾驶机动车,应当依法取得机动车驾驶证。

申请机动车驾驶证,应当符合国务院公安部门规定的驾驶许可条件;经考试合格后,由公安机关交通管理部门发给相应类别的机动车驾驶证。

持有境外机动车驾驶证的人,符合国务院公安部门规定的驾驶许可条件,经公安机关交通管理部门考核合格的,可以发给中国的机动车驾驶证。

驾驶人应当按照驾驶证载明的准驾车型驾驶机动车;驾驶机动车时,应当随身携带机动车驾驶证。

公安机关交通管理部门以外的任何单位或者个人,不得收缴、扣留机动车驾驶证。

条文解读

本条是关于规范机动车驾驶人驾驶证申请和管理问题的规定。本条共分5款。

本条第1款是关于驾驶机动车应当依法取得机动车驾驶证的规定。驾驶证是证明机动车驾驶人具有驾驶某种机动车资格的法定证件。根据国家有关规定,机动车驾驶证分为中华人民共和国机动车驾驶证、中华人民共和国机动车临时驾驶证和中华人民共和国机动车学习驾驶证。

本条第2款是关于机动车驾驶证的申请条件和机动车驾驶证考试的规定。本款规定了两个方面的内容:一是申请机动车驾驶证,应当符合国务院公安部门规定的驾驶许可条件,如必须符合一定的身体、年龄等许可条件,这些条件由国务院公安部门规定;二是申请机动车驾驶证,经考试合格后,应当由公安机关交通管理部门发给相应类别的机动车驾驶证。这里所说的"考试",是指机动车驾驶考试,包括交通安全法律法规与相关知识(俗称"理考")、场地驾驶(俗称"内路")和道路驾驶(俗称“外路”)。这里所说的“相应类别”,是指根据本条第4款的规定,驾驶人应当按照驾驶证载明的不同准驾车型驾驶相应的机动车。

本条第3款是关于持有境外机动车驾驶证的驾驶人取得中国的驾驶证的规定。按照国家规定,持有外国或我国香港特别行政区、澳门特别行政区、台湾地区驾驶证或国际驾驶证并在境外连续居留6个月以上的中国公民可以申请驾驶证。申请时首先要填写机动车驾驶证申请表,交验居民身份证或中华人民共和国护照;其次,要交验外国或我国香港特别行政区、澳门特别行政区、台湾地区驾驶证或国际驾驶证;最后,要接受身体检查。车辆管理所对符合规定的,经考试合格后,核发驾驶证。

本条第4款是对驾驶员驾驶准驾车型和驾驶车辆随身携带驾驶证的要求。根据《机动车驾驶证申领和使用规定》的规定,机动车准驾车型共分为16种。根据机动车驾驶证上的准驾车型代号,机动车驾驶人可以驾驶该代号代表的一种或几种机动车。一般来说,取得准驾大型机动车资格的,可以驾驶小型机动车;取得准驾小型机动车资格的,需要增加驾驶车辆类型时,应经考试合格后在机动车驾驶证上签注。按照本款规定,超出准驾车型驾驶机动车的,属于无证驾驶车辆。此外,为了便于公安机关交通管理部门对上路驾驶机动车辆的驾驶员进行管理,本款还要求机动车驾驶员要随身携带驾驶证。

本条第5款是关于机动车驾驶证收缴、扣留方面的规定。根据本条款规定,首先,机动车驾驶员随身携带的驾驶证受到法律保护,不容许随意被收缴和扣留。其次,只有公安机关交通管理部门才有权收缴、扣留机动车驾驶证。最后,公安机关交通管理部门收缴、扣留机动车驾驶证,也必须按照本法规定的法定条件和程序进行。需要指出的是,尽管农业(农业机械)部门可以从事拖拉机驾驶证的发放和管理工作,但根据本款规定,农业(农业机械)部门无权收缴、扣留拖拉机驾驶证。本款的目的在于保障道路交通安全执法主体的统一性,避免多部门执法给当事人造成不便,避免滥执法、滥处罚的混乱局面。

配套法规及解读

《道路交通安全法实施条例》(2017年10月7日修订)

第十九条　符合国务院公安部门规定的驾驶许可条件的人,可以向公安机关交通管理部门申请机动车驾驶证。

机动车驾驶证由国务院公安部门规定式样并监制。

第二十一条 公安机关交通管理部门应当对申请机动车驾驶证的人进行考试,对考试合格的,在5日内核发机动车驾驶证;对考试不合格的,书面说明理由。

第二十二条 机动车驾驶证的有效期为6年,本条例另有规定的除外。

机动车驾驶人初次申领机动车驾驶证后的12个月为实习期。在实习期内驾驶机动车的,应当在车身后部粘贴或者悬挂统一式样的实习标志。

机动车驾驶人在实习期内不得驾驶公共汽车、营运客车或者执行任务的警车、消防车、救护车、工程救险车以及载有爆炸物品、易燃易爆化学物品、剧毒或者放射性等危险物品的机动车;驾驶的机动车不得牵引挂车。

第二十七条 机动车驾驶证丢失、损毁,机动车驾驶人申请补发的,应当向公安机关交通管理部门提交本人身份证明和申请材料。公安机关交通管理部门经与机动车驾驶证档案核实后,在收到申请之日起3日内补发。

第二十八条 机动车驾驶人在机动车驾驶证丢失、损毁、超过有效期或者被依法扣留、暂扣期间以及记分达到12分的,不得驾驶机动车。

《右下肢、双下肢残疾人驾驶机动车身体条件规定》(2010年3月28日)

一、本规定适用于省级卫生行政部门指定的医疗机构对右下肢、双下肢残疾人申请机动车驾驶证进行身体条件检查。

二、符合本规定要求的残疾人申请驾驶的机动车仅限于允许在我国道路上行驶的、加装肢体残疾人驾驶汽车的操纵辅助装置的小型、微型自动挡载客汽车。

三、右全足至全下肢缺失或运动功能障碍,但身体协调性好,能够自主坐立,坐位平衡至少达到平衡功能三级分法的二级水平;双侧肩关节内收均达到130°,双手操作力能达到100N(牛顿)以上。

四、双足至全下肢缺失或双下肢运动功能障碍,但身体协调性好,能够自主坐立,坐位平衡至少达到平衡功能三级分法的三级水平;双侧肩关节内收均达到130°,双手操作力能达到100N(牛顿)以上。

五、其他身体条件应符合公安部《机动车驾驶证申领和使用规定》的要求。

《校车安全管理条例》(2012年4月5日)

第二十三条 校车驾驶人应当依照本条例的规定取得校车驾驶资格。

取得校车驾驶资格应当符合下列条件:

（一）取得相应准驾车型驾驶证并具有3年以上驾驶经历，年龄在25周岁以上、不超过60周岁；

（二）最近连续3个记分周期内没有被记满分记录；

（三）无致人死亡或者重伤的交通事故责任记录；

（四）无饮酒后驾驶或者醉酒驾驶机动车记录，最近1年内无驾驶客运车辆超员、超速等严重交通违法行为记录；

（五）无犯罪记录；

（六）身心健康，无传染性疾病，无癫痫、精神病等可能危及行车安全的疾病病史，无酗酒、吸毒行为记录。

第二十四条　机动车驾驶人申请取得校车驾驶资格，应当向县级或者设区的市级人民政府公安机关交通管理部门提交书面申请和证明其符合本条例第二十三条规定条件的材料。公安机关交通管理部门应当自收到申请材料之日起5个工作日内审查完毕，对符合条件的，在机动车驾驶证上签注准许驾驶校车；不符合条件的，书面说明理由。

《拖拉机和联合收割机驾驶证管理规定》（2018年1月15日）

第七条　驾驶拖拉机、联合收割机，应当申请考取驾驶证。

第二十四条　驾驶证有效期为6年。驾驶人驾驶拖拉机、联合收割机时，应当随身携带。

驾驶人应当于驾驶证有效期满前3个月内，向驾驶证核发地或居住地农机监理机构申请换证。申请换证时应当填写申请表，提交以下材料：

（一）驾驶人身份证明；

（二）驾驶证；

（三）身体条件证明。

第二十五条　驾驶人户籍迁出原农机监理机构管辖区的，应当向迁入地农机监理机构申请换证；驾驶人在驾驶证核发地农机监理机构管辖区以外居住的，可以向居住地农机监理机构申请换证。申请换证时应当填写申请表，提交驾驶人身份证明和驾驶证。

第二十六条　驾驶证记载的驾驶人信息发生变化的或驾驶证损毁无法辨认的，驾驶人应当及时到驾驶证核发地或居住地农机监理机构申请换证。申请换证时应当填写申请表，提交驾驶人身份证明和驾驶证。

第二十七条 符合本规定第二十四条、第二十五条、第二十六条换证条件的，农机监理机构应当在 2 个工作日内换发驾驶证，并收回原驾驶证。

第二十八条 驾驶证遗失的，驾驶人应当向驾驶证核发地或居住地农机监理机构申请补发。申请时应当填写申请表，提交驾驶人身份证明。

符合规定的，农机监理机构应当在 2 个工作日内补发驾驶证，原驾驶证作废。

驾驶证被依法扣押、扣留或者暂扣期间，驾驶人不得申请补证。

第二十九条 拖拉机运输机组驾驶人在一个记分周期内累计达到 12 分的，农机监理机构在接到公安部门通报后，应当通知驾驶人在 15 日内接受道路交通安全法律法规和相关知识的教育。

驾驶人接受教育后，农机监理机构应当在 20 日内对其进行科目一考试。

驾驶人在一个记分周期内两次以上达到 12 分的，农机监理机构还应当在科目一考试合格后的 10 日内对其进行科目四考试。

第三十条 驾驶人具有下列情形之一的，其驾驶证失效，应当注销：

（一）申请注销的；

（二）身体条件或其他原因不适合继续驾驶的；

（三）丧失民事行为能力，监护人提出注销申请的；

（四）死亡的；

（五）超过驾驶证有效期 1 年以上未换证的；

（六）年龄在 70 周岁以上的；

（七）驾驶证依法被吊销或者驾驶许可依法被撤销的。

有前款情形之一，未收回驾驶证的，应当公告驾驶证作废。

有第一款第（五）项情形，被注销驾驶证未超过 2 年的，驾驶人参加科目一考试合格后，可以申请恢复驾驶资格，办理期满换证。

第三十三条 申请人以隐瞒、欺骗等不正当手段取得驾驶证的，应当撤销驾驶许可，并收回驾驶证。

农机安全监理人员违反规定办理驾驶证申领和使用业务的，按照国家有关规定给予处分；构成犯罪的，依法追究刑事责任。

※法规解读：机动车驾驶证记载和签注的内容如下：

（1）机动车驾驶人信息：姓名、性别、出生日期、国籍、住址、身份证明号码（机动车驾驶证号码）、照片；

(2)车辆管理所签注的内容:初次领证日期、准驾车型代号、有效期起始日期、有效期限、核发机关印章、档案编号。

申领驾驶证应符合国家规定的年龄条件和身体条件,并且不存在禁止申领驾驶证的法定情形。初次申领驾驶证的准驾车型和申请增加准驾车型应符合国家规定的相应条件。持有军队、武警机动车驾驶证,或者持有境外机动车驾驶证,并符合规定的申请条件可以申请对应准驾车型的机动车驾驶证。机动车驾驶人应在驾驶证有效期内驾驶机动车,一旦出现机动车驾驶证丢失、损毁、超过有效期或者被依法扣留、暂扣以及记分达到12分等情况,不得驾驶机动车。

残疾人和普通人一样拥有驾驶机动车的权利,但并非所有残疾人的身体条件都适合驾驶车辆,如视力残疾、严重听力残疾、上肢残疾等情况不适合驾驶机动车,但下肢残疾的人只要其他感、知觉通道正常,依照我国法律则可以申请机动车驾驶证照。这一规定从另一个侧面体现了我国保障残疾人合法权益,拓宽残疾人社会生活领域的立法思路。

根据我国《机动车驾驶证申领和使用规定》的规定,有听力障碍的人只要两耳听力分别距音叉50厘米能辨别声源方向,就可以申请驾驶证照,而申请小型汽车、小型自动挡汽车准驾车型的,可以佩戴助听设备。有肢体障碍的,只要双下肢健全且运动功能正常,不等长度不大于5厘米的,可以申请驾驶手动挡汽车;右下肢健全且运动功能正常的,可以申请驾驶自动挡汽车;右下肢、双下肢缺失或者丧失运动功能,但能够自主坐立的,可以申请驾驶残疾人专用小型自动挡载客汽车。此外,残疾人驾驶机动车需要设置辅助装置的,要参照《肢体残疾人驾驶汽车的操纵辅助装置》(GB/T 21055—2007)国家标准执行。

驾驶拖拉机和联合收割机的驾驶员需要考取专门的驾驶证,并按《拖拉机和联合收割机驾驶证管理规定》的规定申请、考试和使用。

关联法规索引

《北京市实施〈中华人民共和国道路交通安全法〉办法》第24条

第二十条 【驾驶培训】机动车的驾驶培训实行社会化，由交通运输主管部门对驾驶培训学校、驾驶培训班实行备案管理，并对驾驶培训活动加强监督，其中专门的拖拉机驾驶培训学校、驾驶培训班由农业（农业机械）主管部门实行监督管理。

驾驶培训学校、驾驶培训班应当严格按照国家有关规定，对学员进行道路交通安全法律、法规、驾驶技能的培训，确保培训质量。

任何国家机关以及驾驶培训和考试主管部门不得举办或者参与举办驾驶培训学校、驾驶培训班。

条文解读

本条是关于机动车驾驶培训的规定。本条共分 3 款。

本条第 1 款是关于机动车驾驶培训实行社会化的规定。机动车驾驶培训实行社会化，是指国家机关不举办或者参与举办机动车驾驶培训，机动车驾驶培训工作由社会上有关单位，如驾驶培训学校、驾驶培训班等培训机构承担。从事机动车驾驶员培训的驾驶培训学校、驾驶培训班必须在交通运输主管部门完成备案后，才能在到工商、税务等部门办理有关手续后开业。根据本款规定，除专门的拖拉机驾驶培训学校、驾驶培训班由农业（农业机械）主管部门实行监督管理外，其他驾驶培训学校、驾驶培训班，都由各级交通运输主管部门负责监督管理。

本条第 2 款是关于对驾驶培训学校和驾驶培训班的教学要求的规定。本款所说的“国家有关规定”，是指国家关于驾驶培训学校、驾驶培训班的举办条件、培训内容、培训方式、教员、教练车、教练场等方面的规定。驾驶培训学校、驾驶培训班对学员的培训内容主要包括两个方面，即交通安全法律法规培训和驾驶技能培训。

本条第 3 款是关于禁止国家机关和有关主管部门参与举办驾驶员培训学校或者培训班的规定。这是为了驾驶员培训实行社会化原则能够得到保障而专门规定的禁止性条款。

配套法规及解读

《道路交通安全法实施条例》(2017 年 10 月 7 日修订)

第二十条　学习机动车驾驶,应当先学习道路交通安全法律、法规和相关知识,考试合格后,再学习机动车驾驶技能。

在道路上学习驾驶,应当按照公安机关交通管理部门指定的路线、时间进行。在道路上学习机动车驾驶技能应当使用教练车,在教练员随车指导下进行,与教学无关的人员不得乘坐教练车。学员在学习驾驶中有道路交通安全违法行为或者造成交通事故的,由教练员承担责任。

第二十一条　公安机关交通管理部门应当对申请机动车驾驶证的人进行考试,对考试合格的,在 5 日内核发机动车驾驶证;对考试不合格的,书面说明理由。

第二十二条　机动车驾驶证的有效期为 6 年,本条例另有规定的除外。

机动车驾驶人初次申领机动车驾驶证后的 12 个月为实习期。在实习期内驾驶机动车的,应当在车身后部粘贴或者悬挂统一式样的实习标志。

机动车驾驶人在实习期内不得驾驶公共汽车、营运客车或者执行任务的警车、消防车、救护车、工程救险车以及载有爆炸物品、易燃易爆化学物品、剧毒或者放射性等危险物品的机动车;驾驶的机动车不得牵引挂车。

第一百零四条　机动车驾驶人有下列行为之一,又无其他机动车驾驶人即时替代驾驶的,公安机关交通管理部门除依法给予处罚外,可以将其驾驶的机动车移至不妨碍交通的地点或者有关部门指定的地点停放:

(一)不能出示本人有效驾驶证的;

(二)驾驶的机动车与驾驶证载明的准驾车型不符的;

(三)饮酒、服用国家管制的精神药品或者麻醉药品、患有妨碍安全驾驶的疾病,或者过度疲劳仍继续驾驶的;

(四)学习驾驶人员没有教练人员随车指导单独驾驶的。

第一百一十四条　机动车驾驶许可考试的收费标准,由国务院价格主管部门规定。

※法规解读:《道路交通安全法》第 20 条是关于机动车驾驶培训的内容,主要规定了培训机构资质、培训内容等。《道路交通安全法实施条例》中的配套条款则具体规定了培训程序和培训原则。根据上述规定,驾驶培训需在有资质的驾驶培

训学校、培训班进行。学员在接受培训时与驾校之间已实际形成了培训合同关系，所以，培训学校、培训班负有提供符合安全技术条件的适驾车辆、指派教练随车指导、对可能发生的事故根据具体情况采取相应措施的义务。在驾驶培训的实践操作部分，学员的驾驶技能还不完善，驾驶经验也不丰富，无论是从道路交通管理，还是从道路交通安全的角度来说，都需要有一个逐渐学习的过程，所以，学员不仅应在驾驶教练指导下在道路上学习驾驶，还应当按照公安机关交通管理部门指定的路线、时间进行。学员在道路上学习机动车驾驶技能时之所以应当使用教练车，并在教练员随车指导下进行，一方面是因为在驾驶学习阶段，学员缺乏驾驶技能和驾驶经验，而驾驶教练员是经过驾驶师资培训的专业人士，不仅驾驶技术一流、驾驶经验丰富，而且擅长教学；另一方面是因为教练车是经过特殊设计的专门用于进行驾驶培训的车辆，有专门的副驾驶设置，教练人员也可以控制车辆。法律作此规定是为了更好地保障学员的安全。

第二十一条 【上路前检查】驾驶人驾驶机动车上道路行驶前，应当对机动车的安全技术性能进行认真检查；不得驾驶安全设施不全或者机件不符合技术标准等具有安全隐患的机动车。

条文解读

本条是关于机动车上道路行驶前必须接受机动车安全技术性能检查的规定。

本条规定了以下两个方面的内容：一是驾驶人在驾驶机动车上道路行驶前，应当对机动车的安全技术性能进行认真检查；二是驾驶人不得驾驶安全设施不全或机件不符合安全技术标准等具有安全隐患的机动车。

驾驶人在驾驶机动车上道路行驶前，必须对机动车安全技术性能进行检查，这不仅是预防交通事故的有效措施，而且能为维护社会稳定、促进经济建设做出贡献。从这个意义上讲，在上道路行驶前对机动车安全技术性能状况进行全面的检查，是驾驶人安全行驶的义务，既利己，也利他。一般来说，机动车安全技术性能检查主要包括：检视车辆的制动系统及各部机件连接的紧固情况，检查机油、空气、燃油滤清器和蓄电池等是否清洁，是否有漏水、漏油、漏气、漏电等现象，刹车是否灵敏等。

典型案例

罗某雷与唐某信等机动车交通事故责任纠纷案[1]

※案情简介：2020年7月26日2时5分左右，唐某德无证且醉酒驾驶桂M6××××号普通二轮摩托车由县城往地苏镇方向行驶，行至安阳大道钻石广场对面路段时车辆碰撞到由罗某雷临时停放在道路最外车道的桂A8××××号轻型仓栅式货车的尾部，造成唐某德当场死亡和摩托车损坏的道路交通事故。2020年7月26日，都安瑶族自治县公安局交通管理大队作出第451228120200000035号道路交通事故认定书，认定唐某德负事故的主要责任，被告罗某雷负事故的次要责任。事故发生后，都安瑶族自治县公安局交通管理大队依法扣留被告罗某雷所驾驶的桂A8××××号轻型仓栅式货车，并于2020年8月25日返还扣留车辆。原告唐某信系唐某德之父亲，唐某德母亲已故，其父母共同生育有子女三人。原告韦某系唐某德之妻子，二人共同生育有子女二人，即本案原告唐某洋、唐某。另查明，被告罗某雷系桂A8××××号轻型仓栅式货车的车辆所有人，事故发生时该车后部反光标识、后下部防护装置不符合技术标准。该车在阳光财产保险股份有限公司河池中心支公司投保有交强险，保险公司已在交强险责任限额内赔偿原告各项经济损失共计110,000元，保险公司的交强险责任限额已赔付完毕。事故发生后，被告罗某雷已垫付原告丧葬费36,774元。

一审法院认为：本案系因道路交通事故引发的人身损害赔偿纠纷，都安瑶族自治县公安局交通管理大队认定唐某德承担事故的主要责任，罗某雷承担事故的次要责任，该认定程序合法，事实清楚，因果关系明确，适用法律正确，予以采信，并作为划分双方责任及承担民事赔偿责任的依据。

根据查明的事实与《最高人民法院关于审理人身损害赔偿案件适用法律若干问题的解释》的有关规定，并参照2020年《广西壮族自治区道路交通事故人身损害赔偿项目计算标准》所确定的标准及《广西壮族自治区高级人民法院关于开展人身损害赔偿标准城乡统一试点工作的通知》的相关规定，对原告主张的各项经济损失确认如下：(1)原告诉请的死亡赔偿金34,745元/年×20年=694,900元、丧葬费

[1] 本案根据(2021)桂12民终647号判决书整理。

6626元/月×6个月=39,756元、被抚养人生活费71,970元+32,386.50元=104,356.50元、处理后事误工费142元/天×3人×3天=1278元,于法有据,没有超过相关标准,应予以确认;(2)原告诉请的精神损害抚慰金。法院认为,原告亲属唐某德因本次交通事故死亡,确实给原告造成了精神上的极大痛苦,但原告诉请50,000元过高,结合事故双方的过错程度、损害后果、当地居民的生活水平、侵权人的经济收入状况等因素综合考虑,酌情支持精神损害抚慰金6000元。以上予以确认的各项经济损失共计846,290.50元。

依照《道路交通安全法》第76条的规定,机动车之间发生交通事故造成人身伤亡、财产损失的,由机动车投保的保险公司在机动车第三者责任强制保险责任限额范围内先行赔偿,超过交强险责任限额的损失,由有过错的一方赔偿,双方都有过错的,按照各自的过错比例分担责任。本案中,原告亲属唐某德未取得机动车驾驶证,醉酒后驾驶二轮摩托车上道路行驶,其过错行为是造成此次事故的主要原因,被告罗某雷临时停车在道路上影响通行的车辆上道路行驶,且车辆后部反光标识、后下部防护装置不符合技术标准,其过错行为是造成此次事故的次要原因。结合本案事故形成原因,唐某德存在多重违规行为,确认其本人承担80%的责任,被告罗某雷承担20%的民事赔偿责任。被告罗某雷驾驶的桂A8××××号轻型仓栅式货车在阳光财产保险股份有限公司河池中心支公司投保有交强险,阳光财产保险股份有限公司河池中心支公司已在交强险责任限额内赔付原告110,000元,交强险责任限额已赔付完毕,故超出交强险责任限额的部分即846,290.50元-110,000元=736,290.50元,应由被告罗某雷按事故次要责任承担20%的民事赔偿责任即736,290.50元×20%=147,258.10元。扣除被告罗某雷已垫付的丧葬费36,774元,其在本案中仍应赔偿四原告各项经济损失为147,258.10元-36,774元=110,484.10元。

综上所述,一审法院判决:(1)被告(反诉原告)罗某雷于该判决生效之日起15日内赔偿原告(反诉被告)唐某信、韦某、唐某洋、唐某死亡赔偿金、丧葬费、被扶养人生活费等各项经济损失共计110,484.10元;(2)驳回原告(反诉被告)唐某信、韦某、唐某洋、唐某的其他诉讼请求;(3)驳回被告(反诉原告)罗某雷的反诉请求。如果未按该判决指定的期间履行给付金钱义务,应当依照《民事诉讼法》第253条规定,加倍支付迟延履行期间的债务利息。案件受理费5430元,减半收取计2715元(原告已预交),由原告唐某信、韦某、唐某洋、唐某共同负担1638元,被告罗某雷负担1077元。反诉案件受理费232元,减半收取计116元(被告已预交),由被告罗某雷(反诉原告)负担。

二审期间,上诉人罗某雷提供判例一份和微信截图一份,拟证明上诉人的车辆并非违停。对于上诉人罗某雷二审期间提供的证据材料,被上诉人对于其真实性、关联性、合法性均不予认可。上诉人罗某雷二审期间提供的证据不足以推翻道路交通事故认定书所确认的事实,故二审法院不予采信。一审查明的事实属实,二审法院予以确认。

※**裁判理由:**本案的争议焦点为:(1)本案责任比例如何划分?(2)上诉人罗某雷请求的停运损失是否应当得到支持?

二审法院认为:(1)关于本案责任比例如何划分的问题。根据《道路交通安全法实施条例》第91条“公安机关交通管理部门应当根据交通事故当事人的行为对发生交通事故所起的作用以及过错的严重程度,确定当事人的责任”之规定,在发生道路交通事故后,公安机关交通管理部门确定各方的责任依据是行为对发生交通事故所起的作用以及过错的严重程度,该责任划分标准与侵权赔偿责任划分标准一致,故道路交通事故认定书中作出的责任划分不仅是执行行政法规的具体体现,还涉及民事责任的承担,在没有相反证据推翻的情况下,可以作为民事赔偿责任的认定依据。本案中,都安瑶族自治县公安局交通管理大队作出的道路交通事故认定书确认上诉人临时停车在道路上影响车辆通行,并根据广东中智痕迹司法鉴定所司法意见书中的上诉人驾驶车辆后部反光标识不符合技术标准、后下部防护装置不符合技术标准的鉴定意见,认定上诉人违反了《道路交通安全法》第21条和第56条第2款的规定,从而认定上诉人承担次要责任,该结论是根据上诉人的过错以及对事故发生的原因力而作出,符合道路交通事故损害赔偿责任划分标准。一审判决根据双方的过错程度、行为事故发生的作用大小以及本案实际情况,确认上诉人承担20%的民事赔偿责任并无不当,予以维持。上诉人认为其不承担本案侵权责任的上诉理由不成立,不予采纳。

(2)关于上诉人罗某雷请求的停运损失是否应当得到支持的问题。《最高人民法院关于审理道路交通事故损害赔偿案件适用法律若干问题的解释》第12条规定:因道路交通事故造成下列财产损失,当事人请求侵权人赔偿的,人民法院应予支持:……依法从事货物运输、旅客运输等经营性活动的车辆,因无法从事相应经营活动所产生的合理停运损失……上诉人车辆为从事货物运输的经营性车辆,因为本次事故被扣押30日,无法进行营运,客观上造成了损失,应得到赔偿。因上诉人提供的证据不足以证明其停运损失数额,二审法院参照交通运输业在岗职工工资作为赔偿标准,根据2020年《广西壮族自治区道路交通事故人身损害赔偿项目计算标准》的规定,交通运输、仓储及邮政年度工资为91,430元,上诉人30天的停运损失为7515元≈91,430元/年÷365天×30天。根据本案中事故责任比例划分,唐某德承担故事责任的80%,故被上诉人唐某信等四人在继承唐某德遗产范围内赔偿上诉人停运损失6012元=7515元×80%。上诉人诉请的合理停运损失有事实和法律依据予以支持,超出部分不予支持。

另外,精神损害金是否应当得到赔偿应当综合考虑侵权人和被侵权人的过错,侵权行为所造成的后果,侵权行为的目的、方式、场合等具体情节。在本次事故中,唐某德存在醉酒、无证驾驶等严重违法情形,过错程度较深,上诉人罗某雷仅存在临时停车影响通行、驾驶车辆反光标识和后下部防护装置不符合标准等过失,其不应承担本案的精神损害赔偿责任,一审判决支持损害赔偿金属于适用法律不当,应予以纠正。在本案中,被上诉人因本次事故造成的损失应当为:840,290.5元=846,290.50元-6000元。根据本案责任比例划分,扣除上诉人罗某雷已经支付的丧葬费以及保险公司已经支付的交强险,上诉人应当赔偿被上诉人各项损失共计109,284.1元=(840,290.5元-110,000元)×20%-36,774元。

※裁判结果:(1)维持都安瑶族自治县人民法院(2021)桂1228民初23号民事判决第2项;

(2)变更都安瑶族自治县人民法院(2021)桂1228民初23号民事判决第1项为:上诉人罗某雷于该判决生效之日起15日内赔偿被上诉人唐某信、韦某、唐某洋、唐某死亡赔偿金、丧葬费、被扶养人生活费等各项经济损失共计109,284.1元;

(3)变更都安瑶族自治县人民法院(2021)桂1228民初23号民事判决第3项为:被上诉人唐某信、韦某、唐某洋、唐某于该判决生效之日15日内在继承唐某德遗产范围内赔偿上诉人罗某雷停运损失6012元;

(4)驳回上诉人罗某雷的其他诉讼请求。

※裁判要旨:(1)责任划分的依据是各方当事人的行为对事故发生的作用及其过错程度。本案中,都安瑶族自治县公安局交通管理大队作出的道路交通事故认定书以及广东中智痕迹司法鉴定所司法意见书,都表明上诉人停车在道路上影响车辆通行,且上诉人驾驶车辆后部反光标识不符合技术标准、后下部防护装置不符

合技术标准,违反了《道路交通安全法》第21条和第56条第2款的规定,从而认定上诉人承担次要责任,该结论是根据上诉人的过错以及对事故发生的原因力而作出,符合道路交通事故损害赔偿责任划分标准。

(2)停运损失数额无法查明时,可以参照交通运输业在岗职工工资作为赔偿标准。本案中根据2020年《广西壮族自治区道路交通事故人身损害赔偿项目计算标准》的规定,交通运输、仓储及邮政年度工资为91,430元,上诉人30天的停运损失为7515元=91,430元/年÷365天×30天。

(3)精神损害金是否应当得到赔偿应当综合考虑侵权人和被侵权人的过错、侵权行为所造成的后果、侵权行为的目的、方式、场合等具体情节,而不能只以结果为导向。本案中,一审法院只看到了死亡结果导致被上诉人一方受到了严重的精神损失,但忽略了本案上诉人及被上诉人的过错程度及其行为导致事故发生的作用力,导致其作出失之偏颇的判决。

第二十二条　【安全、文明驾驶】机动车驾驶人应当遵守道路交通安全法律、法规的规定,按照操作规范安全驾驶、文明驾驶。

饮酒、服用国家管制的精神药品或者麻醉药品,或者患有妨碍安全驾驶机动车的疾病,或者过度疲劳影响安全驾驶的,不得驾驶机动车。

任何人不得强迫、指使、纵容驾驶人违反道路交通安全法律、法规和机动车安全驾驶要求驾驶机动车。

条文解读

本条是关于机动车驾驶人安全驾驶的规定。本条共分3款。

本条第1款是关于机动车驾驶人在上道路驾驶机动车时应尽的基本义务的规定。根据本款规定,机动车驾驶人有遵守道路交通安全法律、法规的义务,有按照操作规范安全驾驶、文明驾驶的义务。这里所说的"道路交通安全法律、法规",是指全国人民代表大会及其常委会通过的法律、国务院制定的行政法规、地方性法规等关于道路交通安全方面的各项规定,以及相关法律、法规中有关交通安全等方面的规定。

本条第2款是关于禁止驾驶机动车的规定。根据本款规定,具有饮酒、服用国家管制的精神药品、服用国家管制的麻醉药品、患有妨碍安全驾驶机动车的疾病、过度疲劳影响安全驾驶等情形的驾驶人不得驾驶机动车。所谓“饮酒”，是指饮用白酒、啤酒、果酒等含有酒精的饮料。“精神药品”，是指直接作用于中枢神经系统，使之兴奋或抑制，连续使用能产生依赖性的药品，如安眠酮、甲基苯丙胺（俗称冰毒）等。“麻醉药品”，是指国家规定管制的能够使人形成瘾癖的麻醉药品，如鸦片、吗啡、大麻等。“患有妨碍安全驾驶机动车的疾病”，是指患有足以影响观察、判断事物能力和控制行为能力的疾病，如脑血管病、心血管病、癫痫、眩晕、发烧、严重耳疾、眼疾、肢体严重伤残等。“过度疲劳”，是指驾驶人每天驾驶超过 8 小时或者从事其他劳动而使体力消耗过大或者睡眠不足，以致行车中困倦瞌睡、四肢无力，不能及时发现和准确处理路面交通情况的情形。

本条第 3 款既是一个禁止性条款，又是一个保护性条款。强迫、指使、纵容驾驶人的情况多发生在驾驶员作为雇用司机的情形，由于存在雇佣关系，驾驶员常因担心失去工作而丧失意志自由，进而按照车主的意志违章驾驶车辆。根据《道路交通安全法》的规定，强迫他人违反法律规定驾驶机动车辆造成交通事故尚不构成犯罪的，可处以 200 元以上 2000 元以下的罚款。

配套法规及解读

《道路交通安全法实施条例》(2017 年 10 月 7 日修订)

第六十二条　驾驶机动车不得有下列行为：

（一）在车门、车厢没有关好时行车；

（二）在机动车驾驶室的前后窗范围内悬挂、放置妨碍驾驶人视线的物品；

（三）拨打接听手持电话、观看电视等妨碍安全驾驶的行为；

（四）下陡坡时熄火或者空挡滑行；

（五）向道路上抛撒物品；

（六）驾驶摩托车手离车把或者在车把上悬挂物品；

（七）连续驾驶机动车超过 4 小时未停车休息或者停车休息时间少于 20 分钟；

（八）在禁止鸣喇叭的区域或者路段鸣喇叭。

《机动车驾驶证申领和使用规定》(2021 年 12 月 17 日修订)

第十四条　申请机动车驾驶证的人，应当符合下列规定：

（一）年龄条件：

1. 申请小型汽车、小型自动挡汽车、残疾人专用小型自动挡载客汽车、轻便摩托车准驾车型的，在18周岁以上；

2. 申请低速载货汽车、三轮汽车、普通三轮摩托车、普通二轮摩托车或者轮式专用机械车准驾车型的，在18周岁以上，60周岁以下；

3. 申请城市公交车、中型客车、大型货车、轻型牵引挂车、无轨电车或者有轨电车准驾车型的，在20周岁以上，60周岁以下；

4. 申请大型客车、重型牵引挂车准驾车型的，在22周岁以上，60周岁以下；

5. 接受全日制驾驶职业教育的学生，申请大型客车、重型牵引挂车准驾车型的，在19周岁以上，60周岁以下。

（二）身体条件：

1. 身高：申请大型客车、重型牵引挂车、城市公交车、大型货车、无轨电车准驾车型的，身高为155厘米以上。申请中型客车准驾车型的，身高为150厘米以上；

2. 视力：申请大型客车、重型牵引挂车、城市公交车、中型客车、大型货车、无轨电车或者有轨电车准驾车型的，两眼裸视力或者矫正视力达到对数视力表5.0以上。申请其他准驾车型的，两眼裸视力或者矫正视力达到对数视力表4.9以上。单眼视力障碍，优眼裸视力或者矫正视力达到对数视力表5.0以上，且水平视野达到150度的，可以申请小型汽车、小型自动挡汽车、低速载货汽车、三轮汽车、残疾人专用小型自动挡载客汽车准驾车型的机动车驾驶证；

3. 辨色力：无红绿色盲；

4. 听力：两耳分别距音叉50厘米能辨别声源方向。有听力障碍但佩戴助听设备能够达到以上条件的，可以申请小型汽车、小型自动挡汽车准驾车型的机动车驾驶证；

5. 上肢：双手拇指健全，每只手其他手指必须有三指健全，肢体和手指运动功能正常。但手指末节残缺或者左手有三指健全，且双手手掌完整的，可以申请小型汽车、小型自动挡汽车、低速载货汽车、三轮汽车准驾车型的机动车驾驶证；

6. 下肢：双下肢健全且运动功能正常，不等长度不得大于5厘米。单独左下肢缺失或者丧失运动功能，但右下肢正常的，可以申请小型自动挡汽车准驾车型的机动车驾驶证；

7. 躯干、颈部：无运动功能障碍；

8. 右下肢、双下肢缺失或者丧失运动功能但能够自主坐立，且上肢符合本项第5目规定的，可以申请残疾人专用小型自动挡载客汽车准驾车型的机动车驾驶证。一只手掌缺失，另一只手拇指健全，其他手指有两指健全，上肢和手指运动功能正常，且下肢符合本项第6目规定的，可以申请残疾人专用小型自动挡载客汽车准驾车型的机动车驾驶证；

9. 年龄在70周岁以上能够通过记忆力、判断力、反应力等能力测试的，可以申请小型汽车、小型自动挡汽车、残疾人专用小型自动挡载客汽车、轻便摩托车准驾车型的机动车驾驶证。

第十五条 有下列情形之一的，不得申请机动车驾驶证：

（一）有器质性心脏病、癫痫病、美尼尔氏症、眩晕症、癔病、震颤麻痹、精神病、痴呆以及影响肢体活动的神经系统疾病等妨碍安全驾驶疾病的；

（二）三年内有吸食、注射毒品行为或者解除强制隔离戒毒措施未满三年，以及长期服用依赖性精神药品成瘾尚未戒除的；

（三）造成交通事故后逃逸构成犯罪的；

（四）饮酒后或者醉酒驾驶机动车发生重大交通事故构成犯罪的；

（五）醉酒驾驶机动车或者饮酒后驾驶营运机动车依法被吊销机动车驾驶证未满五年的；

（六）醉酒驾驶营运机动车依法被吊销机动车驾驶证未满十年的；

（七）驾驶机动车追逐竞驶、超员、超速、违反危险化学品安全管理规定运输危险化学品构成犯罪依法被吊销机动车驾驶证未满五年的；

（八）因本款第四项以外的其他违反交通管理法律法规的行为发生重大交通事故构成犯罪依法被吊销机动车驾驶证未满十年的；

（九）因其他情形依法被吊销机动车驾驶证未满二年的；

（十）驾驶许可依法被撤销未满三年的；

（十一）未取得机动车驾驶证驾驶机动车，发生负同等以上责任交通事故造成人员重伤或者死亡未满十年的；

（十二）三年内有代替他人参加机动车驾驶人考试行为的；

（十三）法律、行政法规规定的其他情形。

未取得机动车驾驶证驾驶机动车，有第一款第五项至第八项行为之一的，在规定期限内不得申请机动车驾驶证。

※法规解读:机动车驾驶人在驾驶时不仅要遵守道路交通安全法律、法规,按规范操作,而且要安全驾驶、文明驾驶。在现实生活中,有些驾驶人经常有一些不安全的驾驶习惯和不文明的驾驶行为,这些都是需要摒弃和消除的。

《道路交通安全法实施条例》第62条主要从安全驾驶、文明驾驶角度对驾驶人的行为规范提出了具体要求。根据该条的规定,驾驶人在行驶过程中接打手提电话、观看电视等被明确禁止,这是因为这些活动容易造成驾驶人注意力分散,影响安全驾驶。为了防止疲劳驾驶造成道路安全事故,该规定还明确指出机动车驾驶人在连续驾驶机动车4小时后必须停车休息20分钟以上。

2021年修订的《机动车驾驶证申领和使用规定》第15条从驾驶人的身体健康状况、精神健康状况以及驾驶经历等角度进一步细化了机动车驾驶人的申请条件。按照此规定,凡是有妨碍安全驾驶疾病的,如上文规定中提到的器质性心脏病、癫痫病等;凡是有严重不良驾驶记录的,如被吊销机动车驾驶证不满2年的、造成交通事故后逃逸被吊销机动车驾驶证的等,均不得申领机动车驾驶证。2021年修订后的该规定与修订前相比,明确了吸毒、醉驾或饮酒驾驶、追逐竞驶、超员、超速、违反危险化学品安全管理规定运输危险化学品构成犯罪的和无证驾驶机动车人员等申领驾照的限制性条件。近年来,因吸毒后驾驶机动车引发的交通事故数量呈快速增长趋势,特别是一些导致多人伤亡的恶性交通事故时有发生,给道路交通安全带来重大隐患,给人民群众生命财产安全造成严重危害。为加强对吸毒人员申请驾驶证及驾驶机动车的管理,预防和减少吸毒驾驶机动车发生的交通事故,2021年修订的《机动车驾驶证申领和使用规定》对吸毒驾驶机动车采取了"零容忍"态度,细化了吸毒人员申领驾驶证的限制条件,将原来吸毒成瘾尚未戒除不得申请驾驶证的规定,明确为"三年内有吸食、注射毒品行为或者解除强制隔离戒毒措施未满三年,以及长期服用依赖性精神药品成瘾尚未戒除的"不得申请驾驶证。在驾驶证申领和使用环节,公安机关将严格审查比对已登记的吸毒人员信息,对申请人属于吸毒成瘾未戒除人员的,不予受理申请,不予核发驾驶证。根据《道路交通安全法》及其实施条例的规定,撤销驾驶证的情形包括:以欺骗、贿赂等不正当手段取得驾驶证的。吊销驾驶证的情形包括:醉酒驾驶机动车,驾驶拼装、报废车上路行驶的,发生重大交通事故构成犯罪并在造成交通事故后逃逸的,将机动车交给无证的人驾驶的,超速50%以上的。因此,《机动车驾驶证申领和使用规定》第15条第1款第9项"因其他情形依法被吊销机动车驾驶证未满二年的",就是指以上除醉驾的情形。对于无证驾驶机动车的人员，如有未取得机动车驾驶证驾驶机动车，有第15条第1款第5项至第8项行为之一的，在规定期限内不得申请机动车驾驶证。

第二十三条 【驾驶证审验制度】公安机关交通管理部门依照法律、行政法规的规定，定期对机动车驾驶证实施审验。

条文解读

本条是关于机动车驾驶证定期审验制度的规定。

驾驶证的审验是车辆管理所在换发机动车驾驶证时，对驾驶人执行法规、身体问题和记分情况进行检验的业务。根据本条规定，公安机关交通管理部门有权依照法律、行政法规的规定，定期对机动车驾驶证实施审验。这里所说的“审验”，是指公安机关交通管理部门按照国家的有关规定，对不同准驾车型的机动车驾驶证，按一定期限对驾驶证及驾驶人的有关情况进行审查、检验。根据国家的有关规定，审验的项目主要包括：核对驾驶证上的各项记录和照片是否与现况相符，有无漏办审验及其他登记的情况；审查驾驶人的身体有无妨碍驾驶工作的情况等。审验合格，公安机关交通管理部门要按规定格式签章或记载。

配套法规及解读

《机动车驾驶证申领和使用规定》(2021年12月17日修订)

第七十二条 机动车驾驶人应当按照法律、行政法规的规定，定期到公安机关交通管理部门接受审验。

机动车驾驶人按照本规定第六十三条、第六十四条换领机动车驾驶证时，应当接受公安机关交通管理部门的审验。

持有大型客车、重型牵引挂车、城市公交车、中型客车、大型货车驾驶证的驾驶人，应当在每个记分周期结束后三十日内到公安机关交通管理部门接受审验。但在一个记分周期内没有记分记录的，免予本记分周期审验。

持有第三款规定以外准驾车型驾驶证的驾驶人，发生交通事故造成人员死亡承担同等以上责任未被吊销机动车驾驶证的，应当在本记分周期结束后三十日内到公安机关交通管理部门接受审验。

年龄在70周岁以上的机动车驾驶人发生责任交通事故造成人员重伤或者死亡的，应当在本记分周期结束后三十日内到公安机关交通管理部门接受审验。

机动车驾驶人可以在机动车驾驶证核发地或者核发地以外的地方参加审验、提交身体条件证明。

第七十三条 机动车驾驶证审验内容包括：

（一）道路交通安全违法行为、交通事故处理情况；

（二）身体条件情况；

（三）道路交通安全违法行为记分及记满12分后参加学习和考试情况。

持有大型客车、重型牵引挂车、城市公交车、中型客车、大型货车驾驶证一个记分周期内有记分的，以及持有其他准驾车型驾驶证发生交通事故造成人员死亡承担同等以上责任未被吊销机动车驾驶证的驾驶人，审验时应当参加不少于三小时的道路交通安全法律法规、交通安全文明驾驶、应急处置等知识学习，并接受交通事故案例警示教育。

年龄在70周岁以上的机动车驾驶人审验时还应当按照规定进行记忆力、判断力、反应力等能力测试。

对道路交通安全违法行为或者交通事故未处理完毕的、身体条件不符合驾驶许可条件的、未按照规定参加学习、教育和考试的，不予通过审验。

第七十四条 年龄在70周岁以上的机动车驾驶人，应当每年进行一次身体检查，在记分周期结束后三十日内，提交医疗机构出具的有关身体条件的证明。

持有残疾人专用小型自动挡载客汽车驾驶证的机动车驾驶人，应当每三年进行一次身体检查，在记分周期结束后三十日内，提交医疗机构出具的有关身体条件的证明。

机动车驾驶人按照本规定第七十二条第三款、第四款规定参加审验时，应当申报身体条件情况。

第七十五条 机动车驾驶人因服兵役、出国（境）等原因，无法在规定时间内办理驾驶证期满换证、审验、提交身体条件证明的，可以在驾驶证有效期内或者有效期届满一年内向机动车驾驶证核发地车辆管理所申请延期办理。申请时应当确认申请信息，并提交机动车驾驶人的身份证明。

延期期限最长不超过三年。延期期间机动车驾驶人不得驾驶机动车。

《校车安全管理条例》(2012年4月5日)

第二十六条 校车驾驶人应当每年接受公安机关交通管理部门的审验。

※法规解读:作为《道路交通安全法》的配套法规,《机动车驾驶证申领和使用规定》主要规定了机动车驾驶证的申领、换证、补证和注销等程序,同时规定了驾驶证的记分、审验等原则和具体操作方法。审验制度的基本规定是:所有机动车驾驶人在有效期满换证和转入换证时均应予以审验,持未记载审验合格驾驶证的驾驶人不具备驾驶资格。2021年修订的《机动车驾驶证申领和使用规定》在驾驶证审验制度方面细化了审验对象和期限。规定了驾驶人在办理驾驶证有效期满换证、转入换证业务时应接受审验。但大中型客货车驾驶人应当在每个记分周期结束后30日内接受审验,持有其他准驾车型驾驶证发生交通死亡事故承担同等以上责任,驾驶证未被吊销的,应当在发生事故的记分周期结束后30日内接受审验。为方便审验,还规定了机动车驾驶人可以在机动车驾驶证核发地以外的地方参加审验,但须提交身体条件证明,并对70周岁以上驾驶人和残疾驾驶人在驾驶证审验时应满足的条件作出了规定。此外,对驾驶人因服兵役、出国(境)等特殊情况的处置也作出了相应的规定。

需要指出的是,《道路交通安全法》第121条第1款关于"对上道路行驶的拖拉机,由农业(农业机械)主管部门行使本法第八条、第九条、第十三条、第十九条、第二十三条规定的公安机关交通管理部门的管理职权"的规定,在公安机关交通管理部门委托农业(农业机械)主管部门进行拖拉机驾驶人驾驶证发放和管理的场合,对拖拉机驾驶人的驾驶证实施的审验,是由农业(农业机械)主管部门实施的。

第二十四条 【累积记分制】公安机关交通管理部门对机动车驾驶人违反道路交通安全法律、法规的行为,除依法给予行政处罚外,实行累积记分制度。公安机关交通管理部门对累积记分达到规定分值的机动车驾驶人,扣留机动车驾驶证,对其进行道路交通安全法律、法规教育,重新考试;考试合格的,发还其机动车驾驶证。

对遵守道路交通安全法律、法规,在一年内无累积记分的机动车驾驶人,可以延长机动车驾驶证的审验期。具体办法由国务院公安部门规定。

条文解读

本条是关于机动车驾驶人道路交通违法行为累积记分制度的原则性规定。本条共分两款。

本条第1款是关于对违反道路交通安全法律、法规的行为的累积记分制度的规定。根据本款规定，对违反道路交通安全法律、法规的行为，公安机关交通管理部门有权依法对驾驶人实施累积记分制度，对累积记分达到规定分值的机动车驾驶人有权依法扣留其机动车驾驶证，对其进行道路交通安全法制教育，并要求其重新考试。对考试合格的，公安机关交通管理部门应及时发还机动车驾驶证，并开始重新累积记分。考试不合格的，可以申请补考。累积记分制度并不是行政处罚，而是一项行政管理措施，其目的是纠正违章行为，提高机动车驾驶人安全驾驶、文明驾驶的意识。累积记分制度的主管机关是公安机关交通管理部门，其他单位和个人无权实施该制度所规定的行为。

本条第2款是一项旨在鼓励机动车驾驶人严格、自觉地遵守道路交通安全法律法规的制度。所谓“一年”，是指记分周期所规定的一年度，即从机动车驾驶人初次领取机动车驾驶证之日起向后计算的一个年度，而不是每一个公历年。

配套法规及解读

《道路交通安全法实施条例》(2017年10月7日修订)

第二十三条　公安机关交通管理部门对机动车驾驶人的道路交通安全违法行为除给予行政处罚外，实行道路交通安全违法行为累积记分(以下简称记分)制度，记分周期为12个月。对在一个记分周期内记分达到12分的，由公安机关交通管理部门扣留其机动车驾驶证，该机动车驾驶人应当按照规定参加道路交通安全法律、法规的学习并接受考试。考试合格的，记分予以清除，发还机动车驾驶证；考试不合格的，继续参加学习和考试。

应当给予记分的道路交通安全违法行为及其分值，由国务院公安部门根据道路交通安全违法行为的危害程度规定。

公安机关交通管理部门应当提供记分查询方式供机动车驾驶人查询。

第二十四条　机动车驾驶人在一个记分周期内记分未达到12分，所处罚款已经缴纳的，记分予以清除；记分虽未达到12分，但尚有罚款未缴纳的，记分转入下一记分周期。

机动车驾驶人在一个记分周期内记分2次以上达到12分的，除按照第二十三条的规定扣留机动车驾驶证、参加学习、接受考试外，还应当接受驾驶技能考试。考试合格的，记分予以清除，发还机动车驾驶证；考试不合格的，继续参加学习和考试。

接受驾驶技能考试的，按照本人机动车驾驶证载明的最高准驾车型考试。

第二十五条 机动车驾驶人记分达到12分，拒不参加公安机关交通管理部门通知的学习，也不接受考试的，由公安机关交通管理部门公告其机动车驾驶证停止使用。

第二十六条 机动车驾驶人在机动车驾驶证的6年有效期内，每个记分周期均未达到12分的，换发10年有效期的机动车驾驶证；在机动车驾驶证的10年有效期内，每个记分周期均未达到12分的，换发长期有效的机动车驾驶证。

换发机动车驾驶证时，公安机关交通管理部门应当对机动车驾驶证进行审验。

《道路交通安全违法行为记分管理办法》(2021年12月17日)

第七条 根据交通违法行为的严重程度，一次记分的分值为12分、9分、6分、3分、1分。

第八条 机动车驾驶人有下列交通违法行为之一，一次记12分：

（一）饮酒后驾驶机动车的；

（二）造成致人轻伤以上或者死亡的交通事故后逃逸，尚不构成犯罪的；

（三）使用伪造、变造的机动车号牌、行驶证、驾驶证、校车标牌或者使用其他机动车号牌、行驶证的；

（四）驾驶校车、公路客运汽车、旅游客运汽车载人超过核定人数百分之二十以上，或者驾驶其他载客汽车载人超过核定人数百分之百以上的；

（五）驾驶校车、中型以上载客载货汽车、危险物品运输车辆在高速公路、城市快速路上行驶超过规定时速百分之二十以上，或者驾驶其他机动车在高速公路、城市快速路上行驶超过规定时速百分之五十以上的；

（六）驾驶机动车在高速公路、城市快速路上倒车、逆行、穿越中央分隔带掉头的；

（七）代替实际机动车驾驶人接受交通违法行为处罚和记分牟取经济利益的。

第九条 机动车驾驶人有下列交通违法行为之一，一次记9分：

(一)驾驶7座以上载客汽车载人超过核定人数百分之五十以上未达到百分之百的;

(二)驾驶校车、中型以上载客载货汽车、危险物品运输车辆在高速公路、城市快速路以外的道路上行驶超过规定时速百分之五十以上的;

(三)驾驶机动车在高速公路或者城市快速路上违法停车的;

(四)驾驶未悬挂机动车号牌或者故意遮挡、污损机动车号牌的机动车上道路行驶的;

(五)驾驶与准驾车型不符的机动车的;

(六)未取得校车驾驶资格驾驶校车的;

(七)连续驾驶中型以上载客汽车、危险物品运输车辆超过4小时未停车休息或者停车休息时间少于20分钟的。

第十条　机动车驾驶人有下列交通违法行为之一,一次记6分:

(一)驾驶校车、公路客运汽车、旅游客运汽车载人超过核定人数未达到百分之二十,或者驾驶7座以上载客汽车载人超过核定人数百分之二十以上未达到百分之五十,或者驾驶其他载客汽车载人超过核定人数百分之五十以上未达到百分之百的;

(二)驾驶校车、中型以上载客载货汽车、危险物品运输车辆在高速公路、城市快速路上行驶超过规定时速未达到百分之二十,或者在高速公路、城市快速路以外的道路上行驶超过规定时速百分之二十以上未达到百分之五十的;

(三)驾驶校车、中型以上载客载货汽车、危险物品运输车辆以外的机动车在高速公路、城市快速路上行驶超过规定时速百分之二十以上未达到百分之五十,或者在高速公路、城市快速路以外的道路上行驶超过规定时速百分之五十以上的;

(四)驾驶载货汽车载物超过最大允许总质量百分之五十以上的;

(五)驾驶机动车载运爆炸物品、易燃易爆化学物品以及剧毒、放射性等危险物品,未按指定的时间、路线、速度行驶或者未悬挂警示标志并采取必要的安全措施的;

(六)驾驶机动车运载超限的不可解体的物品,未按指定的时间、路线、速度行驶或者未悬挂警示标志的;

(七)驾驶机动车运输危险化学品,未经批准进入危险化学品运输车辆限制通行的区域的;

（八）驾驶机动车不按交通信号灯指示通行的；

（九）机动车驾驶证被暂扣或者扣留期间驾驶机动车的；

（十）造成致人轻微伤或者财产损失的交通事故后逃逸，尚不构成犯罪的；

（十一）驾驶机动车在高速公路或者城市快速路上违法占用应急车道行驶的。

第十一条 机动车驾驶人有下列交通违法行为之一，一次记3分：

（一）驾驶校车、公路客运汽车、旅游客运汽车、7座以上载客汽车以外的其他载客汽车载人超过核定人数百分之二十以上未达到百分之五十的；

（二）驾驶校车、中型以上载客载货汽车、危险物品运输车辆以外的机动车在高速公路、城市快速路以外的道路上行驶超过规定时速百分之二十以上未达到百分之五十的；

（三）驾驶机动车在高速公路或者城市快速路上不按规定车道行驶的；

（四）驾驶机动车不按规定超车、让行，或者在高速公路、城市快速路以外的道路上逆行的；

（五）驾驶机动车遇前方机动车停车排队或者缓慢行驶时，借道超车或者占用对面车道、穿插等候车辆的；

（六）驾驶机动车有拨打、接听手持电话等妨碍安全驾驶的行为的；

（七）驾驶机动车行经人行横道不按规定减速、停车、避让行人的；

（八）驾驶机动车不按规定避让校车的；

（九）驾驶载货汽车载物超过最大允许总质量百分之三十以上未达到百分之五十的，或者违反规定载客的；

（十）驾驶不按规定安装机动车号牌的机动车上道路行驶的；

（十一）在道路上车辆发生故障、事故停车后，不按规定使用灯光或者设置警告标志的；

（十二）驾驶未按规定定期进行安全技术检验的公路客运汽车、旅游客运汽车、危险物品运输车辆上道路行驶的；

（十三）驾驶校车上道路行驶前，未对校车车况是否符合安全技术要求进行检查，或者驾驶存在安全隐患的校车上道路行驶的；

（十四）连续驾驶载货汽车超过4小时未停车休息或者停车休息时间少于20分钟的；

（十五）驾驶机动车在高速公路上行驶低于规定最低时速的。

第十二条　机动车驾驶人有下列交通违法行为之一，一次记1分：

（一）驾驶校车、中型以上载客载货汽车、危险物品运输车辆在高速公路、城市快速路以外的道路上行驶超过规定时速百分之十以上未达到百分之二十的；

（二）驾驶机动车不按规定会车，或者在高速公路、城市快速路以外的道路上不按规定倒车、掉头的；

（三）驾驶机动车不按规定使用灯光的；

（四）驾驶机动车违反禁令标志、禁止标线指示的；

（五）驾驶机动车载货长度、宽度、高度超过规定的；

（六）驾驶载货汽车载物超过最大允许总质量未达到百分之三十的；

（七）驾驶未按规定定期进行安全技术检验的公路客运汽车、旅游客运汽车、危险物品运输车辆以外的机动车上道路行驶的；

（八）驾驶擅自改变已登记的结构、构造或者特征的载货汽车上道路行驶的；

（九）驾驶机动车在道路上行驶时，机动车驾驶人未按规定系安全带的；

（十）驾驶摩托车，不戴安全头盔的。

《机动车驾驶证申领和使用规定》（2021年12月17日修订）

第七十一条　公安机关交通管理部门对机动车驾驶人的道路交通安全违法行为，除依法给予行政处罚外，实行道路交通安全违法行为累积记分制度，记分周期为12个月，满分为12分。

机动车驾驶人在一个记分周期内记分达到12分的，应当按规定参加学习、考试。

第八十七条　校车驾驶人应当依法取得校车驾驶资格。

取得校车驾驶资格应当符合下列条件：

（一）取得相应准驾车型驾驶证并具有三年以上驾驶经历，年龄在25周岁以上、不超过60周岁；

（二）最近连续三个记分周期内没有被记满12分记录；

（三）无致人死亡或者重伤的交通事故责任记录；

（四）无酒后驾驶或者醉酒驾驶机动车记录，最近一年内无驾驶客运车辆超员、超速等严重道路交通安全违法行为记录；

（五）无犯罪记录；

（六）身心健康，无传染性疾病，无癫痫病、精神病等可能危及行车安全的疾病病史,无酗酒、吸毒行为记录。

《道路交通安全违法行为处理程序规定》(2020年4月7日修正)

第三十一条 有下列情形之一的,依法扣留机动车驾驶证:

(一)饮酒后驾驶机动车的;

(二)将机动车交由未取得机动车驾驶证或者机动车驾驶证被吊销、暂扣的人驾驶的;

(三)机动车行驶超过规定时速百分之五十的;

(四)驾驶有拼装或者达到报废标准嫌疑的机动车上道路行驶的;

(五)在一个记分周期内累积记分达到十二分的。

第七十三条 对非本辖区机动车驾驶人申请在违法行为发生地、处理地参加满分学习、考试的,公安机关交通管理部门应当准许,考试合格后发还扣留的机动车驾驶证,并将考试合格的信息转至驾驶证核发地公安机关交通管理部门。

驾驶证核发地公安机关交通管理部门应当根据转递信息清除机动车驾驶人的累积记分。

※法规解读:记分分值是指与交通违章行为相对应的违章记分数值。一次记分的分值,依据违章行为的严重程度,分为12分、6分、3分、2分、1分五种。一次记12分的交通违章行为是指比较严重的行为。机动车驾驶员造成交通事故尚不够追究刑事责任的,除按照交通法规处理和对违章行为记分外,还应按照规定追加记分。机动车驾驶员一次有两种以上违章行为的,应当分别计算,累加分值。记分周期为一年度,总分12分,一个记分周期期满后,记分分值累加未达到12分的,该周期内的记分分值予以消除,不转入下一个记分周期。交通违章记分与对机动车驾驶员违章行为进行纠止、处罚或者追究其交通事故行政责任同步执行。对非本地核发机动车驾驶证的驾驶员给予记分的,应当将记分情况转至核发地公安机关交通管理部门。机动车驾驶员对交通违章处罚和交通事故处罚不服,在申请行政复议或者提起行政诉讼后,经依法裁决变更或者撤销原处罚决定的,相应记分分值予以变更或者消除。

为进一步发挥机动车驾驶人交通违法行为累积记分制度在预防道路交通事故、保障道路交通安全中的作用,加大对严重危害交通安全的违法行为的惩处力度,公安部新修订的《机动车驾驶证申领和使用规定》(公安部令第162号)和《道路交通安全违法行为记分管理办法》(公安部令第163号)于2022年4月1日正式施行。修订后的《机动车驾驶证申领和使用规定》不仅对校车、大中型客货车、危险品运输车等重点车型驾驶人的严重交通违法行为提高了记分分值，还从累积积分角度规定了校车驾驶人、年满70岁的驾驶人和残疾人驾驶人再次申领机动车驾驶证的限制性条件。为充分发挥记分制度的管理、教育、引导功能，提升机动车驾驶人的交通安全意识，2022年施行的《道路交通安全违法行为记分管理办法》对交通违法行为记分进行了三方面调整：一是按照宽严相济原则整体调整记分分值和记分项目。根据交通违法行为对交通安全的危害性，对24项违法记分行为保持分值不变，降低了20项记分行为的记分分值，删除了11项记分行为，上调了5项记分行为的记分分值，记分行为由原来的52项减少到50项。二是优化记分梯次。调整后，共有一次记12分、一次记9分、一次记6分、一次记3分、一次记1分5个梯次。新增一次记9分的记分种类，删除了一次记2分的记分种类。三是减少一次记满12分的记分行为。调整后一次记12分的记分行为由11项减少为7项，新增一次记9分的记分行为7项，一次记6分的记分行为由14项减少为11项，一次记3分的记分行为由12项增加为15项，一次记1分的记分行为由4项增加为10项。此外，为加强对驾驶人的交通安全教育，新规在受理申请接受交通安全教育扣减交通违法行为记分的条件、接受教育的方式和扣减记分的规则等方面也作了修改。根据新规，机动车驾驶人接受交通安全教育的方式有三种，分别是参加公安机关交通管理部门组织的道路交通安全网上学习考试、现场学习考试和交通安全公益活动。为了激励驾驶人进行道路交通安全学习，新规还规定参加公安机关交通管理部门组织的道路交通安全法律、法规和相关知识现场学习满1小时且考试合格的，一次扣减2分。参加公安机关交通管理部门组织的道路交通安全法律、法规和相关知识网上学习3日内累计满30分钟且考试合格的，一次扣减1分。参加公安机关交通管理部门组织的交通安全公益活动的，满一小时为一次，一次扣减1分。

第三章　道路通行条件

本章介绍

道路交通的三要素是人、车、路，其中，“路”在《道路交通安全法》中主要是指作为道路交通基础设施的道路。本章主要规定了作为交通基础设施的道路在通行条件方面的基本要求。一般来说，道路、道路配套设施和道路交通设施等是道路交通安全、畅通的必要条件，是《道路交通安全法》必须保护和规范的内容。尽管《公路法》《城市道路管理条例》等法律、行政法规对道路已有所规定，但《道路交通安全法》还是从维护道路交通安全畅通的角度，对道路通行的基本条件作了规范。本章共10条，分别规定了交通信号，交通信号灯，铁路和道路平面交叉路口警示标志，交通信号保护，道路、停车场和道路配套设施的规划设置要求，道路及道路交通设施维护，禁止占用道路，规范涉及道路的施工作业，停车设施规划和建设以及增设道路交通设施和信号对弱势群体进行重点保护的内容。

第二十五条　【道路交通信号】 全国实行统一的道路交通信号。

交通信号包括交通信号灯、交通标志、交通标线和交通警察的指挥。

交通信号灯、交通标志、交通标线的设置应当符合道路交通安全、畅通的要求和国家标准，并保持清晰、醒目、准确、完好。

根据通行需要，应当及时增设、调换、更新道路交通信号。增设、调换、更新限制性的道路交通信号，应当提前向社会公告，广泛进行宣传。

条文解读

本条是关于交通信号的基本规定。本条共分4款。

道路交通标志是用图形符号、文字、颜色向道路交通参与者提供有关道路交通系统信息，用以管制和引导交通的安全设施，在道路交通技术中广泛地被广大道路使用者所接触,是驾驶员行车的向导。清楚的标志和标线可改善驾驶员交通心理压力,起到疏导交通流量、提供道路信息和执法依据及警示驾驶员,禁止某些交通行为的作用。同时,驾驶员在道路上安全、高速地行驶,也有赖于道路线向的轮廓分明和标志的清楚,在标志、标线的诱导、引导下,建立行进方向的参照系,对司机驶往其视野范围更远的道路走向树立了信心。实践证明,合理、正确设置道路交通标志、标线能合理地利用道路有效面积,可以平滑交通,提高道路通行能力,减少交通事故,防止交通阻塞,节省能源,降低公害,美化路容。

本条第 1 款是关于我国在全国范围内实行统一的交通信号的规定。交通信号是道路交通规则的重要载体,是道路交通的基本语言。道路交通信号不但在主权国家内部是统一的,甚至有国际统一的趋势。在全国范围内实行统一的交通信号,不仅要求各地按照统一的标准建设交通标志、交通标线和交通信号灯,更重要的是要按照统一的规则赋予这些交通信号以相同的意义。

本条第 2 款、第 3 款是关于交通信号组成及其标准的规定。交通信号是指挥车辆和行人前进、停止或转弯,向车辆驾驶人和行人提供各种交通信息,对道路上的交通流量进行调节、控制和疏导的以光色信号、图形、文字或者手势表示的特定信号。就交通标志、标线和交通信号灯本身的技术标准而言,其设置必须符合国家标准,唯有如此,才能做到统一和规范。与此同时,交通标志、标线和交通信号灯还要保持清晰、醒目、完好,否则会影响车辆和行人的正确判断,甚至造成交通误导,严重的还可能直接导致交通事故的发生。

本条第 4 款是关于交通信号的调整,以及有关部门的调整公告义务。在现实生活中,随着道路交通条件的不断发展和改善,经常需要增设、调换和更新交通信号,这不仅要求有关部门在调整交通信号前认真做好科学细致的研究论证,而且要求有关部门提前通过各类媒体或以其他形式向社会宣传,让社会公众事先了解相关信息,安排出行计划。尤其是在作出封闭路口,禁行、限行等限制性信号的调整工作时更需提前做好宣传。

配套法规及解读

《道路交通安全法实施条例》(2017 年 10 月 7 日修订)

第二十九条　交通信号灯分为:机动车信号灯、非机动车信号灯、人行横道信号灯、车道信号灯、方向指示信号灯、闪光警告信号灯、道路与铁路平面交叉道口信号灯。

第三十条 交通标志分为:指示标志、警告标志、禁令标志、指路标志、旅游区标志、道路施工安全标志和辅助标志。

道路交通标线分为:指示标线、警告标线、禁止标线。

第三十一条 交通警察的指挥分为:手势信号和使用器具的交通指挥信号。

第三十二条 道路交叉路口和行人横过道路较为集中的路段应当设置人行横道、过街天桥或者过街地下通道。

在盲人通行较为集中的路段,人行横道信号灯应当设置声响提示装置。

第三十六条 道路或者交通设施养护部门、管理部门应当在急弯、陡坡、临崖、临水等危险路段,按照国家标准设置警告标志和安全防护设施。

第三十七条 道路交通标志、标线不规范,机动车驾驶人容易发生辨认错误的,交通标志、标线的主管部门应当及时予以改善。

道路照明设施应当符合道路建设技术规范,保持照明功能完好。

第四十一条 方向指示信号灯的箭头方向向左、向上、向右分别表示左转、直行、右转。

第四十二条 闪光警告信号灯为持续闪烁的黄灯,提示车辆、行人通行时注意瞭望,确认安全后通过。

※法规解读:交通信号包括交通信号灯、交通标志、交通标线和交通警察的指挥。

交通信号灯是指设置在道路交叉路口,用以指挥交叉路口交通通行的灯光设备。交通信号灯的作用在于,把不同方向的交通参与者从时间和空间上隔开,先后通行,避免相互干扰,减少冲突点和交织点,保障交通的安全通畅。

交通标志是指由图形符号和文字,配之以特定的形状和颜色而组成的揭示牌,主要作用在于向交通参与人传递交通信息,包括警告、禁令、指路等方面的事宜,是管理道路交通的重要设施之一。

交通标线是由各种路面标线、箭头、文字、立面标记、突起路标和路边线等所构成的交通安全设施,分为指示标线、禁止标线和警告标线,共 3 类 72 种。

交通警察的指挥包括指挥棒信号和手势信号。

需要指出的是,在现实生活中,交通信号之间并不总是保持一致,在不一致的

情况下,要按照以下原则通行:

(1)车辆和行人遇有灯光信号、交通标志或交通标线与交通警察指挥不一致时,要服从交通警察的指挥。

(2)车辆和行人如遇有放行的交通信号灯的含义与禁令指示交通标志的含义不一致时,要遵守禁令指示交通标志的规定。

交通标志、标线和交通信号灯在设置时应当科学、合理、有系统观念,要符合道路交通安全、畅通的要求,不能只局限于一个路段,要从区域和整体方面出发做综合考虑。

第二十六条 【交通信号灯】交通信号灯由红灯、绿灯、黄灯组成。红灯表示禁止通行,绿灯表示准许通行,黄灯表示警示。

条文解读

本条是关于交通信号灯的规定,明确了交通信号灯的构成和基本含义。

根据本条规定,交通信号灯由红灯、绿灯和黄灯组成。

红灯表示禁止通行。其主要包括三种:一是指挥灯信号;二是车道灯信号;三是人行横道灯信号。

绿灯表示准许通行。其主要包括三种:一是指挥灯信号;二是车道灯信号;三是人行横道灯信号。

黄灯表示警示。其主要有两种:一是黄灯亮时,不准车辆、行人通行,但已越过停止线的车辆和已进入人行横道的行人可以继续通行;右转弯车辆和T形路口右边无横道的直行车辆,遇有黄灯亮时,在不妨碍放行车辆和行人通行的情况下,可以通行。绿灯之后的黄灯表示禁止超越信号;红灯之后的黄灯表示准备通行。二是黄灯闪烁时,车辆、行人须在确保安全的原则下通行。

配套法规及解读

《道路交通安全法实施条例》(2017年10月7日修订)

第三十八条 机动车信号灯和非机动车信号灯表示:

（一）绿灯亮时，准许车辆通行，但转弯的车辆不得妨碍被放行的直行车辆、行人通行；

（二）黄灯亮时，已越过停止线的车辆可以继续通行；

（三）红灯亮时，禁止车辆通行。

在未设置非机动车信号灯和人行横道信号灯的路口，非机动车和行人应当按照机动车信号灯的表示通行。

红灯亮时，右转弯的车辆在不妨碍被放行的车辆、行人通行的情况下，可以通行。

第三十九条 人行横道信号灯表示：

（一）绿灯亮时，准许行人通过人行横道；

（二）红灯亮时，禁止行人进入人行横道，但是已经进入人行横道的，可以继续通过或者在道路中心线处停留等候。

第四十条 车道信号灯表示：

（一）绿色箭头灯亮时，准许本车道车辆按指示方向通行；

（二）红色叉形灯或者箭头灯亮时，禁止本车道车辆通行。

第四十一条 方向指示信号灯的箭头方向向左、向上、向右分别表示左转、直行、右转。

第四十二条 闪光警告信号灯为持续闪烁的黄灯，提示车辆、行人通行时注意瞭望，确认安全后通过。

第四十三条 道路与铁路平面交叉道口有两个红灯交替闪烁或者一个红灯亮时，表示禁止车辆、行人通行；红灯熄灭时，表示允许车辆、行人通行。

※法规解读：上述条款主要对交通信号灯的红灯、绿灯和黄灯在不同情况下的具体交通控制规则作出了具有可操作性的规定。此外，在通过没有交通信号或交通标志控制的交叉路口时，必须遵守依次让行的规定。

所谓“依次让行”，是指在未设置交通信号指挥灯的路口及路段，机动车通过路口时，支路车让干路车先行；支、干路不分的，非机动车让机动车先行，非公共汽车、电车让公共汽车、电车先行，同类车让右边没有来车的车先行；相对方向同类车相遇，左转弯的车让直行或右转弯的车先行，让行车辆须停车减速瞭望，确认安全后，方可通过；机动车驶入或驶出非机动车道，须注意避让非机动车；非机动车因受阻不能正常行驶时，准许在受阻的路段内驶入机动车道，后面驶来的机动车须减速让行。

除此之外,让行还有三种形式,即“人让车,车让人,车让车”。所谓“人让车”,是指行人须在人行道内行走,没有人行道的靠路边行走,横过马路必须走人行横道。有人行过街天桥或地道的,须走人行过街天桥或地道。不要在车行道上招呼出租车。乘坐公共汽车、电车和长途汽车须在站台或指定地点依次候车,待车停稳后,先下后上。在设置交通信号指挥灯的路口,机动车、非机动车遇绿灯通行时,人行横道遇红灯时,行人必须让机动车、非机动车先行。通过有交通信号控制的人行横道,须遵守信号的规定。通过没有交通信号控制的人行横道,须注意车辆,不准追逐猛跑。没有人行横道的,须直行通过,不要在车辆临近时突然横穿。所谓“车让人”,是指在设置交通信号指挥灯的路口,机动车、非机动车遇红灯时,人行横道灯为绿灯时,机动车、非机动车必须让行人先行。车辆遇绿灯亮时必须主动礼让已进入人行横道但未通过的行人先行,转弯的车辆不准妨碍被放行的行人通行。未设置交通信号指挥灯的路口及路段,当有行人在人行横线上行走,机动车、非机动车还未进入人行横道线时,机动车、非机动车必须注意避让行人,让行人先行。所谓“车让车”,是指机动车通过设有多相位信号指挥灯的路口时,必须依照导向指示方向行驶,通过设有两相位信号灯的路口时,转弯的车辆不准妨碍直行的车辆通行。

第二十七条　【铁路警示标志】铁路与道路平面交叉的道口,应当设置警示灯、警示标志或者安全防护设施。无人看守的铁路道口,应当在距道口一定距离处设置警示标志。

条文解读

本条是关于在铁路和道路平面交叉路口设置警示标志的规定。

铁路与道路平面交叉的道口,既有高速运行的火车通行,又有行人和车辆通行,这种在铁路与道路交叉处铺设的平面交叉道口,虽然可以方便车辆和行人通行,但也极易发生交通事故,必须加强管理。通常,即使是在有人看守的道口,也要设置带有标志的栏杆或者栏门,其目的是保证火车在即将通过和通过过程中,人工控制禁止车辆和行人通行,保证道路交通安全。

虽然在无人看守的铁路道口通行的车辆和行人数量并不大,但为了避免和减少火车通行时的交通事故，仍须在距离道口一定距离处设置警示标志，并采取其他的安全管理措施。

配套法规及解读

《道路交通安全法实施条例》(2017 年 10 月 7 日修订)

第四十三条 道路与铁路平面交叉道口有两个红灯交替闪烁或者一个红灯亮时，表示禁止车辆、行人通行；红灯熄灭时，表示允许车辆、行人通行。

※法规解读：为了加强铁路道口安全管理，保护人民生命财产安全和行车安全，相关部门在《铁路道口管理暂行规定》第 18 条对在道路与铁路平面交叉道口设立的道口信号作出了明确的规定：

(1)两个红灯交替闪烁或红灯稳定亮时，表示火车接近道口，禁止车辆、行人通行；

(2)红灯熄灭白灯亮时，表示道口开通，准许车辆、行人通行；

(3)当红灯和白灯同时熄灭时，表示停电或设备发生故障，道口信号无效。在这种情况下，必须与通过没有道口信号机的道口一样按第 15 条、第 17 条及第 19 条规定通行[第 15 条规定：车辆和行人通过铁路道口，必须听从道口看守人员和道口安全管理人员的指挥。第 17 条规定：凡遇到道口栏杆(栏门)关闭、音响器发出报警、道口信号显示红色灯光或道口看守人员示意火车即将通过诸情况之一时，车辆、行人严禁抢行，必须依次停在停止线以外；没有停止线的，停在距最外股钢轨五米以外，不得影响道口栏杆(栏门)的关闭，不得撞、钻、爬、越道口栏杆(栏门)。第 19 条规定：车辆、行人通过没有道口信号机的无人看守道口以及人行过道时，必须停车或止步了望，确认两端均无列车开来时，方准通行]。

第二十八条 【交通设施的保护】 任何单位和个人不得擅自设置、移动、占用、损毁交通信号灯、交通标志、交通标线。

道路两侧及隔离带上种植的树木或者其他植物，设置的广告牌、管线等，应当与交通设施保持必要的距离，不得遮挡路灯、交通信号灯、交通标志，不得妨碍安全视距，不得影响通行。

条文解读

本条是关于道路交通信号保护的规定。本条共分两款。

本条第1款是关于不得擅自设置、移动、占用、损毁交通信号灯、交通标志、交通标线的规定。交通信号灯、交通标志和交通标线是道路交通系统的重要组成部分，是保证公民生命财产安全和国家、集体财产安全，保证行车安全，防止和减少交通事故的重要标志。交通信号完整、醒目、清晰是所有交通参与者能够遵守交通法律法规的重要保障。因此，任何单位和个人不得擅自设置、移动、占用、损毁交通信号灯、交通标志、交通标线。如果需要设置、更新或者移动交通信号灯、交通标志、交通标线，应当由有关管理部门按照国家有关规定进行设置、更换、移动。

本条第2款是关于道路两侧及隔离带上种植的树木或者其他植物，设置的广告牌、管线等不得遮挡路灯、交通信号灯、交通标志的规定。花草树木、广告牌等虽然有巩固路基、保护路面、降低噪声、防治污染、美化环境、消除车辆驾驶人疲劳等作用，但设置时若不注意安全视距就可能影响正常的道路通行，阻碍路灯、交通信号灯、交通标志发挥正常的作用。因此，对这些要求必须遵守。

配套法规及解读

《公路法》(2017年11月4日修正)

第五十二条　任何单位和个人不得损坏、擅自移动、涂改公路附属设施。

前款公路附属设施，是指为保护、养护公路和保障公路安全畅通所设置的公路防护、排水、养护、管理、服务、交通安全、渡运、监控、通信、收费等设施、设备以及专用建筑物、构筑物等。

第五十三条　造成公路损坏的，责任者应当及时报告公路管理机构，并接受公路管理机构的现场调查。

第五十四条　任何单位和个人未经县级以上地方人民政府交通主管部门批准，不得在公路用地范围内设置公路标志以外的其他标志。

※法规解读：交通信号是重要的道路交通安全设施，其设置应按照国家标准严格执行、统一规划。如果允许擅自、随意设置，或者对擅自移动、占用、毁损这些交通设施的行为不予以禁止，将会造成道路交通信号的混乱，影响道路交通秩序和安全畅通。目前，我国公路上的交通信号灯、交通标志、交通标线等交通信号由公路

建设单位设置,交通行政主管部门负责监督。城市道路上的交通信号灯、交通标志、交通标线等交通信号由公安机关交通管理部门统一设置。无论是哪个部门和单位设置道路交通信号,都必须严格遵照统一的国家标准进行。

根据《道路交通安全法》第 99 条和第 106 条的规定,对故意毁损、移动、涂改交通信号等交通设施,造成危害后果的,公安机关交通管理部门可以处 200 元以上 2000 元以下罚款,对在道路两侧及隔离带上种植树木或其他植物,设置广告牌、管线等遮挡路灯、交通信号灯、交通标志,妨碍安全视距的,由公安机关交通管理部门责令行为人排除妨碍,拒不执行的,处 200 元以上 2000 元以下罚款,并强制排除妨碍,所需费用由行为人负担。

第二十九条 【安全防范】道路、停车场和道路配套设施的规划、设计、建设,应当符合道路交通安全、畅通的要求,并根据交通需求及时调整。

公安机关交通管理部门发现已经投入使用的道路存在交通事故频发路段,或者停车场、道路配套设施存在交通安全严重隐患的,应当及时向当地人民政府报告,并提出防范交通事故、消除隐患的建议,当地人民政府应当及时作出处理决定。

条文解读

本条是关于道路、停车场和道路配套设施规划要求的规定。本条共分两款。

制定道路、停车场和道路配套设施发展规划的目的是更加科学、合理地配置和建设公共交通设施,满足道路交通安全发展的需要。根据本条的要求,公共交通的规划、设计和建设要符合道路交通安全、畅通的要求,并要体现与时俱进的建设和管理理念。

本条第 1 款主要规定了道路、停车场和道路配套设施的规划、设计和建设应当符合道路交通安全的要求,并根据具体情况作出合理的调整和改进。根据这一要求,在公路和城市道路等道路的规划、设计和建设过程中,公安机关交通管理部门应积极参与,从确保道路安全、畅通的角度提出意见和建议。对于已经建设完成并投入使用的道路、停车场、道路设施以及道路交通信号设施,公安机关交通管理部门应根据交通的需求和交通安全管理的实际需要,适时提出变更调整的建议,有关道路主管部门应认真考虑公安机关交通管理部门的意见和建议，并根据实际情况作出合理的调整。

根据本条第 2 款的规定，公安机关交通管理部门不仅有报告道路事故频发路段及其他道路存在设施安全隐患的义务，而且还有提出防范交通事故、消除隐患的建议权。对于公安机关交通管理部门提出的意见和建议，当地人民政府应及时作出处理决定。

“事故频发路段”，是指在一定的长度或者面积的路段内单位时间内发生的事故超过规定的限值的路段。在现实生活中，道路事故频发路段大多与道路类型、交通设施和交通环境等因素有关，如急弯坡路、视距不良、傍山险道以及交通设施欠缺的路口和岔口等。除此之外，由于设计、施工、年久失修等，我国尚有一些道路、停车场以及其他道路设施存在不同程度的安全隐患。对于这些道路交通安全的隐患，公安机关交通管理部门比较了解情况，因此公安机关交通管理部门应以此为基础，通过统计分析和实地调研等方式找出道路设计的缺陷，分析道路交通参与者的心理因素，为道路设计、规划和建设部门提供人性化的设计建议，并与之一起提高道路交通的可靠性、安全性，减少道路交通事故中的非偶然性因素。

配套法规及解读

《道路交通安全法实施条例》(2017 年 10 月 7 日修订)

第三十四条　开辟或者调整公共汽车、长途汽车的行驶路线或者车站，应当符合交通规划和安全、畅通的要求。

《城市道路管理条例》(2019 年 3 月 24 日修订)

第七条　县级以上城市人民政府应当组织市政工程、城市规划、公安交通等部门，根据城市总体规划编制城市道路发展规划。

市政工程行政主管部门应当根据城市道路发展规划，制定城市道路年度建设计划，经城市人民政府批准后实施。

※法规解读：实践证明，道路交通安全治理不仅仅是公安机关交通管理部门的事情，而是涉及市政工程、城市规划、交通运输、公安交通管理等多部门的综合性工作。这里既有道路规划设计方面的事情，如对急弯、陡坡、视距不良、路侧险要等危险路段实施综合治理；也有涉及道路交通管理方面的事情，如加强人行道、自行车

道、行人过街设施、公交港湾、公交专用车道(路)的管理和建设,减少行人、自行车与机动车的互相影响等;还涉及交通运输企业的超员、超限、超负荷运营和非法载客运货的管理,涉及危险化学品、易燃易爆物品的运输与管理等。有些问题是公安机关交通管理部门能直接管理、治理的,有些问题则需要多部门联合共同治理。如公安机关交通管理部门并不是道路规划、设计、建设的主管部门,即使发现道路的问题,也不能直接解决,更不可能直接让道路规划、设计和建设主管部门去消除道路交通安全隐患。所以,在现行的行政管理体制中,只能是由公安机关交通管理部门向政府提出道路规划、设计、建设以及防范事故和消除隐患等方面的建议,然后由政府统一安排有关部门采取措施,进行处理。

第三十条 【警示与修复损毁道路】道路出现坍塌、坑漕、水毁、隆起等损毁或者交通信号灯、交通标志、交通标线等交通设施损毁、灭失的,道路、交通设施的养护部门或者管理部门应当设置警示标志并及时修复。

公安机关交通管理部门发现前款情形,危及交通安全,尚未设置警示标志的,应当及时采取安全措施,疏导交通,并通知道路、交通设施的养护部门或者管理部门。

条文解读

本条是关于道路发生损毁及道路交通设施发生损毁、灭失时应如何进行维护修复、确保安全的规定。本条共分两款。

因长期使用或自然灾害、交通事故等道路会出现损毁,道路交通设施会出现损毁、灭失等状况,如道路坍塌、隆起或出现坑漕,交通信号灯、交通标志损毁或交通标线灭失等,这虽说是正常现象,但若不及时处理就可能影响道路交通,甚至可能成为道路交通安全隐患,引发严重的道路交通事故。因此,对道路、交通信号等交通设施进行养护、维修和管理,确保路况的良好和交通设施的完好就显得尤为重要。从这个意义上讲,市政工程管理部门、道路主管部门、公安机关交通管理部门应当分工负责,积极密切配合,搞好道路养护和道路交通管理工作,共同确保道路的完好和交通的安全畅通。

本条第1款是关于在道路或者道路交通信号设施出现损毁等情况时,道路养护部门或者管理部门应当如何处理作出的规定。这里所说的“养护部门或者管理部门”，是指道路行政主管部门设立的道路管理机构，如交通部门设立的公路局等。这里所说的“警示标志”，是指标明前方道路危险的“注意危险”“过水路面”“易滑”等警告标志，如果已经开始抢修施工，还要标明“施工”等。根据本款规定，当道路出现坍塌、坑漕、水毁、隆起等损毁时，道路养护部门应当设置警示标志并及时修复，当交通信号灯、交通标志、交通标线等交通设施出现损毁、灭失时，交通设施的管理部门应当设置警示标志，并及时修复。修复包括修理、更换或者重新设置。这是其应当履行的法定职责。

本条第 2 款是关于出现前款情形，危及交通安全时，公安机关交通管理部门应当如何处理的规定。在现实生活中，公安机关交通管理部门比较容易知悉和掌握道路出现坍塌、坑漕、水毁、隆起等损毁或者交通信号等设施损毁、灭失的情况，因此为了便于及时发现并解决问题、消除交通安全隐患，本条第 2 款进一步规定，公安机关交通管理部门发现道路或交通设施出现上述损毁等情况，危及交通安全，尚未设置警示标志时，应及时采取安全措施，疏导交通，并通知道路、交通设施的养护部门或者管理部门。根据此规定，道路交通管理部门可以从多渠道发现安全隐患，减少和防范交通事故。在具体执行过程中，道路以及道路交通设施的养护、管理工作常视不同情况，由不同部门分工负责、区别对待。如公路、高速公路及其配套设施，由交通主管部门负责；铁路道口交通设施，由铁道部门负责；城市道路及其配套设施，由市政工程建设主管部门负责；交通信号灯、交通标志、交通标线等交通设施，由公安机关交通管理部门负责。

配套法规及解读

《道路交通安全法实施条例》(2017 年 10 月 7 日修订)

第三十五条　道路养护施工单位在道路上进行养护、维修时，应当按照规定设置规范的安全警示标志和安全防护设施。道路养护施工作业车辆、机械应当安装示警灯，喷涂明显的标志图案，作业时应当开启示警灯和危险报警闪光灯。对未中断交通的施工作业道路，公安机关交通管理部门应当加强交通安全监督检查。发生交通阻塞时，及时做好分流、疏导，维护交通秩序。

道路施工需要车辆绕行的，施工单位应当在绕行处设置标志；不能绕行的，应当修建临时通道，保证车辆和行人通行。需要封闭道路中断交通的，除紧急情况外，应当提前5日向社会公告。

第三十六条 道路或者交通设施养护部门、管理部门应当在急弯、陡坡、临崖、临水等危险路段，按照国家标准设置警告标志和安全防护设施。

《公路法》(2017年11月4日修正)

第三十五条 公路管理机构应当按照国务院交通主管部门规定的技术规范和操作规程对公路进行养护，保证公路经常处于良好的技术状态。

第三十九条 为保障公路养护人员的人身安全，公路养护人员进行养护作业时，应当穿着统一的安全标志服；利用车辆进行养护作业时，应当在公路作业车辆上设置明显的作业标志。

公路养护车辆进行作业时，在不影响过往车辆通行的前提下，其行驶路线和方向不受公路标志、标线限制；过往车辆对公路养护车辆和人员应当注意避让。

公路养护工程施工影响车辆、行人通行时，施工单位应当依照本法第三十二条的规定办理。

第四十条 因严重自然灾害致使国道、省道交通中断，公路管理机构应当及时修复；公路管理机构难以及时修复时，县级以上地方人民政府应当及时组织当地机关、团体、企业事业单位、城乡居民进行抢修，并可以请求当地驻军支援，尽快恢复交通。

《公路安全保护条例》(2011年3月7日)

第四十七条 公路管理机构、公路经营企业应当按照国务院交通运输主管部门的规定对公路进行巡查，并制作巡查记录；发现公路坍塌、坑槽、隆起等损毁的，应当及时设置警示标志，并采取措施修复。

公安机关交通管理部门发现公路坍塌、坑槽、隆起等损毁，危及交通安全的，应当及时采取措施，疏导交通，并通知公路管理机构或者公路经营企业。

其他人员发现公路坍塌、坑槽、隆起等损毁的，应当及时向公路管理机构、公安机关交通管理部门报告。

※法规解读：为了保障道路、道路设施和道路交通信号的完好，《道路交通安全法》的配套法律法规专门规定了有关部门进行道路养护的责任。根据我国《公路法》的规定，公路管理机构应当按照国务院交通主管部门规定的技术规范和操作规程对公路进行养护，保证公路经常处于良好的技术状态。因严重自然灾害致使国

道、省道交通中断,公路管理机构应当及时修复,公路管理机构难以及时修复时,县级以上地方人民政府应当及时组织当地机关、团体、企事业单位、城乡居民进行抢修,并可以请求当地驻军支援,尽快恢复交通。为保障公路养护人员的人身安全,公路养护人员进行养护作业时,应当穿着统一的安全标志服;利用车辆进行养护作业时,应当在公路作业车辆上设置明显的作业标志。公路养护车辆进行作业时,在不影响过往车辆通行的前提下,其行驶路线和方向不受公路标志、标线的限制,过往车辆对公路养护车辆和人员应当注意避让。

对于道路损毁的修复,公安机关交通管理部门应当进行督促和监督,保障修复施工符合交通安全的标准、警示标志的设置以及其他交通信号的设置符合国家标准。对于尚未进行修复,也未设置警示标志的损毁路段,公安机关交通管理部门应当在督促有关部门尽快设置警示标志并抢修的同时,积极采取安全措施疏导交通,维护交通秩序和安全,最大限度地避免或减少交通事故。

第三十一条 【非法占道】未经许可,任何单位和个人不得占用道路从事非交通活动。

条文解读

本条是关于禁止占用道路从事非交通活动的规定。

供交通参与者通行是道路的主要功能,从原则上讲,任何主体均不得占用道路从事非交通活动。但现实生活毕竟是复杂的,在具体的管理活动中难免会遇到一些例外,如尽管有些活动不属于交通活动,但却不可避免地要占用道路。遇到这种情况,占用道路从事非交通活动的行为主体必须提前向有关部门提出申请,得到批准后方可从事该活动。

本条中所说的“许可”,主要是指道路的主管部门和公安机关交通管理部门的许可。所谓道路的主管部门,对公路是指交通主管部门,对城市道路是指城建部门。

本条中所说的“非交通活动”,是指在道路上从事打场、晒粮、放牧、堆放物品、倾倒垃圾、摆摊设点、停放车辆、挖沟引水或者进行商品展销、体育、福利募捐、义诊义卖和咨询宣传等活动。

通常,非交通活动可以分为两种:一种是绝对禁止的活动,如在道路上从事打场、晒粮、堆肥和倾倒废物等影响道路通行的活动,在公路或者公路用地范围内从事设置障碍、挖沟引水等可能损坏、污染公路和影响公路畅通的活动。另一种是原则上不允许,但经申请批准后可以进行的活动,主要指占用车行道、人行道等设置停车场或者非机动车停车处,堆物、作业,设置商业摊点,因工程建设挖掘、占用道路等活动。这些活动经过审批可以占用道路,但是要经过严格的审批程序、遵守道路作业的规定,并要缴纳占道费和交通管理费。

配套法规及解读

《公路法》(2017 年 11 月 4 日修正)

第七条 公路受国家保护,任何单位和个人不得破坏、损坏或者非法占用公路、公路用地及公路附属设施。

任何单位和个人都有爱护公路、公路用地及公路附属设施的义务,有权检举和控告破坏、损坏公路、公路用地、公路附属设施和影响公路安全的行为。

第四十四条 任何单位和个人不得擅自占用、挖掘公路。

因修建铁路、机场、电站、通信设施、水利工程和进行其他建设工程需要占用、挖掘公路或者使公路改线的,建设单位应当事先征得有关交通主管部门的同意;影响交通安全的,还须征得有关公安机关的同意。占用、挖掘公路或者使公路改线的,建设单位应当按照不低于该段公路原有的技术标准予以修复、改建或者给予相应的经济补偿。

第四十五条 跨越、穿越公路修建桥梁、渡槽或者架设、埋设管线等设施的,以及在公路用地范围内架设、埋设管线、电缆等设施的,应当事先经有关交通主管部门同意,影响交通安全的,还须征得有关公安机关的同意;所修建、架设或者埋设的设施应当符合公路工程技术标准的要求。对公路造成损坏的,应当按照损坏程度给予补偿。

第四十六条 任何单位和个人不得在公路上及公路用地范围内摆摊设点、堆放物品、倾倒垃圾、设置障碍、挖沟引水、利用公路边沟排放污物或者进行其他损坏、污染公路和影响公路畅通的活动。

第四十七条 在大中型公路桥梁和渡口周围二百米、公路隧道上方和洞口外一百米范围内，以及在公路两侧一定距离内，不得挖砂、采石、取土、倾倒废弃物，不得进行爆破作业及其他危及公路、公路桥梁、公路隧道、公路渡口安全的活动。

在前款范围内因抢险、防汛需要修筑堤坝、压缩或者拓宽河床的，应当事先报经省、自治区、直辖市人民政府交通主管部门会同水行政主管部门批准，并采取有效的保护有关的公路、公路桥梁、公路隧道、公路渡口安全的措施。

第四十八条　铁轮车、履带车和其他可能损害公路路面的机具，不得在公路上行驶。

农业机械因当地田间作业需要在公路上短距离行驶或者军用车辆执行任务需要在公路上行驶的，可以不受前款限制，但是应当采取安全保护措施。对公路造成损坏的，应当按照损坏程度给予补偿。

第四十九条　在公路上行驶的车辆的轴载质量应当符合公路工程技术标准要求。

第五十条　超过公路、公路桥梁、公路隧道或者汽车渡船的限载、限高、限宽、限长标准的车辆，不得在有限定标准的公路、公路桥梁上或者公路隧道内行驶，不得使用汽车渡船。超过公路或者公路桥梁限载标准确需行驶的，必须经县级以上地方人民政府交通主管部门批准，并按要求采取有效的防护措施；运载不可解体的超限物品的，应当按照指定的时间、路线、时速行驶，并悬挂明显标志。

运输单位不能按照前款规定采取防护措施的，由交通主管部门帮助其采取防护措施，所需费用由运输单位承担。

第五十一条　机动车制造厂和其他单位不得将公路作为检验机动车制动性能的试车场地。

《城市道路管理条例》(2019 年 3 月 24 日修订)

第二十七条　城市道路范围内禁止下列行为：

(一)擅自占用或者挖掘城市道路；

(二)履带车、铁轮车或者超重、超高、超长车辆擅自在城市道路上行驶；

(三)机动车在桥梁或者非指定的城市道路上试刹车；

(四)擅自在城市道路上建设建筑物、构筑物；

(五)在桥梁上架设压力在 4 公斤/平方厘米(0.4 兆帕)以上的煤气管道、10 千伏以上的高压电力线和其他易燃易爆管线；

(六)擅自在桥梁或者路灯设施上设置广告牌或者其他挂浮物；

（七）其他损害、侵占城市道路的行为。

第三十一条 因特殊情况需要临时占用城市道路的，须经市政工程行政主管部门和公安交通管理部门批准，方可按照规定占用。

经批准临时占用城市道路的，不得损坏城市道路；占用期满后，应当及时清理占用现场，恢复城市道路原状；损坏城市道路的，应当修复或者给予赔偿。

第三十二条 城市人民政府应当严格控制占用城市道路作为集贸市场。

※法规解读：道路是从事交通活动的基础设施，人们的生产和生活都离不开道路。然而，在现实生活中，有些单位和个人为了自己的利益和方便，往往会实施破坏、损坏、非法占用道路及其附属设施的行为，如有的在道路上打场、晒粮、放牧、堆物、倾倒废物，有的摆摊设点进行经营活动，有的违章停放车辆等妨碍道路通行……上述行为不仅降低了道路的通行能力和车辆的行驶速度，而且阻碍了道路效能的正常发挥，直接影响道路的交通安全。为了加强对道路的管理，制止和减少在道路上从事非交通活动的行为，我国在《公路法》和《城市道路管理条例》中明确规定了各种被禁止的占道非交通行为，并对临时占用道路的审批手续等问题作出了具体明确的限制性规定。对于某些确因实际需要而必须损毁道路的行为，则明确规定要按审批手续进行，并给予补偿或赔偿。

第三十二条 【施工要求】 因工程建设需要占用、挖掘道路，或者跨越、穿越道路架设、增设管线设施，应当事先征得道路主管部门的同意；影响交通安全的，还应当征得公安机关交通管理部门的同意。

施工作业单位应当在经批准的路段和时间内施工作业，并在距离施工作业地点来车方向安全距离处设置明显的安全警示标志，采取防护措施；施工作业完毕，应当迅速清除道路上的障碍物，消除安全隐患，经道路主管部门和公安机关交通管理部门验收合格，符合通行要求后，方可恢复通行。

对未中断交通的施工作业道路，公安机关交通管理部门应当加强交通安全监督检查，维护道路交通秩序。

条文解读

本条是关于规范涉及道路的施工作业、维护施工作业路段交通安全的规定。

本条共分3款。

本条第1款主要设定了开展涉及道路的施工作业的审批制度。根据本款规定，因工程建设需要占用、挖掘道路或者跨越、穿越道路架设、增设管线设施时，需要事先征得道路主管部门的同意，如果占用、挖掘道路或者跨越、穿越道路架设、增设管线设施影响交通安全的，还必须征得公安机关交通管理部门的同意。对未经批准而擅自挖掘道路、占用道路施工或者从事其他影响道路交通安全活动的，道路主管部门有权责令其停止违法行为，并可以依法给予罚款，对于影响道路交通安全的，公安机关交通管理部门有权责令其停止违法行为，并应当迅速恢复交通。

本条第2款针对占用、挖掘道路的施工单位提出了安全防范措施方面的要求。本款包含两个方面的内容：一是限定施工单位必须在经批准的路段和时间内施工作业，并在距离施工作业地点来车方向安全距离处设置明显的安全警示标志，采取防护措施。二是对施工作业完毕后，如何恢复道路交通作出了具体规定。按照本款规定，施工作业完毕后，应迅速清除道路上的障碍物，消除安全隐患，经道路主管部门和公安机关交通管理部门验收合格，符合通行要求后，方可恢复通行。

本条第3款规定了在不间断交通的道路施工作业中，公安机关交通管理部门负有维护交通秩序和安全的义务。在部分施工、部分通行的施工路段，不但可供通行的路面狭窄，而且路面情况因施工而变得更为复杂，在这种情况下，一般要求施工单位设置专门人员维护施工现场周围的秩序。但是，有的时候，仅仅依靠这些工作人员维护交通秩序，可能无法保障道路的安全、有序和畅通，还需要交通警察加强交通安全监督检查，以维护道路交通秩序。

配套法规及解读

《道路交通安全法实施条例》（2017年10月7日修订）

第三十五条　道路养护施工单位在道路上进行养护、维修时，应当按照规定设置规范的安全警示标志和安全防护设施。道路养护施工作业车辆、机械应当安装示警灯，喷涂明显的标志图案，作业时应当开启示警灯和危险报警闪光灯。对未中断交通的施工作业道路，公安机关交通管理部门应当加强交通安全监督检查。发生交通阻塞时，及时做好分流、疏导，维护交通秩序。

道路施工需要车辆绕行的，施工单位应当在绕行处设置标志；不能绕行的，应当修建临时通道,保证车辆和行人通行。需要封闭道路中断交通的,除紧急情况外,应当提前5日向社会公告。

※法规解读:这里所说的"安全警示标志",是指道路交通标志、标线、国家标准中的道路施工标志或者注意危险标志。一般来说,施工的安全警示标志必须齐全、规范、清晰、视认性好、设置地点准确、设置牢固,应当能够有效地提示和引导车辆驾驶人和行人通过施工路段或者绕行分流,并根据工程进度及时调整设置地点和内容。

这里所说的施工单位应当采取的安全防护措施,包括在距离施工作业地点来车方向安全距离处设置路栏、锥形交通路标、施工警告信号、施工标志、移动性施工标志等。

第三十三条 【停车泊位】新建、改建、扩建的公共建筑、商业街区、居住区、大(中)型建筑等,应当配建、增建停车场;停车泊位不足的,应当及时改建或者扩建;投入使用的停车场不得擅自停止使用或者改作他用。

在城市道路范围内,在不影响行人、车辆通行的情况下,政府有关部门可以施划停车泊位。

条文解读

本条是关于停车设施规划和建设的规定。本条共分两款。

近年来,随着我国经济的迅速发展,机动车保有量大大增加,但与之相配套的停车场,无论是在面积上还是在停车泊位的数量上都无法与之相适应,停车难正日益成为一个突出的社会问题。停车泊位虽然与交通没有直接联系,但因停车泊位不足导致的机动车停放混乱,不仅扰乱了交通秩序,更容易造成交通阻塞,导致交通事故的上升。与此同时,许多车辆驾驶人将机动车放在露天无人看管的场所,也容易造成车辆被盗等问题,影响社会治安。鉴于此,本条第1款中规定新建、改建、扩建的公共建筑、商业街区、居住区、大(中)型建筑等,应当配建、增建停车场,停车泊位不足的,应当及时改建或者扩建。

本条所说的"停车场",是指供各种机动车和非机动车停放的露天或室内场所。一般来说,停车场分为专用停车场和公共停车场。专用停车场,是指主要供某一单位车辆停放的场所和私人停车场所；公共停车场，是指主要为社会车辆提供服务的停车场所。

本条第1款是关于停车场建设的规定。按照此规定，各种公共建筑、商业街区、居住区和大（中）型建筑等必须配建停车场，没有配建停车场的，在对主体建筑进行改建、扩建时应当一并建设停车场，公共建筑、商业街区、居住区和大（中）型建筑等配建、增建停车场的，在停车泊位不足，不能满足车辆停放需求时，还应及时改建或者扩建停车场。根据有关规定，应当配建停车场（库）的建筑工程，在工程设计中没有停车场规划的，城市规划部门不应当批准该建筑工程，建设单位未获批准不得施工建设。除此之外，为了有效地利用已建停车场，缓解交通压力，在现有状况下最大限度地解决停车难问题，本款还明确规定，投入使用的停车场不得擅自停止使用或者改作他用。根据有关规定，改变停车场的使用性质，应当经过当地公安机关交通管理部门和城市规划部门的批准。根据我国《城市居住区规划设计规范》（GB 50180—93）的规定，配建公共停车场（库）应就近，并宜采用地下或多层车库。配建公共停车场（库）的停车位控制指标，应符合表3－1规定。

表3－1　配建公共停车场（库）的停车位控制指标

名称	单位	自行车	机动车
公共中心	车位/100平方米建筑面积	7.5	0.3
商业中心	车位/100平方米建筑面积	7.5	0.3
集贸市场	车位/100平方米建筑面积	7.5	—
饮食店	车位/100平方米建筑面积	3.6	1.7
医院、门诊所	车位/100平方米建筑面积	1.5	0.2

注：1. 本表机动车停车位以小型汽车为标准当量表示；
2. 其他各型车辆停车位的换算办法，应符合本规范第11章中的有关规定。

本条第2款是关于在城市道路范围内施划停车泊位的规定。在现实生活中，为了提高城市道路的通行效率，保障城市道路交通安全畅通，在城市道路范围内原则上不得施划停车泊位。另外，为了方便城市居民出行，缓解停车压力，适当允许在城市道路范围内施划停车泊位也是合理的、必要的。只不过在城市道路范围内施划停车泊位时要遵守以下规定：首先，在道路边施划停车泊位的做法只适用于城市道路，对其他道路则不适用；其次，在道路边施划停车泊位必须以不影响行人、车辆通行为前提，也就是说，在城市的主要干道和繁华地区以及施划停车泊位可能影响行人、车辆通行的道路上不得施划停车泊位；最后，只有城建、公安机关交通管理等政府的有关部门才有权力在道路上施划停车泊位，其他主体无权施划。

配套法规及解读

《道路交通安全法实施条例》(2017 年 10 月 7 日修订)

第三十三条 城市人民政府有关部门可以在不影响行人、车辆通行的情况下，在城市道路上施划停车泊位，并规定停车泊位的使用时间。

※法规解读：这里所说的“人民政府有关部门”，是指城建部门、公安机关交通管理部门等政府有关部门。上述部门在施划停车泊位时应当不影响行人和车辆通行，并在特定标识上明确规定停车泊位使用时间。

近年来，随着我国机动车保有量的迅猛增加，很多城市主干道已经出现饱和甚至超负荷运行的情况，拥堵现象十分严重。在这种情况下，为了保证道路畅通，提高道路通行能力，全面清理路内占道停车，还路于行，一些城市开始逐渐取消城市主干道道路两旁的停车泊位，这种做法虽然在一定程度上缓解了交通拥堵的压力，却也造成了停车难的困境，成为很多城市道路交通安全治理中的一个难题。本条虽然对停车设施规划和建设作出了规定，对于加强停车场的建设和管理、改善道路交通状况、保障交通安全畅通有一定的积极作用，但与此同时我们也应认识到，施划停车泊位是需要具有前瞻性思维的，政府有关部门(如城建部门和公安机关交通管理部门)应在前期规划中预先合理安排充裕的停车区，对老小区进行改造时也应采用建设地下车库或立体车库的形式来增加停车位，而不是采用这种占用交通道路的方式。

第三十四条 【人行横道及盲道】学校、幼儿园、医院、养老院门前的道路没有行人过街设施的，应当施划人行横道线，设置提示标志。

城市主要道路的人行道，应当按照规划设置盲道。盲道的设置应当符合国家标准。

条文解读

本条是关于行人过街设施、盲道设置的规定。本条共分两款。

本条第 1 款主要是关于行人过街设施的规定。这里所说的“行人过街设施”，是指专门供行人横过道路的过街天桥或者地下通道。无论是过街天桥还是地下通道都可以避免行人与机动车发生直接冲突，这不仅能保障行人的安全，而且能保障机动车的通行效率。这里所说的“提示标志”，是指道路交通标志、标线中的警告标志或者指示标志。其中，警告标志可以是注意儿童标志，或者是注意行人标志；指示标志则指人行横道标志。

在道路交通活动中，行人往往处于弱势地位，极易成为道路交通事故的受害者。尤其是学龄前儿童、学生、病人和老人，由于生理和心理发展的局限，极容易受到伤害，成为道路交通活动中的弱者。因此，在学校、幼儿园、医院、养老院门前修建过街天桥或地下通道是保护弱者的立法思想的具体体现。在没有此类行人过街设施的情况下，本款要求必须在学校、幼儿园、医院、养老院门前的道路上施划人行横道线，以便提醒司机注意减速慢行，保护道路交通活动中的弱者，减少交通事故。

本条第 2 款是关于城市主要道路的人行道，应当按照规划设置盲道的规定。所谓“盲道”，是指专为盲人设计、建造的无障碍通道，是公共环境中无障碍设施的一种，体现了以人为本的理念。盲道一般铺设在人流、车流较为稠密的人行街道上，与周围地面有明显的颜色反差，通过其表面凹凸分布刺激盲人触觉，以达到引领盲人通行的作用。盲道的设置必须符合国家标准。

在城市主要道路的人行横道上设置盲道，加强无障碍设施建设，为盲人等社会特殊群体提供道路通行安全和便利，是特殊群体平等参与社会生活、共享经济社会发展成果的必要条件，是维护广大人民群众根本利益的具体体现，也是城市文明和整个社会文明进步的重要标志。

配套法规及解读

《道路交通安全法实施条例》(2017 年 10 月 7 日修订)

第三十二条 道路交叉路口和行人横过道路较为集中的路段应当设置人行横道、过街天桥或者过街地下通道。

在盲人通行较为集中的路段，人行横道信号灯应当设置声响提示装置。

※法规解读:在道路交叉路口和行人横过道路较为集中的路段设置人行横道、过街天桥或过街地下通道充分体现了我国道路交通安全管理中保护弱者的原则。

无论是过街天桥还是地下通道,都和道路构成了立体交叉,使行人在过街通行时不与道路上通行的机动车发生冲突,从而既保障了行人的安全,也保障了机动车的通行效率。

通行权是路权的一种,是交通参与者根据交通法规的规定,在道路某一空间和时间范围内进行交通活动的权利。行人在人行横道绿灯放行期间,享有通行的权利,其他交通参与者必须保证享有通行权的行人的权利得以实现,不得侵犯其权利。如果有人驾驶机动车侵犯了行人的通行权而发生交通事故,如闯红灯撞了过街的行人,则侵权者是造成交通事故的主要原因,要负交通事故的主要责任。在中小学校、幼儿园、医院、养老院门前的道路施划人行横道线,可以确保这些交通参与者中的弱势群体获得横过道路的路权,从而最大限度地保障他们的安全。当然,如果具备条件,最好在中小学校、幼儿园、医院、养老院门前的道路上修建行人过街设施,这样不但可以使这些弱势群体过街的时间不受限制,而且能够保证不因过街而发生交通事故。

第四章　道路通行规定

本章介绍

本章较为详细地对道路交通法律关系中的通行规则作了规定，对象涵盖了机动车、非机动车、行人、特种车辆，内容包括通行规则、禁止规定、限制性规定等权利义务。本章中涉及的条款多为主体在道路交通法律关系中的具体权利义务，大部分是从技术规范中总结升华而来，当然也借鉴了国外优秀的立法成果，同时往往也是道路交通纠纷争议的核心法条。鉴于此，我国《道路交通安全法实施条例》等配套法规和各地的地方规章也都对本章作出了一定程度的细化。

第一节　一般规定

第三十五条　【右行】机动车、非机动车实行右侧通行。

条文解读

本条是关于车辆右侧通行的基本原则的规定。

右侧通行是我国车辆通行的基本原则，也是其他许多通行规则的基础和前提。右侧通行的标准是：如果道路上划设有中心线，以中心线为界；不划设中心线的，以几何中心为界，以面对方向定左右，即左手一侧的道路为左侧道路，右手一侧的道路为右侧道路，除了有特殊规定的车辆以外，一律靠右侧道路行驶；在路口内，有岗台或中心圈的，以岗台或中心圈为界，除有特殊规定的车辆外，从其右侧左转弯。应当注意的是，右侧通行的原则只适用于机动车和非机动车，行人不适用右侧通行的原则，自行车推行视为行人。

虽然我国实行右侧通行的车辆通行原则，但机动车在一些法定的特殊情况下，也可以左侧通行。这个例外主要是：单行线。车辆在单行线上时，路上有标明路线的按照标明路线行驶，无标明路线的，按照低速右侧通行原则行驶。此外，根据本法规定，驾驶警车、消防车、救护车、工程救险车执行紧急任务时，可以使用警报器、标志灯具，在确保安全的前提下，不受行驶路线、行驶方向、行驶速度和信号灯的限制。道路养护车辆、工程作业车进行作业时，在不影响过往车辆通行的前提下，其行驶路线和方向不受公路标志、标线限制。不过，上述车辆在行驶时必须按照安全作业标准作业，在不影响其他车辆通行的情况下，可以不受车辆分道行驶的限制，但不得逆向行驶。在没有法律特别规定的条件下，违反右侧通行的原则便构成逆向行驶。逆向行驶是比较严重的交通违章行为。

配套法规及解读

《道路交通安全法实施条例》(2017 年 10 月 7 日修订)

第四十八条 在没有中心隔离设施或者没有中心线的道路上，机动车遇相对方向来车时应当遵守下列规定：

(一)减速靠右行驶，并与其他车辆、行人保持必要的安全距离；

(二)在有障碍的路段，无障碍的一方先行；但有障碍的一方已驶入障碍路段而无障碍的一方未驶入时，有障碍的一方先行；

(三)在狭窄的坡路，上坡的一方先行；但下坡的一方已行至中途而上坡的一方未上坡时，下坡的一方先行；

(四)在狭窄的山路，不靠山体的一方先行；

(五)夜间会车应当在距相对方向来车 150 米以外改用近光灯，在窄路、窄桥与非机动车会车时应当使用近光灯。

※法规解读：本条规定是对右侧通行原则的详细解释。事实上，右侧通行原则不仅是我国车辆通行的基本原则，而且还主要体现了我国道路交通中的优先通行权问题。

一般情况下，同一道路，不同方向的机动车直行车有优先通行权。也就是说，迎面开来的两车，转弯让直行。因为在右行制国家，不存在同一道路上向右转让直行的可能，除非一方逆行。而两辆均无优先通行权(无红绿灯、无标志标线)的机动车同时到达一个交叉点时，右侧车辆先行，而在左行制的国家，左侧车辆先行。

与其他通行原则相比，右侧通行规则集中体现在以下几个方面：

(1)十字路口:路口直行时遇右方道路来车左转弯或右转弯应当让行(《道路交通安全法》第43条第1项、第2项)。因为无论车辆是左转、右转、直行,都需要经过路口中心点附近。

(2)左车并线同时遇到右车并线:应让右车先行并线(多见地方性法规,如《北京市实施〈中华人民共和国道路交通安全法〉办法》第35条第4项)。因为右侧并线车辆在右侧通行规则下相对于左车并线属于正常通行状态。

关联法规索引

《北京市实施〈中华人民共和国道路交通安全法〉办法》第35条

第三十六条　【分道通行】根据道路条件和通行需要,道路划分为机动车道、非机动车道和人行道的,机动车、非机动车、行人实行分道通行。没有划分机动车道、非机动车道和人行道的,机动车在道路中间通行,非机动车和行人在道路两侧通行。

条文解读

本条是关于车辆分道通行的规定。

道路无论是否划分机动车道与非机动车道,本条都总括性地对通行规则作出了相应的规定,概括地说,有划分的应按道行驶,无划分的机动车在道路中间通行,而非机动车与行人在道路两侧通行。

限于国内大多数城市(尤其是老旧城区)道路规划的滞后,除主干道有能力划分机动车道与非机动车道外,一些城市对相当部分道路无法也无力进行划分,机动车、非机动车、行人在一个道路中"相视而动"的不在少数。尽快对道路进行划分的期望,往往并不实际。

在已经划分机动车道与非机动车道的道路上,突出的问题主要来自两个方面:一方面是机动车违法占用非机动车道,另一方面是非机动车、行人也经常在机动车道内与机动车近距离"比翼齐飞",甚至"亲密接触",发生事故。

据公安部交通管理局公布的数据,截至2022年3月底,全国机动车保有量达

4.02 亿辆,其中汽车 3.07 亿辆;机动车驾驶人达 4.87 亿人。其中,新能源汽车保有量达 891.5 万辆;79 个城市汽车保有量超过 100 万辆;20 个城市汽车保有量超过 300 万辆,机动车、驾驶人总量及增量均居世界第一。如此规模的机动车数量与现行的道路通行能力之间的矛盾日渐显露,道路容纳通行能力有限,车辆与停车位(车库)数量间严重失衡。相当多城市近几年都采取饮鸩止渴的方式来解决(缓解)这一矛盾,许多条非机动车道都被划分出机动车停车位,变成了汽车的停车场。非机动车道路宽有限,停放在非机动车道上的汽车经常导致非机动车道阻塞,并迫使非机动车大量进入机动车道行驶,从而使交通秩序受到严重影响,非机动车驾驶人和行人的自身安全也得不到保障。更严重的是,一旦容许机动车在非机动车道停车,就间接地为汽车在非机动车道上行驶开了绿灯,使一些机动车因堵车而利用非机动车道加塞成为可能,从而对正常行驶的非机动车构成威胁。

非机动车车主与行人对于不能在非机动车道顺利通行也见怪不怪,相应地,非机动车甚至行人不得不在机动车道上通行变成了常态,此时,机动车道与非机动车道的划分基本上就失去了意义。

尽管如此,本条仍然是机动车与非机动车在道路上通行的基础性准则,是否违反这一规则也是衡量事故中有责与否、责任大小的重要标准。

配套法规及解读

《道路交通安全法实施条例》(2017 年 10 月 7 日修订)

第四十四条 在道路同方向划有 2 条以上机动车道的,左侧为快速车道,右侧为慢速车道。在快速车道行驶的机动车应当按照快速车道规定的速度行驶,未达到快速车道规定的行驶速度的,应当在慢速车道行驶。摩托车应当在最右侧车道行驶。有交通标志标明行驶速度的,按照标明的行驶速度行驶。慢速车道内的机动车超越前车时,可以借用快速车道行驶。

在道路同方向划有 2 条以上机动车道的,变更车道的机动车不得影响相关车道内行驶的机动车的正常行驶。

第七十七条 乘坐机动车应当遵守下列规定:

(一)不得在机动车道上拦乘机动车;

(二)在机动车道上不得从机动车左侧上下车;

（三）开关车门不得妨碍其他车辆和行人通行；

（四）机动车行驶中，不得干扰驾驶，不得将身体任何部分伸出车外，不得跳车；

（五）乘坐两轮摩托车应当正向骑坐。

※法规解读：通常情形下，道路通行能力自中间向两侧递减，为了安全和有效通行，法律法规通常会作出如下规定：越靠近道路中间，道路通行主体越具有优先通行权；机动车、非机动车驾驶人和行人应当在划定的车道（道路）内安全行驶（行走）。

对于没有划分机动车道、非机动车道和人行道的，机动车在道路中间通行，非机动车和行人在道路两侧通行。这是对在道路没有施划车道和人行道时，车辆和行人如何通行的规定。

所谓机动车在道路中间通行，是指机动车应当以道路几何中心线为中心，以车辆宽度为基数，在道路中心线左右各半个车道宽度范围内行驶。当然，不苛求车辆中心对准道路几何中心。所谓非机动车和行人在道路两侧通行，是指非机动车和行人，在道路剩余的两侧部分通行。因此，机动车驾驶人应当驾驶车辆在道路中间通行，非机动车和行人应当在道路两侧通行。这是在道路没有施划车道的情况下，确保交通安全的重要保障措施。

典型案例

毛某平、岳阳县汽车运输总公司机动车交通事故责任纠纷案〔1〕

※案情简介：2018年2月2日18时40分左右，毛某平驾驶湘F×××号中型客车沿岳阳楼区云梦路由北往南行驶，途经岳阳市污水处理厂路段时，客车右后轮碾压路面下水道井盖，致使井盖翘起后将车辆顶起，并将后传动轮轴折断，造成车上乘客何某等多人受伤及车辆受损的事故。事故发生后，岳阳市交警支队南湖大队事故中队对毛某平进行了询问，同时找到该事故路段辖区环卫工人阮某事进行了调查，根据阮某事证实，当日下午5点30分左右，其经过事发路段时，“发现靠右侧道路上的一个井盖翘起，一半卡在里面一半突起，捡完一圈垃圾后回到该路段时

〔1〕 本案根据（2020）湘06民终1948号判决书整理。

发现已经发生了事故”。根据岳阳市城管局陈述，其下设机构岳阳市市政维护管理处在本次交通事故发生前1小时10分钟对事发路段下水道井盖进行日常巡查时该下水道井盖完好无损。据此，岳阳市交警支队南湖大队事故中队认为此次事故驾驶员毛某平的行为虽然客观上造成了损害后果，但不是出于其故意或过失，而是由于不可抗拒或不可预见的原因导致的，故属于交通意外事故。毛某平系湘F×××号中型客车的实际车主，该车挂靠在岳阳县汽车运输总公司，其运营线路为荣家湾至岳阳西线，岳阳县汽车运输总公司于2018年1月10日为湘F×××号中型客车在华安财险岳阳县支公司投保了道路客运承运人责任保险，每座赔偿限额500,000元，每次事故绝对免赔额200元，保险期间自2018年2月1日0时起至2019年1月31日24时止。事故发生后，华安财险岳阳县支公司垫付了50,000元医药费，此款交由岳阳县汽车运输总公司副总经理陈某新向伤者支付，但何某没有收到该款项。另查明，何某系岳阳县新墙镇前进村人，自2014年起至本次交通事故发生时一直居住在岳阳县，自2015年7月起受雇于岳阳县贝因美儿童用品四店从事销售员工作，月工资2300元左右，2016年9月因怀孕休假辞工。何某受伤后，被先后送往岳阳市湘雅医院进行住院治疗，至2018年2月14日出院，此后，多次进行门诊治疗，共计用去治疗费85,898元，毛某平为其支付医药费50,000元。本案一审期间，华安财险岳阳县支公司对何某的伤残等级等鉴定结论有异议申请进行重新鉴定，一审法院依法委托湖南迪安鉴定中心对何某的伤残等级、护理期、后期医药费进行重新鉴定。鉴定意见为“被鉴定人何某伤残程度评定为一个八级伤残和一个十级伤残；评定其护理150日；后期遵医嘱，需定期复查，择期行左股骨颈处内固定物取出术，预计费用12,000元；或以实际发生的有效合理性票据为准。若行骨盆内固定物取出术，建议费用10,000元左右，或按实际发生的费用计算。”（注：今后不排除股骨头坏死的可能性，必要时补充鉴定）华安财险岳阳县支公司、岳阳市城管局、毛某平、岳阳县汽车运输总公司对该重新鉴定意见均无异议，何某对该重新鉴定书面质证意见为认可该鉴定意见的真实性、合法性、关联性，并增加诉讼请求行骨盆内固定物取出术费用10,000元。根据查明的事实，结合2019年湖南省道路交通事故及人身损害赔偿标准，确认何某的损失共计491,491元。

一审法院认为，毛某平驾驶湘F×××号中型客车行驶于城区途中，车轮碾压路面下水道井盖，致使井盖翘起后将车辆顶起，并将后传动轮轴折断，造成车上乘客何某等人受伤及车辆受损的事故，虽然其行为主观上没有故意或过失，但客观上造成了损害结果的发生，故毛某平的行为已经对何某等人构成侵权。何某身体遭受损伤请求赔偿，诉求合理。毛某平、岳阳县汽车运输总公司在本次交通事故中对于何某的赔偿责任现已经确定，而岳阳县汽车运输总公司并未请求保险公司向何某支付赔偿金，故根据法律规定，何某有权就应该获得的赔偿部分向保险公司主张权利，因此华安财险岳阳县支公司作为本案被告适格。但是何某请求的精神抚慰金及核减的非医保用药不在保险合同约定的赔偿范围，该部分损失应该由直接侵权人赔偿。何某今后不排除股骨头坏死的可能性，必要时补充鉴定。湘F×××号中型客车因本次事故造成的财产损失可以依据保险合同向保险公司另行主张权利。

二审法院二审查明，事发路段位于云梦路污水处理厂由北往南路段，双向共六车道，两边设非机动车道两条、标志标线齐全，事发时所涉井盖位于该路段由北往南的右侧非机动车车道上。二审法院对一审查明的其他事实予以确认。

※**裁判理由**：本案二审争议的焦点问题是：(1)一审判决认定的事故赔偿责任是否正确；(2)华安财险岳阳县支公司是否为本案适格被告。

关于焦点(1)：一审判决认定的事故赔偿责任是否正确的问题。《道路交通安全法》第36条规定："根据道路条件和通行需要，道路划分为机动车道、非机动车道和人行道的，机动车、非机动车、行人实行分道通行。没有划分机动车道、非机动车道和人行道的，机动车在道路中间通行，非机动车和行人在道路两侧通行。"本案事故发生在城市道路上，道路标志标线清晰齐全，涉事井盖处于非机动车车道上，毛某平驾驶的湘F×××号中型客车系岳阳至荣家湾的客运班车，总质量为5660kg，应在机动车道路上行驶，现毛某平将车辆驶入非机动车道，其并未提供相应的证据证明驶入非机动车道的正当性，也未提供出合理的解释事由。事故发生时，并无证据证明涉事井盖处于翘起状态，毛某平在一审庭审中也陈述开车的时候没有发现井盖翘起。虽然交警部门认定此次事故为交通意外事故，即便井盖处于不固定状态，但根本原因系毛某平驾驶的中型客车违法驶入非机动车道压到井盖导致，且并无证据证明涉案井盖设置存在不规范情形，故一审判决毛某平及涉案车辆挂靠单位岳阳县汽车运输总公司承担全部赔偿责任并无不当。毛某平、岳阳县汽车运输总公司、华安财险岳阳县支公司上诉要求涉事井盖管理单位岳阳市城管局承担赔偿责任，不予支持。

关于焦点(2)：华安财险岳阳县支公司是否为本案一审适格被告的问题。《保险法》第65条第1款、第2款规定，"保险人对责任保险的被保险人给第三者造成的损害，可以依照法律的规定或者合同的约定，直接向该第三者赔偿保险金。责任保险的被保险人给第三者造成损害，被保险人对第三者应负的赔偿责任确定的，根据被保险人的请求，保险人应当直接向该第三者赔偿保险金。被保险人怠于请求的，第三者有权就其应获赔偿部分直接向保险人请求赔偿保险金”。本案中，涉案车辆在华安财险岳阳县支公司投保了道路客运承运人责任保险，事故发生在保险期限内。因毛某平驾驶车辆违法驶入非机动车道压到井盖致井盖翘起发生事故，造成何某受伤。根据上述法律规定，何某可直接请求华安财险岳阳县支公司支付保险金，故华安财险岳阳县支公司为本案一审的适格被告。

※裁判结果：驳回上诉，维持原判。

二审案件受理费 8753 元，由毛某平、岳阳县汽车运输总公司负担 502 元，由华安财险岳阳县支公司负担 8251 元。

※裁判要旨：(1)事故责任认定应着眼于根本原因。本案事故发生在城市道路上，道路标志标线清晰齐全，涉事井盖处于非机动车车道上，毛某平驾驶中型客车本应在机动车道路上行驶，但其驶入了非机动车道，并未能证明驶入非机动车道的正当性。事故发生时及毛某平在一审庭审中的陈述也未表明涉事井盖处于翘起状态。本案事故发生的根本原因系毛某平驾驶的中型客车违法驶入非机动车道压到井盖导致，且并无证据证明涉案井盖设置存在不规范情形，故一审判决毛某平及涉案车辆挂靠单位岳阳县汽车运输总公司承担全部赔偿责任并无不当。

(2)关于保险人的当事人适格地位。根据《保险法》第 65 条的规定：被保险人怠于请求的，第三者有权就其应获赔偿部分直接向保险人请求赔偿保险金。故而，本案受害人有权直接请求保险公司进行赔付，保险公司具有被告资格。

第三十七条 【专用车道的使用】道路划设专用车道的，在专用车道内，只准许规定的车辆通行，其他车辆不得进入专用车道内行驶。

条文解读

本条是关于专用车道的规定。专用车道指的是规定只允许某种车辆行驶或只限某种用途使用的车道。专用车道可以分为人行道、非机动车道和机动车道。

最常见的专用车道、优先车道就是公交车道，即专门为公交车行驶所设定的车道。一些城市的公交专用车道路段上标写有数字,即公交专用的时间,在该时间段内其他的车辆不得通行。如在道路上标有 6~8 点和 17~19 点,这种情况表明,在这两个时间段内不允许其他车辆进入专用车道内行驶,除规定的时间外,其他车辆可以在专用车道内短时间地进行并线、转弯、入主道等借道通行行为,但不得影响规定的车辆的行驶。公交专用车道很好辨认,其两侧的标志线为黄色,且在车道地面上喷写有公交专用车道的字样。公交专用车道黄色标志线又分为虚实两种,若为虚线,则其他车辆可以从虚线一侧越线借用公交专用车道向右转弯,若为实线则不得借道转弯。

专用车道的划设相对比较稳定,但随着我国交通状况的变化和车辆、道路的发展,专用车道会根据不同情况增加或减少。这里所说的"规定的车辆",是指由当地公安机关交通管理部门根据当地的实际情况规定的车辆。"其他车辆不得进入专用车道内行驶"是指除规定的车辆外,其他任何车辆都不得进入该车道内行驶。根据这一规定,其他车辆在专用车道内借道行驶的行为是不被允许的。

配套法规及解读

《校车安全管理条例》(2012 年 4 月 5 日)

第三十一条　公安机关交通管理部门应当加强对校车行驶线路的道路交通秩序管理。遇交通拥堵的,交通警察应当指挥疏导运载学生的校车优先通行。

校车运载学生,可以在公共交通专用车道以及其他禁止社会车辆通行但允许公共交通车辆通行的路段行驶。

※法规解读:专用车道通常用黄色和白色标线标识,黄色标线又分实线和虚线两种,黄色实线分三种情况:

第一种是中心黄色双实线,它划分在上下行方向各有两条或两条以上的没有设置中心隔离带的机动车道上,严禁车辆越线超车或压线行驶;

第二种是中心黄色单实线,它划分在上下行方向各有一条或两条车道(区分机动车和非机动车)的道路,以及双向通行的三条车道和其他需要禁止超车的路段上,同样不准越线超车或压线行驶;

第三种是中心黄色虚实线,它是由黄色实线与黄色虚线共同组成的一条标线,表示禁止由实线一侧向虚线一侧越线超车和左转弯,而准许由虚线一侧向实线一侧越线超车和左转弯。

白色实线使用上分为两种情况：一种是禁止变换车行道线，它是划在有多条行车道的桥梁、弯道、隧道、坡道或车行道渐变路段、交叉路口驶入路段上，并与白色虚线相连接的白色实线，此种标线意味着禁止车辆变换车道或借道超车；另一种是车行道边缘线，划在最右侧机动车道与非机动车道之间，一是用来指示机动车道的边缘，二是用来划分机动车道与非机动车道，国家标准中没有禁止越线或压线的表述。

关联法规索引

《昆明市道路交通安全条例》第26条

第三十八条 【通行原则】车辆、行人应当按照交通信号通行；遇有交通警察现场指挥时，应当按照交通警察的指挥通行；在没有交通信号的道路上，应当在确保安全、畅通的原则下通行。

条文解读

本条是关于道路指挥系统的规定。

交通信号广义上包括交通信号灯、交通标志、交通标线和交警的指挥。本条中所说的“交通信号”是指狭义的交通信号灯、交通标志和交通标线。在城市上下班高峰期既有交通信号又有交警在指挥的情况较多见，这种情况下很可能出现交警指挥与其他交通信号不一致的情形，此时应当依据本条确定指挥优先性。也就是说，在有交通信号，同时也有交警指挥时，车辆和行人应当按照交警的指挥通行，无论二者是否冲突。

现实中遇到此种情况，特别是在现场有交通电子监控的场合，建议先观察现场的具体情况，如果可以的话，尽可能地选择既不违反交通信号指挥又遵守交警指挥的做法。因为违反了信号指示被监控记录下来的，行车人没有证据去申诉证明当时是接受现场交警指挥的话，难免会被按照违反道路交通法规处罚。更为稳妥的做法是按照交警指挥通行，并记录下当时的具体时间和地点、在场警车号码或牌照以备事后查询证明和举证。

配套法规及解读

《道路交通安全法实施条例》(2017 年 10 月 7 日修订)

第三十八条 机动车信号灯和非机动车信号灯表示:

(一)绿灯亮时,准许车辆通行,但转弯的车辆不得妨碍被放行的直行车辆、行人通行;

(二)黄灯亮时,已越过停止线的车辆可以继续通行;

(三)红灯亮时,禁止车辆通行。

在未设置非机动车信号灯和人行横道信号灯的路口,非机动车和行人应当按照机动车信号灯的表示通行。

红灯亮时,右转弯的车辆在不妨碍被放行的车辆、行人通行的情况下,可以通行。

第三十九条 人行横道信号灯表示:

(一)绿灯亮时,准许行人通过人行横道;

(二)红灯亮时,禁止行人进入人行横道,但是已经进入人行横道的,可以继续通过或者在道路中心线处停留等候。

第四十条 车道信号灯表示:

(一)绿色箭头灯亮时,准许本车道车辆按指示方向通行;

(二)红色叉形灯或者箭头灯亮时,禁止本车道车辆通行。

第四十一条 方向指示信号灯的箭头方向向左、向上、向右分别表示左转、直行、右转。

第四十二条 闪光警告信号灯为持续闪烁的黄灯,提示车辆、行人通行时注意瞭望,确认安全后通过。

第四十三条 道路与铁路平面交叉道口有两个红灯交替闪烁或者一个红灯亮时,表示禁止车辆、行人通行;红灯熄灭时,表示允许车辆、行人通行。

第五十二条 机动车通过没有交通信号灯控制也没有交通警察指挥的交叉路口,除应当遵守第五十一条第(二)项、第(三)项的规定外,还应当遵守下列规定:

(一)有交通标志、标线控制的,让优先通行的一方先行;

(二)没有交通标志、标线控制的,在进入路口前停车瞭望,让右方道路的来车先行;

（三）转弯的机动车让直行的车辆先行；

（四）相对方向行驶的右转弯的机动车让左转弯的车辆先行。

《校车安全管理条例》(2012 年 4 月 5 日)

第三十一条 公安机关交通管理部门应当加强对校车行驶线路的道路交通秩序管理。遇交通拥堵的，交通警察应当指挥疏导运载学生的校车优先通行。

校车运载学生，可以在公共交通专用车道以及其他禁止社会车辆通行但允许公共交通车辆通行的路段行驶。

第三十三条 校车在道路上停车上下学生，应当靠道路右侧停靠，开启危险报警闪光灯，打开停车指示标志。校车在同方向只有一条机动车道的道路上停靠时，后方车辆应当停车等待，不得超越。校车在同方向有两条以上机动车道的道路上停靠时，校车停靠车道后方和相邻机动车道上的机动车应当停车等待，其他机动车道上的机动车应当减速通过。校车后方停车等待的机动车不得鸣喇叭或者使用灯光催促校车。

※法规解读：《道路交通安全法》第 25 条第 2 款明确规定，交通信号包括交通信号灯、交通标志、交通标线和交通警察的指挥。需要强调的是，上述四种交通信号，其效力并不处于同一位阶。当交通信号灯以及交通标志、标线的指示与现场交通警察的指挥不一致时，交通警察的指挥信号效力最高，应当严格按照交通警察的现场指挥通行。这是因为，在常规情况下，道路通行主要依据交通信号灯和交通标志、标线的导引，无须交通警察进行现场指挥。但是，如果道路通行出现异常，则常规的交通信号无法实现保障道路安全、畅通的目的。这时，一般是由交通警察依据现场实际情况作出处理、应对和判断，并依此判断或者上级机关的指示指挥交通。

在没有任何交通信号的情况下，交通参与者应当在确保安全、畅通的原则下通行，这就是通常所说的安全原则，或者是交通参与者的安全义务。

这项义务和原则贯穿了《道路交通安全法》的始终，实际上是要求道路交通参与人在上路通行的过程中切实履行审慎的义务，而只有交通参与人真正采取了审慎的态度，各种交通规则和交通信号的控制才能够真正发挥作用。如果说在有交通信号的情况下，交通信号还会对交通参与人的行为和判断有所导引和控制，那么在没有任何交通信号导引的情况下，交通的安全、有序和畅通则主要依靠交通参与人的自觉维护和自主审慎判断。

正是从这个意义上讲，有人说安全原则对于《道路交通安全法》而言，就如诚实信用原则对于民法而言一样重要。

典型案例

张某龙与曲某梅等机动车交通事故责任纠纷案[1]

※案情简介：2021年6月16日7时15分，张某龙驾驶鄂HJJ7某某小型轿车行驶至311省道124KM+200M处，与停靠在道路右侧路边曲某梅驾驶的无号牌沃隆牌三轮电动车相撞，造成曲某梅受伤，双方车辆受损的交通事故。本次交通事故经交警部门认定张某龙承担事故全部责任，曲某梅无责任。事故发生后，曲某梅被送往医院住院治疗41日，花去医疗费28,240.92元。张某龙因交通事故受伤经荆门今宋法医司法鉴定所于2022年3月5日鉴定，其伤残程度为十级，后续治疗费4000元，评定误工期120日，护理期60日，营养期60日，为此，曲某梅支付鉴定费2780元，检查费用616元。另查明，鄂HJJ7某某车辆在长安保险钟祥支公司投保了交强险，事故发生在保险有效期内。事故发生后，张某龙垫付12,000元（含为曲某梅请护工支付2000元），长安保险钟祥支公司垫付18,000元。

一审法院认为，该案系机动车发生交通事故引起的侵权责任纠纷，曲某梅请求按照交通事故中各方当事人的过错行为承担赔偿责任，并由保险公司在保险责任限额内予以赔偿，符合法律规定，予以支持。曲某梅的各项损失共计128,574.20元，按如下顺序进行赔偿：(1)长安保险钟祥支公司在交强险医疗费赔偿限额内赔偿18,000元；在交强险死亡伤残赔偿限额内赔偿85,888.20元；在财产损失限额内赔偿2000元；长安保险钟祥支公司先行垫付费用18,000元在赔付时予以扣减。(2)经交强险赔偿后的剩余部分为22,686元，由侵权人张某龙赔偿，其先行垫付费用12,000元在赔付时予以扣减。

二审中，张某龙提交证据一，张某龙与曲某梅主治医生的电话录音光盘及纸质文档一份，拟证明曲某梅在住院期间产生了不合理的费用。证据二，提交曲某梅住院一日清单明细截图，拟证明曲某梅在2021年7月8日至7月27日住院期间，仅

---

[1] 本案根据(2022)鄂08民终833号判决书整理。

产生病房空调费、床位费、护理费、诊查费，其恢复情况已达到出院标准，但曲某梅拒不出院故产生不合理费用3699.92元。

曲某梅质证认为，对证据一，不属于新证据，一审中张某龙并未对医疗费提出任何异议。通话系主治医生与张某龙的通话，无论是否真实，内容不具有权威性，也没有证据证明曲某梅拒不出院，医院并未下达出院通知书。该证据不具有证明的效力，也不具有真实性、关联性和合法性。

长安保险钟祥支公司辩称，对证据一，住院治疗达到出院标准的，医院会下达出院通知书，这是医院的正规手续，张某龙并未出示该手续，故其认为曲某梅不合理住院的材料没有可取性。对证据二，一日清单显示，曲某梅住院期间最后一日还在做CT检查，可以证明伤者还是在治疗中。

二审法院经审核认为，张某龙虽对曲某梅医疗费的合理性、关联性存有异议，但首先，张某龙提交的通话记录与本案中曲某梅提交的出院记录、住院医嘱等病历资料并不一致，并不足以反驳曲某梅提交的医疗费发票、住院病历等系列证据材料的真实性。其次，张某龙提交的一日住院清单，曲某梅仍在进行红外线治疗、气压治疗及各项检查等，与张某龙的证明目的相悖。最后，在一审庭审中，张某龙明确表示对医疗费无异议，故其提交的证据应不予采信。

※裁判理由：本案二审的争议焦点为：(1)曲某梅在2021年7月8日至7月27日住院期间产生的医疗费3699.52元及相关住院伙食补助费是否应当扣除；(2)一审判决张某龙承担曲某梅鉴定费2780元是否合理；(3)一审判决张某龙承担交通事故全部赔偿责任是否正确。

关于医疗费及住院伙食补助费。《最高人民法院关于审理人身损害赔偿案件适用法律若干问题的解释》第6条中规定，医疗费根据医疗机构出具的医药费、住院费等收款凭证，结合病历和诊断证明等相关证据确定。赔偿义务人对治疗的必要性和合理性有异议的，应当承担相应的举证责任。本案中，曲某梅因本案交通事故致双侧肋骨多发骨折并双侧胸腔积液、腰3左侧横突骨折、右股骨大转子撕脱性骨折等，住院治疗41日。诉讼中，曲某梅提交的住院病历资料、检查报告单、医疗费发票等证据相互印证，能够证实曲某梅因本案交通事故于2021年6月16日至7月27日住院治疗，并实际产生医疗费用28,240.92元的事实。故张某龙对医疗费用的关联性、合理性存疑的，应由张某龙承担举证责任。诉讼中，张某龙虽提交通话录音及曲某梅住院一日清单，但该通话记录与曲某梅的出院记录、住院医嘱等病历资料并不一致，并不足以反驳曲某梅提交的医疗费发票、住院病历等系列证据材料的真实性，且张某龙提交的一日住院清单与曲某梅提交的长期医嘱单、临时医嘱单可以相互印证，能够证明曲某梅于2021年7月8日至7月27日住院期间，仍在进行红外线治疗、气压治疗等，并多次复查骨折及肺部情况，并不能达到张某龙主张的曲某梅存在不合理治疗的住院目的。而且在一审庭审中，张某龙明确表示对医疗费无异议。综上，张某龙提交的上述证据不足以反驳曲某梅住院及相关医疗费的事实，一审判决计算的曲某梅的住院费用及住院时间并无不当。张某龙的该项上诉理由不能成立，二审法院不予支持。

关于鉴定费。张某龙上诉认为，鉴定费系被保险人为确定保险事故的性质和原因以及损失程度支出的必要的、合理的费用，应由保险公司承担。但张某龙驾驶的肇事车辆，仅在长安保险钟祥支公司投保交强险，而根据《机动车交通事故责任强制保险条款》第8条关于交强险各责任限额项下具体赔偿项目的规定，以及该条款第10条规定的，下列损失和费用，交强险不负责赔偿和垫付：……(4)因交通事故产生的仲裁或者诉讼费用以及其他相关费用。故鉴定费不属于交强险损害赔偿范围，不应由长安保险钟祥支公司承担。张某龙的该项上诉理由不能成立，二审法院不予支持。

关于责任比例。《最高人民法院关于审理道路交通事故损害赔偿案件适用法律若干问题的解释》第24条规定，交通管理部门制作的交通事故认定书，人民法院应依法审查并确认其相应的证明力，但有相反证据推翻的除外。本案交通事故发生后，公安交警部门到现场进行处理并作出事故认定书。事故认定书载明了事发经过，2021年6月16日7时15分，张某龙驾驶鄂HJJ7某某小型轿车行驶至311省道124KM+200M处，与停靠在道路右侧路边曲某梅驾驶的无号牌沃隆牌三轮电动车相撞，造成曲某梅受伤，双方车辆受损的交通事故。公安交警部门经过对现场勘验、询问当事人、车辆技术检验等，对事故原因及责任划分认定如下，张某龙驾驶机动车在没有交通信号的道路上，未尽到注意义务，未能确保安全的情况下通行，其行为违反了《道路交通安全法》第38条规定，张某龙承担此事故全部责任，曲某梅不承担此事故责任。虽张某龙上诉认为，曲某梅无牌无证违规驾驶机动车并在路边停靠车辆，违反了《道路交通安全法》第99条规定，请求法院重新划定交通事故责任，应由曲某梅承担部分交通事故责任，但本案交通事故发生的直接原因，系张某龙未确保安全驾驶所致，曲某梅并未驾驶三轮电动车上路行驶，仅系路边停靠,其未取得驾驶证的行为不应被评价为导致本案交通事故发生的过错行为。张某龙并未提交足以推翻事故认定书的证据,一审判决采信事故认定书,认定张某龙承担全部责任并无不当。综上所述,张某龙的该项上诉理由不能成立,二审法院不予支持。

※裁判结果:驳回上诉,维持原判。

二审案件受理费121元,由张某龙负担。

※裁判要旨:(1)交通管理部门制作的交通事故认定书为公文书,公文书证记载内容推定为真实,但有相反证据予以推翻的除外。本案中,张某龙驾驶机动车在没有交通信号的道路上,未尽到注意义务,未能在确保安全的情况下通行,其行为违反了《道路交通安全法》第38条规定,张某龙应承担此事故全部责任。曲某梅并未驾驶三轮电动车上路行驶,仅系路边停靠,其未取得驾驶证的行为不应被评价为导致本案交通事故发生的过错行为,曲某梅不承担此事故责任,且张某龙未提供证据推翻,故而应采信交通事故认定书。

(2)医疗费应根据医疗机构出具的医药费、住院费等收款凭证,结合病历和诊断证明等相关证据确定。

(3)鉴定费不属于交强险损害赔偿范围。

第三十九条 【交通限制的提前公告】公安机关交通管理部门根据道路和交通流量的具体情况,可以对机动车、非机动车、行人采取疏导、限制通行、禁止通行等措施。遇有大型群众性活动、大范围施工等情况,需要采取限制交通的措施,或者作出与公众的道路交通活动直接有关的决定,应当提前向社会公告。

条文解读

本条是关于公安机关交通管理部门采取限制通行、禁止通行等限制交通的措施的权限及应当提前向社会公告的义务的规定。

本条规定包括两个方面的内容:

首先是公安机关交通管理部门在管理交通活动中,有权根据当地的道路情况和交通流量情况,对机动车、非机动车、行人采取限制通行、禁止通行等交通措施。

这也是法律赋予公安机关交通管理部门的职责和权力。但这不意味着公安机关交通管理部门能够随意作出这种限制通行或禁止通行的决定,而应当根据实际情况和实际需要作出。本条所说的“限制通行”,是指根据不同的情况,规定不同的车辆或者行人可以通行。“禁止通行”,是指各种车辆和行人都不允许通行。禁止通行的措施一般是用于有大型活动或重要会议以及道路或交通中断的情况,如道路施工、城市建设等。限制通行和禁止通行的交通措施通常是由公安机关交通管理部门根据道路和交通流量的具体情况所采取的临时性的措施,一旦道路通行情况有所改善,公安机关交通管理部门应当及时撤销限制通行或禁止通行的措施,恢复正常的交通秩序。

其次是公安机关交通管理部门在采取限制交通的措施,或者作出与公众的道路交通活动直接有关的决定时,应当提前向社会公告。

根据本条规定,公安机关交通管理部门在下列两种情况下,应当提前向社会公告。

第一,公安机关交通管理部门采取限制交通的措施。

公安机关交通管理部门在下列情况下可以采取限制交通的措施:

(1)遇有大型群众性活动,如大型庆祝活动、游园活动、节假日的大型庙会、游行、集会活动、大型体育比赛(如奥运会、亚运会、世界杯赛、世界锦标赛、马拉松赛以及国际、国内的一些大型体育比赛)等大型群众性活动。

(2)大范围施工,如城市改造,道路的修缮、施工以及桥梁施工等涉及需要限制道路交通活动等情况。这里所说的“限制交通”的措施一般是指限制通行和禁止通行的措施。遇有临时性的大型群众性活动,当活动结束时,限制措施也就撤销了。遇有大范围施工,不管是修路也好,建筑工程也好,都不是短时间内就能完成的,在此期间,相关道路的限制通行,可能在相当一段时间内中断交通。

第二,公安机关交通管理部门作出与公众的道路交通活动直接有关的决定。

“与公众的道路交通活动直接有关的决定”,是指除采取限制交通的措施外的其他决定。如有关主管部门要调整和规划城市道路,将原来的机动车道改为步行街、将双向行驶的车道改为单行车道或对某类交通工具在特定路段实行限行等与公众交通活动直接有关的决定。这里的“提前向社会公告”,是指在作出决定前,广泛向社会公告。公告的形式可以是通过电视(广播)通知、网络宣传或在限制交通的具体地点附近竖立告示牌等足以使民众广为了解的形式。至于提前几天公告,法律没有作具体的规定,有关部门应当根据实际情况作出具体的决定,让出行的车辆和行人早有准备。

如今交通活动的社会性大大加强,而实践中出现过这种情况,相关部门对于采取限制交通、禁止交通的措施或作出的决定没有提前公告,或公告时间过短,民众没有思想准备,给车辆和行人造成了不必要的麻烦。为使今后类似情况不再发生,避免给公民的出行造成不必要的麻烦,同时,也为了道路交通的畅通和管理,本条规定公安机关交通管理部门在采取限制交通措施,或者作出与公众的道路交通活动直接有关的决定时,应当提前向社会公告。

配套法规及解读

《道路交通安全法实施条例》(2017 年 10 月 7 日修订)

第三十五条 道路养护施工单位在道路上进行养护、维修时,应当按照规定设置规范的安全警示标志和安全防护设施。道路养护施工作业车辆、机械应当安装示警灯,喷涂明显的标志图案,作业时应当开启示警灯和危险报警闪光灯。对未中断交通的施工作业道路,公安机关交通管理部门应当加强交通安全监督检查。发生交通阻塞时,及时做好分流、疏导,维护交通秩序。

道路施工需要车辆绕行的,施工单位应当在绕行处设置标志;不能绕行的,应当修建临时通道,保证车辆和行人通行。需要封闭道路中断交通的,除紧急情况外,应当提前 5 日向社会公告。

《公路安全保护条例》(2011 年 3 月 7 日)

第四十二条 载运易燃、易爆、剧毒、放射性等危险物品的车辆,应当符合国家有关安全管理规定,并避免通过特大型公路桥梁或者特长公路隧道;确需通过特大型公路桥梁或者特长公路隧道的,负责审批易燃、易爆、剧毒、放射性等危险物品运输许可的机关应当提前将行驶时间、路线通知特大型公路桥梁或者特长公路隧道的管理单位,并对在特大型公路桥梁或者特长公路隧道行驶的车辆进行现场监管。

※法规解读:实践中,公安机关交通管理部门对某个路段采取限制通行或禁止通行的措施时,一般会在限制或禁止通行的地方设立限制通行或禁止通行的告示牌。有时也采取由交通警察现场指挥疏导交通的做法。限制通行和禁止通行的交

通措施通常是由公安机关交通管理部门根据道路和交通流量的具体情况所采取的临时性的措施，一旦道路通行情况有所改善，公安机关交通管理部门就会及时采取撤销限制通行或禁止通行的措施，恢复正常的交通秩序。

关联法规索引

《湖北省实施〈中华人民共和国道路交通安全法〉办法》第22条；《山东省实施〈中华人民共和国道路交通安全法〉办法》第44条

第四十条　【交通管制的条件】遇有自然灾害、恶劣气象条件或者重大交通事故等严重影响交通安全的情形，采取其他措施难以保证交通安全时，公安机关交通管理部门可以实行交通管制。

条文解读

这里的“其他措施”，一般是指由交通警察现场指挥、疏通、引导交通或使用人工消除障碍等措施。

交通管制是公安机关交通管理部门根据法律、法规，对车辆和行人在道路上通行以及其他与交通有关的活动所制定的带有疏导、禁止、限制或指示性质的具体规定。一般是在集会游行、大型运动会、道路桥梁建设、救灾抢险、执行重要警卫任务等情况下对交通行为实行的限制，主要是临时性的规定。实行交通管制后，市民应该遵守管制通告、积极配合交警部门的工作。

实施交通管制一般采取以下措施：

(1)封闭现场和相关地区；

(2)设置警戒线，划定警戒区域；

(3)控制现场制高点；

(4)控制区域性交通管制；

(5)查验现场人员身份证件，盘查嫌疑人员；

(6)禁止集会、游行、示威等活动；

(7)责令围观人员立即离开现场，聚集的人群立即解散；

(8)对不听警告和命令、拒不离开现场的人依法使用警棍、催泪弹、高压水枪等必要的非杀伤性警械强行驱散；

(9)对经强行驱散仍不离去的人员，可以强行带离现场或者立即予以拘留；

(10)对现场的嫌疑人员及其所带物品，可以进行搜查、检查，对非法携带的武器、管制刀具、标语、传单等物品，予以收缴。

关联法规索引

《吉林省实施〈中华人民共和国道路交通安全法〉办法》第45条；《黑龙江省道路交通安全条例》第54条；《湖北省实施〈中华人民共和国道路交通安全法〉办法》第35条

第四十一条 【立法授权】有关道路通行的其他具体规定，由国务院规定。

条文解读

本条是关于授权国务院制定道路通行的其他具体规定的规定。

本章有关道路通行的规定，是对车辆、行人道路通行的基本要求和道路交通的基本规则，应当为所有人知悉，并得到严格遵守，这是解决道路交通问题的关键，也是《道路交通安全法》这一规范道路交通行为的基本法应当关注的主要内容。道路通行规则中很多具体规则并不涉及所有的人，要求熟悉和掌握这些具体规定的人群是有一定范围的。另外，道路通行的一些具体规则，如关于会车、超车的规定，关于各种类型的交通信号灯的使用规定，关于机动车驾驶速度的规定等，其技术性、可操作性强，并且其中有些内容还会随着道路交通的发展和情况的变化而有所变化。对于这些具体通行规则，完全可以由国务院或者国务院道路交通管理部门根据实际情况作出规定。因此，本法作出法律授权，授权国务院对于道路通行的其他具体规定作出规定。国务院应当根据本条的授权规定，尽快制定相关配套行政法规，配合本法的实施。

第二节　机动车通行规定

第四十二条　【车速】 机动车上道路行驶，不得超过限速标志标明的最高时速。在没有限速标志的路段，应当保持安全车速。

夜间行驶或者在容易发生危险的路段行驶，以及遇有沙尘、冰雹、雨、雪、雾、结冰等气象条件时，应当降低行驶速度。

条文解读

本条是关于机动车行驶速度的原则性规定。本条共分两款，第 1 款规定机动车速度，第 2 款规定危险路段应当降速行驶，具体包括：

（1）机动车上道行驶，不得超过限速标志标明的最高时速。"限速标志"是交通标志中禁令标志的一种，表示在该标志前方路段内，机动车行驶速度不得超过标志所标数值。该数值即路段内机动车的规定最高时速。"时速"是以机动车行驶时每小时通过公里数为计量单位的。

（2）在没有限速标志、标线的路段，应当保持安全车速。我国《道路交通安全法实施条例》对各类机动车在各种道路条件下最高时速的具体规定如下：

①没有道路中心线的道路，城市道路为每小时 30 公里，公路为每小时 40 公里；

②同方向只有一条机动车道的道路，城市道路为每小时 50 公里，公路为每小时 70 公里。

（3）夜间行驶或者在容易发生危险的路段行驶，以及遇有沙尘、冰雹、雨、雪、雾、结冰等气象条件时，应当降低行驶速度。其中，"容易发生危险的路段"，是指通过胡同（里弄、小巷）、铁路道口、急弯路、窄路、窄桥、隧道、陡坡以及泥泞路面、路面损坏或者正在施工作业的道路等。在夜间、容易发生危险的路段以及在遇有沙尘、冰雹、雨、雪、雾、结冰等条件下驾驶机动车，降低行驶速度，是为了便于驾驶员根据交通情况，及时作出判断，正确规避风险，随时灵活调整车速，以确保交通安全。

配套法规及解读

《刑法》(2023年12月29日修正)

第一百三十三条之一 在道路上驾驶机动车,有下列情形之一的,处拘役,并处罚金:

(一)追逐竞驶,情节恶劣的;

(二)醉酒驾驶机动车的;

(三)从事校车业务或者旅客运输,严重超过额定乘员载客,或者严重超过规定时速行驶的;

(四)违反危险化学品安全管理规定运输危险化学品,危及公共安全的。

机动车所有人、管理人对前款第三项、第四项行为负有直接责任的,依照前款的规定处罚。

有前两款行为,同时构成其他犯罪的,依照处罚较重的规定定罪处罚。

《道路交通安全法实施条例》(2017年10月7日修订)

第四十五条 机动车在道路上行驶不得超过限速标志、标线标明的速度。在没有限速标志、标线的道路上,机动车不得超过下列最高行驶速度:

(一)没有道路中心线的道路,城市道路为每小时30公里,公路为每小时40公里;

(二)同方向只有1条机动车道的道路,城市道路为每小时50公里,公路为每小时70公里。

第四十六条 机动车行驶中遇有下列情形之一的,最高行驶速度不得超过每小时30公里,其中拖拉机、电瓶车、轮式专用机械车不得超过每小时15公里:

(一)进出非机动车道,通过铁路道口、急弯路、窄路、窄桥时;

(二)掉头、转弯、下陡坡时;

(三)遇雾、雨、雪、沙尘、冰雹,能见度在50米以内时;

(四)在冰雪、泥泞的道路上行驶时;

(五)牵引发生故障的机动车时。

第六十七条 在单位院内、居民居住区内,机动车应当低速行驶,避让行人;有限速标志的,按照限速标志行驶。

《校车安全管理条例》(2012年4月5日)

第三十五条 载有学生的校车在高速公路上行驶的最高时速不得超过80公

里，在其他道路上行驶的最高时速不得超过60公里。

道路交通安全法律法规规定或者道路上限速标志、标线标明的最高时速低于前款规定的，从其规定。

载有学生的校车在急弯、陡坡、窄路、窄桥以及冰雪、泥泞的道路上行驶，或者遇有雾、雨、雪、沙尘、冰雹等低能见度气象条件时，最高时速不得超过20公里。

※法规解读：限速标志一般设在需要限制车辆速度的路段的起点，且限速标志限值原则上不得小于设计时速；在控制点段设置限速标志的，可配合设置相应的警告交通标志，告知机动车驾驶人员限速的原因和理由；某个路段控制点设置的限速值与该路段的最高限速值差距较大时，原则上按20公里的级差设置相应限速值的交通标志。在设置限速交通标志的同时，应设置相应的解除限速交通标志，或在路口等处设置标有区域或距离的辅助标志（已设辅助标志的可不再设解除限速标志）。分支路的路口（包括通行机动车的开口），可不设置限速交通标志，但应在支路口设置减速让行或者停车让行标志。

需要说明的是，限速标志标明最高时速，并不是要求机动车在该路段必须以最高时速行驶，或者不论在什么情况下都可以按最高时速行驶，只有在确保安全、畅通的条件下，机动车才被允许按规定的最高时速行驶，并且不得超过这个时速。

2015年8月29日，第十二届全国人民代表大会常务委员会第十六次会议通过了《刑法修正案（九）》，其中，将在道路上驾驶机动车从事校车业务或者旅客运输，严重超过额定乘员载客，或者严重超过规定时速行驶以及违反危险化学品安全管理规定运输危险化学品，危及公共安全等严重危害交通安全的情形纳入危险驾驶罪，并规定机动车所有人、管理人对上述行为负有直接责任的，按照危险驾驶罪定罪处罚。

当前，我国部分地区从事校车业务、旅客运输车辆超员、超速行为较为普遍，部分所有人、驾驶人受经济利益驱使，追求利益最大化，安全意识淡薄，无视他人生命和财产安全，多拉快跑，驾驶车辆严重超员、超速运输，极易导致严重道路交通事故，对道路交通安全具有重大现实威胁，具有很大社会危害性。据统计，2011年至2014年，全国发生的道路交通事故中存在营运客车超员的事故1946起，死亡1289人，受伤6173人，其中，在一次死亡10人以上的重特大道路交通事故中，存在客运车辆超员的占27.2%。又如，一方面，超速行驶会减弱驾驶人对空间的感知能力和对速度的判断能力，甚至使驾驶人判断失误；另一方面，会降低车辆的安全可靠性和行驶稳定性，制动距离加长，碰撞时冲击破坏力更大，极易导致人员死亡或者重伤。据统计，2011年至2014年全国校车、营运客车超速违法导致交通事故6649起，死亡2891人，其中，在一次死亡10人以上的重特大道路交通事故中，因校车、营运客车超速行驶导致的占53%。此外，不法分子违反危险化学品安全管理规定，非法运输危险化学品，也极易引发群死群伤重特大交通事故，危害特别严重，对公共安全构成严重威胁。这些违法行为已经成为导致道路交通事故特别是恶性群死群伤事故的主要原因，严重影响了人民群众的出行安全，社会各界反映强烈。

多年来，公安机关交通管理部门一直将整治客运车辆超速、超员违法行为以及违反规定运输危险化学品行为作为预防和减少重特大道路交通事故的重点，持续部署开展集中整治专项行动，但由于法律对这类严重违法行为规定的处罚偏轻，违法成本过低，导致这些违法行为屡禁不止。广大群众和人大代表、政协委员多次呼吁，将这些严重交通违法行为作为犯罪行为，规定刑罚处罚。《刑法修正案(九)》出台后，将在道路上醉酒驾驶机动车、情节恶劣的以及在道路上驾驶机动车追逐竞驶的行为入刑，将驾驶机动车从事校车业务或者旅客运输，严重超员载客、严重超速行驶以及违反危险化学品安全管理规定运输危险化学品，危及公共安全的行为纳入危险驾驶罪，并且规定对这些行为负有直接责任的机动车所有人、管理人按照危险驾驶罪论处。新的规定为依法惩治严重危害交通安全的驾驶行为，预防重特大道路交通事故，保障道路交通安全，保护公民生命安全和公私财产安全提供了重要法律依据和制度保障，将有利于全面提高全民交通法治意识，尤其是广大驾驶人的规则意识、安全意识、文明意识，减少严重交通违法行为。

关联法规索引

《吉林省实施〈中华人民共和国道路交通安全法〉办法》第48条；《新疆维吾尔自治区实施〈中华人民共和国道路交通安全法〉办法》第35条、第36条

典型案例

新疆西部明珠工程建设有限公司与吴某1等地面施工、地下设施损害责任纠纷案[1]

※案情简介:2020年7月17日,新疆西部明珠工程建设有限公司(以下简称西部明珠公司)承建了位于白碱滩区以西,跃北路西延段的白碱滩区市政及办公场所维修项目(跃北路西延段沥青路面维修)。2020年7月20日至9月15日,西部明珠公司进行了施工。2020年7月25日凌晨,吴某1之女吴某2驾驶×××号车辆从克拉玛依区开往白碱滩区,在经过上述路段时,将车辆开进施工所挖坑内。后吴某1拨打了中国大地财产股份有限公司的95590线上增值服务(施救拖车)电话,保险公司派出施救单位的司机史某驾驶救援车辆到达现场。史某对车损情况进行了拍照并传给了保险公司的查勘员。又因为此次事故不属于该保险公司非事故免费救援范围,在吴某1自行支付300元救援费后,史某将车辆拖往汽车修理厂进行维修。2020年10月20日,车辆维修完毕,共产生维修费用26,756元。吴某1为×××号小型普通客车的所有权人。邓某平是西部明珠公司在案涉项目现场的管理人员。

一审法院认为,关于法律适用问题,因本案法律事实引起的纠纷发生在《民法典》施行前,依据《最高人民法院关于适用〈中华人民共和国民法典〉时间效力的若干规定》第1条第2款之规定,《民法典》施行前的法律事实引起的民事纠纷案件,适用当时的法律、司法解释的规定,但是法律、司法解释另有规定的除外。故对本案涉及的相关法律问题,无特别说明,均为适用《民法典》施行前的法律、司法解释。《侵权责任法》第91条中规定:在公共场所或者道路上挖坑、修缮安装地下设施等,没有设置明显标志和采取安全措施造成他人损害的,施工人应当承担侵权责任。本案中,依据吴某1拍摄的照片、视频,证人史某的证人证言,中国大地财产股份有限公司发送给吴某1的短信内容及其出具的情况说明等,可以形成证据链条,足以证明×××号车辆受损的事实与西部明珠的施工行为存在因果关系。依据汽车修理厂出具的车辆修理清单、证明以及吴某1拍摄的照片等,可以认定×××号车辆

---

〔1〕 本案根据(2022)新02民终364号判决书整理。

受损的事实及产生维修费26,756元、拖车费300元的事实。设置明显标志和采取安全措施的注意义务,应当是指这些标志和措施须足以保证一切在施工地点正常活动、通行之人免受因施工形成的危险因素的损害。虽设立注意标志和采取措施但未达到足以保障他人安全之程度者,仍构成对注意义务的违反。本案中,西部明珠公司出示施工方案、施工方案报审表、施工现场安全验收表原件各1份,用于证明西部明珠公司的施工经过监理单位验收,现场设置有警示牌、夜间警示分流指示等指示标志;出示施工现场的照片及手机相册截屏打印件各2张,用于证明西部明珠公司在道路修补施工过程中,已按规定设立了警示牌、警示柱、警戒线(彩旗)。吴某1质证认为施工现场安全验收表、施工方案报审表、施工方案与本案没有关联,不能证明案发时设置了警示标志和采取了安全措施。施工现场照片及手机相册截屏系打印件,西部明珠公司未出示原始载体,且照片本身无法看出拍摄时间和所在的具体地点。一审法院认为,西部明珠公司出示的施工方案于2020年7月17日制定,施工方案报审表、施工现场安全验收表均签订于2020年7月18日,无法直接反映出案发当天(7月25日)现场的实际情况,且从其提供的7月25日拍摄的照片打印件可以看出系白天拍摄,放置了标有"道路施工"的警示牌、警示柱及警戒线(彩旗),但本案案发时间为夜间0时至1时,施工现场安全验收表中明确载明应有"夜间警示2个",但西部明珠公司并未举证证明其放置了夜间警示。吴某1的证人史某在出庭作证时陈述案发现场"路上有一个坑,两边有锥形桶,但是正中间没有……应该周围围起来,也没有放置警示牌"。一审法院认为现有证据不能证明事发现场设置了明显标志或者采取了充分的安全措施来保证正常通行,特别是夜间通行的安全。西部明珠公司作为施工人应承担此次事故的民事赔偿责任。西部明珠公司虽辩称×××号车辆的部分维修项目不合理、吴某1及驾驶人自身存在过错等,但并未提供证据证实。故对于吴某1要求西部明珠公司赔偿×××车辆损失26,756元、拖车费300元的诉讼请求,予以支持。吴某1主张的交通费用3360元,未提供相关票据且考虑到当时的疫情影响出行极少,对于此项诉讼请求,不予支持。因邓某平是西部明珠公司案涉项目的现场管理人员,并非施工人,对于吴某1要求邓某平承担相关赔偿责任的诉讼请求,不予支持。一审法院遂判决:(1)西部明珠公司于该判决生效之日起3日内支付吴某1车辆维修费26,756元、拖车费300元,以上共计27,056元。(2)驳回吴某1的其他诉讼请求。

二审中,西部明珠公司为证明其主张提交以下证据,第一组:工程施工安全检查考核表7页,证明:2020年7月20日至7月26日,就“跃北路西延段道路路面维修”项目,每日均有现场检查考核。其中“现场管理”一项可以看出在施工期间,施工现场各种指示、警示、禁止等安全标志齐全。可以证明西部明珠公司已尽到注意义务。第二组:在克拉玛依市白碱滩区跃北路拍摄的限速标识牌图片,显示该路段限速60码,证明案涉车辆在事发时超速,驾驶人存在过错,应自行承担部分责任。

吴某1经质证认为:对第一组证据真实性无法确认,关联性不予认可,其内容仅有文字材料没有现场照片。2020年7月25日上午11点吴某1及家人去事故发生路段时邓某平作为施工路段的负责人也在现场。当时锥形桶只在施工现场的两边摆放,行车方向没有摆放。对第二组证据照片不予认可,限速标识牌不能证明事故发生时限速要求60码,仅能证明现在的限速要求。

二审法院经审查认为,西部明珠公司虽出示第一组证据的原件,但在其中一份检查时间为“2020年7月20日”的考核表中,可明显看出手写“2020年”最后一个“20”有“23”的涂改痕迹,如该证据系2020年形成不应存在此笔误,且该证据仅能证明案涉路段在施工过程中有现场检查考核,不能证明在事故发生时案涉路段的警示标识放置符合规范,故对该组证据不予采信。第二组证据限速标识明确了案涉路段的行车限速范围,对该证据予以采信。

二审另查明,案涉路段即克拉玛依市白碱滩区跃北路的车辆行驶速度限速60码,吴某1的委托诉讼代理人在二审庭审中陈述案涉路段没有路灯,吴某1之女吴某2在事故发生时行驶速度为80码、90码左右。

※裁判理由:根据《最高人民法院关于适用〈中华人民共和国民法典〉时间效力的若干规定》第1条第2款“民法典施行前的法律事实引起的民事纠纷案件,适用当时的法律、司法解释的规定,但是法律、司法解释另有规定的除外”之规定,案涉诉讼纠纷的法律事实发生在《民法典》施行前,应当适用当时的法律、司法解释。本案的争议焦点为:(1)西部明珠公司是否应承担吴某1损失的赔偿责任;(2)驾驶人吴某2是否存在过错,是否应减轻西部明珠公司的赔偿责任。

关于第一个争议焦点,西部明珠公司是否应承担赔偿责任的问题。《侵权责任法》第91条第1款规定:“在公共场所或者道路上挖坑、修缮安装地下设施等,没有设置明显标志和采取安全措施造成他人损害的,施工人应当承担侵权责任。”根据上述法律规定,地面施工损害责任的归责原则为过错推定原则。在公共场所或者道路上挖坑、修路、修缮安装地下设施等,应当取得有关管理部门的许可,必须设置明显的警示标志和采取有效的安全措施。首先,设置的警示标志必须具有明显性。其次,施工人要保证警示标志的稳固并负责对其进行维护,使警示标志持续地存在于施工期间。最后,仅设置明显的标志不足以保障他人安全的,施工人还应当采取其他有效的安全措施。本案中,根据吴某1拍摄的照片、视频,证人史某的证人证言,保险公司发送给吴某1的短信内容及情况说明等证据,可以证明吴某1车辆受损的事实,以及该损害结果与西部明珠公司施工行为之间存在因果关系。西部明珠公司系跃北路西延段沥青路面维修项目的施工人,属于上述地面施工损害责任的责任主体,其应举证证明同时履行设置明显标志和采取安全措施两项作为义务,才能达到无过错免责的证明标准。事发时案涉路段处于通行状态,出行人员较多且具有不特定性,西部明珠公司的地面施工破坏了公众已经习惯的正常道路地貌特征,具有较大的潜在风险,该风险的防范效果更大程度上依赖于施工人的谨慎、勤勉义务。西部明珠公司提供的案涉路段施工方案、施工方案报审表、施工现场安全验收表、施工现场照片等,仅能证明其在道路修补施工过程中,设立了警示牌、警示柱、警戒线(彩旗)等,但未能证明对其设置的警示标志已尽到合理的维护、维持义务,未能证明警示标志持续存在于施工期间,未达到足以保障他人安全的程度,故应承担吴某1车辆损害的主要责任。

关于第二个争议焦点,驾驶人吴某2是否存在过错,是否应减轻西部明珠公司赔偿责任的问题。《道路交通安全法》第42条第1款规定:"机动车上道路行驶,不得超过限速标志标明的最高时速。在没有限速标志的路段,应当保持安全车速。"《侵权责任法》第26条规定:"被侵权人对损害的发生也有过错的,可以减轻侵权人的责任。"《最高人民法院关于民事诉讼证据的若干规定》第3条第1款规定:"在诉讼过程中,一方当事人陈述的于己不利的事实,或者对于己不利的事实明确表示承认的,另一方无须举证证明。"第5条第1款规定:"当事人委托诉讼代理人参加诉讼的,除授权委托书明确排除的事项外,诉讼代理人的自认视为当事人的自认。"根据查明的事实,案涉克拉玛依市白碱滩区跃北路的车辆行驶速度限速60码,吴某1的委托诉讼代理人在二审庭审中陈述吴某1之女吴某2在事故发生时行驶速度为80码、90码左右,超过限速标志标明的最高时速。结合吴某1陈述案涉路段没有路灯,事故发生时为夜间0时至1时,在夜间没有路灯的行驶环境下驾驶人更应该审慎观察路况,控制车速,尽到安全驾驶的注意义务。综合上述分析,吴某2存在行驶超速及未尽到夜间行驶的谨慎注意义务的过错，综合案涉事故发生的原因力和双方过错程度，西部明珠公司应对吴某1的财产损失承担70%的赔偿责任。西部明珠公司虽上诉主张案涉车辆存在过度维修，维修费用过高情形，但未提交相应证据证实。故二审法院认定西部明珠公司应向吴某1支付车辆维修费、拖车费18,939.20元(27,056元×70%)。吴某1主张的其他损失，由其自行承担。

※裁判结果：(1)撤销新疆维吾尔自治区克拉玛依市白碱滩区人民法院(2022)新0204民初92号民事判决第2项，即"驳回原告吴某1的其他诉讼请求"；

(2)变更新疆维吾尔自治区克拉玛依市白碱滩区人民法院(2022)新0204民初92号民事判决第1项为：上诉人西部明珠公司于该判决生效之日起3日内支付被上诉人吴某1车辆维修费、拖车费合计18,939.20元；

(3)驳回上诉人西部明珠公司的其他上诉请求；

(4)驳回被上诉人吴某1的其他诉讼请求。

※裁判要旨：本案中克拉玛依市白碱滩区跃北路的车辆行驶速度限速60码，而事故发生时案涉车辆的行驶速度为80码、90码左右，超过限速标志标明的最高时速，且事故发生时为夜间0时至1时，在夜间没有路灯的情形下驾驶人更应该审慎观察路况，控制车速，尽到安全驾驶的注意义务。故而，本案中驾驶人存在过错。

第四十三条　【安全车距及禁止超车情形】同车道行驶的机动车，后车应当与前车保持足以采取紧急制动措施的安全距离。有下列情形之一的，不得超车：

(一)前车正在左转弯、掉头、超车的；

(二)与对面来车有会车可能的；

(三)前车为执行紧急任务的警车、消防车、救护车、工程救险车的；

(四)行经铁路道口、交叉路口、窄桥、弯道、陡坡、隧道、人行横道、市区交通流量大的路段等没有超车条件的。

条文解读

本条是关于机动车保持安全行驶距离和超车的原则性规定,是纯粹的机动车与机动车之间关系的规范。我们知道,机动车行驶速度越快,发生相互碰撞的可能性就越大,所以保持足够的安全距离就显得非常必要,另外,超车时发生意外在交通事故统计中的比重也呈逐年加大的趋势,本条法规在原则性层面上对此两项内容作出了规定:

(1)同车道行驶的机动车,后车应当与前车保持足以采取紧急制动措施的安全距离。"安全距离",是指前后同车道同向行驶的两车,在前面行驶的机动车突然停车的情况下,后面尾随行驶的机动车,采取紧急制动措施后车辆完全停止时的行驶距离,不得大于两车间的实际距离。安全距离的长短,取决于行驶速度的快慢、当时天气和驾驶员视线的好坏、道路条件的优劣、驾驶员思想是否集中、驾驶技术的高低等。距离过短,不利于避免车辆追尾事故的发生;距离过长,又不利于道路通行能力的有效利用,不利于提高运输效率。鉴于影响车辆行驶的安全因素很多,保持安全行驶间距是个复杂问题,因此本条对此不作具体的距离长度规定。

(2)对机动车不准超车的几项规定。"超车",是指同向行驶的机动车,后车发出信号从前车左侧超越前车位置的行驶过程。超车是在混合车道上经常出现的现象,是解决车辆速度快慢悬殊的重要方法,是一个复杂的车辆运动过程。超车的安全和顺利与否,既取决于超车者,也取决于被超车者,但首先决定于超车者。超车时,后车要认真视察前车的行驶状态和行驶速度,目测超车路段的道路宽度和路面状况,注意行人和其他车辆的动态,判断是否可以超车。如果可以超车,要发出超车信号,打开左转弯灯,待前车让路后,从其左侧超车。前车未让路即强行超越的,应以违章论处。

配套法规及解读

《道路交通安全法实施条例》(2017 年 10 月 7 日修订)

第四十七条 机动车超车时,应当提前开启左转向灯、变换使用远、近光灯或者鸣喇叭。在没有道路中心线或者同方向只有 1 条机动车道的道路上,前车遇后车发出超车信号时,在条件许可的情况下,应当降低速度、靠右让路。后车应当在确认有充足的安全距离后,从前车的左侧超越,在与被超车辆拉开必要的安全距离后，开启右转向灯，驶回原车道。

第四十八条 在没有中心隔离设施或者没有中心线的道路上，机动车遇相对方向来车时应当遵守下列规定：

（一）减速靠右行驶，并与其他车辆、行人保持必要的安全距离；

（二）在有障碍的路段，无障碍的一方先行；但有障碍的一方已驶入障碍路段而无障碍的一方未驶入时，有障碍的一方先行；

（三）在狭窄的坡路，上坡的一方先行；但下坡的一方已行至中途而上坡的一方未上坡时，下坡的一方先行；

（四）在狭窄的山路，不靠山体的一方先行；

（五）夜间会车应当在距相对方向来车150米以外改用近光灯，在窄路、窄桥与非机动车会车时应当使用近光灯。

第四十九条 机动车在有禁止掉头或者禁止左转弯标志、标线的地点以及在铁路道口、人行横道、桥梁、急弯、陡坡、隧道或者容易发生危险的路段，不得掉头。

机动车在没有禁止掉头或者没有禁止左转弯标志、标线的地点可以掉头，但不得妨碍正常行驶的其他车辆和行人的通行。

第五十条 机动车倒车时，应当察明车后情况，确认安全后倒车。不得在铁路道口、交叉路口、单行路、桥梁、急弯、陡坡或者隧道中倒车。

※法规解读：上述条款主要规定了机动车在超车、会车、掉头、倒车等情况下的处理原则，具体做法如下：

（1）前车正在左转弯、掉头、超车的，不准超车。当前车正在左转弯或者掉头时，往往占据了道路的大部分空间，甚至可能横在道路中间，截住了后车的超车去路，极易发生车辆相撞；当前车正在超车时，除了占据比较大的道路空间外，还因为前车超车时往往提高了车速，将迫使后车必须要以更高的速度行驶，这是非常危险的。

（2）与对面来车有会车可能的，不准超车。因为在机动车混行的道路上超车，通常是要越过中心线，借对面来车的车道进行超车，如果这时与对面来车有会车可能，就极有可能在超车时与来车迎头相撞。

（3）前车为执行紧急任务的警车、消防车、救护车、工程救险车时，不准超车。执行紧急任务的警车、消防车、救护车和工程救险车等，作为特种车辆，在道路交通中享有特别通行权利，其他车辆不准超车。有关特种车辆的特别通行权利，请参见

《道路交通安全法》第53条的规定。

(4)行经铁路道口、交叉路口、窄桥、弯道、陡坡、隧道、人行横道、市区交通流量大的路段等没有超车条件的,不准超车。上述地点,除市区交通流量大的路段外,其余都有法规规定不得超车,不论其是否具有超车条件。在交通拥挤的城市道路,如果交通流量很大,这时进行超车容易引发交通堵塞,诱发事故,因此不准超车。

第四十四条 【减速行驶】机动车通过交叉路口,应当按照交通信号灯、交通标志、交通标线或者交通警察的指挥通过;通过没有交通信号灯、交通标志、交通标线或者交通警察指挥的交叉路口时,应当减速慢行,并让行人和优先通行的车辆先行。

条文解读

本条是关于机动车通过路口的规定,主要包括两个方面的内容:

(1)机动车通过交叉路口,应当按照交通信号灯、交通标志、交通标线或者交通警察的指挥通过。"交叉路口",也称平面交叉路口,是指两条或两条以上道路在同一平面交汇贯通的部位。交叉路口是交通的咽喉和枢纽,是交通流量的汇合地,车辆大多由此转换行进方向,行人络绎不绝在此横过道路,同时许多公共汽车、电车在此设置乘降站。它是道路网中道路通行能力的"剑门关"和交通事故的"百慕大"。交通堵塞主要发生在交叉路口,并往往造成车流中断,事故增多,延误严重。因此,车辆通过交叉路口应当严格遵守法律法规的规定,依照交通信号灯、交通标志、交通标线的指示和听从交通警察的指挥。

(2)在通过没有交通信号灯、交通标志、交通标线或者交通警察指挥的交叉路口时,应当减速慢行,并让行人、优先通行的车辆先行。

这里所说的"优先通行",是指:

①支路车让干路车先行;

②道路不分干路、支路时,非机动车让机动车先行,非公共汽车、电车让公共汽车、电车先行,同类车让右边没有来车的车先行;

③相对方向同类车相遇,左转弯的车让直行或者右转弯的车先行;

④进入环形路口的车让已在路口内行驶的车先行。

配套法规及解读

《道路交通安全法实施条例》(2017年10月7日修订)

第五十一条 机动车通过有交通信号灯控制的交叉路口,应当按照下列规定通行:

(一)在划有导向车道的路口,按所需行进方向驶入导向车道;

(二)准备进入环形路口的让已在路口内的机动车先行;

(三)向左转弯时,靠路口中心点左侧转弯。转弯时开启转向灯,夜间行驶开启近光灯;

(四)遇放行信号时,依次通过;

(五)遇停止信号时,依次停在停止线以外。没有停止线的,停在路口以外;

(六)向右转弯遇有同车道前车正在等候放行信号时,依次停车等候;

(七)在没有方向指示信号灯的交叉路口,转弯的机动车让直行的车辆、行人先行。相对方向行驶的右转弯机动车让左转弯车辆先行。

第五十二条 机动车通过没有交通信号灯控制也没有交通警察指挥的交叉路口,除应当遵守第五十一条第(二)项、第(三)项的规定外,还应当遵守下列规定:

(一)有交通标志、标线控制的,让优先通行的一方先行;

(二)没有交通标志、标线控制的,在进入路口前停车瞭望,让右方道路的来车先行;

(三)转弯的机动车让直行的车辆先行;

(四)相对方向行驶的右转弯的机动车让左转弯的车辆先行。

※法规解读:根据《道路交通安全法》及其实施条例的规定,车辆通过交叉路口时,必须遵守以下规定:

(1)必须在距路口100米到30米的地方减速慢行,转弯的车辆必须同时开转向灯,在夜间还须将远光灯改为近光灯。

(2)在划有导向车道的路口,须按行进方向驶入导向车道。

(3)遇路口放行信号时,依次通过。

(4)遇停止信号时,不准通行,必须依次停在停止线外,没有停止线的,停在路口以外。

(5)转弯的车辆让直行的车辆、行人先行;向左转弯的车辆必须紧靠路口中心点小转弯；向右转弯的车辆，不得影响其他车辆、行人的正常行驶，并且在同车道前方有车正在等候放行信号时，依次停车等候。

(6)准备进入环形路口的让已在路口内的机动车先行。

关联法规索引

《福建省实施〈中华人民共和国道路交通安全法〉办法》第 34 条；《浙江省实施〈中华人民共和国道路交通安全法〉办法》第 38 条

第四十五条 【超车限制】机动车遇有前方车辆停车排队等候或者缓慢行驶时，不得借道超车或者占用对面车道，不得穿插等候的车辆。

在车道减少的路段、路口，或者在没有交通信号灯、交通标志、交通标线或者交通警察指挥的交叉路口遇到停车排队等候或者缓慢行驶时，机动车应当依次交替通行。

条文解读

本条是关于机动车在交通不畅条件下有序通行的规定。本条共分两款，具体包括如下内容：

(1)机动车遇有前方车辆停车排队等候或者行驶缓慢时，不得借道超车或者占用对面车道，不得穿插等候的车辆。"停车排队等候"，是指机动车在道路上或者路口前，行进方向出现交通堵塞前车停止行驶时，根据到达时间先后顺序依次停止行驶，等候通行。"借道超车"，是指后车为超越前车位置而驶出本车道从旁边车道超越前车。"占用对面车道"，是指逆向行驶，或者占据逆行车道停车排队等候。"穿插等候的车辆"，是指强行加塞插入、穿过正常行驶或者排队等候的车辆队伍。车辆发生停车排队等候现象，或者行驶缓慢，说明前方道路交通拥堵，这时应当按规定依次序排队等候和行驶，保持车辆原有的行驶秩序。如果此时借道超车者驶入逆行车道以致占用对面车道，容易打乱通行秩序，造成交通混乱，形成新的交通拥堵，而且也容易发生意外事故。

(2)在车道减少的路段、路口，或者在没有交通信号灯、交通标志、交通标线或者交通警察指挥的交叉路口遇到停车排队等候或者缓慢行驶时，机动车应当交替通行。“车道减少”，是指机动车行进方向行车道合并，致使车道的数量减少。“交替通行”，是指行驶在左右平行或者交叉相汇的两条以上车道上的车辆，平均分配通行，按次序交错前行。该款规定不仅体现了有序的通行原则，而且还体现了平等的通行权利。

配套法规及解读

《道路交通安全法实施条例》（2017 年 10 月 7 日修订）

第五十三条　机动车遇有前方交叉路口交通阻塞时，应当依次停在路口以外等候，不得进入路口。

机动车在遇有前方机动车停车排队等候或者缓慢行驶时，应当依次排队，不得从前方车辆两侧穿插或者超越行驶，不得在人行横道、网状线区域内停车等候。

机动车在车道减少的路口、路段，遇有前方机动车停车排队等候或者缓慢行驶的，应当每车道一辆依次交替驶入车道减少后的路口、路段。

※法规解读：道路交通是由人、车、路等要素构成的；道路通行必须遵循“有序、安全、畅通”的原则。安全原则是针对“人”而确立的；畅通原则是针对“路”而确立的；有序原则是针对“车”而确立的。本条例第 53 条实际上是机动车辆在道路交通活动中有序通行原则的体现。

根据此规定，“机动车在车道减少的路口、路段，遇有前方机动车停车排队等候或者缓慢行驶的，应当每车道一辆依次交替驶入车道减少后的路口、路段”，这实际上是让行原则中交替通行原则的具体体现。本条规定的目的在于，防止驾驶人因彼此斗气、争抢而导致交通拥堵或交通事故。事实上，交替通行原则也是当前世界上大多数国家道路交通的惯例。实践证明，交替通行原则既有利于减少道路的人为拥堵，促进道路交通秩序的有序、安全和畅通，更有利于机动车驾驶人自觉遵守交通规则和树立按秩序通行的理念，构建和谐、有序、安全的道路交通环境。

关联法规索引

《安徽省实施〈中华人民共和国道路交通安全法〉办法》第 35 条；《江西省实施〈中华人民共和国道路交通安全法〉办法》第 44 条

第四十六条 【铁路道口行驶规定】机动车通过铁路道口时,应当按照交通信号或者管理人员的指挥通行;没有交通信号或者管理人员的,应当减速或者停车,在确认安全后通过。

条文解读

本条是关于机动车通过铁路道口的原则性规定,主要包括以下两个方面的内容:

(1)机动车通过铁路道口时,必须遵守交通信号或者听从道口看守人员和道口安全管理人员的指挥。根据《道路交通安全法实施条例》和《铁路道口管理暂行规定》的规定,机动车通过铁路道口,最高时速不得超过30公里,拖拉机、电瓶车、轮式专用机械车不准超过15公里,车辆通过设有交通信号的铁路道口时,必须遵守下列规定:

①两个红灯交替闪烁或者红灯稳定亮时,表示火车接近道口,禁止通行;

②红灯熄灭白灯亮时,表示道口开通,准许车辆通行;

③红灯和白灯同时熄灭时,表示停电或者设备发生故障,道口信号无效,在这种情况下,必须听从道口看守人员和道口安全管理人员的指挥,在道口前减速或者停车,确认安全无误后迅速通行。凡遇到道口栏杆(栏门)关闭、音响器发出报警、道口信号显示红色灯光或者道口看守人员示意火车即将通过等任意一种情况时,车辆严禁抢行,必须依次停在停止线外,没有停止线的,停在距最外钢轨约5米以外,并且不得影响栏杆或者栏门的关闭。

(2)机动车通过没有交通信号或者无人看守的铁路道口时,应当减速或者停车,在确认安全后通过。道路上的车辆在铁路道口处,发现或者听到有火车驶来时,应立即避让到距铁路钢轨2米以外的地方,严禁停留在铁路上或者抢行、抢越。

配套法规及解读

《道路交通安全法实施条例》(2017年10月7日修订)

第六十五条 机动车载运超限物品行经铁路道口的,应当按照当地铁路部门指定的铁路道口、时间通过。

机动车行经渡口,应当服从渡口管理人员指挥,按照指定地点依次待渡。机动车上下渡船时,应当低速慢行。

※法规解读:机动车过渡,随车人员应当遵守以下规定:

(1)机动车驾驶员应当听从渡口管理服务人员的指挥,依次在指定地点候渡,按顺序登离渡船,不得抢档或者擅自超前。

(2)机动车进入渡口或者登船后,驾驶人员应当控制刹车,不准离车,防止车辆滑动。

(3)过渡车辆必须严格遵守装载规定,保持良好的技术状况,车辆发生故障,应当立即采取措施,以保证渡口畅通。

(4)机动车进入渡口和登船后,随车人员不得吸烟和使用明火。

此外,乘客和机动车随车人员在过渡时,必须遵守渡口规则和交通运输、公安等管理部门制定的有关乘客、机动车过渡和携带或者载运化学危险品过渡的管理制度。

第四十七条　【避让行人】机动车行经人行横道时,应当减速行驶;遇行人正在通过人行横道,应当停车让行。

机动车行经没有交通信号的道路时,遇行人横过道路,应当避让。

条文解读

本条是关于机动车遇行人横过道路时的让行规定,主要包括以下两个方面的内容:

(1)机动车行经人行横道时,应当减速行驶,遇行人正在通过人行横道,应当停车让行。人行横道是指横划在车行道上专供行人横过车行道的通道。车行道是专供车辆通行的专用道,要保证车辆在其专用道路上正常行驶,必须排除各种障碍,包括行人乱穿道路等。行人乱穿道路,人为地增加许多交通线道交叉点,迫使车辆不得不低速行驶,极易引起秩序混乱、事故增多、交通堵塞等现象。

为更好地解决这一问题,必须在车行道上划设人行横道,规定行人从固定地点横过车行道,防止行人随意分散横过道路,为车辆的安全畅通创造有利条件。划设人行横道,对于行人来说,是限制其自由、便捷地以最短距离、最经济方式横过道路的一种措施,行人往往要绕行一段距离,才能从人行横道通过道路。这是行人为保障车辆的通行履行的一种义务。对于车辆来说，由于有了行人的自我约束，集中在人行横道处横过道路，才有了在道路其他路段的快捷、畅通。因此，当车辆行经人行横道时，应当减速行驶；如果遇上行人正在通过人行横道时，理应停车让行，确保行人在履行义务后行使横过道路的权利。

（2）机动车行经没有交通信号的道路时，遇有行人横过道路，应当避让。本款规定，是全国人民代表大会常务委员会会议第三次审议本法草案时，根据委员们的审议意见加上的，是对前款规定的补充。为全方位规范机动车在整个道路交通网络中的通行，全面保障行人在道路交通活动中的安全，本款特别强调了机动车对行人横过道路的让行。当机动车行驶到既没有交通信号也未施划人行横道的道路时，遇有行人横过道路，应当避让。这也是本法确定的道路交通应当确保安全、畅通原则的具体体现。

配套法规及解读

《道路交通安全法实施条例》（2017年10月7日修订）

第三十九条 人行横道信号灯表示：

（一）绿灯亮时，准许行人通过人行横道；

（二）红灯亮时，禁止行人进入人行横道，但是已经进入人行横道的，可以继续通过或者在道路中心线处停留等候。

第六十七条 在单位院内、居民居住区内，机动车应当低速行驶，避让行人；有限速标志的，按照限速标志行驶。

※法规解读：行人通过路口或者横过道路，应当走人行横道或者过街设施；通过有交通信号灯的人行横道，应当按照交通信号灯指示通行；通过没有交通信号灯、人行横道的路口，或者在没有过街设施的路段横过道路，应当在确认安全后通过。行人不得跨越、倚坐道路隔离设施，不得扒车、强行拦车或者实施妨碍道路交通安全的其他行为。

法律明确规定，行人、乘车人、非机动车驾驶人违反道路交通安全法律、法规关于道路通行规定的，处警告或者5元以上50元以下罚款，非机动车驾驶人拒绝接受罚款处罚的，可以扣留其非机动车。

本条例中的人行横道通行规则与《道路交通安全法》是一致的，但有细化。

第四十八条　【载物规定】机动车载物应当符合核定的载质量，严禁超载；载物的长、宽、高不得违反装载要求，不得遗洒、飘散载运物。

机动车运载超限的不可解体的物品，影响交通安全的，应当按照公安机关交通管理部门指定的时间、路线、速度行驶，悬挂明显标志。在公路上运载超限的不可解体的物品，并应当依照公路法的规定执行。

机动车载运爆炸物品、易燃易爆化学物品以及剧毒、放射性等危险物品，应当经公安机关批准后，按指定的时间、路线、速度行驶，悬挂警示标志并采取必要的安全措施。

条文解读

本条是关于机动车载物的原则性规定。本条共分 3 款，主要包含以下五个方面的内容：

（1）机动车载物应当符合核定的载质量，严禁超载。“载质量”，也即机动车载物的体积和质量，是指机动车除本身整备质量外的最大负荷能力。根据道路情况不同，机动车的负荷能力也有所不同。“核定的载质量”，是指机动车制造厂商在机动车产品说明书上规定的，根据车辆发动机的功率以及车辆底盘各部分的设计计算，并通过实验和实践得出来的机动车载重量。

（2）载物的长、宽、高不得违反装载要求，不得遗洒、飘散载运物。机动车载物是有一定体积限定的。根据有关法规规定，机动车载物的装载要求是：

①高度从地面算起，重型、中型货运汽车不准超过 4 米，载运集装箱的车辆不得超过 4.2 米，其他货运机动车载物高度从地面起不准超过 2.5 米，摩托车载物高度从地面起不准超过 1.5 米。

②机动车载物，宽度一律不得超出车厢，没有车厢的二轮和轻便摩托车，宽度左右不准超出车把 15 厘米。

为了保证行车安全和货物完整无损以及道路环境的优美整洁，机动车载物必须装载均衡、平衡，捆扎牢固，装载容易散落、飞扬、流漏的物品时，必须封盖严密，不得遗洒和飘散载运物。

（3）机动车运载超限的不可解体的物品，影响交通安全的，应当按照公安机关交通管理部门指定的时间、路线、速度行驶，并悬挂明显标志。“超限的不可解体的物品”,是指对装载要求而言,过长、过大或过重的不可拆卸、分解、组装的成件物品。常见的不可解体物品,多半是钢材、木料、水泥预制品、钢铁制品等。机动车装载超限的不可解体物品,势必加大了车辆在行驶中的不安全因素,也往往妨碍其他行人和车辆通行,容易发生事故。因此,必须经公安机关交通管理部门根据交通情况和道路桥梁情况,指定在交通流量的低峰时间和平日交通流量小的线路,按规定的速度行驶,并且必须悬挂红旗,夜晚必须悬挂红灯,以起警示作用,保障安全。

(4)在公路上运载超限的不可解体的物品,应当依照《公路法》的规定执行。《公路法》第50条规定:“超过公路、公路桥梁、公路隧道或者汽车渡船的限载、限高、限宽、限长标准的车辆,不得在有限定标准的公路、公路桥梁上或者公路隧道内行驶,不得使用汽车渡船。超过公路或者公路桥梁限载标准确需行驶的,必须经县级以上人民政府交通主管部门批准,并按要求采取有效的防护措施;运载不可解体的超限物品的,应当按照指定的时间、路线、时速行驶,并悬挂明显标志。运输单位不能按照前款规定采取防护措施的,由交通主管部门帮助其采取防护措施,所需费用由运输单位承担。”超限运输车辆在公路上行驶的审批,可按下列程序办理:

①提出申请。必须事先由超限运输单位向有权颁发“超限运输车辆通行证”的机关提出申请,填写超限运输车辆行驶公路申请单等。

②审查申请。受理的路政管理机构在接到申请后应及时予以审查,了解超限运输车辆的基本情况,运输货物的基本情况和所经路线的公路、桥梁的基本技术状况。

③选定运输路线。各级路政管理机构应组织有关人员进行勘测,选定运输路线,验算桥路的承载能力,制订通过方案,并与承运单位签订运输协议,对运输线路、桥采取必要的加固或改建措施。

④核发超限运输车辆通行证。通行证由省级路政管理机构统一印制。其内容应包括:承运单位、车牌号、载重、货物总重、尺寸、所经路线、通行时间、车辆自重以及轴重等基本情况。承运单位必须持通行证在批准的路线和时间内进行运输。

(5)机动车载运爆炸物品、易燃易爆化学物品以及剧毒、放射性等危险物品,应当经公安机关批准后,按指定的时间、路线、速度行驶,悬挂警示标志并采取必要的安全措施。运输上述危险物品,还必须注意以下几个方面:

①所运输的危险物品必须是允许用车辆运载的,而且装载危险物品的车辆必须符合该危险物品对车辆的特殊运载要求。

②危险物品包装必须附有明显标记,注明危险物品的危险属性,如易爆、易燃、

有毒、放射性等。

③危险物品的装载要牢固、严密,不得与其他物品混装。

④不准在车内或靠近车辆的地方吸烟,更不准驶进火源地带。

⑤运载易燃性液体时,还要在车架上系一根金属链,使其一端触地,防止静电起火。

⑥必要时,配备专门车辆、人员沿途押运,随时监护危险物品的运输情况。

配套法规及解读

《道路交通安全法实施条例》(2017 年 10 月 7 日修订)

第五十四条　机动车载物不得超过机动车行驶证上核定的载质量,装载长度、宽度不得超出车厢,并应当遵守下列规定:

(一)重型、中型载货汽车,半挂车载物,高度从地面起不得超过 4 米,载运集装箱的车辆不得超过 4.2 米;

(二)其他载货的机动车载物,高度从地面起不得超过 2.5 米;

(三)摩托车载物,高度从地面起不得超过 1.5 米,长度不得超出车身 0.2 米。两轮摩托车载物宽度左右各不得超出车把 0.15 米;三轮摩托车载物宽度不得超过车身。

载客汽车除车身外部的行李架和内置的行李箱外,不得载货。载客汽车行李架载货,从车顶起高度不得超过 0.5 米,从地面起高度不得超过 4 米。

第六十五条　机动车载运超限物品行经铁路道口的,应当按照当地铁路部门指定的铁路道口、时间通过。

机动车行经渡口,应当服从渡口管理人员指挥,按照指定地点依次待渡。机动车上下渡船时,应当低速慢行。

《道路运输条例》(2023 年 7 月 20 日修订)

第三十四条　道路运输车辆运输旅客的,不得超过核定的人数,不得违反规定载货;运输货物的,不得运输旅客,运输的货物应当符合核定的载重量,严禁超载;载物的长、宽、高不得违反装载要求。

违反前款规定的,由公安机关交通管理部门依照《中华人民共和国道路交通安全法》的有关规定进行处罚。

《公路安全保护条例》(2011 年 3 月 7 日)

第四十三条 车辆应当规范装载,装载物不得触地拖行。车辆装载物易掉落、遗洒或者飘散的,应当采取厢式密闭等有效防护措施方可在公路上行驶。

公路上行驶车辆的装载物掉落、遗洒或者飘散的,车辆驾驶人、押运人员应当及时采取措施处理;无法处理的,应当在掉落、遗洒或者飘散物来车方向适当距离外设置警示标志,并迅速报告公路管理机构或者公安机关交通管理部门。其他人员发现公路上有影响交通安全的障碍物的,也应当及时报告公路管理机构或者公安机关交通管理部门。公安机关交通管理部门应当责令改正车辆装载物掉落、遗洒、飘散等违法行为;公路管理机构、公路经营企业应当及时清除掉落、遗洒、飘散在公路上的障碍物。

车辆装载物掉落、遗洒、飘散后,车辆驾驶人、押运人员未及时采取措施处理,造成他人人身、财产损害的,道路运输企业、车辆驾驶人应当依法承担赔偿责任。

※法规解读:核定车辆载质量,主要是从以下四个方面来考虑的:

(1)是否有利于延长车辆使用寿命;

(2)是否能保障车辆的转向性能正常可靠;

(3)是否保障车辆制动性能正常有效;

(4)是否保障车辆本身行驶的安全。

在实际使用中,机动车的载质量还往往与机动车的养护情况和道路的路面结构有关。在使用机动车装载物品时,要根据各种类型机动车正常运行条件下最大允许载荷和使用条件来确定其合理的载质量,禁止超载。

不同类型车辆,其核定载客人数不同。根据《机动车运行安全技术条件》(GB 7258—2017)第 4.4 条规定,核定载客数以车载质量参数、乘坐人数来计算,具体规定了乘用车、旅居车、客车、摩托车等常见车辆的核载计算方式,并对消防车、医疗车等特殊车辆的特殊情况制定了特殊的核载原则。

关联法规索引

《河北省实施〈中华人民共和国道路交通安全法〉办法》第 36 条、第 37 条;《江西省实施〈中华人民共和国道路交通安全法〉办法》第 39 条;《青海省实施〈中华人民共和国道路交通安全法〉办法》第 39 条、第 40 条

第四十九条　【核定载人量】机动车载人不得超过核定的人数，客运机动车不得违反规定载货。

条文解读

本条是关于机动车载人及客运机动车载货的限制性规定，主要包括以下两个方面的内容：

（1）机动车载人不得超过核定的人数。汽车发明和使用的最终目的，归根结底只有两种：一是运载物品；二是运送人员。机动车的车载人数，是根据机动车发动机的功率和底盘的设计标准、载质量和车厢的大小以及乘坐安全情况决定的。

《道路旅客运输及客运站管理规定》第 40 条规定，严禁客运车辆超载运行，在载客人数已满的情况下，允许再搭乘不超过核定载客人数 10% 的免票儿童。第 41 条中规定，客运车辆不得违反规定载货。

（2）客运机动车不得违反规定载货。客运机动车是专门用来载人的机动车辆，其设计和制造标准较高，对车身的防水密封性、防尘密封性、舒适性、安全性、方便性都有具体要求，但一般核定载质量较低。基于客运机动车的设计用途和制造要求，不适宜将其作为载货车辆使用。

配套法规及解读

《道路交通安全法实施条例》（2017 年 10 月 7 日修订）

第五十五条　机动车载人应当遵守下列规定：

（一）公路载客汽车不得超过核定的载客人数，但按照规定免票的儿童除外，在载客人数已满的情况下，按照规定免票的儿童不得超过核定载客人数的 10%；

（二）载货汽车车厢不得载客。在城市道路上，货运机动车在留有安全位置的情况下，车厢内可以附载临时作业人员 1 人至 5 人；载物高度超过车厢栏板时，货物上不得载人；

（三）摩托车后座不得乘坐未满 12 周岁的未成年人，轻便摩托车不得载人。

《校车安全管理条例》(2012年4月5日)

第五十条 校车载人超过核定人数的,由公安机关交通管理部门扣留车辆至违法状态消除,并依照道路交通安全法律法规的规定从重处罚。

※法规解读:“核定的人数”,是指经车辆管理部门对机动车进行检验后,车辆行驶证所核实的机动车载人数。我国《机动车运行安全技术条件》(GB 7258—2017)根据不同情况规定了不同的国家标准。其中,乘用车乘坐人数核定规定,前排座位按乘客舱内部宽度(系指驾驶人两侧门窗下缘,并在车门后支柱内侧量取)决定,当宽度大于等于1200mm时,核定乘坐2人;大于等于1650mm时,核定乘坐3人;但每名前排乘员的坐垫宽和坐垫深均应大于等于400mm,且不得作为学生座位核定乘坐人数。除前排座位外的其他排座位,在能保证与前一排座位的间距大于等于600mm,且坐垫深度大于等于400mm(对第二排以后的可折叠座椅座间距大于等于570mm且坐垫深度大于等于350mm)时,按坐垫宽每400mm核定乘坐1人。但作为学生座位使用时,对幼儿校车按每280mm核定乘坐1人;小学生按每350mm核定乘坐1人;中小学生校车按380mm核定乘坐1人计算。单人座椅坐垫宽大于等于400mm时,核定乘坐1人。该国家标准还规定,旅居车的核定乘员数应小于等于9人。车长大于等于6m的乘用车设置的侧向座椅不核定乘坐人数。

客车乘员数核定依照如下标准:(1)按乘员质量核定:按GB/T 12428确定。(2)按坐垫宽和站立乘客有效面积核定:长条座椅(指坐垫靠背均为条形的供两人或多人乘坐的座椅)按坐垫宽每400mm核定乘坐1人,但作为学生座位使用时,对幼儿校车按每280mm(对幼儿专用校车按每330mm)核定乘坐1人计算;对小学生校车按每350mm核定乘坐1人计算;对中小学生校车按380mm核定1人计算。单人座椅坐垫宽大于等于400mm(对学生座椅为380mm)时,核定乘坐1人。设有乘客站立区的公共汽车,按GB/T 12428确定的站立乘客有效面积计算,即按照每0.125m^2核定站立乘客1人;双层客车的上层及其他客车不核定站立人数。(3)按卧铺铺位核定:卧铺客车的每个铺位核定乘坐1人;驾驶人座椅核定乘坐1人;乘客座椅(包括车组人员座椅)不核定乘坐人数。可折叠的单人座椅及驾驶人座椅R点所处的横向垂直平面之前的座椅不得作为学生座位(椅)核定人数。幼儿校车的核定乘员数应小于等于45人,其他校车的核定乘员数应小于等于56人。二轴卧铺客车的核定乘员数应小于等于36人,三轴卧铺客车的核定乘员数应小于等于40人。

有驾驶室机动车的驾驶室乘坐人数核定(摩托车除外)应遵循以下标准:(1)驾驶室的前排座位,按驾驶室内部宽度(系指驾驶室门窗下缘,并在车门后支柱内侧量取)大于等于1200mm时核定乘坐2人,大于等于1650mm时,核定乘坐3人,但每名前排乘员的坐垫宽和坐垫深均应大于等于400mm。(2)双排座位驾驶室的后排座位,按坐垫中间位置测量的车身内部宽度,在能保证与前排座位的间距大于等于650mm且坐垫深度大于等于400mm时,每400mm核定乘坐1人。(3)带卧铺的货车,卧铺铺位不核定乘坐人数。(4)有驾驶室的拖拉机运输机组和使用方向盘转向的三轮汽车,除驾驶人外可再核定一名乘员,但其坐垫宽应大于等于350mm,座椅深应大于等于300mm,且座椅不应增加拖拉机运输机组或三轮汽车的外廓尺寸;不具备上述条件时,只准许乘坐驾驶人1人。(5)货车核定乘坐人数应小于等于6人。

摩托车乘坐人数核定标准如下:(1)两轮普通摩托车除驾驶人外,有固定座位的可再核定乘坐1人。(2)边三轮摩托车除驾驶人外,主车和边车有固定座位的各核定乘坐1人。(3)正三轮摩托车驾驶室核定乘坐驾驶人1人;车厢在有纵向布置(与机动车前进方向相同)的固定座椅(该固定座椅的坐垫深度大于等于400mm且与驾驶人座椅的间距大于等于650mm)时,按坐垫宽度每400mm核定乘坐1人,但最多乘坐2人;不具备上述条件时,车厢不核定乘坐人数。(4)轻便摩托车核定乘坐驾驶人1人。

对其他特殊情况,我国《机动车运行安全技术条件》(GB 7258—2017)规定:(1)装备有残疾人轮椅固定装置的残疾人汽车、装备有担架的救护车等用于载运特定乘客的载客汽车的乘坐人数,以及医疗车、体检医疗车等专项作业车的乘坐人数,参照乘用车、旅居车和有驾驶室的机动车的乘坐人员核定标准执行。(2)旅居半挂车不核定乘坐人数。(3)货车驾驶室(区)以外部位设置的座椅和卧铺不核定乘坐人数。

关联法规索引

《江西省实施〈中华人民共和国道路交通安全法〉办法》第40条

第五十条 【货运车载客限制】禁止货运机动车载客。

货运机动车需要附载作业人员的，应当设置保护作业人员的安全措施。

条文解读

本条是关于货运机动车载客和载人的限制性规定，主要包括以下两个方面的内容：

(1)禁止货运机动车载客。“货运机动车”，不同于客运机动车，是指专门设计用于运载物品的机动车辆。货运机动车载人，除了不得超出核定的载人数外，还不得超出设计用途载客。“载客”，是指以运送人员为目的的机动车载人运输。如前文所述，客运机动车是专门设计用来载人的机动车，其设计和制造要求较高，对车身的防水密封性、防尘密封性、舒适性、安全性、方便性都有具体要求。货运机动车的设计用途和制造要求完全不同于客运机动车，一般载质量较大，要求便于货物的装卸等，不适宜作为人员的专门运送工具。

(2)货运机动车需要附载作业人员的，应当设置保护作业人员的安全措施。“附载作业人员”，是指根据搬运货物等需要，货运机动车在载货的同时，可附带搭乘货物装卸人员。由于考虑到货运机动车在技术方面的不安全因素，在确实需要附载随车装卸人员负责装卸货物时，为保障人员安全，必须在车上设置有效的保护措施，以保证行车中乘坐人员不致因为车辆的制动、转向、颠簸、车厢通风等情况，使货物发生移动而造成乘车人员的滑落、被撞、被挤压、憋闷等危险发生。

关联法规索引

《河北省实施〈中华人民共和国道路交通安全法〉办法》第32条

第五十一条 【安全带及头盔】机动车行驶时，驾驶人、乘坐人员应当按规定使用安全带，摩托车驾驶人及乘坐人员应当按规定戴安全头盔。

条文解读

本条是关于机动车驾驶员和车上乘坐人员使用安全带和佩戴安全头盔的规定，主要包括以下两个方面的内容：

（1）机动车行驶时，驾驶人、乘坐人员应当按规定使用安全带。“驾驶人”，是指在车辆行驶过程中，按车辆驾驶技术规程和要求控制、操纵车辆的人员。驾驶人员必须经过专门培训，持有国家核定发予的机动车驾驶证，并且按驾驶证所核定准予驾驶的车辆类型驾驶车辆。“乘坐人员”，是指正在行驶的车辆上实际乘坐的人员，其数量必须等于或小于车辆核定的载人数，并坐在固定的座位上，不得在其他位置上站立、躺卧或走动。“安全带”，是指在车辆行驶过程中将车上人员固定在座位上，防止其因车辆颠簸、转弯、制动甚至发生撞击、侧翻、颠覆等意外时与车内其他人员、物品相撞或者被甩出车身的一种安全防护装置。1992 年，公安部发布了《关于驾驶和乘坐小型客车必须使用安全带的通告》，规定自 1993 年 7 月 1 日起，所有小型客车行驶时，驾驶员和前排座位乘车人必须使用安全带。同时，公安部和中国汽车工业总公司还联合发布了《关于抓紧做好小型客车装备安全带工作的通知》，对车辆装备安全带作出具体规定。

（2）摩托车驾驶人及乘坐人员应当按规定佩戴安全头盔。“安全头盔”，俗称安全帽，是指人们戴在头上用以保护头部，使其在受到外力重击时减轻或者免予受到伤害的一种安全防护装置。由于摩托车的构造特殊，稳定性小，加上没有车厢，也没有防护设施，安全系数小，在有关道路交通安全管理的各项法规中，都规定了摩托车驾驶人和乘坐人员必须佩戴安全头盔。这是尽最大可能地保护摩托车驾驶人和乘坐人员，使其在意外中尽量少受到伤害的补救措施。此外，我国《道路交通安全法实施条例》还规定了安装安全带的车辆，其驾驶员和前排乘坐人必须系安全带。此外，即使是在系安全带的情况下，在道路上驾驶自行车、三轮车、电动自行车、残疾人机动轮椅车时，不准附载不满 12 岁的儿童；驾驶电动自行车和残疾人机动轮椅车必须年满 16 周岁；轻便摩托车不准载人，二轮摩托车在高速公路上不准载人。

关联法规索引

《新疆维吾尔自治区实施〈中华人民共和国道路交通安全法〉办法》第 29 条；

《浙江省实施〈中华人民共和国道路交通安全法〉办法》第48条

第五十二条 【排除故障】机动车在道路上发生故障,需要停车排除故障时,驾驶人应当立即开启危险报警闪光灯,将机动车移至不妨碍交通的地方停放;难以移动的,应当持续开启危险报警闪光灯,并在来车方向设置警告标志等措施扩大示警距离,必要时迅速报警。

条文解读

本条是关于机动车在道路上发生故障时应如何处理的规定,主要包括以下两个方面的内容:

(1)机动车在道路上发生故障,需要停车排除故障时,驾驶人应当立即开启危险报警闪光灯,将机动车移至不妨碍交通的地方停放。机动车是有寿命的,机动车的寿命,通常是指机动车从开始使用直到其物质磨损严重到不堪修复而报废时所经历的时间或者行驶的里程。同人类的生老病死一样,机动车也会发生故障。机动车的故障,依其发生的部位不同而对机动车的正常使用产生不同的影响。对机动车的故障排除,也有不同的处理方法。

一般来说,机动车在道路上发生故障可分为两大类型:一是所发生的故障不会影响到车辆的正常和安全行驶,这时驾驶员仍然可以继续驾驶车辆,等到达目的地后再行修理,或直接开到修理工厂,如汽车空调器发生故障、车窗玻璃升降装置发生故障、晴朗天气时雨刷器发生故障等;二是所发生故障足以对车辆的正常行驶或者安全产生威胁,这时驾驶人应当立即停止行驶,在进行修复后才能继续前行。停车修理排除故障时,驾驶人应当立即开启车辆的黄色报警闪烁灯光,示意其他车辆注意安全绕行,并且不准占用车道,要将车辆移到不妨碍交通的道路两侧、停车场、空地等地方停放。移动故障车辆,可以采用人力推行、其他车辆牵引等方式。

(2)车辆难以移动的,应当持续开启危险报警闪光灯,并在来车方向设置警告标志等措施扩大示警距离,必要时迅速报警。"难以移动",是指车辆坏在道路上,故障严重,或者装载已满不能及时卸下,致使无法用人力推行或者其他车辆牵引移开。"持续开启危险报警闪光灯",是指故障车在道路上无法移开期间,应当不间断地一直开启危险报警灯光,警告道路上行驶的其他车辆注意安全。

根据本法和《道路交通安全法实施条例》的规定，故障车不能离开行车道路或者在路肩上停车时，驾驶员必须立即开启危险报警闪光灯，并在行驶方向的后方150米处设置警告标志，夜间还需同时开启示宽灯和尾灯。驾驶员和乘车人必须迅速转移到右侧路肩上或者紧急停车带内，并立即报告交通警察。同时还规定，进入高速公路的车辆必须随车配备故障车警示标志牌。

配套法规及解读

《道路交通安全法实施条例》（2017年10月7日修订）

第六十条　机动车在道路上发生故障或者发生交通事故，妨碍交通又难以移动的，应当按照规定开启危险报警闪光灯并在车后50米至100米处设置警告标志，夜间还应当同时开启示廓灯和后位灯。

※法规解读：机动车在上道路行驶前，驾驶员应对车辆进行检查，包括刹车是否有效、油箱的油位是多少、汽车转向灯和喇叭等影响正常行车的关键部位是否能够正常工作等。虽然如此，但汽车在行驶过程中出现故障的情况仍是经常发生的。

机动车在道路上发生故障，需要停车排除故障时，驾驶人应当立即开启危险报警闪光灯，将机动车移至不妨碍交通的地方停放，之后再采取排除故障的措施。对于自己无法排除的故障，可请求援助，如请求汽车俱乐部、保险公司或者机动车维修单位予以救援，或者拨打交通报警电话等，争取在最短的时间内排除故障。对于难以移动的事故车辆，应持续开启危险报警闪光灯，并采取在来车方向设置警告标志等措施，扩大示警距离。所谓“持续开启”，就是让危险报警闪光灯一直闪烁至事故排除。如在故障车辆处于繁华地带，严重堵塞交通、无法排除故障需要将车辆移走等情况下，应迅速报警。

综合《道路交通安全法》和《道路交通安全法实施条例》的规定，我们能看出，机动车在高速运行的道路中发生故障后，设置警告标志的距离标准应当是：高速公路应当大于等于150米，普通道路中应当在50～100米，同时如果故障发生在夜间，还应当开启示廓灯和后位灯。

如果机动车在高速公路上发生故障或交通事故，警告标志应设置在故障车来车方向150米以外。至于“示警距离”究竟多少米合适，法律并未有明确规定，需要驾驶人根据当时的天气状况、故障车辆所处的路段的交通情况、路面情况、时间等多方面因素来综合判断,要给过往的其他车辆以足够的示警和采取有效措施的距离。如果示警距离过短,其他车辆发现警告标志时很可能已来不及采取措施。一般情况下,如是在夜间发生交通事故,事故车辆除应按上述规定持续开启危险报警灯,并在来车方向设置警告标志外,还应开启示宽灯和尾灯以保证自身和过往车辆的安全。

关联法规索引

《北京市实施〈中华人民共和国道路交通安全法〉办法》第 47 条;《大连市实施〈中华人民共和国道路交通安全法〉办法》第 46 条

第五十三条 【优先通行权之一】警车、消防车、救护车、工程救险车执行紧急任务时,可以使用警报器、标志灯具;在确保安全的前提下,不受行驶路线、行驶方向、行驶速度和信号灯的限制,其他车辆和行人应当让行。

警车、消防车、救护车、工程救险车非执行紧急任务时,不得使用警报器、标志灯具,不享有前款规定的道路优先通行权。

条文解读

本条是关于特种车辆的行驶规定。本条共分两款,主要包括以下三个方面的内容:

(1)警车、消防车、救护车、工程救险车在执行紧急任务时可以使用警报器、标志灯具。“警车”,是指公安机关、国家安全机关、检察机关、审判机关和司法行政机关用于侦查、警卫、治安、交通管理、押解犯罪嫌疑人或者人犯以及其他特殊用途的巡逻车、勘察车、护卫车、指挥车、囚车等专用车辆。“消防车”,是指公安机关消防部门用于灭火的专用车辆和现场指挥车辆。“救护车”,是指急救、医疗机构和卫生防疫部门用于抢救危重病人或处理紧急疫情的专用车辆。“工程救险车”,是指防汛、水利、电力、矿山、城建、交通、铁道等部门用于抢修公用设施、抢救人民生命财产的专用车辆和现场指挥车辆。“警报器、标志灯具”,是指按照有关规定安装在警车、消防车、救护车和工程救险车上,能发出异常音响或灯光,以便其他车辆或行人识别避让的警示装置。驾驶警车、消防车、救护车、工程救险车执行紧急任务时,可以使用警报器、标志灯具。“紧急任务”,是指事关重大,在时间上非常紧迫,亟须实施的特殊工作。

(2)警车、消防车、救护车、工程救险车在执行紧急任务时,在确保安全的前提下,不受行驶路线、行驶方向、行驶速度和信号灯的限制,其他车辆和行人应当让行。执行紧急任务的警车、消防车、救护车和工程救险车,习惯上称其为特种车辆。在道路通行原则上,特种车辆具有优先通行的权利,在确保安全的前提下,它们可以不受分道行驶的规定制约,不论是逆行还是顺行,凡所经的人行道、车行道,都临时属于它们的本道,行人和其他车辆都必须无条件地为它们让行,也可以不受最高时速及交通信号灯的约束,因为它们越快到达任务地点,人民的生命财产越可能免遭损失或者减少损失。行人和其他车辆必须保障特种车辆的优先通行权,凡是可能妨碍其通行的都应当立即避让。

(3)警车、消防车、救护车、工程救险车非执行紧急任务时,不得使用警报器、标志灯具,不享有前款规定的道路通行优先权。公安部对警车、消防车、救护车、工程救险车等特种车辆安装和使用警报器、标志灯具,作出过详细的规定。公安部于1994年3月发布了《关于特种车辆安装使用警报器和标志灯具范围的通知》,于2006年11月颁布了修订后的《警车管理规定》,对特种车辆警报器和标志灯具的安装、使用作出严格规范,禁止任何单位和个人私自安装和使用警报器、标志灯具,并且禁止警车、消防车、救护车、工程救险车在非执行紧急任务时使用警报器和标志灯具。为严格管理、依法规范,公安部还多次对警车和警报器、警示灯具的安装使用进行清理整顿,1996年和2001年分别开展了关于清理整顿警车和警报器、警灯的专项行动,收到了很好的效果。

配套法规及解读

《道路交通安全法实施条例》(2017年10月7日修订)

第六十六条 警车、消防车、救护车、工程救险车在执行紧急任务遇交通受阻时,可以断续使用警报器,并遵守下列规定:

(一)不得在禁止使用警报器的区域或者路段使用警报器;

(二)夜间在市区不得使用警报器;

（三）列队行驶时，前车已经使用警报器的，后车不再使用警报器。

※法规解读：特种车辆使用警报器、标志灯具的前提是执行紧急任务，如抓捕犯罪嫌疑人、前往火灾现场救火、抢救危重病人、工程抢险等。法律赋予特种车辆使用警报器、标志灯具权利的首要目的是抢时间，防止意外事件影响紧急任务的完成；其次是为了告诉过往车辆、行人，特种车辆正在执行紧急任务，需要让行。虽然如此，但在现实生活中确实存在某些单位和个人为了自己的方便滥用警报器、标志灯具的情况，为此，很多城市规定了警报器、标志灯具的使用细则，对警报器、标志灯具的使用范围、使用权限、使用方式等作出了限制。

《道路交通安全法》第 53 条虽然对特种车辆的道路优先通行权作出了规定，但在本条例中又对其进行了一定的限制，特别指出了优先权滥用的几种情形，并对相应行为作出了禁止。这些规定是从实践中总结而来，同时也是法律主体平等性的一种体现。

关联法规索引

《北京市实施〈中华人民共和国道路交通安全法〉办法》第 53 条

第五十四条　【优先通行权之二】道路养护车辆、工程作业车进行作业时，在不影响过往车辆通行的前提下，其行驶路线和方向不受交通标志、标线限制，过往车辆和人员应当注意避让。

洒水车、清扫车等机动车应当按照安全作业标准作业；在不影响其他车辆通行的情况下，可以不受车辆分道行驶的限制，但是不得逆向行驶。

条文解读

本条是关于公路养护车辆、工程作业车辆以及洒水车、清扫车等车辆行驶的规定。本条共分两款，第 1 款主要侧重于权利，第 2 款主要侧重于义务，具体包括以下两个方面的内容：

首先，道路养护车辆、工程作业车在进行作业时，在不影响过往车辆通行的前提下，其行驶路线和方向不受公路标志、标线限制，过往车辆和人员应当注意避让。

“道路养护车辆”，是指道路养护部门用于维护、保养、修理道路的专用施工机械和专用车辆，如压路机、平地机、沥青摊铺机、沥青撒布机、石料撒布机、拖拉机、推土机、装载机、小型翻斗车和下水道疏通机、冲洗机、道路测量车等。以上专用机械和车辆，是保持道路平整、清除道路障碍、保障交通安全畅通的重要工具。“工程作业车”，主要是指在道路养护施工作业中的运输机械，包括各种型号的货运汽车、工程车，一般用于往施工现场运送筑路材料和往外运送施工废弃物和垃圾等。

本法对道路养护车辆和工程作业车在进行作业时行驶的规定，既考虑到它们作业的需要，允许其行驶路线和方向不受交通标志、标线限制，同时也考虑到它们的作业毕竟不同于执行紧急任务的特种车，没有争分夺秒的紧迫性，因此规定它们必须在不影响过往车辆通行的前提下，才可以不受行驶路线、方向和公路标志、标线的限制。由于道路养护车辆和工程作业车在进行作业时有可能不受行驶路线和方向、交通标志和标线的限制，其他过往车辆和行人应当注意避让。需要注意的是，本法并没有赋予道路养护车辆、工程作业车在进行作业时可以不受行驶速度和交通信号灯限制的权限，因此，它们理应遵守法律法规关于车辆行驶速度的规定，并且必须遵守交通信号灯的指挥。

其次，洒水车、清扫车等机动车应当按照安全作业标准作业，在不影响其他车辆通行的情况下，可以不受车辆分道行驶的限制，但不得逆向行驶。“洒水车”，是指专门用来向道路喷雾洒水的工具车，其作用主要有：一是洒水压尘，清新空气；二是冲洗道路，养护路面；三是喷洒融雪剂，除雪化冰。“清扫车”，是指专门用来清扫路面的工具车，其作用主要是清除道路尘土、保持路面整洁、美化环境。洒水车和清扫车的工作特点是在道路上边行驶边作业，在流动中完成对道路路面的洒水、清扫工作。

我国对洒水车和清扫车的流动作业，制定有一套安全作业的标准，其必须严格遵守有关的作业规程，以确保安全。限于喷洒和清扫的需要，洒水车和清扫车在作业时行驶速度都较慢，而且为了彻底喷洒和清扫整个路面，不留死角，它们既要在快速车道上作业，也要在非机动车道或人行道上作业，为此，本法规定它们在作业时可以不受车辆分道行驶的限制。当然，这里要明确的是，洒水车和清扫车不受车辆分道行驶的规定限制，必须是在它们作业时，而不是它们在去作业地段的途中，或者完成作业后的回程。

第五十五条 【拖拉机通行规定】 高速公路、大中城市中心城区内的道路,禁止拖拉机通行。其他禁止拖拉机通行的道路,由省、自治区、直辖市人民政府根据当地实际情况规定。

在允许拖拉机通行的道路上,拖拉机可以从事货运,但是不得用于载人。

条文解读

本条是关于拖拉机上路行驶的规定。本条共分两款,基本上都是对拖拉机上路的限制或禁止性规定。

"拖拉机",是指在农村从事田间作业的一种轮式专用机械。由于国家补贴农机具的惠农政策,加之拖拉机价格低廉、便于使用,其深受我国广大农民的喜爱,并且在使用中逐渐扩大范围,除专门从事农田作业外,还从事道路运输作业。

本条第 1 款规定,"高速公路、大中城市中心城区内的道路,禁止拖拉机通行。其他禁止拖拉机通行的道路,由省、自治区、直辖市人民政府根据当地实际情况规定"。根据全国大多数大中城市制定的有关高速公路管理的规定,拖拉机被禁止在高速公路和大中城市中心城区内的道路上通行。这是因为拖拉机行驶速度低,不符合高速公路对车辆速度的要求,而且其噪声大、污染严重、安全性能和操纵性能差,不适应大中城市拥堵的道路交通,也不符合城市对环保的要求。除高速公路和大中城市中心城区道路以外,拖拉机在其他道路如何通行,本法并不作统一规定,而是由各地自行根据当地实际情况决定。因为中国地域宽广,各地经济和社会发展差别很大,由各地根据实际情况自行制定措施,能更好地调节矛盾,满足社会对交通的需求。

本条第 2 款规定,"在允许拖拉机通行的道路上,拖拉机可以从事货运,但是不得用于载人"。这是对拖拉机上道路运输的限制性规定,是由拖拉机的运行安全技术标准决定的。拖拉机是作为专用机械而被设计、制造的,只适宜于农田作业和短途道路运输,它的安全性能和舒适性能差,不适宜于载人。这里的"载人",应当理解为营运性质的载人,而非农田作业等需求的载人。

配套法规及解读

《道路交通安全法实施条例》(2017年10月7日修订)

第四十六条　机动车行驶中遇有下列情形之一的,最高行驶速度不得超过每小时30公里,其中拖拉机、电瓶车、轮式专用机械车不得超过每小时15公里:

(一)进出非机动车道,通过铁路道口、急弯路、窄路、窄桥时;

(二)掉头、转弯、下陡坡时;

(三)遇雾、雨、雪、沙尘、冰雹,能见度在50米以内时;

(四)在冰雪、泥泞的道路上行驶时;

(五)牵引发生故障的机动车时。

第一百一十一条　本条例所称上道路行驶的拖拉机,是指手扶拖拉机等最高设计行驶速度不超过每小时20公里的轮式拖拉机和最高设计行驶速度不超过每小时40公里、牵引挂车方可从事道路运输的轮式拖拉机。

※法规解读:近年来,随着城市化进程的加快,我国机动车保有量逐年上升,人、车、路的矛盾日益突出。在一些城郊地带,特别是县级以下乡镇地区,由于拖拉机、农用车的上道数量迅速增加,而与之相配套的道路建设,居民的道路交通安全意识、法律意识却没有相应提高,由此引发的道路交通安全问题及交通事故率一段时间以来一直居高不下。

截至2019年,我国保有9000万辆摩托车、2.5亿辆两轮电动车,600多万辆四轮低速电动车和2000多万辆三轮和四轮农用车,大多分布在农村和三四线城市,支撑了这些地区特别是农村约6亿人口的经济发展和生活需求。随着城乡一体化、居民收入水平持续提高,按照农村居民可支配收入年均增长10%测算,到2030年农村汽车千人保有量有望达到160辆,总保有量将超过7000万辆,发展速度惊人。

这个生产规模的拖拉机和农用车生产数量给我国的道路交通管理带来了新的问题。为此,多年来各部门出台了各种法律法规对拖拉机及农用车进行管理。

这些法规、规章规范了对拖拉机和其他农用机械、农用运输车的管理,明确规定上道路从事运输的拖拉机和其他农用运输车,适用道路交通安全管理法规。

此外,《道路交通安全法实施条例》还对拖拉机的通行速度和条件作出了具体的规定。根据该规定要求,拖拉机最高时速的运行条件是:道路宽阔、视线良好。

驾驶拖拉机的运行速度，要根据装载量、交通、天气、路面等综合情况来确定。在宽阔、视线良好的道路上行驶时，大中型方向盘式拖拉机的最高时速为30km，小型拖拉机为15km。在通过村庄、铁路道口、急转弯路、窄路、隧道；遇到掉头、转弯、下坡；遇风、雨、雪、雾天，能见度在30km以内；在冰雪、泥泞的道路上行驶；遇到喇叭、刮水器发生故障；遇到牵引发生故障的机动车；进入非机动车道等情况时，大中型方向盘式拖拉机最高时速为15km，小型拖拉机为10km。为保障通行安全，拖拉机驾驶员应切记，在路况复杂、狭窄、弯多、坡陡且长等路段行车时要低速或中速运行，若盲目开快车，势必降低拖拉机行车的安全性。

这里所说的"大型拖拉机"是指发动机额定功率在36.78千瓦(50马力)以上的拖拉机，有链轨式和轮式两种。中型拖拉机是指发动机额定功率在14.7千瓦(20马力)以上的拖拉机，有链轨式和轮式两种。小型拖拉机是指发动机额定功率在2.2千瓦(含2.2千瓦)以上，小于14.7千瓦的拖拉机，包括小四轮与手扶式两种。

关联法规索引

《福建省实施〈中华人民共和国道路交通安全法〉办法》第31条；《山西省实施〈中华人民共和国道路交通安全法〉办法》第35条、第49条；《河北省实施〈中华人民共和国道路交通安全法〉办法》第38条

第五十六条 【机动车停放】机动车应当在规定地点停放。禁止在人行道上停放机动车；但是，依照本法第三十三条规定施划的停车泊位除外。

在道路上临时停车的，不得妨碍其他车辆和行人通行。

条文解读

本条是关于机动车停放、停车的相关规定。本条共分两款。

本条第1款明确规定机动车应当在规定地点停放。这里的"规定地点"既包括停车场，也包括临时停车泊位。目前，在大型的商场、饭店、体育场、电影院、展览馆、车站、航空港等公共建筑和商业街区以及居民住宅区都设有停车场，还有利用

街道、公共广场施划的临时停车场地,驾驶员应自觉将车辆驶入这些地点停放。原则上,在人行道上停放机动车是被禁止的,但是本法第 33 条第 2 款也作了变通性的规定:“在城市道路范围内,在不影响行人、车辆通行的情况下,政府有关部门可以施划停车泊位。”因而本条据此作了除外规定。

本条第 2 款中的“临时停车”,是指驾驶员不离开驾驶室,将车停下等人,有人需要上、下车,车辆短暂停留或随时都可将车辆开走等情况。在这种情况下,虽然没有划停车线,但只要不是在禁止停车的区域内,就可以临时停车。

配套法规及解读

《道路交通安全法实施条例》(2017 年 10 月 7 日修订)

第六十三条 机动车在道路上临时停车,应当遵守下列规定:

(一)在设有禁停标志、标线的路段,在机动车道与非机动车道、人行道之间设有隔离设施的路段以及人行横道、施工地段,不得停车;

(二)交叉路口、铁路道口、急弯路、宽度不足 4 米的窄路、桥梁、陡坡、隧道以及距离上述地点 50 米以内的路段,不得停车;

(三)公共汽车站、急救站、加油站、消防栓或者消防队(站)门前以及距离上述地点 30 米以内的路段,除使用上述设施的以外,不得停车;

(四)车辆停稳前不得开车门和上下人员,开关车门不得妨碍其他车辆和行人通行;

(五)路边停车应当紧靠道路右侧,机动车驾驶人不得离车,上下人员或者装卸物品后,立即驶离;

(六)城市公共汽车不得在站点以外的路段停车上下乘客。

※法规解读:机动车的停放有两种:停放和临时停放。机动车停放时,驾驶人可以离开车辆,并不受停车时间的限制(但停车标志上规定有时间限制的情况除外),一般也不存在妨碍交通时必须迅速驶离的问题。临时停放,是指车辆在非禁止停车的路段,在驾驶人不离开车辆的情况下,靠道路右边按顺行方向做短暂停留。这里的“临时”并没有具体的时间限制,只要驾驶人不离开车辆做短暂停留,均为临时停车。但是,当维护交通的人员或者驾驶人认为停车妨碍了交通时,必须迅速驶离,以免影响他人通行。这里的“规定地点”一般是指停车场、停车泊位或者其

他允许停放车辆的地点。机动车在停放时,应当关闭电路、拉紧手制动器并锁好车门。

除停车场、停车位、路外三个规定地点以外,驾驶人离开车辆的停车行为均属违法停车范畴。例如,没有施划停车位的路边、便道、广场、公共花园等地点。如果违法停车占用了人行横道或盲道,就不只面临违法,还应受到道德的谴责,因为这是一种会给他人带来危险的行为。

在现实生活中,机动车停放中最普遍的问题是,机动车占用人行道停放。机动车停占人行道,不但影响行人通行,而且其驶入和驶离人行道的过程还可能威胁到行人的安全。而且,机动车停占人行道后,还可能导致行人和非机动车被迫使用机动车道或者道路中心位置,从而影响道路的安全和畅通。但是,在人行道施划停车泊位的地方,机动车停放属于在"规定地点"的范围,不在禁止之列。

关联法规索引

《青海省实施〈中华人民共和国道路交通安全法〉办法》第 42 条

第三节 非机动车通行规定

第五十七条 【非机动车行驶规定】 驾驶非机动车在道路上行驶应当遵守有关交通安全的规定。非机动车应当在非机动车道内行驶;在没有非机动车道的道路上,应当靠车行道的右侧行驶。

条文解读

本条是关于非机动车行驶的规定。

本条规定的"非机动车"主要是指以人力或者畜力作为驱动动力上道路行驶的交通工具。非机动车目前在我国交通工具中仍占有重要地位,尤其是自行车以其灵活方便、经济实用、低能耗、无污染等特点深受人们喜爱。我国拥有自行车 2 亿多辆,居世界第一,堪称"自行车王国"。在道路交通安全立法中,对非机动车的通行进行统一规范,确定其通行原则,是不可或缺的。本条主要从以下两个方面对非机动车通行进行了规范：

(1)驾驶非机动车在道路上行驶应当遵守有关交通安全的规定。我国非机动车数量很大，其中自行车占绝大多数，是影响道路交通秩序的主要因素。非机动车上道路行驶，必须遵守法律法规的有关规定。这里所说的"有关规定"，包含两层含义：一是非机动车上道路行驶，必须遵守本法有关车辆通行的规定，如右侧通行、分道通行、按照交通信号通行的规定等；二是加强对非机动车的交通管理，公安机关交通管理部门发布了一系列规章和规范性文件，对非机动车的交通行为，包括动态的上道路行驶和静态的车辆停放等，作出具体的规定，各地方人民政府也对此作出许多相关规定，非机动车必须同时遵守这些管理规定。《道路交通安全法实施条例》对非机动车上道路行驶通过有交通信号灯控制的交叉路口、通过没有交通信号灯控制也没有交通警察指挥的交叉路口、横过机动车道、载物等各种情况，作了一系列具体规定，是非机动车驾驶人应该了解和遵守的。

此外，各地方在制定地方性交通管理法规和规章时，都结合当地实际交通状况，对非机动车的通行作出具体的规定，如大中城市区规定不准骑自行车带人，三轮车不准并行驾驶等。

(2)非机动车应当在非机动车道内行驶，在没有非机动车道的道路上，应当靠车行道的右侧行驶。车辆、行人应当分道行驶，各行其道。所谓"各行其道"，是指车辆、行人按道路的划分，享有法定的道路通行权利，明确谁的道由谁行走，各自行走各自的道。如果某一方走了按规定不属于其的道路或道路部位，就是侵犯了他人的路权，违反了各行其道原则。根据各行其道原则，非机动车应当在非机动车道内行驶。在没有划分非机动车道的道路上，根据"右侧通行"和"低速置右"原则(参见本法第35条、第36条)，非机动车应当靠右侧行驶。"靠右侧行驶"，是指机动车、非机动车在道路上行驶时，如道路上划设有中心线的，以中心线为界；未划设中心线的，以几何中心为界，以面对方向定左右，即左手一侧的道路为左侧道路，右手一侧的道路为右侧道路。除有特殊规定的车辆外，一律靠右侧道路行驶。汽车靠右行驶的规定主要是考虑安全因素，在双手握方向盘时遇到紧急情况，大多数人会下意识地向右转方向盘。靠右侧行驶这种行为能够较大程度避免冲到对面逆向车道上，减少更严重交通事故的发生。有关非机动车的含义及其种类，请参见本法第119条。

配套法规及解读

《道路交通安全法实施条例》(2017 年 10 月 7 日修订)

第六十八条 非机动车通过有交通信号灯控制的交叉路口,应当按照下列规定通行:

(一)转弯的非机动车让直行的车辆、行人优先通行;

(二)遇有前方路口交通阻塞时,不得进入路口;

(三)向左转弯时,靠路口中心点的右侧转弯;

(四)遇有停止信号时,应当依次停在路口停止线以外。没有停止线的,停在路口以外;

(五)向右转弯遇有同方向前车正在等候放行信号时,在本车道内能够转弯的,可以通行;不能转弯的,依次等候。

第六十九条 非机动车通过没有交通信号灯控制也没有交通警察指挥的交叉路口,除应当遵守第六十八条第(一)项、第(二)项和第(三)项的规定外,还应当遵守下列规定:

(一)有交通标志、标线控制的,让优先通行的一方先行;

(二)没有交通标志、标线控制的,在路口外慢行或者停车瞭望,让右方道路的来车先行;

(三)相对方向行驶的右转弯的非机动车让左转弯的车辆先行。

第七十条 驾驶自行车、电动自行车、三轮车在路段上横过机动车道,应当下车推行,有人行横道或者行人过街设施的,应当从人行横道或者行人过街设施通过;没有人行横道、没有行人过街设施或者不便使用行人过街设施的,在确认安全后直行通过。

因非机动车道被占用无法在本车道内行驶的非机动车,可以在受阻的路段借用相邻的机动车道行驶,并在驶过被占用路段后迅速驶回非机动车道。机动车遇此情况应当减速让行。

第七十二条 在道路上驾驶自行车、三轮车、电动自行车、残疾人机动轮椅车应当遵守下列规定:

(一)驾驶自行车、三轮车必须年满 12 周岁;

(二)驾驶电动自行车和残疾人机动轮椅车必须年满 16 周岁;

（三）不得醉酒驾驶；

（四）转弯前应当减速慢行，伸手示意，不得突然猛拐，超越前车时不得妨碍被超越的车辆行驶；

（五）不得牵引、攀扶车辆或者被其他车辆牵引，不得双手离把或者手中持物；

（六）不得扶身并行、互相追逐或者曲折竞驶；

（七）不得在道路上骑独轮自行车或者 2 人以上骑行的自行车；

（八）非下肢残疾的人不得驾驶残疾人机动轮椅车；

（九）自行车、三轮车不得加装动力装置；

（十）不得在道路上学习驾驶非机动车。

第七十三条　在道路上驾驭畜力车应当年满 16 周岁，并遵守下列规定：

（一）不得醉酒驾驭；

（二）不得并行，驾驭人不得离开车辆；

（三）行经繁华路段、交叉路口、铁路道口、人行横道、急弯路、宽度不足 4 米的窄路或者窄桥、陡坡、隧道或者容易发生危险的路段，不得超车。驾驭两轮畜力车应当下车牵引牲畜；

（四）不得使用未经驯服的牲畜驾车，随车幼畜须拴系；

（五）停放车辆应当拉紧车闸，拴系牲畜。

※法规解读：以上条款主要是对《道路交通安全法》第 57 条的细化。具体规定了非机动车在通过有交通信号灯控制的交叉路口和没有交通信号灯控制也没有交通警察指挥的交叉路口时，非机动车在横过机动车道以及非机动车道被占用的情况下应遵守哪些规定、注意规范哪些行为。此外，还对在道路上驾驶自行车、三轮车、电动自行车、残疾人机动轮椅车的安全驾驶行为作出了具体的规定。

随着经济的发展，困扰很多地区的非机动车管理问题已经不再是对自行车的管理问题了，而是对电动自行车的管理问题。其中，很重要的两个问题是：电动自行车到底算机动车还是非机动车？它是否能上路行驶？依据《道路交通安全法》的规定，依法应当登记的非机动车的种类，由省、自治区、直辖市人民政府根据当地实际情况规定。这就意味着，电动自行车能否上路将由省级人民政府决定。

现行的《道路交通安全法》第 119 条第 4 项规定，“‘非机动车’，是指以人力或者畜力驱动，上道路行驶的交通工具，以及虽有动力装置驱动但设计最高时速、空车质量、外形尺寸符合有关国家标准的残疾人机动轮椅车、电动自行车等交通工具”，明确将电动自行车归入非机动车。所以,上述规定对电动自行车是完全适用的。

关联法规索引

《河北省实施〈中华人民共和国道路交通安全法〉办法》第39条

第五十八条 【残疾人机动轮椅车、电动自行车的最高时速限制】 残疾人机动轮椅车、电动自行车在非机动车道内行驶时,最高时速不得超过十五公里。

条文解读

本条是关于残疾人机动轮椅车和电动自行车行驶车道及最高时速的规定。

本条中的"残疾人机动轮椅车",是指供肢体残疾的人单人使用的代步工具,以电池或者燃料作驱动动力,设计时速在20公里以下的残疾人专用车辆。"电动自行车",是指以电池输出作为驱动动力、设计时速在20公里以下的自行车。残疾人机动轮椅车和电动自行车近几年来发展迅猛。它们改变了以往用人力作为动力的模式,使用起来省时、省力、舒适,对改善残疾人和人们的出行条件,起到了很好的作用,深受群众的欢迎。

长期以来,有关部门对残疾人机动轮椅车和电动自行车到底是属于机动车还是非机动车存在不同看法,相关的管理政策及制作技术标准迟迟不能出台。随着近年来人们生活水平及人们对出行条件的要求不断提高,残疾人机动轮椅车和电动自行车数量增长迅速,加强对它们的管理显得日益迫切。国内一些大中城市已开始逐步放宽对它们的限制,并将其逐步纳入正常管理渠道。为此,本法决定对它们实行统一的交通管理政策,将它们纳入非机动车范畴统一管理。作为非机动车,它们必须在非机动车道内行驶,最高时速不得超过15公里。

配套法规及解读

《道路交通安全法实施条例》(2017年10月7日修订)

第七十一条 非机动车载物,应当遵守下列规定:

（一）自行车、电动自行车、残疾人机动轮椅车载物，高度从地面起不得超过1.5米，宽度左右各不得超出车把0.15米，长度前端不得超出车轮，后端不得超出车身0.3米；

（二）三轮车、人力车载物，高度从地面起不得超过2米，宽度左右各不得超出车身0.2米，长度不得超出车身1米；

（三）畜力车载物，高度从地面起不得超过2.5米，宽度左右各不得超出车身0.2米，长度前端不得超出车辕，后端不得超出车身1米。

自行车载人的规定，由省、自治区、直辖市人民政府根据当地实际情况制定。

第七十二条　在道路上驾驶自行车、三轮车、电动自行车、残疾人机动轮椅车应当遵守下列规定：

（一）驾驶自行车、三轮车必须年满12周岁；

（二）驾驶电动自行车和残疾人机动轮椅车必须年满16周岁；

（三）不得醉酒驾驶；

（四）转弯前应当减速慢行，伸手示意，不得突然猛拐，超越前车时不得妨碍被超越的车辆行驶；

（五）不得牵引、攀扶车辆或者被其他车辆牵引，不得双手离把或者手中持物；

（六）不得扶身并行、互相追逐或者曲折竞驶；

（七）不得在道路上骑独轮自行车或者2人以上骑行的自行车；

（八）非下肢残疾的人不得驾驶残疾人机动轮椅车；

（九）自行车、三轮车不得加装动力装置；

（十）不得在道路上学习驾驶非机动车。

※法规解读：本条例第72条与《道路交通安全法》第58条相配合来共同规范残疾人机动轮椅车、电动自行车、三轮车、自行车上道行驶问题。法条中不仅包括限速，还规定了主体资格、驾驶行为、是否禁止载人和改装等问题。

之所以要对残疾人机动轮椅车、电动自行车作出上述规定和限制，是因为作为非机动车管理的残疾人机动轮椅车和电动自行车，在非机动车道行驶，其机动性要高于人力或者畜力的非机动车，如果不对其行驶速度进行限制，就会影响其他非机动车的行车安全。因此，有必要专门对这种具有机械动力的非机动车的行驶速度进行限制。《道路交通安全法》试图通过限制其最高设计时速的方式来进行时速限制，但在征求专家意见的过程中，多数专家认为这种办法不容易操作和执行。因此,《道路交通安全法》采取了通过国家标准限制最高设计时速,通过法律条文限制行驶速度的办法。

关联法规索引

《北京市实施〈中华人民共和国道路交通安全法〉办法》第56条;《浙江省实施〈中华人民共和国道路交通安全法〉办法》第50条

第五十九条 【非机动车停放】非机动车应当在规定地点停放。未设停放地点的,非机动车停放不得妨碍其他车辆和行人通行。

条文解读

本条是关于非机动车停放的规定。

在农村或是在机动车非常稀有的20世纪七八十年代,自行车总量不多,车骑到哪里就停在哪里,所占空间不大,对道路上行驶着的其他车辆和行人没有多大影响,停车不成为问题。然而,我国是一个"自行车王国",尤其在大中城市等人口稠密的地方,随着城市建设的快速发展,自行车数量与人口数量一同快速增长,停车问题越来越严重。当前我国正处在交通大发展时期,面临着过去遗留下来的道路贫乏的局面,如何从规划和管理上采取对策解决自行车等非机动车的停车问题,在综合治理"交通难"工作中,双管齐下,同时治理"行路难"和"停车难"这一对矛盾,一直是各级人民政府和各有关部门思考的大事。本法从以下两个方面对该问题进行了规范。

首先,非机动车应当在规定地点停放。非机动车停放的"规定地点",是指有关法规和规章规定的非机动车停放地点,一般有两种类型:一是路边存车处(点),往往设在道路两侧或人行道上,商店、餐馆门口,公共电、汽车站台附近,人行过街天桥下,人行横道、过街地道和地铁通道口等;二是路外存车处(棚),往往设在大型购物中心、超市、影剧院、医院、体育场馆、机关、企事业单位、宾馆、酒店和住宅区内等。非机动车停车地点一般设专人看守、管理,实行收费服务。

其次,未设停车地点的,非机动车停放不得妨碍其他车辆、行人通行。在未设存车处的地方需要停放非机动车时，一般不得在交通繁忙的地方停车，不准在禁止存车的地方停车，不得乱停乱放，影响其他车辆和行人的正常通行。

北京市人民政府于2002年颁布实施《北京市非机动车停车管理办法》，并于2010年作出修改，对非机动车公共停车场的规划、建设、设置、管理等作出具体规定，并规定了非机动车停车人应当遵守的几种情形：一是必须在非机动车公共停车场或者设有非机动车停放标志的区域内停车；二是在停车场停放非机动车的，必须遵守停车场的有关管理规定，接受工作人员的管理；三是在收费非机动车公共停车场内停车按规定交纳停车费；四是违反规定，在明令禁止停车的道路范围内停放非机动车的，由公安机关交通管理部门依法处罚，拒绝接受罚款处罚的，可以扣留其非机动车车辆。

关联法规索引

《北京市非机动车停车管理办法》第8条、第12条、第13条

第六十条　【驾驭畜力车规定】驾驭畜力车，应当使用驯服的牲畜；驾驭畜力车横过道路时，驾驭人应当下车牵引牲畜；驾驭人离开车辆时，应当拴系牲畜。

条文解读

本条是关于畜力车行驶的规定。

驾驭畜力车，应当使用驯服的牲畜。“畜力车”，是指以家养牲畜的挽驶牵引作为驱动动力的车辆；“驾驭”，是指使役、驱使车马前行；“驯服”，是指经驯化后的家养牲畜服从人的指挥。众所周知，家畜是野生动物在经过人类的长期饲养后，逐渐改变原来的习性驯化而来的。但牲畜毕竟是动物，如果没有得到很好的驯养、训练，则会野性十足，桀骜不驯，难以听从人的驱使从事耕作、劳役等活动。如果用未驯服的牲畜拉车，在道路上牲畜不听从驾驭和指挥，就很容易造成人员伤害和财产损失。当然，牲畜什么样才算是驯服，程度不好掌握，也无法制定一个统一的标准，而且跟驾驭它的人是谁也有很大关系。但原则上，应当以能听从驾驭者的指挥为

条件。只有经过驯服的,能听从驾驭者指挥的牲畜,才可以牵引车辆上道路通行。

配套法规及解读

《道路交通安全法实施条例》(2017年10月7日修订)

第七十三条 在道路上驾驭畜力车应当年满16周岁,并遵守下列规定:

(一)不得醉酒驾驭;

(二)不得并行,驾驭人不得离开车辆;

(三)行经繁华路段、交叉路口、铁路道口、人行横道、急弯路、宽度不足4米的窄路或者窄桥、陡坡、隧道或者容易发生危险的路段,不得超车。驾驭两轮畜力车应当下车牵引牲畜;

(四)不得使用未经驯服的牲畜驾车,随车幼畜须拴系;

(五)停放车辆应当拉紧车闸,拴系牲畜。

※法规解读:驾驭畜力车横过道路时,驾驭人应当下车牵引牲畜;驾驭人离开车辆时,应当拴系牲畜。之所以作此规定是因为,畜力车横过道路时,牲畜往往容易受到过往车辆和行人的惊吓,驾驭人离开车辆时有的牲畜会乱走乱跑,这两种情形往往造成驾驭人失去对牲畜和畜力车的控制,后果较为严重。

关联法规索引

《西藏自治区道路交通安全条例》第47条

第四节 行人和乘车人通行规定

第六十一条 【行人通行规则】行人应当在人行道内行走,没有人行道的靠路边行走。

条文解读

本条是关于行人通行的规定。

步行是人类最原始且最基本的一种交通方式。我国人口密集,步行的交通量很大,这是我国道路交通的一大特点。在我国,对行人的交通管理在道路交通安全管理中占有特别重要的地位。本条从两个方面对该问题进行了规范。

首先,明确行人应当在人行道内行走。"人行道",是指从标出车行道分线的侧面、缘面(流水面)起至房基线高出车行道部分,专供行人通行,禁止非法侵占,也禁止车辆驶入。但如果推着自行车在人行道上行走,或残疾人摇动着轮椅车在人行道上通行,应按行人对待。胡同、里弄、巷子出口处或路旁建筑物进出口处将人行道截断部分,虽是行人和车辆共同通行的地带,仍可视为人行道,车辆遇行人通过此处时,应减速或停车让行。为保障行人纵向通行有路可走,对人流超过设计行人数的人行道,视情况还可将车行道划出一部分作为人行道,以护栏或在路面上施划的人行道线为界,禁止车辆驶入,专供行人通行。在施划人行道线或用护栏等设施在道路上分隔出的人行道内,行人不受右侧通行规定的限制。

其次,明确没有人行道的靠路边行走。"靠路边行走",是指从道路边缘线算起,行人通行路面宽度一般不能超过1米。行人走路没有顺行和逆行之分,所以行人逆行不违法。对于没有施划人行道的路段,行人应当靠路边行走,车辆遇行人时不论会车与否,都不准侵犯其安全空间。相关释义请参见本法第36条。

关联法规索引

《浙江省实施〈中华人民共和国道路交通安全法〉办法》第51条;《北京市实施〈中华人民共和国道路交通安全法〉办法》第57条

第六十二条 【通过路口或横过道路】行人通过路口或者横过道路,应当走人行横道或者过街设施;通过有交通信号灯的人行横道,应当按照交通信号灯指示通行;通过没有交通信号灯、人行横道的路口,或者在没有过街设施的路段横过道路,应当在确认安全后通过。

条文解读

本条是关于行人通过路口和横过道路的规定,主要包括以下三个方面的内容:

(1)行人通过路口或者横过道路,应当走人行横道或者过街设施。"过街设施”,是指专供行人通过路口或者横过道路而设置的行人过街天桥或者地下通道等设施。行人过街设施,把行人通过路口或横过道路的自由、分散行为,集中到固定地方,彻底实施了行人和车辆的分离措施,排除了人车冲突,既为车辆的安全通行创造了有利条件,也保障了行人通过路口和横过道路的安全。

(2)在通过有交通信号灯的人行横道路口时,应当按照交通信号灯指示通行。本法第38条对车辆、行人的通行原则已有规定:“车辆、行人应当按照交通信号通行……”行人通过设有交通信号设施的人行横道路口时,也应当遵守这项通行原则,不能因为有了人行横道,就不遵从交通信号的指挥,乱穿乱过道路。人行横道灯的设置,也是反映道路交通工程设施水平的指标之一。《城市道路交通管理评价指标体系》及其说明也规定了人行横道灯的设置标准:

①在设置机动车信号灯的路口,当通过人行横道的行人流量每小时超过500人次时;

②在路口间距大于500米、汽车流量在高峰时每小时超过750辆次及12小时内流量超过8000辆次的路段上,当人行横道的行人高峰每小时流量超过500人次时。

(3)行人在通过没有交通信号灯、人行横道的路口,或者在没有过街设施的路段横过道路时,应当在确认安全后通过。这里所说的“确认安全”是指:一是不要斜穿或猛跑,要直行通过;二是要注意观察,目测左右来车的速度和距离,确有安全把握时再通过;三是不准在车辆临近时突然加速横穿或者中途倒退、折返。

配套法规及解读

《道路交通安全法实施条例》(2017年10月7日修订)

第七十五条 行人横过机动车道,应当从行人过街设施通过;没有行人过街设施的,应当从人行横道通过;没有人行横道的,应当观察来往车辆的情况,确认安全后直行通过,不得在车辆临近时突然加速横穿或者中途倒退、折返。

第七十六条 行人列队在道路上通行,每横列不得超过2人,但在已经实行交通管制的路段不受限制。

※法规解读:行人过街设施的设置,是反映道路交通工程设施水平的重要指标之一,也是体现“以人为本”和疏导交通、衡量道路交通安全管理科学化程度的指标

之一。根据《城市道路交通规划设计规范》(GB 50220—95)的规定,下列情况需设置人行天桥或地道:

(1)横过交叉路口的步行人流量每小时大于5000人次,且同时进入该路口的汽车交通量大于每小时1200辆;

(2)通过环形交叉路口的步行人流总量每小时达到18,000人次,且同时进入环形交叉路口的汽车交通量达到每小时2000辆;

(3)行人通过城市快速路时;

(4)铁路与城市道路相交道口,因列车通过一次阻塞步行人流量超过1000人次或者道口关闭时间超过15分钟时。

相关的法律规定,最终目的无非是充分保障道路通行主体的安全和实现道路的合理有效利用。

第六十三条　【妨碍道路交通安全行为】行人不得跨越、倚坐道路隔离设施,不得扒车、强行拦车或者实施妨碍道路交通安全的其他行为。

条文解读

本条是关于行人在道路上从事不安全行为的禁止性规定。

本条中的"道路隔离设施",是指人行道、车行道护栏或者隔离墩以及高速公路两侧封闭道路的设施。在设有道路隔离设施的路段,多是划分车道的路段,在这些车道上,机动车的速度一般比较快,行人跨越道路隔离设施横过道路,会严重危及行人的安全和道路畅通。

本条明令禁止的行人违章行为是扒车和强行拦车。"扒车",是指行人在机动车行驶过程中试图在机动车的后面或者两侧登上机动车的行为;"强行拦车",是指在车行道上拦截正在行驶的迎面而来的机动车辆。在现实生活中,扒车和强行拦车是比较常见的行人及乘车人交通违章行为。

本条中的"妨碍道路交通安全的其他行为",是指行人实施的其他一切违反交通安全的行为,如违章跳车、抛物击车、突然横穿道路等。对于由这些行为造成交通事故的,当事人应当承担相应的责任。

配套法规及解读

《道路交通安全法实施条例》(2017 年 10 月 7 日修订)

第七十四条 行人不得有下列行为:

(一)在道路上使用滑板、旱冰鞋等滑行工具;

(二)在车行道内坐卧、停留、嬉闹;

(三)追车、抛物击车等妨碍道路交通安全的行为。

第七十六条 行人列队在道路上通行,每横列不得超过 2 人,但在已经实行交通管制的路段不受限制。

※法规解读:本条例对于在道路上行人的非法行为规定与《道路交通安全法》基本一致,在第 74 条对常见的影响道路交通安全的行人行为明令禁止。在这些行为中,需要特别指出的是,滑板、旱冰鞋等虽然能够提高行人的通行速度,但不容易控制,特别是在紧急和意外情况下,容易因失控造成难以预见的后果。此外,使用滑板、旱冰鞋等滑行工具在机动车和非机动车间穿行,不仅影响交通秩序,还极易引发交通事故。因此,在道路上使用滑板、旱冰鞋等滑行工具是一种非常危险的行为,应该禁止。

本条例在第 76 条又对列队行人的横列人数作出了规定。这是因为在某些情况下,尤其是在学校、厂区门口人行道上的人往往特别集中,此时保证道路中其他主体的合法通行权益也十分必要。

关联法规索引

《江西省实施〈中华人民共和国道路交通安全法〉办法》第 54 条

第六十四条 【限制行为能力人的保护】学龄前儿童以及不能辨认或者不能控制自己行为的精神疾病患者、智力障碍者在道路上通行,应当由其监护人、监护人委托的人或者对其负有管理、保护职责的人带领。

盲人在道路上通行,应当使用盲杖或者采取其他导盲手段,车辆应当避让盲人。

条文解读

本条是关于儿童、残疾人通行的规定。本条共分两款,主要规定了以下内容:

(1)学龄前儿童以及不能辨认或者不能控制自己行为的精神疾病患者、智力障碍者在道路上通行,应当由其监护人、监护人委托的人或者对其负有管理、保护职责的人带领。学龄前儿童以及不能辨认或者不能控制自己行为的精神疾病患者、智力障碍者,在民事法律上,都是属于不具有民事行为能力的人。

民事行为能力不是每个人都有的,只有当一个人智力发育成熟,能够理智地判断自己行为的后果,能够审慎地独立处理自己的事情时,才算是具备了民事行为能力。《民法典》规定,不满 8 周岁的未成年人以及不能辨认或控制自己行为的精神病症患者是无民事行为能力人,8 周岁以上的未成年人以及不能完全辨认或控制自己行为的精神病症患者、智力障碍者是限制民事行为能力人,又称不完全民事行为能力人。无民事行为能力人和不完全民事行为能力人,应当由其法定代理人、监护人代理其民事活动,并对其行为给予监护。

本条第 1 款规定了学龄前儿童以及不能辨认或者不能控制自己行为的精神疾病患者、智力障碍者在道路上通行,应当由其监护人、监护人委托的人或者对其负有管理、保护职责的人带领。"负有管理、保护职责的人",一般是指学校、幼儿园、精神病院等单位负有照顾、看护、治疗、管理责任的老师、医护人员、管理人员等。之所以只规定"学龄前儿童",主要是考虑到儿童上学接受学校正规教育以后,具有一些基本的认知能力。如在 1991 年颁布的《小学生日常行为规范》中,就有对小学生遵守交通规则,过马路走人行横道,不违章骑车,不在公路、铁道、码头玩耍和追逐打闹等规定。当然,为防范万一,依法保护未成年人的合法权益,小学低年级学生上学和放学,在道路上通行时一般应有家长接送和学校组织的护送。

(2)盲人在道路上通行,应当使用盲杖或者采取其他导盲手段,车辆应当避让盲人。"盲人",是指因疾病或者受外力伤害从而导致双目视力全部丧失的残疾人。"盲杖",是指供盲人使用的,辅助其行走,帮助其探测周围道路状况的专用手杖。"其他导盲手段",是指除盲杖以外的用于引导盲人了解周围道路和交通状况,指示其行走的电子设备、仪器或者工具,甚至是经过专门驯化、训练的动物,如导盲犬等。由于盲人看不见任何东西,当盲人在道路上通行时,不了解四周道路状况,无法预知前方风险,这将对盲人构成很大的危险,因此盲人上路时,应当使用盲杖或者其他导盲手段辅助其通行。当盲人在道路上行走时,由于其无法知晓其他车辆的存在,也不知道这些车辆的行驶路线、方向和速度,根本无法进行避让,因此其他车辆应当避让盲人。

关联法规索引

《西藏自治区道路交通安全条例》第 46 条;《陕西省实施〈中华人民共和国道路交通安全法〉办法》第 51 条

第六十五条 【通过铁路道口规定】 行人通过铁路道口时,应当按照交通信号或者管理人员的指挥通行;没有交通信号和管理人员的,应当在确认无火车驶临后,迅速通过。

条文解读

本条是关于行人通过铁路道口的规定,主要规定了以下两个方面的内容:

(1)行人通过铁路道口,必须遵守交通信号或者听从道口看守人员和道口安全管理人员的指挥,严格执行铁路道口通行规定,严禁在道口处抢行或停留。凡遇铁路道口栏杆关闭、音响器发出报警、道口公路信号显示红灯、道口看守和监护人员示意停车等情况之一时,所有车辆、行人必须立即依次停在停车线以外;无停车线的,停在最外股钢轨 5 米以外。严禁抢、撞、钻、越道口栏杆。

(2)行人通过没有交通信号或者无人看守的铁路道口时,应当止步瞭望,在确认安全后通过。道路上的行人在铁路道口处,发现或者听到有火车驶来时,应立即避让到距铁路钢轨 2 米以外的地方,严禁停留在铁路上或者抢行、抢越。

配套法规及解读

《铁路道口管理暂行规定》(1986 年 3 月 21 日)

第十四条 道路上的车辆(包括汽车、拖拉机、畜力车、人力车、自行车等各种机动车、非机动车,下同)和行人在道口、人行过道及平过道处,发现或听到有火车开来时,应立即躲避到距铁路钢轨二米以外的处所,严禁停留在铁路上和抢越。

第十五条　车辆和行人通过铁路道口，必须听从道口看守人员和道口安全管理人员的指挥。

第十七条　凡遇到道口栏杆（栏门）关闭、音响器发出报警、道口信号显示红色灯光或道口看守人员示意火车即将通过诸情况之一时，车辆、行人严禁抢行，必须依次停在停止线以外，没有停止线的，停在距最外股钢轨五米以外，不得影响道口栏杆（栏门）的关闭，不得撞、钻、爬、越道口栏杆（栏门）。

第十八条　车辆、行人通过设有道口信号机的铁路道口时，要遵守下列道口信号的显示规定：

（一）两个红灯交替闪烁或红灯稳定亮时，表示火车接近道口，禁止车辆、行人通行；

（二）红灯熄灭白灯亮时，表示道口开通，准许车辆、行人通行；

（三）当红灯和白灯同时熄灭时，表示停电或设备发生故障，道口信号无效。在这种情况下，必须与通过没有道口信号机的道口一样按第十五、十七及十九条规定通行。

第十九条　车辆、行人通过没有道口信号机的无人看守道口以及人行过道时，必须停车或止步了望，确认两端均无列车开来时，方准通行。

※法规解读：行人通过铁道路口时应遵守“一停、二看、三通过”的原则，尤其是通过无人看守的铁路道口时更要注意。通过行人过道口时应服从道口工作人员指挥，栏木机栏杆放下时不可强行跨越。过无人道口时应注意道口信号灯，并查看道口两侧是否有火车，确认安全时方可通过。

关联法规索引

《天津市铁路道口安全管理办法》第12条

第六十六条　【禁带危险物品乘车】乘车人不得携带易燃易爆等危险物品，不得向车外抛洒物品，不得有影响驾驶人安全驾驶的行为。

条文解读

本条是关于乘车人乘车的规定,“乘车人”,是指出于交通目的,为实现自身的空间位置移动而利用车辆在道路上通行的人员。乘车人乘车,应当遵守下列规定:

(1)不得携带易燃易爆等危险物品乘车。“易燃易爆等危险物品”,是指自身物质的化学分子结构不稳定,容易因外界环境的细微变化,如受热、碰撞、摩擦等而引起化学反应,导致燃烧、爆炸的物品,以及其他容易对公共安全产生威胁的带有腐蚀性、传染性、毒性、放射性的物品等。由于车辆行驶过程中的摇晃、颠簸、转弯和紧急制动,会使随车物品产生摩擦、碰撞,如果车上装载有易燃、易爆等危险物品,将对全体乘车人的生命和财产安全构成极大的威胁。

在本法制定以前,我国历来明确规定不准携带易燃、易爆等危险物品乘车。如1980年国家经济贸易委员会和公安部、铁道部、交通部、民航总局等九部委发布的《关于严格控制生产出售和严禁携带易燃易爆危险物品乘坐车船飞机的紧急通知》,1988年交通部发布的《汽车旅客运输规则》(已失效),1993年建设部、公安部发布的《城市公共交通车船乘坐规则》(已失效)等都有严禁乘车人携带易燃、易爆、有毒等危险物品以及有害乘客安全和健康的物品乘坐车、船的规定。这些规定和做法为本条款的制定和实施提供了极为有益的实践经验。

(2)不得向车外抛洒物品。这里所说的“物品”,是指有形的、可视的和可度量的任何物质,包括固体和液体。如烟头、纸屑、果皮果核、各种饮料包装物等垃圾物,痰、鼻涕和小便等身体排泄物,喝剩的酒水、饮料等液态物。不论是在车辆行驶中还是在停车时,都不准向车外抛洒任何物品。

(3)不得有影响驾驶人安全驾驶的行为。汽车驾驶人员对车辆的驾驶和操作,是车辆安全与否的关键因素之一。除了必须遵守道路交通安全法律法规,按车辆驾驶技术规范要求操作车辆外,在驾驶时保持充沛的体力、精力和足够的注意力,观察道路状况,专心致志开车,也是保障交通安全必不可少的重要环节。乘车人如果有影响驾驶人安全驾驶的行为,如在车厢内大声喧哗、吵闹、走动,与驾驶人员闲聊,将身体的任何部分伸出车外等,都容易分散驾驶员的注意力,影响行车安全。

上述几种乘车人应当遵守的规定,是本法对乘车人的基本要求。《道路交通安全法实施条例》以及大量的地方性法规、规章等法律文件,对此也都有相应的具体规定。

配套法规及解读

《道路交通安全法实施条例》(2017年10月7日修订)

第七十七条 乘坐机动车应当遵守下列规定:

(一)不得在机动车道上拦乘机动车;

(二)在机动车道上不得从机动车左侧上下车;

(三)开关车门不得妨碍其他车辆和行人通行;

(四)机动车行驶中,不得干扰驾驶,不得将身体任何部分伸出车外,不得跳车;

(五)乘坐两轮摩托车应当正向骑坐。

※法规解读: 鉴于我们国家工业化程度和交通工具普及时间,日常生活中太多的乘车人不清楚应当遵守哪些规定,如有些乘车人觉得在机动车任意一侧上下车是个人自由,乘坐公交车时与驾驶员拉家常、侧身乘坐两轮摩托车等行为也屡见不鲜。正是由于这些危险行为带来的危害隐患极大,《道路交通安全法实施条例》对此一一作出了禁止性的规定,当然在各地的实施办法中也有类似规定,但是不管法规出处和位阶,只要是其中规定的对道路交通安全有害的行为,乘车人都应当拒绝为之。

《刑法》(2023年12月29日修正)

第一百三十三条之二 对行驶中的公共交通工具的驾驶人员使用暴力或者抢控驾驶操纵装置,干扰公共交通工具正常行驶,危及公共安全的,处一年以下有期徒刑、拘役或者管制,并处或者单处罚金。

前款规定的驾驶人员在行驶的公共交通工具上擅离职守,与他人互殴或者殴打他人,危及公共安全的,依照前款的规定处罚。

有前两款行为,同时构成其他犯罪的,依照处罚较重的规定定罪处罚。

※法规解读: 本条是《刑法修正案(十一)》(2020年12月26日)的新增规定。近年来有乘客在行驶的公共交通工具上,与驾驶人员发生争执、殴打,或者拉拽驾驶人员,或者抢控方向盘,导致公共交通工具在行驶中发生了意外事件,造成了人员或者财产的损失,引发了社会的广泛关注。本条规定的妨害安全驾驶罪构成要件如下:

(1)客体。本罪侵害的客体是公共安全,即不特定的多数人的生命、健康和重大公私财产安全及公共生产、生活安全。

（2）客观方面。本罪的客观方面包含两个方面：一是乘车人对行驶中的公共交通工具的驾驶人员使用暴力或者抢控驾驶操纵装置，干扰公共交通工具正常行驶；二是驾驶人员在行驶的公共交通工具上擅离职守，与他人互殴或者殴打他人，危及公共安全的行为。

（3）主体。本罪第1款是一般主体，即年满16岁的自然人均可成为本罪的主体，主要是公共交通工具上的乘客等人员；本罪第2款是特殊主体，即是正在驾驶公共交通工具的驾驶人。

（4）主观方面。故意，即行为人明知自己的行为会干扰公共交通工具正常行驶，或者明知擅离职守，与他人互殴或者殴打他人，会危及公共安全，但仍然希望或放任此种行为的发生的心理态度。

关联法规索引

《青海省实施〈中华人民共和国道路交通安全法〉办法》第44条；《西藏自治区道路交通安全条例》第48条

第五节　高速公路的特别规定

第六十七条　【禁入高速公路的规定及高速限速】行人、非机动车、拖拉机、轮式专用机械车、铰接式客车、全挂拖斗车以及其他设计最高时速低于七十公里的机动车，不得进入高速公路。高速公路限速标志标明的最高时速不得超过一百二十公里。

条文解读

本条是关于高速公路通行的主体资格的限制性规定。

高速公路是专供机动车高速行驶的公路，其最大的特点是具有强大的通过能力，其通过能力是普通公路的数倍。发达国家的经验证明，高速公路不仅有助于降低交通成本，缩短旅行时间，而且还有助于改善交通安全，减少交通事故。

在我国，"高速公路"是指经国家公路主管部门验收认定，符合高速公路工程技术标准，并设置完善的交通安全设施、管理设施和服务设施，专供机动车高速行驶的公路。行人、非机动车、拖拉机、轮式专用机械车、铰接式客车、全挂拖斗车以及其他设计最高时速低于60公里的机动车，不得进入高速公路。

根据本法第119条第4项的规定，“非机动车”，是指以人力或者畜力驱动，上道路行驶的交通工具，以及虽有动力装置驱动但设计最高时速、空车质量、外形尺寸符合有关国家标准的残疾人机动轮椅车、电动自行车等交通工具。“拖拉机”，这里指以运输为目的的轮式拖拉机。由于高速公路是专供机动车高速行驶的公路，因此行人和非机动车自然是不得进入的。拖拉机、轮式专用机械车、铰接式客车、全挂拖斗车以及其他设计最高时速低于70公里的机动车，由于其结构、功能和速度的限制，在高速公路上行驶不利于保证交通安全，因此本法也规定其不得进入高速公路。

配套法规及解读

《道路交通安全法实施条例》（2017年10月7日修订）

第七十八条　高速公路应当标明车道的行驶速度，最高车速不得超过每小时120公里，最低车速不得低于每小时60公里。

在高速公路上行驶的小型载客汽车最高车速不得超过每小时120公里，其他机动车不得超过每小时100公里，摩托车不得超过每小时80公里。

同方向有2条车道的，左侧车道的最低车速为每小时100公里；同方向有3条以上车道的，最左侧车道的最低车速为每小时110公里，中间车道的最低车速为每小时90公里。道路限速标志标明的车速与上述车道行驶车速的规定不一致的，按照道路限速标志标明的车速行驶。

第八十条　机动车在高速公路上行驶，车速超过每小时100公里时，应当与同车道前车保持100米以上的距离，车速低于每小时100公里时，与同车道前车距离可以适当缩短，但最小距离不得少于50米。

第八十一条　机动车在高速公路上行驶，遇有雾、雨、雪、沙尘、冰雹等低能见度气象条件时，应当遵守下列规定：

（一）能见度小于200米时，开启雾灯、近光灯、示廓灯和前后位灯，车速不得超过每小时60公里，与同车道前车保持100米以上的距离；

（二）能见度小于100米时，开启雾灯、近光灯、示廓灯、前后位灯和危险报警闪光灯，车速不得超过每小时40公里，与同车道前车保持50米以上的距离；

（三）能见度小于50米时，开启雾灯、近光灯、示廓灯、前后位灯和危险报警闪光灯，车速不得超过每小时20公里，并从最近的出口尽快驶离高速公路。

遇有前款规定情形时，高速公路管理部门应当通过显示屏等方式发布速度限制、保持车距等提示信息。

《校车安全管理条例》（2012年4月5日）

第三十五条 载有学生的校车在高速公路上行驶的最高时速不得超过80公里，在其他道路上行驶的最高时速不得超过60公里。

道路交通安全法律法规规定或者道路上限速标志、标线标明的最高时速低于前款规定的，从其规定。

载有学生的校车在急弯、陡坡、窄路、窄桥以及冰雪、泥泞的道路上行驶，或者遇有雾、雨、雪、沙尘、冰雹等低能见度气象条件时，最高时速不得超过20公里。

※法规解读：与一般公路相比，高速公路在线型选择、坡度、超高设计、转弯半径、路面平整度等方面的要求要高得多，但它同样存在一个设计车速，机动车行驶速度不能超过设计车速，否则就会发生事故。此外，高速公路也有出入匝道口、立交桥、无照明隧道、一般桥梁等交通情况复杂的地点，因此必须有限速要求。因此，高速公路限速行驶是必需的，也是国际上通行的做法。

我国高速公路之所以对小型机动车最高限速120公里每小时，对大客车和大货车最高限速100公里每小时，是考虑了本国的道路情况、车辆机械性能、气候特点、驾驶人的生理特性等众多因素，在既保证行车安全，又充分利用道路资源的基础上制定的，是科学的、合理的。

有些人以为车速过快不安全，在高速上慢开就安全了，其实车速过慢，既影响高速公路效能的发挥，也不安全。部分机动车驾驶人在初次上高速公路行驶时，以为开慢车最安全，往往把在普通公路上开慢车的技术应用到高速公路上来。其实不然，在高速公路上采用阻碍全线车辆流动的慢速行驶极为危险。因为较整体车流行驶速度慢的车辆，对尾随其后的车辆来说是个障碍，行驶中被一辆接一辆的后车追逐、超越，这是极不安全的。因此，机动车进入高速公路起点后，必须迅速将车速提高到60公里每小时以上，在正常行驶时，车速也不得低于60公里每小时。

美国联邦公路局的研究也表明，行车速度接近于行车速度平均值的车辆被卷入交通事故的概率最低;随着行车速度与行车速度平均值的正负偏差值的增大,车辆被卷入交通事故的概率逐步增加。根据观察,高于交通流平均速度行驶的车辆容易发生事故,尤其是单车事故;低于车流平均速度行驶的车辆常常引发多车追尾和有角度的碰撞事故。所以,低速行驶与超速行驶的危险性都很大。

超速是引发道路交通事故最多的一种严重交通违法行为。校车作为运载未成年人的机动车辆,应当实行更加严格的速度管理。为此,《校车安全管理条例》在《道路交通安全法实施条例》关于机动车辆行驶速度规定的基础上,作出了更加严格的特别规定。

关联法规索引

《大连市实施〈中华人民共和国道路交通安全法〉办法》第 44 条

第六十八条 【高速公路上的故障处理】机动车在高速公路上发生故障时,应当依照本法第五十二条的有关规定办理;但是,警告标志应当设置在故障车来车方向一百五十米以外,车上人员应当迅速转移到右侧路肩上或者应急车道内,并且迅速报警。

机动车在高速公路上发生故障或者交通事故,无法正常行驶的,应当由救援车、清障车拖曳、牵引。

条文解读

本条是关于机动车在高速公路上发生故障时如何处置的规定。本条共分两款,分解说明机动车在高速公路上发生故障时应该采取的处置措施:

(1)机动车在高速公路上发生故障,需要停车排除故障时,驾驶人应当立即开启危险报警灯,开启右转向灯驶离行车道,停在应急车道内或者右侧路肩上。机动车修复后须返回行车道时,应当先在应急车道或者路肩上提高车速,并开启左转向灯。进入行车道时,不准妨碍其他车辆的正常行驶。

(2)机动车因故障、事故等确实难以移动,不能离开行车道在应急车道内或者右侧路肩上停车时,驾驶员必须立即持续开启危险报警闪光灯,夜间还须同时开启示宽灯和尾灯,并在故障车来车方向150米以外设置故障车警告标志扩大示警距离。驾驶员和乘车人应当迅速转移到右侧路肩上或者应急车道内,并且迅速报警。

(3)机动车在高速公路上发生故障或者交通事故,无法正常行驶的,应当由救援车、清障车拖曳、牵引。救援、清障车是处理故障机动车和交通事故的专门车辆。为了保证拖曳、牵引故障车辆的安全,按照规定救援、清障车必须安装标志灯具并喷涂明显的标志,执行救援、清障任务时,须开启标志灯具和危险报警闪光灯。由救援、清障车拖曳、牵引故障车辆,是保障高速公路交通安全的需要。

配套法规及解读

《道路交通安全法实施条例》(2017年10月7日修订)

第六十条 机动车在道路上发生故障或者发生交通事故,妨碍交通又难以移动的,应当按照规定开启危险报警闪光灯并在车后50米至100米处设置警告标志,夜间还应当同时开启示廓灯和后位灯。

第六十一条 牵引故障机动车应当遵守下列规定:

(一)被牵引的机动车除驾驶人外不得载人,不得拖带挂车;

(二)被牵引的机动车宽度不得大于牵引机动车的宽度;

(三)使用软连接牵引装置时,牵引车与被牵引车之间的距离应当大于4米小于10米;

(四)对制动失效的被牵引车,应当使用硬连接牵引装置牵引;

(五)牵引车和被牵引车均应当开启危险报警闪光灯。

汽车吊车和轮式专用机械车不得牵引车辆。摩托车不得牵引车辆或者被其他车辆牵引。

转向或者照明、信号装置失效的故障机动车,应当使用专用清障车拖曳。

※法规解读:机动车在高速公路上发生故障,不能正常行驶时,驾驶员应注意以下几点:(1)打开应急双闪灯;(2)在汽车后200米处设置障碍警示标志;(3)所有人员离开高速路面,到路肩以外等候救援(人员一定不能留在应急车道内);(4)报警。机动车出现故障后,在短时间内(规定30分钟)可以排除故障的,要尽快排除,但应依法设置警告标志,以防因不设置警戒造成事故。未携带警告标志的可以求助高速交警帮助设置警戒。

在高速公路上行驶的机动车发生故障需要停车时,机动车驾驶员还要注意不能将车停在禁止停车和通行的地方。有些高速公路上下匝道有弯度,比较窄,属于咽喉位置,是不准停车的;宽道(是指主线上下站加宽位置)、接近收费站等位置由于经常会出现分流、高峰收费堵车等情况也是不允许停车的;此外,在高速公路发生堵塞等情况时,右侧应急通道是警车、急救车辆的关键通道,也是禁止停车和通行的。

关联法规索引

《湖南省实施〈中华人民共和国道路交通安全法〉办法》第39条

第六十九条　【禁止拦截高速公路行驶车辆】任何单位、个人不得在高速公路上拦截检查行驶的车辆,公安机关的人民警察依法执行紧急公务除外。

条文解读

本条是关于禁止在高速公路上拦截检查行驶的车辆的规定,可以保障高速公路上车辆行驶的通行顺畅,具体来说,有以下两个方面的内容:

(1)任何单位、个人不得在高速公路上拦截检查行驶的车辆。高速公路是专供机动车高速行驶的公路,机动车在高速公路上行驶速度很快,因而驾驶人对各种突发情况的反应及处置时间相对比较短,在紧急刹车时,制动距离也比较长。所以,在高速公路上对行驶的车辆进行拦截检查是很危险的,容易引发恶性交通事故。同时,高速公路是我国的重要交通和经济命脉,在高速公路上拦截和检查行驶的车辆,很容易导致交通阻塞,造成严重的经济损失。因此,本条规定任何单位、个人不得在高速公路上拦截检查行驶的车辆。任何单位和个人,包括各级执法机关和执法人员,都不得在高速公路上拦截检查行驶的车辆。

违反本条规定的,应承担相应的法律责任。根据本法第99条的规定,对于非法在高速公路上拦截检查行驶的车辆,不听劝阻,造成交通严重阻塞或者较大财产损失的,由公安机关交通管理部门处200元以上2000元以下罚款,可以并处15日以下拘留。如果导致重大交通事故,构成犯罪的,还应当根据《刑法》的有关规定,依法追究刑事责任。

(2)公安机关的人民警察依法执行紧急公务时可以在高速公路上拦截检查行驶的车辆。对此规定应从以下两个方面理解:

①根据《人民警察法》的规定,人民警察包括公安机关、国家安全机关、监狱、劳动教养管理机关的人民警察和人民法院、人民检察院的司法警察。但是,只有公安机关的人民警察在依法执行紧急公务时,才可以在高速公路上拦截检查行驶的车辆。公安机关的人民警察,肩负着维护社会治安秩序,保护公民的人身安全、人身自由和合法财产,保护公共财产,预防、制止和惩治违法犯罪活动的重要任务。公安机关的许多工作任务,具有迫切性和紧急性。鉴于其不同于其他人民警察的特殊的职责性质,本条规定公安机关的人民警察在依法执行紧急公务时,可以在高速公路上拦截检查行驶的车辆。

②公安机关的人民警察只有在依法执行紧急公务时,才可以在高速公路上拦截检查行驶的车辆。依法执行紧急公务时,可以在高速公路上拦截检查行驶的车辆,是法律赋予公安机关人民警察的职权,公安机关的人民警察应当依法履行这种职权,如果在非执行紧急公务时,违反规定拦截、检查在高速公路上正常行驶的车辆,则构成对这一职权的滥用,应承担相应的法律责任。本法第 115 条以及第 118 条规定,交通警察违反规定拦截、检查正常行驶的车辆的,应依法给予行政处分;对直接负责的主管人员和其他直接责任人员也应给予相应的行政处分;给当事人造成损失的,应当依法承担赔偿责任。

关联法规索引

《河南省高速公路条例》第 54 条;《广西壮族自治区高速公路条例》第 41 条

第五章　交通事故处理

本章介绍

交通事故处理是道路交通安全管理的一项重要内容，它与道路交通安全和秩序、车辆和驾驶人管理密切相关，但又相对独立。1991 年，国务院继 1988 年制定《道路交通管理条例》（已失效）后，又专门制定了《道路交通事故处理办法》（已失效），对道路交通事故的现场处理、责任认定、罚则、调解、损害赔偿等进行了专门规范。随着道路交通安全管理法律法规的完善，这两部法令先后被废止，相关内容也被融入《道路交通安全法》和《道路交通安全法实施条例》之中。本章共 8 条，分别规定了道路交通事故当事人的事故现场义务、对肇事逃逸的举报、公安交通管理部门的现场处理和勘验、交通事故的认定、交通事故损害赔偿争议的处理机制、交通事故受伤人员的救治、交通事故损害赔偿责任的归责原则以及道路外的交通事故的处理原则等。

第七十条　【交通事故的现场处理】在道路上发生交通事故，车辆驾驶人应当立即停车，保护现场；造成人身伤亡的，车辆驾驶人应当立即抢救受伤人员，并迅速报告执勤的交通警察或者公安机关交通管理部门。因抢救受伤人员变动现场的，应当标明位置。乘车人、过往车辆驾驶人、过往行人应当予以协助。

在道路上发生交通事故，未造成人身伤亡，当事人对事实及成因无争议的，可以即行撤离现场，恢复交通，自行协商处理损害赔偿事宜；不即行撤离现场的，应当迅速报告执勤的交通警察或者公安机关交通管理部门。

在道路上发生交通事故，仅造成轻微财产损失，并且基本事实清楚的，当事人应当先撤离现场再进行协商处理。

条文解读

本条是关于在发生交通事故时，当事人应当如何处理的规定。本条共分3款。

本条的“交通事故”，是指车辆在道路上因过错或者意外造成的人身伤亡或者财产损失的事件。发生道路交通事故后，当事人应当按照法律的规定，区分不同情况，采取适当措施，妥善处理，具体有以下措施：

第一，在发生交通事故后，当事人应当采取停车、保护现场、抢救伤员、报警等措施，有关人员应当予以协助。

车辆驾驶人应当立即停车，保护现场。保护交通事故的现场，是了解情况、分清责任、正确处理交通事故的要求。只有通过对交通事故现场的勘验、检查和收集证据，交通警察才能正确认定交通事故的基本事实、形成原因和当事人的责任。因此，在发生交通事故后，车辆驾驶人应当妥善地保护好现场。驾驶人不准再动现场的任何车辆、物体，并要劝阻围观群众触摸现场车辆与物体。对于易消失的路面痕迹、跌落物，应该用塑料布、苫布、苇席等可能得到的东西加以苫盖。在可能的情况下，劝阻其他路过车辆、行人进入现场。对于制动印痕等对分析事故成因至关重要的痕迹，应重点加以保护，并要防止次生事故的发生。夜间在路上发生事故后，要打开双闪灯，没有双闪灯的应设明显标志，以免与其他车辆碰撞。对于因油箱破裂燃油溢出的现场，要严禁烟火，以免造成火灾，扩大事故后果。在繁华或重要路段发生的事故，要服从交通警察的指挥，在做好标记后，将车辆移出现场，以恢复正常交通，但不准擅自移动车辆，也不准不标记而移动车辆。

如果事故发生后有人员受伤，就要立即设法抢救伤者。交通事故的受伤人往往伤势较重，必须及时送医院。有时伤者处于车辆轮胎下面，不移动车辆，伤者出不来，这时要标记好车轮方位和伤者倒卧的位置。车轮方位可以用粉笔、砖头、土块等画“T”字形标记，分别与车轮平行，与轴头垂直，交叉点位于车轮接地点，要同时标注同侧各轴的车轮。伤者应标注其头部、臀部和脚的位置。在紧急情况下，应尽快救人然后标记，但不能影响方位的正确再现。如果事故发生在偏僻地区，可供送伤者去医院的车辆很难遇见，在万不得已的情况下也可用事故车运送伤者去医院。但是应当先标记好停车的位置即各个车轮的位置、走向、制动印痕的起点等。在有第三人的情况下，应留下人员保护现场，驾驶人把伤员送到医院后，应立即返回现场，根据标记放好车辆，听候处理。在送伤者时，不准擦蹭肇事车辆，以防止破坏痕迹。同时,对伤者服装上的各种痕迹,如车轮花纹等,要注意保护,并告知医务人员。

在抢救伤员的同时,驾驶人应当迅速报警或者委托他人迅速报警,报警人既可以向附近执行勤务的交通警察报警,也可以通过电话向公安机关交通管理部门报警,以便公安机关交通管理部门接到报警后,派交通警察赶赴现场,组织抢救受伤人员,并采取措施恢复交通,以及对事故现场进行勘验、检查和收集证据。

乘车人、过往车辆驾驶人、过往行人应当协助驾驶人保护现场、报警以及抢救伤员。这不仅是救死扶伤的人道主义要求,更是法律对乘车人、过往车辆驾驶人、过往行人规定的必须履行的义务。

第二,发生交通事故,未造成人员伤亡的,当事人应当按照法律规定,处理损害赔偿事宜。具体包含以下两种情形。

(1)交通事故造成了一定的财产损失:当事人对损害事实及成因无争议的,可以即行撤离现场,恢复交通,自行协商处理损害赔偿事宜。本条的这一规定,主要是考虑到对于当事人对损害事实及成因无争议的交通事故,允许当事人自行协商解决,有利于交通事故的快速处理,可以在一定程度上减轻交通压力,防止交通堵塞,同时,这也是对当事人自主行使民事权利的尊重。

但是,如果当事人对于交通事故的事实或成因存在争议,或者对事实及成因无争议,但不愿自行解决,而是希望交通警察协助解决,当事人应当迅速报告执勤的交通警察或者公安机关交通管理部门,由后者依法进行处理。

(2)交通事故仅造成轻微财产损失,并且基本事实清楚的:当事人应当先撤离现场再进行协商处理。据统计,70%以上的交通事故是仅造成车辆及少量物品损失的轻微交通事故。事故发生后,如果当事人都要等交通警察到现场处理,则大量轻微交通事故将得不到快速处理,造成交通阻塞。因此本法规定,交通事故仅造成轻微财产损失,并且基本事实清楚的,当事人应当先撤离现场再进行协商处理。

配套法规及解读

《道路交通安全法实施条例》(2017年10月7日修订)

第八十六条　机动车与机动车、机动车与非机动车在道路上发生未造成人身伤亡的交通事故,当事人对事实及成因无争议的,在记录交通事故的时间、地点、对方当事人的姓名和联系方式、机动车牌号、驾驶证号、保险凭证号、碰撞部位,并共同签名后,撤离现场,自行协商损害赔偿事宜。当事人对交通事故事实及成因有争议的,应当迅速报警。

第八十七条 非机动车与非机动车或者行人在道路上发生交通事故,未造成人身伤亡,且基本事实及成因清楚的,当事人应当先撤离现场,再自行协商处理损害赔偿事宜。当事人对交通事故事实及成因有争议的,应当迅速报警。

第八十八条 机动车发生交通事故,造成道路、供电、通讯等设施损毁的,驾驶人应当报警等候处理,不得驶离。机动车可以移动的,应当将机动车移至不妨碍交通的地点。公安机关交通管理部门应当将事故有关情况通知有关部门。

第八十九条 公安机关交通管理部门或者交通警察接到交通事故报警,应当及时赶赴现场,对未造成人身伤亡,事实清楚,并且机动车可以移动的,应当在记录事故情况后责令当事人撤离现场,恢复交通。对拒不撤离现场的,予以强制撤离。

对属于前款规定情况的道路交通事故,交通警察可以适用简易程序处理,并当场出具事故认定书。当事人共同请求调解的,交通警察可以当场对损害赔偿争议进行调解。

对道路交通事故造成人员伤亡和财产损失需要勘验、检查现场的,公安机关交通管理部门应当按照勘查现场工作规范进行。现场勘查完毕,应当组织清理现场,恢复交通。

《道路交通事故处理程序规定》(2017年7月22日修订)

第十三条 发生死亡事故、伤人事故的,或者发生财产损失事故且有下列情形之一的,当事人应当保护现场并立即报警:

(一)驾驶人无有效机动车驾驶证或者驾驶的机动车与驾驶证载明的准驾车型不符的;

(二)驾驶人有饮酒、服用国家管制的精神药品或者麻醉药品嫌疑的;

(三)驾驶人有从事校车业务或者旅客运输,严重超过额定乘员载客,或者严重超过规定时速行驶嫌疑的;

(四)机动车无号牌或者使用伪造、变造的号牌的;

(五)当事人不能自行移动车辆的;

(六)一方当事人离开现场的;

(七)有证据证明事故是由一方故意造成的。

驾驶人必须在确保安全的原则下，立即组织车上人员疏散到路外安全地点，避免发生次生事故。驾驶人已因道路交通事故死亡或者受伤无法行动的，车上其他人员应当自行组织疏散。

第十四条　发生财产损失事故且有下列情形之一，车辆可以移动的，当事人应当组织车上人员疏散到路外安全地点，在确保安全的原则下，采取现场拍照或者标划事故车辆现场位置等方式固定证据，将车辆移至不妨碍交通的地点后报警：

（一）机动车无检验合格标志或者无保险标志的；

（二）碰撞建筑物、公共设施或者其他设施的。

第十五条　载运爆炸性、易燃性、毒害性、放射性、腐蚀性、传染病病原体等危险物品车辆发生事故的，当事人应当立即报警，危险物品车辆驾驶人、押运人应当按照危险物品安全管理法律、法规、规章以及有关操作规程的规定，采取相应的应急处置措施。

第十六条　公安机关及其交通管理部门接到报警的，应当受理，制作受案登记表并记录下列内容：

（一）报警方式、时间，报警人姓名、联系方式，电话报警的，还应当记录报警电话；

（二）发生或者发现道路交通事故的时间、地点；

（三）人员伤亡情况；

（四）车辆类型、车辆号牌号码，是否载有危险物品以及危险物品的种类、是否发生泄漏等；

（五）涉嫌交通肇事逃逸的，还应当询问并记录肇事车辆的车型、颜色、特征及其逃逸方向、逃逸驾驶人的体貌特征等有关情况。

报警人不报姓名的，应当记录在案。报警人不愿意公开姓名的，应当为其保密。

第十七条　接到道路交通事故报警后，需要派员到现场处置，或者接到出警指令的，公安机关交通管理部门应当立即派交通警察赶赴现场。

第十八条　发生道路交通事故后当事人未报警，在事故现场撤除后，当事人又报警请求公安机关交通管理部门处理的，公安机关交通管理部门应当按照本规定第十六条规定的记录内容予以记录，并在三日内作出是否接受案件的决定。

经核查道路交通事故事实存在的，公安机关交通管理部门应当受理，制作受案登记表;经核查无法证明道路交通事故事实存在,或者不属于公安机关交通管理部门管辖的,应当书面告知当事人,并说明理由。

第十九条 机动车与机动车、机动车与非机动车发生财产损失事故,当事人应当在确保安全的原则下,采取现场拍照或者标划事故车辆现场位置等方式固定证据后,立即撤离现场,将车辆移至不妨碍交通的地点,再协商处理损害赔偿事宜,但有本规定第十三条第一款情形的除外。

非机动车与非机动车或者行人发生财产损失事故,当事人应当先撤离现场,再协商处理损害赔偿事宜。

对应当自行撤离现场而未撤离的,交通警察应当责令当事人撤离现场;造成交通堵塞的,对驾驶人处以200元罚款。

第二十条 发生可以自行协商处理的财产损失事故,当事人可以通过互联网在线自行协商处理;当事人对事实及成因有争议的,可以通过互联网共同申请公安机关交通管理部门在线确定当事人的责任。

当事人报警的,交通警察、警务辅助人员可以指导当事人自行协商处理。当事人要求交通警察到场处理的,应当指派交通警察到现场调查处理。

第二十一条 当事人自行协商达成协议的,制作道路交通事故自行协商协议书,并共同签名。道路交通事故自行协商协议书应当载明事故发生的时间、地点、天气、当事人姓名、驾驶证号或者身份证号、联系方式、机动车种类和号牌号码、保险公司、保险凭证号、事故形态、碰撞部位、当事人的责任等内容。

第二十二条 当事人自行协商达成协议的,可以按照下列方式履行道路交通事故损害赔偿:

(一)当事人自行赔偿;

(二)到投保的保险公司或者道路交通事故保险理赔服务场所办理损害赔偿事宜。

当事人自行协商达成协议后未履行的,可以申请人民调解委员会调解或者向人民法院提起民事诉讼。

第二十三条 公安机关交通管理部门可以适用简易程序处理以下道路交通事故,但有交通肇事、危险驾驶犯罪嫌疑的除外:

(一)财产损失事故;

(二)受伤当事人伤势轻微,各方当事人一致同意适用简易程序处理的伤人事故。

适用简易程序的,可以由一名交通警察处理。

第二十四条　交通警察适用简易程序处理道路交通事故时,应当在固定现场证据后,责令当事人撤离现场,恢复交通。拒不撤离现场的,予以强制撤离。当事人无法及时移动车辆影响通行和交通安全的,交通警察应当将车辆移至不妨碍交通的地点。具有本规定第十三条第一款第一项、第二项情形之一的,按照《中华人民共和国道路交通安全法实施条例》第一百零四条规定处理。

撤离现场后,交通警察应当根据现场固定的证据和当事人、证人陈述等,认定并记录道路交通事故发生的时间、地点、天气、当事人姓名、驾驶证号或者身份证号、联系方式、机动车种类和号牌号码、保险公司、保险凭证号、道路交通事故形态、碰撞部位等,并根据本规定第六十条确定当事人的责任,当场制作道路交通事故认定书。不具备当场制作条件的,交通警察应当在三日内制作道路交通事故认定书。

道路交通事故认定书应当由当事人签名,并现场送达当事人。当事人拒绝签名或者接收的,交通警察应当在道路交通事故认定书上注明情况。

第二十五条　当事人共同请求调解的,交通警察应当当场进行调解,并在道路交通事故认定书上记录调解结果,由当事人签名,送达当事人。

第二十六条　有下列情形之一的,不适用调解,交通警察可以在道路交通事故认定书上载明有关情况后,将道路交通事故认定书送达当事人:

(一)当事人对道路交通事故认定有异议的;

(二)当事人拒绝在道路交通事故认定书上签名的;

(三)当事人不同意调解的。

《校车安全管理条例》(2012年4月5日)

第四十二条　校车发生交通事故,驾驶人、随车照管人员应当立即报警,设置警示标志。乘车学生继续留在校车内有危险的,随车照管人员应当将学生撤离到安全区域,并及时与学校、校车服务提供者、学生的监护人联系处理后续事宜。

※法规解读:《道路交通安全法实施条例》主要规定了机动车与非机动车发生交通事故、机动车与机动车发生交通事故、非机动车与非机动车发生交通事故后,当事人的处置原则,以及在何种情况下报警的问题。我国《道路交通安全法》规定,交通事故发生后,当事人有报警的义务。根据该规定,车辆驾驶人在发生交通事故后应迅速报告值勤交通警察或者公安机关交通管理部门。如果当事人一方有条件

报警而没有报警致使交通事故责任无法认定的，应当负全部责任。当事人各方都有条件报警而没有报警，使交通事故责任无法认定的，应当负同等责任，但是在机动车与非机动车、行人发生交通事故的场合，机动车一方负主要责任。当事人报警可以采取以下几种方式：

(1)向就近的值勤交通警察报告；

(2)拨打“122”交通事故报警电话；

(3)请求顺路车辆上的驾驶人或者其他人员向值勤的交通警察或者公安交通管理机关报告；

(4)在偏远地区，可就近向当地公安机关或者其他行政机关报告，请求转告。

无论何人，在报案时都应当尽量讲明事故发生地点、车辆牌号、损失情况，特别要讲明人员伤亡情况及处理措施，以便公安机关交通管理部门采取相应措施。如果交通事故引起火灾，当事人应当先报告火警，再进行事故报警。

《道路交通事故处理程序规定》主要规定了在发生交通事故后，公安机关及其交通管理部门在何种情况下受案，道路交通事故当事人在何种情况下可以自行协商解决，自行协商解决后如何履行损害赔偿，以及公安机关交通管理部门在何种情况下可以适用简易程序，交通警察适用简易程序的处置原则等问题。与旧规定相比，新规定在简化办案程序、提高处理效率方面，出台了四项制度措施。一是对于未造成人员伤亡的财产损失事故，规定当事人在现场拍照或者标划事故车辆位置后，先撤离现场再协商处理，进一步提高轻微事故现场撤离效率，防范由此导致的二次事故和交通拥堵。二是对于未造成人员伤亡的财产损失事故，当事人可以通过“交管12123”手机App等快捷方式自行协商处理，减少事故处理和理赔时间。三是对于当事人报警的未造成人员伤亡的财产损失事故，交通警察、警务辅助人员可以通过电话、微信、短信等方式为当事人自行协商处理提供指导。四是对事实成因清楚、当事人无异议的伤人事故，按照平等自愿原则，经当事人各方申请可以快速处理，缩短事故处理的周期。此外，根据新规定，报警人在报警时可以不报姓名，报警人不愿意公开姓名的，公安机关应予以保密。对于某些应当自行撤离现场而未撤离的交通事故，交通警察应当责令当事人撤离现场；造成交通堵塞的，对驾驶人处以200元罚款。处理适用简易程序的交通事故时，可以由一名交通警察处理。对于不适用调解的交通事故，交通警察可以在道路交通事故认定书上载明有关情况后，将道路交通事故认定书送达当事人。

《校车安全管理条例》主要规定了校车发生交通事故后，除按一般的交通事故处理程序办理外，驾驶人和随车照管人员还应将学生撤离到安全区域，保障学生的安全。并在第一时间与学校、校车服务提供者和学生监护人取得联系，协商处理后续事宜。

关联法规索引

《青海省实施〈中华人民共和国道路交通安全法〉办法》第48条;《浙江省实施〈中华人民共和国道路交通安全法〉办法》第52条

第七十一条 【交通肇事逃逸】车辆发生交通事故后逃逸的，事故现场目击人员和其他知情人员应当向公安机关交通管理部门或者交通警察举报。举报属实的，公安机关交通管理部门应当给予奖励。

条文解读

本条是关于对发生交通事故后逃逸的车辆进行举报的规定。

近年来，随着道路交通事故的增多，道路交通肇事逃逸案的数量也呈上升趋势。道路交通肇事逃逸不仅给受害者造成生命和财产的重大损失，而且严重扰乱了交通管理秩序和社会治安秩序。交通肇事逃逸是一种严重的违法行为，严重的甚至构成犯罪，应承担相应的刑事责任。根据《道路交通事故处理程序规定》的相关规定，当事人逃逸或者故意破坏、伪造现场，毁灭证据，使交通事故责任无法认定的，应当负全部责任。根据《刑法》第133条的规定，交通运输肇事后逃逸，处3年以上7年以下有期徒刑，因逃逸致人死亡的，处7年以上有期徒刑。为了加大对交通肇事逃逸的打击力度，本条特别规定了交通肇事逃逸的知情人员的举报义务以及奖励措施，具体如下。

（1）车辆在发生交通事故后逃逸的，知情人员有举报的义务。知情人员主要是事故现场的目击人员，如乘车人、过往车辆的驾驶人、过往行人，还包括其他知情人员，即虽未在事故现场目击到交通肇事逃逸经过，但从其他渠道间接了解到交通事故逃逸事件的人员。知情人员既可以向公安机关交通管理部门举报，也可以向交通警察举报。

(2)对举报属实的知情人员,公安机关交通管理部门应当给予奖励。为了鼓励知情人员积极履行举报义务,打击交通肇事逃逸行为,公安机关交通管理部门对举报属实的知情人员,应当根据交通肇事逃逸案件的严重性以及举报线索的重要性给予相应的奖励。

配套法规及解读

《刑法》(2023 年 12 月 29 日修正)

第一百三十三条 违反交通运输管理法规,因而发生重大事故,致人重伤、死亡或者使公私财产遭受重大损失的,处三年以下有期徒刑或者拘役;交通运输肇事后逃逸或者有其他特别恶劣情节的,处三年以上七年以下有期徒刑;因逃逸致人死亡的,处七年以上有期徒刑。

第一百三十三条之一 在道路上驾驶机动车,有下列情形之一的,处拘役,并处罚金:

(一)追逐竞驶,情节恶劣的;

(二)醉酒驾驶机动车的;

(三)从事校车业务或者旅客运输,严重超过额定乘员载客,或者严重超过规定时速行驶的;

(四)违反危险化学品安全管理规定运输危险化学品,危及公共安全的。

机动车所有人、管理人对前款第三项、第四项行为负有直接责任的,依照前款的规定处罚。

有前两款行为,同时构成其他犯罪的,依照处罚较重的规定定罪处罚。

※法规解读:根据《刑法》第 133 条和第 133 条之一的规定,构成交通肇事罪和危险驾驶罪的,必须符合以下条件:

(1)第 133 条规定的犯罪主体为一般主体,任何人只要从事机动车船驾驶的,均可成为该犯罪的主体。

(2)行为人主观上是出于过失。如果行为人故意造成交通事故的发生则应按其他有关条款定罪量刑,不能适用本条。

(3)行为人必须实施了违反交通运输法规的行为。这里所说的“违反交通运输管理法规”,是指违反国家有关交通运输管理方面的法律、法规以及国家有关部门制定的各种规定,包括公路、铁路、高速公路以及其他有关海运、船运等方面的法律、法规。

(4)行为人的行为必须造成了重大事故,即致人重伤、死亡或者使公私财产遭受重大损失,才能构成本罪。这一点是区分交通肇事罪与一般交通事故的主要标准,如果行为人违反有关交通法规的过失行为未造成上述危害后果,就不构成犯罪,而应按交通事故由有关主管部门处理。

第133条对交通肇事罪规定了三档刑罚:致人重伤、死亡或者使公私财产遭受重大损失的,处3年以下有期徒刑或者拘役;交通运输肇事后逃逸或者有其他特别恶劣情节的,处3年以上7年以下有期徒刑;因逃逸致人死亡的,处7年以上有期徒刑。本条所规定的“交通运输肇事后逃逸”,是指行为人交通肇事构成犯罪,在发生交通事故后,为逃避法律追究而逃跑的行为。行为人交通肇事未造成严重后果而逃逸的,不属于本条所规定的情况,可作为治安处罚的从重情节考虑。“有其他特别恶劣情节”,是指死亡2人以上或者重伤5人以上,负事故全部或者主要责任的;死亡6人以上,负事故同等责任的;造成公共财产或者他人财产直接损失,负事故全部或者主要责任,无能力赔偿数额在60万元以上的。“因逃逸致人死亡”,是指行为人在交通肇事后为逃避法律追究而逃跑,致使被害人因得不到救助而死亡的情形。

第133条之一为2011年2月颁布的《刑法修正案(八)》的新增条款,主要是为了打击醉酒驾驶行为。根据该规定,达到酒醉标准后有驾驶机动车行为的,即构成该项犯罪。酒驾或醉驾受到民众的格外关注,体现了这个话题带来的社会性问题。本条出台的法律背景是:2009年9月,最高人民法院公布了两起醉酒驾车犯罪案件,被告人黎某全和被告人孙某铭都是在醉酒状态下驾车肇事,造成重大伤亡。黎某全驾车肇事后,不顾伤者安危,继续驾车行驶,致2人死亡1人轻伤;孙某铭长期无证驾驶,多次违反交通法规,醉酒驾车与其他车辆追尾,造成4人死亡1人重伤。被告人黎某全和被告人孙某铭醉酒驾车发生交通事故,其主观上对他人伤亡的危害结果明显持放任态度,具有危害公共安全的故意,二被告人的行为均已构成以危险方法危害公共安全罪,当时法院依照《刑法》关于以危险方法危害社会公共安全罪的规定对二被告人进行了处罚。此次修正,正是从醉酒驾车人对社会公共安全的危害角度所作的考虑。有一点不同的是,此前由“酒驾”和“伤人”两个行为合并构成犯罪,而这次修正则只要有醉驾行为即可构成犯罪,如果有醉驾伤人后果,属于放任危害结果的发生,若其造成的客观危险达到了放火罪、爆炸罪等程度,要以"以危险方法危害公共安全罪"论处。

《刑法修正案(九)》(2015 年 8 月 29 日)对《刑法》第 133 条之一的危险驾驶罪作了补充规定,增加了在道路上驾驶机动车从事校车业务或者旅客运输,严重超过额定乘员载客,或者严重超过规定时速行驶以及违反危险化学品安全管理规定运输危险化学品,危及公共安全等情形,并规定机动车所有人、管理人对上述行为负有直接责任的,按照危险驾驶罪定罪处罚;同时,将严重危害社会管理秩序和公共安全,严重侵害群众合法权益的伪造、变造、买卖驾驶证行为入罪。新的规定为提高广大驾驶人遵章守纪、安全、文明意识,减少严重交通违法行为,构建了一道坚实的"法律屏障"。

关联法规索引

《青海省实施〈中华人民共和国道路交通安全法〉办法》第 54 条

典型案例

阳光财产保险股份有限公司宜昌中心支公司、胡某菊机动车交通事故责任纠纷案[1]

※案情简介:2019 年 7 月 12 日 16 时 28 分,邹某亮驾驶车牌号为鄂 E××× 的"长安"牌轻型普通货车沿宜昌市伍家岗区汉宜路由西向东行驶,当行驶至南湾新芽幼儿园前路段时,与沿道路南侧边缘同向行走的行人胡某菊发生碰撞,造成胡某菊受伤的交通事故。2019 年 8 月 15 日,宜昌市公安局交通警察支队事故处理大队出具了道路交通事故认定书(第 420503120190000045 号)一份,载明当事人邹某亮驾驶机动车行经事故发生路段时疏于观察路面情况,未能发现行人,违反了《道路交通安全法》第 22 条第 1 款之规定,其违反行为是导致事故发生的直接原因。事故发生后,当事人邹某亮未立即停车查明情况,而是驾车驶离,违反了《道路交通

[1] 本案根据(2021)鄂 05 民终 56 号判决书整理。

安全法》第70条第1款之规定。而当时胡某菊在本次事故中无交通违法行为及过错,则认定当事人邹某亮承担本起事故的全部责任,当事人胡某菊无责任。宜昌市公安局交通警察支队事故处理大队另向邹某亮出具公安交通管理简易程序处罚决定书(编号:420500－1628447500)一份,载明邹某亮因违反了《道路交通安全法实施条例》第62条第3项规定,依据《道路交通安全法》第90条规定决定予以200元罚款,记2分。事故发生当日,胡某菊被送往三峡大学附属仁和医院进行救治,被诊断为"1.创伤性蛛网膜下腔出血;2.双额叶右颞叶脑挫伤并血肿形成;3.眶壁骨折;4.颅底骨折;5.双肺挫伤并感染;6.胸1胸3椎体压缩性骨折"。2019年8月20日,胡某菊住院39天后出院。出院医嘱:"1.不适随诊;2.注意休息,加强营养支持,全休壹月后来院复查;3.住院期间前11天有陪护两人,后28天有陪护一人;4.小心看护,避免走失。"治疗期间,胡某菊自行支付门诊费358.7元,住院医疗费23,795.65元,共计24,154.35元。2019年5月29日,宜昌仁和司法鉴定所基于胡某菊的委托,经鉴定,出具编号为宜仁和司鉴所〔2019〕临鉴字第1066号的司法鉴定意见书一份,载明被鉴定人胡某菊双侧额叶脑挫伤并血肿后、右额叶脑软化灶形成伤残等级为十级,后续治疗费为人民币2000元,护理时间为90日,营养时间为90日。胡某菊支付鉴定费3100元。同时查明,邹某亮所驾驶的车牌号为鄂E×××的小型轿车登记在邹志双名下,邹某双为该车在阳光财保宜昌支公司购买了机动车交通事故责任强制保险,保险金额为机动车交通事故责任强制保险122,000元(其中死亡伤残赔偿限额110,000元、医疗费用赔偿限额10,000元、财产损失赔偿限额2000元);机动车商业保险(第三者责任保险限额500,000元)。保险期间为自2019年2月27日起至2020年2月26日止。邹某亮持有准驾车型为C1D的中华人民共和国机动车驾驶证,初次领证日期为2013年7月11日。另查明,胡某菊的户籍所在地为重庆市××××号,服务处所为集体经济组织。胡某菊在发生事故前一直跟随其子付某兵居住在宜昌市××××号生活,其子付某兵为宜昌市伍家岗区付某兵二手电器经营部的经营者。在一审庭审中,胡某菊提交付某兵2017年1月3日至2019年12月8日,中国农业银行银行卡/活期存折交易明细清单、中国建设银行个人活期账户交易明细,拟证明付某兵收入情况。

一审法院认为:邹某亮驾驶机动车与胡某菊发生碰撞,致使胡某菊遭受人身损害,邹某亮负该起交通事故的全部责任,其应当承担赔偿责任。邹某亮疏于观察路面,未发现行人而在事故发生后驾车离开的行为不具有交通肇事逃逸行为的性质。

现涉案交通事故发生在保险有效期内,阳光财保宜昌支公司作为保险人应当在交强险、商业险的限额范围内直接向胡某菊承担赔偿责任。关于赔偿范围和数额,一审法院结合当事人提交的证据和质证意见,依照《最高人民法院关于审理人身损害赔偿案件适用法律若干问题的解释》的规定及参照《2020年度湖北省人身损害赔偿标准》,确认以下各项损失:(1)医疗费24,154.35元,后期治疗费2000元,共计26,154.35元;(2)护理费根据护理人员的收入状况和护理人数、护理期限确认,而胡某菊仅凭其子付某兵银行卡交易明细,不足以证明其收入状况,参照上一年度批发和零售业的平均工资49,656元/年为宜,护理时间以鉴定意见90天为准,遵医嘱其中前11天护理人员人数为2人,故胡某菊的护理费为13,740.42元(49,656元/年÷365天×11天×2人+49,656元/年÷365天×79天);(3)住院伙食补助费1950元(50元/天×39天);(4)营养费遵医嘱,即2700元(30元/天×90天);(5)胡某菊年满84岁有余,户籍所在地为农村,跟随其子居住在宜昌市××南湾村,胡某菊提交的证据不足以证明其经常居住地及经济来源均在城镇,应以上一年度农村居民人均可支配收入16,391元/年计算,结合胡某菊的伤残等级10级及其发生事故时的年龄,残疾赔偿金为8195.5元(16,391元/年×5年×10%);(6)交通费结合本案实际情况,一审法院酌情认定为600元;(7)精神损害抚慰金结合胡某菊的伤残程度,一审法院酌情认定为1000元;(8)鉴定费3100元。关于后期长期护理费的主张,无事实和法律依据,一审法院不予支持。上述各项费用合计57,440.27元。故阳光财保宜昌支公司在保险限额范围内应向胡某菊赔付54,340.27元。鉴定费用3100元不属于保险公司承保范围,由邹某亮赔付给胡某菊。

※裁判理由:二审法院认为:(1)关于阳光财保宜昌支公司是否在商业第三者责任险中适用免责条款的问题。根据查明的事实,一审依据宜昌市公安局交管部门出具的道路交通事故认定书,认定邹某亮疏于观察路面,未能发现行人而在事故发生后驾车离开的行为不具有交通肇事逃逸行为的性质。《最高人民法院关于适用〈中华人民共和国保险法〉若干问题的解释(二)》第10条规定保险人将法律、行政法规中的禁止性规定情形作为保险合同免责条款的免责事由,保险人对该条款作出提示后,投保人、被保险人或者受益人以保险人未履行明确说明义务为由主张该条款不生效的,人民法院不予支持。《保险法》第17条规定,免责条款的效力问题应当以条款是否将法律、行政法规中禁止性规定作为保险合同免责条款、是否履行明确说明义务来综合认定。本案邹某亮在发生交通事故后离开现场的行为显然

违反了《道路交通安全法》第71条第1款等规定，即本案邹某亮违反了以法律、法规禁止性规定作为保险合同的免责条款事由的条款。案涉车辆在阳光财保宜昌支公司处投保商业机动车第三者责任保险合同中第二章第24条“事故发生后，在未依法采取措施的情况下驾驶被保险机动车或遗弃被保险机动车离开事故现场”的内容属于保险法及其司法解释规定的免除保险人责任的情形。故阳光财保宜昌支公司主张因邹某亮在发生事故后驾车驶离现场，违反法律禁止性规定和保险合同约定，胡某菊商业险赔偿部分，不应由其承担的上诉请求，于法有据予以支持。

(2)关于胡某菊的后续治疗费问题。《最高人民法院关于审理人身损害赔偿案件适用法律若干问题的解释》第19条第2款规定，受害人继续治疗的后续治疗费，根据医疗证明或者鉴定结论确定必然发生的费用，可以与已经发生的医疗费一并予以赔偿。本案阳光财保宜昌支公司对后续治疗费的必要性和合理性有异议，应当举证证明。根据《最高人民法院关于适用〈中华人民共和国民事诉讼法〉的解释》第90条的规定，当事人对自己提出的诉讼请求所依据的事实或反驳对方诉讼请求所依据的事实，应当提供证据加以证明，未能提供证据或证明不足以证明其事实主张的，由负有举证责任的当事人承担不利后果。但在本案中，阳光财保宜昌支公司既没有申请重新鉴定，也未提供足以反驳的证据予以证明，一审根据鉴定结论并结合胡某菊的具体伤情，综合考量，对胡某菊的后续治疗费予以认定，具有事实依据，符合情理和法律规定，予以支持。故胡某菊的各项损失合计为57,440.27元。邹某亮应赔偿胡某菊各项损失20,804.35元和鉴定费3100元，共计23,904.35元。阳光财保宜昌支公司应赔偿胡某菊各项损失33,535.92元。

※裁判结果：(1)撤销湖北省宜昌市伍家岗区人民法院(2020)鄂0503民初414号民事判决；

(2)阳光财保宜昌支公司于该判决生效之日起10日内赔偿胡某菊各项损失33,535.92元；

(3)邹某亮于该判决生效之日起10日内赔偿胡某菊各项损失和鉴定费共计23904.35元；

(4)驳回胡某菊的其他诉讼请求。

※裁判要旨：(1)事故发生后，在未依法采取措施的情况下驾驶被保险机动车或遗弃被保险机动车离开事故现场属于保险法及其司法解释规定的免除保险人责任的情形。本案邹某亮在发生交通事故后离开现场的行为显然违反了《道路交通

安全法》第 71 条第 1 款等规定，即本案邹某亮违反了以法律、法规禁止性规定作为保险合同的免责条款事由的条款。

（2）受害人继续治疗的后续治疗费，根据医疗证明或者鉴定结论确定必然发生的费用，可以与已经发生的医疗费一并予以赔偿。后续治疗费用能否得到支持应结合相关案情具体问题具体分析。

第七十二条 【事故处理措施】公安机关交通管理部门接到交通事故报警后，应当立即派交通警察赶赴现场，先组织抢救受伤人员，并采取措施，尽快恢复交通。

交通警察应当对交通事故现场进行勘验、检查，收集证据；因收集证据的需要，可以扣留事故车辆，但是应当妥善保管，以备核查。

对当事人的生理、精神状况等专业性较强的检验，公安机关交通管理部门应当委托专门机构进行鉴定。鉴定结论应当由鉴定人签名。

条文解读

本条是关于交通警察对于交通事故进行处理的规定。本条共分 3 款，较全面地对交通事故处理问题作了规定，具体内容如下：

（1）交通警察应赶赴现场，组织抢救受伤人员，并采取措施恢复交通。

具体措施有：①公安机关交通管理部门接到当事人或其他人员有关交通事故的报警后，应当立即派交通警察赶赴现场进行处理。执行勤务的交通警察直接接到有关交通事故的报警，应该立即赶赴现场进行处理，如果因为其他紧急公务不能赶赴现场，应当立即报告公安机关交通管理部门，请求派其他交通警察处理。

②交通警察赶赴现场后，应当先组织抢救受伤人员，并采取措施，尽快恢复交通。交通警察应组织对伤员采取适当的急救措施，对于伤势严重的，要组织送往医院抢救。在抢救伤员的工作完成后，交通警察应采取清除障碍、疏导围观人群等措施，尽快恢复交通。

（2）交通警察应当对事故现场进行勘验、检查，收集证据。

勘验、检查、收集证据是交通警察进行交通事故处理时承担的重要工作。通过勘验、检查、收集证据而知悉的情况，对于正确再现交通事故的基本事实、形成原因以及认定当事人的责任均具有至关重要的意义。因此,交通警察在进行勘验、检查、收集证据时,必须做到客观、真实、准确和全面。

交通警察到达现场后,要先了解现场保护和变动情况,巡视现场,了解现场的概况,确定现场范围,根据现场情况确定现场勘查方案,根据勘查方案首先是进行静态勘查。不改变车辆、物体、痕迹的状态和位置,运用记录、摄影、录像、绘图等手段,如实记录现场的原始状态。其目的是确定现场方位,现场中人、物、痕迹的位置及相互间关系。其次是进行动态勘查。动态勘查是为弥补静态勘查的不足,对车辆、物体等加以移动、翻转、比对,其目的是发现和搜集在静态勘查中未能发现的痕迹和物证。交通警察因收集证据的需要,可以暂时扣留事故车辆,但应妥善保管,以备核查。

(3)公安机关交通管理部门应当委托专门机构对专业性问题进行鉴定。

正确检验当事人的生理、精神状况以及其他专业问题,对于认定交通事故的基本事实、形成原因和当事人的责任,具有重要意义。同时,对当事人的生理、精神状况以及其他专业性问题进行检验,经常会涉及很多专门的知识,而公安机关交通管理部门往往不具备这种专门知识,因此本法规定在这种情况下,公安机关交通管理部门应当委托专门机构进行鉴定。由于鉴定结论是制作交通事故认定书的重要依据,也是交通损害赔偿民事诉讼中的重要证据,对于责任的认定往往具有举足轻重的作用,因此本法规定鉴定结论要由鉴定人签名,以便鉴定人认真做好鉴定工作,同时也便于在进行诉讼时通知鉴定人出庭就鉴定问题接受询问。

配套法规及解读

《道路交通安全法实施条例》(2017 年 10 月 7 日修订)

第八十九条　公安机关交通管理部门或者交通警察接到交通事故报警,应当及时赶赴现场,对未造成人身伤亡,事实清楚,并且机动车可以移动的,应当在记录事故情况后责令当事人撤离现场,恢复交通。对拒不撤离现场的,予以强制撤离。

对属于前款规定情况的道路交通事故,交通警察可以适用简易程序处理,并当场出具事故认定书。当事人共同请求调解的,交通警察可以当场对损害赔偿争议进行调解。

对道路交通事故造成人员伤亡和财产损失需要勘验、检查现场的,公安机关交通管理部门应当按照勘查现场工作规范进行。现场勘查完毕,应当组织清理现场,恢复交通。

第九十条 投保机动车第三者责任强制保险的机动车发生交通事故,因抢救受伤人员需要保险公司支付抢救费用的,由公安机关交通管理部门通知保险公司。

抢救受伤人员需要道路交通事故救助基金垫付费用的,由公安机关交通管理部门通知道路交通事故社会救助基金管理机构。

《道路交通事故处理程序规定》(2017 年 7 月 22 日修订)

第三十条 交通警察到达事故现场后,应当立即进行下列工作:

(一)按照事故现场安全防护有关标准和规范的要求划定警戒区域,在安全距离位置放置发光或者反光锥筒和警告标志,确定专人负责现场交通指挥和疏导。因道路交通事故导致交通中断或者现场处置、勘查需要采取封闭道路等交通管制措施的,还应当视情在事故现场来车方向提前组织分流,放置绕行提示标志;

(二)组织抢救受伤人员;

(三)指挥救护、勘查等车辆停放在安全和便于抢救、勘查的位置,开启警灯,夜间还应当开启危险报警闪光灯和示廓灯;

(四)查找道路交通事故当事人和证人,控制肇事嫌疑人;

(五)其他需要立即开展的工作。

第三十一条 道路交通事故造成人员死亡的,应当经急救、医疗人员或者法医确认,并由具备资质的医疗机构出具死亡证明。尸体应当存放在殡葬服务单位或者医疗机构等有停尸条件的场所。

第三十二条 交通警察应当对事故现场开展下列调查工作:

( )勘查事故现场,查明事故车辆、当事人、道路及其空间关系和事故发生时的天气情况;

(二)固定、提取或者保全现场证据材料;

(三)询问当事人、证人并制作询问笔录;现场不具备制作询问笔录条件的,可以通过录音、录像记录询问过程;

(四)其他调查工作。

第三十三条 交通警察勘查道路交通事故现场,应当按照有关法规和标准的规定,拍摄现场照片,绘制现场图,及时提取、采集与案件有关的痕迹、物证等,制作现场勘查笔录。现场勘查过程中发现当事人涉嫌利用交通工具实施其他犯罪的,应当妥善保护犯罪现场和证据，控制犯罪嫌疑人，并立即报告公安机关主管部门。

发生一次死亡三人以上事故的，应当进行现场摄像，必要时可以聘请具有专门知识的人参加现场勘验、检查。

现场图、现场勘查笔录应当由参加勘查的交通警察、当事人和见证人签名。当事人、见证人拒绝签名或者无法签名以及无见证人的，应当记录在案。

第三十四条　痕迹、物证等证据可能因时间、地点、气象等原因导致改变、毁损、灭失的，交通警察应当及时固定、提取或者保全。

对涉嫌饮酒或者服用国家管制的精神药品、麻醉药品驾驶车辆的人员，公安机关交通管理部门应当按照《道路交通安全违法行为处理程序规定》及时抽血或者提取尿样等检材，送交有检验鉴定资质的机构进行检验。

车辆驾驶人员当场死亡的，应当及时抽血检验。不具备抽血条件的，应当由医疗机构或者鉴定机构出具证明。

第三十五条　交通警察应当核查当事人的身份证件、机动车驾驶证、机动车行驶证、检验合格标志、保险标志等。

对交通肇事嫌疑人可以依法传唤。对在现场发现的交通肇事嫌疑人，经出示《人民警察证》，可以口头传唤，并在询问笔录中注明嫌疑人到案经过、到案时间和离开时间。

第三十六条　勘查事故现场完毕后，交通警察应当清点并登记现场遗留物品，迅速组织清理现场，尽快恢复交通。

现场遗留物品能够当场发还的，应当当场发还并做记录；当场无法确定所有人的，应当登记，并妥善保管，待所有人确定后，及时发还。

第三十七条　因调查需要，公安机关交通管理部门可以向有关单位、个人调取汽车行驶记录仪、卫星定位装置、技术监控设备的记录资料以及其他与事故有关的证据材料。

第三十九条　因收集证据的需要，公安机关交通管理部门可以扣留事故车辆，并开具行政强制措施凭证。扣留的车辆应当妥善保管。

公安机关交通管理部门不得扣留事故车辆所载货物。对所载货物在核实重量、体积及货物损失后，通知机动车驾驶人或者货物所有人自行处理。无法通知当事人或者当事人不自行处理的，按照《公安机关办理行政案件程序规定》的有关规定办理。

严禁公安机关交通管理部门指定停车场停放扣留的事故车辆。

第四十条 当事人涉嫌犯罪的，因收集证据的需要，公安机关交通管理部门可以依据《中华人民共和国刑事诉讼法》《公安机关办理刑事案件程序规定》，扣押机动车驾驶证等与事故有关的物品、证件，并按照规定出具扣押法律文书。扣押的物品应当妥善保管。

对扣押的机动车驾驶证等物品、证件，作为证据使用的，应当随案移送，并制作随案移送清单一式两份，一份留存，一份交人民检察院。对于实物不宜移送的，应当将其清单、照片或者其他证明文件随案移送。待人民法院作出生效判决后，按照人民法院的通知，依法作出处理。

第四十一条 经过调查，不属于公安机关交通管理部门管辖的，应当将案件移送有关部门并书面通知当事人，或者告知当事人处理途径。

公安机关交通管理部门在调查过程中，发现当事人涉嫌交通肇事、危险驾驶犯罪的，应当按照《中华人民共和国刑事诉讼法》《公安机关办理刑事案件程序规定》立案侦查。发现当事人有其他违法犯罪嫌疑的，应当及时移送有关部门，移送不影响事故的调查和处理。

第四十九条 需要进行检验、鉴定的，公安机关交通管理部门应当按照有关规定，自事故现场调查结束之日起三日内委托具备资质的鉴定机构进行检验、鉴定。

尸体检验应当在死亡之日起三日内委托。对交通肇事逃逸车辆的检验、鉴定自查获肇事嫌疑车辆之日起三日内委托。

对现场调查结束之日起三日后需要检验、鉴定的，应当报经上一级公安机关交通管理部门批准。

对精神疾病的鉴定，由具有精神病鉴定资质的鉴定机构进行。

第五十条 检验、鉴定费用由公安机关交通管理部门承担，但法律法规另有规定或者当事人自行委托伤残评定、财产损失评估的除外。

第五十一条 公安机关交通管理部门应当与鉴定机构确定检验、鉴定完成的期限，确定的期限不得超过三十日。超过三十日的，应当报经上一级公安机关交通管理部门批准，但最长不得超过六十日。

第五十二条 尸体检验不得在公众场合进行。为了确定死因需要解剖尸体的，应当征得死者家属同意。死者家属不同意解剖尸体的，经县级以上公安机关或者上一级公安机关交通管理部门负责人批准，可以解剖尸体，并且通知死者家属到场，由其在解剖尸体通知书上签名。

死者家属无正当理由拒不到场或者拒绝签名的，交通警察应当在解剖尸体通知书上注明。对身份不明的尸体，无法通知死者家属的，应当记录在案。

第五十三条 尸体检验报告确定后，应当书面通知死者家属在十日内办理丧葬事宜。无正当理由逾期不办理的应记录在案，并经县级以上公安机关或者上一级公安机关交通管理部门负责人批准，由公安机关或者上一级公安机关交通管理部门处理尸体，逾期存放的费用由死者家属承担。

对于没有家属、家属不明或者因自然灾害等不可抗力导致无法通知或者通知后家属拒绝领回的，经县级以上公安机关或者上一级公安机关交通管理部门负责人批准，可以及时处理。

对身份不明的尸体，由法医提取人身识别检材，并对尸体拍照、采集相关信息后，由公安机关交通管理部门填写身份不明尸体信息登记表，并在设区的市级以上报纸刊登认尸启事。登报后三十日仍无人认领的，经县级以上公安机关或者上一级公安机关交通管理部门负责人批准，可以及时处理。

因宗教习俗等原因对尸体处理期限有特殊需要的，经县级以上公安机关或者上一级公安机关交通管理部门负责人批准，可以紧急处理。

第五十四条 鉴定机构应当在规定的期限内完成检验、鉴定，并出具书面检验报告、鉴定意见，由鉴定人签名，鉴定意见还应当加盖机构印章。检验报告、鉴定意见应当载明以下事项：

（一）委托人；

（二）委托日期和事项；

（三）提交的相关材料；

（四）检验、鉴定的时间；

（五）依据和结论性意见，通过分析得出结论性意见的，应当有分析证明过程。

检验报告、鉴定意见应当附有鉴定机构、鉴定人的资质证明或者其他证明文件。

第五十五条 公安机关交通管理部门应当对检验报告、鉴定意见进行审核，并在收到检验报告、鉴定意见之日起五日内，将检验报告、鉴定意见复印件送达当事人，但有下列情形之一的除外：

（一）检验、鉴定程序违法或者违反相关专业技术要求，可能影响检验报告、鉴定意见公正、客观的；

（二）鉴定机构、鉴定人不具备鉴定资质和条件的；

（三）检验报告、鉴定意见明显依据不足的；

（四）故意作虚假鉴定的；

（五）鉴定人应当回避而没有回避的；

（六）检材虚假或者检材被损坏、不具备鉴定条件的；

（七）其他可能影响检验报告、鉴定意见公正、客观的情形。

检验报告、鉴定意见有前款规定情形之一的，经县级以上公安机关交通管理部门负责人批准，应当在收到检验报告、鉴定意见之日起三日内重新委托检验、鉴定。

第五十六条 当事人对检验报告、鉴定意见有异议，申请重新检验、鉴定的，应当自公安机关交通管理部门送达之日起三日内提出书面申请，经县级以上公安机关交通管理部门负责人批准，原办案单位应当重新委托检验、鉴定。检验报告、鉴定意见不具有本规定第五十五条第一款情形的，经县级以上公安机关交通管理部门负责人批准，由原办案单位作出不准予重新检验、鉴定的决定，并在作出决定之日起三日内书面通知申请人。

同一交通事故的同一检验、鉴定事项，重新检验、鉴定以一次为限。

第五十七条 重新检验、鉴定应当另行委托鉴定机构。

第五十八条 自检验报告、鉴定意见确定之日起五日内，公安机关交通管理部门应当通知当事人领取扣留的事故车辆。

因扣留车辆发生的费用由作出决定的公安机关交通管理部门承担，但公安机关交通管理部门通知当事人领取，当事人逾期未领取产生的停车费用由当事人自行承担。

经通知当事人三十日后不领取的车辆，经公告三个月仍不领取的，对扣留的车辆依法处理。

《机动车交通事故责任强制保险条例》（2019年3月2日修订）

第三十一条 保险公司可以向被保险人赔偿保险金，也可以直接向受害人赔偿保险金。但是，因抢救受伤人员需要保险公司支付或者垫付抢救费用的，保险公司在接到公安机关交通管理部门通知后，经核对应当及时向医疗机构支付或者垫付抢救费用。

因抢救受伤人员需要救助基金管理机构垫付抢救费用的，救助基金管理机构在接到公安机关交通管理部门通知后，经核对应当及时向医疗机构垫付抢救费用。

※法规解读：《道路交通安全法实施条例》主要对交通警察在事故现场可能遇到的几种情况应如何处理作出了规定。首先，接到报警后，交通警察应及时赶赴事故现场。到达事故现场后，对未造成人身伤亡的，如果事实清楚，并且机动车可以移动的，应当在记录事故情况后责令当事人撤离现场，恢复交通。对拒不撤离现场的，予以强制撤离。其次，对某些交通事故交通警察可以适用简易程序处理，并当场出具事故认定书。遇到需要调解的情况，交通警察要征求当事人双方的意见，只有在双方都请求调解的情况下，交通警察才可以当场对损害赔偿争议进行调解。最后，在交通事故处理完毕后，交通警察有清理现场、恢复交通的义务。

《道路交通事故处理程序规定》主要规定：交通事故发生后，交通警察在到达事故现场后应如何开展工作，如何保护现场，如何指挥交通，如何组织救援等；交通警察在事故现场如何开展调查工作，调查哪些内容；在处理交通事故过程中，遇到不同情况应如何处置，现场勘查应提取哪些物证，调查哪些基本信息，送检哪些材料；以及检验、鉴定意见的具体规范流程等。这些规定不仅为警察执法确定了切实可行的依据和原则，同时规范了执法过程，提升了交通事故处理的效率和效果。

《机动车交通事故责任强制保险条例》和《道路交通安全法实施条例》第 90 条主要针对交通事故发生后的“交强险”的赔偿问题作出了规定。由于受害人不具有直接向保险公司请求赔偿的法定权利，在保险实务操作中，一般由被保险人首先向受害人赔偿，然后凭借赔付凭证向保险公司提出索赔申请，保险公司审查相关证明后，依照保险合同约定向被保险人支付保险金。为了确保受害人能真正获得保险保障，法律规定保险公司可以向受害人直接赔偿保险金。此外，《机动车交通事故责任强制保险条例》第 31 条第 2 款还规定了救助基金管理机构及时垫付抢救费用的义务。需要由救助基金管理机构垫付抢救费用的，首先由公安部门向救助基金管理机构出具相关的垫付费用通知。公安部门出具的通知上应当列明肇事机动车车牌号、驾驶人姓名、受害人姓名、受害人损伤部位及程度、抢救医院名称及地址、交通事故原因等情况，并且注明属于救助基金垫付的何种情况（未投保机动车交通事故责任强制保险、肇事机动车逃逸或抢救费用超过机动车交通事故责任强制保险责任限额）等内容。救助基金管理机构对需要垫付事项进行核对并决定垫付。

关联法规索引

《山东省实施〈中华人民共和国道路交通安全法〉办法》第60条;《浙江省实施〈中华人民共和国道路交通安全法〉办法》第53条

第七十三条 【交通事故认定书】公安机关交通管理部门应当根据交通事故现场勘验、检查、调查情况和有关的检验、鉴定结论,及时制作交通事故认定书,作为处理交通事故的证据。交通事故认定书应当载明交通事故的基本事实、成因和当事人的责任,并送达当事人。

条文解读

本条是关于公安机关交通管理部门认定交通事故的规定,主要包含以下三个方面的内容:

(1)依照本条规定,交通事故认定应当由公安机关交通管理部门依职权作出,对交通事故进行认定是公安机关交通管理部门的法定职责。之所以这样规定,是因为认定交通事故责任需要掌握专门的交通知识,具备一定的交通技术分析水平,而目前只有公安机关交通管理部门拥有这种技术力量。公安机关交通管理部门履行这种职责的结果则表现为交通事故认定书,公安机关交通管理部门应依法及时制作交通事故认定书,并送达当事人,否则应承担行政不作为的法律责任。

(2)作出交通事故认定书的依据是事故现场勘验、检查、调查情况和有关的检验、鉴定结论。根据本法第72条的规定,交通警察应当对交通事故现场进行勘验、检查,收集证据,对当事人的生理、精神状况等专业性较强的检验,公安机关交通管理部门应当委托专门机构进行鉴定。公安机关交通管理部门作出交通事故认定时,应当严格以交通警察对事故现场进行勘验、检查而收集的证据和有关专门机构作出的检验、鉴定结论为依据,不得掺杂主观判断或者其他间接证据。

(3)交通事故认定书的内容是交通事故的基本事实、成因和当事人的责任。交通事故认定书是人民法院处理交通事故损害赔偿案件或确定当事人民事责任的重要证据,也是当事人自行和解或请求公安机关交通管理部门调解的重要依据。但是,交通事故认定书仅是民事诉讼中证据的一种,并不具有高于其他证据的效力,其是否合法、真实，是否具有关联性，还应当由人民法院在质证、认证过程中进行审查，对公安机关认定道路交通事故责任确有错误的，人民法院可以依法纠正。人民法院认定当事人在交通事故损害赔偿案件中的责任大小时，认为公安机关的责任认定确有错误的，可以不予采纳。

配套法规及解读

《道路交通安全法实施条例》（2017 年 10 月 7 日修订）

第九十一条 公安机关交通管理部门应当根据交通事故当事人的行为对发生交通事故所起的作用以及过错的严重程度，确定当事人的责任。

第九十二条 发生交通事故后当事人逃逸的，逃逸的当事人承担全部责任。但是，有证据证明对方当事人也有过错的，可以减轻责任。

当事人故意破坏、伪造现场、毁灭证据的，承担全部责任。

第九十三条 公安机关交通管理部门对经过勘验、检查现场的交通事故应当在勘查现场之日起 10 日内制作交通事故认定书。对需要进行检验、鉴定的，应当在检验、鉴定结果确定之日起 5 日内制作交通事故认定书。

《道路交通事故处理程序规定》（2017 年 7 月 22 日修订）

第五十九条 道路交通事故认定应当做到事实清楚、证据确实充分、适用法律正确、责任划分公正、程序合法。

第六十条 公安机关交通管理部门应当根据当事人的行为对发生道路交通事故所起的作用以及过错的严重程度，确定当事人的责任。

（一）因一方当事人的过错导致道路交通事故的，承担全部责任；

（二）因两方或者两方以上当事人的过错发生道路交通事故的，根据其行为对事故发生的作用以及过错的严重程度，分别承担主要责任、同等责任和次要责任；

（三）各方均无导致道路交通事故的过错，属于交通意外事故的，各方均无责任。

一方当事人故意造成道路交通事故的，他方无责任。

第六十一条 当事人有下列情形之一的，承担全部责任：

（一）发生道路交通事故后逃逸的；

（二）故意破坏、伪造现场、毁灭证据的。

为逃避法律责任追究，当事人弃车逃逸以及潜逃藏匿的，如有证据证明其他当事人也有过错，可以适当减轻责任，但同时有证据证明逃逸当事人有第一款第二项情形的，不予减轻。

第六十二条 公安机关交通管理部门应当自现场调查之日起十日内制作道路交通事故认定书。交通肇事逃逸案件在查获交通肇事车辆和驾驶人后十日内制作道路交通事故认定书。对需要进行检验、鉴定的，应当在检验报告、鉴定意见确定之日起五日内制作道路交通事故认定书。

有条件的地方公安机关交通管理部门可以试行在互联网公布道路交通事故认定书，但对涉及的国家秘密、商业秘密或者个人隐私，应当保密。

第六十三条 发生死亡事故以及复杂、疑难的伤人事故后，公安机关交通管理部门应当在制作道路交通事故认定书或者道路交通事故证明前，召集各方当事人到场，公开调查取得的证据。

证人要求保密或者涉及国家秘密、商业秘密以及个人隐私的，按照有关法律法规的规定执行。

当事人不到场的，公安机关交通管理部门应当予以记录。

第六十四条 道路交通事故认定书应当载明以下内容：

(一)道路交通事故当事人、车辆、道路和交通环境等基本情况；

(二)道路交通事故发生经过；

(三)道路交通事故证据及事故形成原因分析；

(四)当事人导致道路交通事故的过错及责任或者意外原因；

(五)作出道路交通事故认定的公安机关交通管理部门名称和日期。

道路交通事故认定书应当由交通警察签名或者盖章，加盖公安机关交通管理部门道路交通事故处理专用章。

第六十五条 道路交通事故认定书应当在制作后三日内分别送达当事人，并告知申请复核、调解和提起民事诉讼的权利、期限。

当事人收到道路交通事故认定书后，可以查阅、复制、摘录公安机关交通管理部门处理道路交通事故的证据材料，但证人要求保密或者涉及国家秘密、商业秘密以及个人隐私的，按照有关法律法规的规定执行。公安机关交通管理部门对当事人复制的证据材料应当加盖公安机关交通管理部门事故处理专用章。

第六十六条 交通肇事逃逸案件尚未侦破，受害一方当事人要求出具道路交通事故认定书的,公安机关交通管理部门应当在接到当事人书面申请后十日内,根据本规定第六十一条确定各方当事人责任,制作道路交通事故认定书,并送达受害方当事人。道路交通事故认定书应当载明事故发生的时间、地点、受害人情况及调查得到的事实,以及受害方当事人的责任。

交通肇事逃逸案件侦破后,已经按照前款规定制作道路交通事故认定书的,应当按照本规定第六十一条重新确定责任,制作道路交通事故认定书,分别送达当事人。重新制作的道路交通事故认定书除应当载明本规定第六十四条规定的内容外,还应当注明撤销原道路交通事故认定书。

第六十七条　道路交通事故基本事实无法查清、成因无法判定的,公安机关交通管理部门应当出具道路交通事故证明,载明道路交通事故发生的时间、地点、当事人情况及调查得到的事实,分别送达当事人,并告知申请复核、调解和提起民事诉讼的权利、期限。

第六十八条　由于事故当事人、关键证人处于抢救状态或者因其他客观原因导致无法及时取证,现有证据不足以认定案件基本事实的,经上一级公安机关交通管理部门批准,道路交通事故认定的时限可中止计算,并书面告知各方当事人或者其代理人,但中止的时间最长不得超过六十日。

当中止认定的原因消失,或者中止期满受伤人员仍然无法接受调查的,公安机关交通管理部门应当在五日内,根据已经调查取得的证据制作道路交通事故认定书或者出具道路交通事故证明。

第六十九条　伤人事故符合下列条件,各方当事人一致书面申请快速处理的,经县级以上公安机关交通管理部门负责人批准,可以根据已经取得的证据,自当事人申请之日起五日内制作道路交通事故认定书:

(一)当事人不涉嫌交通肇事、危险驾驶犯罪的;

(二)道路交通事故基本事实及成因清楚,当事人无异议的。

第七十条　对尚未查明身份的当事人,公安机关交通管理部门应当在道路交通事故认定书或者道路交通事故证明中予以注明,待身份信息查明以后,制作书面补充说明送达各方当事人。

《农业机械安全监督管理条例》(2019 年 3 月 2 日修订)

第二十五条　县级以上地方人民政府农业机械化主管部门负责农业机械事故责任的认定和调解处理。

本条例所称农业机械事故，是指农业机械在作业或者转移等过程中造成人身伤亡、财产损失的事件。

农业机械在道路上发生的交通事故，由公安机关交通管理部门依照道路交通安全法律、法规处理；拖拉机在道路以外通行时发生的事故，公安机关交通管理部门接到报案的，参照道路交通安全法律、法规处理。农业机械事故造成公路及其附属设施损坏的，由交通主管部门依照公路法律、法规处理。

第二十六条 在道路以外发生的农业机械事故，操作人员和现场其他人员应当立即停止作业或者停止农业机械的转移，保护现场，造成人员伤害的，应当向事故发生地农业机械化主管部门报告；造成人员死亡的，还应当向事故发生地公安机关报告。造成人身伤害的，应当立即采取措施，抢救受伤人员。因抢救受伤人员变动现场的，应当标明位置。

接到报告的农业机械化主管部门和公安机关应当立即派人赶赴现场进行勘验、检查，收集证据，组织抢救受伤人员，尽快恢复正常的生产秩序。

第二十七条 对经过现场勘验、检查的农业机械事故，农业机械化主管部门应当在10个工作日内制作完成农业机械事故认定书；需要进行农业机械鉴定的，应当自收到农业机械鉴定机构出具的鉴定结论之日起5个工作日内制作农业机械事故认定书。

农业机械事故认定书应当载明农业机械事故的基本事实、成因和当事人的责任，并在制作完成农业机械事故认定书之日起3个工作日内送达当事人。

※法规解读：交通事故认定，是公安机关交通管理部门根据交通事故现场勘验、检查、调查情况和有关检验、鉴定结论，对交通事故的基本事实、成因和当事人的责任作出的具体认定。

《道路交通事故处理程序规定》规定了公安机关出具交通事故认定书的内容、制作时限、送达期限等问题，对于农业机械的交通事故认定由相关部门依据《农业机械安全监督管理条例》执行。

公安机关在处理道路交通事故纠纷方面有人力、有经验，由公安机关现场处理纠纷，有利于及时解决纠纷、方便群众和降低诉讼成本。

公安交通管理部门的责任认定实际上是对交通事故因果关系的分析，是对造成交通事故原因的确认，要避免将公安交通管理部门的责任认定，简单等同于民事责任的分担，应将其作为认定当事人承担责任或者确定受害人一方也有过失的重要证据材料。《道路交通安全法实施条例》第 91 条规定,“公安机关交通管理部门应当根据交通事故当事人的行为对发生交通事故所起的作用以及过错的严重程度,确定当事人的责任”。

认定交通事故责任,必须依法确认事故中各方当事人的法定义务,依法确认各方当事人法定义务的优先原则,确认各方当事人的行为在交通事故中的作用和过错的严重程度,根据各方当事人的行为在交通事故中的作用和过错的严重程度确认不同的交通事故责任。交通事故认定应掌握行为责任原则、因果关系原则、路权原则和安全原则。

关联法规索引

《浙江省实施〈中华人民共和国道路交通安全法〉办法》第 57 条、第 58 条;《江西省实施〈中华人民共和国道路交通安全法〉办法》第 64 条

典型案例

王某西与刘某机动车交通事故责任纠纷案[1]

※案情简介:再审申请人王某西因与被申请人刘某机动车交通事故责任纠纷一案,不服陕西省淳化县人民法院(2020)陕 0430 民初 632 号民事判决及陕西省咸阳市中级人民法院(2021)陕 04 民终 2094 号民事判决,向二审法院申请再审。二审法院依法组成合议庭进行了审查,现已审查终结。

王某西申请再审称:再审申请人驾驶车辆正常行驶,未超越道路中线逆行,依据淳化县×××的现场勘查照片,申请人的车辆未留下任何刹车痕迹,而被申请人却超越道路中线留有明显刹车痕迹。现场勘查关键证据存在矛盾,事故责任认定违背事实。原审法院应当依法审查道路交通事故认定书的证据效力,但原审法院对道路交通事故认定书的证据效力不加审查。事故发生时,申请人车辆为重车上坡,被申请人车辆为重车下坡,鉴定机构对双方车辆行驶记录仪的数据信息分析,认定事故发生时双方车速均为 41km/h,与事实显然不符。原审法院违背证据审查

---

〔1〕 本案根据(2022)陕 04 民申 100 号裁定书整理。

认定规则，认定事实证据不足。

※**裁判理由**：二审法院经审查认为，根据《道路交通安全法》第73条的规定，交通事故认定书是×××交通管理部门通过交通事故现场勘查、技术分析和有关检验、鉴定，分析查明交通事故的基本事实、成因和当事人责任所出具的法律文书。交通事故认定书作为公文书证，应当适用公文书证的规则，首先推定交通事故认定书为真实，援引交通事故认定书的当事人只需提出交通事故认定书的原件或者××交通管理部门确认的副本，不负有对交通事故认定书真实性的证明责任。对方当事人如认为交通事故认定书的内容不真实，应当就其主张承担本证的证明责任，即应当证明交通事故认定书的内容为虚假，即挑战交通事故认定书的当事人提供的证据应当达到能够证明交通事故认定书内容不真实的状态，如果只是使交通事故认定书的内容处于真假难辨、真伪不明的状态，其并未完成证明义务，人民法院仍然应当依据交通事故认定书认定案件事实。换言之，交通事故认定书具有较高的证明效力，在无相反证据足以推翻的情况下，其证明力应予认定。本案中，王某西并未提交有效证据证明×××交通管理部门出具的交通事故认定书认定的事实有误，原审判决采信×××交通管理部门的交通事故认定书，并无不当之处。

※**裁判要旨**：交通事故认定书适用公文书证规则，除非有相反证据推翻，否则推定其内容为真实。

第七十四条　【事故赔偿争议】对交通事故损害赔偿的争议，当事人可以请求公安机关交通管理部门调解，也可以直接向人民法院提起民事诉讼。

经公安机关交通管理部门调解，当事人未达成协议或者调解书生效后不履行的，当事人可以向人民法院提起民事诉讼。

条文解读

本条是关于道路交通事故损害赔偿的争议解决方式的规定。本条共分两款，第1款规定了发生道路交通事故损害赔偿争议时，当事人可以采取的两种纠纷解决方式；第2款规定了当事人经公安机关交通管理部门调解，未达成协议或调解书生效后不履行的，可以提起民事诉讼。

（1）请求公安机关交通管理部门调解。公安机关交通管理部门调解，是道路交通事故损害赔偿争议的当事人在公安机关交通管理部门工作人员的主持和协调下，就损害赔偿争议的问题进行协商，从而解决争议的活动。公安机关交通管理部门调解，在解决争议方面具有快捷、简便的优点，缺点是调解协议不具备强制执行的效力。公安机关交通管理部门进行调解，应当根据其认定的交通事故的基本事实、形成原因和当事人的责任，遵循当事人自愿和合法的原则，主持和协调调解活动，以便当事人协商解决争议。根据《道路交通安全法实施条例》和《道路交通事故处理程序规定》的有关规定，公安机关交通管理部门调解交通事故损害赔偿的期限为10日。从财产损失确定之日或受伤人员治疗终结之日或造成死亡人员丧葬办理结束之日起开始。

经调解达成协议的，公安机关交通管理部门应当制作调解书，由当事人和有关人员、调解人签名，加盖公安机关交通管理部门印章后即行生效。公安机关交通管理部门应当将调解书分别送交当事人和有关人员。调解期满后未达成协议的，公安机关交通管理部门应当制作调解终结书，由调解人签名，加盖公安机关交通管理部门印章，分别送交当事人和有关人员。经调解未达成协议或者调解书生效后任何一方不履行的，公安机关交通管理部门不再调解，当事人可以向人民法院提起民事诉讼。

(2)向人民法院提起民事诉讼。发生道路交通事故损害赔偿争议时，当事人可以直接向人民法院提起民事诉讼，或者先由公安机关交通管理部门调解，调解未达成协议或者调解书生效后不履行的，当事人也可以向人民法院提起民事诉讼。以提起民事诉讼的方式解决争议，优点是容易查清事实、分明责任、判决具有强制执行的效力，缺点是诉讼程序比较严格、诉讼时间较长、诉讼费用较高。

配套法规及解读

《道路交通安全法实施条例》(2017年10月7日修订)

第九十四条　当事人对交通事故损害赔偿有争议，各方当事人一致请求公安机关交通管理部门调解的，应当在收到交通事故认定书之日起10日内提出书面调解申请。

对交通事故致死的，调解从办理丧葬事宜结束之日起开始；对交通事故致伤的，调解从治疗终结或者定残之日起开始；对交通事故造成财产损失的，调解从确定损失之日起开始。

第九十五条 公安机关交通管理部门调解交通事故损害赔偿争议的期限为10日。调解达成协议的,公安机关交通管理部门应当制作调解书送交各方当事人,调解书经各方当事人共同签字后生效;调解未达成协议的,公安机关交通管理部门应当制作调解终结书送交各方当事人。

交通事故损害赔偿项目和标准依照有关法律的规定执行。

第九十六条 对交通事故损害赔偿的争议,当事人向人民法院提起民事诉讼的,公安机关交通管理部门不再受理调解申请。

公安机关交通管理部门调解期间,当事人向人民法院提起民事诉讼的,调解终止。

※法规解读:道路交通事故发生后,公安机关得到报告会迅速到达交通事故现场,依法进行勘查、取证,在查明事实的基础上,在规定时间内(轻微事故5日内;一般事故15日内;重大、特大事故20日内必须作出责任认定。如果因交通事故情节复杂不能按期作出认定的,须报上一级公安机关交通管理部门批准,分别延长5日、15日、20日),依法作出决定并及时下达道路交通事故责任认定书。当当事人接到道路交通事故责任认定书后,如果对责任认定有异议或不服时可以采取以下措施:

(1)可向办案人员索取有关证据及认定责任的依据和理由,以解开心中的疑团。有关证据包括事故现场图、现场拍摄的照片以及鉴定结论(痕迹鉴定、车速鉴定、车辆安全运行技术状况鉴定、酒精检测鉴定)等。认定责任的依据是指事实依据、理论依据和法律依据,其中事实依据是各种证据加以证明的交通事故发生的有关事实,理论依据是指有关碰撞力学、汽车理论、交通心理、法学、痕迹学等理论,法律依据是指有关交通法规和事故处理法规。认定交通事故责任的理由主要是指为什么要认定当事人负交通事故责任和具体负哪一种交通事故责任。

(2)如果疑团仍未解除,甚至还认为责任认定事实不够清楚、证据不够充分,法规适用不准等,可在接到道路交通事故责任书后15日内依法向上一级公安机关申请重新认定交通事故的责任。交通事故责任的重新认定,是交通事故当事人的合法权益,是对公安机关的交通事故责任认定不服,依据《道路交通事故处理程序规定》的规定,向上一级公安机关提出申请,由上一级公安机关对原责任认定进行询查作出维持、变更或者撤销原责任认定决定的一种法律制度。其主要程序如下:

①拟写申请书。交通事故责任重新认定申请书包括首部、主文、尾部三部分。

首部主要由三部分组成:一是申请人姓名、性别、年龄、职业、单位、住址、邮政编码和联系电话等;二是被申请人是哪个公安机关的;三是重新认定第三人的姓名、性别、年龄和单位等。主文应当写明何时接到公安机关的道路交通事故责任认定书,申请重新认定的事实和理由,如有证据或证据线索也应写明,以及对事故责任认定有何具体要求。尾部应写明申请重新认定的年、月、日。注意不要写成拟写申请书的年、月、日。

②注意事项。在拟写申请书时,应注意弄清楚以下几个问题:一是申请人必须是交通事故的当事人。因为交通事故责任是为交通事故当事人定的,不是交通事故的当事人,如车辆所有人、当事人的单位以及其负责人、当事人的雇主等都不能成为重新认定的申请人。如果当事人丧失了行为能力或死亡,其近亲属(夫妻、父母、子女、兄弟姐妹、祖父母、外祖父母、孙子女、外孙子女,其他人均无权代理)可以当事人的名义申请重新认定;如果当事人无行为能力及无近亲属,可以请法定代理人提起重新认定,但申请人仍是当事人,法定代理人只是以代理身份出现。二是被申请人是认定责任单位,而不是个人。这里有很多当事人会认为是某个办案人员办案不公,认定责任有偏向性,而对办案人员进行申诉,要求对事故责任进行重新认定,这是错误的。因为交通事故责任不是某个办案人员认定的,而是公安机关集体认定的。所以,被申请人是指某个公安机关而不是指个人。三是列明第三人,这主要是在责任重新认定时,利于第三人进行申辩,因为上一级公安机关如果认为责任认定不当需要变更时,会涉及第三人的责任变动,从而在行政处罚、损害赔偿等方面影响到一系列法定权利,因此有必要让第三人到场申辩。如果交通事故当事人均对交通事故责任认定不服,在法定期限内重新申请认定者,均为申请人,则不存在第三人。

③上一级公安机关在接到重新认定责任书后,30 日内会作出维持、变更或撤销的决定,并会及时制作道路交通事故重新认定决定书,分别送交申请人和原责任认定部门。原责任认定部门接到后应在5 日内向各方当事人或代理人公布重新认定的决定。这里需要注意,交通事故责任重新认定只有一次,也就是说,重新认定为最终决定。因此,无论是申请人还是其他当事人对交通事故责任重新认定决定不服的,都不得再向公安机关申请重新认定。但根据最高人民法院、公安部发布的有关通知,当事人可对行政处罚不服提起行政诉讼或就民事损害赔偿问题提起民事诉讼。

关联法规索引

《北京市实施〈中华人民共和国道路交通安全法〉办法》第74条；《新疆维吾尔自治区实施〈中华人民共和国道路交通安全法〉办法》第54条

第七十五条 【抢救费用】医疗机构对交通事故中的受伤人员应当及时抢救，不得因抢救费用未及时支付而拖延救治。肇事车辆参加机动车第三者责任强制保险的，由保险公司在责任限额范围内支付抢救费用；抢救费用超过责任限额的，未参加机动车第三者责任强制保险或者肇事后逃逸的，由道路交通事故社会救助基金先行垫付部分或者全部抢救费用，道路交通事故社会救助基金管理机构有权向交通事故责任人追偿。

条文解读

本条是关于对交通事故中的受伤人员进行抢救以及抢救费用的支付的规定。本条内容可分为三部分：第一部分是道德上升到法律规范的抢救义务规定；第二部分规定第三者责任强制保险的责任限额；第三部分是道路交通事故社会救助基金的垫付规定。具体如下：

第一，对交通事故中的受伤人员，及时进行抢救，是医疗机构必须履行的义务，医疗机构不得以任何借口，拒绝或拖延履行该项义务。

交通事故中的受伤人员的抢救要求迅速、及时，而保险公司支付抢救费用或者道路交通事故社会救助基金垫付抢救费用要经过一定的程序，需要一定的时间。如果医疗机构因医药费未及时到位而拖延抢救，对保障伤员得到及时抢救是十分不利的。在本法制定以前，确实发生过有些医疗机构因抢救费用未及时支付而拖延抢救的情况，造成了恶劣的社会影响。为此，本条特别规定了医疗机构对交通事故中的受伤人员的及时抢救义务，本法施行后，任何拖延救治的行为都是违法行为。

第二，肇事车辆已参加机动车第三者责任强制保险的，由保险公司在责任限额内支付抢救费用。

本法第17条规定，国家实行机动车第三者责任强制保险制度。机动车第三者责任强制保险，是指被保险人的车辆在使用过程中发生交通事故，致使第三人受到人身伤亡而引起的损害赔偿责任由保险公司来承担的法律制度。建立机动车第三者责任强制保险制度通过保险机制转移和分散风险,不仅可以使交通事故受害者得到及时的救助和赔偿,减少因交通事故引发的社会不安定因素,而且事故与保费挂钩的经济杠杆作用也可以强化驾驶人安全意识。应当注意的是,保险公司支付抢救费用,仅以机动车第三者责任强制保险的责任限额为限。

第三,抢救费用超过责任限额的,未参加机动车第三者责任强制保险或者肇事后逃逸的,由道路交通事故社会救助基金先行垫付抢救费用。

道路交通事故社会救助基金是机动车第三者责任强制保险制度的组成部分,用于垫付未参保的机动车造成的交通事故和肇事逃逸机动车造成的交通事故受害人的抢救费用以及交通事故中超过机动车第三者责任强制保险限额的抢救费用。事后交通事故社会救助基金管理机构有权向交通事故责任人追偿。

配套法规及解读

《道路交通安全法实施条例》(2017 年 10 月 7 日修订)

第九十条 投保机动车第三者责任强制保险的机动车发生交通事故,因抢救受伤人员需要保险公司支付抢救费用的,由公安机关交通管理部门通知保险公司。

抢救受伤人员需要道路交通事故救助基金垫付费用的,由公安机关交通管理部门通知道路交通事故社会救助基金管理机构。

《机动车交通事故责任强制保险条例》(2019 年 3 月 2 日修订)

第二十一条 被保险机动车发生道路交通事故造成本车人员、被保险人以外的受害人人身伤亡、财产损失的,由保险公司依法在机动车交通事故责任强制保险责任限额范围内予以赔偿。

道路交通事故的损失是由受害人故意造成的,保险公司不予赔偿。

第四十五条 机动车所有人、管理人自本条例施行之日起 3 个月内投保机动车交通事故责任强制保险;本条例施行前已经投保商业性机动车第三者责任保险的,保险期满,应当投保机动车交通事故责任强制保险。

《道路交通事故处理程序规定》(2017 年 7 月 22 日修订)

第四十二条 投保机动车交通事故责任强制保险的车辆发生道路交通事故,因抢救受伤人员需要保险公司支付抢救费用的,公安机关交通管理部门应当书面通知保险公司。

抢救受伤人员需要道路交通事故社会救助基金垫付费用的，公安机关交通管理部门应当书面通知道路交通事故社会救助基金管理机构。

道路交通事故造成人员死亡需要救助基金垫付丧葬费用的，公安机关交通管理部门应当在送达尸体处理通知书的同时，告知受害人亲属向道路交通事故社会救助基金管理机构提出书面垫付申请。

※法规解读：医疗机构对交通事故中的受伤人员应当及时抢救，不得因抢救费用未及时支付而拖延救治。肇事车辆参加机动车第三者责任强制保险的，由保险公司在责任限额范围内支付抢救费用，抢救费用超过责任限额的、未参加机动车第三者责任强制保险或者肇事后逃逸的，由道路交通事故社会救助基金先行垫付部分或者全部抢救费用，道路交通事故社会救助基金管理机构有权向交通事故责任人追偿。

交通事故造成人身伤害需要抢救治疗的，交通事故的当事人及其所在单位或者机动车的所有人应当预付医疗费，也可以由公安机关指定的一方预付，结案后按照交通事故责任承担。

在实行机动车第三者责任法定保险的行政区域发生机动车交通事故逃逸案件的，由当地中国人民保险公司预付伤者抢救期间的医疗费、死者的丧葬费。中国人民保险公司有权向抓获的逃逸者及其所在单位或者机动车的所有人，追偿其预付的所有款项。医疗单位应当及时抢救治疗交通事故的伤者，并如实向公安机关提供医疗单据和诊断证明。

关联法规索引

《山东省实施〈中华人民共和国道路交通安全法〉办法》第 65 条

第七十六条　【交通事故的赔偿原则】机动车发生交通事故造成人身伤亡、财产损失的，由保险公司在机动车第三者责任强制保险责任限额范围内予以赔偿；不足的部分，按照下列规定承担赔偿责任：

（一）机动车之间发生交通事故的，由有过错的一方承担赔偿责任；双方都有过错的，按照各自过错的比例分担责任。

（二）机动车与非机动车驾驶人、行人之间发生交通事故，非机动车驾驶人、行人没有过错的，由机动车一方承担赔偿责任；有证据证明非机动车驾驶人、行人有过错的，根据过错程度适当减轻机动车一方的赔偿责任；机动车一方没有过错的，承担不超过百分之十的赔偿责任。

交通事故的损失是由非机动车驾驶人、行人故意碰撞机动车造成的，机动车一方不承担赔偿责任。

条文解读

本条是关于交通事故损害赔偿的规定。本条共分两款。本法施行以来，各方面对本条关于机动车与非机动车、行人之间发生交通事故，民事责任承担方式的规定，虽然存在不同理解，但一致认为本条的法理依据和民事方面的法律依据还是比较充分的，以下从三个方面进行说明分析：

（1）机动车发生交通事故造成人身伤亡、财产损失的，应当先由保险公司在机动车第三者责任强制保险责任限额范围内予以赔偿。我国实行机动车第三者责任强制保险制度，对于机动车发生交通事故造成人身伤亡、财产损失的，保险公司应当予以赔偿。但是保险公司的赔偿责任是有限的，保险公司只在机动车第三者责任强制保险责任限额范围内予以赔偿，超出部分，则应按照本法规定的其他方式承担民事责任。机动车第三者责任强制保险责任限额，是由投保人和保险人在保险合同中协商确定的。一般来说，保险公司会设定几个限额档次，由投保人自愿选择。如《中国人民保险公司机动车辆第三者责任保险条款》规定，每次事故的责任限额，由投保人和保险人在签订保险合同时按 5 万元、10 万元、20 万元、50 万元、100 万元和 100 万元以上不超过 1000 万元的档次协商确定。

（2）机动车之间发生交通事故的，实行过错责任原则。也就是说，交通事故是由一方的过错引起的，由有过错的一方承担责任；双方都有过错的，按照各自过错的比例分担责任。这是因为不同机动车之间虽然具体的结构、性能可能不尽相同，但是却同属高速运输工具，具有相同的法律地位，在民事责任问题上自然应按照过错的比例承担。

（3）机动车与非机动车驾驶人、行人之间发生交通事故的实行无过错责任原则。也就是说，一般情况下由机动车一方承担责任，只有在特定条件下，机动车一方才可以减轻或免除责任。机动车作为高速运输工具,对行人、非机动车驾驶人的生命财产安全具有一定的危险性,发生交通事故时,实行无过错责任原则。也就是说,机动车与非机动车、行人发生交通事故,由机动车一方承担民事责任;如果能够证明损害是由受害人故意造成的,其不承担民事责任。

《民法典》第 1208 条规定:“机动车发生交通事故造成损害的,依照道路交通安全法律和本法的有关规定承担赔偿责任。”由此可以看出,本条与《民法典》的精神是一致的。同时,考虑到随着道路交通的发展、交通规则的健全以及公民法律意识的提高,并借鉴了一些国家的立法例,本条对承担责任的方式也作了一定的修改,规定机动车一方能够证明非机动车驾驶人、行人违反道路交通安全法律、法规,本人已经采取必要处置措施的减轻机动车一方的责任。这有利于提高非机动车驾驶人、行人注意遵守交通规则的意识,也有利于道路交通安全情况的改善。另外,本条还规定交通事故的损失是由非机动车驾驶人、行人故意造成的,机动车一方不承担责任。

需要注意的是,这里的“故意”是指引发交通事故的故意,而不是违反道路交通安全法律、法规的故意。也就是说,非机动车驾驶人、行人违反道路交通安全法律、法规并不构成机动车驾驶人免责的事由;只有在非机动车驾驶人、行人明知某种行为会引发交通事故并造成损失而做出这种行为,并因而导致交通事故并造成损失时,机动车驾驶人才可以免责。

配套法规及解读

《道路交通安全法实施条例》(2017 年 10 月 7 日修订)

第九十一条 公安机关交通管理部门应当根据交通事故当事人的行为对发生交通事故所起的作用以及过错的严重程度,确定当事人的责任。

第九十二条 发生交通事故后当事人逃逸的,逃逸的当事人承担全部责任。但是,有证据证明对方当事人也有过错的,可以减轻责任。

当事人故意破坏、伪造现场、毁灭证据的,承担全部责任。

《机动车交通事故责任强制保险条例》(2019 年 3 月 2 日修订)

第二十一条 被保险机动车发生道路交通事故造成本车人员、被保险人以外的受害人人身伤亡、财产损失的,由保险公司依法在机动车交通事故责任强制保险责任限额范围内予以赔偿。

道路交通事故的损失是由受害人故意造成的，保险公司不予赔偿。

《道路交通事故处理程序规定》(2017 年 7 月 22 日修订)

第六十条　公安机关交通管理部门应当根据当事人的行为对发生道路交通事故所起的作用以及过错的严重程度，确定当事人的责任。

(一)因一方当事人的过错导致道路交通事故的，承担全部责任；

(二)因两方或者两方以上当事人的过错发生道路交通事故的，根据其行为对事故发生的作用以及过错的严重程度，分别承担主要责任、同等责任和次要责任；

(三)各方均无导致道路交通事故的过错，属于交通意外事故的，各方均无责任。

一方当事人故意造成道路交通事故的，他方无责任。

※法规解读：交通事故认定书是由公安机关交警部门依据《道路交通安全法》第 73 条、《道路交通安全法实施条例》第 91 条规定的“公安机关交通管理部门应当根据交通事故当事人的行为对发生交通事故所起的作用以及过错的严重程度，确定当事人的责任”和《道路交通事故处理程序规定》第 60 条作出的。同时又依据《道路交通安全法》第 76 条可知，当事人尤其是机动车一方在交通事故认定书中被认定为没有责任的，依然有可能需要承担民事赔偿责任，机动车致非机动车一方人员伤亡的交通事故，机动车一方应适当承担更多的民事责任。

在机动车致非机动车一方人员伤亡的交通事故案件中，无论是从机动车运营主体相对非机动车、行人社会整体的强势地位，还是从机动车一方运营中获得利益同时给社会增加危险性来说，机动车一方均应承担更多的民事责任。因此，法律对机动车一方加害人的注意义务要求较高，其目的在于加重加害人的民事责任，使受害人合法权益得到更好的保护，也有利于避免更多的交通事故发生，体现了以人为本、尊重生命价值的法律精神。因此，机动车一方在交通事故责任认定的基础上，要适当承担更多的民事责任。

关联法规索引

《河北省实施〈中华人民共和国道路交通安全法〉办法》第 58 条、第 59 条；《福建省实施〈中华人民共和国道路交通安全法〉办法》第 52 条

典型案例

太平财产保险有限公司商丘分公司、苗某方等机动车交通事故责任纠纷案[1]

※案情简介:2019 年 5 月 26 日 1 时 30 分许,在商丘市××道××路交叉口西 50 米处,被告冯某刚驾驶豫 NT××××号大众牌出租车,沿宜兴路由东向西行驶至此时,将行人苗某方撞倒,造成苗某方受伤,车辆损坏的交通事故。事故发生后冯某刚驾车逃逸,于当日将车辆损坏部位修复,2019 年 6 月 4 日冯某刚被抓获。责任认定冯某刚负全部责任,苗某方无责任。豫 NT××××号大众牌出租车在被告太平财产保险有限公司商丘分公司投有交强险和 500,000 元的商业三者险且含不计免赔。原告苗某方因交通事故住院 315 天,支付医疗费 167,987.72 元,其中河南省道路救助基金为原告垫付了 94,437.38 元。因交通事故致苗某方重度颅脑损伤致非肢体瘫的运动障碍(重度)为二级伤残、完全混合性失语为三级伤残,支付鉴定费 1300 元,鉴定拍照费 50 元。原告苗某方的母亲为张某真。2021 年河南省城镇居民人均可支配收入 37,095 元/年,2021 年河南省城镇居民人均消费性支出 23,177.5 元/年,2021 年河南省居民服务业平均工资为 49,073 元/年。被告太平财产保险有限公司商丘分公司已垫付 10,000 元医疗费,先予执行 100,000 元赔偿款。另查明,原告苗某方在事故发生前曾因外伤患有智力残疾和言语残疾,但基本能够正常行走,且基本能够能够正常进行语言交流。肇事车辆豫 NT××××号大众牌出租车的登记车辆所有人是商丘市联运出租汽车服务有限公司,实际车主是刘某明,该车租赁给被告冯某刚进行经营。

一审法院认为,侵害公民身体造成残疾的,应当赔偿医疗费、因误工减少的收入,造成伤残的,应当支付残疾赔偿金等必要的费用。机动车发生交通事故造成人身伤亡、财产损失的,由保险公司在机动车第三者责任保险责任限额范围内按责任划分予以赔偿。超过责任限额的部分按照下列方式承担赔偿责任:机动车之间发生交通事故的由有过错方承担责任;双方都有过错的,按照过错比例分担责任。关于被告辩称原告苗某方在事故前患有精神障碍和肢体残障的问题,经法院调查,原

---

[1] 本案根据(2022)豫 14 民终 2406 号判决书整理。

告在事故前虽有语言表达障碍和肢体行走障碍，但基本能够正常行走，基本能够正常进行语言交流。事故后，因重度颅脑损伤致非肢体瘫的运动障碍（重度）和完全混合性失语，评定为二级和三级伤残。法院认为，在本次交通事故中，受害人苗某方没有过错，其体质状况对损害后果的影响不属于可以减轻侵权人责任的法定情形。本案争议焦点为原告诉请是否有事实和法律依据。责任认定冯某刚负全部责任，苗某方无责任。豫NT××××号大众牌出租车在被告太平财产保险有限公司商丘分公司投有交强险和500,000元的商业三者险且含不计免赔。故应由保险公司在交强险限额内承担赔偿责任，不足部分按责任比例由保险公司在商业三者险限额内承担赔偿责任。仍有不足的，由侵权人承担赔偿责任，肇事车辆的登记所有人承担连带赔偿责任。综上所述，法院判决如下：(1)原告苗某方因交通事故致残而形成的残疾赔偿金806,561元、误工费42,350.67元、护理费42,350.67元、后期护理费245,365元、医疗费167,987.72元、营养费6300元、交通费6300元、住院伙食补助费15,750元、鉴定费1300元、鉴定拍照费50元、精神抚慰金40,000元，以上共计1,374,315.06元，因原告所起诉的数额为1,343,887.83元，故法院仅支持1,343,887.83元，以上赔偿数额由被告太平财产保险有限公司商丘分公司在交强险限额内赔偿120,000元（已垫付110,000元），在商业三者险限额内赔偿500,000元。上述赔偿款须汇入指定账户（户名：商丘市睢阳区人民法院。开户行：中原银行商丘北海支行。账户：×××02）。(2)被告冯某刚赔偿上述款项的余额723,887.83元，被告商丘市联运出租汽车服务有限公司对上述赔偿款承担连带赔偿责任。(3)原告苗某方领取上述赔偿款后需返还河南省道路救助基金94,437.38元。(4)驳回原告苗某方的其他诉讼请求。上述各项费用于本判决生效后10日内履行完毕。如未按本判决指定的期间履行给付金钱义务，应当按《民事诉讼法》第260条的规定加倍支付迟延履行期间的债务利息。一审案件受理费16,896元，由被告冯某刚负担。

二审法院二审期间，太平财产保险有限公司商丘分公司提交自愿放弃索赔、注销案件声明书复印件一份。证明：本案事故发生后，商丘市联运出租汽车服务有限公司以驾驶员事故后逃逸为由放弃向太平财产保险有限公司索赔。因此，太平财产保险有限公司商丘分公司不应当在商业险范围内承担保险赔偿责任。庭后，太平财产保险有限公司商丘分公司补充提交上述声明书原件一份。但该自愿放弃索赔、注销案件声明书，无经办人署名，不显示制作日期，声明书内容亦与案涉交通事故实际情况存在差异，商丘市联运出租汽车服务有限公司对该声明书不予认可，无法核实该证据的真实性，亦达不到证明目的，二审法院不予采信。

※裁判理由：案涉事故认定书认定事故发生后冯某刚驾车逃逸，发生交通事故后逃逸的行为属于法律禁止性规定的情形，保险人将该情形纳入免责条款的，保险人需尽到提示义务，本案中冯某刚驾驶的车辆在太平财产保险有限公司商丘分公司处投保有交强险、第三者责任商业险，案涉保单上只有投保人商丘市联运出租汽车服务有限公司盖章，无经办人签名，太平财产保险有限公司商丘分公司提交的证据不能证明向投保人提供了免责条款，亦不能证明对免责条款的内容向投保人进行了提示，故一审法院认定案涉免责格式条款无效，太平财产保险有限公司商丘分公司应在第三者责任商业险限额内承担赔偿责任并无不当。为查明苗某方所受伤害程度，一审法院委托有资质的司法鉴定所进行鉴定，该鉴定机构及鉴定人均具备相应资质，鉴定程序合法。案涉鉴定意见是鉴定机构在分析鉴定材料并对被鉴定人体格检查基础上得出的，鉴定依据充分。太平财产保险有限公司商丘分公司认为案涉鉴定意见伤残等级过高，但该公司未提交有效证据证明案涉鉴定意见错误，一审法院采信该鉴定意见作出判决并无不当。《道路交通安全法》第76条第1款第2项规定，"机动车与非机动车驾驶人、行人之间发生交通事故，非机动车驾驶人、行人没有过错的，由机动车一方承担赔偿责任；有证据证明非机动车驾驶人、行人有过错的，根据过错程度适当减轻机动车一方的赔偿责任；机动车一方没有过错的，承担不超过百分之十的赔偿责任"。在机动车交通事故责任纠纷案件中，被侵权人对损害的发生有过错的，可以减轻侵权人的责任，如果没有过错，不能减轻侵权人的过错，本案中，事故责任认定书认定，冯某刚承担事故全部责任，苗某方无责任，即使苗某方体质状况对损害后果有影响，也不属于可以减轻侵权人赔偿责任的法定情形，故太平财产保险有限公司商丘分公司要求对苗某方在交通事故中损伤因果关系及参与度进行鉴定的申请不予准许。太平财产保险有限公司商丘分公司上诉称苗某方无劳动和扶养能力，但该公司对此未提交相应证据证明，误工费及被扶养人生活费属于法定赔偿项目，故太平财产保险有限公司商丘分公司关于不应当赔偿苗某方误工费、被扶养人生活费的上诉理由缺乏依据，二审法院不予支持。

※裁判要旨：机动车与行人之间发生的交通事故适用无过错责任原则，即无论机动车一方有无过错都应当承担相应赔偿责任，但若行人一方有过错的，可以适当减轻机动车一方的责任。本案中，事故责任认定书认定冯某刚（机动车一方）承担事故全部责任，苗某方（行人一方）无责任，且苗某方本身体质状况也不属于可以减

轻侵权人赔偿责任的法定情形,故而冯某刚应承担全部责任。

第七十七条 【道路外交通事故的处理】车辆在道路以外通行时发生的事故,公安机关交通管理部门接到报案的,参照本法有关规定办理。

条文解读

本条是关于公安机关交通管理部门如何处理车辆在道路以外通行时发生的事故的规定。

根据本法第 119 条的规定,“交通事故”,是指车辆在道路上因过错或者意外造成的人身伤亡或者财产损失的事件;“道路”,是指公路、城市道路和虽在单位管辖范围但允许社会机动车通行的地方,包括广场、公共停车场等用于公众通行的场所。因此,车辆在公路、城市道路和虽在单位管辖范围但允许社会机动车通行的地方,包括广场、公共停车场等用于公众通行的场所通行时因过错或者意外造成的人身伤亡或者财产损失的事件,属于本法规定的交通事故。车辆在这些场所以外,如乡(镇)、村自行修建的道路和自然通车形成的道路以及住宅楼群道路、机关团体单位的内部道路、厂矿企事业单位的专用道路上行驶时发生的事故,则不属于本法规定的交通事故。

在各种车辆通行时发生的事故中,交通事故发生最频繁,造成的人员和经济损失最大,公安机关交通管理部门对事故的处理,主要针对的也是交通事故。同时,交通事故具有典型性,其处理原则和方法基本上适用于道路以外发生的交通事故。另外,车辆在道路以外发生的交通事故一般比较轻微,当事人之间对事故事实及成因一般也不存在较大的争议。考虑到这些情况,本法没有专门规定车辆在道路以外通行时发生事故时,公安机关交通管理部门的处理办法,而是规定公安机关交通管理部门接到报案的,参照本法有关规定办理。

配套法规及解读

《道路交通安全法实施条例》(2017 年 10 月 7 日修订)

第九十七条 车辆在道路以外发生交通事故,公安机关交通管理部门接到报案的,参照道路交通安全法和本条例的规定处理。

车辆、行人与火车发生的交通事故以及在渡口发生的交通事故,依照国家有关规定处理。

※法规解读:根据《道路交通安全法》第119条的规定,这里的"道路",是指公路、城市道路和虽在单位管辖范围但允许社会机动车通行的地方,包括广场、公共停车场等用于公众通行的场所。

公安机关交通管理部门应参照《道路交通安全法》和本条例的有关规定,根据案件的具体情况,依法进行相关的组织抢救伤员、恢复交通、勘验检查、收集证据、委托鉴定以及制作事故认定书和应当事人要求进行调解等工作。由于《道路交通安全法》和本条例规定的是"参照执行",这就给公安机关交通管理部门处理此类事故提供了必要的裁量空间,有利于对此类案件的高效处理。但这并不意味着公安机关交通管理部门有无限的自由裁量权,公安机关交通管理部门参照《道路交通安全法》有关规定办理此类案件时,必须严格遵循《道路交通安全法》的原则和精神。

关联法规索引

《新疆维吾尔自治区实施〈中华人民共和国道路交通安全法〉办法》第55条

第六章　执法监督

本章介绍

执法监督，是指对作为执法主体的行政机关及其工作人员的执法行为设置的专门监督制度。在目前我国制定的法律中，专门设置一章内容来进行执法监督的，只有《人民警察法》《海关法》《道路交通安全法》三部法律。设置执法监督，可以有效规范权力的行使、防范权力的滥用。《道路交通安全法》的执法监督，是在贯彻了《人民警察法》规定的执法监督的原则基础上，依据《行政处罚法》的有关规定并结合公安交通管理部门及其人民警察执法行为的特点等而系统规定的。本章的规定，体现了党和国家对人民权利的保护和从严治警的决心。本章共有9条，分别规定了加强交通警察队伍建设，明确执法原则，规范警容风纪，严格执行收费规定，严格执行罚款规定，实行回避制度，行政监察监督、督察监督以及内部层级监督，社会和公民的监督以及检举、控告制度，以及对交通执法行为的保障等内容。

第七十八条　【交警培训与考核】公安机关交通管理部门应当加强对交通警察的管理，提高交通警察的素质和管理道路交通的水平。

公安机关交通管理部门应当对交通警察进行法制和交通安全管理业务培训、考核。交通警察经考核不合格的，不得上岗执行职务。

条文解读

本条是关于加强公安交通警察队伍建设的规定。本条共分两款，第1款原则上规定了加强队伍建设，提高管理水平；第2款规定了对交通警察的培训、考核。其具体内容如下：

(1)公安机关交通管理部门应当加强对交通警察的管理，提高交通警察的素质和管理道路交通的水平。为了切实提高交通警察的素质，提高其管理道路交通的能力和水平，公安机关交通管理部门应当加强对交通警察的管理，要严格管理、严格要求、严格训练。具体要求如下：

①严格管理。根据本法和有关的法规、规章，公安机关交通管理部门应当要求交通警察严格依照法律、法规和规章执行公务，严格禁止一些交通警察的违法违纪行为。要加强督察机构对于交通警察的执法监督工作。对于违反国家有关规定的交通警察，应当根据违法情节的轻重，并依照有关规定，分别给予警告、记过直至辞退或者开除的处分。

②严格要求。公安机关交通管理部门应当对交通警察在执法水平和交通管理水平等方面提出较高的标准，并在工作中进行严格要求和严格考核。

③严格训练。公安机关交通管理部门应当根据各类交通警察的工作特点，进行严格训练。如对于执勤交通警察，应当进行警体技能的训练，包括队列训练、交通指挥手势规范动作训练、擒拿训练、射击训练、车辆特技驾驶技术训练等。

（2）公安机关交通管理部门应当有计划地对交通警察进行法治和交通安全管理业务培训、考核。公安机关交通管理部门对于所属的全体交通警察，都要有计划地进行教育培训。教育培训的重点是法治培训和交通安全管理业务的培训，并应进行考核，主要内容如下：

①法治培训。应当以本法以及与交通管理有关的法律、法规和规章为教学内容。主要掌握有关道路交通管理的法律、法规，以及交通违章的处理及法定程序。

②交通安全管理业务培训。应当根据各类交通警察岗位的业务特点进行相关的业务培训。如对于执勤交通警察的培训内容主要包括有关交通秩序维护、交通警卫、交通堵塞的疏导、交通事故现场的快速处置、交通违法案件的处置等的规范方法。

③在培训后必须进行严格考核。凡是经考核后不合格的交通警察，一律不许上岗。

配套法规及解读

《道路交通安全法实施条例》（2017 年 10 月 7 日修订）

第九十八条　公安机关交通管理部门应当公开办事制度、办事程序，建立警风警纪监督员制度，自觉接受社会和群众的监督。

第一百零一条 公安机关交通管理部门应当建立执法质量考核评议、执法责任制和执法过错追究制度,防止和纠正道路交通安全执法中的错误或者不当行为。

《道路交通事故处理程序规定》(2017 年 7 月 22 日修订)

第五条 交通警察经过培训并考试合格,可以处理适用简易程序的道路交通事故。

处理伤人事故,应当由具有道路交通事故处理初级以上资格的交通警察主办。

处理死亡事故,应当由具有道路交通事故处理中级以上资格的交通警察主办。

《道路交通安全违法行为处理程序规定》(2020 年 4 月 7 日修正)

第六十六条 公安机关交通管理部门应当依法建立交通民警执勤执法考核评价标准,不得下达或者变相下达罚款指标,不得以处罚数量作为考核民警执法效果的依据。

※法规解读:上述条款主要是对《道路交通安全法》的细化,实施时应该配合《人民警察法》和相关条例来分析。继《人民警察法》颁布施行后,公安机关在队伍建设方面,出台了不少制度,如《公安机关督察条例》《公安机关督察条例实施办法》《公安机关人民警察内务条令》《公安机关人民警察训练条令》《公安机关执法质量考核评议规定》《公安机关人民警察执法过错责任追究规定》等,对于这些规定,公安机关交通管理部门应当严格贯彻执行,只有按照这些制度进行严格规范,才能建设一支过硬的队伍,也才能真正提高管理水平。警察虽然拥有执法权,但同时也承载着为百姓服务的责任,所以公开办事制度、办事程序,建立警风警纪监督员制度,自觉接受社会和群众的监督是提高警察素质,建设一流警察队伍必不可少的措施。

除此之外,配套条款还对交通警察的执法资格、业务培训、执法质量等作出了规定。根据《公安机关人民警察训练条令》的规定,对人民警察的专业训练应当包括政治理论、法律法规、公安业务、指挥管理、领导科学和体能训练等多方面。《道路交通安全法》根据交通警察的工作特点,重点要求公安机关交通管理部门对交通警察进行交通安全管理业务和法制的培训、考核。交通警察的专业性相对比较强,不精通交通安全管理,无法胜任交通管理工作。同时,交通警察的交通管理又都属于行政执法活动,所以不熟悉法律、法规、规章的规定,也无法胜任交通管理工作。因此,法制和交通管理业务是交通警察培训、考核的重点。交通警察经考试不合格的,说明不能胜任工作岗位,因此不得上岗执行职务。

关联法规索引

《浙江省实施〈中华人民共和国道路交通安全法〉办法》第65条;《福建省实施〈中华人民共和国道路交通安全法〉办法》第55条

第七十九条 【工作目标】公安机关交通管理部门及其交通警察实施道路交通安全管理,应当依据法定的职权和程序,简化办事手续,做到公正、严格、文明、高效。

条文解读

本条是关于公安机关交通管理部门及其交通警察应当依法办事的规定,既有程序上的规定,也有效率方面的规定,具体包括:

(1)公安机关交通管理部门及其交通警察应当依据法定的职权和程序,实施道路交通安全管理。依法治国是我国宪法确定的国家公务活动的基本方略。为了在道路交通安全管理中贯彻依法治国的基本方略,公安机关交通管理部门及其交通警察应当依据法定的职权和程序执行公务。具体是指:

①依照法定的职权实施道路交通安全管理。本法及其有关的法规和规章,规定了公安机关交通管理部门及其交通警察的职权范围,包括对车辆、驾驶人、道路通行、违章处罚交通事故处理中的交通安全管理权限范围,公安机关交通管理部门只能严格在法律、法规规定的职权范围内行使职权。例如,机动车驾驶人如果没有违法、违章行为,交通警察则不能任意对其进行处罚,机动车驾驶人如果只有轻微的违法、违章行为,交通警察则不能按照严重的违法、违章行为对其进行处罚。

②依照法定的程序实施交通安全管理。正当的行政程序是保障公民权益的重要条件,健全行政程序法律是依法治国的重要方面。我国的行政管理历来不重视行政程序立法,行政程序法律很不健全。近年来,这种情况已有所改善,已经制定了《行政处罚法》《行政许可法》《行政复议法》等重要行政程序方面的法律,这些法律是各个行政机关在实施行政行为中的基本规范。本法除规定了公安机关交通管理部门及其交通警察的有关职权外,也规定了相应的行政程序。本法规定的有关行政程序,以及上述《行政处罚法》《行政许可法》等法律规定的行政程序,都应当

是公安机关交通管理部门及其交通警察在执行公务中应当遵循的程序。

(2)公安机关交通管理部门及其交通警察实施交通安全管理,应当简化办事手续。在我国传统的行政管理体制下,行政机关的办事手续也比较繁杂,特别是交通安全管理,涉及公安、交通、税务、环保、保险等许多部门,如不简化办事手续,就会给有关的行政行为相对人带来很大的不便。近年来,公安机关交通管理部门在简化办事手续方面,已经做了大量的工作,使原来几天才能办成的事,在一天内即可完成,如办理机动车牌照就是如此。但是,在这方面还要继续努力,以尽量方便人民。

(3)公安机关交通管理部门及其交通警察实施交通安全管理,应当做到公正、严格、文明、高效。具体是指:

①公正。公安机关交通管理部门及其交通警察在实施交通安全管理时,对任何人都要一视同仁,平等对待。如处理违章行为时,不能因为是亲友、上级机关就该罚的不罚了,而应当一律依法处罚。

②严格。公安机关交通管理部门及其交通警察要严格依照法律、法规办事。如凡是法律、法规规定应当罚款 5 元的,就只能按照 5 元的标准进行罚款,既不能少罚,也不能多罚。

③文明。公安机关交通管理部门及其交通警察在执行职务时,要文明执法。如执法时要保持警容严整、举止端庄、语言得体、尊重当事人并注意礼貌。

④高效。要高效率地执行公务,尽快处理有关事项。如道路上发生事故,应当尽快处理,以免影响道路畅通。

配套法规及解读

《道路交通安全法实施条例》(2017 年 10 月 7 日修订)

第九十九条　公安机关交通管理部门及其交通警察办理机动车登记,发放号牌,对驾驶人考试、发证,处理道路交通安全违法行为,处理道路交通事故,应当严格遵守有关规定,不得越权执法,不得延迟履行职责,不得擅自改变处罚的种类和幅度。

第一百条　公安机关交通管理部门应当公布举报电话,受理群众举报投诉,并及时调查核实,反馈查处结果。

《道路交通安全违法行为处理程序规定》(2020 年 4 月 7 日修正)

第三条 对违法行为的处理应当遵循合法、公正、文明、公开、及时的原则,尊重和保障人权,保护公民的人格尊严。

对违法行为的处理应当坚持教育与处罚相结合的原则,教育公民、法人和其他组织自觉遵守道路交通安全法律法规。

对违法行为的处理,应当以事实为依据,与违法行为的事实、性质、情节以及社会危害程度相当。

※法规解读:针对有些地方法规的罚款额度高于《道路交通安全法》是否有效的问题,本条例也作出了明确的规定。从法理上看,《立法法》第 99 条规定:"法律的效力高于行政法规、地方性法规、规章。行政法规的效力高于地方性法规、规章。"也就是说,下位法的内容不得与上位法的内容相抵触,下位法只能在上位法规定的幅度内再作进一步的具体规定。

如果下位法的规定与上位法的规定发生了冲突,该下位法的规定归于无效,在司法和执法实践中只能适用上位法的规范。省级的《道路交通管理办法》只能在《道路交通安全法》规定的处罚幅度内,对相应的违法行为规定具体的处罚。如果该办法的规定与《道路交通安全法》的规定发生了冲突,冲突的部分无效,不能在司法和执法实践中适用。

行政主体如果超出处罚幅度做出行政行为,则应当撤销原处罚决定,依照《道路交通安全法》的规定重新作出处罚。

关联法规索引

《青海省实施〈中华人民共和国道路交通安全法〉办法》第 57 条、第 58 条

第八十条 【警容警纪】交通警察执行职务时,应当按照规定着装,佩带人民警察标志,持有人民警察证件,保持警容严整,举止端庄,指挥规范。

条文解读

本条是关于交通警察执行职务时必须警容严整的规定。

警容风纪,是指法律、法规和规章关于人民警察在着装、仪容、举止、礼节等方面的规定。交通警察除执行本条的有关规定外,还应当执行行政法规和规章有关人民警察警容风纪的规定。根据本条的规定和公安部发布的《人民警察警容风纪管理和纠察办法》等规定,交通警察在执行职务时应当在警容风纪方面遵守以下规定:

第一,交通警察执行职务时,必须按照规定着装,佩带人民警察标志。

交通警察在执行职务时,必须严格按照规定着警服,缀订、佩带警衔标志、领带、帽徽、肩章、臂章、警号和警种符号。

交通警察着装应当整洁,不准披衣、敞怀、挽袖、卷裤腿、歪戴帽子、穿拖鞋和赤足。不准在警服外罩便服,戴围巾。

交通警察着装时,只准佩带国家人民警察机关颁发的奖章、勋章、证章和院校徽章。

第二,交通警察执行职务时,必须持有人民警察证件。

人民警察证件可以证明执行职务的交通警察确实具有人民警察的身份,有资格执行交通警察的职务。此外,我国还存在假冒警察行骗的现象。因此,交通警察执行职务时,必须持有人民警察证件。遇有需要证明人民警察身份的情况,应当主动向有关当事人出示证件。另外,如果有关当事人要求交通警察出示人民警察证件时,交通警察也应当立即出示证件。

第三,交通警察执行职务时,必须保持警容严整、举止端庄。

交通警察在执行职务时,要时刻注意保持警容严整、举止端庄,维护人民警察的形象。这包括:

(1)交通警察执行公务时要举止端庄,禁止边走边吸烟、吃零食、扇扇子,禁止背手、袖手或将手插入裤兜,不准搭肩、挽臂、嬉笑。

(2)交通警察禁止着警服在公共场所饮酒。

(3)交通警察执行公务、接触群众时,要讲究文明礼貌。

第四,交通警察执行职务时,必须指挥规范。

交通指挥,是交通警察的主要职务行为。交通警察在指挥交通时,交通指挥手势动作要规范、有力,体现饱满的精神面貌。

关联法规索引

《道路交通安全违法行为处理程序规定》第63条

第八十一条 【工本费】依照本法发放牌证等收取工本费，应当严格执行国务院价格主管部门核定的收费标准，并全部上缴国库。

条文解读

本条是关于公安机关交通管理部门收取牌证等工本费的规定，主要规定了以下内容：

第一，在实施交通安全管理的过程中，对于依照本法规定发放牌证等，只能收取工本费。

本条所说的"牌证等"，是指本法规定的由国务院公安部门规定并监制的机动车登记证书、机动车号牌（包括号牌、号牌专用固封装置、号牌架、机动车彩色照片）、行驶证、驾驶证等牌证。它们的式样由国务院公安部门规定并监制。这些牌、证，都属于公安机关交通管理部门实施行政许可后的证明标志或者证明证件。根据《行政许可法》第58条第1款的规定，行政机关实施行政许可和对行政许可事项进行监督检查，不得收取任何费用。但是法律、行政法规另有规定的，依照其规定。所以，本法中对于公安机关交通管理部门实施行政许可事项本身的管理费用，并未规定要向有关当事人收取，因此不得向当事人收取费用。本条规定，只能对于依照本法规定发放的牌照、证件等，收取工本费，也就是只收取制作牌照、证件等所需的成本（工料）费。

第二，公安交通安全管理部门在依照本法收取发放牌证等工本费时，必须严格执行国务院价格主管部门核定的收费标准，并全部上缴国库。

配套法规及解读

《行政许可法》（2019年4月23日修正）

第五十八条 行政机关实施行政许可和对行政许可事项进行监督检查，不得收取任何费用。但是，法律、行政法规另有规定的，依照其规定。

行政机关提供行政许可申请书格式文本，不得收费。

行政机关实施行政许可所需经费应当列入本行政机关的预算，由本级财政予以保障，按照批准的预算予以核拨。

第五十九条　行政机关实施行政许可，依照法律、行政法规收取费用的，应当按照公布的法定项目和标准收费；所收取的费用必须全部上缴国库，任何机关或者个人不得以任何形式截留、挪用、私分或者变相私分。财政部门不得以任何形式向行政机关返还或者变相返还实施行政许可所收取的费用。

《价格法》(1997 年 12 月 29 日)

第四十七条　国家行政机关的收费，应当依法进行，严格控制收费项目，限定收费范围、标准。收费的具体管理办法由国务院另行制定。

利率、汇率、保险费率、证券及期货价格，适用有关法律、行政法规的规定，不适用本法。

※法规解读：在实施交通安全管理的过程中，公安机关交通管理部门可以依法对发放的牌证等收取工本费，但必须严格执行国务院价格主管部门核定的收费标准。

按照第十届全国人民代表大会通过的《国务院机构改革方案》，国务院的价格主管部门是国家发展和改革委员会。按照 1996 年国务院发布的《关于加强预算外资金管理的决定》，中央部门和单位制定或调整行政事业性收费标准，必须报国家发展和改革委员会会同财政部审批，重要的收费标准由国家发展和改革委员会、财政部报国务院审批。所以，收取有关的工本费，必须严格执行国家发展和改革委员会核定的收费标准。同时，根据有关规定，收取工本费时，还必须持有国家价格主管部门印制核发的收费许可证，并使用财政部或省、自治区、直辖市人民政府财政部门统一制发的行政事业性收费凭据。

公安机关交通管理部门虽然可以依法对所发放的牌证收取一定的工本费，但所得款项必须全部上缴国库。前几年，我国的公安机关交通管理部门收费管理制度不够健全，一些地方和单位存在将行政收费坐收截留，设立小金库，直接用于本单位的行政支出、基建支出以及职工的福利和奖金等。一些地方和单位甚至通过扩大收费项目，提高收费标准，以权谋私，严重侵害群众利益，这也是滋生腐败的"温床"。党的第十五届中央委员会第六次全体会议通过的有关决定中提出："执收执罚部门都要严格执行收支两条线制度。"2001 年 12 月，国务院办公厅转发财政部《关于深化收支两条线改革进一步加强财政管理意见的通知》(已失效)，其中规定将公安部等5个行政执法部门按规定收取的预算外收入全部纳入预算；并规定从2002年起，地方公安等执法部门的预算外收费收入要全部上缴地方国库，纳入预算管理。在收缴制度上，继续推行和完善"单位开票、银行代理、财政统管"的征管体制。

关联法规索引

《国家发展改革委、财政部关于加强和规范机动车牌证工本费等收费标准管理有关问题的通知》

第八十二条 【罚款决定与收缴分离】公安机关交通管理部门依法实施罚款的行政处罚，应当依照有关法律、行政法规的规定，实施罚款决定与罚款收缴分离；收缴的罚款以及依法没收的违法所得，应当全部上缴国库。

条文解读

本条是关于罚没所得必须全部上缴国库的规定。

前些年，在公安机关交通管理等部门中，一些地区和单位存在比较严重的乱收费、乱罚款的问题。通过乱罚款，使一些单位盖大楼、滥发奖金，并使一些官员腐化堕落。这严重干扰了行政管理秩序，加重了企业和群众的经济负担，助长了不正之风，损害了党和政府同人民群众的关系。因此，党和国家下决心解决这个问题，通过近年来的专项治理，已经取得了一定成效。本条进一步对有关的罚款问题作了法律规范。

(1)公安机关交通管理部门及其交通警察必须依法实施罚款和没收违法所得。

首先，有关罚款或没收违法所得的行为、种类和幅度不得擅自设定。根据我国《行政处罚法》的规定，只有法律、行政法规和地方性法规才可以设定罚款等行政处罚行为。国务院部委制定的规章和地方政府规章，只能在法律、法规规定的给予行政处罚的行为、种类和幅度的范围内作出具体规定。有的省、市地方的公安机关交通管理部门，擅自设定罚款的项目，或者擅自设定没收非法所得的行为，或者在法律、法规规定的幅度范围外加重处罚力度，都是不合法的，应予纠正。

其次，实施罚款，必须符合相应的行政处罚程序。根据《行政处罚法》和有关法律、法规的规定，罚款行为必须依一定程序进行。例如，对公民处以罚款时，只有罚款数额在200元以下时，才可以当场作出行政处罚决定；如果对公民处以较大数额的罚款，行政机关及其执法人员应当向当事人告知其有要求举行听证的权利，并在当事人要求听证时，行政机关应当组织听证。在执行处罚时，应当制作行政处罚决定书。所以，实施罚款时，必须依照法律规定，符合相应的行政处罚程序。

（2）收缴的罚款和没收的违法所得必须全部上缴国库。

《行政处罚法》规定，作出罚款决定的机关应当与收缴罚款的机构分离，并具体规定：除100元以下的罚款及法律规定的某些特殊情况外，作出行政处罚的行政机关及其执法人员不得自行收缴罚款；当事人应当自收到行政处罚决定书之日起15日内，到指定的银行或者通过电子支付系统缴纳罚款；银行应当收受罚款，并将罚款直接上缴国库。上述做法，即通常所说的“收支两条线”，就是将罚款的多少，与罚款机关的经济收入彻底脱钩，这是制止乱罚款的根本途径。

近年来，中央和国务院加大了推行“收支两条线”的力度。2001年国家开始实行了“单位开票、银行代收、信息联网”，使交通警察收费罚款的全部信息都在财政部门计算机系统掌握之中，对每一笔收费罚款都能够即时查询。经过整顿，绝大多数地区的收费管理比较规范，群众反映也比较好。但是，也有一些地区，交通警察的收费罚款尚没有完全纳入计算机管理。比如，一些由地方收取，用于解决地方编制警察和“规费”警察经费的项目并没有包括在内。因此，本法施行后，应当将上述收费罚款也纳入统一管理，彻底实行“收支两条线”制度。

配套法规及解读

《行政处罚法》（2021年1月22日修订）

第五十一条　违法事实确凿并有法定依据，对公民处以二百元以下、对法人或者其他组织处以三千元以下罚款或者警告的行政处罚的，可以当场作出行政处罚决定。法律另有规定的，从其规定。

第五十七条　调查终结，行政机关负责人应当对调查结果进行审查，根据不同情况，分别作出如下决定：

（一）确有应受行政处罚的违法行为的，根据情节轻重及具体情况，作出行政处罚决定；

（二）违法行为轻微，依法可以不予行政处罚的，不予行政处罚；

（三）违法事实不能成立的，不予行政处罚；

（四）违法行为涉嫌犯罪的，移送司法机关。

对情节复杂或者重大违法行为给予行政处罚，行政机关负责人应当集体讨论决定。

第五十八条 有下列情形之一，在行政机关负责人作出行政处罚的决定之前，应当由从事行政处罚决定法制审核的人员进行法制审核；未经法制审核或者审核未通过的，不得作出决定：

（一）涉及重大公共利益的；

（二）直接关系当事人或者第三人重大权益，经过听证程序的；

（三）案件情况疑难复杂、涉及多个法律关系的；

（四）法律、法规规定应当进行法制审核的其他情形。

行政机关中初次从事行政处罚决定法制审核的人员，应当通过国家统一法律职业资格考试取得法律职业资格。

第六十七条 作出罚款决定的行政机关应当与收缴罚款的机构分离。

除依照本法第六十八条、第六十九条的规定当场收缴的罚款外，作出行政处罚决定的行政机关及其执法人员不得自行收缴罚款。

当事人应当自收到行政处罚决定书之日起十五日内，到指定的银行或者通过电子支付系统缴纳罚款。银行应当收受罚款，并将罚款直接上缴国库。

第六十八条 依照本法第五十一条的规定当场作出行政处罚决定，有下列情形之一，执法人员可以当场收缴罚款：

（一）依法给予一百元以下罚款的；

（二）不当场收缴事后难以执行的。

第六十九条 在边远、水上、交通不便地区，行政机关及其执法人员依照本法第五十一条、第五十七条的规定作出罚款决定后，当事人到指定的银行或者通过电子支付系统缴纳罚款确有困难，经当事人提出，行政机关及其执法人员可以当场收缴罚款。

※法规解读：罚款是对违反法律、法规，不履行法定义务的当事人的一种经济上的处罚。由于罚款既不影响被处罚人的人身自由及其合法的活动，又能起到对

违法行为的惩戒作用，因而是目前行政处罚中应用最广泛的一种。

公安机关交通管理部门对当事人实施罚款的行政处罚必须有法可依，违法事实确凿，当场作出的行政罚款幅度必须符合法律规定。一般来说，警告、200元以下罚款（对公民作出的）、3000元以下罚款（对法人或者其他组织作出的）是处罚程度较轻的一类行政处罚。对于这一类行政处罚，在当事人的违法事实确凿并有法定依据的前提下，行政机关执法人员可以当场作出，而不必依一般程序作出。但必须明确的是，不论是行政机关执法人员当场作出行政处罚决定，还是行政机关负责人或者其集体作出行政处罚决定，都是以该行政机关的名义作出行政处罚决定的，都是在代表该行政机关行使法定的行政管理职权，不是以行政机关执法人员或者负责人个人的名义作出的行政处罚决定。

我国公安机关交通管理部门的罚款决定与收缴分离，收缴的罚款必须依法上缴国库。这不仅为执法人员依法行使罚款权提供了保障，改变了过去行政执法人员在行使罚款权过程中的随意性，而且基本上制止了罚款不给收据或者用过期失效的收据，以及贪污截留、挪用、坐支罚款等现象，改善了行政执法人员的形象，促进了执法队伍的廉政建设，提高了行政执法的效率。被处罚人直接到银行交纳罚款，容易对处罚产生认同感，有利于减少被处罚人对处罚的抵触情绪。

关联法规索引

《西藏自治区道路交通安全条例》第62条、第63条

第八十三条　【回避】交通警察调查处理道路交通安全违法行为和交通事故，有下列情形之一的，应当回避：

（一）是本案的当事人或者当事人的近亲属；

（二）本人或者其近亲属与本案有利害关系；

（三）与本案当事人有其他关系，可能影响案件的公正处理。

条文解读

本条是关于交通警察应当在调查处理违法行为和交通事故时实行回避制度的

规定。

回避，这里是指交通警察在法律规定的可能影响案件公正处理的情况下，不得参加调查处理道路交通安全违法行为和交通事故。本条规定的可能影响案件公正处理的情况有以下三种：

（1）交通警察是本案的当事人或者当事人的近亲属。如果交通警察本人是本案的当事人，案件处理的结果与本人有直接利害关系，由该交通警察本人直接处理，就有可能导致该交通警察为了维护个人利益，而损害法律的公正。如果交通警察本人是本案当事人的近亲属，交通警察就有可能碍于亲情，而在案件处理中偏袒自己的近亲属，也会妨碍法律的公正。

（2）交通警察本人或者其近亲属与本案有利害关系。在这种情况下，本案的当事人虽然不是交通警察本人或者其近亲属，但是本案的处理结果却与交通警察本人或者其近亲属有利害关系。比如，发生交通事故的汽车属于交通警察本人或者其近亲属所有，因而有关的事故赔偿就直接关系到交通警察或者其近亲属的利益。

（3）与本案当事人有其他关系，可能影响案件的公正处理。第三种情况涵盖了所有可能影响案件公正处理的情况，如交通警察与本案当事人是密切的朋友关系，属于“哥们”，或者在本案处理过程中曾经与当事人有吃请、受贿关系等情况，都可能影响案件的公正处理。

实行回避的方法有两种：一是可以自行申请回避，即由交通警察本人提出申请回避后，由有关的公安交通管理机构或其负责人决定是否回避。二是可以由案件当事人提出回避申请，案件当事人提出回避申请的，应当说明回避理由。被申请回避的交通警察，一般应当暂停执行职务，并待有关机构或其负责人决定是否回避。这些与行政法当中的回避程序是一致的。

配套法规及解读

《行政处罚法》（2021年1月22日修订）

第四十三条 执法人员与案件有直接利害关系或者有其他关系可能影响公正执法的，应当回避。

当事人认为执法人员与案件有直接利害关系或者有其他关系可能影响公正执

法的,有权申请回避。

当事人提出回避申请的,行政机关应当依法审查,由行政机关负责人决定。决定作出之前,不停止调查。

第五十五条 执法人员在调查或者进行检查时,应当主动向当事人或者有关人员出示执法证件。当事人或者有关人员有权要求执法人员出示执法证件。执法人员不出示执法证件的,当事人或者有关人员有权拒绝接受调查或者检查。

当事人或者有关人员应当如实回答询问,并协助调查或者检查,不得拒绝或者阻挠。询问或者检查应当制作笔录。

第五十六条 行政机关在收集证据时,可以采取抽样取证的方法;在证据可能灭失或者以后难以取得的情况下,经行政机关负责人批准,可以先行登记保存,并应当在七日内及时作出处理决定,在此期间,当事人或者有关人员不得销毁或者转移证据。

《道路交通事故处理程序规定》(2017 年 7 月 22 日修订)

第一百零五条 在调查处理道路交通事故时,交通警察或者公安机关检验、鉴定人员有下列情形之一的,应当回避:

(一)是本案的当事人或者是当事人的近亲属的;

(二)本人或者其近亲属与本案有利害关系的;

(三)与本案当事人有其他关系,可能影响案件公正处理的。

交通警察或者公安机关检验、鉴定人员需要回避的,由本级公安机关交通管理部门负责人或者检验、鉴定人员所属的公安机关决定。公安机关交通管理部门负责人需要回避的,由公安机关或者上一级公安机关交通管理部门负责人决定。

对当事人提出的回避申请,公安机关交通管理部门应当在二日内作出决定,并通知申请人。

※法规解读:上述法律法规对警察在调查程序中的执法手段及义务作出了规定。根据该规定,警察在调查程序中可以采取的执法手段有:

(1)进行调查、了解、询问,以掌握有关事实;

(2)依法进行检查;

(3)抽样取证;

(4)登记保存证据。

此外,在调查程序中,警察、当事人或者有关人员还应当履行相应的义务。根据此规定,警察在行使调查或者检查的职权时,必须有两名以上执法人员在场,并且,执法人员应当向当事人或者有关人员出示表明其执法身份的证件,在进行询问或者检查时,执法人员还应当依法制作笔录。在执法人员进行调查工作时,当事人或者有关人员应当予以配合和协助,应当如实回答,不做虚伪陈述,不得阻挠执法人员的调查工作,不得销毁或者转移有关证据。

警察在执法过程中还应当采取回避制度。警察回避的事由通常有以下几种:

(1)执法人员是本案当事人或者是本案当事人的近亲属;

(2)执法人员或者其近亲属与本案当事人有直接的利害关系;

(3)执法人员或者其近亲属与本案当事人有其他关系可能影响案件的公正处理的。

具有上述情形之一的,执法警察应当请求回避。如果当事人认为执法警察具有上述情形之一,也可以向行政机关提出要求执法人员回避的请求。需要指出的是,对于执法警察在调查取证过程中所掌握的个人秘密、商业秘密和国家秘密,任何人没有正当理由不得将这些秘密用作证明案件以外的其他事实的目的,不得泄露给其他个人或者组织。否则,因其泄露行为而给公民、法人、其他组织或者国家造成损失的,泄露秘密的人应当依法承担相应的法律责任。

第八十四条　【执法监督】公安机关交通管理部门及其交通警察的行政执法活动,应当接受行政监察机关依法实施的监督。

公安机关督察部门应当对公安机关交通管理部门及其交通警察执行法律、法规和遵守纪律的情况依法进行监督。

上级公安机关交通管理部门应当对下级公安机关交通管理部门的执法活动进行监督。

条文解读

本条是关于公安机关交通管理部门及其交通警察的行政执法活动应当接受监督的规定。本条分为3款,分别规定了监察机关、公安机关督察部门、上级公安机关交通管理部门对公安机关交通管理部门及其交通警察的行政执法活动的监督。

（1）本条第1款规定，“公安机关交通管理部门及其交通警察的行政执法活动，应当接受行政监察机关依法实施的监督”。根据2018年3月20日公布的《监察法》的规定，各级监察委员会是行使国家监察职能的专责机关，依法对所有行使公权力的公职人员进行监察，调查职务违法和职务犯罪，开展廉政建设和反腐败工作，维护宪法和法律的尊严。监察机关根据监督、调查结果，依法可以作出如下处置：①对有职务违法行为但情节较轻的公职人员，按照管理权限，直接或者委托有关机关、人员，进行谈话提醒、批评教育、责令检查，或者予以诫勉；②对违法的公职人员依照法定程序作出警告、记过、记大过、降级、撤职、开除等政务处分决定；③对不履行或者不正确履行职责负有责任的领导人员，按照管理权限对其直接作出问责决定，或者向有权作出问责决定的机关提出问责建议；④对涉嫌职务犯罪的，监察机关经调查认为犯罪事实清楚，证据确实、充分的，制作起诉意见书，连同案卷材料、证据一并移送人民检察院依法审查、提起公诉；⑤对监察对象所在单位廉政建设和履行职责存在的问题等提出监察建议。

（2）公安机关督察部门应当对公安机关交通管理部门及其警察执行法律、法规和遵守纪律的情况依法进行监督。《人民警察法》规定，公安机关建立督察制度，对公安机关的人民警察执行法律法规、遵守纪律的情况进行监督。根据有关的行政法规和规章，县级以上的人民政府公安机关设立督察机构及警务督察队，对人民警察依法履行职责、行使职权和遵守纪律的情况进行监督。督察可以根据督察内容，采取随警督察、重点督察、专项督察等方式。督察机关对于违法、违纪的人民警察，可以采取纠正其行为，扣留其武器、警械、警车、警用标志和带离现场等措施，并向有关机关提出给予行政处分的建议。公安机关交通管理部门属于公安机关的一部分，负责维护道路安全管理工作，理应接受公安机关督察机构的监督。道路安全管理工作是涉及人民生命财产安全的重要工作，公安机关督察部门应当对公安机关交通管理部门及其警察执行法律、法规和遵守纪律的情况依法进行监督。

（3）上级公安机关交通管理部门应当对下级公安机关交通管理部门的执法活动进行监督。《人民警察法》规定，人民警察的上级机关对下级机关的执法活动进行监督，发现其作出的处理或者决定有错误的，应当予以撤销或者变更。所以，上级公安机关交通管理部门对于下级公安机关交通管理部门的执法活动具有监督的职责和权限。上级公安机关交通管理部门应当加强对下级机关执法活动的监督，及时撤销或者变更下级机关作出的错误的处理或者决定。

配套法规及解读

《公安机关督察条例》(2011年8月31日修订)

第四条 督察机构对公安机关及其人民警察依法履行职责、行使职权和遵守纪律的下列事项,进行现场督察:

(一)重要的警务部署、措施、活动的组织实施情况;

(二)重大社会活动的秩序维护和重点地区、场所治安管理的组织实施情况;

(三)治安突发事件的处置情况;

(四)刑事案件、治安案件的受理、立案、侦查、调查、处罚和强制措施的实施情况;

(五)治安、交通、户政、出入境、边防、消防、警卫等公安行政管理法律、法规的执行情况;

(六)使用武器、警械以及警用车辆、警用标志的情况;

(七)处置公民报警、请求救助和控告申诉的情况;

(八)文明执勤、文明执法和遵守警容风纪规定的情况;

(九)组织管理和警务保障的情况;

(十)公安机关及其人民警察依法履行职责、行使职权和遵守纪律的其他情况。

第六条 县级以上地方各级人民政府公安机关督察机构查处违法违纪行为,应当向上一级公安机关督察机构报告查处情况;下级公安机关督察机构查处不力的,上级公安机关督察机构可以直接进行督察。

《公安机关内部执法监督工作规定》(2020年8月6日修正)

第二条 公安机关内部执法监督,是指上级公安机关对下级公安机关,上级业务部门对下级业务部门,本级公安机关对所属业务部门、派出机构及其人民警察的各项执法活动实施的监督。

第三条 各级公安机关及其业务部门应当建立执法责任制和执法过错责任追究等执法制度,制定、完善执法程序,加强对各项公安执法活动的监督制约。

《人民警察法》(2012年10月26日修正)

第四十二条 人民警察执行职务,依法接受人民检察院和行政监察机关的监督。

第四十三条 人民警察的上级机关对下级机关的执法活动进行监督,发现其作出的处理或者决定有错误的,应当予以撤销或者变更。

《道路交通安全法实施条例》(2017年10月7日修订)

第一百零一条　公安机关交通管理部门应当建立执法质量考核评议、执法责任制和执法过错追究制度,防止和纠正道路交通安全执法中的错误或者不当行为。

※法规解读:上述条款均是关于公安机关交通管理部门及其交通警察依法接受执法监督的规定。行政监察机关对公安机关交通管理部门及其交通警察的监督,是一种专门的外部监督。

根据《人民警察法》《公安机关督察条例》《公安机关内部执法监督工作规定》等规定,公安机关交通管理部门不仅要接受外部监督,还要接受内部监督。所谓公安机关内部执法监督,是指上级公安机关对下级公安机关,上级业务部门对下级业务部门,本级公安机关对所属业务部门、派出机构及其人民警察的各项执法活动实施的监督。根据相关法律规定,公安部和县级以上地方各级人民政府公安机关的督察机构建立由专职人员组成的警务督察队,对公安机关及其人民警察依法履行职责、行使职权和遵守纪律的情况,进行现场督察。公安部在2020年修正的《公安机关内部执法监督工作规定》中,明确要求各级公安机关及其业务部门应当建立执法责任制和执法过错责任追究等执法制度,制定、完善执法程序,加强对各项公安执法活动的监督制约。根据《公安机关内部执法监督工作规定》第6条的规定,对交通管理等法律法规的实施情况进行监督,属于公安内部执法监督范围。根据该法规第7条的规定,执法监督的方式包括:(1)依照法律、法规和规章规定的执法程序和制度进行的监督;(2)对起草、制定的有关执法工作的规范性文件及制度、措施进行法律审核;(3)对疑难、有分歧、易出问题和各级公安机关决定需要专门监督的案件,进行案件审核;(4)组织执法检查、评议;(5)组织专项、专案调查;(6)依照法律、法规进行听证、复议、复核;(7)进行执法过错责任追究;(8)各级公安机关决定采取的其他方式。

在执法监督过程中,发现本级或者下级公安机关已经办结的案件或者执法活动确有错误、不适当的,由主管部门报经主管领导批准后,直接作出纠正的决定,或者责成有关部门或者下级公安机关在规定的时限内依法予以纠正。对公安机关及其人民警察违法行使职权或者不依法履行职责,致使办理的案件或者执法行为不合法、不适当的,必须依照有关法律、法规和本规定予以纠正和处理。对本级和上级公安机关作出的执法监督决定不服,有关单位和人民警察可以向本级或者上级公安机关提出申诉,有关部门应当认真受理,并作出答复。

关联法规索引

《北京市实施〈中华人民共和国道路交通安全法〉办法》第79条

第八十五条 【社会监督】公安机关交通管理部门及其交通警察执行职务，应当自觉接受社会和公民的监督。

任何单位和个人都有权对公安机关交通管理部门及其交通警察不严格执法以及违法违纪行为进行检举、控告。收到检举、控告的机关，应当依据职责及时查处。

条文解读

本条是关于公安机关交通管理部门及其交通警察接受社会监督的规定。本条共分两款，具体内容如下：

（1）公安机关交通管理部门及其交通警察执行职务，必须自觉接受社会和公民的监督。公安机关交通管理部门及其交通警察执行职务，维护道路交通秩序，主要是与道路上的行人、车辆驾驶者发生关系，是为社会公众利益服务的。他们的职务行为直接影响公民的合法权益和社会公众利益。因此，为了做好公安交通管理工作，公安机关交通管理部门及其交通警察必须自觉接受社会和公民的监督。其中，社会监督主要是指社会群体的监督，包括舆论监督、社会团体的监督、企业事业单位的监督等。公民的监督主要是指公民个人的监督。自觉接受监督可以采取多种形式，如执法活动严格依照法定程序，公正、公开、公平；主动向社会和公民征求意见；聘请特约监督员、聘请有关媒体参与监督活动，等等。

（2）任何单位和个人有权对公安机关交通管理部门及其交通警察的违法违纪等行为进行检举、控告。检举、控告的方式有：

①可以向行政监察机关、有关的公安机关交通管理部门及其上级部门或者有关的公安机关督察部门进行检举、控告，收到检举、控告的机关应当及时查处；

②对公安机关交通管理部门作出的审批决定、处罚决定不服的，可以依法申请行政复议、提起行政诉讼。

配套法规及解读

《道路交通安全法实施条例》(2017年10月7日修订)

第九十八条 公安机关交通管理部门应当公开办事制度、办事程序,建立警风警纪监督员制度,自觉接受社会和群众的监督。

第一百条 公安机关交通管理部门应当公布举报电话,受理群众举报投诉,并及时调查核实,反馈查处结果。

※法规解读:公安机关交通管理部门除了必须接受行政监察机关、公安机关督察部门以及上级公安机关交通管理部门依法实施的监督外,还必须接受社会和公民的监督。这里的"社会"泛指一切社会组织,包括机关、企业、事业单位、社会团体和其他社会组织。广义的社会监督包括了作为公民的自然人的监督。

公安机关交通管理部门及其交通警察依法履行维护交通秩序、进行车辆和驾驶人管理以及处理交通违法行为和交通事故的职责,这些职责的具体执行,无不与社会组织和公民的行为及利益息息相关。通过社会和公民监督公安机关交通管理部门及其交通警察依法履行职责,不仅可以促进我国道路交通管理水平和执法水平的提高,而且社会和公民的监督更具体、更有针对性,更能反映出人民对公安机关交通管理部门及其交通警察的要求和期待。社会和公民对公安机关交通管理部门及其交通警察的监督,可以有多种形式,如新闻媒体的舆论监督、行政复议、行政诉讼等。

除了监督之外,任何单位和个人对公安机关交通管理部门及其交通警察不严格执法以及违法违纪行为都有权进行检举和控告。收到检举、控告的机关有义务根据职责及时查处违法行为。在这里,"收到检举、控告的机关"是指纪检、监察机关,检察机关,上级公安机关,政府信访部门,公安机关督察部门等。为了保障公民、法人和其他组织的合法权益,密切公安机关和人民群众的联系,依靠人民群众对公安机关的执法活动进行监督,公安部在2023年5月19日公布的《公安部关于印发〈公安机关信访工作规定〉的通知》中明确规定,公安机关应当向社会公布网络信访渠道、通信地址、投诉电话、信访接待的时间和地点、查询信访事项处理进展及结果的方式等相关事项。在信访接待场所或者互联网门户网站公布与信访工作有关的党内法规和法律法规、规范性文件,信访事项的处理程序,以及为信访人提供便利的其他事项。公安机关及其工作人员处理信访事项,应当恪尽职守、秉公办事，查明事实、分清责任，加强教育疏导，及时妥善处理，不得推诿、敷衍、拖延。公安机关应当将涉法涉诉信访事项与普通信访事项相分离，适用不同程序处理。公安机关工作人员与信访事项或者信访人有直接利害关系的，应当回避。

关联法规索引

《陕西省实施〈中华人民共和国道路交通安全法〉办法》第78条

第八十六条 【不得下达罚款指标】任何单位不得给公安机关交通管理部门下达或者变相下达罚款指标；公安机关交通管理部门不得以罚款数额作为考核交通警察的标准。

公安机关交通管理部门及其交通警察对超越法律、法规规定的指令，有权拒绝执行，并同时向上级机关报告。

条文解读

本条是关于任何单位不得给公安机关交通管理部门下达罚款指标，以及公安机关交通管理部门及其交通警察有权拒绝执行不合法指令的规定。

过去，一些地方由于财政不能保证交通警察的经费，就把罚款、收费与交通警察的经费联系起来，通过罚款、收费解决交通警察的经费问题。加之，有的交通管理部门和交通警察也想通过多罚款、多收费为本单位谋取利益，甚至为个人谋取私利，因此造成许多地方出现了乱罚款、乱收费的情况，严重地损害了人民的利益。近年来，各地贯彻中央的“收支两条线”的方针，这种情况已经有了很大的改变。

但是，在少数地区仍然存在上级部门给公安机关交通管理部门下达罚款指标的问题。如有的地方因为财政困难，不能保障全部交通警察的经费，大量“吃杂粮”的“规费警察”需要靠罚款、收费养活，因此，有的地方政府仍然给公安机关交通管理部门下达罚款指标。还有的地方虽然没有明确的指标，但是把拨付交通警察的经费与交通管理部门上交的罚没款挂钩，实际上等于变相下达罚款指标。这一问题不解决，一些地方存在的乱罚款、乱收费的情况和“重处罚，轻教育”的倾向就不能从根本上解决。

所以，本条特别有针对性地规定，任何单位不得给公安机关交通管理部门下达或者变相下达罚款指标；公安机关交通管理部门不得以罚款数额作为考核交通警察的标准。

配套法规及解读

《人民警察法》（2012年10月26日修正）

第三十二条 人民警察必须执行上级的决定和命令。

人民警察认为决定和命令有错误的，可以按照规定提出意见，但不得中止或者改变决定和命令的执行；提出的意见不被采纳时，必须服从决定和命令；执行决定和命令的后果由作出决定和命令的上级负责。

第三十三条 人民警察对超越法律、法规规定的人民警察职责范围的指令，有权拒绝执行，并同时向上级机关报告。

※法规解读：公安机关交通管理部门及其交通警察对超越法律、法规规定的指令，有权拒绝执行，并同时向上级机关报告。

我国一些地方出现过上级机关向公安机关交通管理部门下达超越法律、法规的指令的现象，如指令中规定了法律、法规没有规定的罚款项目，或者规定的处罚方式和处罚幅度与法律、法规的规定不相一致，而公安机关交通管理部门又不得不执行。针对上述情况，本条特别规定，公安机关交通管理部门及其交通警察对于超越法律、法规的指令，有权拒绝执行。

这是因为，虽然下级机关服从上级机关是公安机关的准则之一，但是，依法行政是行政机关行政行为最根本的原则，是维护人民利益最根本的保障。因此，如果上级指令超越了法律法规的指令，违反了依法行政的根本原则，下级机关就应该有权拒绝执行。但是，公安机关交通管理部门也应当向上级机关负责，所以在拒绝执行有关指令的同时，应当向上级机关报告。

关联法规索引

《河北省实施〈中华人民共和国道路交通安全法〉办法》第62条；《陕西省实施〈中华人民共和国道路交通安全法〉办法》第79条

第七章　法 律 责 任

本章介绍

法律责任，是指法律关系中的主体由于其违法行为，按照法律规定必须承担的法律后果。任何一项完整的法律规范，都必须包括适用条件、行为模式以及违反行为模式的法律责任三个要素，其中，法律责任的规定是体现法律规范国家强制力的核心部分，如果缺乏法律责任的规定，法律所规定的权利的实现和义务的履行就难以得到保障。因此，在法律、法规和规章中，根据其调整的社会关系的性质、特点，正确、合理地设定法律责任，对保障法律的有效实施具有非常重要的作用。《道路交通安全法》规定的法律责任，主要是对道路交通管理相对人违反本法的行为设定的行政处罚责任以及对公安机关道路交通管理部门及其人民警察设立的行政处分。此外，为了有利于公安机关交通管理部门严格执法，在规定法律责任的同时，还规定了相应的行政强制措施。在规定这些行政责任和行政强制措施的基础上，道路交通安全的法律责任也注意了与刑事和民事法律等规定的刑事责任和民事责任的衔接，从而构成了相对独立又相互联系的《道路交通安全法》责任体系。

第八十七条　【现场处罚】公安机关交通管理部门及其交通警察对道路交通安全违法行为，应当及时纠正。

公安机关交通管理部门及其交通警察应当依据事实和本法的有关规定对道路交通安全违法行为予以处罚。对于情节轻微，未影响道路通行的，指出违法行为，给予口头警告后放行。

条文解读

本条是关于处理道路交通安全违法行为的原则性规定。本条共分两款。

本条第 1 款主要规定了公安机关交通管理部门及其交通警察对于交通安全违

法行为应当及时纠正。虽然处罚交通安全违法行为，是公安机关交通管理部门及其交通警察很重要同时也很繁重的一项工作，但处理交通安全违法行为的目的绝不是处罚当事人，更不是罚款，而是维护道路交通的安全、秩序和畅通，以及教育、惩戒当事人。对于交通安全违法行为，公安机关交通管理部门及其交通警察首先要予以纠正，消除当事人行为的违法状态，防止这种违法状态发展成为威胁交通安全、形成交通事故的潜在因素。这之后才是通过处罚进行教育的问题。

本条第2款包含两层含义：第一层含义是对道路交通安全违法行为需要进行处罚的，应当严格根据事实和法律进行处罚。在这里，所谓"事实"，是指当事人违法的具体行为种类、情节、后果以及当事人的过错等因素；所谓"本法的有关规定"，主要是指对不同违法行为设定的具体处罚。在对违法行为人进行处罚时，除了根据上文提到的事实和法律规定的实体内容外，还要严格遵守处罚的程序。适用简易程序处罚的，应当使用道路交通管理执勤执法规范用语口头告知。适用一般程序处罚的，应当书面告知。交通民警应当充分听取当事人的陈述和申辩，认真复核。申辩理由成立的应当予以采纳，不得因申辩而加重处罚。一人有两种以上交通违章行为的，分别处罚，合并执行，并可以使用一张处罚决定书。第二层含义是对轻微交通安全违法行为的处罚从轻原则。对于情节轻微、不影响道路交通的，适用指正行为、口头警告放行的处罚方式。这种处罚方式不但起到了纠正和教育违法行为的作用，节省了值勤交通警察的时间和精力，而且还不会因为被罚人员和机动车的滞留而影响交通。

配套法规及解读

《交通警察道路执勤执法工作规范》(2008年11月15日修订)

第四十三条　对《道路交通安全法》规定可以给予警告、无记分的违法行为、未造成影响道路通行和安全的后果且违法行为人已经消除违法状态的，可以认定为轻微违法行为。

第四十四条　对轻微违法行为，口头告知其违法行为的基本事实、依据，纠正违法行为并予以口头警告后放行。

第四十五条　交通警察在指挥交通、巡逻管控过程中发现的违法行为，在不具备违法车辆停车接受处理的条件或者交通堵塞时，可以通过手势、喊话等方式纠正违法行为。

第四十六条 对交通技术监控设备记录的轻微违法行为，可以通过手机短信、邮寄违法行为提示、通知车辆所属单位等方式，提醒机动车驾驶人遵守交通法律法规。

第四十七条 各省、自治区、直辖市公安机关可以根据本地实际，依照本规范第四十三条的规定确定轻微违法行为的具体范围。

《道路交通安全违法行为处理程序规定》(2020年4月7日修正)

第三条 对违法行为的处理应当遵循合法、公正、文明、公开、及时的原则，尊重和保障人权，保护公民的人格尊严。

对违法行为的处理应当坚持教育与处罚相结合的原则，教育公民、法人和其他组织自觉遵守道路交通安全法律法规。

对违法行为的处理，应当以事实为依据，与违法行为的事实、性质、情节以及社会危害程度相当。

第四十二条 交通警察对于当场发现的违法行为，认为情节轻微、未影响道路通行和安全的，口头告知其违法行为的基本事实、依据，向违法行为人提出口头警告，纠正违法行为后放行。

各省、自治区、直辖市公安机关交通管理部门可以根据实际确定适用口头警告的具体范围和实施办法。

第四十三条 对违法行为人处以警告或者二百元以下罚款的，可以适用简易程序。

对违法行为人处以二百元(不含)以上罚款、暂扣或者吊销机动车驾驶证的，应当适用一般程序。不需要采取行政强制措施的，现场交通警察应当收集、固定相关证据，并制作违法行为处理通知书。其中，对违法行为人单处二百元(不含)以上罚款的，可以通过简化取证方式和审核审批手续等措施快速办理。

对违法行为人处以行政拘留处罚的，按照《公安机关办理行政案件程序规定》实施。

《道路交通事故处理程序规定》(2017年7月22日修订)

第八十一条 公安机关交通管理部门应当按照《道路交通安全违法行为处理程序规定》，对当事人的道路交通安全违法行为依法作出处罚。

※法规解读：道路交通违法行为的查处主管机关是公安机关交通管理部门，查

处人员是交通警察。由他们统一实施道路交通安全的执法，对违法行为进行查处。交通违法行为的特点是流动性强，数量大，有许多行为是瞬间性的，查处取证比较困难。统一由公安机关交通管理部门查处交通违法行为便于及时、有效地纠正和制止交通违法行为，明确责任。

很多情况下，交通违法行为如果不及时得到纠正，就可能成为交通事故的隐患，酿成大祸。所以法律强调公安机关交通管理部门及其交通警察对于交通违法行为，应当及时纠正。可以说，我们的交通警察是人民生命财产安全的守护神。他们的执法工作应该得到全社会的理解和尊重，同时处在交通安全管理第一线的交通警察也应该意识到自己肩负的神圣职责，公正严明执法。

对交通违法行为进行处罚的目的是防止和减少违法行为的发生。但在实际执法过程中，有的交通警察对于交通违法行为，不分轻重，一律予以重罚，有的对违法行为简单地罚款了事，对违法行为本身不予纠正，对处罚依据不作说明，达不到处罚的目的。有些地区甚至对交通警察下达罚款指标。

因此，公安机关交通管理部门及其交通警察应当依据事实和有关规定对道路交通违法行为予以处罚。对于情节轻微，未影响道路通行的，应指出其违法行为，给予口头警告后放行，以体现立法防止和减少违法行为的宗旨，达到教育和预防违法行为再发生的目的。

关联法规索引

《湖北省实施〈中华人民共和国道路交通安全法〉办法》第 62 条；《湖南省实施〈中华人民共和国道路交通安全法〉办法》第 45 条；《河北省实施〈中华人民共和国道路交通安全法〉办法》第 67 条

第八十八条 【处罚种类】对道路交通安全违法行为的处罚种类包括：警告、罚款、暂扣或者吊销机动车驾驶证、拘留。

条文解读

本条是关于道路交通违法行为处罚种类的规定。

道路交通违法行为多种多样，小到行人横穿马路未走人行横道，大到交通肇事后逃逸。即使是最轻微的违法行为，也可能导致巨大的生命损失，如不走人行横道、跨越交通隔离墩。因此也可以说交通违法无小事，都应严格查处。但毕竟违法行为的情节、程度、造成的后果差异是很大的，因此需要根据不同情节给予不同的处罚。

本条规定明确了道路交通违法行为处罚的五个种类，用以规范对道路交通违法的行政处罚行为，防止各地在道路交通执法上各行其是的不规范做法。按照《行政处罚法》第11~13条的规定，法律对违法行为已经作出行政处罚规定，行政法规需要作出具体规定的，必须在法律规定的给予行政处罚的行为、种类和幅度的范围内规定。法律、行政法规对违法行为已经作出行政处罚规定，地方性法规需要作出具体规定的，必须在法律、行政法规规定的给予行政处罚的行为、种类和幅度的范围内规定。国务院各部、委员会制定的规章可以在法律、行政法规规定的给予行政处罚的行为、种类和幅度的范围内作出具体规定。

《道路交通安全法》制定后，有了本条规定和法律责任的其他具体规定，各地方、各部门就不能在道路交通违法行为的设定和处罚种类上自行增设新的违法行为和处罚种类，这有利于在道路交通管理上实现法制统一，使全国的道路交通安全执法都遵守一个规矩。

配套法规及解读

《行政处罚法》(2021年1月22日修订)

第九条 行政处罚的种类：

(一)警告、通报批评；

(二)罚款、没收违法所得、没收非法财物；

(三)暂扣许可证件、降低资质等级、吊销许可证件；

(四)限制开展生产经营活动、责令停产停业、责令关闭、限制从业；

(五)行政拘留；

(六)法律、行政法规规定的其他行政处罚。

《治安管理处罚法》(2012年10月26日修正)

第十五条 醉酒的人违反治安管理的，应当给予处罚。

醉酒的人在醉酒状态中,对本人有危险或者对他人的人身、财产或者公共安全有威胁的,应当对其采取保护性措施约束至酒醒。

第十六条　有两种以上违反治安管理行为的,分别决定,合并执行。行政拘留处罚合并执行的,最长不超过二十日。

第二十一条　违反治安管理行为人有下列情形之一,依照本法应当给予行政拘留处罚的,不执行行政拘留处罚:

(一)已满十四周岁不满十六周岁的;

(二)已满十六周岁不满十八周岁,初次违反治安管理的;

(三)七十周岁以上的;

(四)怀孕或者哺乳自己不满一周岁婴儿的。

※法规解读:对于行政处罚的几种方式,与道路交通违法行为密切相关的有警告、罚款、拘留、暂扣或吊销机动车驾驶证四种。

(1)警告。

警告是处罚机关对道路交通违章行为人的告诫,这种行政处罚带有教育性质,又具有强制的性质。警告处罚的作用在于指出违法行为的危害,促使行为人认识违章错误,不致再犯。警告是一种较轻的行政处罚,它一般适用于初犯,同时其违法行为必须具有情节比较轻微、后果极小的条件。

(2)罚款。

罚款是处罚机关对道路交通安全违法行为人强制其缴纳一定数额货币的经济性处罚,具有强制性。罚款是一种行政处罚,必须以法律、法规为依据,在法定程序和法律规定的具体处罚幅度内执行。交通违法罚款滞纳金的缴纳的法律依据是《道路交通安全法》第109条第1项规定,即"到期不缴纳罚款的,每日按罚款数额的百分之三加处罚款"。设定交通违法罚款滞纳金是对交通违法当事人不及时履行法律责任的一种惩处。然而,由于《道路交通安全法》没有对加处罚款的上限作出规定,在实际执行中,一些当事人因特殊原因如没有接到违法罚款通知、车辆外出作业、非法过户等而延迟缴纳罚款,造成加处的罚款数额远大于原处罚款数额,有的甚至超出几十倍、几百倍、上千倍。广大司机和车主对此做法怨声载道,认为绝对显失公平。基于此,修正后的《道路交通安全违法行为处理程序规定》对交通违法罚款产生的滞纳金设定了上限,即加处罚款总额不得超出罚款数额。这一修改充分考虑到当事人的合法权益,体现了交警人性化执法的精神。

(3)拘留。

拘留是指公安机关对交通安全违法行为人实施的在短时间内限制其人身自由的行政处罚,是交通行政处罚中最为严厉的一种。根据《行政处罚法》和《立法法》的规定,限制人身自由的处罚只能由法律规定。我国的治安拘留制度是由《治安管理处罚法》规定的,拘留的期限为1~5日、5~10日和10~15日三档,合并最长不超过20日。对于应当给予行政拘留处罚,但符合“已满十四周岁不满十六周岁的”,“已满十六周岁不满十八周岁,初次违反治安管理的”,“七十周岁以上的”以及“怀孕或者哺乳自己不满一周岁婴儿的”等情形的违法人员,不执行行政拘留处罚。根据《道路交通安全违法行为处理程序规定》的规定,对交通安全违法行为当事人处以行政拘留的,必须由县、市公安局、公安分局或者相当于县一级的公安机关依照《治安管理处罚法》规定的程序作出处罚决定。

需要说明的是,在道路交通安全执法中,除了上述5种行政处罚外,公安机关交通管理部门还可以依法采取一些行政强制措施和资格限制规定,如扣留车辆、限制当事人5年内不得驾驶营运机动车等。

附:交通事故、交通违法行政、刑事拘留流程(图7-1)

(4)暂扣或吊销机动车驾驶证。

暂扣是在一段时间内取消机动车驾驶人驾驶机动车资格的处罚。吊销机动车驾驶证则是取消了机动车驾驶人驾驶机动车的资格。暂扣或吊销机动车驾驶证是处罚机关对道路交通安全违法的机动车驾驶人员的一种行政处罚。这一处罚可以单独使用,也可以与其他行政处罚合并使用。

根据《道路交通安全违法行为处理程序规定》的规定,对违法行为人处以警告、罚款或者暂扣机动车驾驶证处罚的,由县级以上公安机关交通管理部门作出处罚决定。对违法行为人处以吊销机动车驾驶证处罚的,由设区的市公安机关交通管理部门作出处罚决定。

《道路交通安全法》第101条第1款规定,违反道路交通安全法律、法规的规定,发生重大交通事故,构成犯罪的,依法追究刑事责任,并由公安机关交通管理部门吊销机动车驾驶证。由此可见,“违反道路交通安全法律、法规的规定,发生重大交通事故,构成犯罪”是“依法追究刑事责任,并由公安机关交通管理部门吊销机动车驾驶证”的必要条件。这其中隐含两个条件关系:其一,“违反道路交通安全法律、法规的规定,发生重大交通事故,构成犯罪”是“依法追究刑事责任”的必要条件；其二，“违反道路交通安全法律、法规的规定，发生重大交通事故，构成犯罪”是“由公安机关交通管理部门吊销机动车驾驶证”的必要条件。也就是说，公安机关交通管理部门对被处罚人作出吊销机动车驾驶证的行政处罚必须以被处罚人的行为构成交通肇事罪为前提。

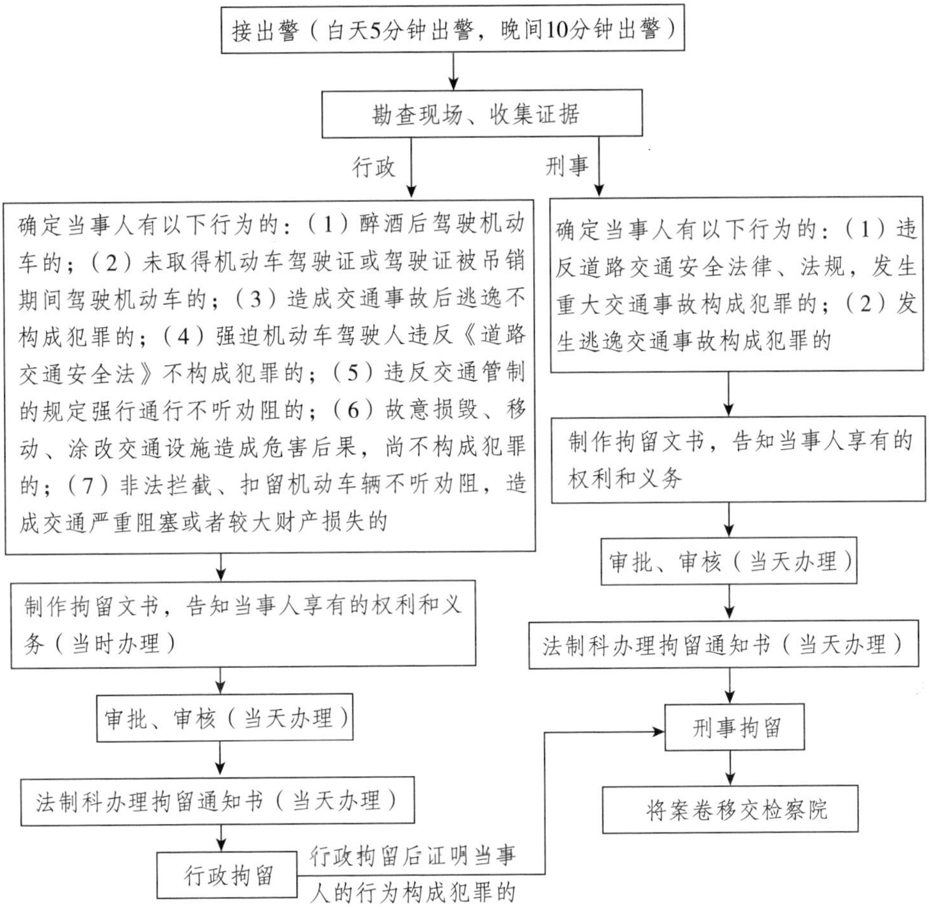

图7－1　交通事故、交通违法行政、刑事拘留流程

《道路交通安全法》第101条第1款规定的“依法追究刑事责任，并由公安机关交通管理部门吊销机动车驾驶证”，从表面上理解“依法追究刑事责任”与“由公安机关交通管理部门吊销机动车驾驶证”，刑事责任和行政责任二者是并列的，但因为均以“构成犯罪”为必要条件，因此行政责任必然地依附于刑事责任。

关联法规索引

《山东省实施〈中华人民共和国道路交通安全法〉办法》第69条

第八十九条 【行人、乘车人、非机动车驾驶人违规】行人、乘车人、非机动车驾驶人违反道路交通安全法律、法规关于道路通行规定的，处警告或者五元以上五十元以下罚款；非机动车驾驶人拒绝接受罚款处罚的，可以扣留其非机动车。

条文解读

本条是关于行人、乘车人、非机动车驾驶人违反道路交通安全法律、法规行为的处罚规定和强制措施。

本条规定了对行人、乘车人、非机动车驾驶人违反道路交通安全法律法规的行为，如不走人行道和非机动车道、不按交通信号灯的指示通行、跨越道路隔离设施、强行拦车、不按规定乘车等，由公安机关交通管理部门根据行为的违法程度和情节后果等给予警告或者罚款，规定了罚款的幅度是5元以上50元以下，还规定了非机动车驾驶人拒绝接受罚款处罚的，可以扣留其非机动车。这可以说是一种强制措施，意在促使非机动车驾驶人接受行政处罚。

虽然行人、乘车人、非机动车驾驶人相较于机动车及其驾驶人来说是弱势的一方，但他们也是人数众多的一方。道路交通的畅通、良好交通秩序的维护，离不开广大行人、乘车人、非机动车驾驶人对交通规则的尊重和自觉遵守。这也是我们国民素质和公民道德水准的一种反映。刚刚进入小康社会的我国国民，必须从自觉遵守交通规则这样的“小事”做起，培养起我们的现代公民意识。只有每一个公民都建立起强烈的规则意识，整个社会才能有四通八达的高效率。

因此，本条规定了对行人、乘车人、非机动车驾驶人的处罚。执法机关也不能因为情节轻微或者“法不责众”就放弃纠正违法，只有这样，才能在全社会逐渐培养起自觉守法的习惯。

典型案例

陶某诉中牟县公安局交通巡逻警察大队公安行政管理案[1]

※案情简介:2018年10月16日14时58分,陶某驾驶豫B小型轿车沿郑开大道由西向东行驶至中牟县人民路口时,因乘车人未系安全带被民警查获。民警根据《道路交通安全法》第51条,机动车行驶时驾驶人、乘车人员应按规定使用安全带之规定对其进行简易处罚。依据《道路交通安全法》第89条行人、乘车人、非机动车驾驶人违反道路交通安全法律法规通行规定,处警告或者5元以上50元以下罚款,对其进行罚款10元。中牟县公安局交通巡逻警察大队作出了简易程序处罚决定书。后陶某对上述罚款决定不服,向河南省新郑市人民法院提起行政诉讼,要求撤销中牟县公安局交通巡逻警察大队作出的行政处罚。一审法院认为,《道路交通安全法》第51条规定,机动车行驶时,驾驶人、乘坐人员应当按规定使用安全带,摩托车驾驶人及乘坐人员应当按规定戴安全头盔;第89条规定,行人、乘车人、非机动车驾驶人违反道路交通安全法律、法规关于道路通行规定的,处警告或者5元以上50元以下罚款;非机动车驾驶人拒绝接受罚款处罚的,可以扣留其非机动车。上述乘坐人员、乘车人既包含副驾驶,亦包含后排乘坐人员。本案中,原告陶某驾驶机动车行驶时,其后排乘坐人员未按规定使用安全带,被告中牟县公安局交通巡逻警察大队在查明违法事实的基础上,依据《道路交通安全法》的规定作出的处罚决定事实清楚、程序合法、适用法律正确,裁量并无不当。遂判决:驳回原告陶某的诉讼请求。陶某不服判决,提请上诉,理由如下:上诉人是机动车驾驶员,被上诉人引用《道路交通安全法》第89条、《河南省道路交通安全条例》第50条处罚司机适用法律错误,处罚没有法定依据,无效。

※裁判理由:本案诉争的焦点在于机动车乘坐人员未按照规定使用安全带时,应该处罚驾驶人还是乘坐人员的问题。按照《道路交通安全法》规定,机动车驾驶人应当遵守道路交通安全法律、法规的规定,按照操作规范安全驾驶、文明驾驶。机动车行驶时,驾驶人、乘坐人员应当按照规定使用安全带。本案中,陶某认为被上诉人处罚驾驶人员不当,应处罚乘坐人员,因驾驶人在车辆行驶过程中对车辆有

---

[1] 本案根据(2019)豫01行终字第430号判决书整理。

绝对的控制权,因此驾驶人对车辆及乘坐人员负有更高的安全保障义务,驾驶人应当督促乘坐人员使用安全带,不得在乘坐人员未按照规定使用安全带的情况下驾驶机动车。本案中陶某没有证据证明其已尽督促义务,被上诉人对其进行处罚并无不当。综上所述,陶某的上诉理由依据不足,不能成立;对其上诉请求,二审法院予以驳回。一审判决认定事实清楚,适用法律正确,依法应予维持。

※**裁判要旨:**按照《道路交通安全法》规定,机动车乘坐人员未按照规定使用安全带时,因驾驶人在车辆行驶过程中对车辆有绝对的控制权,所以,驾驶人对车辆及乘坐人员负有更高的安全保障义务,驾驶人应当督促乘坐人员使用安全带,不得在乘坐人员未按照规定使用安全带的情况下驾驶机动车。

第九十条　【机动车驾驶人违规】机动车驾驶人违反道路交通安全法律、法规关于道路通行规定的,处警告或者二十元以上二百元以下罚款。本法另有规定的,依照规定处罚。

条文解读

本条是关于机动车驾驶人违反道路交通安全法律法规的一般处罚种类和处罚幅度的规定。

与行人、乘车人相比,机动车驾驶人违反道路交通安全法律法规的行为可能给社会带来的危害更大,因此,对其违法行为的处罚力度,相对来说也就更大一些。本条规定了机动车驾驶人违反道路交通安全法律法规关于道路通行规定的处罚幅度是20元以上200元以下,这是一般情况下的处罚。

但一些违反道路交通安全法律法规的行为,由于其可能给人们的生命财产安全和交通秩序带来严重的危害,法律对这些行为的处罚一一作了专门规定,因此本条规定,本法另有规定的,依照规定处罚,以期引起人们的高度重视。

配套法规及解读

《刑法》(2023年12月29日修正)

第一百三十三条　违反交通运输管理法规,因而发生重大事故,致人重伤、死亡或者使公私财产遭受重大损失的，处三年以下有期徒刑或者拘役；交通运输肇事后逃逸或者有其他特别恶劣情节的，处三年以上七年以下有期徒刑；因逃逸致人死亡的，处七年以上有期徒刑。

第一百三十三条之一　在道路上驾驶机动车，有下列情形之一的，处拘役，并处罚金：

（一）追逐竞驶，情节恶劣的；

（二）醉酒驾驶机动车的；

（三）从事校车业务或者旅客运输，严重超过额定乘员载客，或者严重超过规定时速行驶的；

（四）违反危险化学品安全管理规定运输危险化学品，危及公共安全的。

机动车所有人、管理人对前款第三项、第四项行为负有直接责任的，依照前款的规定处罚。

有前两款行为，同时构成其他犯罪的，依照处罚较重的规定定罪处罚。

第一百三十三条之二　对行驶中的公共交通工具的驾驶人员使用暴力或者抢控驾驶操纵装置，干扰公共交通工具正常行驶，危及公共安全的，处一年以下有期徒刑、拘役或者管制，并处或者单处罚金。

前款规定的驾驶人员在行驶的公共交通工具上擅离职守，与他人互殴或者殴打他人，危及公共安全的，依照前款的规定处罚。

有前两款行为，同时构成其他犯罪的，依照处罚较重的规定定罪处罚。

※法规解读：针对机动车驾驶人违反道路交通安全法律法规而导致严重后果的驾驶行为，我国《刑法》规定了交通肇事罪，量刑标准分为三个等级：普通的是3年以下有期徒刑或拘役；如果有肇事后逃逸或恶劣情节的是3年以上7年以下；如果是逃逸致人死亡的，是7年以上有期徒刑。《刑法》对交通肇事罪规定得比较概括和抽象，在实务中不太好把握。为此《最高人民法院关于审理交通肇事刑事案件具体应用法律若干问题的解释》（以下简称《交通肇事刑事案件解释》）出台，对交通肇事罪的标准进行了细化。

按照《交通肇事刑事案件解释》规定，如果驾驶人驾驶机动车致1人以上死亡或重伤3人以上，并且事故认定书认定肇事者对事故的发生负全部或主要以上责任的，即构成交通肇事罪，如果对事故的发生只负同等责任或者次要责任的，则不构成交通肇事罪，只需要民事赔偿即可。如果致3人以上死亡，并且负事故同等以上责任的，即构成交通肇事罪。如果只负次要责任的，则不构成交通肇事罪。如果没有致人伤亡，只是造成财产损坏，要求财产损失达到30万元以上并无力赔偿，且对事故的发生负全部或者主要责任的，即构成交通肇事罪，如果损失不到30万元，或者只是同等以下责任，则不构成交通肇事罪。

这只是普通情况下交通肇事罪的定罪量刑标准，如果有无证驾驶、酒后驾驶，或者肇事逃逸的情节则应加重处罚。《交通肇事刑事案件解释》第2条第2款规定：交通肇事致1人以上重伤，负事故全部或者主要责任，并具有下列情形之一的，以交通肇事罪定罪处罚：(1)酒后、吸食毒品后驾驶机动车辆的；(2)无驾驶资格驾驶机动车辆的；(3)明知是安全装置不全或者安全机件失灵的机动车辆而驾驶的；(4)明知是无牌证或者已报废的机动车辆而驾驶的；(5)严重超载驾驶的；(6)为逃避法律追究逃离事故现场的。由此可以看出，本来如果致1人以上重伤同时负事故全部或主要责任不构成交通肇事罪，只是一起普通的交通肇事案，只需要民事赔偿和行政处罚即可，但如果肇事人具有以上6种情节之一，则就构成了交通肇事罪。法律之所以这样规定，目的就是要通过加大对违法者的处罚，杜绝酒后、无证驾驶和肇事逃逸等违法事件的发生。

《刑法》规定，交通运输肇事后逃逸或者有其他特别恶劣情节的，处3年以上7年以下有期徒刑。根据《交通肇事刑事案件解释》第4条的规定，所谓特别恶劣情节，是指具有下列情形之一的：(1)死亡2人以上或者重伤5人以上，负事故全部或者主要责任的；(2)死亡6人以上，负事故同等责任的；(3)造成公共财产或者他人财产直接损失，负事故全部或者主要责任，无能力赔偿数额在60万元以上的。

《刑法》规定，因逃逸致人死亡的，处7年以上有期徒刑。7年以上可以是7年，可以是8年也可以是10年，但最多不能超过15年，除非嫌疑人具有数罪并罚的情况才有可能超过15年。

此外，针对酒驾和飙车，《刑法修正案(九)》也作出了明确规定：在道路上驾驶机动车追逐竞驶，情节恶劣的，或者在道路上醉酒驾驶机动车的，处拘役，并处罚金。有前款行为，同时构成其他犯罪的，依照处罚较重的规定定罪处罚。这两条都与危险驾驶有关。

危险驾驶分为追逐竞驶与醉酒驾驶两个类型。所谓追逐竞驶，是指行为人驾车在道路上超速行驶，随意追逐、超越其他车辆，频繁、突然并线，近距离驶入其他车辆之前的危险驾驶行为。其主观上持一种游戏、竞技或追求感官刺激的心态。

这主要针对的是喜爱飙车或开斗气车的情况。所谓醉酒驾驶,是指行为人在每100毫升血液中酒精含量达到或超过80毫克时,仍然驾驶机动车上路行驶的危险驾驶行为。酒后驾车,是指驾驶人员血液中每100毫升的酒精含量大于或等于20毫克,并小于80毫克时,驾驶机动车上路行驶的行为。酒后驾驶和醉酒驾驶的处罚是不同的,如果是酒后驾驶,面临的只是行政处罚,如扣分、罚款等;如果是醉酒驾驶,则成立危险驾驶罪,面临的将是刑事处罚。

除此之外,《刑法修正案(十一)》新增了妨害安全驾驶罪,其中规定了驾驶人员在行驶的公共交通工具上擅离职守,与他人互殴或者殴打他人,危及公共安全的应当以妨害安全驾驶罪论处。

关联法规索引

《山西省实施〈中华人民共和国道路交通安全法〉办法》第73~76条

典型案例

黄某亮与揭阳市公安局交通警察支队市区三大队等处罚及行政复议纠纷案[1]

※案情简介:2017年6月25日14时41分,原告驾驶粤D小轿车经过广东省揭阳市206国道烟汕线地都2328km处时,被交警市区三大队的测速仪自动抓拍,记录行驶速度是97km/h,超过该路段的限速80km,超速21%,该涉嫌违法行为信息被录入公安交通管理综合应用平台及通过互联网公共信息查询平台发布。原告于2017年6月30日通过掌车宝车主服务查询到该记录。原告在7月3日到交警市区三大队的服务窗口咨询时,办案民警口头告知其涉嫌违法的事实,并出示当时测速仪所抓拍的相片,听取了当事的陈述和申辩。在原告签署了交通违法行为确认书后,民警完成复核程序,对原告作出公安交通管理简易程序处罚决定书,认定原告实施驾驶中型以上载客载货汽车、校车、危险物品运输车辆以外的其他机动车行驶超过规定时速20%以上未达到50%的违法行为,依据《道路交通安全法》第

〔1〕 本案根据(2018)粤52行终字第6号判决书整理。

90条、第114条的规定，决定予以150元罚款、记6分的处罚，并送达原告。处罚决定书加盖被告交警市区三大队公章但没有载明处罚地点和警察签名或盖章。同日，原告将罚款150元通过POS机缴交至被告交警市区三大队的银行账户。同日，原告向揭阳市人民政府提出行政复议申请。

被告揭阳市人民政府受理并审理原告不服被告交警市区三大队作出的公安交通管理简易程序处罚决定书的行政复议申请，审理后认为：原告的违法行为有公安机关交通管理部门的交通技术监控记录资料、交通违法行为确认书等为证，其认定事实清楚、主要证据充分。虽然被告交警市区三大队作出涉案决定书中没有填写处罚地点和警察签章的行政程序存在瑕疵，但未对原告的实质权利造成影响，不影响其交通管理处罚决定的公定力及效力。其作出的公安交通管理简易程序处罚决定，适用法律正确。原告主张被告交警市区三大队认定事实错误，其驾驶车辆未超速行驶，缺乏依据，原审不予采信。原告的诉讼主张及理由不足以否定被诉具体行政行为的法律效力，原告请求撤销被告交警市区三大队对其作出的公安交通管理简易程序处罚决定书及返还罚款150元并赔偿路费100元的诉讼请求，缺乏依据，不予支持。

上诉人黄某亮不服原审判决，向法院提起上诉称：(1)一审判决认定的证据不合法，不是有效证据。(2)一审判决法律适用不准确。(3)一审法院认定的事实不清或与事实不符，存在未查清事项。

上诉人根据《行政诉讼法》和相关法律的规定，依法提起上诉，请求二审法院：(1)撤销揭阳市榕城区人民法院(2017)粤5202行初35号行政判决，改判支持上诉人一审全部诉讼请求；(2)一、二审诉讼费由被上诉人承担。

※裁判理由：本案争议焦点：(1)被诉行政处罚认定事实是否清楚，证据是否充分；(2)被诉行政处罚程序是否合法。

关于被诉行政处罚认定事实是否清楚，证据是否充分的问题。《道路交通安全法》第90条规定，机动车驾驶人违反道路交通安全法律、法规关于道路通行规定的，处警告或者20元以上200元以下罚款。第24条规定，公安机关交通管理部门对机动车驾驶人违反道路交通安全法律、法规的行为，除依法给予行政处罚外，实行累积记分制度。第114条规定，公安机关交通管理部门根据交通技术监控记录资料，可以对违法的机动车所有人或者管理人依法予以处罚。对能够确定驾驶人的，可以依照本法的规定依法予以处罚。本案中，上诉人于2017年6月25日14

时41分驾驶粤D小轿车在该路段2328km处被交警市区三大队设置的流动测速仪抓拍到行驶车速为97km/h，超过限速标准，超速21%，属于超速行驶。交警市区三大队通过交通技术监控设备收集到3幅粤D小轿车的道路交通违法行为图像。上述三幅图像均记载有交通违法时间、地点、方向、图像取证设备编号、防伪等信息。因此，交警市区三大队认定上诉人在该路段上实施超过行驶速度违法行为的事实清楚，证据充分，并无不当。交警市区三大队在辖区内设置的流动测速仪经有关部门检定合格，本案涉及的测速抓拍在其检定有效期内，因此，上诉人主张交警市区三大队没有充分的证据证明其超速行驶没有事实依据，二审法院不予采信。

关于被诉行政处罚程序是否合法的问题。《道路交通安全违法行为处理程序规定》第41条第1款规定，对违法行为人处以警告或者200元以下罚款的，可以适用简易程序。第42条第1款规定，适用简易程序处罚的，可以由一名交通警察作出，并应当按照下列程序实施：(1)口头告知违法行为人违法行为的基本事实、拟作出的行政处罚、依据及其依法享有的权利；(2)听取违法行为人的陈述和申辩，违法行为人提出的事实、理由或者证据成立的，应当采纳；(3)制作简易程序处罚决定书；(4)处罚决定书应当由被处罚人签名、交通警察签名或者盖章，并加盖公安机关交通管理部门印章；被处罚人拒绝签名的，交通警察应当在处罚决定书上注明；(5)处罚决定书应当当场交付被处罚人；被处罚人拒收的，由交通警察在处罚决定书上注明，即为送达。第43条规定，简易程序处罚决定书应当载明被处罚人的基本情况、车辆牌号、车辆类型、违法事实、处罚的依据、处罚的内容、履行方式、期限、处罚机关名称及被处罚人依法享有的行政复议、行政诉讼权利等内容。第50条规定，对交通技术监控设备记录的违法行为，当事人应当及时到公安机关交通管理部门接受处理，处以警告或者200元以下罚款的，可以适用简易程序；处以200元(不含)以上罚款、吊销机动车驾驶证的，应当适用一般程序。首先，被上诉人交警市区三大队适用简易程序对上诉人作出被诉行政处罚决定，并无不当。其次，对于交警市区三大队是否履行告知义务和进行复核的问题。法律并未规定适用简易程序作出行政处罚的案件处罚前行政机关应向被处罚人履行书面告知义务。本案上诉人通过上网方式查询到自己违章后，到交警市区三大队的服务窗口处理超速一事，上诉人在交警市区三大队处经报车号、交验驾驶证、查看录像图片，交警市区三大队适用简易程序对上诉人作出处罚，调取图片、询问上诉人，上诉人回答等表示，以及上诉人在交通违法行为确认书和公安交通管理简易程序处罚决定书上签名并在服务窗口处的POS机缴纳罚款等一系列过程,已证明上诉人对自己的违法事实已经清楚明了。因此,上诉人主张交警市区三大队作出行政处罚前违反法定程序未履行告知义务和进行复核依据不足。最后,根据《道路交通安全违法行为处理程序规定》,简易程序处罚决定应当载明被处罚人的基本情况,车牌号、车辆类型、违法事实、处罚依据、内容、履行方式等。本案中交警市区三大队对上诉人作出的公安交通管理简易程序处罚决定书中,没有在处罚内容上填写处罚地点和警察签章,不符合有关文书制作的规范要求,违反上述规定。原审判决认定交警市区三大队作出被诉行政行为的行政程序存在瑕疵,确认涉案公安交通管理简易程序处罚决定书违法,并据此撤销揭阳市人民政府作出的揭府行复(2017)58号行政复议决定书并无不当,二审法院予以支持。上诉人提出被诉行政处罚程序违法,依法应予撤销的理由不能成立,二审法院不予支持。

综上,原审判决认定事实清楚,程序合法,适用法律正确。上诉人的上诉理由不成立,依法应予驳回。依照《行政诉讼法》第89条第1款第1项的规定,判决:驳回上诉,维持原判。

※裁判要旨:(1)公安机关交通管理部门在处理道路交通违法行为时,可以根据经有关部门检定合格,且在检定有效期内的流动测速仪等交通技术监控设备记录资料,对违法的机动车所有人或者管理人依法予以处罚。

(2)根据道路交通安全违法行为处理程序规定,简易程序处罚决定应当载明被处罚人的基本情况、车牌号、车辆类型、违法事实、处罚依据、内容、履行方式等内容。交警在作出公安交通管理简易程序处罚决定书时,若未填写处罚地点、无警察签章,则不符合有关文书制作的规范要求,存在行政程序瑕疵。此时,要考虑有瑕疵的行政程序是否影响原告的实质权利,是否影响交通管理处罚决定的公定力及效力,再据此决定是否适用公安交通管理简易程序处罚决定。

第九十一条　【酒后驾车】饮酒后驾驶机动车的,处暂扣六个月机动车驾驶证,并处一千元以上二千元以下罚款。因饮酒后驾驶机动车被处罚,再次饮酒后驾驶机动车的,处十日以下拘留,并处一千元以上二千元以下罚款,吊销机动车驾驶证。

醉酒驾驶机动车的，由公安机关交通管理部门约束至酒醒，吊销机动车驾驶证，依法追究刑事责任；五年内不得重新取得机动车驾驶证。

饮酒后驾驶营运机动车的，处十五日拘留，并处五千元罚款，吊销机动车驾驶证，五年内不得重新取得机动车驾驶证。

醉酒驾驶营运机动车的，由公安机关交通管理部门约束至酒醒，吊销机动车驾驶证，依法追究刑事责任；十年内不得重新取得机动车驾驶证，重新取得机动车驾驶证后，不得驾驶营运机动车。

饮酒后或者醉酒驾驶机动车发生重大交通事故，构成犯罪的，依法追究刑事责任，并由公安机关交通管理部门吊销机动车驾驶证，终生不得重新取得机动车驾驶证。

条文解读

本条是关于饮酒后或醉酒后驾驶机车行为的处罚规定。

在公共交通道路上驾驶机动车是一项需要人的注意力高度集中、四肢协调配合良好的活动，特别是在交通日益发达、机动车数量成倍增长的今天，更是如此。饮酒后人的身体会产生一系列的生理反应，身体中与酒精含量相关的物质达到一定数量会导致人的注意力的分散、无法集中，身体协调能力下降，超过一定数量，达到醉酒程度，则会产生神志恍惚、无法控制四肢动作的情况。人在这种情况下驾驶机动车会对他人生命财产安全构成严重威胁，可能产生极为严重的后果。

根据《车辆驾驶人员血液、呼气酒精含量阈值与检验》（GB 19522—2010）的规定，饮酒驾车是指车辆驾驶人员血液中的酒精含量大于或者等于 20mg/100ml，小于 80mg/100ml 的驾驶行为。醉酒驾车是指车辆驾驶人员血液中的酒精含量大于或者等于 80mg/100ml 的驾驶行为。饮酒驾车和醉酒驾车都属于严重的交通违法行为，都应受到法律法规的惩罚，而从危害程度来看，醉酒驾车的危害性要远比饮酒驾车的危害性更大，因此我国对醉驾的惩罚也更严厉。2023 年 12 月 13 日发布的《最高人民法院、最高人民检察院、公安部、司法部关于办理醉酒危险驾驶刑事案件的意见》第 10 条规定，“醉驾具有下列情形之一，尚不构成其他犯罪的，从重处理：（一）造成交通事故且负事故全部或者主要责任的；（二）造成交通事故后逃逸的；（三）未取得机动车驾驶证驾驶汽车的；（四）严重超员、超载、超速驾驶的；

(五)服用国家规定管制的精神药品或者麻醉药品后驾驶的;(六)驾驶机动车从事客运活动且载有乘客的;(七)驾驶机动车从事校车业务且载有师生的;(八)在高速公路上驾驶的;(九)驾驶重型载货汽车的;(十)运输危险化学品、危险货物的;(十一)逃避、阻碍公安机关依法检查的;(十二)实施威胁、打击报复、引诱、贿买证人、鉴定人等人员或者毁灭、伪造证据等妨害司法行为的;(十三)二年内曾因饮酒后驾驶机动车被查获或者受过行政处罚的;(十四)五年内曾因危险驾驶行为被判决有罪或者作相对不起诉的;(十五)其他需要从重处理的情形。”酒后驾车的检验方式为:对于发生交通事故的驾驶员,将首先进行呼气酒精检测,以判定肇事原因是否与酒后驾车有关。以下四种情况可采取抽取血液的方法检验酒精含量:(1)死亡事故;(2)不能或拒绝进行呼气酒精检测;(3)当场否认呼气酒精检测结果;(4)伤人事故呼气检出酒精。抽取静脉血液将由医务人员进行,血样送交管部门事故处检验。

本条法律对饮酒后驾车、醉酒后驾车分别规定了较为严厉和严格的处罚措施。只要酒后驾车,虽然神志还清醒,也要暂扣6个月机动车驾驶证,并处1000元以上2000元以下罚款;醉酒驾驶的,除了由公安机关约束至酒醒,还要吊销机动车驾驶证,依法追究刑事责任,5年内不得重新取得机动车驾驶证。

如果驾驶营运机动车的驾驶人员酒后驾驶营运机动车辆,则会根据本条第3款、第4款的规定,对其进行相较于一般酒后驾车、醉酒后驾车更为严厉的处罚。因为营运车辆面对的是社会公众,搭乘众多顾客,直接威胁公众的人身安全,必须严厉惩处。所以本条对饮酒后驾驶营运机动车、醉酒后驾驶营运机动车的,分别规定了饮酒后驾车、醉酒后驾车处罚的最高上限:15日拘留,并处5000元罚款,吊销机动车驾驶证,5年内不得重新取得机动车驾驶证;由公安机关约束至酒醒,吊销机动车驾驶证,依法追究刑事责任,10年内不得重新取得机动车驾驶证,重新取得后,也不得驾驶营运机动车(见表7-1)。

表7-1　饮酒驾驶、醉酒驾驶处罚一览表

违法行为	处罚措施
醉驾	追究刑责,吊销驾照,5年禁驾
醉驾(营运车)	追究刑责,吊销驾照,10年禁驾,重新考驾照后禁驾营运车
初次酒驾	扣驾照6个月,罚款1000~2000元

续表

违法行为	处罚措施
再次酒驾	吊销驾照,10 天以下拘留,罚款 1000 ~ 2000 元
酒驾(营运车)	拘留 15 天,罚款 5000 元,吊销驾照,5 年禁驾

当然,机动车驾驶人究竟是否饮了酒,是否醉酒,不以任何人声明或指认为准,而要用证据说话。目前,我国各地多用酒精检测仪来测量人体是否摄入酒精及摄入酒精的程度,公安机关会根据数值判断是否饮酒及是否构成醉酒驾驶。

配套法规及解读

《刑法》(2023 年 12 月 29 日修正)

第一百三十三条 违反交通运输管理法规,因而发生重大事故,致人重伤、死亡或者使公私财产遭受重大损失的,处三年以下有期徒刑或者拘役;交通运输肇事后逃逸或者有其他特别恶劣情节的,处三年以上七年以下有期徒刑;因逃逸致人死亡的,处七年以上有期徒刑。

第一百三十三条之一 在道路上驾驶机动车,有下列情形之一的,处拘役,并处罚金:

(一)追逐竞驶,情节恶劣的;

(二)醉酒驾驶机动车的;

(三)从事校车业务或者旅客运输,严重超过额定乘员载客,或者严重超过规定时速行驶的;

(四)违反危险化学品安全管理规定运输危险化学品,危及公共安全的。

机动车所有人、管理人对前款第三项、第四项行为负有直接责任的,依照前款的规定处罚。

有前两款行为,同时构成其他犯罪的,依照处罚较重的规定定罪处罚。

《道路交通安全法实施条例》(2017 年 10 月 7 日修订)

第一百零五条 机动车驾驶人有饮酒、醉酒、服用国家管制的精神药品或者麻醉药品嫌疑的,应当接受测试、检验。

《道路交通安全违法行为处理程序规定》(2020 年 4 月 7 日修正)

第三十一条 有下列情形之一的,依法扣留机动车驾驶证:

（一）饮酒后驾驶机动车的；

（二）将机动车交由未取得机动车驾驶证或者机动车驾驶证被吊销、暂扣的人驾驶的；

（三）机动车行驶超过规定时速百分之五十的；

（四）驾驶有拼装或者达到报废标准嫌疑的机动车上道路行驶的；

（五）在一个记分周期内累积记分达到十二分的。

第三十五条 车辆驾驶人有下列情形之一的，应当对其检验体内酒精含量：

（一）对酒精呼气测试等方法测试的酒精含量结果有异议并当场提出的；

（二）涉嫌饮酒驾驶车辆发生交通事故的；

（三）涉嫌醉酒驾驶的；

（四）拒绝配合酒精呼气测试等方法测试的。

车辆驾驶人对酒精呼气测试结果无异议的，应当签字确认。事后提出异议的，不予采纳。

车辆驾驶人涉嫌吸食、注射毒品或者服用国家管制的精神药品、麻醉药品后驾驶车辆的，应当按照《吸毒检测程序规定》对车辆驾驶人进行吸毒检测，并通知其家属，但无法通知的除外。

对酒后、吸毒后行为失控或者拒绝配合检验、检测的，可以使用约束带或者警绳等约束性警械。

第三十六条 对车辆驾驶人进行体内酒精含量检验的，应当按照下列程序实施：

（一）由两名交通警察或者由一名交通警察带领警务辅助人员将车辆驾驶人带到医疗机构提取血样，或者现场由法医等具有相应资质的人员提取血样；

（二）公安机关交通管理部门应当在提取血样后五日内将血样送交有检验资格的单位或者机构进行检验，并在收到检验结果后五日内书面告知车辆驾驶人。

检验车辆驾驶人体内酒精含量的，应当通知其家属，但无法通知的除外。

车辆驾驶人对检验结果有异议的，可以在收到检验结果之日起三日内申请重新检验。

具有下列情形之一的，应当进行重新检验：

（一）检验程序违法或者违反相关专业技术要求，可能影响检验结果正确性的；

（二）检验单位或者机构、检验人不具备相应资质和条件的；

（三）检验结果明显依据不足的；

（四）检验人故意作虚假检验的；

（五）检验人应当回避而没有回避的；

（六）检材虚假或者被污染的；

（七）其他应当重新检验的情形。

不符合前款规定情形的，经县级以上公安机关交通管理部门负责人批准，作出不准予重新检验的决定，并在作出决定之日起的三日内书面通知申请人。

重新检验，公安机关应当另行指派或者聘请检验人。

《交通警察道路执勤执法工作规范》（2008 年 11 月 15 日修订）

附件 1　查处酒后驾驶操作规程

一、查处机动车驾驶人酒后驾驶违法行为应当配备并按规定使用酒精检测仪、约束带、警绳等装备。

用于收集违法行为证据的酒精检测仪应当符合国家标准并依法检定合格，并保持功能有效。

二、查处机动车驾驶人酒后驾驶违法行为应当按照以下规定进行：

（一）发现有酒后驾驶嫌疑的，应当及时指挥机动车驾驶人立即靠路边停车，熄灭发动机，接受检查，并要求机动车驾驶人出示驾驶证、行驶证；

（二）对有酒后驾驶嫌疑的机动车驾驶人，要求其下车接受酒精检验。对确认没有酒后驾驶行为的机动车驾驶人，应当立即放行；

（三）使用酒精检测仪对有酒后驾驶嫌疑的机动车驾驶人进行检验，检验结束后，应当告知检验结果；当事人违反检验要求的，应当当场重新检验；

（四）检验结果确认为酒后驾驶的，应当依照《道路交通安全违法行为处理程序规定》对违法行为人进行处理；检验结果确认为非酒后驾驶的，应当立即放行；

（五）当事人对检验结果有异议或者饮酒后驾驶车辆发生交通事故的，应当立即固定不少于两份的血液样本，或者由不少于两名交通警察或者一名交通警察带领两名协管员将当事人带至县级以上医院固定不少于两份的血液样本；

（六）固定当事人血液样本的，应当通知其家属或者当事人要求通知的人员。无法通知或者当事人拒绝的，可以不予通知，但应当在行政强制措施凭证上注明。

三、对醉酒的机动车驾驶人应当由不少于两名交通警察或者一名交通警察带领不少于两名协管员带至指定地点，强制约束至酒醒后依法处理。必要时可以使用约束性警械。

四、处理结束后，必须禁止饮酒后、醉酒的机动车驾驶人继续驾驶车辆，如现场无其他机动车驾驶人替代驾驶的，可以将其驾驶的机动车移至不妨碍交通的地点或者有关部门指定的地点，并将停车地点告知机动车驾驶人。

《公安部关于公安机关办理醉酒驾驶机动车犯罪案件的指导意见》(2011年9月19日)

3. 完善醒酒约束措施。当事人在醉酒状态下，应当先采取保护性约束措施，并进行人身安全检查，由2名以上交通民警或者1名交通民警带领2名以上交通协管员将当事人带至醒酒约束场所，约束至酒醒。对行为举止失控的当事人，可以使用约束带或者警绳，但不得使用手铐、脚镣等警械。醒酒约束场所应当配备醒酒设施和安全防护设施。约束过程中，要加强监护，确认当事人酒醒后，要立即解除约束，并进行询问。

7. 严格办案时限。要建立醉酒驾驶机动车案件快侦快办工作制度，加强内部办案协作，严格办案时限要求。为提高办案效率，对现场发现的饮酒后或者醉酒驾驶机动车的嫌疑人，尚未立刑事案件的，可以口头传唤其到指定地点接受调查；有条件的，对当事人可以现场调查询问；对犯罪嫌疑人采取强制措施的，应当及时进行讯问。对案件事实清楚、证据确实充分的，应当在查获犯罪嫌疑人之日起7日内侦查终结案件并移送人民检察院审查起诉；情况特殊的，经县级公安机关负责人批准，可以适当延长办案时限。

11. 做好办案衔接。案件侦查终结后，对醉酒驾驶机动车犯罪事实清楚，证据确实、充分的，应当在案件移送人民检察院审查起诉前，依法吊销犯罪嫌疑人的机动车驾驶证。对其他道路交通违法行为应当依法给予行政处罚。案件移送审查起诉后，要及时了解掌握案件起诉和判决情况，收到法院的判决书或者有关的司法建议函后，应当及时归档。对检察机关决定不起诉或者法院判决无罪但醉酒驾驶机动车事实清楚，证据确实、充分的，应当依法给予行政处罚。

《最高人民法院关于印发醉酒驾车犯罪法律适用问题指导意见及相关典型案例的通知》(2009年9月11日)

刑法规定，醉酒的人犯罪，应当负刑事责任。行为人明知酒后驾车违法、醉酒驾车会危害公共安全，却无视法律醉酒驾车，特别是在肇事后继续驾车冲撞，造成重大伤亡，说明行为人主观上对持续发生的危害结果持放任态度，具有危害公共安全的故意。对此类醉酒驾车造成重大伤亡的，应依法以以危险方法危害公共安全罪定罪。

※法规解读： 危险驾驶罪是2011年《刑法修正案（八）》增加的罪名，当初的立法考虑是，在道路上驾驶机动车追逐竞驶或者醉酒驾驶等危险驾驶行为呈现高发、多发态势，严重危害道路运输的正常秩序和公共安全，社会危害严重，人民群众反应强烈。无论是在道路上驾驶机动车追逐竞驶，抑或在道路上醉酒驾驶机动车，均违反了道路运输法律法规，侵害了道路运输的正常秩序，而且对道路上其他不特定多数人的生命健康和财产安全具有较大的抽象危险性。此种抽象危险若转化为现实危害，将会给社会和广大人民群众生命、健康、财产造成严重危害。为了更好地实现《刑法》的预防功能，将《刑法》的防线前移，《刑法修正案（八）》将危险驾驶机动车这种本由行政管理手段调整的违法行为纳入《刑法》，规定为犯罪，以加强对民生的保护。

应当说，自危险驾驶罪增设以来，类似于醉驾等具有一定抽象危险性的侵害公共安全的行为受到了较为及时和严厉的打击，在一定程度上遏制了类似行为的发生，取得了较好的社会效果和法律效果。

至2022年，醉驾酒驾入刑已有11年。公安部交管局在“中国这十年”系列主题新闻发布会上说明，醉驾酒驾入刑以来，全国机动车增长89%，驾驶人增长123%，但11年来全国交通安全形势总体稳定，累计减少数万起酒驾醉驾肇事导致的伤亡交通事故，避免了数万家庭因交通事故破碎、返贫，充分体现了醉驾入刑坚持生命至上的立法初衷。正是在这样的背景之下，针对频频出现的超员超速等严重危害公共安全的危险驾驶行为，《刑法修正案（九）》对危险驾驶罪进行了进一步的丰富和完善。2015年8月，《刑法修正案（九）》在第133条之一正式将醉驾、飙车，情节恶劣的，定为犯罪；将在道路上驾驶机动车从事校车业务或者旅客运输，严重超过额定乘员载客，或者严重超过规定时速行驶，以及违反危险化学品安全管理规定运输危险化学品，危及公共安全等严重危害交通安全的情形纳入危险驾驶罪，并规定机动车所有人、管理人对上述行为负有直接责任的，按照危险驾驶罪定罪处罚。修正后的《刑法》可以进一步督促文明、安全驾驶，减少道路交通安全事故的发生。

目前，我国未将毒驾入刑，然而，近年来，吸毒后驾驶机动车行为呈现高发、多发态势，由此引发的重大恶性交通事故也时有发生，严重危害道路交通的正常秩序和公共安全。因此,如何坚持罪刑法定原则和罪刑相适应原则,正确理解和适用法律,妥善审理因吸毒驾驶机动车引发的刑事案件,具有重要的现实意义。毒驾行为有别于一般的醉酒驾驶或者追逐竞驶,具有一定的特殊性,在诉讼过程中,对违法行为的定性主要有两种意见:一种意见主张将毒驾行为认定为以危险方法危害公共安全罪;另一种意见主张应当以交通肇事罪定罪处罚毒驾被告人。事实上,对吸食毒品后驾驶机动车辆并发生严重交通事故,造成重大人员伤亡和公私财产损失的行为不能一概而论,而应结合行为人的罪前行为、罪后情节以及行为产生的具体危险状态加以综合判断。具体适用时,应综合考虑以下因素:(1)毒驾行为人的主观心态,是疏忽大意还是主观故意;(2)结合行为产生的具体危险状态综合判断毒驾行为是否构成以危险方法危害公共安全罪;(3)毒驾行为是否符合交通肇事罪的基本构成要件;(4)从坚持罪刑法定的原则看,对毒驾的惩罚是否做到了罪刑相当。

关联法规索引

《大连市实施〈中华人民共和国道路交通安全法〉办法》第 61 条

典型案例

朱某与张家界市××局交通警察支队道路交通管理(道路)行政处罚案〔1〕

※案情简介:2021 年 10 月 22 日 21 时许,朱某酒后驾驶湘 A5 小车在慈利县零阳街道笔架路与古城路交叉路口路段被民警现场查获。当场对其进行呼气式酒精检测,含量为 92mg/100ml,随即被带至慈利县人民医院抽取血样待检。2021 年 10 月 27 日,经常德市广德司法鉴定中心鉴定,送检原告血液中检出乙醇成分,其乙醇浓度为 125mg/100ml。朱某对该鉴定意见书存在异议,向交警队提交了相关异议申请书。2021 年 12 月 3 日,交警队对朱某醉酒驾驶机动车的行为作出行政处罚,吊销了朱某的机动车驾驶证。2021 年 12 月 9 日,交警队将该行政处罚决定书送达朱某。同日,交警队还向朱某作出了××交通管理行政处罚告知笔录,朱某在该笔

〔1〕 本案根据(2022)湘 08 行终 80 号判决书整理。

录上签名捺印，但同时注明了收到日期及不认可笔录中所载明的内容。2022年3月22日，朱某醉酒驾驶机动车的行为由慈利县××局侦查终结，移送慈利县人民检察院起诉。慈利县人民检察院经审查认为，朱某实施了《刑法》第133条之一第1款第2项规定的行为，但犯罪情节轻微，具有认罪认罚、坦白情节，根据《刑法》第37条的规定，不需要判处刑罚。依据《刑事诉讼法》第177条第2款的规定，于2022年4月20日决定对朱某不起诉。2022年5月7日，朱某对交警队作出行政处罚决定的行为不服，向原审法院提起××诉讼。另查明，行政处罚决定书中载明的"以上事实有交通违法行为人朱某的陈述和申辩等证据证明"，其中"朱某的陈述和申辩"是指2021年11月30日慈利县××局交警大队零阳中队对朱某进行第一次讯问，朱某就自己涉嫌犯罪的行为进行供述及自行辩解的讯问笔录。

一审法院判决认为行政处罚决定书实体上合法，但程序上存在违法之处。本案中作出的行政处罚属于"重大违法事项"，可是撤销程序违法但实体正确的行政行为有悖于节约司法资源的目的，不利于实质性解决行政争议。基于以上原因，朱某违法事实客观存在，一审法院确认交警队在作出行政处罚决定过程中的程序违法，但保留其效力。

朱某不服，提出上诉。

※裁判理由：二审法院认为，双方当事人对被诉行政行为因程序问题被确认违法并无争议，二审法院亦同意一审法院关于程序违法的相关认定，本案不再赘述。本案争议焦点为被诉行政处罚决定书是否应予撤销的问题。结合朱某讯问笔录、司法鉴定意见书、零阳中队出具的情况说明以及慈利县人民检察院的不予起诉决定等证据，可以认定本案朱某醉驾的事实客观存在，被诉行政处罚决定适用《道路交通安全法》第91条第2款"醉酒驾驶机动车的，由公安机关交通管理部门约束至酒醒，吊销机动车驾驶证，依法追究刑事责任；五年内不得重新取得机动车驾驶证"之规定，对朱某处以吊销机动车驾驶证，5年内不得重新取得机动车驾驶证的处罚，适用法律无误。为维护道路交通秩序，保护公民人身、财产安全，一审对被诉行政处罚决定确认违法，不予撤销正确。上诉人的上诉观点和理由无事实和法律依据，均不能成立，二审法院不予支持。一审判决认定事实清楚，程序合法，适用法律正确，二审法院应予维持。

※裁判要旨：醉酒驾驶机动车的，除应依法追究刑事责任外，还应吊销机动车驾驶证；在刑法之中并未将吊销证照作为刑罚，因而吊销机动车驾驶证应当由行政

机关以行政处罚的方式作出,行政机关吊销机动车驾驶证与司法机关依法追究刑事责任二者并行不悖。就情理而言,道路交通安全事关公共安全,社会全体成员特别是机动车驾驶人员不可掉以轻心,否则或将危及公共安全,因此机动车驾驶人员须严格遵守道路交通安全规定,对于严重违反其规定的,应当作出终止其驾驶资质的否定评价,并视情况确定终止期限,不然不足以维护交通秩序。就法律适用而言,对于醉酒驾驶行为,不论是否被追究刑事责任,均应吊销其机动车驾驶证,故而本案中交警队作为行政机关,依照《道路交通安全法》第91条第2款规定作出吊销朱某机动车驾驶证的决定正确。

鲁某犯以危险方法危害公共安全罪案〔1〕

※案情简介:2019年8月8日0时许,被告人鲁某吸毒后无证驾驶某租赁公司所有的川A5××××号小型轿车(案发时被鲁某私自涂改为川A5××××)沿国道317线由成都方向向郫都区方向行驶至成都市郫都区犀浦镇百伦广场与城市怡景花园之间道路上,正准备用冒充冰毒的辅料与上车的黄某进行交易时,被公安机关发现并前后拦截。为逃避抓捕,被告人鲁某迅速倒车撞上后面围堵的车辆后,加速前进向右强行撞开前面拦截的车辆,直行几十米后,向左驶入主道行驶至成都市郫都区犀浦镇地铁站路口时强闯红灯,与停在路口等候信号灯由梁某某驾驶的川A9××××号小型轿车相撞,造成川A5××××号、川A9××××号两车受损,川A5××××号小型车辆侧翻将正在正常通过人行横道的行人李某松撞倒并压于车下,致李某松当场死亡的后果。被告人鲁某被当场挡获。经甲基苯丙胺胶体金法检验,被告人鲁某的尿液结果呈阳性。

一审法院认为,被告人鲁某吸食毒品后在人流、车流密集的道路上无证驾驶机动车,在遇民警盘查时,强行冲撞拦截的民用警车并致车辆受损,后加速逃离闯红灯,再次冲撞正在等候红灯的车辆并侧翻,将正常经过人行道的行人压于车下致死,其行为确已构成以危险方法危害公共安全罪。被告人鲁某刑罚执行完毕后5年内再犯应当判处有期徒刑以上刑罚之罪,系累犯,依法从重处罚。据此,依照《刑法》第65条第1款、第115条第1款之规定,以被告人鲁某犯以危险方法危害公共安全罪,判处有期徒刑13年。

---

〔1〕 本案根据(2020)川01刑终850号裁定书整理。

宣判后，原审被告人鲁某不服，提出其应构成交通肇事罪的上诉理由。其辩护人提出鲁某有自首情节，系被人卡住颈部后无法正常驾驶以致发生交通事故，应当构成交通肇事罪的辩护意见。

※裁判理由：本案的争议焦点为鲁某的行为是构成交通肇事罪还是以危险方法危害公共安全罪？二审法院认为，上诉人（原审被告人）鲁某为实施违法犯罪行为，无证且吸食毒品后在人流密集的道路上驾驶机动车，为抗拒民警抓捕冲撞民警车辆后加速逃窜，强闯红灯并再次冲撞他人车辆后翻车，将被害人李某松倾轧致死的行为，已构成以危险方法危害公共安全罪。上诉人鲁某刑罚执行完毕后5年内再犯应当判处有期徒刑以上刑罚之罪，系累犯，依法应当从重处罚。

针对被告人鲁某及辩护人所提鲁某系被车内人员卡住颈部致发生事故，其行为构成交通肇事罪，鲁某有自首情节的上诉理由及辩护意见，二审法院认为，上诉人鲁某并不具备驾驶机动车资格，其吸食毒品后驾车在人流车流密集的道路上行驶的行为，已对公共安全造成危害构成犯罪，其后又因涉嫌违法犯罪被民警抓捕时，明知已经被堵截无法正常行驶的情况下，强行撞开民警拦截车辆加速盲目逃窜，其主观上即具有放任造成公私财物和不特定人员人身损害的故意，应当以以危险方法危害公共安全罪定罪处罚，其行为最终造成他人车辆受损和人员死亡的严重后果，应当在10年以上有期徒刑、无期徒刑或者死刑幅度内定罪处罚。在案证据同时证实，从上诉人鲁某撞开民警车辆到再次冲撞他人车辆致人死亡的距离极短，其本人所驾车辆也无失控表现，且鲁某关于遭到车内人员卡颈所致发生事故的辩解，并无证据佐证。上诉人鲁某因车辆侧翻后，被追赶至现场的民警挡获，并不符合自首的法定条件。综上，上诉人鲁某及辩护人的上诉理由和辩护意见均不能成立，二审法院不予采纳。

综上，原判认定事实清楚，适用法律正确、量刑适当、审判程序合法。据此，裁定驳回上诉，维持原判。

※裁判要旨：对吸食毒品后驾驶机动车辆发生严重交通事故，造成重大人员伤亡和公私财产损失行为的定性，应结合行为人的罪前行为、罪后情节以及行为产生的具体危险状态综合判断。一般而言，行为人具有肇事后继续驾车冲撞，发生持续危害后果等足以推定其具有放任危害后果发生的主观故意情节的，应认定为以危险方法危害公共安全罪，而不以交通肇事罪定罪处罚。

第九十二条 【超载】 公路客运车辆载客超过额定乘员的，处二百元以上五百元以下罚款；超过额定乘员百分之二十或者违反规定载货的，处五百元以上二千元以下罚款。

货运机动车超过核定载质量的，处二百元以上五百元以下罚款；超过核定载质量百分之三十或者违反规定载客的，处五百元以上二千元以下罚款。

有前两款行为的，由公安机关交通管理部门扣留机动车至违法状态消除。

运输单位的车辆有本条第一款、第二款规定的情形，经处罚不改的，对直接负责的主管人员处二千元以上五千元以下罚款。

条文解读

本条是关于机动车超载或违规运输的处罚规定。

现实生活中，机动车超载运输或违反规定运输的危害显而易见。第一，车辆超限超载严重破坏了公路基础设施。由于超限超载车辆的荷载远远超过了公路和桥梁的设计载荷，致使路面损坏、桥梁断裂，使用年限大大缩短。第二，车辆超限超载，质量增大而惯性加大，制动距离加长，危险性增大。如果严重超载，则会因轮胎负荷过重、变形过大而引起爆胎、突然偏驶、制动失灵、翻车等事故。另外，超载还会影响车辆的转向性能，易因转向失控而导致事故。第三，驾驶人驾驶超限超载的车辆，往往会增加心理负担和思想压力，容易出现操作错误，影响行车安全，造成交通事故。第四，由于超限超载后的车辆无法达到正常速度行驶，长时间占用车道，直接影响道路的畅通。由此可知，无论是客运超载还是货运超载，其危害都不可小觑。

每一辆机动车都有它的特定用途和功能，都有其核定的载质量和载人数。在这方面我们必须要养成尊重科学、崇尚理性的精神，严格按照核定的载质量和载人数运行。

机动车上路运输除了不得超载以外，还要遵守公安机关交通管理部门一系列的规定，如不得客货混运，客运车不得携带易燃易爆危险品，运输燃油、化工原材料、其他可能会污染环境的危险品的机动车必须有经过有关部门认证合格的专用装载设备，有些运输还要事先经过报批。这些规定的目的都是保障公众的安全。

一些人往往看不到违反规定所潜伏的巨大危险。事实上，近年来，就发生过用擅自改装的机动车运输危险化学品，严重超载翻车，造成整车含砒霜的化工原料倾倒进入河流的危险局面。这些事故影响的不是几个人而可能是整个流域数万人民群众的生命财产安全。

因此，本条规定对载客超过额定乘员的，处 200 元以上 500 元以下罚款；超过额定乘员 20% 或者违反规定载货的，处 500 元以上 2000 元以下罚款。货运机动车载货超过核定载质量的，处 200 元以上 500 元以下罚款；超过核定载质量 30% 或者违反规定载客的，处 500 元以上 2000 元以下罚款。有前两款行为的，还要由公安机关交通管理部门扣留机动车至违法状态消除。

法律之所以规定扣留机动车至违法状态消除这一强制措施，是由于很长一段时间里，一些地方的交通执法部门为了部门创收，对违规违法车辆罚款放行，只要交了罚款，违规超载车辆照行不误。一个个这样的安全隐患继续在道路上行驶，继续对道路交通安全构成巨大威胁，处罚的目的根本没有达到。车主们往往为了营利，在算计好超载所获营利与罚款数额之差尚有赚头时，就会冒险超载，抓不到就大赚，抓到了也能赚，违法成本不高。现在法律规定，对超载机动车要扣留至违法状态消除，执法部门就不能再将超载违规车辆罚款放行，而要首先使机动车消除违法状态，超载的减重，违规的要改为按规定的方式承载，直至违法状态消除后才能放行。这样就将交通安全的隐患一个个消除，真正达到了处罚违法违规的目的。

还应当看到，一些运输单位的超载是由于单位负责人为追求经济利益强令驾驶人员这样做的。因此，为了能从根本上有效制止超载的发生，保证公众的生命财产安全，对于那些多次发生超载行为，经处罚不改的运输单位，本条规定了对直接负责的主管人员处 2000 元以上 5000 元以下罚款的处罚。

配套法规及解读

《刑法》(2023 年 12 月 29 日修正)

第一百三十三条之一 在道路上驾驶机动车，有下列情形之一的，处拘役，并处罚金：

(一)追逐竞驶，情节恶劣的；

(二)醉酒驾驶机动车的；

（三）从事校车业务或者旅客运输，严重超过额定乘员载客，或者严重超过规定时速行驶的；

（四）违反危险化学品安全管理规定运输危险化学品，危及公共安全的。

机动车所有人、管理人对前款第三项、第四项行为负有直接责任的，依照前款的规定处罚。

有前两款行为，同时构成其他犯罪的，依照处罚较重的规定定罪处罚。

《道路交通安全法实施条例》（2017 年 10 月 7 日修订）

第一百零六条 公路客运载客汽车超过核定乘员、载货汽车超过核定载质量的，公安机关交通管理部门依法扣留机动车后，驾驶人应当将超载的乘车人转运、将超载的货物卸载，费用由超载机动车的驾驶人或者所有人承担。

第一百零七条 依照道路交通安全法第九十二条、第九十五条、第九十六条、第九十八条的规定被扣留的机动车，驾驶人或者所有人、管理人 30 日内没有提供被扣留机动车的合法证明，没有补办相应手续，或者不前来接受处理，经公安机关交通管理部门通知并且经公告 3 个月仍不前来接受处理的，由公安机关交通管理部门将该机动车送交有资格的拍卖机构拍卖，所得价款上缴国库；非法拼装的机动车予以拆除；达到报废标准的机动车予以报废；机动车涉及其他违法犯罪行为的，移交有关部门处理。

《道路交通安全违法行为处理程序规定》（2020 年 4 月 7 日修正）

第二十七条 有下列情形之一的，依法扣留车辆：

（一）上道路行驶的机动车未悬挂机动车号牌，未放置检验合格标志、保险标志，或者未随车携带机动车行驶证、驾驶证的；

（二）有伪造、变造或者使用伪造、变造的机动车登记证书、号牌、行驶证、检验合格标志、保险标志、驾驶证或者使用其他车辆的机动车登记证书、号牌、行驶证、检验合格标志、保险标志嫌疑的；

（三）未按照国家规定投保机动车交通事故责任强制保险的；

（四）公路客运车辆或者货运机动车超载的；

（五）机动车有被盗抢嫌疑的；

（六）机动车有拼装或者达到报废标准嫌疑的；

（七）未申领《剧毒化学品公路运输通行证》通过公路运输剧毒化学品的；

（八）非机动车驾驶人拒绝接受罚款处罚的。

对发生道路交通事故，因收集证据需要的，可以依法扣留事故车辆。

第二十九条 对公路客运车辆载客超过核定乘员、货运机动车超过核定载质量的，公安机关交通管理部门应当按照下列规定消除违法状态：

（一）违法行为人可以自行消除违法状态的，应当在公安机关交通管理部门的监督下，自行将超载的乘车人转运、将超载的货物卸载。

（二）违法行为人无法自行消除违法状态的，对超载的乘车人，公安机关交通管理部门应当及时通知有关部门联系转运；对超载的货物，应当在指定的场地卸载，并由违法行为人与指定场地的保管方签订卸载货物的保管合同。

消除违法状态的费用由违法行为人承担。违法状态消除后，应当立即退还被扣留的机动车。

《严重超员、严重超速危险驾驶刑事案件立案标准（试行）》（2015 年 11 月 20 日）

第一条 在道路上驾驶机动车从事校车业务或者公路客运、旅游客运、包车客运，有下列严重超过额定乘员载客情形之一的，可以立案侦查：

（一）驾驶大型载客汽车，载客超过额定乘员 50% 以上或者超过额定乘员 15 人以上的；

（二）驾驶中型载客汽车，载客超过额定乘员 80% 以上或者超过额定乘员 10 人以上的；

（三）驾驶小型、微型载客汽车，载客超过额定乘员 100% 以上或者超过额定乘员 7 人以上的。

第三条 机动车所有人、管理人强迫、指使机动车驾驶人实施本标准第一条、第二条所列行为或者有其他负有直接责任情形的，可以立案侦查。

※法规解读：公安机关交通管理部门和交通部门都可以对超限超载违法行为进行处罚。

公安机关交通管理部门可依据《道路交通安全法》和有关法律法规进行以下几种处罚：对超过核定载质量 30% 以下的给予 300 元的罚款和记 2 分的处理；对超过核定载质量 30% ~50% 的给予 1000 元的罚款和记 6 分的处理；对超过核定载质量 50% ~100% 的给予 1500 元的罚款和记 6 分的处理；对超过核定载质量 100% 以上的给予 2000 元的罚款和记 6 分的处理；对记分累计超过规定限值（达到 12 分）的驾驶人，依法扣留驾驶证，对其进行道路交通安全法律、法规教育，重新考试；考试合格的,发还其机动车驾驶证。

《刑法修正案(九)》施行后的一个突出变化就是,将从事校车业务或者旅客运输车辆严重超员的行为视为严重危害公共安全的行为,处罚由原来的行政处罚上升为刑事处罚,即将驾驶机动车在道路上从事校车业务或者旅客运输严重超过额定乘员载客的行为的处罚,由《道路交通安全法》规定的最高2000元罚款的行政处罚,上升为“处拘役,并处罚金”的刑事处罚,依法给予严厉惩处。为了督促机动车所有人、管理人落实交通安全主体责任,从源头上预防和减少违法行为,保障通行安全,《刑法修正案(九)》在将严重超过额定乘员载客行为规定为犯罪的同时,对机动车所有人、管理人负有直接责任,也将承担相应的刑事责任。此外,未取得道路运输经营许可的企业和个人,从事相关运输业务的,严重扰乱运输管理秩序和道路交通秩序,危害道路交通安全,如发生严重超员、严重超速等行为,社会危害性更大,不但要由交通运输主管部门依法给予处罚,还要依法追究刑事责任,为违法犯罪行为付出沉重代价。因此,从事校车业务、旅客运输、危险化学品运输的相关单位和个人,无论是机动车驾驶人,还是企业法定代表人以及负有安全管理职责的负责人、管理人员等,都要遵守法律关于严重超过额定乘员载客的规定和违法犯罪应承担的法律责任,严格约束自身行为,严格履行道路交通安全义务,严格遵守法律的规定,坚决抵制此类违法犯罪行为,共同维护道路交通安全。

本条中涉及的两个概念即“超载”“超限”在执法时中容易混淆,两者的区别在于:(1)超载和超限的法源或法律根据不同。“超载”一词来源于《道路交通管理条例》(已失效),其第30条规定:“机动车载物,必须遵守下列规定:(一)不准超过行驶证上核定的载质量……”第31条规定:“非机动车载物,在大、中城市市区或交通流量大的道路上,必须遵守……”“超限”一词来源于《公路法》,其第50条规定:“超过公路、公路桥梁、公路隧道或者汽车渡船的限载、限高、限宽、限长标准的车辆,不得在有限定标准的公路、公路桥梁上或者公路隧道内行驶……”(2)超载和超限在指定标准时参照的技术参数不同:超载标准的技术参数是根据车辆的装载能力来确定的,如载质量不满1000公斤的小型汽车装载1200公斤就是超载;超限标准的技术参数是根据公路的设计技术标准来确定的,不同等级的公路(含桥梁)其设计的限载标准是不同的。(3)超载和超限的客体物不同:虽然两者在货物装载中均有超重、超高、超宽、超长的表述,但超载既有货物装载,又有客运超载;超限只在货物运输中有,客运中没有超限的规定。(4)超载和超限的执法主体不同:根据

《道路交通管理条例》(已失效)第 8 条的规定,超载的执法主体是公安机关;根据《公路法》第 8 条的规定,超限的执法主体是交通主管部门或公路管理机构。另据有关法律要求,在没有综合执法授权的前提下,公安机关和交通主管部门或公路管理机构只能各司其职,不能越权。(5)超载和超限的法律责任不同:根据《道路交通管理条例》(已失效)第 80 条的规定,超载的法律责任包括《治安管理处罚条例》(已失效)第 28 条规定的 5 元以下罚款或者警告,并可以根据《道路交通管理条例》(已失效)第 80 条规定在罚款或者警告同时并处吊扣 1 个月以下的驾驶证,因此超载只有行政法上的法律责任;根据《公路法》第 76 条和第 85 条的规定,超限的法律责任是罚款 3 万元以下,造成公路损害的还应当依法承担民事责任,因此超限有行政法和民事法律上的双重法律责任。

关联法规索引

《新疆维吾尔自治区实施〈中华人民共和国道路交通安全法〉办法》第 83 条、第 84 条

第九十三条 【违规停车】对违反道路交通安全法律、法规关于机动车停放、临时停车规定的,可以指出违法行为,并予以口头警告,令其立即驶离。

机动车驾驶人不在现场或者虽在现场但拒绝立即驶离,妨碍其他车辆、行人通行的,处二十元以上二百元以下罚款,并可以将该机动车拖移至不妨碍交通的地点或者公安机关交通管理部门指定的地点停放。公安机关交通管理部门拖车不得向当事人收取费用,并应当及时告知当事人停放地点。

因采取不正确的方法拖车造成机动车损坏的,应当依法承担补偿责任。

条文解读

本条是关于对机动车违章停车的处罚和采取行政强制措施的规定。本条共分 3 款。

随着经济的发展,我国城市居民的机动车保有量正以极快的速度增长。如果大家都不按规定停放车辆,到处都成了停车场,正常的交通秩序就无法维持,所有

的机动车都会无法通行。因此本法规定，机动车应当在规定地点停放，临时停车的，不得妨碍其他车辆和行人通行。

本条规定，对违反道路交通安全法律、法规关于机动车停放、临时停车规定的，要视情节轻重，给予不同的纠正处理。轻的指出违法行为，给予口头警告，令其立即驶离；较重和严重的给予20元以上200元以下罚款，并可以将机动车拖移至不妨碍交通的地点或者公安机关交通管理部门指定的地点停放。

为了规范执法部门的执法行为，本条专门明确规定，公安机关交通管理部门拖车不得向当事人收取任何费用，应当及时告知当事人机动车拖移至的地点，遇有拖车不当造成当事人车辆损坏的还要依法给予补偿。这样规定有利于抑制执法部门的创收冲动，防止执法部门动辄就拖车收费的情况发生。对违规停放车辆的处理要视情况不同而采取不同的办法。

一般在没有妨碍交通的情况下，应给予警告，令其立即驶离，只有在妨碍到交通正常通行且机动车驾驶人不在现场或者虽在现场但拒绝立即驶离的情况下，才应运用将车拖移至不妨碍交通的地点或公安机关交通管理部门指定地点的强制措施。这样执法才能得到广大群众的理解和支持。法律还要求执法部门及时告知当事人机动车拖移至的地点，防止过去出现的那种机动车被拖走到处找不到的情况发生，体现文明执法的精神。对于采取不正确的方法拖车造成机动车损坏的，属于执法中发生的不当行为，应当由执法机关给予补偿，体现执法机关对人民群众财产权利的尊重与爱护。

配套法规及解读

《道路交通安全违法行为处理程序规定》(2020年4月7日修正)

第三十条 对扣留的车辆，当事人接受处理或者提供、补办的相关证明或者手续经核实后，公安机关交通管理部门应当依法及时退还。

公安机关交通管理部门核实的时间不得超过十日；需要延长的，经县级以上公安机关交通管理部门负责人批准，可以延长至十五日。核实时间自车辆驾驶人或者所有人、管理人提供被扣留车辆合法来历证明，补办相应手续，或者接受处理之日起计算。

发生道路交通事故因收集证据需要扣留车辆的，扣留车辆时间依照《道路交通事故处理程序规定》有关规定执行。

第三十三条　违反机动车停放、临时停车规定，驾驶人不在现场或者虽在现场但拒绝立即驶离，妨碍其他车辆、行人通行的，公安机关交通管理部门及其交通警察可以将机动车拖移至不妨碍交通的地点或者公安机关交通管理部门指定的地点。

拖移机动车的，现场交通警察应当通过拍照、录像等方式固定违法事实和证据。

第三十四条　公安机关交通管理部门应当公开拖移机动车查询电话，并通过设置拖移机动车专用标志牌明示或者以其他方式告知当事人。当事人可以通过电话查询接受处理的地点、期限和被拖移机动车的停放地点。

《交通警察道路执勤执法工作规范》(2008年11月15日)

附件4　查处违法停车操作规程

一、查处机动车违法停车行为应当使用照相、摄录设备、清障车等装备。

二、发现机动车违法停车行为，机动车驾驶人在现场的，应当责令其驶离。

机动车驾驶人不在现场的，应当在机动车侧门玻璃或摩托车座位上张贴违法停车告知单，并采取拍照或者录像方式固定相关证据。严重妨碍其他车辆、行人通行的，应当指派清障车将机动车拖移至指定地点。

机动车驾驶人虽在现场但拒绝立即驶离的，应当使用照相、摄录设备取证，依法对机动车驾驶人的违法行为进行处理。

公安机关交通管理部门应当公开拖移机动车查询电话，并通过设置拖移机动车专用标志牌明示或者以其他方式告知当事人。当事人可以通过电话查询接受处理的地点、期限和被拖移机动车的停放地点。

三、交通警察在高速公路上发现机动车违法停车的，应当责令机动车驾驶人立即驶离；机动车发生故障或者机动车驾驶人不在现场的，应当联系清障车将机动车拖移至指定地点并告知机动车驾驶人；无法拖移的，应当责令机动车驾驶人按照规定设置警告标志。

故障机动车可以在短时间内修复，且不占用行车道或者骑压车道分隔线停车的，可以不拖移机动车，但应当责令机动车驾驶人按照规定设置警告标志。

四、拖移违法停车机动车，应当保障交通安全，保证车辆不受损坏，并通过拍照、录像等方式固定证据。

※法规解读:在现实生活中,交通警察在处置违停机动车时,可以根据具体情况采取不同的行政强制措施。当机动车驾驶人不在现场,而违章停放的车辆妨碍其他车辆、行人通行时,公安机关道路交通管理部门可以先将违章机动车拖移至不影响交通的地点,或者公安机关交通管理部门指定的地点停放,并在违法行为人前来领取车辆时,对其实施罚款处罚。当违法行为人在现场,但拒绝交通警察的立即驶离要求,从而影响其他车辆、行人通行时,公安机关道路交通管理部门可以对行为人实行罚款,并可以采取强制拖移机动车的行政强制措施。

之所以要将违章停放的机动车拖移到公安机关指定的地点停放,是因为在目前城市交通日趋拥堵的状况下,在违章停车的附近一般很难发现一个可以停放车辆又不影响交通的地点,所以在具体的执法实践中,大多数违章停放的车辆被拖移至公安机关交通管理部门指定的地点。为了避免公安机关交通管理部门及其交通警察滥用职权拖车牟利,《道路交通安全法》专门规定拖移违章车辆不得向当事人收取费用。同时,为了方便被处罚人及时领回被拖移的机动车,《道路交通安全法》还规定公安机关道路交通管理部门有义务及时告知当事人被拖移车辆的停放地点。

关联法规索引

《陕西省实施〈中华人民共和国道路交通安全法〉办法》第89条

典型案例

张某益与上海市公安局杨浦分局交通警察支队交通行政处罚纠纷案[1]

※案情简介:2020年4月14日20时12分28秒至当日20时15分31秒,张某益驾驶号牌为×××的小型汽车在铁岭路进锦西路南约80米处的行人通道上停车等人。该停车过程被电子警察监控设备记录。铁岭路为单行道,路口设有“停车违法,请立即驶离,电子警察监督(违法停车)”的黄色警示标志,该路段无停车泊位和允许停车指示牌。同月17日,电子警察系统向张某益开具了编号为××××

〔1〕 本案根据(2020)沪02行终282号判决书整理。

××××××××××××的违法行为告知书。2020年4月26日,张某益通过交通安全综合服务管理平台接受处理,平台向张某益出示了违法停车的照片、告知其违法行为的基本事实、处罚依据及拟处罚内容以及享有的陈述和申辩权利后,张某益在该平台上进行了处理,上海市公安局杨浦交警支队(以下简称杨浦交警支队)作出编号:311000－×××××××××××公安交通管理简易程序处罚决定书,认定被处罚人张某益,车辆牌号为×××的小型轿车,于2020年4月14日20时12分,在铁岭路进锦西路南约80米实施机动车违反规定停放、临时停车且驾驶员虽在现场拒绝立即驶离,妨碍其他车辆、行人通行的违法行为(代码10391),违反了《道路交通安全法》第56条、《道路交通安全法实施条例》第63条,依据《道路交通安全法》第93条第2款、第114条,决定予以200元罚款。张某益取得了被诉处罚决定书,并在上海一网通办缴费平台上支付了200元罚款。嗣后,张某益对杨浦交警支队作出的处罚行为不服,向原审法院提起行政诉讼,要求撤销杨浦交警支队作出的处罚决定,返还张某益已支付的罚款200元,并补偿其因本次诉讼产生的工本费、交通费、误工费总计200元。

一审法院认为,《道路交通安全法》第5条第2款规定:"县级以上各级人民政府交通、建设管理部门依据各自职责,负责有关的道路交通工作。"《道路交通安全违法行为处理程序规定》第6条第1款规定:"对违法行为人处以警告、罚款或者暂扣机动车驾驶证处罚的,由县级以上公安机关交通管理部门作出处罚决定。"故杨浦交警支队具有作出被诉公安交通管理简易程序处罚决定的职权。本案中,张某益在设有明显禁止停车警示牌的路段停车,停车时间3分钟以上,杨浦交警支队据此认定张某益"违反规定停放、临时停车且驾驶人虽在现场拒绝立即驶离",并无不当。张某益要求杨浦交警支队予以补偿的请求,未提供相应证据予以佐证,故对此不予认可。综上,张某益的诉讼请求缺乏事实证据和法律依据,不予支持。原审法院遂判决:驳回张某益的诉讼请求。判决后,张某益不服,向二审法院提起上诉。

※裁判理由:二审法院认为,被上诉人杨浦交警支队具有作出被诉公安交通管理简易程序处罚决定的职权。根据杨浦交警支队在原审中提供的电子监控设备抓拍照片、事发地所设警示牌照片、被诉行政处罚决定书等证据,能够证明上诉人将车辆停靠在人行道上,该处未施划停车泊位,涉案路段设置有警告牌,载明"停车行为违法,请立即驶离,电子警察监管(违法停车)"。根据《道路交通安全法》第56条之规定,机动车应当在规定地点停放,在道路上临时停车的,不得妨碍其他车辆

和行人通行；同时，《道路交通安全法实施条例》第63条就临时停车又作了详细的规定，根据其中第5项规定，机动车驾驶人只有在上下人员、装卸物品等情况下才允许在道路上临时停车，且不得离车，上下人员或者装卸物品后，应立即驶离。现上诉人在人行道上停车，未有上下人员的情况，杨浦交警支队据此认定上诉人实施了机动车违反规定停放、临时停车，妨碍其他车辆、行人通行的违法行为，并无不当。《道路交通安全法》第93条第1款、第2款规定，"对违反道路交通安全法律、法规关于机动车停放、临时停车规定的，可以指出违法行为，并予以口头警告，令其立即驶离。机动车驾驶人不在现场或者虽在现场但拒绝立即驶离，妨碍其他车辆、行人通行的，处二十元以上二百元以下罚款……"同时，该法第114条规定："公安机关交通管理部门根据交通技术监控记录资料，可以对违法的机动车所有人或者管理人依法予以处罚。对能够确定驾驶人的，可以依照本法的规定依法予以处罚。"本案中，公安机关交通管理部门系根据交通技术监控记录资料认定上诉人实施违法停车行为，且杨浦交警支队在涉案道路驶入方向的路口设置了醒目的警示牌标志，明确了停车行为违法、要求违法行为人立即驶离的意思表示，同时还明示了电子警察监管的情况，内容清晰，对驾驶员起到了告知和警示的作用。上诉人在此情况下，仍于涉案路段停车，杨浦交警支队据此认为其属于拒绝立即驶离的情形，依据《道路交通安全法》第93条第2款之规定，对上诉人作出被诉行政处罚决定，并无不当。因被上诉人所作行政处罚决定并无不当，故上诉人要求被上诉人赔偿的诉讼请求缺乏法律依据，二审法院不予支持。综上，上诉人张某益的上诉请求及理由缺乏事实证据和法律依据，二审法院不予支持。原审判决正确。据此，依照《行政诉讼法》第89条第1款第1项之规定，判决驳回上诉，维持原判。

※裁判要旨：近年来，随着我国汽车保有量的迅速增加，机动车停车难问题日益凸显，特别是在城市的中心地带，因不按规定停放车辆而引发的交通拥堵时有发生，为维护正常的交通秩序，很多地方在繁华地带设置了停车告示标牌，并安装了摄像头，抓拍机动车违法停车的行为。本案中，公安机关交通管理部门系根据交通技术监控记录资料认定上诉人实施违法停车行为，且杨浦交警支队在涉案道路驶入方向的路口设置了醒目的警示牌标志，明确了停车行为违法、要求违法行为人立即驶离的意思表示，同时还对驾驶员告知和警示。上诉人在此情况下，仍于涉案路段停车，杨浦交警支队据此认为其属于拒绝立即驶离的情形是有理有据的。

第九十四条　【违反安检规定】机动车安全技术检验机构实施机动车安全技术检验超过国务院价格主管部门核定的收费标准收取费用的，退还多收取的费用，并由价格主管部门依照《中华人民共和国价格法》的有关规定给予处罚。

机动车安全技术检验机构不按照机动车国家安全技术标准进行检验，出具虚假检验结果的，由公安机关交通管理部门处所收检验费用五倍以上十倍以下罚款，并依法撤销其检验资格；构成犯罪的，依法追究刑事责任。

条文解读

本条是关于为机动车安全技术检验机构违法行为设定法律责任的规定。本条共分两款。

本条第2款所说的“机动车安全技术检验机构”，是指经国家有关机关认可并接受国家委托承担机动车安全技术检验的中介服务机构，该机构接受公安机关道路交通管理部门委托，主要对机动车进行注册检验、定期检验、临时检验和特殊检验。机动车安全技术检验机构不仅承担着保障机动车安全性、防止不符合安全标准的机动车上路的重要职责，还与千千万万个机动车所有人有着服务的关系，其服务质量、价格直接关系到机动车所有人的利益。

既然接受了国家的委托，就要承担义务，即按国家规定的价格收取检验费用，违反这一义务，将面临民事和行政处罚的双重责任。我国《价格法》规定，政府在必要时可以对重要的公用事业和重要的公益性服务价格实行政府指导价或者政府定价。由于机动车的安全技术检验是所有上路机动车都必须要做的，法律规定机动车的安全技术检验实行社会化，这是发展方向。根据此规定，机动车安全技术检验是一种公益性服务，其费用的收取不应以营利为目的。因此本法规定，机动车安全技术检验机构对机动车检验收取费用，必须严格执行国务院价格主管部门核定的标准。超过国务院价格主管部门核定的收费标准收取费用的，退还多收取的费用，并由价格主管部门依照《价格法》的规定给予处罚；情节严重的，责令停业整顿。

除了机动车驾驶人，机动车的车况也是决定交通安全的重要方面。因此，机动车安全技术检验机构能否严格把好车况关，不放过一辆不合格车辆上路，直接关系道路交通安全，关系公众生命财产安全。本条第2款对机动车安全技术检验机构不按规定检验，出具虚假检验结果的行为，规定了较为严厉的处罚，即由公安机关交通管理部门处所收检验费 5 倍以上 10 倍以下罚款，并依法撤销其检验资格。构成犯罪的，还要依法追究刑事责任。目前一部分机动车检验机构还未与行政机关脱钩，还作为公安机关交通管理部门行使国家行政职能的场所，如果他们出具虚假检验结果，应该按照《刑法》渎职罪的有关规定追究刑事责任；同时还有其他违法犯罪行为的，也可依国家工作人员的身份追究刑事责任。对于已经实行社会化管理的，机动车安全技术检验机构也要对机动车安全技术检验结果承担法律责任，即至少对于他们失职行为造成的损害，要承担民事赔偿责任。

关联法规索引

《湖南省实施〈中华人民共和国道路交通安全法〉办法》第 52 条；《福建省实施〈中华人民共和国道路交通安全法〉办法》第 77 条

第九十五条 【无牌、无证驾驶】上道路行驶的机动车未悬挂机动车号牌，未放置检验合格标志、保险标志，或者未随车携带行驶证、驾驶证的，公安机关交通管理部门应当扣留机动车，通知当事人提供相应的牌证、标志或者补办相应手续，并可以依照本法第九十条的规定予以处罚。当事人提供相应的牌证、标志或者补办相应手续的，应当及时退还机动车。

故意遮挡、污损或者不按规定安装机动车号牌的，依照本法第九十条的规定予以处罚。

条文解读

本条是关于上路行驶的机动车不按规定悬挂号牌、放置保险与安检标志或者未随车携带行驶证、驾驶证的处罚规定。

本条规定机动车上路应当按规定悬挂机动车号牌，放置检验合格标志、保险标志，并随车携带行驶证、随身携带驾驶证，是为了便于公安机关交通管理部门对于流动性极强、情况瞬息万变的道路交通秩序状况实行现场即时监督和管理。机动车不按法律要求的去做，不按照规定悬挂号牌、不放置检验合格标志等，就像一个不明身份的人闯入一个正在开会的会场,保安人员当然要阻止和盘查,因为这关系到整个会场的秩序和人们的安全。所以,法律规定对不按法律要求悬挂号牌、放置检验合格标志和保险标志的,公安机关交通管理部门应当扣留机动车,并通知当事人提供相应的牌证、标志或者补办相应手续,并可以按照本法的规定予以处罚,给予警告或者20元以上200元以下罚款。

当事人未按规定悬挂号牌、放置检验合格标志和保险标志可能有多种原因,有的是因为一时疏忽,有的是因为没办手续,有的是因为办不下手续,还有的可能是机动车来路不正,不敢办手续。执法人员要区别各种情况,对当事人提供相应的牌证、标志或者补办相应手续的,应当及时退还机动车。这里仍然体现一种精神:处罚不是目的,执法是为了大众的安全,是为公众服务。所以违法状态消失了,就要及时退还机动车,不得借故拖延。

还有一种情况是有机动车号牌,但是故意遮挡、污损或者不按规定安装,从行为上看,行为人的目的无非是不使自己的机动车牌号被人认出或者是冒充某种型号的牌号为自己通行图方便,这些制造假象的行为,都将妨碍执法部门对交通秩序的监督与管理,因此法律规定要依照本法的相关规定,给予警告或者20元以上200元以下的罚款。

配套法规及解读

《道路交通安全法实施条例》(2017年10月7日修订)

第一百零四条 机动车驾驶人有下列行为之一,又无其他机动车驾驶人即时替代驾驶的,公安机关交通管理部门除依法给予处罚外,可以将其驾驶的机动车移至不妨碍交通的地点或者有关部门指定的地点停放:

(一)不能出示本人有效驾驶证的;

(二)驾驶的机动车与驾驶证载明的准驾车型不符的;

(三)饮酒、服用国家管制的精神药品或者麻醉药品、患有妨碍安全驾驶的疾病,或者过度疲劳仍继续驾驶的;

(四)学习驾驶人员没有教练人员随车指导单独驾驶的。

第一百零七条 依照道路交通安全法第九十二条、第九十五条、第九十六条、第九十八条的规定被扣留的机动车,驾驶人或者所有人、管理人30日内没有提供被扣留机动车的合法证明,没有补办相应手续,或者不前来接受处理,经公安机关交通管理部门通知并且经公告3个月仍不前来接受处理的,由公安机关交通管理部门将该机动车送交有资格的拍卖机构拍卖,所得价款上缴国库;非法拼装的机动车予以拆除;达到报废标准的机动车予以报废;机动车涉及其他违法犯罪行为的,移交有关部门处理。

《道路交通安全违法行为处理程序规定》(2020年4月7日修正)

第二十七条 有下列情形之一的,依法扣留车辆:

(一)上道路行驶的机动车未悬挂机动车号牌,未放置检验合格标志、保险标志,或者未随车携带机动车行驶证、驾驶证的;

(二)有伪造、变造或者使用伪造、变造的机动车登记证书、号牌、行驶证、检验合格标志、保险标志、驾驶证或者使用其他车辆的机动车登记证书、号牌、行驶证、检验合格标志、保险标志嫌疑的;

(三)未按照国家规定投保机动车交通事故责任强制保险的;

(四)公路客运车辆或者货运机动车超载的;

(五)机动车有被盗抢嫌疑的;

(六)机动车有拼装或者达到报废标准嫌疑的;

(七)未申领《剧毒化学品公路运输通行证》通过公路运输剧毒化学品的;

(八)非机动车驾驶人拒绝接受罚款处罚的。

对发生道路交通事故,因收集证据需要的,可以依法扣留事故车辆。

※法规解读:驾驶证、行驶证两证都没有,最高罚款2000元,处以15日以下行政拘留,所驾机动车辆扣留,被强制报废(除非在事后能够提供合法有效的相关证件)。

根据《道路交通安全违法行为记分管理办法》第8条的规定,“机动车驾驶人有下列交通违法行为之一,一次记12分:(一)饮酒后驾驶机动车的;(二)造成致人轻伤以上或者死亡的交通事故后逃逸,尚不构成犯罪的;(三)使用伪造、变造的机动车号牌、行驶证、驾驶证、校车标牌或者使用其他机动车号牌、行驶证的;(四)驾驶校车、公路客运汽车、旅游客运汽车载人超过核定人数百分之二十以上,或者驾驶其他载客汽车载人超过核定人数百分之百以上的;(五)驾驶校车、中型以上载客载货汽车、危险物品运输车辆在高速公路、城市快速路上行驶超过规定时速百分之二十以上,或者驾驶其他机动车在高速公路、城市快速路上行驶超过规定时速百分之五十以上的;(六)驾驶机动车在高速公路、城市快速路上倒车、逆行、穿越中央分隔带掉头的;(七)代替实际机动车驾驶人接受交通违法行为处罚和记分牟取经济利益的"。机动车驾驶人在一个记分周期内累积记分满12分的,公安机关交通管理部门应当扣留其机动车驾驶证,开具强制措施凭证,并送达满分教育通知书,通知机动车驾驶人参加满分学习、考试;机动车驾驶证未被依法扣留或者收到满分教育通知书后30日内拒不参加公安机关交通管理部门通知的满分学习、考试的,由公安机关交通管理部门公告其机动车驾驶证停止使用。如果上路行驶,则按照无证驾驶对待。最高罚款2000元,处以15日以下行政拘留。

关联法规索引

《江西省实施〈中华人民共和国道路交通安全法〉办法》第83条

第九十六条　【使用虚假或他人证照】 **伪造、变造或者使用伪造、变造的机动车登记证书、号牌、行驶证、驾驶证的,由公安机关交通管理部门予以收缴,扣留该机动车,处十五日以下拘留,并处二千元以上五千元以下罚款;构成犯罪的,依法追究刑事责任。**

伪造、变造或者使用伪造、变造的检验合格标志、保险标志的,由公安机关交通管理部门予以收缴,扣留该机动车,处十日以下拘留,并处一千元以上三千元以下罚款;构成犯罪的,依法追究刑事责任。

使用其他车辆的机动车登记证书、号牌、行驶证、检验合格标志、保险标志的,由公安机关交通管理部门予以收缴,扣留该机动车,处二千元以上五千元以下罚款。

当事人提供相应的合法证明或者补办相应手续的,应当及时退还机动车。

条文解读

本条是关于伪造、变造或者使用伪造、变造的机动车登记证书、行驶证等证件、标志或者使用他人证件、标志行为的处罚规定。

伪造机动车登记证书、号牌、行驶证、检验合格标志、保险标志、驾驶证，是指无权制造机动车登记证书、号牌、行驶证、检验合格标志、保险标志、驾驶证的人，用以假充真的手法，模仿真证书、号牌、行驶证、检验合格标志、保险标志、驾驶证样式，冒用有关机关或机构的名义，制造假的各种证件、标志。变造机动车登记证书、号牌、行驶证、检验合格标志、保险标志、驾驶证，是指用涂改、擦消、拼接等方法，对真实的机动车登记证书、号牌、行驶证、检验合格标志、保险标志、驾驶证加以改制，用以假乱真的手法改变其内容，使其符合自己的使用目的行为。这种改变可以是改变车主的姓名、车辆的登记号码、发动机号码、购车年限等。伪造与变造造假手段不同，但性质相同，都是造假。使用伪造、变造的机动车登记证书、号牌、行驶证、检验合格标志、保险标志、驾驶证，就如同人使用假身份证，其行为目的必将引起人们的高度警惕。执法人员对于这种造假行为当然不会轻易放过。

本条规定，对使用伪造、变造的机动车登记证书、号牌、行驶证、检验合格标志、保险标志、驾驶证的由公安机关交通管理部门予以收缴，扣留该机动车，并处200元以上2000元以下罚款。构成犯罪的，还要依法追究刑事责任。我国《刑法》第280条第1款规定，对伪造、变造国家机关的公文、证件、印章的，处3年以下有期徒刑、拘役、管制或者剥夺政治权利；情节严重的，处3年以上10年以下有期徒刑。机动车登记证书、号牌、驾驶证、行驶证都是公安机关交通管理部门依法发放的证件，属国家机关的证件。伪造、变造这些证件的应依法追究刑事责任。我国《刑法》第281条规定，非法生产、买卖人民警察制式服装、车辆号牌等专用标志、警械，情节严重的，处3年以下有期徒刑、拘役或者管制，并处或者单处罚金。单位犯前述罪的，对单位判处罚金，并对其直接负责的主管人员和其他直接责任人员，依照前述的规定处罚。这一《刑法》法条应当成为对伪造、变造人民警察车辆号牌、标志等严重违法行为追究刑事责任的依据。

还有一种情况是，有些人虽然并未伪造、变造机动车登记证书、号牌、行驶证、检验合格标志、保险标志，但却使用其他车辆的机动车登记证书、号牌、行驶证、检验合格标志、保险标志，这相当于冒名顶替，同样是一种作假行为，不利于交通安全秩序的管理和监督，因此法律规定同样由公安机关交通管理部门扣留该机动车，并处200元以上2000元以下罚款。

即使是伪造、变造各种证件、号牌或者使用其他车辆的证件、号牌也会有各种情节轻重的区别，因此，本条仍然规定，当事人提供相应的合法证明或者补办相应手续的，应当及时退还机动车。

配套法规及解读

《刑法》(2023 年 12 月 29 日修正)

第二百八十条　伪造、变造、买卖或者盗窃、抢夺、毁灭国家机关的公文、证件、印章的，处三年以下有期徒刑、拘役、管制或者剥夺政治权利，并处罚金；情节严重的，处三年以上十年以下有期徒刑，并处罚金。

伪造公司、企业、事业单位、人民团体的印章的，处三年以下有期徒刑、拘役、管制或者剥夺政治权利，并处罚金。

伪造、变造、买卖居民身份证、护照、社会保障卡、驾驶证等依法可以用于证明身份的证件的，处三年以下有期徒刑、拘役、管制或者剥夺政治权利，并处罚金；情节严重的，处三年以上七年以下有期徒刑，并处罚金。

第二百八十一条　非法生产、买卖人民警察制式服装、车辆号牌等专用标志、警械，情节严重的，处三年以下有期徒刑、拘役或者管制，并处或者单处罚金。

单位犯前款罪的，对单位判处罚金，并对其直接负责的主管人员和其他直接责任人员，依照前款的规定处罚。

《道路交通安全法实施条例》(2017 年 10 月 7 日修订)

第一百零七条　依照道路交通安全法第九十二条、第九十五条、第九十六条、第九十八条的规定被扣留的机动车，驾驶人或者所有人、管理人 30 日内没有提供被扣留机动车的合法证明，没有补办相应手续，或者不前来接受处理，经公安机关交通管理部门通知并且经公告 3 个月仍不前来接受处理的，由公安机关交通管理部门将该机动车送交有资格的拍卖机构拍卖，所得价款上缴国库；非法拼装的机动车予以拆除；达到报废标准的机动车予以报废；机动车涉及其他违法犯罪行为的，移交有关部门处理。

《机动车交通事故责任强制保险条例》(2019 年 3 月 2 日修订)

第三十九条　上道路行驶的机动车未放置保险标志的，公安机关交通管理部门应当扣留机动车，通知当事人提供保险标志或者补办相应手续，可以处警告或者 20 元以上 200 元以下罚款。

当事人提供保险标志或者补办相应手续的，应当及时退还机动车。

第四十条 伪造、变造或者使用伪造、变造的保险标志，或者使用其他机动车的保险标志，由公安机关交通管理部门予以收缴，扣留该机动车，处200元以上2000元以下罚款；构成犯罪的，依法追究刑事责任。

当事人提供相应的合法证明或者补办相应手续的，应当及时退还机动车。

《道路交通安全违法行为处理程序规定》(2020年4月7日修正)

第二十七条 有下列情形之一的，依法扣留车辆：

(一)上道路行驶的机动车未悬挂机动车号牌，未放置检验合格标志、保险标志，或者未随车携带机动车行驶证、驾驶证的；

(二)有伪造、变造或者使用伪造、变造的机动车登记证书、号牌、行驶证、检验合格标志、保险标志、驾驶证或者使用其他车辆的机动车登记证书、号牌、行驶证、检验合格标志、保险标志嫌疑的；

(三)未按照国家规定投保机动车交通事故责任强制保险的；

(四)公路客运车辆或者货运机动车超载的；

(五)机动车有被盗抢嫌疑的；

(六)机动车有拼装或者达到报废标准嫌疑的；

(七)未申领《剧毒化学品公路运输通行证》通过公路运输剧毒化学品的；

(八)非机动车驾驶人拒绝接受罚款处罚的。

对发生道路交通事故，因收集证据需要的，可以依法扣留事故车辆。

第三十条 对扣留的车辆，当事人接受处理或者提供、补办的相关证明或者手续经核实后，公安机关交通管理部门应当依法及时退还。

公安机关交通管理部门核实的时间不得超过十日；需要延长的，经县级以上公安机关交通管理部门负责人批准，可以延长至十五日。核实时间自车辆驾驶人或者所有人、管理人提供被扣留车辆合法来历证明，补办相应手续，或者接受处理之日起计算。

发生道路交通事故因收集证据需要扣留车辆的，扣留车辆时间依照《道路交通事故处理程序规定》有关规定执行。

第三十九条 对伪造、变造或者使用伪造、变造的机动车登记证书、号牌、行驶证、检验合格标志、保险标志、驾驶证的，应当予以收缴，依法处罚后予以销毁。

对使用其他车辆的机动车登记证书、号牌、行驶证、检验合格标志、保险标志的，应当予以收缴，依法处罚后转至机动车登记地车辆管理所。

※法规解读：上述条款是对伪造、变造或者使用伪造、变造的机动车号牌、行驶证、检验合格标志、保险标志、机动车登记证、驾驶证或者使用其他机动车号牌、行驶证、检验合格标志、保险标志、机动车登记证的行为进行的罚款处罚，在规定罚款的同时，也规定了扣留机动车的强制措施。

一般来说，伪造、变造或者使用伪造、变造的机动车号牌、行驶证、检验合格标志、保险标志、机动车登记证、驾驶证或者使用其他机动车号牌、行驶证、检验合格标志、保险标志、机动车登记证，其目的都是非法牟利或者逃避法律规定的监管制度。逃避监管的动机可能有两种：一种是为了逃避办理上述手续所需费用，另一种是机动车没有合法的来历或者不符合国家规定的安全技术标准，通过正常的途径不可能获得上述号牌、证件、标志。对于使用伪造的驾驶证的，一种情况是为了规避驾驶培训和驾驶资格考试及其费用，另一种情况则是本身不具备获得驾驶证的条件或者已经被限制或者剥夺驾驶资格。

这些违法行为不仅会严重干扰车辆管理和道路交通安全和秩序，还可能形成道路交通安全的严重隐患，所以必须严厉进行打击。因此，法律责任规定了比较高的罚款数额，最高可达2000元，最低罚款也超过了适用当场处罚的200元的标准。《最高人民检察院、公安部关于公安机关管辖的刑事案件立案追诉标准的规定（一）》第35条也规定，对非法生产、买卖车辆号牌等专用标志、警械，涉嫌非法生产、买卖警车号牌、省级以上公安机关专段民用车辆号牌1副以上，或者其他公安机关专段民用车辆号牌3副以上的，应予立案追诉。当然，如果当事人能提供相应的合法证明，或者在补办相应的手续后，公安机关交通管理部门也应当及时退还车辆，这是为了保护当事人的财产权利在经历行政强制措施后，不被不法侵犯。

关联法规索引

《浙江省实施〈中华人民共和国道路交通安全法〉办法》第84条

第九十七条　【非法安装警报器具】非法安装警报器、标志灯具的，由公安机关交通管理部门强制拆除，予以收缴，并处二百元以上二千元以下罚款。

条文解读

本条是关于非法安装警报器、标志灯具的处罚规定。

机动车安装警报器、标志灯具是特定部门为公众服务、执行公务在道路通行上的特殊需要而专门设置的。并非任何人都可以随意设置。本法明确规定警车、消防车、救护车、工程救险车应当按照规定喷涂标志图案,安装警报器、标志灯具。上述车辆在执行紧急任务时,可以使用警报器、标志灯具;在确保安全的前提下,不受行驶路线、行驶方向、行驶速度和信号灯的限制,其他车辆和行人应当让行。社会上有些人见到警报器和标志灯具能给车辆通行带来如此大的便利,还可能带来提高身份的唬人效果,纷纷找关系安装这些物件,并"拉大旗作虎皮",不客气地行使特权,影响极坏。

因此,本法规定,警车、消防车、救护车、工程救险车以外的其他机动车不得喷涂、安装、使用上述车辆专用的或者与其相类似的标志图案、警报器或者标志灯具。因为只有这样规定了,才能改变一些地方机动车乱安警报器、标志灯具的混乱状况,大大减少特权车的数量,改善交通秩序状况。对于非法安装警报器、标志灯具的,本条规定,由公安机关交通管理部门强制拆除,予以收缴,并处200元以上2000元以下罚款。法律之所以不仅仅规定罚款,就是为了防止那种罚款完了就放行,满大街仍然到处跑着假警车的做法,而是要把这些非法安装的警报器、标志灯具强制拆除,予以收缴,加大违法者的违法成本。

配套法规及解读

《道路交通安全违法行为处理程序规定》(2020年4月7日修正)

第三十七条 对非法安装警报器、标志灯具或者自行车、三轮车加装动力装置的,公安机关交通管理部门应当强制拆除,予以收缴,并依法予以处罚。

交通警察现场收缴非法装置的,应当在二十四小时内,将收缴的物品交所属公安机关交通管理部门。

对收缴的物品,除作为证据保存外,经县级以上公安机关交通管理部门批准后,依法予以销毁。

※法规解读:警报器和标志灯具是专供特种车辆安装和使用的设施,是区别特种车辆和一般机动车的重要特征。根据《道路交通安全法》第15条的规定,只有警

车、消防车、救护车、工程救险车可以按照规定喷涂标志图案，安装警报器、标志灯具。未经公安机关交通管理部门批准，机动车不得喷涂、安装、使用前四种规定车辆专用的或者与其相类似的标志图案、警报器或者标志灯具。

法律之所以严格限定特种车辆的种类，并严格审批机动车安装警报器和标志灯具，是因为特种车辆在执行紧急任务时具有不同于一般机动车的特别通行权，而这种特别通行权会影响道路上其他车辆和行人的正常的通行。所以，为了尽量减少特种车辆对道路交通的影响，严格限定特权车辆种类并从严审批是非常必要的。但是，如果行为人无视法律的禁止性规定，不经过公安机关的正常审批程序而非法安装警报器和标志灯具，公安机关交通管理部门一般不容易掌握，所以只能通过规定法律责任的形式加以封堵。对于收缴的物品，除作为证据保存外，经县级以上公安机关交通管理部门批准后，将依法予以销毁。

关联法规索引

《福建省实施〈中华人民共和国道路交通安全法〉办法》第 6 条

第九十八条 【未上第三者责任强制险】机动车所有人、管理人未按照国家规定投保机动车第三者责任强制保险的，由公安机关交通管理部门扣留车辆至依照规定投保后，并处依照规定投保最低责任限额应缴纳的保险费的二倍罚款。

依照前款缴纳的罚款全部纳入道路交通事故社会救助基金。具体办法由国务院规定。

条文解读

本条是关于未按规定投保机动车第三者责任强制保险的强制措施和处罚规定。

机动车上路行驶是一种可能会对周围环境造成高度危险的作业，无论机动车驾驶人怎样小心谨慎，由于机动车本身高速行驶和路况千变万化的特点，发生意外事故和造成他人生命财产损失的可能是随时潜伏着的。我国《民法典》第 1240 条规定，从事高空、高压、地下挖掘活动或者使用高速轨道运输工具造成他人损害的，经营者应当承担侵权责任；但是，能够证明损害是因受害人故意或者不可抗力造成的，不承担责任。被侵权人对损害的发生有重大过失的，可以减轻经营者的责任。

也就是说，机动车在从事高速运输作业时，给他人造成损害，不管造成事故的责任是否在自己，都要承担一定民事责任，除非能够证明损害是由对方故意造成的。这种责令从事高度危险作业者对造成他人损害承担无过错责任的原则是一种从全社会整体角度考虑的社会公平，也是一种国际惯例。那么机动车在一般情况下要对交通事故承担民事责任，而交通事故造成的生命财产损失常有可能动辄几万元、几十万元，并非每一个机动车所有者都能够一下子拿得出来的，这就需要依靠保险制度，用众多机动车所有者缴纳的保险费来帮助某一个出险的机动车所有者赔偿损失。

所以本法规定，国家实行机动车第三者责任强制保险制度。第三者责任险是指保险车辆在使用过程中因意外事故，致使第三者遭受人身伤亡或财产的直接损失，保险公司依照保险合同的规定给予赔偿。这里的第三者是相对于保险公司和被保险人而言的。在保险合同中，保险公司是第一方，也称第一者；被保险人，一般也是投保人，机动车的所有者或者是使用保险车辆的致害人是第二方，也称第二者；除保险公司与被保险人之外的，因保险车辆的意外事故致使他人人身或财产遭受损害的，受害人是第三方，也称第三者。这里的车辆使用过程中发生的意外事故，分为道路交通事故和非道路交通事故。凡在道路上发生的交通事故即在公路、城市街道和胡同（里巷），以及公共广场、公共停车场等供车辆、行人通行的地方发生的交通事故属于道路交通事故；凡不在上述地方发生的交通事故，属于非道路交通事故，如在铁路道口、渡口、机关大院、农村场院、乡间小路上发生的与机动车辆有关的事故。

机动车所有人、管理人未按照国家规定投保机动车第三者责任强制保险，发生交通意外事故时，就无法依靠保险公司的巨大财力及时予以赔付，而只能依靠机动车所有人、管理人本身的财力去赔付，因此有可能发生交通事故受害方不能得到及时足额赔偿的情况，影响社会秩序的稳定，不利于交通秩序的管理和交通法规的执行。因此本条规定，未按照国家规定投保机动车第三者责任强制保险的，由公安机关交通管理部门扣留车辆至依照规定投保后，并处以依照规定投保最低责任限额应缴纳的保险费2倍的罚款。机动车第三者责任险保险费的缴费标准并不是划一的,它要根据不同车辆种类、投保人选择的最高赔偿限额由保险公司计算确定。

一般情况下,除摩托车、拖拉机外的其他机动车辆第三者责任险的最高赔偿限额分几个档次。例如,六座以下客车分为5万元、10万元、20万元、100万元及100万元以上1000万元以下等档次,供投保人和保险人在投保时自行协商选择确定,5万元就是小轿车第三者责任险的最低一档的责任限额。每一种车辆投保这一最低限额的保险费数额是确定的,未按国家规定投保第三者责任强制保险的,就要按这一数额的2倍处以罚款,同时还要由执法部门扣留车辆,直至依规定投保,因为不能把潜伏着危险对他人没有安全保障的车辆再放行到马路上,威胁公众的安全。

本条还规定,依照规定缴纳的罚款全部纳入道路交通事故社会救助基金,具体办法由国务院规定。明确规定了此项罚款的去向和用途。

配套法规及解读

《机动车交通事故责任强制保险条例》(2019年3月2日修订)

第三条 本条例所称机动车交通事故责任强制保险,是指由保险公司对被保险机动车发生道路交通事故造成本车人员、被保险人以外的受害人的人身伤亡、财产损失,在责任限额内予以赔偿的强制性责任保险。

第三十八条 机动车所有人、管理人未按照规定投保机动车交通事故责任强制保险的,由公安机关交通管理部门扣留机动车,通知机动车所有人、管理人依照规定投保,处依照规定投保最低责任限额应缴纳的保险费的2倍罚款。

机动车所有人、管理人依照规定补办机动车交通事故责任强制保险的,应当及时退还机动车。

《道路交通事故社会救助基金管理办法》(2021年12月1日)

第九条 救助基金的来源包括:

(一)按照机动车交通事故责任强制保险(以下简称交强险)的保险费的一定比例提取的资金;

(二)对未按照规定投保交强险的机动车的所有人、管理人的罚款;

(三)依法向机动车道路交通事故责任人追偿的资金;

(四)救助基金孳息;

(五)地方政府按照规定安排的财政临时补助;

(六)社会捐款;

(七)其他资金。

《道路交通安全违法行为处理程序规定》(2020年4月7日修正)

第二十七条 有下列情形之一的,依法扣留车辆:

(一)上道路行驶的机动车未悬挂机动车号牌,未放置检验合格标志、保险标志,或者未随车携带机动车行驶证、驾驶证的;

(二)有伪造、变造或者使用伪造、变造的机动车登记证书、号牌、行驶证、检验合格标志、保险标志、驾驶证或者使用其他车辆的机动车登记证书、号牌、行驶证、检验合格标志、保险标志嫌疑的;

(三)未按照国家规定投保机动车交通事故责任强制保险的;

(四)公路客运车辆或者货运机动车超载的;

(五)机动车有被盗抢嫌疑的;

(六)机动车有拼装或者达到报废标准嫌疑的;

(七)未申领《剧毒化学品公路运输通行证》通过公路运输剧毒化学品的;

(八)非机动车驾驶人拒绝接受罚款处罚的。

对发生道路交通事故,因收集证据需要的,可以依法扣留事故车辆。

※法规解读:上述条款是对不按照规定投保机动车第三者责任强制保险规定的行政处罚和强制措施。《道路交通安全法》设定机动车第三者责任法定保险的目的是使机动车辆道路交通事故中的受害人能够得到及时和公正的救助,并借此提高交通事故处理效率、减少道路交通事故纠纷对道路通行的影响。根据上述规定,没有放置保险标志的机动车不得上道路通行,如果发现机动车没有放置保险标志的原因是机动车所有人、管理人根本就没有投保第三者责任强制保险,则可以合并处罚。

公安机关交通管理部门对于没有投保的机动车可以扣留,扣留的期限不确定,一般是到当事人按照法律、行政法规的规定办理完保险手续为止。当事人可以持保险公司发放的法定保险标志,到公安机关道路交通管理部门领取车辆。除了扣留机动车辆外,公安机关道路交通管理部门还可以对机动车所有人、管理人处以罚款,罚款的标准是依照规定投保最低责任限额应缴纳保险费的2倍。这里之所以没有明确规定罚款的数额,而是以投保最低责任限额应缴纳保险费为基数,是因为不同的机动车在道路上行驶的安全性或者是危险性不同,发生交通事故的概率也不一样。大型车辆的危险性大于小型车辆,运营车辆的事故发生率大于非运营车辆。而且由于机动车责任法定保险实行浮动费率,同类或者同一类型的机动车保险费也可能根据机动车事故发生记录的不同而存在差别。所以,以投保最低责任限额应缴纳保险费为基数进行处罚对于机动车更有针对性,也更加公平。

按照本条的规定缴纳的罚款,全部纳入道路交通事故社会救助基金。道路交通事故社会救助基金是用来对符合规定的道路交通事故的受害人的人身伤亡的抢救费、丧葬费进行垫付的社会专项基金。设立道路交通事故社会救助基金的目的是弥补机动车第三者责任法定保险可能出现的赔偿盲点,如在肇事机动车逃逸或者没有投保的机动车肇事而其所有人又没有赔偿能力的场合,就没有办法通过启动法定保险的赔偿机制保障受害人得到救治,从这个意义上讲,道路交通事故社会救助基金可以弥补第三者责任法定保险的功能缺陷。

典型案例

黄某斌、周某君等追偿权纠纷案〔1〕

※案情简介:原告周某君与被告黄某斌、周某相互认识。被告周某从事二手车买卖生意。被告黄某斌打算出售名下的桂JZ××小型越野客车,由钟山县鑫鸿汽车销售公司寄售并停放在公司办公场所的道路边上,车辆的钥匙及相关证件均放在公司。2021年7月12日18时左右,被告周某安排客户看车、试驾。在与被告黄某斌电话联系后,被告周某找到案涉车辆钥匙驾车离开。之后,被告周某以及原告周某君一起跟客户在饭店吃饭。其间在接到保险公司工作人员电话后,原告周某君拿着被告周某案涉车辆的钥匙就开车前往一处事故现场。当天20时56分,原告驾车行驶至钟山县××路××前时与行人董某金发生碰撞,造成行人董某金受伤,车辆局部损坏的道路交通事故。受害人董某金经送医院抢救无效死亡。事故发生时,案涉车辆未投保交强险和商业险。交警部门对原告周某君调查询问后,于2021年8月9日出具道路交通事故认定书认定:周某君承担事故的同等责任,董某金承担事故同等责任。2021年7月28日,经××机关交通管理部门主持调解,受

〔1〕 本案根据(2022)桂11民终606号判决书整理。

害人一方与原告达成道路交通事故损害赔偿调解书,双方协商如下:(1)董某金伤后抢救期间的医疗费用由周某君负责结清(已结清)。(2)周某君一次性赔偿董某金家属共计人民币叁拾叁万玖仟元整(339,000元)作为丧葬费、死亡补偿金、老人赡养费及精神损失费等一切赔偿费用。(3)赔偿款叁拾叁万玖仟元整(339,000元)于协议签订之日周某君一次性赔付给董某金家属。(4)双方代表签字后,该协议生效。本案赔偿事宜不再另议,今后董某金家属不再追究周某君的任何民事和刑事责任。签订协议后,原告周某君当天赔付了339,000元赔偿款。原告认为被告黄某斌作为案涉车辆车主未投保交强险,违反了强制投保交强险的法定义务,导致原告事故赔偿经济损失的扩大,为维护自身合法权益向被告追偿而诉至该院。

另查明,原告周某君持有C1驾驶证。本案事故后,被告黄某斌的案涉车辆经由被告周某出让给了案外他人。

一审法院认为,本案系机动车交通事故中侵权人向未投保交强险投保义务人在已赔付交强险赔偿限额内主张投保义务人承担最终赔偿责任而引发的追偿权纠纷。原告周某君主张的由被告黄某斌未投保交强险导致原告在交通事故中向受害人承担在交强险责任限额内赔偿180,000元这一损害事实,原告驾驶车辆发生交通事故是造成受害人不能向保险公司主张交强险赔偿限额而自行承担赔偿交强险赔偿限额的直接原因,被告黄某斌未投保交强险也是受害人不能向保险公司主张交强险赔偿限额而向原告主张导致原告赔偿交强险赔偿限额的直接原因,而被告周某未尽到管理人注意义务和告知义务仍是原告承担交强险赔偿限额损失的直接原因。所以,原告周某君与被告黄某斌、周某都应当在原告赔偿受害人交强险赔偿限额内的180,000元损失承担相应责任。

※裁判理由:二审法院认为,关于一审判令上诉人黄某斌在交强险限额内最终承担30,000元责任是否正确的问题。《最高人民法院关于审理道路交通事故损害赔偿案件适用法律若干问题的解释》第16条规定:"未依法投保交强险的机动车发生交通事故造成损害,当事人请求投保义务人在交强险责任限额范围内予以赔偿的,人民法院应予支持。投保义务人和侵权人不是同一人,当事人请求投保义务人和侵权人在交强险责任限额范围内承担相应责任的,人民法院应予支持。"《民法典》第1165条第1款规定:"行为人因过错侵害他人民事权益造成损害的,应当承担侵权责任。"机动车交通事故责任纠纷属于侵权纠纷范畴,在确定投保义务人是

否需要承担"相应责任",承担怎样的"相应责任",其关键在于投保义务人是否存在过错。《机动车交通事故责任强制保险条例》第2条第1款规定:"在中华人民共和国境内道路上行驶的机动车的所有人或者管理人,应当依照《中华人民共和国道路交通安全法》的规定投保机动车交通事故责任强制保险。"《道路交通安全法》第98条第1款规定:"机动车所有人、管理人未按照国家规定投保机动车第三者责任强制保险的,由公安机关交通管理部门扣留车辆至依照规定投保后,并处依照规定投保最低责任限额应缴纳的保险费的二倍罚款。"上诉人黄某斌为涉案车辆的所有人,即为投保义务人,应当投保交强险而未投保交强险违反法律法规的强制义务,主观上存在故意违法,则应当预见该车辆在路上行驶发生交通事故会造成权利人无法在交强险责任限额内获赔的结果。因此一审认定上诉人黄某斌主观上具有过错、客观上具有违法性,并无不当。一审综合考虑交强险的法律功能,各当事人的主观过错的大小与客观违法行为的原因力作用,酌定上诉人黄某斌在已赔付的交强险限额内最终承担30,000元责任,公平合理,二审法院予以确认。至于上诉人黄某斌提出,在涉案交通事故中,周某君系与他人进行调解予以确定赔偿339,000元,无法确定是否在交强险限额内代为赔偿,被上诉人周某君不具备追偿权的事实依据的意见,二审法院分析认为,第一,涉案交通事故发生后,周某君在交通事故认定的基础上,积极与死者家属协商赔偿,并履行赔偿义务,其行为应该予以正面肯定,也符合社会公众普遍期望社会主体应当具备的责任担当意识,并不能因交通事故和解而将其他主体本应承担的责任全部转嫁由周某君承担。第二,被上诉人周某君与受害人一方达成的赔偿数额已超过交强险赔偿限额,且所达成的赔偿数额未超过法定赔偿数额,现被上诉人周某君仅是就交强险赔偿限额向上诉人主张要求其承担其中"相应责任",一审判决也仅是根据上诉人黄某斌其中的过错程度予以确定其所应承担的"相应责任"。故二审法院对上诉人黄某斌提出上述不承担最终赔偿责任的意见,不予采纳。

综上,依照《民事诉讼法》第177条第1款第1项、第182条的规定,判决驳回上诉,维持原判。

※裁判要旨:虽然我国交强险在制度设计上实现了交强险与侵权责任在一定范围内脱钩,当发生交通事故造成第三人损害的,在交强险责任限额内保险人对受害人负有无条件支付义务:在机动车一方无责的情形下,保险公司要在交强险无责的限额内赔偿;在机动车一方有责的情况下,不再区分责任的大小,保险公司应在

交强险有责的限额内赔付。但是,强制投保交强险法律功能在于保障受害人依法得到赔偿而非减轻或者免除侵权人的赔偿责任。因此,本案中,原告应当在其主张的交强险赔偿款中首先承担与事故责任相适应的赔偿责任。

第九十九条　【其他行政处罚】 有下列行为之一的,由公安机关交通管理部门处二百元以上二千元以下罚款:

(一)未取得机动车驾驶证、机动车驾驶证被吊销或者机动车驾驶证被暂扣期间驾驶机动车的;

(二)将机动车交由未取得机动车驾驶证或者机动车驾驶证被吊销、暂扣的人驾驶的;

(三)造成交通事故后逃逸,尚不构成犯罪的;

(四)机动车行驶超过规定时速百分之五十的;

(五)强迫机动车驾驶人违反道路交通安全法律、法规和机动车安全驾驶要求驾驶机动车,造成交通事故,尚不构成犯罪的;

(六)违反交通管制的规定强行通行,不听劝阻的;

(七)故意损毁、移动、涂改交通设施,造成危害后果,尚不构成犯罪的;

(八)非法拦截、扣留机动车辆,不听劝阻,造成交通严重阻塞或者较大财产损失的。

行为人有前款第二项、第四项情形之一的,可以并处吊销机动车驾驶证;有第一项、第三项、第五项至第八项情形之一的,可以并处十五日以下拘留。

条文解读

本条是关于无证驾驶等严重违反交通法规行为的处罚规定。

本条列举了八种严重违反道路交通法规的行为,规定对这些行为可以处200元以上2000元以下罚款,对随便将机动车交给无证的人驾驶和严重超速驾驶的还可以并处吊销机动车驾驶证,对无证驾驶等六种严重违法行为则可以并处拘留15日的严厉处罚。法律之所以对这几种行为给予重罚,是因为这些行为对道路交通安全的威胁巨大。

首先,对无证驾驶的行为应作严厉处罚。机动车驾驶证是允许驾驶机动车上道路行驶的法定证件,无驾驶证说明该人驾驶技术没有通过国家考试,还有重大缺陷,需要继续训练。如果无证就驾驶机动车上路,等于是没有驾车资格而开车。一段时间以来,无机动车驾驶证的人员驾驶机动车和无牌无证、假牌假证机动车上道路行驶造成的道路交通事故日益增多,扰乱了道路交通秩序,危害了国家财产和人民群众生命财产的安全,为此公安部多次发出通告严禁任何人无机动车驾驶证或者持假机动车驾驶证驾驶机动车,严禁任何无牌无证、假牌假证的机动车上道路行驶。因此,本法对上述行为分别规定了严厉的处罚。

其次,对造成交通事故后逃逸的行为也应严惩不贷。本来造成交通事故已是大过错,应该赶快抢救伤员、保护事故现场、尽量减少损失,《道路交通事故处理程序规定》也规定,发生人员伤亡、较大财产损失或责任有争议的交通事故的当事人必须立即报警。如果肇事司机非但不按规定去做,反而为了逃避责任,企图一跑了之,那就是错上加错,违背了做人的基本原则,突破了道德的底线。这种行为已经构成犯罪。我国《刑法》第 133 条中规定,交通运输肇事后逃逸或者有其他特别恶劣情节的,处 3 年以上 7 年以下有期徒刑;因逃逸致人死亡的,处 7 年以上有期徒刑。由此可以看出,只要交通运输肇事后逃逸,其行为本身就已构成犯罪。本条规定,造成交通事故后逃逸,尚不构成犯罪的,应是指《刑事诉讼法》第 16 条规定的情节显著轻微、危害不大,不认为是犯罪的情况,如造成轻微事故,撞坏护栏或隔离墩或轻微剐蹭后逃逸的,等等,只要主管部门认为情节轻微,尚不构成犯罪的,均可以由主管部门予以行政处罚。

强迫机动车驾驶人违反道路交通安全法律、法规和机动车安全驾驶要求驾驶机动车,造成交通事故,尚不构成犯罪的行为;违反交通管制的规定强行通行,不听劝阻的行为;故意损坏、移动、涂改交通设施,造成危害后果,尚不构成犯罪的行为;非法拦截、扣留机动车辆,不听劝阻,造成交通严重阻塞或者较大财产损失的行为都是对公共道路交通安全构成直接威胁的行为,必须给予最严厉的行政处罚。因为,有些行为如果后果严重,就可能构成犯罪。

如我国《刑法》第 134 条规定:“在生产、作业中违反有关安全管理的规定,因而发生重大伤亡事故或者造成其他严重后果的,处三年以下有期徒刑或者拘役;情节特别恶劣的,处三年以上七年以下有期徒刑。强令他人违章冒险作业……因而发生重大伤亡事故或者造成其他严重后果的,处五年以下有期徒刑或者拘役;情节特别恶劣的,处五年以上有期徒刑。”这一规定就适用于强迫机动车驾驶人违反道路交通安全法律、法规和机动车安全驾驶要求驾驶机动车,造成严重的道路交通事故的情况。我国《刑法》第119条第1款规定,破坏交通工具、交通设施、电力设备、燃气设备、易燃易爆设备,造成严重后果的,处10年以上有期徒刑、无期徒刑或者死刑。这一规定对故意损毁、移动、涂改交通设施,造成严重危害后果的行为也是适用的。所以不可忽视损毁、移动、涂改交通设施的行为,有些人可能仅是为了泄私愤、为了报复、为了图小利甚至为了恶作剧而损毁、移动、涂改交通设施,但却可能招致车损人亡的重大交通事故,带来众多生命、财产的重大损失。

因此,本条对这类虽然没有造成严重后果,尚不构成犯罪,但足以威胁公共安全的行为规定要处以200元以上2000元以下的罚款,还可以并处15日以下拘留。

配套法规及解读

《道路交通安全法实施条例》(2017年10月7日修订)

第一百零四条 机动车驾驶人有下列行为之一,又无其他机动车驾驶人即时替代驾驶的,公安机关交通管理部门除依法给予处罚外,可以将其驾驶的机动车移至不妨碍交通的地点或者有关部门指定的地点停放:

(一)不能出示本人有效驾驶证的;

(二)驾驶的机动车与驾驶证载明的准驾车型不符的;

(三)饮酒、服用国家管制的精神药品或者麻醉药品、患有妨碍安全驾驶的疾病,或者过度疲劳仍继续驾驶的;

(四)学习驾驶人员没有教练人员随车指导单独驾驶的。

第一百零五条 机动车驾驶人有饮酒、醉酒、服用国家管制的精神药品或者麻醉药品嫌疑的,应当接受测试、检验。

《刑法》(2023年12月29日修正)

第一百一十九条 破坏交通工具、交通设施、电力设备、燃气设备、易燃易爆设备,造成严重后果的,处十年以上有期徒刑、无期徒刑或者死刑。

过失犯前款罪的,处三年以上七年以下有期徒刑;情节较轻的,处三年以下有期徒刑或者拘役。

第一百三十三条 违反交通运输管理法规,因而发生重大事故,致人重伤、死亡或者使公私财产遭受重大损失的,处三年以下有期徒刑或者拘役;交通运输肇事后逃逸或者有其他特别恶劣情节的，处三年以上七年以下有期徒刑；因逃逸致人死亡的，处七年以上有期徒刑。

第一百三十三条之一 在道路上驾驶机动车，有下列情形之一的，处拘役，并处罚金：

（一）追逐竞驶，情节恶劣的；

（二）醉酒驾驶机动车的；

（三）从事校车业务或者旅客运输，严重超过额定乘员载客，或者严重超过规定时速行驶的；

（四）违反危险化学品安全管理规定运输危险化学品，危及公共安全的。

机动车所有人、管理人对前款第三项、第四项行为负有直接责任的，依照前款的规定处罚。

有前两款行为，同时构成其他犯罪的，依照处罚较重的规定定罪处罚。

第一百三十三条之二 对行驶中的公共交通工具的驾驶人员使用暴力或者抢控驾驶操纵装置，干扰公共交通工具正常行驶，危及公共安全的，处一年以下有期徒刑、拘役或者管制，并处或者单处罚金。

前款规定的驾驶人员在行驶的公共交通工具上擅离职守，与他人互殴或者殴打他人，危及公共安全的，依照前款的规定处罚。

有前两款行为，同时构成其他犯罪的，依照处罚较重的规定定罪处罚。

第一百三十四条 在生产、作业中违反有关安全管理的规定，因而发生重大伤亡事故或者造成其他严重后果的，处三年以下有期徒刑或者拘役；情节特别恶劣的，处三年以上七年以下有期徒刑。

强令他人违章冒险作业……因而发生重大伤亡事故或者造成其他严重后果的，处五年以下有期徒刑或者拘役；情节特别恶劣的，处五年以上有期徒刑。

《道路交通安全违法行为处理程序规定》（2020年4月7日修正）

第三十一条 有下列情形之一的，依法扣留机动车驾驶证：

（一）饮酒后驾驶机动车的；

（二）将机动车交由未取得机动车驾驶证或者机动车驾驶证被吊销、暂扣的人驾驶的；

（三）机动车行驶超过规定时速百分之五十的；

（四）驾驶有拼装或者达到报废标准嫌疑的机动车上道路行驶的；

（五）在一个记分周期内累积记分达到十二分的。

第三十二条 交通警察应当在扣留机动车驾驶证后二十四小时内，将被扣留机动车驾驶证交所属公安机关交通管理部门。

具有本规定第三十一条第（一）、（二）、（三）、（四）项所列情形之一的，扣留机动车驾驶证至作出处罚决定之日；处罚决定生效前先予扣留机动车驾驶证的，扣留一日折抵暂扣期限一日。只对违法行为人作出罚款处罚的，缴纳罚款完毕后，应当立即发还机动车驾驶证。具有本规定第三十一条第（五）项情形的，扣留机动车驾驶证至考试合格之日。

第四十条 对在道路两侧及隔离带上种植树木、其他植物或者设置广告牌、管线等，遮挡路灯、交通信号灯、交通标志，妨碍安全视距的，公安机关交通管理部门应当向违法行为人送达排除妨碍通知书，告知履行期限和不履行的后果。违法行为人在规定期限内拒不履行的，依法予以处罚并强制排除妨碍。

※法规解读：上述法条主要对违反《道路交通安全法》的严重违法行为设定了法律责任，其行政处罚的措施包括罚款、吊销驾驶证和行政拘留。一些严重违法的行为，如醉驾、毒驾、交通肇事逃逸等，还可能面临7年以上有期徒刑的刑事处罚。

配套条款对几种不常见的无证驾驶情况作出了补充说明，根据规定，除了未取得驾驶证、驾驶证被吊销期间驾驶机动车以及驾驶证被暂扣期间驾驶机动车的三种情形外，下面几种情形也属于无证驾驶的范围：使用失效的驾驶证驾驶机动车的；学习驾驶人违反规定，在没有教练员随车指导的情况下，单独驾驶机动车的；持地方驾驶证驾驶军队、武警车辆的以及持军队、武警驾驶证驾驶地方机动车的；受到几年内不得驾驶运营车辆处罚的驾驶人驾驶运营车辆的。对这些无证驾驶的行为，由于对当事人进行罚款后，无法并处吊销驾驶证的处罚，所以只能处以15日以下的拘留。

配套法规还对驾驶员发生交通事故后逃逸，但尚未构成犯罪的情形规定了相应的法律责任，即处200元以上2000元以下罚款，可并处15日以下拘留。交通事故逃逸，是指在交通事故发生后，当事人明知自己发生了交通事故，不履行法律规定的事故现场义务，为了逃避责任，故意逃离事故现场，不向公安机关报告的违法行为。逃逸行为在实践中分为两种：一是人和车在事故发生后均逃离事故现场；二是弃车逃逸，即当事人将车留在现场，而人逃离。肇事逃逸是一种性质恶劣、情节严重的违法行为，根据《刑法》的规定，肇事逃逸或者有其他恶劣情节的，处3年以上7年以下有期徒刑;因逃逸导致受害人死亡的,处7年以上有期徒刑。尽管如此,但并非所有的肇事逃逸行为都构成犯罪。对于情节轻微,仅造成少量财产损失或者人员轻微伤害的,可以仅给予罚款和拘留的行政处罚。具体执行时,应考虑当事人造成事故的严重程度和过错大小,以及因逃逸造成的后果等。

关联法规索引

《河北省实施〈中华人民共和国道路交通安全法〉办法》第79条

典型案例

陈某亮与云南省蒙自市公安局交通警察大队处罚纠纷案[1]

※案情简介:2017年5月17日17时15分,原告陈某亮驾车时,经被告巡逻民警查验,发现原告未携带驾驶证,遂依法扣留了原告驾驶的小型轿车。2017年5月19日,原告到被告处接受处理。被告经查认为,原告未取得驾驶证驾驶摩托车以外的非营运机动车,违反法律的规定,作出公安交通管理行政处罚决定书,决定给予原告罚款800元的行政处罚。该罚款原告已缴纳。原告凭据被告出具的返还物品凭证由谭某刚(驾驶证准驾车型B2E)将被扣留的轿车开走。

2017年6月27日9时34分,原告驾车在环湖北路南湖休闲广场路口30米处时,再次被民警查获。因原告未携带驾驶证,被告以未随身携带驾驶证的违法行为制作公安交通管理行政强制措施凭证,扣留了原告驾驶的小型轿车,告知其携带相关证件在15日内到被告处接受处理。因陈某亮未取得机动车驾驶证,无号牌小型轿车交由张某胜(驾驶证准驾车型C1D)代其开回。原告陈某亮及张某胜在返还物品凭证上签字捺手印。原告未缴纳罚款1200元,也未将车辆开走。

另查明,原告于2015年10月22日以29,600元的价格向昆明普启汽车销售有限公司购买众泰牌轿车一辆,产地湖南省。该车未办理车辆落户手续;原告无机动车驾驶证。

一审法院认为,《道路交通安全法》第5条第1款规定:"国务院公安部门负责

---

[1] 本案根据(2018)云25行终字第9号判决书整理。

全国道路交通安全管理工作。县级以上地方各级人民政府公安机关交通管理部门负责本行政区域内的道路交通安全管理工作。"《人民警察法》第6条规定:"公安机关的人民警察按照职责分工,依法履行下列职责……维护交通安全和交通秩序,处理交通事故……"依上述规定,被告市交警队作为本行政区域内的道路交通安全管理部门,对道路上的车辆进行查验处理主体适格。《道路交通安全法》第19条第1款规定:"驾驶机动车,应当依法取得机动车驾驶证。"第99条第1款规定:"有下列行为之一的,由公安机关交通管理部门处二百元以上二千元以下罚款:(一)未取得机动车驾驶证、机动车驾驶证被吊销或者机动车驾驶证被暂扣期间驾驶机动车的……"《云南省道路交通安全条例》第81条规定:"机动车有下列情形之一的,对机动车所有人或者驾驶人处100元以上200元以下罚款:(一)不按规定时限申请注册登记的……"第87条第1款第2项规定:"未取得机动车驾驶证……驾驶除摩托车以外的非营运机动车的,处500元以上1000元以下罚款。"本案原告驾驶的车辆属机动车,其不按规定时限申请注册登记、未取得机动车驾驶证驾驶机动车的行为违反了法律的规定。被告市交警队对原告作出的处罚决定依法有据。原告认为其驾驶的车辆为老年代步车,无事实和法律依据,其意见不予采纳。2017年5月17日原告被查处时,其已凭借被告出具的返还物品凭证由有驾驶证的谭某刚将被扣留的车辆开走,2017年6月27日被查处后被告已向其出具返还物品凭证,原告及有驾驶证的张某胜在返还物品凭证上签字捺手印,原告单方认为未缴纳罚款不能开走被扣留车辆,无事实和法律依据,故其要求返还被扣留车辆的请求不能成立,不予支持。

综上,一审法院认为,被告市交警队作出公安交通管理行政处罚决定书认定事实清楚,证据充分,程序合法,适用法律、法规准确,处以罚款的金额合法。依法判决:驳回原告陈某亮的诉讼请求。宣判后,陈某亮不服,提起上诉。

※裁判理由:本案的争议焦点是:上诉人驾驶的车辆是否属于机动车?是否需要持有机动车驾驶证方可驾驶?被上诉人作出的行政处罚决定是否合法?

二审法院认为,《道路交通安全法》第19条第1款规定:"驾驶机动车,应当依法取得机动车驾驶证。"第8条规定:"国家对机动车实行登记制度。机动车经公安机关交通管理部门登记后,方可上道路行驶。尚未登记的机动车,需要临时上道路行驶的,应当取得临时通行牌证。"机动车是指以动力装置驱动或者牵引,上道路行驶的供人员乘用或用于运送物品以及进行工程专项作业的轮式车辆。上诉人称其车辆为老年代步车，不属于机动车，但其所购买的车辆是汽油发动机驱动，生产厂家出具的合格证也是机动车合格证，工业和信息化部发布第298批《道路机动车辆生产企业及产品公告》目录序号84，也将上诉人购买的湖南江南汽车制造有限公司众泰牌JNJ××××车列为机动车。

上诉人陈某亮未取得驾驶证驾驶其未经注册登记的车辆，在驾驶行驶途中被巡查的民警当场查获，其违法的事实清楚、证据确凿。处罚决定书是以蒙自市公安局交通警察大队的名义作出，只需单位盖章即可，并不需要执法民警的签名。对上诉人两次违法行为之所以存在差异，是因为其第一次违法行为被查获且被处罚后，仍不办理车辆的登记注册手续，且继续无证驾驶，被上诉人蒙自市公安局交通警察大队因此对其再次违法行为进行了从重处罚。在处罚前执法民警告知了其享有的权利和义务，并向其送达了行政案件权利义务告知书，处罚程序合法、处罚结果并无不当。

综上所述，上诉人的上诉请求不能成立，应予驳回。

※裁判要旨：机动车是指以动力装置驱动或者牵引，上道路行驶的供人员乘用或用于运送物品以及进行工程专项作业的轮式车辆。其认定标准为是否为汽油发动机驱动，是否具有生产厂家出具的机动车合格证，是否符合工业和信息化部发布的第298批《道路机动车辆生产企业及产品公告》目录序号84，不以个人标准为认定依据。对于未取得驾驶证驾驶其未经注册登记的车辆的人员，在第一次违法行为被查获且被处罚后，仍不办理车辆的登记注册手续和继续无证驾驶的，再次查获时要从重处罚。对违法人实施处罚前，执法民警应依据相关程序规定告知被处罚人其享有的权利和义务。

第一百条　【驾驶、出售不合标准机动车】驾驶拼装的机动车或者已达到报废标准的机动车上道路行驶的，公安机关交通管理部门应当予以收缴，强制报废。

对驾驶前款所列机动车上道路行驶的驾驶人，处二百元以上二千元以下罚款，并吊销机动车驾驶证。

出售已达到报废标准的机动车的，没收违法所得，处销售金额等额的罚款，对该机动车依照本条第一款的规定处理。

条文解读

本条是关于驾驶拼装的机动车或者已达到报废标准的机动车上路行驶和出售已达到报废标准的机动车的处罚规定。

机动车是高速行驶的运输工具,对周围环境可能造成高度危险,因此,国家为保护公众的生命财产安全,对机动车的生产实行严格的生产许可和质量检验标准,未经国家有关主管部门的许可和检验合格,任何企业不得私自生产机动车,任何人不得驾驶非法拼装的机动车上路。就像人有一定的寿命一样,机动车也有一定的有效使用寿命,超过年限,零部件就会磨损报废,机动车就会驾驶失灵出事故。因此,国家为了公共安全,规定实行机动车强制报废制度,根据机动车的安全技术状况和不同用途,规定不同的报废标准。规定应当报废的机动车必须及时办理注销登记,达到报废标准的机动车不得上道路行驶。

但是一些单位和个人在利益的诱惑下不惜违法。他们或者私自拼装汽车,或者擅自出售报废汽车的发动机、方向机、变速器、前后桥、车架等主要部件及其他零部件,为拼装车提供方便,甚至干脆将报废车整车出售,使一定时期非法拼装车泛滥,给道路安全构成了极大的威胁。因此,本条规定对驾驶非法拼装的机动车或者已达到报废标准的机动车上道路行驶的,公安机关交通管理部门应当予以收缴,强制报废。

出售已达到报废标准的机动车的,没收违法所得,并处销售金额等额的罚款,并对该机动车收缴、强制报废。该规定用意也很明确,就是这些"马路杀手"一经发现,就要立即收缴报废,绝不能让它们再威胁公众的生命财产安全。对于驾驶这类车辆的驾驶人,一般情况下,他对所驾车辆的车况应该是知情的,因此也是有重大过错的,所以本条规定,要对驾驶人处200元以上2000元以下罚款,并吊销机动车驾驶证。

还有一种情况,随着汽车消费的快速增长,体现个性,追求时尚,成为新的汽车消费理念,一些人私自改装汽车不是为了非法获利而是为了追求个性。本来是普通的家用车,非要改装成跑车或越野车的式样。但车管所只根据汽车行业主管部门定期制作公告的汽车管理目录严格执行验车标准,对于改装过后的汽车在与公告管理目录核对后,与参数不符合的均不予办理手续。

这是因为汽车的每一项标准都经过严格的行业检测才能算合格。改动这些原本已经精密设计安装好的部位,会带来潜在的危险。如改装电路后汽车的电瓶处于超负荷工作水平,时间久了容易引起汽车“自燃”。加装天窗改动了汽车原有的密封性能,造成驾驶室空间尺寸不稳定,直接关系乘员生命安全问题等。所以领有牌照的机动车,在没有车管所审批的情况下,改动车辆原设计性能、用途、结构等,不履行车辆变更手续,就上路行驶的,虽然还算不上驾驶拼装的机动车,但也是不利于交通安全的,不被交管部门提倡和认可。

配套法规及解读

《道路交通安全法实施条例》(2017 年 10 月 7 日修订)

第一百零七条　依照道路交通安全法第九十二条、第九十五条、第九十六条、第九十八条的规定被扣留的机动车,驾驶人或者所有人、管理人 30 日内没有提供被扣留机动车的合法证明,没有补办相应手续,或者不前来接受处理,经公安机关交通管理部门通知并且经公告 3 个月仍不前来接受处理的,由公安机关交通管理部门将该机动车送交有资格的拍卖机构拍卖,所得价款上缴国库;非法拼装的机动车予以拆除;达到报废标准的机动车予以报废;机动车涉及其他违法犯罪行为的,移交有关部门处理。

《道路交通安全违法行为处理程序规定》(2020 年 4 月 7 日修正)

第三十一条　有下列情形之一的,依法扣留机动车驾驶证:

(一)饮酒后驾驶机动车的;

(二)将机动车交由未取得机动车驾驶证或者机动车驾驶证被吊销、暂扣的人驾驶的;

(三)机动车行驶超过规定时速百分之五十的;

(四)驾驶有拼装或者达到报废标准嫌疑的机动车上道路行驶的;

(五)在一个记分周期内累积记分达到十二分的。

第三十八条　公安机关交通管理部门对扣留的拼装或者已达到报废标准的机动车,经县级以上公安机关交通管理部门批准后,予以收缴,强制报废。

※法规解读:配套法规进一步解释了驾驶非法拼装,或者已达到报废标准的机动车上道路行驶,将要面临的行政处罚和强制措施。

无论是非法拼装的车辆,还是已经达到报废标准的车辆,其安全技术条件都不能达到国家规定的标准，这些车辆在道路上行驶，是交通安全的巨大隐患，必须严厉禁止和打击。我国实行机动车强制报废制度，根据机动车的安全技术状况和不同用途，规定了不同的报废标准。应当报废的机动车必须及时办理注销登记。达到报废标准的机动车不得上道路行驶。报废的大型客车、货车及营运车辆应当在公安机关交通管理部门的监督下解体。对于驾驶非法拼装和达到报废标准的机动车上道路行驶的，公安机关交通管理部门一经发现，就有权力也有责任予以收缴，并强制报废。

除了上述的强制报废措施外，对于驾驶前款车辆上道路行驶的机动车驾驶人应当给予罚款、吊销驾驶证的处罚。需要说明的是，这里的机动车驾驶人不仅指非法拼装机动车、已达到报废标准机动车的所有人，也包括了不是所有人的驾驶人。

关联法规索引

《湖南省实施〈中华人民共和国道路交通安全法〉办法》第61条

第一百零一条 【重大交通事故责任】违反道路交通安全法律、法规的规定，发生重大交通事故，构成犯罪的，依法追究刑事责任，并由公安机关交通管理部门吊销机动车驾驶证。

造成交通事故后逃逸的，由公安机关交通管理部门吊销机动车驾驶证，且终生不得重新取得机动车驾驶证。

条文解读

本条是关于违反道路交通安全法律、法规规定，造成重大交通事故和造成交通事故后逃逸的处罚规定。

交通事故，是指车辆驾驶人员、行人、乘车人以及其他在道路上进行与交通有关活动的人员，因违反道路交通管理法律、法规、规章的行为，过失造成人身伤亡或者财产损失的事故。从这个对于交通事故的定义里，我们可以看出，构成交通事故必须具备以下四个条件：

(1)事件发生的地点必须是在道路上，在农村土路或场院、机关大院、校园里发生的车辆事故还不构成交通事故。

(2)发生的事件必须是进行与交通有关的活动,如果在道路上车辆里发生的抢劫、诈骗等行为,虽然是在道路上发生的,但并非进行与交通有关的活动,则按照一般治安案件处理。

(3)行为人主观上要有违反道路交通管理法律、法规、规章的过错,如果行为人没有违章行为,一切行动都遵守了交通法规,主观上没有过错,在这种情况下出现的事故,应该为交通意外。如正常驾驶的机动车被山上滚下的巨石砸坏造成的事故。

(4)违章行为造成了人身伤亡或财产损失的现实后果。如果发生了交通违章行为甚至是严重的交通违章行为,但还没有造成实际的损害后果,则还不构成交通事故。

根据人身伤亡或者财产损失的程度和数额,交通事故分为轻微事故、一般事故、重大事故和特大事故。具体标准是由公安部制定的。我国《刑法》第 133 条规定,违反交通运输管理法规,因而发生重大事故,致人重伤、死亡或者使公私财产遭受重大损失的,处 3 年以下有期徒刑或者拘役;交通运输肇事后逃逸或者有其他特别恶劣情节的,处 3 年以上 7 年以下有期徒刑;因逃逸致人死亡的,处 7 年以上有期徒刑。法律之所以规定发生重大交通事故可能要追究当事人的刑事责任,就是因为交通运输涉及的是众多人的生命财产安全,必须要严肃对待。

重大交通事故的处理主要依据《道路交通事故处理程序规定》施行,处理交通事故的警察要经过培训并考试合格,重大交通事故、死亡事故应当由具有道路交通事故处理中级以上资格的交通警察主办。处理交通事故时警察应当使用执法记录设备和全国统一的交通管理信息系统。

交通事故中的死亡事故是指造成人员死亡的道路交通事故。在事故统计中和判断标准上,死亡是以事故发生后 7 日内死亡的为限,重伤、轻伤分别按照最高人民法院、最高人民检察院、司法部、公安部发布的《人体损伤程度鉴定标准》执行。需要注意的是,事故处理中的死亡不以事故发生后 7 日内死亡的为限;重伤、轻伤同样按上述标准确定;财产损失还应包括现场抢救(险)、人身伤亡善后处理的费用,但不包括停工、停产、停业等所造成的财产间接损失。

本条规定还明确了交通事故追究当事人刑事责任的条件:一是要有上述标准的重大交通事故或特大交通事故发生,即一次造成死亡 1 ~ 2 人或重伤 3 人以上,或者财产损失3万元以上;二是行为人对重大或特大交通事故负有相应责任,即行为人主观上有过错。重大或特大交通事故虽然发生了,但行为人不一定负有责任,因此,公安机关交通管理部门在查明交通事故原因后,应当根据当事人的违章行为在交通事故中的作用,认定当事人的交通事故责任。当事人有违章行为,其违章行为与交通事故有因果关系的,应当负交通事故责任。当事人没有违章行为或者虽有违章行为,但违章行为与交通事故没有因果关系的,不负交通事故责任。交通事故责任分为全部责任、主要责任、同等责任、次要责任。一方当事人的违章行为造成交通事故的,有违章行为的一方应当负全部责任,其他方不负交通事故责任。

两方当事人的违章行为共同造成交通事故的,违章行为在交通事故中作用大的一方负主要责任,另一方负次要责任;违章行为在交通事故中作用基本相当的,两方负同等责任。三方以上当事人的违章行为共同造成交通事故的,根据各自的违章行为在交通事故中的作用大小划分责任。当事人逃逸或者故意破坏、伪造现场,毁灭证据,使交通事故责任无法认定的,应当负全部责任。当事人一方有条件报案而未报案或者未及时报案,使交通事故责任无法认定的,应当负全部责任。当事人各方有条件报案而均未报案或者未及时报案,使交通事故责任无法认定的,应当负同等责任。但机动车与非机动车、行人发生交通事故的,机动车一方应当负主要责任,非机动车、行人一方负次要责任。

除此之外,追究交通事故肇事人刑事责任的条件还需要行为人违反交通管理法规的行为直接导致了相应的危害后果,即由于行为人违反交通运输管理法规,因而发生重大事故,致人重伤、死亡或者使公私财产遭受重大损失。

配套法规及解读

《刑法》(2023年12月29日修正)

第一百三十三条 违反交通运输管理法规,因而发生重大事故,致人重伤、死亡或者使公私财产遭受重大损失的,处三年以下有期徒刑或者拘役;交通运输肇事后逃逸或者有其他特别恶劣情节的,处三年以上七年以下有期徒刑;因逃逸致人死亡的,处七年以上有期徒刑。

第一百三十三条之一 在道路上驾驶机动车,有下列情形之一的,处拘役,并处罚金:

（一）追逐竞驶，情节恶劣的；

（二）醉酒驾驶机动车的；

（三）从事校车业务或者旅客运输，严重超过额定乘员载客，或者严重超过规定时速行驶的；

（四）违反危险化学品安全管理规定运输危险化学品，危及公共安全的。

机动车所有人、管理人对前款第三项、第四项行为负有直接责任的，依照前款的规定处罚。

有前两款行为，同时构成其他犯罪的，依照处罚较重的规定定罪处罚。

《道路交通事故处理程序规定》（2017年7月22日修订）

第八十二条　对发生道路交通事故构成犯罪，依法应当吊销驾驶人机动车驾驶证的，应当在人民法院作出有罪判决后，由设区的市公安机关交通管理部门依法吊销机动车驾驶证。同时具有逃逸情形的，公安机关交通管理部门应当同时依法作出终生不得重新取得机动车驾驶证的决定。

《最高人民法院关于审理交通肇事刑事案件具体应用法律若干问题的解释》（2000年11月15日）

第二条　交通肇事具有下列情形之一的，处三年以下有期徒刑或者拘役：

（一）死亡一人或者重伤三人以上，负事故全部或者主要责任的；

（二）死亡三人以上，负事故同等责任的；

（三）造成公共财产或者他人财产直接损失，负事故全部或者主要责任，无能力赔偿数额在三十万元以上的。

交通肇事致一人以上重伤，负事故全部或者主要责任，并具有下列情形之一的，以交通肇事罪定罪处罚：

（一）酒后、吸食毒品后驾驶机动车辆的；

（二）无驾驶资格驾驶机动车辆的；

（三）明知是安全装置不全或者安全机件失灵的机动车辆而驾驶的；

（四）明知是无牌证或者已报废的机动车辆而驾驶的；

（五）严重超载驾驶的；

（六）为逃避法律追究逃离事故现场的。

第四条　交通肇事具有下列情形之一的，属于"有其他特别恶劣情节"，处三年以上七年以下有期徒刑：

（一）死亡二人以上或者重伤五人以上，负事故全部或者主要责任的；

（二）死亡六人以上，负事故同等责任的；

（三）造成公共财产或者他人财产直接损失，负事故全部或者主要责任，无能力赔偿数额在六十万元以上的。

第五条 “因逃逸致人死亡”，是指行为人在交通肇事后为逃避法律追究而逃跑，致使被害人因得不到救助而死亡的情形。

交通肇事后，单位主管人员、机动车辆所有人、承包人或者乘车人指使肇事人逃逸，致使被害人因得不到救助而死亡的，以交通肇事罪的共犯论处。

※法规解读：虽然重大事故的肇事者主观上也并不希望发生这样的惨剧，但他们由于严重疏忽或过于自信自己的技术而违章，进而导致了悲剧的发生，对这种严重危害社会、危害公共安全的行为，必须进行严厉的惩罚，追究刑事责任。法律对交通肇事后逃逸或者有其他特别恶劣情节的，还规定了更加严厉的处罚，那是因为较之一般的交通肇事，交通肇事后逃逸的社会危害更为严重，性质和影响更为恶劣。

肇事逃逸是指造成交通事故后，非但不保护好现场，及时抢救伤员，承担应负的责任，反而为躲避责任，趁人不备或无力阻止，想方设法逃之夭夭。这种行为突破了做人应有的起码的道德底线。所以法律对凡是交通运输肇事后逃逸的，不论造成后果是否严重，都规定了追究刑事责任的处罚。这里“有其他特别恶劣情节”一般是指行为人多次违反交通运输法律法规，造成重大事故，或是造成了极为严重的危害结果，或是为逃避责任伪造事故现场、收买证人作伪证等，对有诸如此类其他特别恶劣情节的，法律都规定了处3年以上7年以下有期徒刑的刑事处罚；对因逃逸致人死亡的，则规定了处7年以上有期徒刑的更为严厉的处罚。

对上述严重交通违法行为，除追究违法者的刑事责任外，还要由公安机关交通管理部门吊销机动车驾驶证。对交通肇事后逃逸的，还规定终生不得重新取得机动车驾驶证，因为违法者的行为已使他彻底丧失了社会信用。

这里还需要强调以下几种情况：第一种情况，有些人交通肇事后，为了逃避责任，将事故受伤人拉至无人处抛弃甚至杀人灭口，这种行为就不仅仅是交通肇事后逃逸，而是构成故意杀人罪，因为行为人放任或追求受伤人死亡的后果发生，这将受到法律更为严厉的处罚，希望交通肇事者不要鬼迷心窍，走上这样一条不归路。第二种情况，行为人以制造交通事故为手段，达到对特定人进行伤害或杀害的目的,则不能以交通肇事罪追究责任,而应追究行为人故意伤害罪或故意杀人罪。第三种情况,行为人以机动车为工具,在公众场所或重要地点对不特定人群,故意制造交通事故,造成社会影响,达到报复社会的目的,这种情况也不应以交通肇事罪论处,而应追究行为人以其他危险方法危害公共安全的罪行。

关联法规索引

《安徽省实施〈中华人民共和国道路交通安全法〉办法》第 74 条、第 82 条

第一百零二条 【半年内二次以上发生特大交通事故】对六个月内发生二次以上特大交通事故负有主要责任或者全部责任的专业运输单位,由公安机关交通管理部门责令消除安全隐患,未消除安全隐患的机动车,禁止上道路行驶。

条文解读

本条是关于专业运输单位在一定条件下应当承担的法律责任的规定。

(1)承担本条规定责任的主体是专业运输单位。

所谓专业运输单位,是指专门从事客、货运输业务的法人或者其他组织。专业运输单位从事客、货运服务的基本工具是其机动车。由于专业运输单位专门从事客、货运服务,所以,专业运输单位不同于一般的单位或者个人,其机动车一旦发生事故,就很可能造成严重的人身伤亡或者财产损失。为了保证专业运输单位的运输安全,保护其他人的生命财产安全,本条对专业运输单位在一定条件下应当承担的法律责任作了专门的规定。

(2)专业运输单位承担本条规定责任的条件是对 6 个月内发生两次以上特大交通事故负有主要责任或者全部责任。

本条中的"六个月",是指两次以上特大交通事故发生的最长间隔时间,以日计算,少于或等于 6 个月的,属于 6 个月内。

在我国,道路交通事故分为四类:轻微事故、一般事故、重大事故和特大事故。特大事故是指一次造成死亡 3 人以上,或者重伤 11 人以上,或者死亡 1 人同时重

伤8人以上,或者死亡2人同时重伤5人以上或者财产损失6万元以上的事故。由此可见,特大交通事故是道路交通事故中最为严重的事故。同时,我国的交通事故责任分为全部责任、主要责任、同等责任和次要责任。

依照我国《道路交通事故处理程序规定》第60条的规定,公安机关交通管理部门应当根据当事人的行为对发生道路交通事故所起的作用以及过错的严重程度,确定当事人的责任。一方当事人的违章行为造成交通事故的,有违章行为的一方应当负全部责任,其他方不负交通事故责任。两方当事人的违章行为共同造成交通事故的,违章行为在交通事故中作用大的一方负主要责任,另一方负次要责任;违章行为在交通事故中作用基本相当的,两方负同等责任。三方以上当事人的违章行为共同造成交通事故的,根据各自的违章行为在交通事故中的作用大小划分责任。当事人逃逸或者故意破坏、伪造现场、毁灭证据,使交通事故责任无法认定的,应当负全部责任;当事人一方有条件报案而未报案或者未及时报案,使交通事故责任无法认定的,应当负全部责任;当事人各方有条件报案而均未报案或者未及时报案,使交通事故责任无法认定的,应当负同等责任。但机动车与非机动车、行人发生交通事故的,机动车一方应当负主要责任,非机动车、行人一方负次要责任。

专业运输单位如果在6个月内发生两次或者两次以上的特大交通事故,并对这些事故负有主要责任或者全部责任,说明该专业运输单位中存在安全隐患,这些安全隐患如果不采取一定的措施予以消除,则在一定条件下还会造成交通事故,甚至造成特大交通事故,严重危及他人和自身的生命、财产安全。为了避免损失的再次发生,对6个月内发生两次以上特大交通事故负有主要责任或者全部责任的专业运输单位,应当承担本条规定的法律责任。

(3)专业运输单位承担的法律责任是消除安全隐患。

为确保道路交通的安全,本条规定对6个月内发生两次以上特大交通事故负有主要责任或者全部责任的专业运输单位,由公安机关交通管理部门责令消除安全隐患。这样规定的目的是将交通事故消灭在萌芽之中,从而预防和减少交通事故。有关的专业运输单位在公安机关交通管理部门责令其消除安全隐患后,应当采取措施,将可能造成安全事故的各种因素,予以消除。对于存在安全隐患的机动车,在该机动车的安全隐患被消除以前,专业运输单位不得允许其上公路、城市道路和虽然在单位管辖范围但允许社会机动车通行的地方如广场、公共停车场等地行驶。

配套法规及解读

《道路交通事故处理程序规定》(2017年7月22日修订)

第八十三条 专业运输单位六个月内两次发生一次死亡三人以上事故,且单位或者车辆驾驶人对事故承担全部责任或者主要责任的,专业运输单位所在地的公安机关交通管理部门应当报经设区的市公安机关交通管理部门批准后,作出责令限期消除安全隐患的决定,禁止未消除安全隐患的机动车上道路行驶,并通报道路交通事故发生地及运输单位所在地的人民政府有关行政管理部门。

※法规解读:配套条款主要规定了对特大事故频发的专业运输单位的行政处罚。在我国,每年都会发生多起比较严重的道路交通群死群伤事故,这些事故的发生原因固然是多方面的,但许多机动车,尤其是长期从事运营的机动车辆本身存在安全隐患确是一个不容忽视的因素。为了从源头上减少、控制或者避免群死群伤事故的发生,国家出台了相关的上述规定,要求公安机关道路交通管理部门加强对专业运输单位机动车安全性能的监管。

对于存在道路交通安全隐患的单位,公安机关交通管理部门可以责令其消除安全隐患。需要特别指出的是,这里的"消除安全隐患"不是一种具体的警告处罚,而是一种独立的行政处罚形式,这是因为:首先,伴随着责令消除安全隐患的,往往是行政管理相对人的整改,而责令整改是一种单独的行政处罚责任形式;其次,警告是对轻微违法行为的一种行政处罚,对于6个月内连续发生两次特大交通事故的专业单位,适用警告的处罚显然不符合立法精神;最后,责令消除隐患而没有消除的,机动车不得上道路行驶,从而使责令消除安全隐患具有了强制执行的效力。

第一百零三条 【有关机动车生产、销售的违法行为】 国家机动车产品主管部门未按照机动车国家安全技术标准严格审查,许可不合格机动车型投入生产的,对负有责任的主管人员和其他直接责任人员给予降级或者撤职的行政处分。

机动车生产企业经国家机动车产品主管部门许可生产的机动车型,不执行机动车国家安全技术标准或者不严格进行机动车成品质量检验,致使质量不合格的机动车出厂销售的,由质量技术监督部门依照《中华人民共和国产品质量法》的有关规定给予处罚。

擅自生产、销售未经国家机动车产品主管部门许可生产的机动车型的，没收非法生产、销售的机动车成品及配件，可以并处非法产品价值三倍以上五倍以下罚款；有营业执照的，由工商行政管理部门吊销营业执照，没有营业执照的，予以查封。

生产、销售拼装的机动车或者生产、销售擅自改装的机动车的，依照本条第三款的规定处罚。

有本条第二款、第三款、第四款所列违法行为，生产或者销售不符合机动车国家安全技术标准的机动车，构成犯罪的，依法追究刑事责任。

条文解读

本条是关于机动车生产和销售过程中主管部门的有关人员及机动车生产者、销售者依法应当承担的法律责任的规定。

本条规定包括以下四个方面的内容：

(1)主管部门的有关人员在机动车生产过程中依法应当承担的法律责任。

为了防止机动车“带病”行驶，保障道路交通安全，本法第10条规定准予登记的机动车应当符合机动车国家安全技术标准。申请机动车登记时，应当对该机动车进行安全技术检验。同时，该条也规定经国家机动车产品主管部门依据机动车国家安全技术标准认定的企业生产的机动车型，该车型的新车在出厂时经检验符合机动车国家安全技术标准，获得检验合格证的，免予安全技术检验。

也就是说，一旦国家机动车产品主管部门认定某企业生产某种车型，就意味着该车型符合了机动车国家安全技术要求，该车型也就不应当存在安全隐患。如果国家机动车产品主管部门不按照机动车国家安全技术标准严格审查，许可了不合格的机动车型投入生产，由于这些机动车型可以依法在登记时免予安全技术检验，缺少登记时再接受安全技术检验这一关，就会使带有安全隐患的机动车型上路行驶，容易造成交通事故。为了避免这种情况的发生，本条规定国家机动车产品主管部门没有按照机动车国家安全技术标准进行严格审查，许可了不合格的机动车型投入生产的，负有责任的主管人员和其他直接责任人员要依法承担行政责任。

在这里，“负有责任的主管人员”，是指对不按照机动车国家安全技术标准严格审查，许可不合格机动车型投入生产负有责任的国家机动车产品主管部门的领导人。“直接责任人员”，是指国家机动车产品主管部门中具体负责机动车型的审查，但未按照机动车国家安全技术标准严格审查，许可不合格机动车型投入生产的人。负有责任的主管人员和其他直接责任人员根据本条所承担的行政责任包括降级和撤职两种。这两种行政处分属于较重的行政处分。

根据《公务员法》的规定，我国对国家公务员的行政处分分为警告、记过、记大过、降级、撤职、开除六种。其中受撤职处分的，同时还要降低级别和职务工资。由此可见，降级和撤职是仅次于开除的最重的行政处分，适用于那些有严重违纪行为、不宜继续担任现任职务的人员。本条规定对负有责任的主管人员和其他直接责任人员给予降级或者撤职的行政处分，是考虑到不按照机动车国家安全技术标准严格审查，允许不合格机动车型投入生产，可能会给人民群众的生命财产造成严重的后果，是一种严重的违纪行为，应当依法予以降级或者撤职的行政处分。

(2)合法生产机动车型的企业在生产过程中依法应当承担的行政责任。

在我国，企业生产某种机动车型，必须经国家机动车产品主管部门许可。未经国家机动车产品主管部门许可的车型，机动车生产企业不得组织生产。企业在获得国家机动车产品主管部门生产某种机动车型的许可后，即成为合法生产该车型的机动车生产企业，可以组织对该车型的生产和销售。

同时，机动车生产企业对被许可生产的机动车型，应当严格执行机动车国家安全技术标准，并在机动车生产完成后，进行严格的机动车成品质量检验，以保证出厂销售的机动车为质量合格的机动车，杜绝“带病”车辆上路行驶。如果机动车生产企业在获得国家机动车产品主管部门生产某种机动车型许可后，在生产该车型的过程中，不执行机动车国家安全技术标准或者不严格进行机动车成品质量检验，致使质量不合格的机动车出厂销售，根据本条的规定，由质量技术监督部门依照《产品质量法》的有关规定给予处罚。我国《产品质量法》第 49 条规定的处罚包括：生产、销售不符合保障人体健康和人身、财产安全的国家标准、行业标准的产品的，责令停止生产、销售，没收违法生产、销售的产品，并处违法生产、销售产品（包括已售出和未售出的产品）货值金额等值以上 3 倍以下的罚款；有违法所得的，并处没收违法所得；情节严重的，吊销营业执照。

(3)非法生产、销售未经许可机动车型的人，生产、销售、拼装机动车的人依法应当承担的行政责任。

由于企业生产某种机动车型，必须经国家机动车产品主管部门的许可，因此，未经国家机动车产品主管部门许可生产的机动车型,任何人包括法人、其他组织以及个人,都不得生产和销售,否则将承担本条规定的法律责任。根据本条的规定,擅自生产、销售未经国家机动车产品主管部门许可生产的机动车型,或者生产、销售拼装的机动车的,没收其非法生产、销售的所有的机动车成品以及各种配件,并且还可以对该非法行为处以非法生产的机动车成品及配件总价值3倍以上5倍以下的罚款。

如果生产者、销售者在市场监督管理部门进行了登记、依法取得了营业执照,则由市场监督管理部门吊销营业执照;如果生产者、销售者未在市场监督管理部门进行登记、没有依法取得营业执照,则应当予以查封。在这里,“查封”是指将非法生产者、销售者的生产、销售场所及其生产、销售的设备、器材和机动车成品、配件等以张贴封条的形式或者采取其他必要措施封存起来,未经查封部门许可,任何单位或者个人不得启封、动用,更不得变卖、转移。

(4)机动车的生产者、销售者生产或者销售不符合机动车国家安全技术标准的机动车时应当依法承担的刑事责任。

机动车的生产者、销售者存在本条所规定的违法行为时,除了要承担本条所规定的行政责任以外,当其行为构成犯罪时,还要依法承担刑事责任。我国《刑法》第146条规定,生产不符合保障人身、财产安全的国家标准、行业标准的电器、压力容器、易燃易爆产品或者其他不符合保障人身、财产安全的国家标准、行业标准的产品,或者销售明知是以上不符合保障人身、财产安全的国家标准、行业标准的产品,造成严重后果的,处5年以下有期徒刑,并处销售金额50%以上2倍以下罚金;后果特别严重的,处5年以上有期徒刑,并处销售金额50%以上2倍以下罚金。因此,机动车的生产者、销售者存在本条规定的违法行为,生产或者销售不符合机动车国家安全技术标准的机动车,造成严重后果的,就构成了犯罪,将被判处有期徒刑,同时还将被处以销售金额50%以上2倍以下的罚金。

第一百零四条 【道路施工影响交通安全行为】 未经批准,擅自挖掘道路、占用道路施工或者从事其他影响道路交通安全活动的,由道路主管部门责令停止违法行为,并恢复原状,可以依法给予罚款;致使通行的人员、车辆及其他财产遭受损失的,依法承担赔偿责任。

有前款行为，影响道路交通安全活动的，公安机关交通管理部门可以责令停止违法行为，迅速恢复交通。

条文解读

本条是关于违法从事影响道路交通安全活动的人应当承担的法律责任的规定。

本条规定包括以下三个方面的内容：

（1）违法从事影响道路交通安全活动的人应当承担的行政责任。

为了保证道路交通的畅通，本法第31条规定，未经许可，任何单位和个人不得占用道路从事非交通活动。第32条规定，因工程建设需要占用、挖掘道路，或者跨越、穿越道路架设、增设管线设施，应当事先征得道路主管部门的同意；影响交通安全的，还应当征得公安机关交通管理部门的同意。如果未经道路主管部门、公安机关交通管理部门批准，就擅自挖掘道路、占用道路施工或者从事其他影响道路交通安全活动，如在道路上举行某种集会、在道路上举办某种展览等，根据本条的规定，由道路主管部门责令违法从事影响道路交通安全活动的人停止其影响道路交通安全的违法行为。

如果因违法从事影响道路交通安全的活动而改变了道路原来的状况的，则应当由违法行为人将道路恢复到原来的状况，如将挖掘的道路填平、将占用道路的设施撤除。同时，道路主管部门还可以依法对违法从事影响道路交通安全活动的人处以罚款。

（2）违法从事影响道路交通安全活动的人应当承担的民事责任。

如果没有经过道路主管部门和公安机关交通管理部门批准就擅自挖掘道路、占用道路施工或者从事其他影响道路交通安全的活动，而使往来通行的人员、车辆及其他财产遭受损失的，根据本条的规定，还应当依法承担赔偿责任。这里的赔偿责任是一种民事责任。根据《民法典》第1258条的规定，在公共场所或者道路上挖掘、修缮安装地下设施等造成他人损害，施工人不能证明已经设置明显标志和采取安全措施的，应当承担侵权责任。窨井等地下设施造成他人损害，管理人不能证明尽到管理职责的，应当承担侵权责任。

同时，《民法典》第1167条规定，侵权行为危及他人人身、财产安全的，被侵权人有权请求侵权人承担停止侵害、排除妨碍、消除危险等侵权责任。第1179条规定，侵害他人造成人身损害的，应当赔偿医疗费、护理费、交通费、营养费、住院伙食补助费等为治疗和康复支出的合理费用，以及因误工减少的收入。造成残疾的，还应当赔偿辅助器具费和残疾赔偿金；造成死亡的，还应当赔偿丧葬费和死亡赔偿金。

因道路施工影响安全行为而产生的赔偿，要依据道路交通事故认定书认定的事实以及《道路交通安全法》第76条的规定，确定当事人承担的损害赔偿责任。在计算损害赔偿的数额时，应当确定各方当事人承担责任的比例；人身损害赔偿的标准应当按照《民法典》侵权责任编、《最高人民法院关于审理人身损害赔偿案件适用法律若干问题的解释》、《最高人民法院关于审理道路交通事故损害赔偿案件适用法律若干问题的解释》等有关规定执行，财产损失的修复费用、折价赔偿费用按照实际价值或者评估机构的评估结论计算。此外，还应当确定赔偿履行方式及期限。

(3)公安机关交通管理部门可以责令停止违法的影响道路交通安全的活动。

对于未经批准，擅自挖掘道路、占用道路施工或者从事其他影响道路交通安全活动的，不仅道路主管部门有权责令停止违法行为，负责道路交通安全管理的公安机关交通管理部门也可以责令停止违法行为，迅速恢复交通，以保障交通安全，提高通行效率。

关联法规索引

《山西省实施〈中华人民共和国道路交通安全法〉办法》第80条

第一百零五条　【未采取安全防护措施行为】道路施工作业或者道路出现损毁，未及时设置警示标志、未采取防护措施，或者应当设置交通信号灯、交通标志、交通标线而没有设置或者应当及时变更交通信号灯、交通标志、交通标线而没有及时变更，致使通行的人员、车辆及其他财产遭受损失的，负有相关职责的单位应当依法承担赔偿责任。

条文解读

本条是关于未依法履行职责的单位应当承担的法律责任的规定。

本法第32条第2款规定,施工作业单位应当在经批准的路段和时间内施工作业,并在距离施工作业地点来车方向安全距离处设置明显的安全警示标志,采取防护措施。

本法第30条第1款规定,道路出现坍塌、坑漕、水毁、隆起等损毁或者交通信号灯、交通标志、交通标线等交通设施损毁、灭失的,道路、交通设施的养护部门或者管理部门应当设置警示标志并及时修复。

本法第25条第4款规定,根据通行需要,应当及时增设、调换、更新道路交通信号。

本法第27条规定,铁路与道路平面交叉的道口,应当设置警示灯、警示标志或者安全防护设施。无人看守的铁路道口,应当在距道口一定距离处设置警示标志。

根据这些规定,施工作业单位在道路施工作业时,应当及时设置警示标志并采取防护措施;道路出现损毁时,道路主管部门应当及时设置警示标志并及时修复;在通行需要时,交通信号灯、交通标志、交通标线的养护、管理部门应当及时设置、调换或者变更交通信号灯、交通标志、交通标线。

如果施工作业单位、道路主管部门或者交通信号灯、交通标志、交通标线的养护、管理部门没有履行上述法定职责,影响了道路交通安全,致使通行的人员、车辆及其他财产遭受了损失,那么,没有履行职责的单位应当依法承担赔偿责任。

负有相关职责的单位所应承担的赔偿责任,应当包括赔偿医疗费、误工费、住院伙食补助费、护理费、残疾者生活补助费、残疾用具费、丧葬费、死亡补偿费、被扶养人生活费、交通费、住宿费和财产直接损失。这些费用和损失的计算标准,请参见前一条释义。

配套法规及解读

《民法典》(2020年5月28日)

第一千一百七十九条 侵害他人造成人身损害的,应当赔偿医疗费、护理费、交通费、营养费、住院伙食补助费等为治疗和康复支出的合理费用,以及因误工减少的收入。造成残疾的,还应当赔偿辅助器具费和残疾赔偿金;造成死亡的,还应当赔偿丧葬费和死亡赔偿金。

※法规解读:发生交通事故,受害人向交通事故责任人和保险公司主张交通事

故赔偿。根据《道路交通安全法》第76条的规定,保险公司应当在交强险赔偿限额内优先承担赔偿责任,不足部分再根据机动车和非机动车、行人的过错程度分担赔偿责任。因此在计算交通事故赔偿数额时就会有先后顺序。

首先,医疗费是交通事故受害人因恢复健康而支出的费用。当事人应当准备证明医疗费用的花费系交通事故受到伤害而产生的证据材料,如门诊病历卡、病史录、CT诊断报告、超声报告单、出院小结等材料。这些材料可以证明交通事故是医疗费用支付的直接原因。另外,就是要准备证明医疗费用支出数额的各种票据,如门急诊医疗费专用收据、急救医疗费专用收据、救护车车费专用收据、收费通知单、住院医药费专用收据以及相对应的门急诊医疗费清单、住院费用清单等。这些材料可以证明医疗费用实际支出的数额和项目。同时还可以根据相应的票据计算出住院伙食补助费,以及相关证据证明的后续治疗费、整容费、营养费。

其次,发生交通事故,受害人到医院接受治疗,受害人家属陪同护理都会发生交通费用。计算交通费时要准备好交通费用的发票,如乘坐公交有公交车票、乘坐出租车有出租车发票。受害人为了确认交通事故造成的残疾程度,需要进行伤残等级鉴定。伤残等级鉴定费用在各地数额稍有差别。这个费用有伤残等级鉴定费发票证明。并且,为了获得被告的信息,还有可能会支出工商查档费用、户籍调查费用。这些费用也应当由被告承担。

第一百零六条 【妨碍安全视距行为】在道路两侧及隔离带上种植树木、其他植物或者设置广告牌、管线等,遮挡路灯、交通信号灯、交通标志,妨碍安全视距的,由公安机关交通管理部门责令行为人排除妨碍;拒不执行的,处二百元以上二千元以下罚款,并强制排除妨碍,所需费用由行为人负担。

条文解读

本条是关于对遮挡路灯或者交通信号、妨碍安全视距的行为责令排除妨碍以及予以罚款的规定。

本法第28条第2款规定,道路两侧及隔离带上种植的树木或者其他植物,设置的广告牌、管线等,应当与交通设施保持必要的距离,不得遮挡路灯、交通信号灯、交通标志,不得妨碍安全视距,不得影响通行。对于不遵守该条规定的人,本条规定了应当承担的法律责任，即由公安机关交通管理部门责令行为人排除妨碍。

在这里，“行为人”，是指种植树木、其他植物或者设置广告牌、管线等的自然人、法人和其他组织。“排除妨碍”，是指将遮挡路灯、交通信号灯、交通标志，妨碍安全视距的树木或其他植物予以修剪或者砍伐、铲除，将遮挡路灯、交通信号灯、交通标志，妨碍安全视距的广告牌、管线等予以整修或者拆除，直至这些树木或者其他植物、广告牌、管线等不再遮挡路灯、交通信号灯、交通标志，妨碍安全视距为止。一旦公安机关交通管理部门责令行为人排除妨碍，种植树木或者其他植物的人就应当自行将遮挡路灯、交通信号灯、交通标志，妨碍安全视距的树木或其他植物予以修剪或者砍伐、铲除，设置广告牌、管线等的人就应当自行将遮挡路灯、交通信号灯、交通标志，妨碍安全视距的广告牌、管线等予以整修或者拆除，使这些树木、其他植物或者广告牌、管线等不再遮挡交通信号灯、交通标志，不再妨碍安全视距。

在公安机关交通管理部门责令行为人排除妨碍以后，行为人如果拒不执行，不自行将遮挡路灯、交通信号灯、交通标志，妨碍安全视距的树木、其他植物或者广告牌、管线等予以修剪、砍伐、铲除或者整修、拆除的，根据本条的规定，公安机关交通管理部门对拒不执行的人处以 200 元以上 2000 元以下的罚款，并且强制排除妨碍，即公安机关交通管理部门强制将遮挡路灯、交通信号灯、交通标志，妨碍安全视距的树木、其他植物或者广告牌、管线等予以修剪、砍伐、铲除或者整修、拆除，使其不再遮挡路灯、交通信号灯、交通标志、妨碍安全视距，从而消除道路交通安全的隐患，避免使人民的生命、财产遭受不必要的损害。公安机关交通管理部门在强制排除妨碍过程中所需要的各种费用，由被责令排除妨碍却拒不执行的人自己承担，公安机关交通管理部门不予承担。

关联法规索引

《重庆市高级人民法院关于审理道路交通事故损害赔偿案件适用法律若干问题的指导意见》第 17 条

第一百零七条　【当场处罚决定书】 对道路交通违法行为人予以警告、二百元以下罚款，交通警察可以当场作出行政处罚决定，并出具行政处罚决定书。

行政处罚决定书应当载明当事人的违法事实、行政处罚的依据、处罚内容、时间、地点以及处罚机关名称,并由执法人员签名或者盖章。

条文解读

本条是关于当场作出行政处罚决定以及行政处罚决定书的内容的规定。

本条规定包括以下两个方面的内容:

(1)可以当场作出行政处罚决定的情形仅限于处以警告和200元以下罚款两种情形。

本法所规定的对道路交通违法行为处罚的种类包括警告、罚款、暂扣或者吊销机动车驾驶证、拘留。在这些行政处罚中,警告和较低数额的罚款是最轻的行政处罚,它们适用于情节、性质都较轻的违法行为。为了使大量轻微的违法行为得到快速处理,避免造成交通阻塞,同时也便于公安机关交通管理部门快速处理轻微的违法行为、方便当事人,本条规定对道路交通违法行为人予以警告、200元以下罚款的,交通警察可以当场作出行政处罚决定,即可以由交通警察在事发现场对违法行为人作出行政处罚决定。

应当注意的是,这里规定的是“可以”,而不是“应当”或者“必须”,也就是说,交通警察既可以当场作出行政处罚决定,也可以不当场作出行政处罚决定,而是按照《行政处罚法》规定的一般程序进行处罚。

对道路交通违法行为人所处的罚款超过了200元,或者给予的处罚既不是警告也不是罚款的,交通警察就应当按照《行政处罚法》规定的一般程序进行处罚,而不能当场作出行政处罚决定。《行政处罚法》规定,除依法可以当场作出的行政处罚以外,行政机关发现公民、法人或者其他组织有依法应当给予行政处罚的行为的,必须全面、客观、公正地调查,收集有关证据;必要时,依照法律、法规的规定,可以进行检查。行政机关在调查或者进行检查时,执法人员不得少于2人,并应当向当事人或者有关人员出示证件。

当事人或者有关人员应当如实回答询问,并协助调查或者检查,不得阻挠。询问或者检查应当制作笔录。调查终结,行政机关负责人应当对调查结果进行审查,根据不同情况,分别作出决定:确有应受行政处罚的违法行为的,根据情节轻重及具体情况,作出行政处罚决定;违法行为轻微,依法可以不予行政处罚的,不予行政处罚;违法事实不能成立的,不得给予行政处罚;违法行为已构成犯罪的,移送司法机关。对于依法给予行政处罚的,应当制作行政处罚决定书。

行政处罚决定书应当载明当事人的姓名或者名称、地址,违反法律、法规或者规章的事实和证据,行政处罚的种类和依据,行政处罚的履行方式和期限,不服行政处罚决定申请行政复议或者提起行政诉讼的途径和期限,作出行政处罚决定的行政机关名称和作出决定的日期,并由作出行政处罚决定的行政机关盖章。作出行政处罚决定后,行政处罚决定书应当在宣告后当场交付当事人;当事人不在场的,行政机关应当在 7 日内依法将行政处罚决定书送达当事人。

此外,行政机关作出责令停产停业、降低资质等级、吊销许可证件、较大数额罚款等行政处罚决定之前,应当告知当事人有要求举行听证的权利。当事人要求听证的,行政机关应当组织听证,当事人不承担行政机关组织听证的费用。当事人要求听证时应当在行政机关告知其有要求举行听证的权利后 5 日内提出,而行政机关应当在听证的 7 日前通知当事人举行听证的时间、地点。除涉及国家秘密、商业秘密或者个人隐私外,听证应当公开举行。

听证由行政机关指定的非本案调查人员主持,如果当事人认为主持人与本案有直接利害关系,有权申请回避。当事人可以亲自参加听证,也可以委托 1 ~2 人代理。举行听证时,由调查人员提出当事人违法的事实、证据和行政处罚建议,由当事人进行申辩和质证。听证应当制作笔录,笔录应当交当事人审核无误后签字或者盖章。当事人对行政拘留的处罚有异议的,依照《治安管理处罚法》有关规定执行,即经传唤、讯问、取证后,作出裁决。

(2)当场作出行政处罚决定的也应当出具行政处罚决定书。

虽然对于予以警告、200 元以下罚款的道路交通违法行为,交通警察可以当场作出行政处罚决定,但交通警察当场作出行政处罚决定并不能仅口头告知当事人就可以了,而应当出具行政处罚决定书。根据本条的规定,行政处罚决定书上应当写明下列事项:当事人的违法事实,即被处罚的人作出了哪种或者哪些违反道路交通安全法律法规的行为;行政处罚的依据,即根据哪部法律的哪条规定作出行政处罚;处罚内容,即给予的处罚是警告还是罚款,如果是罚款,具体罚款数额是多少;处罚的时间,即在何年何月何日作出的该处罚;处罚的地点,即在哪一个地方作出的处罚;处罚机关名称,即由哪一个机关作出的该行政处罚。除此之外,行政处罚决定书应当由作出该处罚决定的交通警察在处罚决定书上签上自己的名字,或者盖上自己的人名章。

配套法规及解读

《行政处罚法》(2021年1月22日修订)

第五十一条 违法事实确凿并有法定依据,对公民处以二百元以下、对法人或者其他组织处以三千元以下罚款或者警告的行政处罚的,可以当场作出行政处罚决定。法律另有规定的,从其规定。

第五十二条 执法人员当场作出行政处罚决定的,应当向当事人出示执法证件,填写预定格式、编有号码的行政处罚决定书,并当场交付当事人。当事人拒绝签收的,应当在行政处罚决定书上注明。

前款规定的行政处罚决定书应当载明当事人的违法行为,行政处罚的种类和依据、罚款数额、时间、地点,申请行政复议、提起行政诉讼的途径和期限以及行政机关名称,并由执法人员签名或者盖章。

执法人员当场作出的行政处罚决定,应当报所属行政机关备案。

第六十一条 行政处罚决定书应当在宣告后当场交付当事人;当事人不在场的,行政机关应当在七日内依照《中华人民共和国民事诉讼法》的有关规定,将行政处罚决定书送达当事人。

当事人同意并签订确认书的,行政机关可以采用传真、电子邮件等方式,将行政处罚决定书等送达当事人。

《交通运输行政执法程序规定》(2021年6月30日修正)

第六十条 违法事实确凿并有法定依据,对公民处二百元以下、对法人或者其他组织处三千元以下罚款或者警告的行政处罚的,可以适用简易程序,当场作出行政处罚决定。法律另有规定的,从其规定。

第六十一条 执法人员适用简易程序当场作出行政处罚的,应当按照下列步骤实施:

(一)向当事人出示交通运输行政执法证件并查明对方身份;

(二)调查并收集必要的证据;

(三)口头告知当事人违法事实、处罚理由和依据;

(四)口头告知当事人享有的权利与义务;

（五）听取当事人的陈述和申辩并进行复核；当事人提出的事实、理由或者证据成立的，应当采纳；

（六）填写预定格式、编有号码的《当场行政处罚决定书》并当场交付当事人，《当场行政处罚决定书》应当载明当事人的违法行为，行政处罚的种类和依据、罚款数额、时间、地点，申请行政复议、提起行政诉讼的途径和期限以及执法部门名称，并由执法人员签名或者盖章；

（七）当事人在《当场行政处罚决定书》上签名或盖章，当事人拒绝签收的，应当在行政处罚决定书上注明；

（八）作出当场处罚决定之日起五日内，将《当场行政处罚决定书》副本提交所属执法部门备案。

《道路交通安全法实施条例》（2017年10月7日修订）

第一百零八条 交通警察按照简易程序当场作出行政处罚的，应当告知当事人道路交通安全违法行为的事实、处罚的理由和依据，并将行政处罚决定书当场交付被处罚人。

《道路交通安全违法行为处理程序规定》（2020年4月7日修正）

第四十四条 适用简易程序处罚的，可以由一名交通警察作出，并应当按照下列程序实施：

（一）口头告知违法行为人违法行为的基本事实、拟作出的行政处罚、依据及其依法享有的权利；

（二）听取违法行为人的陈述和申辩，违法行为人提出的事实、理由或者证据成立的，应当采纳；

（三）制作简易程序处罚决定书；

（四）处罚决定书应当由被处罚人签名、交通警察签名或者盖章，并加盖公安机关交通管理部门印章；被处罚人拒绝签名的，交通警察应当在处罚决定书上注明；

（五）处罚决定书应当当场交付被处罚人；被处罚人拒收的，由交通警察在处罚决定书上注明，即为送达。

交通警察应当在二日内将简易程序处罚决定书报所属公安机关交通管理部门备案。

※法规解读：上述条款主要规定了道路交通安全违法行为行政处罚的管辖范围、当事人的陈述和申辩权，以及交通警察按照简易程序当场作出行政处罚等情

形。根据《行政处罚法》的规定,违法事实确凿并有法定依据,对公民处以200元以下、对法人或者其他组织处以3000元以下罚款或者警告的行政处罚的,可以当场作出行政处罚决定。当场处罚,又称现场处罚、即时处罚,是指利用简单程序进行的行政处罚。

与一般程序相比,简易程序主要有以下优势:

(1)程序简单。简易程序不具有一般程序那样从立案到送达的一系列严谨程序,通常发现行政违法行为后经过简单的事实调查即行作出行政处罚决定。

(2)运作较灵活。简易程序不具有一般程序所具有的各种制约机制,运作比较灵活,注重处罚效率。

(3)时限较短暂。简易程序的处罚周期较短,通常在几小时内即运行完毕。

(4)适用范围较窄。简易程序只能适用于违法事实确凿、法定依据明确而且处罚措施比较轻微的行为。

对于道路交通安全管理而言,赋予路面值勤的交通警察对现场轻微交通安全违法行为进行简易处罚的权力,对于加强道路交通管理,提高道路通行效率、方便被处罚人、减少处罚运作程序成本等都具有重要意义。在道路交通安全管理的执法实践中,大量的警告和罚款处罚是由值勤的交通警察通过现场处罚的形式完成的。

关联法规索引

《浙江省实施〈中华人民共和国道路交通安全法〉办法》第69条

第一百零八条　【罚款的缴纳】当事人应当自收到罚款的行政处罚决定书之日起十五日内,到指定的银行缴纳罚款。

对行人、乘车人和非机动车驾驶人的罚款,当事人无异议的,可以当场予以收缴罚款。

罚款应当开具省、自治区、直辖市财政部门统一制发的罚款收据;不出具财政部门统一制发的罚款收据的,当事人有权拒绝缴纳罚款。

条文解读

本条是关于缴纳罚款的程序的规定。

本条规定包括以下两个方面的内容：

(1)缴纳罚款的方式。

当事人因违反道路交通安全的法律法规而被处以罚款后，原则上应当在限定的时间内，到指定的银行去缴纳罚款。根据本条第1款的规定，当事人应当从收到罚款的行政处罚决定书之日起15日内，到指定的银行缴纳罚款。例如，如果当事人于某年5月1日收到了罚款的行政处罚决定书，那么，他应当在该年的5月1日至16日的15日内，到指定的银行缴纳罚款。当然，他缴纳罚款的时间可以是5月1日至5月16日中的任何一天，而无须是其中某一特定的日子。

虽然被处以罚款的当事人原则上应当到指定的银行去缴纳罚款，但为了方便当事人，本条规定在法定的条件下，执法人员也可以当场予以收缴罚款，使当事人无须再花费时间、精力甚至金钱到指定的银行去缴纳罚款。

根据本条规定，当场收缴必须符合以下两个条件：

一是对行人、乘车人和非机动车驾驶人的罚款；

二是被处以罚款的当事人对该罚款完全同意、没有意见。

除此之外的情况，如对机动车驾驶人、机动车生产企业的罚款，或者对擅自挖掘道路、占用道路施工或者从事其他影响道路交通安全活动的人的罚款，对在道路两侧及隔离带上种植树木、其他植物或者设置广告牌、管线等，遮挡路灯、交通信号灯、交通标志，妨碍安全视距的人的罚款，则不能当场予以收缴。同时，即使是对行人、乘车人和非机动车驾驶人的罚款，如果被处以罚款的当事人不同意或者不完全同意该罚款的，也不能当场予以收缴。

(2)罚款应当依法开具罚款收据。

为了制止乱罚款，并保证收缴的罚款全部上缴国库，本条第3款中规定，罚款应当开具省、自治区、直辖市财政部门统一制发的罚款收据。

因为本法授权省、自治区、直辖市人民代表大会常务委员会根据本地区的实际情况，在本法规定的罚款幅度内，规定具体的执行标准，所以，本条将罚款收据的印制权限定在省、自治区、直辖市财政部门。对于当事人的任何一次罚款，收取罚款的银行或者当场收缴罚款的人员，都应当向缴纳罚款的当事人开具省、自治区或者直辖市财政部门统一制发的罚款收据，而不得出具省、自治区、直辖市其他部门制发的罚款收据，也不得出具省、自治区、直辖市以下的财政部门或者其他部门制发的罚款收据，如市、县、区财政部门或者其他部门制发的罚款收据，更不得出具任何部门制发的其他收据或者不出具收据。对于出具省、自治区、直辖市其他部门制发的罚款收据，或者出具省、自治区、直辖市以下的财政部门或者其他部门制发的罚款收据，或者出具某一部门制发的非罚款的其他收据，或者不出具收据的，被处以罚款的当事人都可以不缴纳罚款，从而从程序上切断公安机关交通管理部门行使职权与经济利益的联系。

配套法规及解读

《道路交通安全违法行为处理程序规定》(2020年4月7日修正)

第五十九条 对行人、乘车人、非机动车驾驶人处以罚款，交通警察当场收缴的，交通警察应当在简易程序处罚决定书上注明，由被处罚人签名确认。被处罚人拒绝签名的，交通警察应当在处罚决定书上注明。

交通警察依法当场收缴罚款的，应当开具省、自治区、直辖市财政部门统一制发的罚款收据；不开具省、自治区、直辖市财政部门统一制发的罚款收据的，当事人有权拒绝缴纳罚款。

第六十二条 对违法行为人决定行政拘留并处罚款的，公安机关交通管理部门应当告知违法行为人可以委托他人代缴罚款。

《交通运输行政执法程序规定》(2021年6月30日修正)

第九十九条 执法部门对当事人作出罚款处罚的，当事人应当自收到处罚决定书之日起十五日内，到指定的银行缴纳罚款；具备条件的，也可以通过电子支付系统缴纳罚款。具有下列情形之一的，执法人员可以当场收缴罚款：

（一）依法当场作出行政处罚决定，处一百元以下的罚款或者不当场收缴事后难以执行的；

（二）在边远、水上、交通不便地区，当事人到指定的银行或者通过电子支付系统缴纳罚款确有困难，经当事人提出的。

当场收缴罚款的，应当向当事人出具国务院财政部门或者省、自治区、直辖市人民政府财政部门统一制发的专用票据。

第一百条 执法人员当场收缴的罚款，应当自收缴罚款之日起二日内，交至其所属执法部门。在水上当场收缴的罚款，应当自抵岸之日起二日内交至其所属执法部门。执法部门应当在二日内将罚款缴付指定的银行。

第一百零一条 当事人确有经济困难，经当事人申请和作出处罚决定的执法部门批准，可以暂缓或者分期缴纳罚款。执法人员应当制作并向当事人送达《分期（延期）缴纳罚款通知书》。

※法规解读：本地违章到银行缴款是一件比较便捷的事，但车辆在异地违章缴纳罚款却具有一定的操作难度。对此，各省做法不尽相同。一般的异地违章车主可以通过邮政局等合法代办机构代为办理，也可以委托违章事发地亲友办理。比如，深圳本地车辆在广东省内的其他地市发生交通违章行为需要缴纳罚款的，可以到深圳本地邮政网点代为办理。发生在省外的违章行为，由于目前还没有建立起交通违章跨省联网收费系统，许多交管部门也没有专门处理异地违章罚款的科室，车主需赴违章地自行处理或请当地亲友代办。考虑到各地办理此类业务的程序有所差异，无论是本人亲自办理还是请亲友代办，都应当把驾驶证、行驶证、处罚告知书等材料带齐全，并事先向当地交管部门打电话咨询清楚。

除了邮政局可以代办异地违章罚款外，个别公司取得工商部门的审核，也可以代办异地违章罚款，办理程序大同小异。鉴于一些跑腿公司也在开展此项业务，交警局的工作人员提醒广大车主在委托代办异地违章罚款时，一定要找正规的有资质的公司，具体的注册情况可以通过工商局的网站查询核实。

鉴于这种费时费力的缴费情况，全国很多省份已经开通违章异地缴纳平台，如江苏省、海南省，其他省份也在陆续推出这一平台。

关联法规索引

《陕西省实施〈中华人民共和国道路交通安全法〉办法》第 103 条

第一百零九条 【对不履行处罚决定可采取的措施】 当事人逾期不履行行政处罚决定的，作出行政处罚决定的行政机关可以采取下列措施：

（一）到期不缴纳罚款的，每日按罚款数额的百分之三加处罚款；

（二）申请人民法院强制执行。

条文解读

本条是关于保证行政处罚决定得以履行或执行的措施的规定。

本条规定包括以下两个方面的内容：

(1)对到期不缴纳罚款的当事人可以采取的措施。

如果当事人没有自收到罚款的行政处罚决定书之日起15日内，到指定的银行缴纳罚款，那么，其罚款数额自到期之日起，每增加1日，就在罚款数额的基础上，多处3%的罚款，这样按日加处罚款至当事人缴纳罚款时止。

例如，某人因违反道路交通安全法律法规而被处以1000元罚款，该人收到罚款的行政处罚决定书是5月1日。如果到5月16日，该人还没有到指定的银行缴纳罚款，那么，到5月17日，他的罚款数额就增加到了1030元，到5月18日，他的罚款数额就增加到了1060元，到5月19日，他的罚款数额就增加到了1090元，以此类推。因此，当事人逾期不缴纳罚款的时间越长，他将要缴纳的罚款数额就会越多，这就促使当事人尽量按期或者尽早缴纳罚款。

(2)对所有逾期不履行行政处罚决定的当事人可以采取的措施。

无论对当事人予以何种行政处罚，只要当事人超过规定的履行期限而不履行，作出行政处罚决定的行政机关就可以申请人民法院强制执行。作出行政处罚决定的行政机关在申请人民法院强制执行后，人民法院根据行政处罚决定书载明的处罚内容，有权依法采取法定的执行措施，如划拨被执行人的存款，扣留、提取被执行人应当履行义务部分的收入，查封、扣押、冻结、拍卖、变卖被执行人应当履行义务部分的财产，发出搜查令对被执行人及其住所或者财产隐匿地进行搜查，强制执行行政处罚决定书指定的行为或者委托有关单位或者其他人完成等，以使行政处罚决定书载明的处罚内容能够得到切实执行。应当注意的是，本条将作出行政处罚决定的行政机关可以采取的措施规定为申请人民法院强制执行，实际上是否定了行政机关自行强制执行的权力，以便能够更好地保护公民的合法权益。

配套法规及解读

《行政处罚法》(2021年1月22日修订)

第七十二条 当事人逾期不履行行政处罚决定的，作出行政处罚决定的行政机关可以采取下列措施：

（一）到期不缴纳罚款的，每日按罚款数额的百分之三加处罚款，加处罚款的数额不得超出罚款的数额；

（二）根据法律规定，将查封、扣押的财物拍卖、依法处理或者将冻结的存款、汇款划拨抵缴罚款；

（三）根据法律规定，采取其他行政强制执行方式；

（四）依照《中华人民共和国行政强制法》的规定申请人民法院强制执行。

行政机关批准延期、分期缴纳罚款的，申请人民法院强制执行的期限，自暂缓或者分期缴纳罚款期限结束之日起计算。

《道路交通安全违法行为处理程序规定》（2020 年 4 月 7 日修正）

第六十条 当事人逾期不履行行政处罚决定的，作出行政处罚决定的公安机关交通管理部门可以采取下列措施：

（一）到期不缴纳罚款的，每日按罚款数额的百分之三加处罚款，加处罚款总额不得超出罚款数额；

（二）申请人民法院强制执行。

《交通运输行政执法程序规定》（2021 年 6 月 30 日修正）

第一百零三条 当事人未在规定期限内缴纳罚款的，作出行政处罚决定的执法部门可以依法加处罚款。加处罚款的标准应当告知当事人。

加处罚款的数额不得超出原罚款的数额。

第一百零四条 执法部门实施加处罚款超过三十日，经催告当事人仍不履行的，作出行政处罚决定的执法部门应当依法向所在地有管辖权的人民法院申请强制执行。但是，当事人在法定期限内不申请行政复议或者提起行政诉讼，经催告仍不履行行政处罚决定、加处罚款决定的，在实施行政执法过程中已经采取扣押措施的执法部门，可以将扣押的财物依法拍卖抵缴罚款。

第一百一十八条 当事人在法定期限内不申请行政复议或者提起行政诉讼，又不履行行政决定的，没有行政强制执行权的执法部门可以自期限届满之日起三个月内，依法向有管辖权的人民法院申请强制执行。

……

强制执行的费用由被执行人承担。

第一百一十九条 申请人民法院强制执行前，执法部门应当制作《催告书》，催告当事人履行义务。催告书送达十日后当事人仍未履行义务的，执法部门可以向人民法院申请强制执行。

第一百二十条 执法部门向人民法院申请强制执行,应当提供下列材料:

(一)强制执行申请书;

(二)行政决定书及作出决定的事实、理由和依据;

(三)当事人的意见及执法部门催告情况;

(四)申请强制执行标的情况;

(五)法律、行政法规规定的其他材料。

强制执行申请书应当由作出处理决定的执法部门负责人签名,加盖执法部门印章,并注明日期。

第一百二十一条 执法部门对人民法院不予受理强制执行申请、不予强制执行的裁定有异议的,可以在十五日内向上一级人民法院申请复议。

※法规解读:《行政处罚法》是由全国人民代表大会通过并于1996年10月1日起施行的。《行政处罚法》的颁布机关高于公安部,时间也比《机动车驾驶员交通违章记分办法》(已被《机动车驾驶证申领和使用规定》替代)早,但实践中多次上演"天价罚款"。究其原因,是有些交通管理部门执行的记分办法突破了公安部制定的记分办法及《行政处罚法》第29条及第72条的规定,放大处罚,增加了逾期缴纳罚款记12分的规定。对同一违章行为作出多次处罚,其后规定的交规学习,实际演变为变相的罚款。学习期间又扣留持证人的驾驶证,侵犯了持证人合法驾车的权利,造成持证人经济损失。

配套条款中还提到了强制执行措施,申请法院强制执行,又称行政处罚的司法强制执行,是我国行政强制执行制度的主要途径,对于没有强制执行权的行政处罚机关,都需要申请法院强制执行。对于道路交通安全违法行为作出的行政罚款,当事人逾期仍然没有向指定的银行缴纳罚款的,银行应当及时通知作出行政处罚的公安机关交通管理部门,由作出处罚决定的公安机关交通管理部门根据不同情况进行处理:(1)当事人已经申请行政复议或者提起行政诉讼的,通知银行收回行政处罚决定书副本,同时在收缴罚款的银行办理收缴通知注销事项;(2)当事人逾期交纳罚款的,可以适用加处罚款;(3)当事人既未申请行政复议也没有提起行政诉讼,又不按行政处罚决定书缴纳罚款的,公安机关交通管理部门依法申请法院强制执行。

第一百一十条 【暂扣或吊销驾驶证】执行职务的交通警察认为应当对道路交通违法行为人给予暂扣或者吊销机动车驾驶证处罚的，可以先予扣留机动车驾驶证，并在二十四小时内将案件移交公安机关交通管理部门处理。

道路交通违法行为人应当在十五日内到公安机关交通管理部门接受处理。无正当理由逾期未接受处理的，吊销机动车驾驶证。

公安机关交通管理部门暂扣或者吊销机动车驾驶证的，应当出具行政处罚决定书。

条文解读

本条是关于暂扣或者吊销机动车驾驶证的规定。

本条规定包括以下三个方面的内容：

(1)交通警察认为应当给予暂扣或者吊销机动车驾驶证处罚时应当遵循的程序。

本法规定给予暂扣或者吊销机动车驾驶证处罚的行为，都是比较严重的道路交通违法行为，如饮酒后驾驶机动车、驾驶非法拼装的机动车或者已达到报废标准的机动车上道路行驶，违反道路交通安全法律法规的规定而发生重大交通事故、造成交通事故后逃逸等。

对于这些违法行为，不仅应当给予比较重的处罚，而且有的根据具体情况应当予以立即制止，否则就会放纵违法行为，形成持续违章，危害交通安全。为此，本条中规定，执行职务的交通警察认为应当对道路交通违法行为人给予暂扣或者吊销机动车驾驶证处罚的，可以先予扣留机动车驾驶证。也就是说，交通警察在执行职务时，认为有关的当事人违反了道路交通安全法律法规的规定，并依法应当处以暂扣或者吊销机动车驾驶证的，该交通警察可以先将当事人的机动车驾驶证扣留下来，而无须等到将来行政处罚决定作出并宣告后，再予以暂扣或者吊销。

为了保障当事人的合法权益，防止有关人员故意刁难当事人，本条同时又规定，执行职务的交通警察先予扣留机动车驾驶证后，应当在 24 小时以内，将该案件移交公安机关交通管理部门，以便公安机关交通管理部门能够依法及时处理。

(2)对不依法接受处理的当事人吊销机动车驾驶证。

为了使道路交通违法行为能够得到处理，本条规定有关的当事人应当主动接受处理。按照本条的规定,那些执行职务的交通警察认为应当给予暂扣或者吊销机动车驾驶证处罚的人应当在15日内,自行到公安机关交通管理部门去接受处理。道路交通违法行为人只有在有正当理由的情况下,如遭遇地震、洪水等而使道路阻断,无法通行,或者突患严重疾病而无法行动等,不能如期到公安机关交通管理部门接受处理的,才能超过15日的期限去接受处理。没有正当理由超过15日的期限没有接受处理的,由公安机关交通管理部门吊销其机动车驾驶证。

(3)暂扣或者吊销机动车驾驶证应当出具行政处罚决定书。

暂扣或者吊销机动车驾驶证属于一种行政处罚,应当依照《行政处罚法》规定的程序,予以处罚。《行政处罚法》规定了给予行政处罚的具体程序。其中规定,行政处罚应当制作行政处罚决定书。

配套法规及解读

《道路交通安全法实施条例》(2017年10月7日修订)

第一百零九条 对道路交通安全违法行为人处以罚款或者暂扣驾驶证处罚的,由违法行为发生地的县级以上人民政府公安机关交通管理部门或者相当于同级的公安机关交通管理部门作出决定;对处以吊销机动车驾驶证处罚的,由设区的市人民政府公安机关交通管理部门或者相当于同级的公安机关交通管理部门作出决定。

公安机关交通管理部门对非本辖区机动车的道路交通安全违法行为没有当场处罚的,可以由机动车登记地的公安机关交通管理部门处罚。

《道路交通安全违法行为处理程序规定》(2020年4月7日修正)

第六十一条 公安机关交通管理部门对非本辖区机动车驾驶人给予暂扣、吊销机动车驾驶证处罚的,应当在作出处罚决定之日起十五日内,将机动车驾驶证转至核发地公安机关交通管理部门。

违法行为人申请不将暂扣的机动车驾驶证转至核发地公安机关交通管理部门的,应当准许,并在行政处罚决定书上注明。

※法规解读:行政处罚决定书应当载明下列事项:当事人的姓名或者名称、地址;违反法律、法规或者规章的事实和证据;行政处罚的种类和依据;行政处罚的履行方式和期限;不服行政处罚决定,申请行政复议或者提起行政诉讼的途径和期限;作出行政处罚决定的行政机关名称和作出决定的日期。

行政处罚决定书还必须盖有作出行政处罚决定的行政机关的印章。同时，行政处罚决定书应当在宣告后当场交付当事人；当事人不在场的，行政机关应当在7日内依照《民事诉讼法》的有关规定，将行政处罚决定书送达当事人。与《行政处罚法》的规定相一致，本条第3款规定，公安机关交通管理部门暂扣或者吊销机动车驾驶证的，应当出具行政处罚决定书。

关联法规索引

《西藏自治区道路交通安全条例》第88条

第一百一十一条　【拘留裁决机关】对违反本法规定予以拘留的行政处罚，由县、市公安局、公安分局或者相当于县一级的公安机关裁决。

条文解读

本条是关于拘留的裁决机关的规定。

拘留是对有比较严重的违法行为的人所处的限制其一定时间人身自由的一种行政处罚。由于拘留限制了当事人的人身自由，会对当事人的身心及其他方面产生较大的影响，所以，在给予拘留的行政处罚时，一定要慎重，并且不得滥用。为此，本条规定，对违反本法规定予以拘留的行政处罚，由县、市公安局、公安分局或者相当于县一级的公安机关裁决。

从我国公安机构的设置来看，我国在中央设公安部；各省、自治区设公安厅，直辖市设公安局；各地、市、自治州、盟设公安局、处；各县、市、旗设公安局，同时县、市、旗公安局和城市公安分局设立派出机构，由公安机关直接领导和管理。按照本条的规定，只有县、市、旗公安局和相当于县一级的城市公安分局才有权作出对违反本法规定的人予以拘留的行政处罚。

配套法规及解读

《行政处罚法》（2021年1月22日修订）

第二十三条　行政处罚由县级以上地方人民政府具有行政处罚权的行政机关

管辖。法律、行政法规另有规定的,从其规定。

《道路交通安全违法行为处理程序规定》(2020 年 4 月 7 日修正)

第六条 对违法行为人处以警告、罚款或者暂扣机动车驾驶证处罚的,由县级以上公安机关交通管理部门作出处罚决定。

对违法行为人处以吊销机动车驾驶证处罚的,由设区的市公安机关交通管理部门作出处罚决定。

对违法行为人处以行政拘留处罚的,由县、市公安局、公安分局或者相当于县一级的公安机关作出处罚决定。

※法规解读:《行政处罚法》和《道路交通安全违法行为处理程序规定》的行政拘留,是指公安机关对严重违反《道路交通安全法》规定的行为人,为达到惩戒和教育的目的,在一定期限内强制剥夺其人身自由的处罚措施。由于拘留是剥夺人身自由的处罚,为了体现执法的严肃性,拘留必须由县、市公安局、公安分局或者相当于县一级的公安机关裁决。这一规定与《治安管理处罚法》的有关规定是一致的,《道路交通安全法》规定处以行政拘留的行为,也是违反治安管理的行为,根据《治安管理处罚法》的规定,对违反治安管理行为的处罚,由县、市公安局、公安分局或者相当于县一级的公安机关裁决。

这里应注意的是,"县、市公安局"是指县政府或县级市政府的公安局,即拘留决定必须由县政府或县级市政府的公安局作出,而不能由该公安局的交通管理部门直接作出。这样有利于公安机关的内部监督,保证处罚的准确性。这里规定的"公安分局",是指地级以上城市中的公安分局,即拘留决定应由公安分局作出,而不能由该行政管辖区域的公安机关交通管理部门直接作出。在这里,所谓"相当于县一级的公安机关",是指铁路、民航、交通、森林、农垦等专业部门的公安机关。具体是指:铁路公安局(处)、公安分局(分处)、公安段,铁路工程局和勘察设计院公安处、公安段;交通、港航公安局(处)、公安分局(分处),航务工程局公安处;民航公安处、公安分处;县一级的林业公安局、公安处等。

第一百一十二条 【对扣留车辆的处理】公安机关交通管理部门扣留机动车、非机动车,应当当场出具凭证,并告知当事人在规定期限内到公安机关交通管理部门接受处理。

公安机关交通管理部门对被扣留的车辆应当妥善保管，不得使用。

逾期不来接受处理，并且经公告三个月仍不来接受处理的，对扣留的车辆依法处理。

条文解读

本条是关于扣留机动车、非机动车的规定。

本条规定包括以下三个方面的内容：

（1）公安机关交通管理部门扣留机动车、非机动车的程序。

扣留机动车、非机动车是一种行政强制措施，它直接涉及公民、法人和其他组织的财产权利。在实施这种强制措施以后，机动车或者非机动车在被扣留期间，不再由其所有人及使用人占有，其去向如果没有证据证明，就可能使当事人的合法权益受到损害。

为此，本条第1款中规定，公安机关交通管理部门扣留机动车、非机动车，应当当场出具凭证。也就是说，在扣留机动车或者非机动车的同时，公安机关交通管理部门应当向当事人交付其机动车或者非机动车已被公安机关交通管理部门扣留的凭证，以使当事人持有其机动车或者非机动车已被公安机关扣留的证据。在违法状态消除以后，当事人可以凭此证据将其被扣留的机动车或者非机动车取回。

本条不仅规定扣留机动车及非机动车应当当场出具凭证，而且规定公安机关交通管理部门扣留机动车、非机动车时，应当告知当事人在规定期限内到公安机关交通管理部门接受处理，以便公安机关交通管理部门对案件进行处理，同时也便于当事人能够及时接受处理，取回被扣留的机动车或者非机动车。

（2）公安机关交通管理部门有义务妥善保管被扣留的车辆。

机动车或者非机动车在被公安机关交通管理部门扣留期间，就停放于公安机关交通管理部门指定停车场所，处于公安机关交通管理部门的控制之下。如果在此期间，公安机关交通管理部门使用被扣留的车辆，当事人无法制止。但这种使用不仅会给被扣留的车辆造成磨损，而且可能因使用不当损害被扣留的车辆。即使公安机关交通管理部门不使用被扣留的车辆，如果公安机关交通管理部门不妥善保管，也容易使被扣留的车辆受到损害。为了维护当事人的合法权益，本条规定，公安机关交通管理部门对被扣留的车辆应当妥善保管，不得使用。

(3)被扣留的车辆在当事人不依法接受处理时应当按照规定处理。

当事人在其机动车或者非机动车被扣留以后,应当按照被告知的期限,到公安机关交通管理部门接受处理。如果当事人超过了被告知的期限,仍未到公安机关交通管理部门接受处理,则公安机关交通管理部门应当发布公告,告知当事人到公安机关交通管理部门接受处理。当事人在公安机关交通管理部门公告之后,超过3个月仍不到公安机关交通管理部门接受处理的,按照本条的规定,对被扣留的机动车或者非机动车依法处理。

配套法规及解读

《道路交通安全法实施条例》(2017年10月7日修订)

第一百零七条 依照道路交通安全法第九十二条、第九十五条、第九十六条、第九十八条的规定被扣留的机动车,驾驶人或者所有人、管理人30日内没有提供被扣留机动车的合法证明,没有补办相应手续,或者不前来接受处理,经公安机关交通管理部门通知并且经公告3个月仍不前来接受处理的,由公安机关交通管理部门将该机动车送交有资格的拍卖机构拍卖,所得价款上缴国库;非法拼装的机动车予以拆除;达到报废标准的机动车予以报废;机动车涉及其他违法犯罪行为的,移交有关部门处理。

《道路交通事故处理程序规定》(2017年7月22日修订)

第三十九条 因收集证据的需要,公安机关交通管理部门可以扣留事故车辆,并开具行政强制措施凭证。扣留的车辆应当妥善保管。

公安机关交通管理部门不得扣留事故车辆所载货物。对所载货物在核实重量、体积及货物损失后,通知机动车驾驶人或者货物所有人自行处理。无法通知当事人或者当事人不自行处理的,按照《公安机关办理行政案件程序规定》的有关规定办理。

严禁公安机关交通管理部门指定停车场停放扣留的事故车辆。

第五十八条 自检验报告、鉴定意见确定之日起五日内,公安机关交通管理部门应当通知当事人领取扣留的事故车辆。

因扣留车辆发生的费用由作出决定的公安机关交通管理部门承担,但公安机关交通管理部门通知当事人领取,当事人逾期未领取产生的停车费用由当事人自行承担。

经通知当事人三十日后不领取的车辆，经公告三个月仍不领取的，对扣留的车辆依法处理。

※法规解读：扣留机动车、非机动车是公安机关交通管理部门依法拥有的行政强制措施职权。根据《道路交通安全法》的规定，在下列情况下，公安机关交通管理部门可以扣留车辆：非机动车驾驶人拒绝接受罚款处罚的；公路客运车辆载客超过额定乘员20%以上或者违反规定载货的；货运机动车超过核定载质量30%以上或者违反规定载客的；上道路行驶的机动车未悬挂机动车号牌，未放置检验合格标志、保险标志，或者未随车携带行驶证、驾驶证的；使用伪造、变造的机动车号牌、行驶证、检验合格标志、保险标志、机动车登记证、驾驶证或者使用其他机动车号牌、行驶证、检验合格标志、保险标志、机动车登记证的；机动车所有人、管理人未按照国家规定投保机动车第三者责任险的。

关联法规索引

《福建省公路路政管理条例》第24条

第一百一十三条 【暂扣与重新申领驾驶证期限的计算】暂扣机动车驾驶证的期限从处罚决定生效之日起计算；处罚决定生效前先予扣留机动车驾驶证的，扣留一日折抵暂扣期限一日。

吊销机动车驾驶证后重新申请领取机动车驾驶证的期限，按照机动车驾驶证管理规定办理。

条文解读

本条是关于暂扣机动车驾驶证期限的计算方法及吊销机动车驾驶证后重新申请领取机动车驾驶证的期限的规定。

本条规定包括以下两个方面的内容：

(1)暂扣机动车驾驶证期限的计算方法。

公安机关交通管理部门决定对当事人给予暂扣机动车驾驶证的处罚以后，当事人的机动车驾驶证将被暂时扣留，直至行政处罚决定书上载明的暂扣期限届满。这一期限的起算点，根据本条的规定，应当为处罚决定生效之日。

本法第110条中规定，执行职务的交通警察认为应当对道路交通违法行为人给予暂扣或者吊销机动车驾驶证处罚的，可以先予扣留机动车驾驶证。这就意味着在暂扣机动车驾驶证的处罚生效之前，当事人的机动车驾驶证可能已经被公安机关交通管理部门扣留了一段时间。这段时间在行政处罚决定生效以后，应当计入行政处罚决定书载明的期限中。具体计算的方法，根据本条的规定，为扣留一日折抵暂扣期限一日，即处罚决定生效前扣留机动车驾驶证的一日，计为已经执行了暂扣机动车驾驶证一日。因此，处罚决定生效前扣留了机动车驾驶证多少日，执行暂扣机动车驾驶证的处罚时，其期限从处罚决定生效之日起，就应当少算多少日。

(2)吊销机动车驾驶证后重新申请领取机动车驾驶证的期限。

吊销机动车驾驶证是对有比较严重违法行为的人的一种行政处罚，其目的是取消当事人驾驶机动车的资格，使其无法再驾驶机动车。如果在吊销当事人的机动车驾驶证后，允许其立即重新申请领取机动车驾驶证，该当事人就可以即刻重新获得机动车驾驶证，马上驾驶机动车。这样一来，吊销机动车驾驶证这一行政处罚就变得毫无意义。为此，对于被吊销机动车驾驶证的人，国家不允许他们立即重新申请领取机动车驾驶证，而规定必须经过一定的期限，才能重新申请领取机动车驾驶证。

配套法规及解读

《道路交通事故处理程序规定》(2017年7月22日修订)

第三十九条第一款 因收集证据的需要，公安机关交通管理部门可以扣留事故车辆，并开具行政强制措施凭证。扣留的车辆应当妥善保管。

第八十二条 对发生道路交通事故构成犯罪，依法应当吊销驾驶人机动车驾驶证的，应当在人民法院作出有罪判决后，由设区的市公安机关交通管理部门依法吊销机动车驾驶证。同时具有逃逸情形的，公安机关交通管理部门应当同时依法作出终生不得重新取得机动车驾驶证的决定。

《机动车驾驶证申领和使用规定》(2021年12月17日修订)

第十五条 有下列情形之一的，不得申请机动车驾驶证：

（一）有器质性心脏病、癫痫病、美尼尔氏症、眩晕症、癔病、震颤麻痹、精神病、痴呆以及影响肢体活动的神经系统疾病等妨碍安全驾驶疾病的；

（二）三年内有吸食、注射毒品行为或者解除强制隔离戒毒措施未满三年，以及长期服用依赖性精神药品成瘾尚未戒除的；

（三）造成交通事故后逃逸构成犯罪的；

（四）饮酒后或者醉酒驾驶机动车发生重大交通事故构成犯罪的；

（五）醉酒驾驶机动车或者饮酒后驾驶营运机动车依法被吊销机动车驾驶证未满五年的；

（六）醉酒驾驶营运机动车依法被吊销机动车驾驶证未满十年的；

（七）驾驶机动车追逐竞驶、超员、超速、违反危险化学品安全管理规定运输危险化学品构成犯罪依法被吊销机动车驾驶证未满五年的；

（八）因本款第四项以外的其他违反交通管理法律法规的行为发生重大交通事故构成犯罪依法被吊销机动车驾驶证未满十年的；

（九）因其他情形依法被吊销机动车驾驶证未满二年的；

（十）驾驶许可依法被撤销未满三年的；

（十一）未取得机动车驾驶证驾驶机动车，发生负同等以上责任交通事故造成人员重伤或者死亡未满十年的；

（十二）三年内有代替他人参加机动车驾驶人考试行为的；

（十三）法律、行政法规规定的其他情形。

未取得机动车驾驶证驾驶机动车，有第一款第五项至第八项行为之一的，在规定期限内不得申请机动车驾驶证。

第九十三条 申请人隐瞒有关情况或者提供虚假材料申领机动车驾驶证的，公安机关交通管理部门不予受理或者不予办理，处五百元以下罚款；申请人在一年内不得再次申领机动车驾驶证。

申请人在考试过程中有贿赂、舞弊行为的，取消考试资格，已经通过考试的其他科目成绩无效，公安机关交通管理部门处二千元以下罚款；申请人在一年内不得再次申领机动车驾驶证。

申请人以欺骗、贿赂等不正当手段取得机动车驾驶证的，公安机关交通管理部门收缴机动车驾驶证，撤销机动车驾驶许可，处二千元以下罚款；申请人在三年内不得再次申领机动车驾驶证。

组织、参与实施前三款行为之一牟取经济利益的，由公安机关交通管理部门处违法所得三倍以上五倍以下罚款，但最高不超过十万元。

申请人隐瞒有关情况或者提供虚假材料申请校车驾驶资格的，公安机关交通管理部门不予受理或者不予办理，处五百元以下罚款；申请人在一年内不得再次申请校车驾驶资格。申请人以欺骗、贿赂等不正当手段取得校车驾驶资格的，公安机关交通管理部门撤销校车驾驶资格，处二千元以下罚款；申请人在三年内不得再次申请校车驾驶资格。

※法规解读：配套条款主要对暂扣或者吊销驾驶证的具体情形作出了规定。其中，暂扣和吊销机动车驾驶证的期限可以分为两个区段，即3个月以下和6个月以下。计算的起点就是行政处罚决定生效的日期，即行政处罚决定书上载明的日期。在现实生活中，很多时候在没有进行正式的处罚前，当事人的驾驶证就已经被预先扣留。由于机动车驾驶证被先予扣留期间，机动车驾驶人驾驶机动车的资格受到限制，因此，在正式作出处罚决定后，驾驶证被扣留的期间应当在决定的暂扣驾驶证的处罚期间内扣除，具体的扣除折抵的方法是：先予以扣留1日，折抵暂扣期限1日。

配套条款还规定“被吊销机动车驾驶证未满二年的”不得重新申领驾驶证。也就是说，从吊销机动车驾驶证的处罚决定生效之日起计算，2年后被吊销机动车驾驶证的驾驶人方可重新申领驾驶证。

第一百一十四条　【电子警察的处罚依据】公安机关交通管理部门根据交通技术监控记录资料，可以对违法的机动车所有人或者管理人依法予以处罚。对能够确定驾驶人的，可以依照本法的规定依法予以处罚。

条文解读

本条是关于根据交通技术监控记录资料进行处罚的规定。

为了有效地遏制道路交通违章行为，提高广大交通参与者遵守交通法规的自觉性和交通安全意识，缓解城市交通拥堵，公安部在公安科技发展“九五”计划和2010年规划中提出，要建设全国道路交通管理综合信息系统，实现交通监控、事故报警、事故处理、违章处罚、机动车及驾驶员管理等快速、高效的交通管理系统。为此，公安部交通管理局要求大中城市逐步对现有系统和设备进行改造和开发，使其具备准确检测交通违章，自动识别、摄像和当地拍照的功能，并要求有条件的城市选择部分路口安装闯红灯自动监视仪（也称电子警察），与交通监控系统配套使用。

目前，一些城市的公安机关交通管理部门已在路口安装了闯红灯自动拍摄仪，对路口、路段的交通违章实行24小时监控，用以查处交通违章。这一做法，有效地遏制了交通违章，使交通秩序明显好转，道路通行能力有所提高，受到当地社会各界的好评。本条肯定了实践中行之有效的做法，规定公安机关交通管理部门根据交通技术监控记录资料，可以对违法的机动车所有人或者管理人依法予以处罚。对能够确定驾驶人的，规定可以按照本法的规定依法予以处罚。因为在很多情况下，交通技术监控记录资料上显示的，是机动车本身的情况和机动车的状态、行驶情况等，对于机动车驾驶人的情况，由于技术或者拍摄角度、周围环境等的限制，交通技术监控记录资料上不一定能够显示出来。为了有效地处理违反道路交通法律法规的行为，本条赋予公安机关交通管理部门根据交通技术监控记录资料对违法的机动车所有人或者管理人依法予以处罚的权力。也就是说，无论是谁驾驶机动车，一旦交通技术监控记录资料显示机动车有违法的行为，公安机关交通管理部门就可以对机动车的所有人或者管理人依法予以处罚。

同时，本条也规定，对能够确定驾驶人的，可以依照本法的规定依法予以处罚。也就是说，根据交通技术监控记录资料，能够准确认定违法的机动车驾驶人是谁的，公安机关交通管理部门可以依据违法驾驶人违法行为的性质及程度，按照本法规定的处罚种类、幅度等，对违法的驾驶人予以处罚。

配套法规及解读

《道路交通安全违法行为处理程序规定》（2020年4月7日修正）

第十五条　公安机关交通管理部门可以利用交通技术监控设备、执法记录设备收集、固定违法行为证据。

交通技术监控设备、执法记录设备应当符合国家标准或者行业标准，需要认定、检定的交通技术监控设备应当经认定、检定合格后，方可用于收集、固定违法行为证据。

交通技术监控设备应当定期维护、保养、检测，保持功能完好。

第十八条 作为处理依据的交通技术监控设备收集的违法行为记录资料，应当清晰、准确地反映机动车类型、号牌、外观等特征以及违法时间、地点、事实。

第十九条 交通技术监控设备收集违法行为记录资料后五日内，违法行为发生地公安机关交通管理部门应当对记录内容进行审核，经审核无误后录入道路交通违法信息管理系统，作为处罚违法行为的证据。

第二十二条 交通技术监控设备记录或者录入道路交通违法信息管理系统的违法行为信息，有下列情形之一并经核实的，违法行为发生地或者机动车登记地公安机关交通管理部门应当自核实之日起三日内予以消除：

（一）警车、消防救援车辆、救护车、工程救险车执行紧急任务期间交通技术监控设备记录的违法行为；

（二）机动车所有人或者管理人提供报案记录证明机动车被盗抢期间、机动车号牌被他人冒用期间交通技术监控设备记录的违法行为；

（三）违法行为人或者机动车所有人、管理人提供证据证明机动车因救助危难或者紧急避险造成的违法行为；

（四）已经在现场被交通警察处理的交通技术监控设备记录的违法行为；

（五）因交通信号指示不一致造成的违法行为；

（六）作为处理依据的交通技术监控设备收集的违法行为记录资料，不能清晰、准确地反映机动车类型、号牌、外观等特征以及违法时间、地点、事实的；

（七）经比对交通技术监控设备记录的违法行为照片、道路交通违法信息管理系统登记的机动车信息，确认记录的机动车号牌信息错误的；

（八）其他应当消除的情形。

※法规解读：上述条款主要规定了依据交通监控影像资料对违法车辆所有人、管理人或者驾驶人进行处罚的措施，具体来说，我们可从以下几个方面来把握：

第一，利用交通监控影像资料进行处罚，仅限于对机动车的所有人、管理人和驾驶人。不适用于非机动车驾驶人、行人和乘车人。这是因为，利用交通监控影像资料，主要可以记录机动车超速行驶、违章停放以及不遵守标志、标线和交通信号灯等交通安全违法行为，这些行为，对于非机动车驾驶人、行人和乘车人并不普遍或者根本就不会发生。而且，根据交通监控影像资料一般比较容易识别机动车辆，而不容易识别非机动车驾驶人、行人和乘车人。

第二，在利用交通监控影像资料对机动车所有人、管理人进行了处罚后，如果交通安全违法行为是由机动车驾驶人故意违反道路交通管理法律、法规或者具有过错造成的，而机动车所有人或者管理人没有过错的，被处罚的机动车所有人、管理人可以依法就自己因处罚而遭受的损失向造成违法行为的机动车驾驶人要求赔偿。

第三，在利用交通监控影像资料能够确定从事违法行为的驾驶人场合，可以直接处罚机动车驾驶人，而不能处罚机动车所有人或者管理人。

第四，在利用交通监控影像资料对机动车驾驶人进行处罚场合，处罚的种类不仅限于罚款，而是可以按照《道路交通安全法》的规定，对驾驶人处以罚款、暂扣或者吊销驾驶证甚至行政拘留的处罚。

另外应注意，交通监控影像资料也能成为处理交通事故认定事故责任的依据，公安机关交通管理部门可以根据交通监控影像资料，帮助分析事故成因和确定当事人责任。

关联法规索引

《广东省道路交通安全条例》第 68 条

第一百一十五条　【行政处分】交通警察有下列行为之一的，依法给予行政处分：

（一）为不符合法定条件的机动车发放机动车登记证书、号牌、行驶证、检验合格标志的；

（二）批准不符合法定条件的机动车安装、使用警车、消防车、救护车、工程救险车的警报器、标志灯具，喷涂标志图案的；

（三）为不符合驾驶许可条件、未经考试或者考试不合格人员发放机动车驾驶证的；

（四）不执行罚款决定与罚款收缴分离制度或者不按规定将依法收取的费用、收缴的罚款及没收的违法所得全部上缴国库的；

（五）举办或者参与举办驾驶学校或者驾驶培训班、机动车修理厂或者收费停车场等经营活动的；

（六）利用职务上的便利收受他人财物或者谋取其他利益的；

（七）违法扣留车辆、机动车行驶证、驾驶证、车辆号牌的；

（八）使用依法扣留的车辆的；

（九）当场收取罚款不开具罚款收据或者不如实填写罚款额的；

（十）徇私舞弊，不公正处理交通事故的；

（十一）故意刁难，拖延办理机动车牌证的；

（十二）非执行紧急任务时使用警报器、标志灯具的；

（十三）违反规定拦截、检查正常行驶的车辆的；

（十四）非执行紧急公务时拦截搭乘机动车的；

（十五）不履行法定职责的。

公安机关交通管理部门有前款所列行为之一的，对直接负责的主管人员和其他直接责任人员给予相应的行政处分。

条文解读

本条是关于交通警察及公安机关交通管理部门直接负责的主管人员和其他直接责任人员应当承担行政责任的行为的规定。

本条规定包括以下两个方面的内容：

（1）交通警察有本条规定的行为时应当承担行政责任。

依照本法的规定，公安机关交通管理部门依法发放机动车号牌、行驶证、机动车登记证书和检验合格标志；依法批准机动车喷涂、安装及使用警车、消防车、救护车、工程抢险车的标志图案、警报器及标志灯具；发给机动车驾驶证；依法扣留车辆、行驶证、驾驶证、车辆号牌。

本法还规定，公安机关交通管理部门应当自受理申请之日起5个工作日内完成机动车登记审查工作，发放机动车号牌、行驶证和机动车登记证书，或者说明不予登记的原因；收取的费用必须全部上缴国库；依法实施罚款的行政处罚，应当依照有关法律、行政法规的规定，实施罚款决定与罚款收缴分离；收缴的罚款以及依法没收的违法所得，必须全部上缴国库；依法当场收缴罚款时应当开具法定的罚款收据；机动车的驾驶培训实行社会化，任何政府机关不得举办或者参与举办驾驶培训学校、驾驶培训班；警车、消防车、救护车、工程抢险车应当严格按照规定的用途和条件使用;被扣留的车辆应当妥善保管,不得使用。

这些规定中的主体虽然是公安机关交通管理部门,但公安机关交通管理部门作为机构,其行为必须通过具体的人来实现,交通警察即代表公安机关交通管理部门进行具体行为的人。交通警察属于国家公务员,应当遵守《公务员法》的规定。

《公务员法》规定,国家公务员必须严格遵守纪律,不得玩忽职守,贻误工作;不得贪污、行贿、受贿或者利用职权为自己和他人谋取私利;不得滥用职权,侵害公民、法人或者其他组织的合法权益;不得从事或者参与营利性活动,在企业或者其他营利性组织兼任职务;不得有其他违反纪律的行为。对国家公务员的违纪行为,《公务员法》规定,尚未构成犯罪的,或者虽然构成犯罪但是依法不追究刑事责任的,应当给予行政处分。行政处分包括警告、记过、记大过、降级、撤职、开除六种。

根据本法及《公务员法》的有关规定,本条对交通警察应当承担行政责任的行为作了具体规定:交通警察为不符合法定条件的机动车发放机动车登记证书、号牌、行驶证、检验合格标志的;或者批准不符合法定条件的机动车安装、使用警车、消防车、救护车、工程救险车的警报器、标志灯具,喷涂标志图案的;或者为不符合驾驶许可条件、未经考试或者考试不合格人员发放机动车驾驶证的;或者不执行罚款决定与罚款收缴分离制度或者不按规定将依法收取的费用、收缴的罚款及没收的违法所得全部上缴国库的;或者举办或者参与举办驾驶学校或者驾驶培训班、机动车修理厂或者收费停车场等经营活动的;或者利用职务上的便利收受他人财物或者谋取其他利益的;或者违法扣留车辆、机动车行驶证、驾驶证、车辆号牌的;或者使用依法扣留的车辆的;或者当场收取罚款不开具罚款收据或者不如实填写罚款额的;或者徇私舞弊,不公正处理交通事故的;或者故意刁难,拖延办理机动车牌证的;或者非执行紧急任务时使用警报器、标志灯具的;或者违反规定拦截、检查正常行驶的车辆的;或者非执行紧急公务时拦截搭乘机动车的;或者不履行法定职责的,依法给予行政处分。在具体给予行政处分时,应当考虑交通警察行为的性质、情节等,分别给予警告、记过、记大过、降级、撤职或者开除的行政处分。

(2)公安机关交通管理部门有本条规定的行为时应当承担行政责任。

对于本条所列的行为,不仅交通警察可能作出,而且公安机关交通管理部门也有可能作出。公安机关交通管理部门虽然是一个机构,但这个机构要维持正常运转,就会有主管人员进行管理,有关的主管人员应当对机构的行为负责。一旦公安机关交通管理部门有本条所列的某一种行为,就应当对直接负责的主管人员和其他直接责任人员给予相应的行政处分。

在这里,"直接负责的主管人员",是指对本条的行为直接负责的公安机关交通管理部门的领导人。"直接责任人员",是指作出了本条行为的人。"给予相应的行政处分",是指对公安机关交通管理部门直接负责的主管人员和其他直接责任人员,根据公安机关交通管理部门违法行为的性质、情节以及直接负责的主管人员和其他直接责任人员在该违法行为中的作用和过错的程度等,给予警告、记过、记大过、降级、撤职或者开除的行政处分。

配套法规及解读

《行政处罚法》(2021 年 1 月 22 日修订)

第七十六条 行政机关实施行政处罚,有下列情形之一,由上级行政机关或者有关机关责令改正,对直接负责的主管人员和其他直接责任人员依法给予处分:

(一)没有法定的行政处罚依据的;

(二)擅自改变行政处罚种类、幅度的;

(三)违反法定的行政处罚程序的;

(四)违反本法第二十条关于委托处罚的规定的;

(五)执法人员未取得执法证件的。

行政机关对符合立案标准的案件不及时立案的,依照前款规定予以处理。

第七十七条 行政机关对当事人进行处罚不使用罚款、没收财物单据或者使用非法定部门制发的罚款、没收财物单据的,当事人有权拒绝,并有权予以检举,由上级行政机关或者有关机关对使用的非法单据予以收缴销毁,对直接负责的主管人员和其他直接责任人员依法给予处分。

第七十八条 行政机关违反本法第六十七条的规定自行收缴罚款的,财政部门违反本法第七十四条的规定向行政机关返还罚款、没收的违法所得或者拍卖款项的,由上级行政机关或者有关机关责令改正,对直接负责的主管人员和其他直接责任人员依法给予处分。

《道路交通安全法实施条例》(2017 年 10 月 7 日修订)

第九十九条 公安机关交通管理部门及其交通警察办理机动车登记,发放号牌,对驾驶人考试、发证,处理道路交通安全违法行为,处理道路交通事故,应当严格遵守有关规定，不得越权执法，不得延迟履行职责，不得擅自改变处罚的种类和幅度。

※法规解读：交通警察进行道路交通管理，和社会群众有着广泛接触。交通警察的形象会直接影响群众对整个人民警察队伍的印象。因此，严格规范交通警察行为、严肃查处交通警察违法乱纪，具有十分重要的意义。配套条款主要规定了对不遵守法律和纪律的交通警察要进行严厉处罚。

因为警察属于公务员，所以对其违法行为的处罚可以适用行政处分。根据《公务员法》的规定，行政处分分为警告、记过、记大过、降级、撤职和开除六种。其中，受撤职处分的，同时降低级别和职务工资。受行政处分期间，不得晋升职务和级别；其中受除警告以外的行政处分的，并不得晋升工资档次。

国家公务员受到开除以外的行政处分，分别在半年至两年内由原处理机关解除行政处分。但是，解除降级、撤职处分不视为恢复原级别、原职务。解除行政处分后，晋升职务、级别和工资档次不再受原行政处分的影响。行政处分决定和解除行政处分的决定应当以书面形式通知本人。

关联法规索引

《广东省道路交通安全条例》第70条

第一百一十六条　【停职和辞退】依照本法第一百一十五条的规定，给予交通警察行政处分的，在作出行政处分决定前，可以停止其执行职务；必要时，可以予以禁闭。

依照本法第一百一十五条的规定，交通警察受到降级或者撤职行政处分的，可以予以辞退。

交通警察受到开除处分或者被辞退的，应当取消警衔；受到撤职以下行政处分的交通警察，应当降低警衔。

条文解读

本条是关于依法给予交通警察行政处分时有关问题的规定。

（1）在依照前条规定作出行政处分决定前可以采取的措施。

《人民警察法》规定，对违反纪律的人民警察，必要时可以对其采取停止行政职务、禁闭的措施。本法前条所规定的违法行为，在具体的案件中，有一些性质、情节可能比较严重，需要予以制止、查处，而且在某些情况下，需要停止违法的交通警察执行职务，甚至在必要时对违法的交通警察须予以禁闭，以防止其继续进行违法行为，预防事故。鉴于此，也为了与《人民警察法》的规定相一致，本条第1款规定，依照本法第115条的规定，给予交通警察行政处分的，在作出行政处分决定前，可以停止其执行职务；必要时，可以予以禁闭。

依据公安部发布的《公安机关实施停止执行职务和禁闭措施的规定》，对违反纪律的人民警察需要采取停止执行职务或者禁闭措施的，由其所在单位提出意见，说明理由，填写决定停止执行职务审批表或者决定禁闭审批表，经县（含县级）以上公安机关督察机关督察备案。必要时，县（含县级）以上公安机关督察机构可以直接提出意见。对担任公安机关领导职务的人民警察需要停止执行职务或者禁闭的，应当由上一级公安机关督察机构提出意见，填写决定停止执行职务审批表或者决定禁闭审批表，报同级公安机关行政首长批准后执行，并报上一级公安机关督察机构备案。

停止执行职务和禁闭措施由批准的公安机关的督察机构组织实施。停止执行职务的期限为15日至3个月，禁闭的期限为1～7日。对被采取禁闭措施的人民警察，应在12小时内通知其家属。对被停止执行职务或者禁闭的人民警察，应当收回其枪支、警械和执行职务的有关证件。

人民警察被停止执行职务期间，其所在单位应对其加强管理和教育，督促其协助有关部门进行调查，对涉嫌违反纪律的行为写出检查，或者作出解释和说明，并可视情况安排适当的与其原任职务无关的工作。人民警察在被停止执行职务期间，除特殊情况外，不得离开居住地。因特殊情况需要外出的，应向对其执行停止执行职务的督察机构报告，并得到批准。

县以上公安机关设禁闭室。对被禁闭的人民警察，由其所在单位派专人负责看护，认真做好思想政治工作，加强教育，严格管理，严格要求，防止发生事故。

停止执行职务或者禁闭期限届满，由负责实施的督察机构报同级公安机关行政首长批准后，通知被执行的人民警察，该措施即被解除。在停止执行职务或者禁闭期间，被停止执行职务或者被禁闭的人民警察表现良好，确无继续停止执行职务或者禁闭必要的，经负责实施的督察机构报同级公安机关行政首长批准，可以提前解除停止执行职务或者禁闭措施。

人民警察对停止执行职务或者禁闭决定不服的，可以向作出决定的公安机关或者上一级公安机关督察机构提出申诉。受理申诉后，由督察机构提出复核意见，填写复核决定停止执行职务审批表或者复核决定禁闭审批表，报本级公安机关行政首长批准；对不服停止执行职务的申诉，应当在受理后 10 日内作出复核决定；对不服禁闭的申诉，应当在受理后 2 日内作出复核决定。

(2)对依照前条规定给予降级或者撤职行政处分的交通警察可以予以辞退。

前条所规定的违法行为，在其情节比较严重时，应当给予交通警察以降级或者撤职的行政处分。对于因有这些违法行为而受到降级或者撤职行政处分的交通警察，由于其违法行为比较严重，有些人已不再具备人民警察的条件，不适合在公安机关继续工作，但这些人的违法行为尚未严重到应当予以开除行政处分的程度。为此，本条第 2 款规定，依照本法前条的规定，交通警察受到降级或者撤职行政处分的，可以予以辞退。

根据《公务员法》的规定，辞退公务员，按照管理权限决定。辞退决定应当以书面形式通知被辞退的公务员。根据公安部发布的《公安机关人民警察辞退办法》的规定，辞退人民警察，由所在单位在核准事实的基础上，经领导集体讨论研究提出辞退建议，填写辞退国家公务员审批表，按照管理权限报任免机关后，由任免机关人事部门审核，再由任免机关审批。凡批准辞退的，应当以书面形式通知呈报单位和被辞退人员，同时抄送同级人民政府人事部门和上一级公安机关备案。被辞退人员不再保留国家公务员的身份，并在 5 年内不得再被录用为人民警察。

(3)受到行政处分的警察应当依法取消或者降低警衔。

《人民警察法》规定，对受行政处分的人民警察，按照国家有关规定，可以降低警衔、取消警衔。《人民警察警衔条例》规定，人民警察违犯警纪的，可以给予警衔降级的处分，警衔降级的批准权限与原警衔的批准权限相同。人民警察被开除公职的，其警衔相应取消。与这些规定相一致，本条第 3 款规定，交通警察受到开除处分或者被辞退的，应当取消警衔；受到撤职以下行政处分的交通警察，应当降低警衔。

配套法规及解读

《公安机关实施停止执行职务和禁闭措施的规定》(1998年8月29日)

第五条 人民警察被停止执行职务期间,其所在单位应对其加强管理和教育;督促其协助配合有关部门进行调查,对涉嫌违反纪律的行为写出检查,或者作出解释和说明;并可视情安排适当的与其原任职务无关的工作。

人民警察在被停止执行职务期间,除特殊情况外,不得离开居住地;因特殊情况需要外出的,应向对其执行停止执行职务的督察机构报告,并得到批准。

第七条 禁闭的期限为一至七天。

第八条 对被停止执行职务或者禁闭的人民警察,应当收回其枪支、警械和执行职务的有关证件。

《人民警察法》(2012年10月26日修正)

第二十二条 人民警察不得有下列行为:

(一)散布有损国家声誉的言论,参加非法组织,参加旨在反对国家的集会、游行、示威等活动,参加罢工;

(二)泄露国家秘密、警务工作秘密;

(三)弄虚作假,隐瞒案情,包庇、纵容违法犯罪活动;

(四)刑讯逼供或者体罚、虐待人犯;

(五)非法剥夺、限制他人人身自由,非法搜查他人的身体、物品、住所或者场所;

(六)敲诈勒索或者索取、收受贿赂;

(七)殴打他人或者唆使他人打人;

(八)违法实施处罚或者收取费用;

(九)接受当事人及其代理人的请客送礼;

(十)从事营利性的经营活动或者受雇于任何个人或者组织;

(十一)玩忽职守,不履行法定义务;

(十二)其他违法乱纪的行为。

第四十八条 人民警察有本法第二十二条所列行为之一的,应当给予行政处分;构成犯罪的,依法追究刑事责任。

行政处分分为:警告、记过、记大过、降级、撤职、开除。对受行政处分的人民警察，按照国家有关规定，可以降低警衔、取消警衔。

对违反纪律的人民警察，必要时可以对其采取停止执行职务、禁闭的措施。

※法规解读：上述条款主要规定了对违规警察的处分问题。

根据《人民警察警衔条例》的规定，人民警察离休、退休的，其警衔予以保留，但不得佩带标志。人民警察调离警察工作岗位或者辞职、退职的其警衔不予保留。

人民警察因不胜任现任职务被调任下级职务，其警衔高于新任职务等级编制警衔的最高警衔的，应当调整至新任职务等级编制警衔的最高警衔。调整警衔的批准权限与原警衔的批准权限相同。

人民警察违犯警纪的，可以给予警衔降级的处分。警衔降级的批准权限与原警衔的批准权限相同。人民警察受警衔降级处分后，其警衔晋级的期限按照降级后的警衔等级重新计算。人民警察警衔降级不适用于二级警员。

人民警察被开除公职的，其警衔相应取消。人民警察犯罪，被依法判处剥夺政治权利或者有期徒刑以上刑罚的，其警衔相应取消。

第一百一十七条　【渎职责任】交通警察利用职权非法占有公共财物，索取、收受贿赂，或者滥用职权、玩忽职守，构成犯罪的，依法追究刑事责任。

条文解读

本条是关于对犯罪的交通警察依法追究刑事责任的规定。

交通警察利用职权非法占有公共财物，或者索取、收受贿赂，或者滥用职权、玩忽职守，不仅是违反纪律的行为，在法定的条件下，还是犯罪行为，将被依法追究刑事责任。

(1)交通警察利用职权非法占有公共财物构成贪污罪。

《刑法》第 382 条第 1 款规定，国家工作人员利用职务上的便利，侵吞、窃取、骗取或者以其他手段非法占有公共财物的，是贪污罪。所以，交通警察利用职权非法占有公共财物，就构成了贪污罪，应当依照《刑法》第 383 条的规定追究刑事责任，即根据情节轻重，分别依照不同规定处罚。对贪污数额较大或者有其他较重情节的，处 3 年以下有期徒刑或者拘役，并处罚金。对贪污数额巨大或者有其他严重情节的，处 3 年以上 10 年以下有期徒刑，并处罚金或者没收财产。对贪污数额特别巨大或者有其他特别严重情节的，处 10 年以上有期徒刑或者无期徒刑，并处罚金或者没收财产；数额特别巨大，并使国家和人民利益遭受特别重大损失的，处无期徒刑或者死刑，并处没收财产。对多次贪污未经处理的，按照累计贪污数额处罚。犯罪人如果贪污数额较大或者有其他较重情节，但在提起公诉前能如实供述自己罪行、真诚悔罪、积极退赃，避免、减少损害结果的发生，则可以视情况给予从轻、减轻或者免除处罚。对根据规定情形被判处死刑缓期执行的犯罪人，如果其有上述立功表现，人民法院根据犯罪情节等情况可以同时决定在其死刑缓期执行 2 年期满依法减为无期徒刑后，终身监禁，但不得减刑、假释。

（2）交通警察利用职务上的便利索取、收受贿赂依法构成受贿罪。

《刑法》第 385 条第 1 款规定，国家工作人员利用职务上的便利，索取他人财物的，或者非法收受他人财物，为他人谋取利益的，是受贿罪。所以，交通警察利用职务上的便利索取贿赂，或者收受贿赂为他人谋取利益，即构成受贿罪，应当依照上述《刑法》第 383 条对贪污罪处罚的规定追究刑事责任。此外，《刑法》第 386 条还规定，索贿的从重处罚，即交通警察索贿的，应当从重处罚。

（3）交通警察滥用职权依法构成滥用职权罪。

《刑法》第 397 条规定，国家机关工作人员滥用职权，致使公共财产、国家和人民利益遭受重大损失的，处 3 年以下有期徒刑或者拘役；情节特别严重的，处 3 年以上 7 年以下有期徒刑。该条还规定，国家机关工作人员徇私舞弊，犯滥用职权罪的，处 5 年以下有期徒刑或者拘役；情节特别严重的，处 5 年以上 10 年以下有期徒刑。交通警察属于国家机关工作人员，在其滥用职权，致使公共财产、国家和人民利益遭受重大损失时，就构成了滥用职权罪，应当依照《刑法》第 397 条的规定追究刑事责任。

（4）交通警察玩忽职守依法构成玩忽职守罪。

《刑法》第 397 条规定，国家机关工作人员玩忽职守，致使公共财产、国家和人民利益遭受重大损失的，处 3 年以下有期徒刑或者拘役；情节特别严重的，处 3 年以上 7 年以下有期徒刑。该条还规定，国家机关工作人员徇私舞弊，犯玩忽职守罪的，处 5 年以下有期徒刑或者拘役；情节特别严重的，处 5 年以上 10 年以下有期徒刑。交通警察属于国家机关工作人员，在其玩忽职守，致使公共财产、国家和人民利益遭受重大损失时，就构成了玩忽职守罪，应当依照《刑法》第 397 条的规定追究刑事责任。

第一百一十八条 【执法不当的损失赔偿】公安机关交通管理部门及其交通警察有本法第一百一十五条所列行为之一,给当事人造成损失的,应当依法承担赔偿责任。

条文解读

本条是关于公安机关交通管理部门及其交通警察应当依法承担赔偿责任的规定。

公安机关交通管理部门及其交通警察在做出本法第115条所列的某种违法行为时,有可能给当事人造成损失。例如,公安机关交通管理部门或者其交通警察违法扣留车辆致使车辆受到损害,公安机关交通管理部门或者其交通警察使用依法扣留的车辆,使车辆受到损害,等等。为维护当事人的合法权益,本条规定,公安机关交通管理部门及其交通警察有本法第115条所列行为之一,给当事人造成损失的,应当依法承担赔偿责任。

(1)公安机关交通管理部门及其交通警察违法行使职权时受害人有依法取得国家赔偿的权利。

公安机关交通管理部门属于国家机关,交通警察是国家机关工作人员。根据《国家赔偿法》的规定,国家机关和国家机关工作人员违法行使职权侵犯公民、法人和其他组织的合法权益造成损害时,受害人有依照《国家赔偿法》取得国家赔偿的权利。受害的公民、法人、其他组织及有权要求赔偿的人,在要求赔偿时,应当先向赔偿义务机关提出,也可以在申请行政复议和提起行政诉讼时一并提出。赔偿义务机关在不同的情形下,为不同的机关:行政机关及其工作人员行使行政职权侵犯公民、法人和其他组织的合法权益造成损害时,该行政机关为赔偿义务机关;两个以上行政机关共同行使行政职权时侵犯公民、法人和其他组织的合法权益造成损害的,共同行使行政职权的行政机关为共同赔偿义务机关;法律、法规授权的组织在行使授予的行政权力时侵犯公民、法人和其他组织的合法权益造成损害的,被授权的组织为赔偿义务机关;受行政机关委托的组织或者个人在行使受委托的行政权力时侵犯公民、法人和其他组织的合法权益造成损害的,委托的行政机关为赔偿义务机关;赔偿义务机关被撤销,有继续行使其职权的行政机关的,继续行使其职权的行政机关为赔偿义务机关,没有继续行使其职权的行政机关的,撤销该赔偿义务机关的行政机关为赔偿义务机关;经复议机关复议的,最初造成侵权行为的行政机关为赔偿义务机关,但复议机关的复议决定加重损害的,复议机关对加重的部分履行赔偿义务。

受害的公民、法人、其他组织及有权要求赔偿的人,在要求赔偿时,应当递交申请书。如果书写申请书确有困难,也可以委托他人代书,或者口头申请,由赔偿义务机关记入笔录。

赔偿义务机关应当自收到申请之日起 2 个月内依法给予赔偿;逾期不予赔偿或者赔偿请求人对赔偿数额有异议的,赔偿请求人可以自期间届满之日起 3 个月内向人民法院提起诉讼,由人民法院依法予以审判。

(2)交通警察应当承担的民事赔偿责任。

《国家赔偿法》规定,对行政机关工作人员与行使职权无关的个人行为,国家不承担赔偿责任。因此,交通警察虽有本法第 115 条所列的某种行为,而且这种行为给当事人造成了损失,但这种行为属于与该交通警察行使职权无关的个人行为时,当事人无权要求国家赔偿。此时,当事人应当依照《民法典》的规定,要求交通警察予以赔偿。

配套法规及解读

《道路交通安全法实施条例》(2017 年 10 月 7 日修订)

第一百零一条 公安机关交通管理部门应当建立执法质量考核评议、执法责任制和执法过错追究制度,防止和纠正道路交通安全执法中的错误或者不当行为。

※法规解读:关于行政赔偿的范围,《国家赔偿法》有明确的规定,行政机关及其工作人员在行使行政职权时有下列侵犯人身权情形之一的,受害人有取得赔偿的权利:

(1)违法拘留或者违法采取限制公民人身自由的行政强制措施的;

(2)非法拘禁或者以其他方法非法剥夺公民人身自由的;

(3)以殴打等暴力行为或者唆使、放纵他人以殴打等暴力行为造成公民身体伤害或者死亡的;

(4)违法使用武器、警械造成公民身体伤害或者死亡的;

(5)造成公民身体伤害或者死亡的其他违法行为。

行政机关及其工作人员在行使行政职权时有下列侵犯财产权情形之一的，受害人有取得赔偿的权利：

(1)违法实施罚款、吊销许可证和执照、责令停产停业、没收财物等行政处罚的；

(2)违法对财产采取查封、扣押、冻结等行政强制措施的；

(3)违法征收、征用财产的；

(4)造成财产损害的其他违法行为。

根据上述规定，如果公安机关交通管理部门及其交通警察有本法第115条的行为，而且属于不当行使职权，则要由公安机关交通管理部门依据《国家赔偿法》承担行政赔偿责任。虽然有本法第115条的行为，但属于与行使职权无关的个人行为，则不成立国家赔偿，而应当由行为人自己就其所造成的损失，依法承担普通的民事责任。

关联法规索引

《西藏自治区道路交通安全条例》第93条

第八章　附　　则

本章介绍

附则即法律的附属部分,附则中通常不规定权利义务等实质性的内容,其内容一般包括两个方面:一是解释性条款,即对法律中出现的一些名词、专门术语和重要的用语作出解释;二是配套性条款,即为便于法的实施,对法律的适用范围,有关实施条例的制定,法律是否具有溯及力,法的施行日期以及有关法律、法规的废止等问题作出规定。上述内容并不是每个法律的附则中都必须包括的。需要对哪些内容作出规定,应当根据实际情况来确定。本章根据需要,对本法中一些特定用语的含义,中国人民解放军、中国人民武装警察部队有关部门负责在编机动车辆部分交通安全管理工作,农业(农业机械)主管部门对上道路行驶的拖拉机行使部分交通安全管理职权,入境的境外机动车的道路交通安全管理,省级人民代表大会常务委员会制定罚款的具体执行标准,本法的施行日期等问题作了规定。

第一百一十九条　【用语含义】本法中下列用语的含义:

(一)"道路",是指公路、城市道路和虽在单位管辖范围但允许社会机动车通行的地方,包括广场、公共停车场等用于公众通行的场所。

(二)"车辆",是指机动车和非机动车。

(三)"机动车",是指以动力装置驱动或者牵引,上道路行驶的供人员乘用或者用于运送物品以及进行工程专项作业的轮式车辆。

(四)"非机动车",是指以人力或者畜力驱动,上道路行驶的交通工具,以及虽有动力装置驱动但设计最高时速、空车质量、外形尺寸符合有关国家标准的残疾人机动轮椅车、电动自行车等交通工具。

(五)"交通事故",是指车辆在道路上因过错或者意外造成的人身伤亡或者财产损失的事件。

条文解读

本条是关于本法中特定用语含义的规定。

本法作为规范道路交通安全活动的法律，对于一切组织和个人都具有约束力。道路交通安全工作专业性、技术性较强，为了避免在法律实施过程中，执法人员与当事人对本法中的专业术语产生歧义，本条特将法律术语的含义进行解释规定，包括“道路”“车辆”“机动车”“非机动车”“交通事故”。

本条对道路、车辆、机动车、非机动车、交通事故等用语赋予了本法规定的特定含义；在适用本法时，有关国家行政机关、司法机关和当事人都要以此为准。对于这些特定用语，要按其法定的含义加以理解和运用，而不能望文生义、曲解法律条文的含义或引用其他语义。但是，本条规定只是对这些用语在本法中的含义予以明确规定，只适用于本法及其配套法规，不影响日常生活中、学术研究活动中对这些用语的理解和运用。

关联法规索引

《安徽省实施〈中华人民共和国道路交通安全法〉办法》第85～86条

典型案例

严某水、严某和等民事纠纷案〔1〕

※案情简介：2021年6月27日清晨下雨，程某乐（未取得机动车驾驶证）驾驶无号牌正三轮轻便摩托车，沿宣城市宣州区××镇某机动车道由东向西行驶，经过某道路交叉路口人行横道未按规定减速，在周边视野开阔、无其他车辆和障碍物情况下，未按规定减速或采取有效避让措施，直接将正常速度行走横穿道路的受害者邢某撞倒，造成邢某送至当地中心卫生院抢救时已死亡的道路交通事故。某机关交通管理部门认定程某乐负事故同等责任。经鉴定，程某乐驾驶的车辆属于机动车范畴。事故发生后，程某乐已向严某水等四人支付10万元。

〔1〕 本案根据（2022）皖18民终2139号判决书整理。

一审法院另查明,2021年安徽城镇居民人均可支配收入为43,009元、丧葬费为42,927元。经核算,严某水等四人因案涉交通事故产生的损失为566,425.37元[医疗费用399.37元+丧葬费42,927元+死亡赔偿金473,099元(43,009元/年×11年)+精神损害抚慰金5万元]。

一审法院认为,程某乐驾驶的电动三轮车经鉴定属于机动车,且其负同等责任,故应承担60%的赔偿责任,即赔偿339,855.2元(566,425.37元×60%),扣除已给付的10万元,还应赔偿239,855.2元。

二审法院另查明,2021年6月27日清晨为雨天,程某乐(未取得机动车驾驶证)驾驶无登记号牌、无保险的"七巧板"牌正三轮轻便摩托车,沿宣城市宣州区××镇某机动车道由东向西行驶,7时32分许,当车行至某交叉路口处,前方交通信号灯为绿灯,程某乐驾车直行通过路口,因疏于观察道路前方情况,遇行人邢某在路口西北侧由北向南步行通过路口时(由北侧人行道进入非机动车道时,人行横道信号灯为红灯,且未走人行横道),程某乐采取措施不及,致车辆碰撞邢某,造成邢某受伤及车辆受损的道路交通事故。邢某经宣城市宣州区××镇中心卫生院抢救无效于当日死亡。

同日11时4分,宣城市某局交通警察支队三大队向程某乐询问形成一份笔录。该询问笔录中,程某乐对事发情况描述称:"……车子开到邮政银行那个红绿灯的时候,我看见是绿灯就继续向前行驶,刚过对面的斑马线的时候,我看见我的右边有个老奶奶手上拎着东西从我的右边向左边走,我看见她之后我就把车子往道路中间的黄线那边靠,之后不知道就怎么撞到那个人了……"程某乐对肇事车辆情况陈述称,"我驾驶的是三轮电动车,有一个买车子时候办的车网号,号码多少不知道……(该车)有保险,但是不知道过没过期"。

事发现场监控录像资料反映,事发地为十字路口,邢某身穿连帽雨衣由北向南步行通过路口,是时其行进方向为红灯禁行,其未按交通信号灯指示停留,也未从人行横道过马路,而是斜穿机动车道步行,通行过程中无观察左侧行驶车辆的动作;程某乐驾车通过路口时为绿灯,其行驶在机动车快车道上,行驶过程中未明显偏离车道,临近邢某时无明显减速、避让动作,该车后部悬挂了黄色牌照即备案号×××。

事发后,宣城市某局交通警察支队三大队于2021年6月30日委托安徽龙图司法鉴定中心对案涉电动三轮车进行鉴定,鉴定事项包括事发时的行驶速度、安全技术状况(转向机构以及行车制动)、车辆属性。安徽龙图司法鉴定中心于2021年7月15日出具司法鉴定意见书,鉴定意见为:该车通过视频画面空间参考线M线时的行驶速度为28km/h~30km/h;该车转向机构工作正常,行车制动有效;该车属于机动车类别中正三轮轻便摩托车范畴,即属于机动车范畴。该鉴定意见附件照片显示,该车后部悬挂的牌照号为×××,生产厂家为徐州七巧板电动车有限公司。

2021年8月4日,宣城市某局交通警察支队三大队出具道路交通事故认定书,认定程某乐、邢某分别承担事故的同等责任。该事故认定书载明,根据当事人陈述和申辩、现场笔录、鉴定意见、电子数据、证人证言等证据,作出事故成因分析如下:(1)程某乐未取得机动车驾驶证驾驶机动车通过交叉路口时,疏于观察前方道路情况,其行为是引发事故的原因之一;(2)邢某通过路口时未按交通信号灯通行且未在人行横道内行走,其行为是引发事故的原因之一。严某水不服前述道路交通事故认定,向宣城市某局交通警察支队申请复核,该支队于2021年8月26日作出维持案涉道路交通事故认定书的复核结论。

再查明:严某水系邢某配偶,二人共同生育子女严某和、严某英、严某木,邢某父母已故。2022年5月6日,严某水等四人诉至一审法院,请求判如所请。一审法院立案后,于2022年6月8日开庭审理。一审庭审中,程某乐陈述称,其于2019年7月、8月在宣城市宣州区××镇小马车行以3800元价格购买案涉电动三轮车,当时投保了盗抢险和第三者责任险,交强险无法购买,次年保险届期后未续投保险。二审庭审中,程某乐陈述称,事发后其子曾询问某保险公司,保险公司表示该车经过非法加装动力,无法投保交强险,但其购车后未对案涉车辆进行过改装。

工信部于2017年7月28日作出《关于对十二届全国人大五次会议第2643号建议的答复》《关于对十二届全国人大五次会议第3891号建议的答复》,其中明确:(1)仅有符合《电动自行车通用技术条件》的电动二轮车能够纳入非机动车范畴,不符合该标准的电动二轮车,以及电动三轮车均不属于非机动车。不符合《电动自行车通用技术条件》国家标准的电动二轮车以及电动三轮车产品属于电动摩托车,应符合《电动摩托车和电动轻便摩托车通用技术条件》(GB/T 24158—2009)的规定,纳入机动车管理范畴;按照道路交通安全法有关规定,机动车应申请登记、悬挂号牌、投保交强险,并定期进行安全技术检验,机动车驾驶人应申请机动车驾驶证。(2)对道路机动车辆生产企业和产品实施准入许可,对符合条件的机动车产品,包括电动摩托车、电动三轮摩托车、电动汽车等,均列入工信部发布的《道路机动车辆生产企业及产品公告》,对社会公开发布,已经建立目录管理制度。严某水等四人二审中提举的车辆登记档案资料反映,车主卞某于2020年11月20日为购买的"宗申"牌电动正三轮摩托车办理机动车车牌登记,并投保了交强险。

※裁判理由:二审法院认为,本案二审争议焦点之一为严某水等四人的损失范围及数额如何确定。原判决对其中医疗费、死亡赔偿金、精神损害抚慰金的认定,双方均不持异议,二审法院直接予以确认。围绕争议事项,认定如下:

(1)关于亲属办理丧葬事宜的交通费、住宿费和误工损失问题。

第一,《民法典》第1179条规定,"侵害他人造成人身损害的,应当赔偿医疗费、护理费、交通费、营养费、住院伙食补助费等为治疗和康复支出的合理费用,以及因误工减少的收入。造成残疾的,还应当赔偿辅助器具费和残疾赔偿金;造成死亡的,还应当赔偿丧葬费和死亡赔偿金",该法律条文规定的人身损害赔偿范围中未包含亲属办理丧葬事宜的交通费、住宿费和误工损失。第二,《最高人民法院关于审理人身损害赔偿案件适用法律若干问题的解释》第17条第3款规定,"受害人死亡的,赔偿义务人除应当根据抢救治疗情况赔偿本条第一款规定的相关费用外,还应当赔偿丧葬费、被扶养人生活费、死亡补偿费以及受害人亲属办理丧葬事宜支出的交通费、住宿费和误工损失等其他合理费用",依据该司法解释条文,亲属办理丧葬事宜的交通费、住宿费和误工损失明确属于人身损害赔偿范围;但最高人民法院于2020年12月23日已对该司法解释作出修正,其中亲属办理丧葬事宜的交通费、住宿费和误工损失未纳入人身损害赔偿范围。第三,最高人民法院于2022年2月15日就前述司法解释再次作出修正并自2022年5月1日起施行的条文内容,不涉及亲属办理丧葬事宜的交通费、住宿费和误工损失问题,故对本案系争事项处理无任何影响。鉴于前述2020年修正的司法解释颁布施行在前,案涉2021年6月27日交通事故发生在后,故严某水等四人主张程某乐赔偿亲属办理丧葬事宜的交通费、住宿费和误工损失,缺乏法律依据,二审法院不予支持。

(2)关于丧葬费赔偿标准问题。

《最高人民法院关于审理人身损害赔偿案件适用法律若干问题的解释》(2020年修正)第14条规定,"丧葬费按照受诉法院所在地上一年度职工月平均工资标准,以六个月总额计算";第22条规定,"本解释所称……'职工平均工资',按照政府统计部门公布的各省、自治区、直辖市以及经济特区和计划单列市上一年度相关统计数据确定。‘上一年度’，是指一审法庭辩论终结时的上一统计年度”。经查，严某水等四人上诉所称丧葬费标准即46,930.5元，系按照安徽省统计局2022年6月9日公布的2021年度安徽省城镇非私营单位就业人员年平均工资数据计算而来；但本案一审庭审辩论终结时间为2022年6月8日，故一审法院按照此前安徽省统计局公布的相应标准计算丧葬费为42,927元，符合法律规定。严某水等四人的上诉理由，二审法院不予采纳。

争议焦点之二为程某乐的赔偿责任如何确定。

(1)关于程某乐应否在交强险范围内承担赔偿责任问题。

第一，案涉电动三轮车属性问题。《道路交通安全法》第119条对“非机动车”的含义规定为“是指以人力或者畜力驱动，上道路行驶的交通工具，以及虽有动力装置驱动但设计最高时速、空车质量、外形尺寸符合有关国家标准的残疾人机动轮椅车、电动自行车等交通工具”；《电动自行车安全技术规范》(GB 17761—2018)对“电动自行车”定义为“以车载蓄电池作为辅助能源，具有脚踏骑行能力，能实现电助动或/和电驱动功能的两轮自行车”；《机动车运行安全技术条件》(GB 7258—2017)第3.6条对“摩托车”定义为“由动力装置驱动的，具有两个或三个车轮的道路车辆，但不包括：a)整车整备质量超过400kg、不带驾驶室、用于载运货物的三轮车辆；b)整车整备质量超过600kg、不带驾驶室、不具有载运货物结构或功能且设计和制造上最多乘坐2人(包括驾驶人)的三轮车辆；c)整车整备质量超过600kg的带驾驶室的三轮车辆；d)最大设计车速、整车整备质量、外廓尺寸等指标符合相关国家标准和规定的，专供残疾人驾驶的机动轮椅车；e)符合电动自行车国家标准规定的车辆”，其中前3项所涉三轮车辆被第3.2条定义为汽车。依据上述规定可知，非机动车中的电动自行车仅为两个车轮而不包括三轮，案涉电动三轮车亦明显不是残疾人驾驶的机动轮椅车，故其根本不属于非机动车，亦不存在以实际有无超标来判断是机动车抑或非机动车属性的困扰。至于案涉电动三轮车具体为机动车中的何种类型，均不影响其系机动车的产品属性。

第二，案涉电动车应否投保交强险问题。《道路交通安全法》第17条规定：“国家实行机动车第三者责任强制保险制度……”《机动车交通事故责任强制保险条例》第2条第1款规定，“在中华人民共和国境内道路上行驶的机动车的所有人或者管理人，应当依照《中华人民共和国道路交通安全法》的规定投保机动车交通事故责任强制保险”。案涉电动三轮车经鉴定为机动车中的正三轮轻便摩托车，该部分系双方不争事实，予以认定。依据上述法律、行政法规规定，程某乐对其上路行驶的机动车即案涉电动三轮车，当然负有投保交通事故责任强制保险的义务。

第三，案涉电动三轮车能否投保交强险问题。根据二审补充查明的事实可知，我国工信部对道路机动车辆生产企业和产品实行准入许可及目录管理制度，符合规定要求的同种类电动正三轮摩托车在宣城本地能够取得合法的车辆号牌登记及办理交强险。程某乐对其驾驶的案涉电动正三轮轻便摩托车产品是否取得相应的准入许可，未提供证据证实；且该机动车如若因不符合规定要求或非法改装动力等而无法投保交强险，属于程某乐自身或他人过错所致，由此带来的风险责任后果应由程某乐承担。否则，程某乐从违法违规行为中反而获益违背基本法理。

第四，程某乐未投保交强险的责任承担问题。《最高人民法院关于审理道路交通事故损害赔偿案件适用法律若干问题的解释》第 16 条第 1 款规定，“未依法投保交强险的机动车发生交通事故造成损害，当事人请求投保义务人在交强险责任限额范围内予以赔偿的，人民法院应予支持”。本案中，程某乐对其驾驶的机动车未投保交强险，显系未尽到法定义务，严某水等四人主张程某乐在交强险责任限额范围内承担赔偿责任，具有事实根据和法律依据，二审法院予以支持。

(2)关于程某乐应承担事故同等责任抑或主要责任问题。

《最高人民法院关于审理道路交通事故损害赔偿案件适用法律若干问题的解释》第 24 条规定，“公安机关交通管理部门制作的交通事故认定书，人民法院应依法审查并确认其相应的证明力，但有相反证据推翻的除外”。本案中，案涉道路交通事故认定书认定，程某乐、邢某各承担事故同等责任；严某水不服该认定申请复核，宣城市某局交通警察支队经复核作出维持决定。经审查认为，该交通事故认定书具有证明力，依法应作为定案依据。理由如下：第一，根据现场监控录像资料反映，邢某客观上存在闯红灯及未在人行横道内行走的违反基本交通规则的行为。遵守交通规则是众所周知的常识，且从交通信号灯的功能看，是为科学分配车辆、行人的通行权，保障道路交通安全、畅通，而闯红灯严重破坏了路权分配规则，明显增加了发生事故的概率，显然具有危害性。故案涉交通事故认定书认定邢某的行为系引发交通事故的原因之一，于法于理有据，基于此确定邢某承担事故同等责任，亦与邢某的违法行为性质及过错程度相符、相称。第二，程某乐按交通信号灯指示通行，行驶速度经鉴定未违反相关规定，对此节无过错，但因其系无牌无证驾驶机动车上路行驶且疏于观察前方道路情况,亦属于严重违法行为,系引发事故的原因之一,案涉交通事故认定书据此认定程某乐承担事故同等责任,与其过错程度相当。质言之,程某乐、邢某各自均具有严重的违法行为,且对造成案涉事故所起的作用大抵相等;在此情形下,严某水等四人主张程某乐承担主要责任,理据不足,二审法院不予采信。原判决依据案涉交通事故认定书确定驾驶机动车的程某乐一方承担60%的民事赔偿责任,符合法律规定。

综上所述,严某水等四人的合理上诉请求,二审法院予以支持。经核算,程某乐应赔偿严某水等四人各项损失合计412,014.97元{交强险限额范围内赔偿180,399.37元(医疗费用399.37元+死亡伤残赔偿限额18万元)+交强险不足赔偿部分赔偿231,615.6元[386,026元(原判决认定的总损失额566,425.37元-交强险项下赔偿额180,399.37元)×60%]},其已赔偿10万元扣除后,尚应赔偿余款312,014.97元。原判决对案涉交强险事宜适用法律错误,二审依法予以改判。另外,关于一、二审案件受理费负担问题,二审法院按照由败诉方负担原则予以确定,同时结合当事人已实际预付费用情况,兼顾结算便利的方式予以统筹处理。

※裁判结果:(1)撤销安徽省宣城市宣州区人民法院(2022)皖1802民初2794号民事判决;

(2)被上诉人程某乐于本判决生效之日起10日内赔偿上诉人严某水、严某和、严某英、严某木各项经济损失合计312,014.97元;

(3)驳回上诉人严某水、严某和、严某英、严某木的其他诉讼请求。

※裁判要旨:非机动车中的电动自行车仅为两个车轮而不包括三轮,电动三轮车亦明显不是残疾人驾驶的机动轮椅车,故其根本不属于非机动车,亦不存在以实际有无超标来判断是机动车抑或非机动车属性的困扰。至于案涉电动三轮车具体为机动车中的何种类型,均不影响其系机动车的产品属性。且根据我国工信部对道路机动车辆生产企业和产品实行准入许可及目录管理制度,符合规定要求的同种类电动正三轮摩托车在宣城本地能够取得合法的车辆号牌登记及办理交强险。本案中,首先,程某乐对其驾驶的案涉电动正三轮轻便摩托车产品是否取得相应的准入许可,未提供证据证实;其次,该机动车如若因不符合规定要求或非法改装动力等而无法投保交强险,属于程某乐自身或他人过错所致,由此带来的风险责任后果应由程某乐承担。故而本案程某乐对其驾驶的机动车未投保交强险,显系未尽

到法定义务，严某水等四人主张程某乐在交强险责任限额范围内承担赔偿责任，具有事实根据和法律依据。

第一百二十条 【部队在编机动车管理】中国人民解放军和中国人民武装警察部队在编机动车牌证、在编机动车检验以及机动车驾驶人考核工作，由中国人民解放军、中国人民武装警察部队有关部门负责。

条文解读

本条是关于授权中国人民解放军、中国人民武装警察部队有关部门负责部分道路交通安全管理工作的规定。

我国的武装力量，由中国人民解放军现役部队和预备役部队、中国人民武装警察部队、民兵组成。其中，中国人民解放军、中国人民武装警察部队是国家武装力量中的主要力量。中国人民解放军现役部队是国家的常备军，主要担负防卫作战任务，必要时可以依照法律规定协助维护社会秩序；预备役部队平时按照规定进行训练，必要时可以依照法律规定协助维护社会秩序，战时根据国家发布的动员令转为现役部队。中国人民武装警察部队在国务院、中央军事委员会的领导指挥下，担负国家赋予的安全保卫任务，维护社会秩序。

中国人民解放军、中国人民武装警察部队肩负着巩固国防，抵抗侵略，保卫祖国，保卫人民的和平劳动，参加国家建设事业，全心全意为人民服务的任务。这种特殊的任务性质决定了其活动和管理的特殊性。具体来说，中国人民解放军、中国人民武装警察部队的在编机动车一方面与普通机动车一样要上道路行驶，另一方面又是重要的军事装备；中国人民解放军、中国人民武装警察部队的驾驶人既是普通的驾驶人员，同时又具有特殊的军人身份。因此在编机动车牌证、在编机动车检验以及机动车驾驶人考核工作在某些方面需要制定不同于普通机动车和驾驶人的特殊标准，同时这些管理工作可能会涉及国防秘密，不宜由公安机关交通管理部门负责，而是由法律授权中国人民解放军、中国人民武装警察部队有关部门负责。

需要指出的是，本法授权中国人民解放军、中国人民武装警察部队有关部门负责的在编机动车牌证、在编机动车检验以及机动车驾驶人考核工作，仅是道路交通安全管理工作的一部分。中国人民解放军、中国人民武装警察部队在编机动车以及机动车驾驶人的其他交通安全管理工作，包括交通指挥、维护交通秩序、行车安全管理、交通事故处理等工作仍然由公安部门负责。在编车辆在道路上行驶时同样应该遵守有关机动车的规定以及机动车通行规定，服从交通警察的指挥，驾驶机动车的军人也要遵守关于机动车驾驶人的规定，在发生交通事故时要依本法规定处理。

配套法规及解读

《机动车驾驶证申领和使用规定》（2021年12月17日修订）

第十九条 持有军队、武装警察部队机动车驾驶证，符合本规定的申请条件，可以申请对应准驾车型的机动车驾驶证。

※法规解读：军队、武装警察部队机动车是指列入军队武器装备、后勤装备以及其他正式颁发编制的机动车辆，这些车辆是军队武器装备和后勤装备等的重要组成部分，对于其牌证和检验等，均由全军统一管理，不适用《道路交通安全法》规定的注册登记和检验等程序。军队机动车驾驶人都是军队现役军人，对其考核也由军队统一进行管理。

目前，军队机动车和驾驶人管理也已经形成了一系列的管理规范，如《军车运行管理规定》等。需要说明的是，军队车辆上道路行驶，必须遵守《道路交通安全法》以及其他道路安全法律、法规规定的道路通行规则。军队在编人员要取得地方的驾驶证，必须经过所在单位批准后，按照《道路交通安全法》规定的程序参加公安机关交通管理部门组织的驾驶资格考试。

第一百二十一条 【拖拉机管理】 对上道路行驶的拖拉机，由农业（农业机械）主管部门行使本法第八条、第九条、第十三条、第十九条、第二十三条规定的公安机关交通管理部门的管理职权。

农业（农业机械）主管部门依照前款规定行使职权，应当遵守本法有关规定，并接受公安机关交通管理部门的监督；对违反规定的，依照本法有关规定追究法律责任。

本法施行前由农业（农业机械）主管部门发放的机动车牌证，在本法施行后继续有效。

条文解读

本条是关于授权农业(农业机械)主管部门行使部分道路交通安全行政管理职权的规定,主要包括以下三个方面的内容:

(1)目前,《道路交通安全法》中的"上道路行驶的拖拉机"主要是指轮式拖拉机、手扶拖拉机、履带拖拉机、轮式拖拉机运输机组、手扶拖拉机运输机组,此外,联合收割机,包括轮式联合收割机、履带式联合收割机,也适用于本条。在实际工作中,拖拉机和联合收割机的注册登记、变更登记、转移登记、抵押登记和注销登记,以及安全技术检验、驾驶员考核、驾驶证的发放和审验等管理职权,一直是由农业(农业机械)部门负责行使。2018 年施行的《拖拉机和联合收割机驾驶证管理规定》和《拖拉机和联合收割机登记规定》,对拖拉机和联合收割机的管理作了详细的规定:县级农业(农业机械)主管部门农机安全监理机构在上级农业(农业机械)主管部门农机安全监理机构的指导下,承办拖拉机和联合收割机驾驶证申请的受理、审查和考试等具体工作。农机监理机构办理拖拉机和联合收割机驾驶证业务,应当依法受理申请人的申请,审核申请人提交的资料,对符合条件的,按照规定程序和期限办理拖拉机和联合收割机驾驶证。申领拖拉机和联合收割机驾驶证的人,应当如实向农机监理机构提交规定的有关资料,如实申告规定事项。农机监理机构应当使用拖拉机和联合收割机驾驶证计算机管理系统核发、打印拖拉机和联合收割机驾驶证。拖拉机和联合收割机驾驶证计算机管理系统的数据库标准和软件全国统一,能够完整、准确地记录和存储申请受理、科目考试、拖拉机和联合收割机驾驶证核发等全过程和经办人员信息,并能够及时将有关信息传送到全国农机监理信息系统。

(2)农业(农业机械)主管部门依照本条第 1 款规定行使职权,应当遵守本法有关规定,并接受公安机关交通管理部门的监督;对违反规定的,依照本法有关规定追究法律责任。本法规定公安机关交通管理部门对道路交通安全工作实行统一管理,同时详细地规定了公安机关交通管理部门履行职责时应履行的义务和违反规定时应承担的法律责任。考虑到拖拉机和联合收割机管理的特殊性和我国农业机械管理的现状,本法授权农业(农业机械)主管部门行使部分交通安全管理职权。农业(农业机械)主管部门行使的部分交通安全管理职权与公安机关交通管理部门行使的同类职权,在法律性质上是一致的。因此,本法未对农业(农业机械)主管部门行使职权时应遵守的规定和违反规定时应承担的法律责任进行具体规定，而是在本条第2款作了概括性的规定。

《道路交通安全法实施条例》还规定，农业（农业机械）主管部门应当定期向公安机关交通管理部门提供拖拉机和联合收割机登记、安全技术检验以及拖拉机驾驶证发放的资料、数据。公安机关交通管理部门对拖拉机和联合收割机驾驶人作出暂扣、吊销驾驶证处罚或者记分处理的，应当定期将处罚决定书和记分情况通报有关的农业（农业机械）主管部门。吊销驾驶证的，还应当将驾驶证送交有关的农业（农业机械）主管部门。

本法施行前，对拖拉机和联合收割机的登记、安全技术检验、驾驶员考核、驾驶证的发放和审验等管理职权，农业（农业机械）主管部门是在公安机关交通管理部门委托下行使的，公安机关有权进行监督。本法将这些管理职权授予农业（农业机械）主管部门行使，进一步明确了农业（农业机械）主管部门和公安机关交通管理部门在拖拉机和联合收割机管理上的职责划分，有利于搞好交通安全管理工作。但需要注意的是，农业（农业机械）主管部门在行使这些职权时，仍然要按照本法的规定，接受公安机关交通管理部门的监督。这是因为道路交通安全管理工作关系到人民的生命财产安全，要求坚持一定的统一性。本条规定农业（农业机械）主管部门行使这些管理职权，由公安机关交通管理部门实施监督，体现了道路交通安全管理工作的统一性，同时兼顾了拖拉机和联合收割机管理的特殊性，有利于进一步搞好拖拉机和联合收割机的安全管理工作。

（3）在本法施行前由农业（农业机械）主管部门发放的机动车牌证继续有效。截至2016年年末，全国共有拖拉机2690万台，耕整机513万台，旋耕机825万台，播种机652万台，水稻插秧机68万台，联合收获机114万台，机动脱粒机1031万台，农业（农业机械）主管部门已经依照规定对这些车辆中的大部分核发了牌证。本法施行后，拖拉机和联合收割机的牌证发放仍由农业（农业机械）主管部门负责管理，农用运输车则将由公安机关交通管理部门统一管理。如果对农用运输车重新由公安部门核发牌证，广大农民又将增加一项负担。公安部门的管理机构一般都在县市以上，农民办理牌证很不方便，对广大农民来说，既增加费用，也增添了麻烦，特别是在地广人稀的地区，这个问题更加突出。考虑到我国的这种实际情况，本条第3款规定在本法施行前由农业（农业机械）主管部门发放的机动车牌证继续有效。

配套法规及解读

《道路交通安全法实施条例》(2017 年 10 月 7 日修订)

第一百一十一条 本条例所称上道路行驶的拖拉机,是指手扶拖拉机等最高设计行驶速度不超过每小时 20 公里的轮式拖拉机和最高设计行驶速度不超过每小时 40 公里、牵引挂车方可从事道路运输的轮式拖拉机。

第一百一十二条 农业(农业机械)主管部门应当定期向公安机关交通管理部门提供拖拉机登记、安全技术检验以及拖拉机驾驶证发放的资料、数据。公安机关交通管理部门对拖拉机驾驶人作出暂扣、吊销驾驶证处罚或者记分处理的,应当定期将处罚决定书和记分情况通报有关的农业(农业机械)主管部门。吊销驾驶证的,还应当将驾驶证送交有关的农业(农业机械)主管部门。

《拖拉机和联合收割机登记规定》(2018 年 1 月 15 日)

第三条 县级人民政府农业机械化主管部门负责本行政区域内拖拉机和联合收割机的登记管理,其所属的农机安全监理机构(以下简称农机监理机构)承担具体工作。

县级以上人民政府农业机械化主管部门及其所属的农机监理机构负责拖拉机和联合收割机登记业务工作的指导、检查和监督。

第六条 农机监理机构应当使用计算机管理系统办理登记业务,完整、准确记录和存储登记内容、办理过程以及经办人员等信息,打印行驶证和登记证书。计算机管理系统的数据库标准由农业部制定。

《拖拉机和联合收割机驾驶证管理规定》(2018 年 1 月 15 日)

第二条 县级人民政府农业机械化主管部门负责本行政区域内拖拉机和联合收割机驾驶证的管理,其所属的农机安全监理机构(以下简称农机监理机构)承担驾驶证申请受理、考试、发证等具体工作。

县级以上人民政府农业机械化主管部门及其所属的农机监理机构负责驾驶证业务工作的指导、检查和监督。

第五条 农机监理机构应当在办理业务的场所公示驾驶证申领的条件、依据、程序、期限、收费标准、需要提交的全部资料的目录和申请表示范文本等内容,并在相关网站发布信息,便于群众查阅有关规定,下载、使用有关表格。

第六条 农机监理机构应当使用计算机管理系统办理业务,完整、准确记录和存储申请受理、科目考试、驾驶证核发等全过程以及经办人员等信息。计算机管理系统的数据库标准由农业部制定。

第八条　拖拉机、联合收割机驾驶人员准予驾驶的机型分为：

（一）轮式拖拉机，代号为 G1；

（二）手扶拖拉机，代号为 K1；

（三）履带拖拉机，代号为 L；

（四）轮式拖拉机运输机组，代号为 G2（准予驾驶轮式拖拉机）；

（五）手扶拖拉机运输机组，代号为 K2（准予驾驶手扶拖拉机）；

（六）轮式联合收割机，代号为 R；

（七）履带式联合收割机，代号为 S。

第十四条　农机监理机构办理驾驶证业务，应当依法审核申请人提交的资料，对符合条件的，按照规定程序和期限办理驾驶证。

申领驾驶证的，应当向农机监理机构提交规定的有关资料，如实申告规定事项。

《农业机械安全监督管理条例》（2019 年 3 月 2 日修订）

第三十条　县级以上地方人民政府农业机械化主管部门应当定期对危及人身财产安全的农业机械进行免费实地安全检验。但是道路交通安全法律对拖拉机的安全检验另有规定的，从其规定。

拖拉机、联合收割机的安全检验为每年 1 次。

实施安全技术检验的机构应当对检验结果承担法律责任。

第四十四条　农业机械化主管部门应当定期向同级公安机关交通管理部门通报拖拉机登记、检验以及有关证书、牌照、操作证件发放情况。公安机关交通管理部门应当定期向同级农业机械化主管部门通报农业机械在道路上发生的交通事故及处理情况。

※法规解读：从上述配套条款不难看出，拖拉机的管理职权不再是由公安机关交通管理部门委托农业（农业机械）部门，而是农业（农业机械）主管部门根据《道路交通安全法》的规定直接获得。

农业（农业机械）主管部门对上道路行驶的拖拉机的管理职权可以分为登记注册、日常安全技术检验、驾驶证发放和审验四项，其可以在本法规定的公安机关交通管理部门拥有的职权范围内行使。

配套条款还规定农业（农业机械）主管部门在行使职权时应当遵守本法的有关

规定，对于违反规定的，要像追究交通警察和公安机关交通管理部门责任那样追究有关人员的责任。根据上述条款的规定，农业（农业机械）主管部门依法履行法定职责时，应当接受公安机关交通管理部门的监督，这一规定主要是为了维护道路交通安全管理体制的完整和统一，避免因农业（农业机械）主管部门管理拖拉机及其驾驶人而造成的管理制度方面的不统一和不协调的情况。

关联法规索引

《安徽省实施〈中华人民共和国道路交通安全法〉办法》第8条

第一百二十二条 【入境的境外机动车管理】国家对入境的境外机动车的道路交通安全实施统一管理。

条文解读

本条是关于对入境的境外机动车实施统一管理的规定。

本条中的"入境"，是指进入我国的国境和边境。香港和澳门回归后，中国内地与香港特别行政区和澳门特别行政区形成了三个独立的关税区，如果全国人民代表大会及其常务委员会制定的法律没有列入两个特区基本法的附件，则该法律不在香港特别行政区和澳门特别行政区实施。所以内地和香港特别行政区、澳门特别行政区仍然存在边境口岸，双方的人员、车辆和货物流动仍然有通关的问题。"境外机动车"的含义，是指在内地关境以外已经登记、投入使用的机动车，即外国的机动车以及我国香港特别行政区、澳门特别行政区的机动车及我国台湾地区的机动车。其不包括在我国进行登记的机动车出境后又入境的，也不包括在境外生产向我国进口的机动车。

国家对入境的境外机动车的道路交通安全实施统一管理，这是国家主权原则在道路交通安全管理中的具体体现。主权是一个国家具有的独立自主处理自己的对内和对外事务的最高权力。行政机关依法行使的行政权是国家主权的重要组成部分。依照本条规定，境外机动车进入境内，应当服从国家对机动车的统一管理，具体来说，就是要服从国务院公安部门和县级以上各级人民政府公安机关交通管理部门的管理，遵守国家关于机动车和机动车通行的规定。

对于入境的境外机动车的道路交通安全实行统一管理，有利于统一政策、标准，统一要求，提高管理效率。目前，对于入境的境外机动车的登记和驾驶人管理，统一由国务院公安部门组织指导进行。根据《机动车驾驶证申领和使用规定》第20条的规定，“持有境外机动车驾驶证，符合本规定的申请条件，且取得该驾驶证时在核发国家或者地区一年内累计居留九十日以上的，可以申请对应准驾车型的机动车驾驶证。属于申请准驾车型为大型客车、重型牵引挂车、中型客车机动车驾驶证的，还应当取得境外相应准驾车型机动车驾驶证二年以上”。对于持境外驾驶证，临时进入我国境内道路行驶的境外机动车，机动车所有人应当向入境地车辆管理所申请临时入境登记。申请和办理临时入境登记，按照《临时入境机动车和驾驶人管理规定》的有关规定执行。

《临时入境机动车和驾驶人管理规定》要求，临时进入中华人民共和国境内不超过3个月的机动车，符合规定情况的，应当向入境地或者始发地所在的直辖市或者设区的市公安机关交通管理部门申领临时入境机动车号牌和行驶证。临时入境的境外机动车驾驶人经许可，可以驾驶其自带的临时入境的机动车或者租赁的中国小型汽车和小型自动挡汽车。该规定适用于临时进入中华人民共和国境内不超过3个月的机动车和机动车驾驶人。需要指出的是，临时入境机动车号牌和行驶证有效期应当与入境批准文件上签注的期限一致，但最长不得超过3个月。而且，临时入境机动车号牌和行驶证有效期不得延期。

配套法规及解读

《道路交通安全法实施条例》（2017年10月7日修订）

第一百一十三条 境外机动车入境行驶，应当向入境地的公安机关交通管理部门申请临时通行号牌、行驶证。临时通行号牌、行驶证应当根据行驶需要，载明有效日期和允许行驶的区域。

入境的境外机动车申请临时通行号牌、行驶证以及境外人员申请机动车驾驶许可的条件、考试办法由国务院公安部门规定。

《机动车驾驶证申领和使用规定》（2021年12月17日修订）

第二十条 持有境外机动车驾驶证，符合本规定的申请条件，且取得该驾驶证时在核发国家或者地区一年内累计居留九十日以上的,可以申请对应准驾车型的机动车驾驶证。属于申请准驾车型为大型客车、重型牵引挂车、中型客车机动车驾驶证的,还应当取得境外相应准驾车型机动车驾驶证二年以上。

《临时入境机动车和驾驶人管理规定》(2006 年 12 月 1 日修订)

第二条 本规定适用于下列临时进入中华人民共和国境内不超过三个月的机动车和机动车驾驶人:

(一)经国家主管部门批准,临时入境参加有组织的旅游、比赛以及其他交往活动的外国机动车和机动车驾驶人;

(二)临时入境后仅在边境地区一定范围内行驶的外国机动车和机动车驾驶人;

(三)临时入境后需驾驶租赁的中国机动车的外国机动车驾驶人。

与中国签订有双边或者多边过境运输协定的,按照协定办理。国家或者政府之间对机动车牌证和驾驶证有互相认可协议的,按照协议办理。

第三条 外国机动车临时入境行驶,应当向入境地或者始发地所在的直辖市或者设区的市公安机关交通管理部门申领临时入境机动车号牌和行驶证。

第十条 临时入境的机动车驾驶人在中国道路上驾驶自带临时入境的机动车,应当向入境地或者始发地所在的直辖市或者设区的市公安机关交通管理部门申领临时机动车驾驶许可。

※法规解读:申请临时入境机动车号牌、行驶证的,应当用中文填写临时入境机动车号牌、行驶证申请表,交验机动车,并提交以下材料:境外主管部门核发的机动车登记证明,属于非中文表述的,还应当出具中文翻译文本;中国海关等部门出具的准许机动车入境的凭证;属于有组织的旅游、比赛以及其他交往活动的,还应当提交中国相关主管部门出具的证明;机动车安全技术检验合格证明,属于境外主管部门核发的,还应当出具中文翻译文本;不少于临时入境期限的中国机动车交通事故责任强制保险凭证。

申领临时机动车驾驶许可的,应当用中文填写临时机动车驾驶许可申请表,并提交以下材料:(1)入出境身份证件;(2)境外机动车驾驶证,属于非中文表述的,还应当出具中文翻译文本;(3)年龄、身体条件符合中国驾驶许可条件的证明文件;(4)两张一寸彩色照片(近期半身免冠正面白底);(5)参加有组织的旅游、比赛以及其他交往活动的,还应当提交中国相关主管部门出具的证明。公安机关交通管理部门应当在收到申请材料之日起3日内进行审查,符合规定的,组织道路交通安全法律、法规学习,核发临时机动车驾驶许可。

临时入境机动车号牌为纸质号牌,载明允许行驶的区域、线路和有效期。临时入境机动车号牌背面为临时入境机动车行驶证,签注车辆类型、号牌号码、厂牌型号、行驶区域或者线路、有效期等信息。临时机动车驾驶许可有效期截止日期应当与机动车驾驶人入境身份证件上签注的准许入境期限的截止日期一致,但有效期最长不超过3个月。临时机动车驾驶许可有效期不得延期。

临时入境的机动车驾驶人驾驶机动车时应做到:(1)遵守中国的道路交通安全法律、法规及规章;(2)按照临时入境机动车号牌上签注的行驶区域或者路线行驶;(3)遇有交通警察检查的,应当停车接受检查,出示入出境证件、临时机动车驾驶许可和所持境外机动车驾驶证及其中文翻译文本;(4)违反道路交通安全法律、法规的,应当依法接受中国公安机关交通管理部门的处理;(5)发生交通事故的,应当立即停车,保护现场,抢救受伤人员,并迅速报告执勤的交通警察或者公安机关交通管理部门,依法接受中国公安机关交通管理部门的处理。临时入境的机动车驾驶人出现违法驾驶行为时,公安机关交通管理部门将依据相关法律照章办理。

第一百二十三条 【地方执行标准】省、自治区、直辖市人民代表大会常务委员会可以根据本地区的实际情况,在本法规定的罚款幅度内,规定具体的执行标准。

条文解读

本条是关于授权省级人民代表大会常务委员会制定罚款的具体执行标准的规定。

我国《宪法》第100条第1款规定:“省、直辖市的人民代表大会和它们的常务委员会,在不同宪法、法律、行政法规相抵触的前提下,可以制定地方性法规,报全国人民代表大会常务委员会备案。”《宪法》对自治区制定地方性法规也有相应规定。此外,《地方各级人民代表大会和地方各级人民政府组织法》《立法法》对地方性法规的制定也有相应规定。这些规定为地方立法提供了《宪法》和宪法性法律上的依据。此外,《行政处罚法》第12条第2款规定:“法律、行政法规对违法行为已经作出行政处罚规定，地方性法规需要作出具体规定的，必须在法律、行政法规规定的给予行政处罚的行为、种类和幅度的范围内规定。”这是本条授权省级人民代表大会常务委员会制定罚款的具体执行标准的直接依据。

授权省、自治区、直辖市人民代表大会常务委员会制定《道路交通安全法》中罚款的具体执行标准，主要是考虑到我国是一个大国，幅员辽阔，区域间差异很大，情况较为复杂，需要地方立法主体根据本地区的实际情况，以立法的形式规定具体的执行标准，以便本法关于罚款的规定在情况各异的区域内得以有效实施，从而体现《宪法》中规定的“中央和地方的国家机构职权的划分，遵循在中央的统一领导下，充分发挥地方的主动性、积极性的原则”。

省、自治区、直辖市人民代表大会常务委员会在制定《道路交通安全法》中罚款的具体执行标准时，应遵守以下原则：

（1）不得同宪法、法律、行政法规相抵触。具体来说，就是要在本法规定的罚款幅度内制定标准，否则就构成了与本法的抵触。

（2）实事求是，从实际出发。各地方要结合本地区的实际情况制定具体的执行标准。

第一百二十四条 【施行日期】本法自 2004 年 5 月 1 日起施行。

条文解读

本条是关于本法施行日期的规定。

法律的生效日期问题是任何一部法律都要涉及的。法律的生效日期是对法律的时间效力问题的规定。法律的时间效力包括法律从何时起生效、到何时终止效力和法律生效后有无溯及力三个方面。本条明确规定本法自 2004 年 5 月 1 日起施行，即本法从 2004 年 5 月 1 日起产生法律效力。自该日起，中华人民共和国境内的车辆驾驶人、行人、乘车人以及与道路交通活动有关的单位和个人，都应当遵守本法。根据法律不溯及既往的原则，本法对 2004 年 5 月 1 日前的道路交通活动不适用，其应该适用本法生效之前、该行为发生时的有效规定。

配套法规

中华人民共和国刑法（节录）

1. 1979 年 7 月 1 日第五届全国人民代表大会第二次会议通过
2. 1997 年 3 月 14 日第八届全国人民代表大会第五次会议修订
3. 根据 1998 年 12 月 29 日第九届全国人民代表大会常务委员会第六次会议通过的《关于惩治骗购外汇、逃汇和非法买卖外汇犯罪的决定》第一次修正
4. 根据 1999 年 12 月 25 日第九届全国人民代表大会常务委员会第十三次会议通过的《中华人民共和国刑法修正案》第二次修正
5. 根据 2001 年 8 月 31 日第九届全国人民代表大会常务委员会第二十三次会议通过的《中华人民共和国刑法修正案（二）》第三次修正
6. 根据 2001 年 12 月 29 日第九届全国人民代表大会常务委员会第二十五次会议通过的《中华人民共和国刑法修正案（三）》第四次修正
7. 根据 2002 年 12 月 28 日第九届全国人民代表大会常务委员会第三十一次会议通过的《中华人民共和国刑法修正案（四）》第五次修正
8. 根据 2005 年 2 月 28 日第十届全国人民代表大会常务委员会第十四次会议通过的《中华人民共和国刑法修正案（五）》第六次修正
9. 根据 2006 年 6 月 29 日第十届全国人民代表大会常务委员会第二十二次会议通过的《中华人民共和国刑法修正案（六）》第七次修正
10. 根据 2009 年 2 月 28 日第十一届全国人民代表大会常务委员会第七次会议通过的《中华人民共和国刑法修正案（七）》第八次修正
11. 根据 2009 年 8 月 27 日第十一届全国人民代表大会常务委员会第十次会议通过的《关于修改部分法律的决定》第九次修正
12. 根据 2011 年 2 月 25 日第十一届全国人民代表大会常务委员会第十九次会议通过的《中华人民共和国刑法修正案（八）》第十次修正
13. 根据 2015 年 8 月 29 日第十二届全国人民代表大会常务委员会第十六次会议通过的《中华人民共和国刑法修正案（九）》第十一次修正
14. 根据 2017 年 11 月 4 日第十二届全国人民代表大会常务委员会第三十次会议通过的《中华人民共和国刑法修正案（十）》第十二次修正
15. 根据 2020 年 12 月 26 日第十三届全国人民代表大会常务委员会第二十四次会议通过的《中华人民共和国刑法修正案（十一）》第十三次修正
16. 根据 2023 年 12 月 29 日第十四届全国人民代表大会常务委员会第七次会议通过的《中华人民共和国刑法修正案（十二）》第十四次修正

第一百三十三条 【交通肇事罪】违反交通运输管理法规,因而发生重大事故,致人重伤、死亡或者使公私财产遭受重大损失的,处三年以下有期徒刑或者拘役;交通运输肇事后逃逸或者有其他特别恶劣情节的,处三年以上七年以下有期徒刑;因逃逸致人死亡的,处七年以上有期徒刑。

第一百三十三条之一 【危险驾驶罪】在道路上驾驶机动车,有下列情形之一的,处拘役,并处罚金:

(一)追逐竞驶,情节恶劣的;

(二)醉酒驾驶机动车的;

(三)从事校车业务或者旅客运输,严重超过额定乘员载客,或者严重超过规定时速行驶的;

(四)违反危险化学品安全管理规定运输危险化学品,危及公共安全的。

机动车所有人、管理人对前款第三项、第四项行为负有直接责任的,依照前款的规定处罚。

有前两款行为,同时构成其他犯罪的,依照处罚较重的规定定罪处罚。

中华人民共和国道路交通安全法实施条例

1. 2004 年 4 月 30 日国务院令第 405 号公布
2. 根据 2017 年 10 月 7 日国务院令第 687 号《关于修改部分行政法规的决定》修订

第一章 总 则

第一条 根据《中华人民共和国道路交通安全法》(以下简称道路交通安全法)的规定,制定本条例。

第二条 中华人民共和国境内的车辆驾驶人、行人、乘车人以及与道路交通活动有关的单位和个人,应当遵守道路交通安全法和本条例。

第三条 县级以上地方各级人民政府应当建立、健全道路交通安全工作协调机制,组织有关部门对城市建设项目进行交通影响评价,制定道路交通安全管理规划,确定管理目标,制定实施方案。

第二章 车辆和驾驶人

第一节 机 动 车

第四条 机动车的登记,分为注册登记、变更登记、转移登记、抵押登记和注销登记。

第五条 初次申领机动车号牌、行驶证的,应当向机动车所有人住所地的公安机关交通管理部门申请注册登记。

申请机动车注册登记,应当交验机动车,并提交以下证明、凭证:

(一)机动车所有人的身份证明;

(二)购车发票等机动车来历证明;

(三)机动车整车出厂合格证明或者进口机动车进口凭证;

(四)车辆购置税完税证明或者免税凭证;

(五)机动车第三者责任强制保险凭证;

(六)法律、行政法规规定应当在机动车注册登记时提交的其他证明、凭证。

不属于国务院机动车产品主管部门规定免予安全技术检验的车型的,还应当提供机动车安全技术检验合格证明。

第六条 已注册登记的机动车有下列情形之一的,机动车所有人应当向登记该机动车的公安机关交通管理部门申请变更登记:

(一)改变机动车车身颜色的;

(二)更换发动机的;

(三)更换车身或者车架的;

(四)因质量有问题,制造厂更换整车的;

(五)营运机动车改为非营运机动车或者非营运机动车改为营运机动车的;

(六)机动车所有人的住所迁出或者迁入公安机关交通管理部门管辖区域的。

申请机动车变更登记,应当提交下列证明、凭证,属于前款第(一)项、第(二)项、第(三)项、第(四)项、第(五)项情形之一的,还应当交验机动车;属于前款第(二)项、第(三)项情形之一的,还应当同时提交机动车安全技术检验合格证明:

(一)机动车所有人的身份证明;

(二)机动车登记证书;

(三)机动车行驶证。

机动车所有人的住所在公安机关交通管理部门管辖区域内迁移、机动车所有人的姓名(单位名称)或者联系方式变更的,应当向登记该机动车的公安机关交通管理部门备案。

第七条 已注册登记的机动车所有权发生转移的,应当及时办理转移登记。

申请机动车转移登记,当事人应当向登记该机动车的公安机关交通管理部门交验机动车,并提交以下证明、凭证:

(一)当事人的身份证明;

(二)机动车所有权转移的证明、凭证;

(三)机动车登记证书;

(四)机动车行驶证。

第八条 机动车所有人将机动车作为抵押物抵押的,机动车所有人应当向登记该机动车的公安机关交通管理部门申请抵押登记。

第九条 已注册登记的机动车达到国家规定的强制报废标准的,公安机关交通管理部门应当在报废期满的2个月前通知机动车所有人办理注销登记。机动车所有人应当在报废期满前将机动车交售给机动车回收企业,由机动车回收企业将报废的机动车登记证书、号牌、行驶证交公安机关交通管理部门注销。机动车所有人逾期不办理注销登记的,公安机关交通管理部门应当公告该机动车登记证书、号牌、行驶证作废。

因机动车灭失申请注销登记的,机动车所有人应当向公安机关交通管理部门提交本人身份证明,交回机动车登记证书。

第十条 办理机动车登记的申请人提交的证明、凭证齐全、有效的,公安机关交通管理部门应当当场办理登记手续。

人民法院、人民检察院以及行政执法部门依法查封、扣押的机动车,公安机关交通管理部门不予办理机动车登记。

第十一条 机动车登记证书、号牌、行驶证丢失或者损毁,机动车所有人申请补发的,应当向公安机关交通管理部门提交本人身份证明和申请材料。公安机关交通管理部门经与机动车登记档案核实后,在收到申请之日起15日内补发。

第十二条 税务部门、保险机构可以在公安机关交通管理部门的办公场所集中办理与机动车有关的税费缴纳、保险合同订立等事项。

第十三条 机动车号牌应当悬挂在车前、车后指定位置,保持清晰、完整。重型、中型载货汽车及其挂车、拖拉机及其挂车的车身或者车厢后部应当喷涂放大的牌号,字样应当端正并保持清晰。

机动车检验合格标志、保险标志应当粘贴在机动车前窗右上角。

机动车喷涂、粘贴标识或者车身广告的,不得影响安全驾驶。

第十四条 用于公路营运的载客汽车、重型载货汽车、半挂牵引车应当安装、使用符合国家标准的行驶记录仪。交通警察可以对机动车行驶速度、连续驾驶时间以及其他行驶状态信息进行检查。安装行驶记录仪可以分步实施,实施步骤由国务院机动车产品主管部门会同有关部门规定。

第十五条 机动车安全技术检验由机动车安全技术检验机构实施。机动车安全技术检验机构应当按照国家机动车安全技术检验标准对机动车进行检验,对检验结果承担法律责任。

质量技术监督部门负责对机动车安全技术检验机构实行计量认证管理,对机动车安全技术检验设备进行检定,对执行国家机动车安全技术检验标准的情况进行监督。

机动车安全技术检验项目由国务院公安部门会同国务院质量技术监督部门规定。

第十六条 机动车应当从注册登记之日起,按照下列期限进行安全技术检验:

（一）营运载客汽车5年以内每年检验1次；超过5年的，每6个月检验1次；

（二）载货汽车和大型、中型非营运载客汽车10年以内每年检验1次；超过10年的，每6个月检验1次；

（三）小型、微型非营运载客汽车6年以内每2年检验1次；超过6年的，每年检验1次；超过15年的，每6个月检验1次；

（四）摩托车4年以内每2年检验1次；超过4年的，每年检验1次；

（五）拖拉机和其他机动车每年检验1次。

营运机动车在规定检验期限内经安全技术检验合格的，不再重复进行安全技术检验。

第十七条 已注册登记的机动车进行安全技术检验时，机动车行驶证记载的登记内容与该机动车的有关情况不符，或者未按照规定提供机动车第三者责任强制保险凭证的，不予通过检验。

第十八条 警车、消防车、救护车、工程救险车标志图案的喷涂以及警报器、标志灯具的安装、使用规定，由国务院公安部门制定。

第二节 机动车驾驶人

第十九条 符合国务院公安部门规定的驾驶许可条件的人，可以向公安机关交通管理部门申请机动车驾驶证。

机动车驾驶证由国务院公安部门规定式样并监制。

第二十条 学习机动车驾驶，应当先学习道路交通安全法律、法规和相关知识，考试合格后，再学习机动车驾驶技能。

在道路上学习驾驶，应当按照公安机关交通管理部门指定的路线、时间进行。在道路上学习机动车驾驶技能应当使用教练车，在教练员随车指导下进行，与教学无关的人员不得乘坐教练车。学员在学习驾驶中有道路交通安全违法行为或者造成交通事故的，由教练员承担责任。

第二十一条 公安机关交通管理部门应当对申请机动车驾驶证的人进行考试，对考试合格的，在5日内核发机动车驾驶证；对考试不合格的，书面说明理由。

第二十二条 机动车驾驶证的有效期为6年，本条例另有规定的除外。

机动车驾驶人初次申领机动车驾驶证后的12个月为实习期。在实习期内驾驶机动车的，应当在车身后部粘贴或者悬挂统一式样的实习标志。

机动车驾驶人在实习期内不得驾驶公共汽车、营运客车或者执行任务的警车、消防车、救护车、工程救险车以及载有爆炸物品、易燃易爆化学物品、剧毒或者放射性等危险物品的机动车；驾驶的机动车不得牵引挂车。

第二十三条 公安机关交通管理部门对机动车驾驶人的道路交通安全违法行为除给予行政处罚外，实行道路交通安全违法行为累积记分（以下简称记分）制度，记分周期为12个月。对在一个记分周期内记分达到12分的,由公安机关交通管理部门扣留其机动车驾驶证,该机动车驾驶人应当按照规定参加道路交通安全法律、法规的学习并接受考试。考试合格的,记分予以清除,发还机动车驾驶证;考试不合格的,继续参加学习和考试。

应当给予记分的道路交通安全违法行为及其分值,由国务院公安部门根据道路交通安全违法行为的危害程度规定。

公安机关交通管理部门应当提供记分查询方式供机动车驾驶人查询。

第二十四条 机动车驾驶人在一个记分周期内记分未达到12分,所处罚款已经缴纳的,记分予以清除;记分虽未达到12分,但尚有罚款未缴纳的,记分转入下一记分周期。

机动车驾驶人在一个记分周期内记分2次以上达到12分的,除按照第二十三条的规定扣留机动车驾驶证、参加学习、接受考试外,还应当接受驾驶技能考试。考试合格的,记分予以清除,发还机动车驾驶证;考试不合格的,继续参加学习和考试。

接受驾驶技能考试的,按照本人机动车驾驶证载明的最高准驾车型考试。

第二十五条 机动车驾驶人记分达到12分,拒不参加公安机关交通管理部门通知的学习,也不接受考试的,由公安机关交通管理部门公告其机动车驾驶证停止使用。

第二十六条 机动车驾驶人在机动车驾驶证的6年有效期内,每个记分周期均未达到12分的,换发10年有效期的机动车驾驶证;在机动车驾驶证的10年有效期内,每个记分周期均未达到12分的,换发长期有效的机动车驾驶证。

换发机动车驾驶证时,公安机关交通管理部门应当对机动车驾驶证进行审验。

第二十七条 机动车驾驶证丢失、损毁,机动车驾驶人申请补发的,应当向公安机关交通管理部门提交本人身份证明和申请材料。公安机关交通管理部门经与机动车驾驶证档案核实后,在收到申请之日起3日内补发。

第二十八条 机动车驾驶人在机动车驾驶证丢失、损毁、超过有效期或者被依法扣留、暂扣期间以及记分达到12分的,不得驾驶机动车。

第三章 道路通行条件

第二十九条 交通信号灯分为:机动车信号灯、非机动车信号灯、人行横道信号灯、车道信号灯、方向指示信号灯、闪光警告信号灯、道路与铁路平面交叉道口信号灯。

第三十条 交通标志分为:指示标志、警告标志、禁令标志、指路标志、旅游区标志、道路施工安全标志和辅助标志。

道路交通标线分为:指示标线、警告标线、禁止标线。

第三十一条 交通警察的指挥分为:手势信号和使用器具的交通指挥信号。

第三十二条 道路交叉路口和行人横过道路较为集中的路段应当设置人行横道、过街天桥或者过街地下通道。

在盲人通行较为集中的路段，人行横道信号灯应当设置声响提示装置。

第三十三条 城市人民政府有关部门可以在不影响行人、车辆通行的情况下，在城市道路上施划停车泊位，并规定停车泊位的使用时间。

第三十四条 开辟或者调整公共汽车、长途汽车的行驶路线或者车站，应当符合交通规划和安全、畅通的要求。

第三十五条 道路养护施工单位在道路上进行养护、维修时，应当按照规定设置规范的安全警示标志和安全防护设施。道路养护施工作业车辆、机械应当安装示警灯，喷涂明显的标志图案，作业时应当开启示警灯和危险报警闪光灯。对未中断交通的施工作业道路，公安机关交通管理部门应当加强交通安全监督检查。发生交通阻塞时，及时做好分流、疏导，维护交通秩序。

道路施工需要车辆绕行的，施工单位应当在绕行处设置标志；不能绕行的，应当修建临时通道，保证车辆和行人通行。需要封闭道路中断交通的，除紧急情况外，应当提前 5 日向社会公告。

第三十六条 道路或者交通设施养护部门、管理部门应当在急弯、陡坡、临崖、临水等危险路段，按照国家标准设置警告标志和安全防护设施。

第三十七条 道路交通标志、标线不规范，机动车驾驶人容易发生辨认错误的，交通标志、标线的主管部门应当及时予以改善。

道路照明设施应当符合道路建设技术规范，保持照明功能完好。

第四章　道路通行规定

第一节　一 般 规 定

第三十八条 机动车信号灯和非机动车信号灯表示：

（一）绿灯亮时，准许车辆通行，但转弯的车辆不得妨碍被放行的直行车辆、行人通行；

（二）黄灯亮时，已越过停止线的车辆可以继续通行；

（三）红灯亮时，禁止车辆通行。

在未设置非机动车信号灯和人行横道信号灯的路口，非机动车和行人应当按照机动车信号灯的表示通行。

红灯亮时，右转弯的车辆在不妨碍被放行的车辆、行人通行的情况下，可以通行。

第三十九条 人行横道信号灯表示：

（一）绿灯亮时，准许行人通过人行横道；

（二）红灯亮时，禁止行人进入人行横道，但是已经进入人行横道的，可以继续通过或者在道路中心线处停留等候。

第四十条 车道信号灯表示：

（一）绿色箭头灯亮时，准许本车道车辆按指示方向通行；

（二）红色叉形灯或者箭头灯亮时，禁止本车道车辆通行。

第四十一条 方向指示信号灯的箭头方向向左、向上、向右分别表示左转、直行、右转。

第四十二条 闪光警告信号灯为持续闪烁的黄灯，提示车辆、行人通行时注意瞭望，确认安全后通过。

第四十三条 道路与铁路平面交叉道口有两个红灯交替闪烁或者一个红灯亮时，表示禁止车辆、行人通行；红灯熄灭时，表示允许车辆、行人通行。

第二节 机动车通行规定

第四十四条 在道路同方向划有 2 条以上机动车道的，左侧为快速车道，右侧为慢速车道。在快速车道行驶的机动车应当按照快速车道规定的速度行驶，未达到快速车道规定的行驶速度的，应当在慢速车道行驶。摩托车应当在最右侧车道行驶。有交通标志标明行驶速度的，按照标明的行驶速度行驶。慢速车道内的机动车超越前车时，可以借用快速车道行驶。

在道路同方向划有 2 条以上机动车道的，变更车道的机动车不得影响相关车道内行驶的机动车的正常行驶。

第四十五条 机动车在道路上行驶不得超过限速标志、标线标明的速度。在没有限速标志、标线的道路上，机动车不得超过下列最高行驶速度：

（一）没有道路中心线的道路，城市道路为每小时 30 公里，公路为每小时 40 公里；

（二）同方向只有 1 条机动车道的道路，城市道路为每小时 50 公里，公路为每小时 70 公里。

第四十六条 机动车行驶中遇有下列情形之一的，最高行驶速度不得超过每小时 30 公里，其中拖拉机、电瓶车、轮式专用机械车不得超过每小时 15 公里：

（一）进出非机动车道，通过铁路道口、急弯路、窄路、窄桥时；

（二）掉头、转弯、下陡坡时；

（三）遇雾、雨、雪、沙尘、冰雹，能见度在 50 米以内时；

（四）在冰雪、泥泞的道路上行驶时；

（五）牵引发生故障的机动车时。

第四十七条 机动车超车时，应当提前开启左转向灯、变换使用远、近光灯或者鸣喇叭。在没有道路中心线或者同方向只有 1 条机动车道的道路上，前车遇后车发出超车信号时，在条件许可的情况下，应当降低速度、靠右让路。后车应当在确认有充足的安全距离后，从前车的左侧超越，在与被超车辆拉开必要的安全距离后，开启右转向灯，驶回原车道。

第四十八条 在没有中心隔离设施或者没有中心线的道路上，机动车遇相对方向来车时应当遵守下列规定：

（一）减速靠右行驶，并与其他车辆、行人保持必要的安全距离；

（二）在有障碍的路段，无障碍的一方先行；但有障碍的一方已驶入障碍路段而无障碍的一方未驶入时，有障碍的一方先行；

（三）在狭窄的坡路，上坡的一方先行；但下坡的一方已行至中途而上坡的一方未上坡时，下坡的一方先行；

（四）在狭窄的山路，不靠山体的一方先行；

（五）夜间会车应当在距相对方向来车150米以外改用近光灯，在窄路、窄桥与非机动车会车时应当使用近光灯。

第四十九条　机动车在有禁止掉头或者禁止左转弯标志、标线的地点以及在铁路道口、人行横道、桥梁、急弯、陡坡、隧道或者容易发生危险的路段，不得掉头。

机动车在没有禁止掉头或者没有禁止左转弯标志、标线的地点可以掉头，但不得妨碍正常行驶的其他车辆和行人的通行。

第五十条　机动车倒车时，应当察明车后情况，确认安全后倒车。不得在铁路道口、交叉路口、单行路、桥梁、急弯、陡坡或者隧道中倒车。

第五十一条　机动车通过有交通信号灯控制的交叉路口，应当按照下列规定通行：

（一）在划有导向车道的路口，按所需行进方向驶入导向车道；

（二）准备进入环形路口的让已在路口内的机动车先行；

（三）向左转弯时，靠路口中心点左侧转弯。转弯时开启转向灯，夜间行驶开启近光灯；

（四）遇放行信号时，依次通过；

（五）遇停止信号时，依次停在停止线以外。没有停止线的，停在路口以外；

（六）向右转弯遇有同车道前车正在等候放行信号时，依次停车等候；

（七）在没有方向指示信号灯的交叉路口，转弯的机动车让直行的车辆、行人先行。相对方向行驶的右转弯机动车让左转弯车辆先行。

第五十二条　机动车通过没有交通信号灯控制也没有交通警察指挥的交叉路口，除应当遵守第五十一条第（二）项、第（三）项的规定外，还应当遵守下列规定：

（一）有交通标志、标线控制的，让优先通行的一方先行；

（二）没有交通标志、标线控制的，在进入路口前停车瞭望，让右方道路的来车先行；

（三）转弯的机动车让直行的车辆先行；

（四）相对方向行驶的右转弯的机动车让左转弯的车辆先行。

第五十三条　机动车遇有前方交叉路口交通阻塞时，应当依次停在路口以外等候，不得进入路口。

机动车在遇有前方机动车停车排队等候或者缓慢行驶时，应当依次排队，不得从前方车辆两侧穿插或者超越行驶，不得在人行横道、网状线区域内停车等候。

机动车在车道减少的路口、路段，遇有前方机动车停车排队等候或者缓慢行驶的，应当每车道一辆依次交替驶入车道减少后的路口、路段。

第五十四条　机动车载物不得超过机动车行驶证上核定的载质量，装载长度、宽度不得超出车厢，并应当遵守下列规定：

（一）重型、中型载货汽车，半挂车载物，高度从地面起不得超过4米，载运集装箱的车辆不得超过4.2米；

（二）其他载货的机动车载物，高度从地面起不得超过2.5米；

（三）摩托车载物，高度从地面起不得超过1.5米，长度不得超出车身0.2米。两轮摩托车载物宽度左右各不得超出车把0.15米；三轮摩托车载物宽度不得超过车身。

载客汽车除车身外部的行李架和内置的行李箱外，不得载货。载客汽车行李架载货，从车顶起高度不得超过0.5米，从地面起高度不得超过4米。

第五十五条 机动车载人应当遵守下列规定：

（一）公路载客汽车不得超过核定的载客人数，但按照规定免票的儿童除外，在载客人数已满的情况下，按照规定免票的儿童不得超过核定载客人数的10%；

（二）载货汽车车厢不得载客。在城市道路上，货运机动车在留有安全位置的情况下，车厢内可以附载临时作业人员1人至5人；载物高度超过车厢栏板时，货物上不得载人；

（三）摩托车后座不得乘坐未满12周岁的未成年人，轻便摩托车不得载人。

第五十六条 机动车牵引挂车应当符合下列规定：

（一）载货汽车、半挂牵引车、拖拉机只允许牵引1辆挂车。挂车的灯光信号、制动、连接、安全防护等装置应当符合国家标准；

（二）小型载客汽车只允许牵引旅居挂车或者总质量700千克以下的挂车。挂车不得载人；

（三）载货汽车所牵引挂车的载质量不得超过载货汽车本身的载质量。

大型、中型载客汽车，低速载货汽车，三轮汽车以及其他机动车不得牵引挂车。

第五十七条 机动车应当按照下列规定使用转向灯：

（一）向左转弯、向左变更车道、准备超车、驶离停车地点或者掉头时，应当提前开启左转向灯；

（二）向右转弯、向右变更车道、超车完毕驶回原车道、靠路边停车时，应当提前开启右转向灯。

第五十八条 机动车在夜间没有路灯、照明不良或者遇有雾、雨、雪、沙尘、冰雹等低能见度情况下行驶时，应当开启前照灯、示廓灯和后位灯，但同方向行驶的后车与前车近距离行驶时，不得使用远光灯。机动车雾天行驶应当开启雾灯和危险报警闪光灯。

第五十九条 机动车在夜间通过急弯、坡路、拱桥、人行横道或者没有交通信号灯控制的路口时，应当交替使用远近光灯示意。

机动车驶近急弯、坡道顶端等影响安全视距的路段以及超车或者遇有紧急情况时，应当减速慢行，并鸣喇叭示意。

第六十条 机动车在道路上发生故障或者发生交通事故，妨碍交通又难以移动的，应当按照规定开启危险报警闪光灯并在车后50米至100米处设置警告标志,夜间还应当同时开启示廓灯和后位灯。

第六十一条 牵引故障机动车应当遵守下列规定:

(一)被牵引的机动车除驾驶人外不得载人,不得拖带挂车;

(二)被牵引的机动车宽度不得大于牵引机动车的宽度;

(三)使用软连接牵引装置时,牵引车与被牵引车之间的距离应当大于4米小于10米;

(四)对制动失效的被牵引车,应当使用硬连接牵引装置牵引;

(五)牵引车和被牵引车均应当开启危险报警闪光灯。

汽车吊车和轮式专用机械车不得牵引车辆。摩托车不得牵引车辆或者被其他车辆牵引。

转向或者照明、信号装置失效的故障机动车,应当使用专用清障车拖曳。

第六十二条 驾驶机动车不得有下列行为:

(一)在车门、车厢没有关好时行车;

(二)在机动车驾驶室的前后窗范围内悬挂、放置妨碍驾驶人视线的物品;

(三)拨打接听手持电话、观看电视等妨碍安全驾驶的行为;

(四)下陡坡时熄火或者空挡滑行;

(五)向道路上抛撒物品;

(六)驾驶摩托车手离车把或者在车把上悬挂物品;

(七)连续驾驶机动车超过4小时未停车休息或者停车休息时间少于20分钟;

(八)在禁止鸣喇叭的区域或者路段鸣喇叭。

第六十三条 机动车在道路上临时停车,应当遵守下列规定:

(一)在设有禁停标志、标线的路段,在机动车道与非机动车道、人行道之间设有隔离设施的路段以及人行横道、施工地段,不得停车;

(二)交叉路口、铁路道口、急弯路、宽度不足4米的窄路、桥梁、陡坡、隧道以及距离上述地点50米以内的路段,不得停车;

(三)公共汽车站、急救站、加油站、消防栓或者消防队(站)门前以及距离上述地点30米以内的路段,除使用上述设施的以外,不得停车;

(四)车辆停稳前不得开车门和上下人员,开关车门不得妨碍其他车辆和行人通行;

(五)路边停车应当紧靠道路右侧,机动车驾驶人不得离车,上下人员或者装卸物品后,立即驶离;

(六)城市公共汽车不得在站点以外的路段停车上下乘客。

第六十四条 机动车行经漫水路或者漫水桥时,应当停车察明水情,确认安全后,低速通过。

第六十五条 机动车载运超限物品行经铁路道口的,应当按照当地铁路部门指定的铁路道口、时间通过。

机动车行经渡口，应当服从渡口管理人员指挥，按照指定地点依次待渡。机动车上下渡船时，应当低速慢行。

第六十六条 警车、消防车、救护车、工程救险车在执行紧急任务遇交通受阻时，可以断续使用警报器，并遵守下列规定：

（一）不得在禁止使用警报器的区域或者路段使用警报器；

（二）夜间在市区不得使用警报器；

（三）列队行驶时，前车已经使用警报器的，后车不再使用警报器。

第六十七条 在单位院内、居民居住区内，机动车应当低速行驶，避让行人；有限速标志的，按照限速标志行驶。

第三节 非机动车通行规定

第六十八条 非机动车通过有交通信号灯控制的交叉路口，应当按照下列规定通行：

（一）转弯的非机动车让直行的车辆、行人优先通行；

（二）遇有前方路口交通阻塞时，不得进入路口；

（三）向左转弯时，靠路口中心点的右侧转弯；

（四）遇有停止信号时，应当依次停在路口停止线以外。没有停止线的，停在路口以外；

（五）向右转弯遇有同方向前车正在等候放行信号时，在本车道内能够转弯的，可以通行；不能转弯的，依次等候。

第六十九条 非机动车通过没有交通信号灯控制也没有交通警察指挥的交叉路口，除应当遵守第六十八条第（一）项、第（二）项和第（三）项的规定外，还应当遵守下列规定：

（一）有交通标志、标线控制的，让优先通行的一方先行；

（二）没有交通标志、标线控制的，在路口外慢行或者停车瞭望，让右方道路的来车先行；

（三）相对方向行驶的右转弯的非机动车让左转弯的车辆先行。

第七十条 驾驶自行车、电动自行车、三轮车在路段上横过机动车道，应当下车推行，有人行横道或者行人过街设施的，应当从人行横道或者行人过街设施通过；没有人行横道、没有行人过街设施或者不便使用行人过街设施的，在确认安全后直行通过。

因非机动车道被占用无法在本车道内行驶的非机动车，可以在受阻的路段借用相邻的机动车道行驶，并在驶过被占用路段后迅速驶回非机动车道。机动车遇此情况应当减速让行。

第七十一条 非机动车载物，应当遵守下列规定：

（一）自行车、电动自行车、残疾人机动轮椅车载物，高度从地面起不得超过 1.5 米，宽度左右各不得超出车把 0.15 米，长度前端不得超出车轮，后端不得超出车身 0.3 米；

（二）三轮车、人力车载物，高度从地面起不得超过 2 米，宽度左右各不得超出车身 0.2 米，长度不得超出车身 1 米；

（三）畜力车载物，高度从地面起不得超过 2.5 米，宽度左右各不得超出车身 0.2 米，长度前端不得超出车辕，后端不得超出车身 1 米。

自行车载人的规定，由省、自治区、直辖市人民政府根据当地实际情况制定。

第七十二条 在道路上驾驶自行车、三轮车、电动自行车、残疾人机动轮椅车应当遵守下列规定：

（一）驾驶自行车、三轮车必须年满 12 周岁；

（二）驾驶电动自行车和残疾人机动轮椅车必须年满 16 周岁；

（三）不得醉酒驾驶；

（四）转弯前应当减速慢行，伸手示意，不得突然猛拐，超越前车时不得妨碍被超越的车辆行驶；

（五）不得牵引、攀扶车辆或者被其他车辆牵引，不得双手离把或者手中持物；

（六）不得扶身并行、互相追逐或者曲折竞驶；

（七）不得在道路上骑独轮自行车或者 2 人以上骑行的自行车；

（八）非下肢残疾的人不得驾驶残疾人机动轮椅车；

（九）自行车、三轮车不得加装动力装置；

（十）不得在道路上学习驾驶非机动车。

第七十三条 在道路上驾驭畜力车应当年满 16 周岁，并遵守下列规定：

（一）不得醉酒驾驭；

（二）不得并行，驾驭人不得离开车辆；

（三）行经繁华路段、交叉路口、铁路道口、人行横道、急弯路、宽度不足 4 米的窄路或者窄桥、陡坡、隧道或者容易发生危险的路段，不得超车。驾驭两轮畜力车应当下车牵引牲畜；

（四）不得使用未经驯服的牲畜驾车，随车幼畜须拴系；

（五）停放车辆应当拉紧车闸，拴系牲畜。

第四节 行人和乘车人通行规定

第七十四条 行人不得有下列行为：

（一）在道路上使用滑板、旱冰鞋等滑行工具；

（二）在车行道内坐卧、停留、嬉闹；

（三）追车、抛物击车等妨碍道路交通安全的行为。

第七十五条 行人横过机动车道，应当从行人过街设施通过；没有行人过街设施的，应当从人行横道通过；没有人行横道的，应当观察来往车辆的情况，确认安全后直行通过，不得在车辆临近时突然加速横穿或者中途倒退、折返。

第七十六条 行人列队在道路上通行，每横列不得超过 2 人，但在已经实行交通管制的路段不受限制。

第七十七条 乘坐机动车应当遵守下列规定:

(一)不得在机动车道上拦乘机动车;

(二)在机动车道上不得从机动车左侧上下车;

(三)开关车门不得妨碍其他车辆和行人通行;

(四)机动车行驶中,不得干扰驾驶,不得将身体任何部分伸出车外,不得跳车;

(五)乘坐两轮摩托车应当正向骑坐。

第五节 高速公路的特别规定

第七十八条 高速公路应当标明车道的行驶速度,最高车速不得超过每小时120公里,最低车速不得低于每小时60公里。

在高速公路上行驶的小型载客汽车最高车速不得超过每小时120公里,其他机动车不得超过每小时100公里,摩托车不得超过每小时80公里。

同方向有2条车道的,左侧车道的最低车速为每小时100公里;同方向有3条以上车道的,最左侧车道的最低车速为每小时110公里,中间车道的最低车速为每小时90公里。道路限速标志标明的车速与上述车道行驶车速的规定不一致的,按照道路限速标志标明的车速行驶。

第七十九条 机动车从匝道驶入高速公路,应当开启左转向灯,在不妨碍已在高速公路内的机动车正常行驶的情况下驶入车道。

机动车驶离高速公路时,应当开启右转向灯,驶入减速车道,降低车速后驶离。

第八十条 机动车在高速公路上行驶,车速超过每小时100公里时,应当与同车道前车保持100米以上的距离,车速低于每小时100公里时,与同车道前车距离可以适当缩短,但最小距离不得少于50米。

第八十一条 机动车在高速公路上行驶,遇有雾、雨、雪、沙尘、冰雹等低能见度气象条件时,应当遵守下列规定:

(一)能见度小于200米时,开启雾灯、近光灯、示廓灯和前后位灯,车速不得超过每小时60公里,与同车道前车保持100米以上的距离;

(二)能见度小于100米时,开启雾灯、近光灯、示廓灯、前后位灯和危险报警闪光灯,车速不得超过每小时40公里,与同车道前车保持50米以上的距离;

(三)能见度小于50米时,开启雾灯、近光灯、示廓灯、前后位灯和危险报警闪光灯,车速不得超过每小时20公里,并从最近的出口尽快驶离高速公路。

遇有前款规定情形时,高速公路管理部门应当通过显示屏等方式发布速度限制、保持车距等提示信息。

第八十二条 机动车在高速公路上行驶,不得有下列行为:

(一)倒车、逆行、穿越中央分隔带掉头或者在车道内停车;

(二)在匝道、加速车道或者减速车道上超车;

(三)骑、轧车行道分界线或者在路肩上行驶;

(四)非紧急情况时在应急车道行驶或者停车;

(五)试车或者学习驾驶机动车。

第八十三条 在高速公路上行驶的载货汽车车厢不得载人。两轮摩托车在高速公路行驶时不得载人。

第八十四条 机动车通过施工作业路段时,应当注意警示标志,减速行驶。

第八十五条 城市快速路的道路交通安全管理,参照本节的规定执行。

高速公路、城市快速路的道路交通安全管理工作,省、自治区、直辖市人民政府公安机关交通管理部门可以指定设区的市人民政府公安机关交通管理部门或者相当于同级的公安机关交通管理部门承担。

第五章 交通事故处理

第八十六条 机动车与机动车、机动车与非机动车在道路上发生未造成人身伤亡的交通事故,当事人对事实及成因无争议的,在记录交通事故的时间、地点、对方当事人的姓名和联系方式、机动车牌号、驾驶证号、保险凭证号、碰撞部位,并共同签名后,撤离现场,自行协商损害赔偿事宜。当事人对交通事故事实及成因有争议的,应当迅速报警。

第八十七条 非机动车与非机动车或者行人在道路上发生交通事故,未造成人身伤亡,且基本事实及成因清楚的,当事人应当先撤离现场,再自行协商处理损害赔偿事宜。当事人对交通事故事实及成因有争议的,应当迅速报警。

第八十八条 机动车发生交通事故,造成道路、供电、通讯等设施损毁的,驾驶人应当报警等候处理,不得驶离。机动车可以移动的,应当将机动车移至不妨碍交通的地点。公安机关交通管理部门应当将事故有关情况通知有关部门。

第八十九条 公安机关交通管理部门或者交通警察接到交通事故报警,应当及时赶赴现场,对未造成人身伤亡,事实清楚,并且机动车可以移动的,应当在记录事故情况后责令当事人撤离现场,恢复交通。对拒不撤离现场的,予以强制撤离。

对属于前款规定情况的道路交通事故,交通警察可以适用简易程序处理,并当场出具事故认定书。当事人共同请求调解的,交通警察可以当场对损害赔偿争议进行调解。

对道路交通事故造成人员伤亡和财产损失需要勘验、检查现场的,公安机关交通管理部门应当按照勘查现场工作规范进行。现场勘查完毕,应当组织清理现场,恢复交通。

第九十条 投保机动车第三者责任强制保险的机动车发生交通事故,因抢救受伤人员需要保险公司支付抢救费用的,由公安机关交通管理部门通知保险公司。

抢救受伤人员需要道路交通事故救助基金垫付费用的，由公安机关交通管理部门通知道路交通事故社会救助基金管理机构。

第九十一条 公安机关交通管理部门应当根据交通事故当事人的行为对发生交通事故所起的作用以及过错的严重程度，确定当事人的责任。

第九十二条 发生交通事故后当事人逃逸的，逃逸的当事人承担全部责任。但是，有证据证明对方当事人也有过错的，可以减轻责任。

当事人故意破坏、伪造现场、毁灭证据的，承担全部责任。

第九十三条 公安机关交通管理部门对经过勘验、检查现场的交通事故应当在勘查现场之日起10日内制作交通事故认定书。对需要进行检验、鉴定的，应当在检验、鉴定结果确定之日起5日内制作交通事故认定书。

第九十四条 当事人对交通事故损害赔偿有争议，各方当事人一致请求公安机关交通管理部门调解的，应当在收到交通事故认定书之日起10日内提出书面调解申请。

对交通事故致死的，调解从办理丧葬事宜结束之日起开始；对交通事故致伤的，调解从治疗终结或者定残之日起开始；对交通事故造成财产损失的，调解从确定损失之日起开始。

第九十五条 公安机关交通管理部门调解交通事故损害赔偿争议的期限为10日。调解达成协议的，公安机关交通管理部门应当制作调解书送交各方当事人，调解书经各方当事人共同签字后生效；调解未达成协议的，公安机关交通管理部门应当制作调解终结书送交各方当事人。

交通事故损害赔偿项目和标准依照有关法律的规定执行。

第九十六条 对交通事故损害赔偿的争议，当事人向人民法院提起民事诉讼的，公安机关交通管理部门不再受理调解申请。

公安机关交通管理部门调解期间，当事人向人民法院提起民事诉讼的，调解终止。

第九十七条 车辆在道路以外发生交通事故，公安机关交通管理部门接到报案的，参照道路交通安全法和本条例的规定处理。

车辆、行人与火车发生的交通事故以及在渡口发生的交通事故，依照国家有关规定处理。

第六章 执法监督

第九十八条 公安机关交通管理部门应当公开办事制度、办事程序，建立警风警纪监督员制度，自觉接受社会和群众的监督。

第九十九条 公安机关交通管理部门及其交通警察办理机动车登记，发放号牌，对驾驶人考试、发证，处理道路交通安全违法行为，处理道路交通事故，应当严格遵守有关规定，不得越权执法，不得延迟履行职责，不得擅自改变处罚的种类和幅度。

第一百条 公安机关交通管理部门应当公布举报电话，受理群众举报投诉，并及时调查核实，反馈查处结果。

第一百零一条 公安机关交通管理部门应当建立执法质量考核评议、执法责任制和执法过错追究制度,防止和纠正道路交通安全执法中的错误或者不当行为。

第七章 法 律 责 任

第一百零二条 违反本条例规定的行为,依照道路交通安全法和本条例的规定处罚。

第一百零三条 以欺骗、贿赂等不正当手段取得机动车登记或者驾驶许可的,收缴机动车登记证书、号牌、行驶证或者机动车驾驶证,撤销机动车登记或者机动车驾驶许可;申请人在 3 年内不得申请机动车登记或者机动车驾驶许可。

第一百零四条 机动车驾驶人有下列行为之一,又无其他机动车驾驶人即时替代驾驶的,公安机关交通管理部门除依法给予处罚外,可以将其驾驶的机动车移至不妨碍交通的地点或者有关部门指定的地点停放:

(一)不能出示本人有效驾驶证的;

(二)驾驶的机动车与驾驶证载明的准驾车型不符的;

(三)饮酒、服用国家管制的精神药品或者麻醉药品、患有妨碍安全驾驶的疾病,或者过度疲劳仍继续驾驶的;

(四)学习驾驶人员没有教练人员随车指导单独驾驶的。

第一百零五条 机动车驾驶人有饮酒、醉酒、服用国家管制的精神药品或者麻醉药品嫌疑的,应当接受测试、检验。

第一百零六条 公路客运载客汽车超过核定乘员、载货汽车超过核定载质量的,公安机关交通管理部门依法扣留机动车后,驾驶人应当将超载的乘车人转运、将超载的货物卸载,费用由超载机动车的驾驶人或者所有人承担。

第一百零七条 依照道路交通安全法第九十二条、第九十五条、第九十六条、第九十八条的规定被扣留的机动车,驾驶人或者所有人、管理人 30 日内没有提供被扣留机动车的合法证明,没有补办相应手续,或者不前来接受处理,经公安机关交通管理部门通知并且经公告 3 个月仍不前来接受处理的,由公安机关交通管理部门将该机动车送交有资格的拍卖机构拍卖,所得价款上缴国库;非法拼装的机动车予以拆除;达到报废标准的机动车予以报废;机动车涉及其他违法犯罪行为的,移交有关部门处理。

第一百零八条 交通警察按照简易程序当场作出行政处罚的,应当告知当事人道路交通安全违法行为的事实、处罚的理由和依据,并将行政处罚决定书当场交付被处罚人。

第一百零九条 对道路交通安全违法行为人处以罚款或者暂扣驾驶证处罚的,由违法行为发生地的县级以上人民政府公安机关交通管理部门或者相当于同级的公安机关交通管理部门作出决定;对处以吊销机动车驾驶证处罚的,由设区的市人民政府公安机关交通管理部门或者相当于同级的公安机关交通管理部门作出决定。

公安机关交通管理部门对非本辖区机动车的道路交通安全违法行为没有当场处罚的，可以由机动车登记地的公安机关交通管理部门处罚。

第一百一十条 当事人对公安机关交通管理部门及其交通警察的处罚有权进行陈述和申辩，交通警察应当充分听取当事人的陈述和申辩，不得因当事人陈述、申辩而加重其处罚。

第八章 附 则

第一百一十一条 本条例所称上道路行驶的拖拉机，是指手扶拖拉机等最高设计行驶速度不超过每小时20公里的轮式拖拉机和最高设计行驶速度不超过每小时40公里、牵引挂车方可从事道路运输的轮式拖拉机。

第一百一十二条 农业（农业机械）主管部门应当定期向公安机关交通管理部门提供拖拉机登记、安全技术检验以及拖拉机驾驶证发放的资料、数据。公安机关交通管理部门对拖拉机驾驶人作出暂扣、吊销驾驶证处罚或者记分处理的，应当定期将处罚决定书和记分情况通报有关的农业（农业机械）主管部门。吊销驾驶证的，还应当将驾驶证送交有关的农业（农业机械）主管部门。

第一百一十三条 境外机动车入境行驶，应当向入境地的公安机关交通管理部门申请临时通行号牌、行驶证。临时通行号牌、行驶证应当根据行驶需要，载明有效日期和允许行驶的区域。

入境的境外机动车申请临时通行号牌、行驶证以及境外人员申请机动车驾驶许可的条件、考试办法由国务院公安部门规定。

第一百一十四条 机动车驾驶许可考试的收费标准，由国务院价格主管部门规定。

第一百一十五条 本条例自2004年5月1日起施行。1960年2月11日国务院批准、交通部发布的《机动车管理办法》，1988年3月9日国务院发布的《中华人民共和国道路交通管理条例》，1991年9月22日国务院发布的《道路交通事故处理办法》，同时废止。

校车安全管理条例

1. 2012年4月5日国务院令第617号公布
2. 自2012年4月5日起施行

第一章 总 则

第一条 为了加强校车安全管理，保障乘坐校车学生的人身安全，制定本条例。

第二条 本条例所称校车，是指依照本条例取得使用许可，用于接送接受义务教育的学生上下学的7座以上的载客汽车。

接送小学生的校车应当是按照专用校车国家标准设计和制造的小学生专用校车。

第三条 县级以上地方人民政府应当根据本行政区域的学生数量和分布状况等因素,依法制定、调整学校设置规划,保障学生就近入学或者在寄宿制学校入学,减少学生上下学的交通风险。实施义务教育的学校及其教学点的设置、调整,应当充分听取学生家长等有关方面的意见。

县级以上地方人民政府应当采取措施,发展城市和农村的公共交通,合理规划、设置公共交通线路和站点,为需要乘车上下学的学生提供方便。

对确实难以保障就近入学,并且公共交通不能满足学生上下学需要的农村地区,县级以上地方人民政府应当采取措施,保障接受义务教育的学生获得校车服务。

国家建立多渠道筹措校车经费的机制,并通过财政资助、税收优惠、鼓励社会捐赠等多种方式,按照规定支持使用校车接送学生的服务。支持校车服务所需的财政资金由中央财政和地方财政分担,具体办法由国务院财政部门制定。支持校车服务的税收优惠办法,依照法律、行政法规规定的税收管理权限制定。

第四条 国务院教育、公安、交通运输以及工业和信息化、质量监督检验检疫、安全生产监督管理等部门依照法律、行政法规和国务院的规定,负责校车安全管理的有关工作。国务院教育、公安部门会同国务院有关部门建立校车安全管理工作协调机制,统筹协调校车安全管理工作中的重大事项,共同做好校车安全管理工作。

第五条 县级以上地方人民政府对本行政区域的校车安全管理工作负总责,组织有关部门制定并实施与当地经济发展水平和校车服务需求相适应的校车服务方案,统一领导、组织、协调有关部门履行校车安全管理职责。

县级以上地方人民政府教育、公安、交通运输、安全生产监督管理等有关部门依照本条例以及本级人民政府的规定,履行校车安全管理的相关职责。有关部门应当建立健全校车安全管理信息共享机制。

第六条 国务院标准化主管部门会同国务院工业和信息化、公安、交通运输等部门,按照保障安全、经济适用的要求,制定并及时修订校车安全国家标准。

生产校车的企业应当建立健全产品质量保证体系,保证所生产(包括改装,下同)的校车符合校车安全国家标准;不符合标准的,不得出厂、销售。

第七条 保障学生上下学交通安全是政府、学校、社会和家庭的共同责任。社会各方面应当为校车通行提供便利,协助保障校车通行安全。

第八条 县级和设区的市级人民政府教育、公安、交通运输、安全生产监督管理部门应当设立并公布举报电话、举报网络平台,方便群众举报违反校车安全管理规定的行为。

接到举报的部门应当及时依法处理;对不属于本部门管理职责的举报,应当及时移送有关部门处理。

第二章 学校和校车服务提供者

第九条 学校可以配备校车。依法设立的道路旅客运输经营企业、城市公共交通企业,以及根据县级以上地方人民政府规定设立的校车运营单位,可以提供校车服务。

县级以上地方人民政府根据本地区实际情况,可以制定管理办法,组织依法取得道路旅客运输经营许可的个体经营者提供校车服务。

第十条 配备校车的学校和校车服务提供者应当建立健全校车安全管理制度,配备安全管理人员,加强校车的安全维护,定期对校车驾驶人进行安全教育,组织校车驾驶人学习道路交通安全法律法规以及安全防范、应急处置和应急救援知识,保障学生乘坐校车安全。

第十一条 由校车服务提供者提供校车服务的,学校应当与校车服务提供者签订校车安全管理责任书,明确各自的安全管理责任,落实校车运行安全管理措施。

学校应当将校车安全管理责任书报县级或者设区的市级人民政府教育行政部门备案。

第十二条 学校应当对教师、学生及其监护人进行交通安全教育,向学生讲解校车安全乘坐知识和校车安全事故应急处理技能,并定期组织校车安全事故应急处理演练。

学生的监护人应当履行监护义务,配合学校或者校车服务提供者的校车安全管理工作。学生的监护人应当拒绝使用不符合安全要求的车辆接送学生上下学。

第十三条 县级以上地方人民政府教育行政部门应当指导、监督学校建立健全校车安全管理制度,落实校车安全管理责任,组织学校开展交通安全教育。公安机关交通管理部门应当配合教育行政部门组织学校开展交通安全教育。

第三章 校车使用许可

第十四条 使用校车应当依照本条例的规定取得许可。

取得校车使用许可应当符合下列条件:

(一)车辆符合校车安全国家标准,取得机动车检验合格证明,并已经在公安机关交通管理部门办理注册登记;

(二)有取得校车驾驶资格的驾驶人;

(三)有包括行驶线路、开行时间和停靠站点的合理可行的校车运行方案;

(四)有健全的安全管理制度;

(五)已经投保机动车承运人责任保险。

第十五条 学校或者校车服务提供者申请取得校车使用许可,应当向县级或者设区的市级人民政府教育行政部门提交书面申请和证明其符合本条例第十四条规定条件的材料。教育行政部门应当自收到申请材料之日起 3 个工作日内,分别送同级公安机关交通管理部门、交通运输部门征求意见,公安机关交通管理部门和交通运输部门应当在 3 个工作日内回复意见。教育行政部门应当自收到回复意见之日起5个工作日内提出审查意见，报本级人民政府。本级人民政府决定批准的，由公安机关交通管理部门发给校车标牌，并在机动车行驶证上签注校车类型和核载人数；不予批准的，书面说明理由。

第十六条 校车标牌应当载明本车的号牌号码、车辆的所有人、驾驶人、行驶线路、开行时间、停靠站点以及校车标牌发牌单位、有效期等事项。

第十七条 取得校车标牌的车辆应当配备统一的校车标志灯和停车指示标志。

校车未运载学生上道路行驶的，不得使用校车标牌、校车标志灯和停车指示标志。

第十八条 禁止使用未取得校车标牌的车辆提供校车服务。

第十九条 取得校车标牌的车辆达到报废标准或者不再作为校车使用的，学校或者校车服务提供者应当将校车标牌交回公安机关交通管理部门。

第二十条 校车应当每半年进行一次机动车安全技术检验。

第二十一条 校车应当配备逃生锤、干粉灭火器、急救箱等安全设备。安全设备应当放置在便于取用的位置，并确保性能良好、有效适用。

校车应当按照规定配备具有行驶记录功能的卫星定位装置。

第二十二条 配备校车的学校和校车服务提供者应当按照国家规定做好校车的安全维护，建立安全维护档案，保证校车处于良好技术状态。不符合安全技术条件的校车，应当停运维修，消除安全隐患。

校车应当由依法取得相应资质的维修企业维修。承接校车维修业务的企业应当按照规定的维修技术规范维修校车，并按照国务院交通运输主管部门的规定对所维修的校车实行质量保证期制度，在质量保证期内对校车的维修质量负责。

第四章 校车驾驶人

第二十三条 校车驾驶人应当依照本条例的规定取得校车驾驶资格。

取得校车驾驶资格应当符合下列条件：

（一）取得相应准驾车型驾驶证并具有3年以上驾驶经历，年龄在25周岁以上、不超过60周岁；

（二）最近连续3个记分周期内没有被记满分记录；

（三）无致人死亡或者重伤的交通事故责任记录；

（四）无饮酒后驾驶或者醉酒驾驶机动车记录，最近1年内无驾驶客运车辆超员、超速等严重交通违法行为记录；

（五）无犯罪记录；

（六）身心健康，无传染性疾病，无癫痫、精神病等可能危及行车安全的疾病病史，无酗酒、吸毒行为记录。

第二十四条 机动车驾驶人申请取得校车驾驶资格，应当向县级或者设区的市级人民政府公安机关交通管理部门提交书面申请和证明其符合本条例第二十三条规定条件的材料。公安机关交通管理部门应当自收到申请材料之日起5个工作日内审查完毕，对符合条件的，在机动车驾驶证上签注准许驾驶校车；不符合条件的，书面说明理由。

第二十五条 机动车驾驶人未取得校车驾驶资格，不得驾驶校车。禁止聘用未取得校车驾驶资格的机动车驾驶人驾驶校车。

第二十六条 校车驾驶人应当每年接受公安机关交通管理部门的审验。

第二十七条 校车驾驶人应当遵守道路交通安全法律法规，严格按照机动车道路通行规则和驾驶操作规范安全驾驶、文明驾驶。

第五章 校车通行安全

第二十八条 校车行驶线路应当尽量避开急弯、陡坡、临崖、临水的危险路段；确实无法避开的，道路或者交通设施的管理、养护单位应当按照标准对上述危险路段设置安全防护设施、限速标志、警告标牌。

第二十九条 校车经过的道路出现不符合安全通行条件的状况或者存在交通安全隐患的，当地人民政府应当组织有关部门及时改善道路安全通行条件、消除安全隐患。

第三十条 校车运载学生，应当按照国务院公安部门规定的位置放置校车标牌，开启校车标志灯。

校车运载学生，应当按照经审核确定的线路行驶，遇有交通管制、道路施工以及自然灾害、恶劣气象条件或者重大交通事故等影响道路通行情形的除外。

第三十一条 公安机关交通管理部门应当加强对校车行驶线路的道路交通秩序管理。遇交通拥堵的，交通警察应当指挥疏导运载学生的校车优先通行。

校车运载学生，可以在公共交通专用车道以及其他禁止社会车辆通行但允许公共交通车辆通行的路段行驶。

第三十二条 校车上下学生，应当在校车停靠站点停靠；未设校车停靠站点的路段可以在公共交通站台停靠。

道路或者交通设施的管理、养护单位应当按照标准设置校车停靠站点预告标识和校车停靠站点标牌，施划校车停靠站点标线。

第三十三条 校车在道路上停车上下学生，应当靠道路右侧停靠，开启危险报警闪光灯，打开停车指示标志。校车在同方向只有一条机动车道的道路上停靠时，后方车辆应当停车等待，不得超越。校车在同方向有两条以上机动车道的道路上停靠时，校车停靠车道后方和相邻机动车道上的机动车应当停车等待，其他机动车道上的机动车应当减速通过。校车后方停车等待的机动车不得鸣喇叭或者使用灯光催促校车。

第三十四条 校车载人不得超过核定的人数,不得以任何理由超员。

学校和校车服务提供者不得要求校车驾驶人超员、超速驾驶校车。

第三十五条 载有学生的校车在高速公路上行驶的最高时速不得超过 80 公里,在其他道路上行驶的最高时速不得超过 60 公里。

道路交通安全法律法规规定或者道路上限速标志、标线标明的最高时速低于前款规定的,从其规定。

载有学生的校车在急弯、陡坡、窄路、窄桥以及冰雪、泥泞的道路上行驶,或者遇有雾、雨、雪、沙尘、冰雹等低能见度气象条件时,最高时速不得超过 20 公里。

第三十六条 交通警察对违反道路交通安全法律法规的校车,可以在消除违法行为的前提下先予放行,待校车完成接送学生任务后再对校车驾驶人进行处罚。

第三十七条 公安机关交通管理部门应当加强对校车运行情况的监督检查,依法查处校车道路交通安全违法行为,定期将校车驾驶人的道路交通安全违法行为和交通事故信息抄送其所属单位和教育行政部门。

第六章 校车乘车安全

第三十八条 配备校车的学校、校车服务提供者应当指派照管人员随校车全程照管乘车学生。校车服务提供者为学校提供校车服务的,双方可以约定由学校指派随车照管人员。

学校和校车服务提供者应当定期对随车照管人员进行安全教育,组织随车照管人员学习道路交通安全法律法规、应急处置和应急救援知识。

第三十九条 随车照管人员应当履行下列职责:

(一)学生上下车时,在车下引导、指挥,维护上下车秩序;

(二)发现驾驶人无校车驾驶资格,饮酒、醉酒后驾驶,或者身体严重不适以及校车超员等明显妨碍行车安全情形的,制止校车开行;

(三)清点乘车学生人数,帮助、指导学生安全落座、系好安全带,确认车门关闭后示意驾驶人启动校车;

(四)制止学生在校车行驶过程中离开座位等危险行为;

(五)核实学生下车人数,确认乘车学生已经全部离车后本人方可离车。

第四十条 校车的副驾驶座位不得安排学生乘坐。

校车运载学生过程中,禁止除驾驶人、随车照管人员以外的人员乘坐。

第四十一条 校车驾驶人驾驶校车上道路行驶前,应当对校车的制动、转向、外部照明、轮胎、安全门、座椅、安全带等车况是否符合安全技术要求进行检查,不得驾驶存在安全隐患的校车上道路行驶。

校车驾驶人不得在校车载有学生时给车辆加油,不得在校车发动机引擎熄灭前离开驾驶座位。

第四十二条 校车发生交通事故,驾驶人、随车照管人员应当立即报警,设置警示标志。乘车学生继续留在校车内有危险的,随车照管人员应当将学生撤离到安全区域,并及时与学校、校车服务提供者、学生的监护人联系处理后续事宜。

第七章 法律责任

第四十三条 生产、销售不符合校车安全国家标准的校车的,依照道路交通安全、产品质量管理的法律、行政法规的规定处罚。

第四十四条 使用拼装或者达到报废标准的机动车接送学生的,由公安机关交通管理部门收缴并强制报废机动车;对驾驶人处2000元以上5000元以下的罚款,吊销其机动车驾驶证;对车辆所有人处8万元以上10万元以下的罚款,有违法所得的予以没收。

第四十五条 使用未取得校车标牌的车辆提供校车服务,或者使用未取得校车驾驶资格的人员驾驶校车的,由公安机关交通管理部门扣留该机动车,处1万元以上2万元以下的罚款,有违法所得的予以没收。

取得道路运输经营许可的企业或者个体经营者有前款规定的违法行为,除依照前款规定处罚外,情节严重的,由交通运输主管部门吊销其经营许可证件。

伪造、变造或者使用伪造、变造的校车标牌的,由公安机关交通管理部门收缴伪造、变造的校车标牌,扣留该机动车,处2000元以上5000元以下的罚款。

第四十六条 不按照规定为校车配备安全设备,或者不按照规定对校车进行安全维护的,由公安机关交通管理部门责令改正,处1000元以上3000元以下的罚款。

第四十七条 机动车驾驶人未取得校车驾驶资格驾驶校车的,由公安机关交通管理部门处1000元以上3000元以下的罚款,情节严重的,可以并处吊销机动车驾驶证。

第四十八条 校车驾驶人有下列情形之一的,由公安机关交通管理部门责令改正,可以处200元罚款:

(一)驾驶校车运载学生,不按照规定放置校车标牌、开启校车标志灯,或者不按照经审核确定的线路行驶;

(二)校车上下学生,不按照规定在校车停靠站点停靠;

(三)校车未运载学生上道路行驶,使用校车标牌、校车标志灯和停车指示标志;

(四)驾驶校车上道路行驶前,未对校车车况是否符合安全技术要求进行检查,或者驾驶存在安全隐患的校车上道路行驶;

(五)在校车载有学生时给车辆加油,或者在校车发动机引擎熄灭前离开驾驶座位。

校车驾驶人违反道路交通安全法律法规关于道路通行规定的,由公安机关交通管理部门依法从重处罚。

第四十九条 校车驾驶人违反道路交通安全法律法规被依法处罚或者发生道路交通事故，不再符合本条例规定的校车驾驶人条件的，由公安机关交通管理部门取消校车驾驶资格，并在机动车驾驶证上签注。

第五十条 校车载人超过核定人数的，由公安机关交通管理部门扣留车辆至违法状态消除，并依照道路交通安全法律法规的规定从重处罚。

第五十一条 公安机关交通管理部门查处校车道路交通安全违法行为，依法扣留车辆的，应当通知相关学校或者校车服务提供者转运学生，并在违法状态消除后立即发还被扣留车辆。

第五十二条 机动车驾驶人违反本条例规定，不避让校车的，由公安机关交通管理部门处200元罚款。

第五十三条 未依照本条例规定指派照管人员随校车全程照管乘车学生的，由公安机关责令改正，可以处500元罚款。

随车照管人员未履行本条例规定的职责的，由学校或者校车服务提供者责令改正；拒不改正的，给予处分或者予以解聘。

第五十四条 取得校车使用许可的学校、校车服务提供者违反本条例规定，情节严重的，原作出许可决定的地方人民政府可以吊销其校车使用许可，由公安机关交通管理部门收回校车标牌。

第五十五条 学校违反本条例规定的，除依照本条例有关规定予以处罚外，由教育行政部门给予通报批评；导致发生学生伤亡事故的，对政府举办的学校的负有责任的领导人员和直接责任人员依法给予处分；对民办学校由审批机关责令暂停招生，情节严重的，吊销其办学许可证，并由教育行政部门责令负有责任的领导人员和直接责任人员5年内不得从事学校管理事务。

第五十六条 县级以上地方人民政府不依法履行校车安全管理职责，致使本行政区域发生校车安全重大事故的，对负有责任的领导人员和直接责任人员依法给予处分。

第五十七条 教育、公安、交通运输、工业和信息化、质量监督检验检疫、安全生产监督管理等有关部门及其工作人员不依法履行校车安全管理职责的，对负有责任的领导人员和直接责任人员依法给予处分。

第五十八条 违反本条例的规定，构成违反治安管理行为的，由公安机关依法给予治安管理处罚；构成犯罪的，依法追究刑事责任。

第五十九条 发生校车安全事故，造成人身伤亡或者财产损失的，依法承担赔偿责任。

第八章 附　则

第六十条 县级以上地方人民政府应当合理规划幼儿园布局，方便幼儿就近入园。

入园幼儿应当由监护人或者其委托的成年人接送。对确因特殊情况不能由监护人或者其委托的成年人接送，需要使用车辆集中接送的，应当使用按照专用校车国家标准设计和制造的幼儿专用校车,遵守本条例校车安全管理的规定。

第六十一条 省、自治区、直辖市人民政府应当结合本地区实际情况,制定本条例的实施办法。

第六十二条 本条例自公布之日起施行。

本条例施行前已经配备校车的学校和校车服务提供者及其聘用的校车驾驶人应当自本条例施行之日起90日内,依照本条例的规定申请取得校车使用许可、校车驾驶资格。

本条例施行后,用于接送小学生、幼儿的专用校车不能满足需求的,在省、自治区、直辖市人民政府规定的过渡期限内可以使用取得校车标牌的其他载客汽车。

机动车驾驶证申领和使用规定

1. 2021年12月17日公安部令第162号修订公布
2. 自2022年4月1日起施行

第一章 总 则

第一条 为了规范机动车驾驶证申领和使用,保障道路交通安全,保护公民、法人和其他组织的合法权益,根据《中华人民共和国道路交通安全法》及其实施条例、《中华人民共和国行政许可法》,制定本规定。

第二条 本规定由公安机关交通管理部门负责实施。

省级公安机关交通管理部门负责本省(自治区、直辖市)机动车驾驶证业务工作的指导、检查和监督。直辖市公安机关交通管理部门车辆管理所、设区的市或者相当于同级的公安机关交通管理部门车辆管理所负责办理本行政区域内机动车驾驶证业务。

县级公安机关交通管理部门车辆管理所可以办理本行政区域内除大型客车、重型牵引挂车、城市公交车、中型客车、大型货车场地驾驶技能、道路驾驶技能考试以外的其他机动车驾驶证业务。具体业务范围和办理条件由省级公安机关交通管理部门确定。

第三条 车辆管理所办理机动车驾驶证业务,应当遵循依法、公开、公正、便民的原则。

车辆管理所办理机动车驾驶证业务,应当依法受理申请人的申请,审查申请人提交的材料。对符合条件的,按照规定的标准、程序和期限办理机动车驾驶证。对申请材料不齐全或者不符合法定形式的,应当一次书面或者电子告知申请人需要补正的全部内容。对不符合条件的,应当书面或者电子告知理由。

车辆管理所应当将法律、行政法规和本规定的有关办理机动车驾驶证的事项、条件、依据、程序、期限以及收费标准、需要提交的全部材料的目录和申请表示范文本等在办公场所公示。

省级、设区的市或者相当于同级的公安机关交通管理部门应当在互联网上发布信息，便于群众查阅办理机动车驾驶证的有关规定，查询驾驶证使用状态、交通违法及记分等情况，下载、使用有关表格。

第四条 车辆管理所办理机动车驾驶证业务时，应当按照减环节、减材料、减时限的要求，积极推行一次办结、限时办结等制度，为申请人提供规范、便利、高效的服务。

公安机关交通管理部门应当积极推进与有关部门信息互联互通，对实现信息共享、网上核查的，申请人免予提交相关证明凭证。

公安机关交通管理部门应当按照就近办理、便捷办理的原则，推进在驾驶人考场、政务服务大厅等地设置服务站点，方便申请人办理机动车驾驶证业务，并在办公场所和互联网公示辖区内的业务办理网点、地址、联系电话、办公时间和业务范围。

第五条 车辆管理所应当使用全国统一的计算机管理系统办理机动车驾驶证业务、核发机动车驾驶证。

计算机管理系统的数据库标准和软件全国统一，能够完整、准确地记录和存储机动车驾驶证业务办理、驾驶人考试等全过程和经办人员信息，并能够实时将有关信息传送到全国公安交通管理信息系统。

第六条 车辆管理所应当使用互联网交通安全综合服务管理平台受理申请人网上提交的申请，验证申请人身份，按规定办理机动车驾驶证业务。

互联网交通安全综合服务管理平台信息管理系统数据库标准和软件全国统一。

第七条 申请办理机动车驾驶证业务的，应当如实向车辆管理所提交规定的材料，如实申告规定的事项，并对其申请材料实质内容的真实性负责。

第八条 公安机关交通管理部门应当建立机动车驾驶证业务监督制度，加强对驾驶人考试、驾驶证核发和使用的监督管理。

第九条 车辆管理所办理机动车驾驶证业务时可以依据相关法律法规认可、使用电子签名、电子印章、电子证照。

第二章　机动车驾驶证申请

第一节　机动车驾驶证

第十条 驾驶机动车，应当依法取得机动车驾驶证。

第十一条 机动车驾驶人准予驾驶的车型顺序依次分为：大型客车、重型牵引挂车、城市公交车、中型客车、大型货车、小型汽车、小型自动挡汽车、低速载货汽车、三轮汽车、残疾人专用小型自动挡载客汽车、轻型牵引挂车、普通三轮摩托车、普通二轮摩托车、轻便摩托车、轮式专用机械车、无轨电车和有轨电车（附件1）。

第十二条 机动车驾驶证记载和签注以下内容:

(一)机动车驾驶人信息:姓名、性别、出生日期、国籍、住址、身份证明号码(机动车驾驶证号码)、照片;

(二)车辆管理所签注内容:初次领证日期、准驾车型代号、有效期限、核发机关印章、档案编号、准予驾驶机动车听力辅助条件。

第十三条 机动车驾驶证有效期分为六年、十年和长期。

第二节 申 请

第十四条 申请机动车驾驶证的人,应当符合下列规定:

(一)年龄条件:

1. 申请小型汽车、小型自动挡汽车、残疾人专用小型自动挡载客汽车、轻便摩托车准驾车型的,在18周岁以上;

2. 申请低速载货汽车、三轮汽车、普通三轮摩托车、普通二轮摩托车或者轮式专用机械车准驾车型的,在18周岁以上,60周岁以下;

3. 申请城市公交车、中型客车、大型货车、轻型牵引挂车、无轨电车或者有轨电车准驾车型的,在20周岁以上,60周岁以下;

4. 申请大型客车、重型牵引挂车准驾车型的,在22周岁以上,60周岁以下;

5. 接受全日制驾驶职业教育的学生,申请大型客车、重型牵引挂车准驾车型的,在19周岁以上,60周岁以下。

(二)身体条件:

1. 身高:申请大型客车、重型牵引挂车、城市公交车、大型货车、无轨电车准驾车型的,身高为155厘米以上。申请中型客车准驾车型的,身高为150厘米以上;

2. 视力:申请大型客车、重型牵引挂车、城市公交车、中型客车、大型货车、无轨电车或者有轨电车准驾车型的,两眼裸视力或者矫正视力达到对数视力表5.0以上。申请其他准驾车型的,两眼裸视力或者矫正视力达到对数视力表4.9以上。单眼视力障碍,优眼裸视力或者矫正视力达到对数视力表5.0以上,且水平视野达到150度的,可以申请小型汽车、小型自动挡汽车、低速载货汽车、三轮汽车、残疾人专用小型自动挡载客汽车准驾车型的机动车驾驶证;

3. 辨色力:无红绿色盲;

4. 听力:两耳分别距音叉50厘米能辨别声源方向。有听力障碍但佩戴助听设备能够达到以上条件的,可以申请小型汽车、小型自动挡汽车准驾车型的机动车驾驶证;

5. 上肢:双手拇指健全,每只手其他手指必须有三指健全,肢体和手指运动功能正常。但手指末节残缺或者左手有三指健全,且双手手掌完整的,可以申请小型汽车、小型自动挡汽车、低速载货汽车、三轮汽车准驾车型的机动车驾驶证;

6. 下肢:双下肢健全且运动功能正常,不等长度不得大于5厘米。单独左下肢缺失或者丧失运动功能,但右下肢正常的,可以申请小型自动挡汽车准驾车型的机动车驾驶证;

7. 躯干、颈部:无运动功能障碍;

8. 右下肢、双下肢缺失或者丧失运动功能但能够自主坐立,且上肢符合本项第5目规定的,可以申请残疾人专用小型自动挡载客汽车准驾车型的机动车驾驶证。一只手掌缺失,另一只手拇指健全,其他手指有两指健全,上肢和手指运动功能正常,且下肢符合本项第6目规定的,可以申请残疾人专用小型自动挡载客汽车准驾车型的机动车驾驶证;

9. 年龄在70周岁以上能够通过记忆力、判断力、反应力等能力测试的,可以申请小型汽车、小型自动挡汽车、残疾人专用小型自动挡载客汽车、轻便摩托车准驾车型的机动车驾驶证。

第十五条 有下列情形之一的,不得申请机动车驾驶证:

(一)有器质性心脏病、癫痫病、美尼尔氏症、眩晕症、癔病、震颤麻痹、精神病、痴呆以及影响肢体活动的神经系统疾病等妨碍安全驾驶疾病的;

(二)三年内有吸食、注射毒品行为或者解除强制隔离戒毒措施未满三年,以及长期服用依赖性精神药品成瘾尚未戒除的;

(三)造成交通事故后逃逸构成犯罪的;

(四)饮酒后或者醉酒驾驶机动车发生重大交通事故构成犯罪的;

(五)醉酒驾驶机动车或者饮酒后驾驶营运机动车依法被吊销机动车驾驶证未满五年的;

(六)醉酒驾驶营运机动车依法被吊销机动车驾驶证未满十年的;

(七)驾驶机动车追逐竞驶、超员、超速、违反危险化学品安全管理规定运输危险化学品构成犯罪依法被吊销机动车驾驶证未满五年的;

(八)因本款第四项以外的其他违反交通管理法律法规的行为发生重大交通事故构成犯罪依法被吊销机动车驾驶证未满十年的;

(九)因其他情形依法被吊销机动车驾驶证未满二年的;

(十)驾驶许可依法被撤销未满三年的;

(十一)未取得机动车驾驶证驾驶机动车,发生负同等以上责任交通事故造成人员重伤或者死亡未满十年的;

(十二)三年内有代替他人参加机动车驾驶人考试行为的;

(十三)法律、行政法规规定的其他情形。

未取得机动车驾驶证驾驶机动车,有第一款第五项至第八项行为之一的,在规定期限内不得申请机动车驾驶证。

第十六条 初次申领机动车驾驶证的,可以申请准驾车型为城市公交车、大型货车、小型汽车、小型自动挡汽车、低速载货汽车、三轮汽车、残疾人专用小型自动挡载客汽车、普通三轮摩托车、普通二轮摩托车、轻便摩托车、轮式专用机械车、无轨电车、有轨电车的机动车驾驶证。

已持有机动车驾驶证，申请增加准驾车型的，可以申请增加的准驾车型为大型客车、重型牵引挂车、城市公交车、中型客车、大型货车、小型汽车、小型自动挡汽车、低速载货汽车、三轮汽车、轻型牵引挂车、普通三轮摩托车、普通二轮摩托车、轻便摩托车、轮式专用机械车、无轨电车、有轨电车。

第十七条 已持有机动车驾驶证，申请增加准驾车型的，应当在本记分周期和申请前最近一个记分周期内没有记满12分记录。申请增加轻型牵引挂车、中型客车、重型牵引挂车、大型客车准驾车型的，还应当符合下列规定：

（一）申请增加轻型牵引挂车准驾车型的，已取得驾驶小型汽车、小型自动挡汽车准驾车型资格一年以上；

（二）申请增加中型客车准驾车型的，已取得驾驶城市公交车、大型货车、小型汽车、小型自动挡汽车、低速载货汽车或者三轮汽车准驾车型资格二年以上，并在申请前最近连续二个记分周期内没有记满12分记录；

（三）申请增加重型牵引挂车准驾车型的，已取得驾驶中型客车或者大型货车准驾车型资格二年以上，或者取得驾驶大型客车准驾车型资格一年以上，并在申请前最近连续二个记分周期内没有记满12分记录；

（四）申请增加大型客车准驾车型的，已取得驾驶城市公交车、中型客车准驾车型资格二年以上、已取得驾驶大型货车准驾车型资格三年以上，或者取得驾驶重型牵引挂车准驾车型资格一年以上，并在申请前最近连续三个记分周期内没有记满12分记录。

正在接受全日制驾驶职业教育的学生，已在校取得驾驶小型汽车准驾车型资格，并在本记分周期和申请前最近一个记分周期内没有记满12分记录的，可以申请增加大型客车、重型牵引挂车准驾车型。

第十八条 有下列情形之一的，不得申请大型客车、重型牵引挂车、城市公交车、中型客车、大型货车准驾车型：

（一）发生交通事故造成人员死亡，承担同等以上责任的；

（二）醉酒后驾驶机动车的；

（三）再次饮酒后驾驶机动车的；

（四）有吸食、注射毒品后驾驶机动车行为的，或者有执行社区戒毒、强制隔离戒毒、社区康复措施记录的；

（五）驾驶机动车追逐竞驶、超员、超速、违反危险化学品安全管理规定运输危险化学品构成犯罪的；

（六）被吊销或者撤销机动车驾驶证未满十年的；

（七）未取得机动车驾驶证驾驶机动车，发生负同等以上责任交通事故造成人员重伤或者死亡的。

第十九条 持有军队、武装警察部队机动车驾驶证,符合本规定的申请条件,可以申请对应准驾车型的机动车驾驶证。

第二十条 持有境外机动车驾驶证,符合本规定的申请条件,且取得该驾驶证时在核发国家或者地区一年内累计居留九十日以上的,可以申请对应准驾车型的机动车驾驶证。属于申请准驾车型为大型客车、重型牵引挂车、中型客车机动车驾驶证的,还应当取得境外相应准驾车型机动车驾驶证二年以上。

第二十一条 持有境外机动车驾驶证,需要临时驾驶机动车的,应当按规定向车辆管理所申领临时机动车驾驶许可。

对入境短期停留的,可以申领有效期为三个月的临时机动车驾驶许可;停居留时间超过三个月的,有效期可以延长至一年。

临时入境机动车驾驶人的临时机动车驾驶许可在一个记分周期内累积记分达到 12 分,未按规定参加道路交通安全法律、法规和相关知识学习、考试的,不得申请机动车驾驶证或者再次申请临时机动车驾驶许可。

第二十二条 申领机动车驾驶证的人,按照下列规定向车辆管理所提出申请:

(一)在户籍所在地居住的,应当在户籍所在地提出申请;

(二)在户籍所在地以外居住的,可以在居住地提出申请;

(三)现役军人(含武警),应当在部队驻地提出申请;

(四)境外人员,应当在居留地或者居住地提出申请;

(五)申请增加准驾车型的,应当在所持机动车驾驶证核发地提出申请;

(六)接受全日制驾驶职业教育,申请增加大型客车、重型牵引挂车准驾车型的,应当在接受教育地提出申请。

第二十三条 申请机动车驾驶证,应当确认申请信息,并提交以下证明:

(一)申请人的身份证明;

(二)医疗机构出具的有关身体条件的证明。

第二十四条 持军队、武装警察部队机动车驾驶证的人申请机动车驾驶证,应当确认申请信息,并提交以下证明、凭证:

(一)申请人的身份证明。属于复员、转业、退伍的人员,还应当提交军队、武装警察部队核发的复员、转业、退伍证明;

(二)医疗机构出具的有关身体条件的证明;

(三)军队、武装警察部队机动车驾驶证。

第二十五条 持境外机动车驾驶证的人申请机动车驾驶证,应当确认申请信息,并提交以下证明、凭证:

(一)申请人的身份证明;

（二）医疗机构出具的有关身体条件的证明；

（三）所持机动车驾驶证。属于非中文表述的，还应当提供翻译机构出具或者公证机构公证的中文翻译文本。

属于外国驻华使馆、领馆人员及国际组织驻华代表机构人员申请的，按照外交对等原则执行。

属于内地居民申请的，还应当提交申请人的护照或者往来港澳通行证、往来台湾通行证。

第二十六条 实行小型汽车、小型自动挡汽车驾驶证自学直考的地方，申请人可以使用加装安全辅助装置的自备机动车，在具备安全驾驶经历等条件的人员随车指导下，按照公安机关交通管理部门指定的路线、时间学习驾驶技能，按照第二十三条的规定申请相应准驾车型的驾驶证。

小型汽车、小型自动挡汽车驾驶证自学直考管理制度由公安部另行规定。

第二十七条 申请机动车驾驶证的人，符合本规定要求的驾驶许可条件，有下列情形之一的，可以按照第十六条第一款和第二十三条的规定直接申请相应准驾车型的机动车驾驶证考试：

（一）原机动车驾驶证因超过有效期未换证被注销的；

（二）原机动车驾驶证因未提交身体条件证明被注销的；

（三）原机动车驾驶证由本人申请注销的；

（四）原机动车驾驶证因身体条件暂时不符合规定被注销的；

（五）原机动车驾驶证或者准驾车型资格因其他原因被注销的，但机动车驾驶证被吊销或者被撤销的除外；

（六）持有的军队、武装警察部队机动车驾驶证超过有效期的；

（七）持有境外机动车驾驶证或者境外机动车驾驶证超过有效期的。

有前款第六项、第七项规定情形之一的，还应当提交机动车驾驶证。

第二十八条 申请人提交的证明、凭证齐全、符合法定形式的，车辆管理所应当受理，并按规定审查申请人的机动车驾驶证申请条件。属于第二十五条规定情形的，还应当核查申请人的出入境记录；属于第二十七条第一款第一项至第五项规定情形之一的，还应当核查申请人的驾驶经历；属于正在接受全日制驾驶职业教育的学生，申请增加大型客车、重型牵引挂车准驾车型的，还应当核查申请人的学籍。

公安机关交通管理部门已经实现与医疗机构等单位联网核查的，申请人免予提交身体条件证明等证明、凭证。

对于符合申请条件的，车辆管理所应当按规定安排预约考试；不需要考试的，一日内核发机动车驾驶证。申请人属于复员、转业、退伍人员持军队、武装警察部队机动车驾驶证申请机动车驾驶证的，应当收回军队、武装警察部队机动车驾驶证。

第二十九条 车辆管理所对申请人的申请条件及提交的材料、申告的事项有疑义的，可以对实质内容进行调查核实。

调查时，应当询问申请人并制作询问笔录，向证明、凭证的核发机关核查。

经调查，申请人不符合申请条件的，不予办理；有违法行为的，依法予以处理。

第三章 机动车驾驶人考试

第一节 考试内容和合格标准

第三十条 机动车驾驶人考试内容分为道路交通安全法律、法规和相关知识考试科目（以下简称“科目一”）、场地驾驶技能考试科目（以下简称“科目二”）、道路驾驶技能和安全文明驾驶常识考试科目（以下简称“科目三”）。

已持有小型自动挡汽车准驾车型驾驶证申请增加小型汽车准驾车型的，应当考试科目二和科目三。

已持有大型客车、城市公交车、中型客车、大型货车、小型汽车、小型自动挡汽车准驾车型驾驶证申请增加轻型牵引挂车准驾车型的，应当考试科目二和科目三安全文明驾驶常识。

已持有轻便摩托车准驾车型驾驶证申请增加普通三轮摩托车、普通二轮摩托车准驾车型的，或者持有普通二轮摩托车驾驶证申请增加普通三轮摩托车准驾车型的，应当考试科目二和科目三。

已持有大型客车、重型牵引挂车、城市公交车、中型客车、大型货车、小型汽车、小型自动挡汽车准驾车型驾驶证的机动车驾驶人身体条件发生变化，不符合所持机动车驾驶证准驾车型的条件，但符合残疾人专用小型自动挡载客汽车准驾车型条件，申请变更的，应当考试科目二和科目三。

第三十一条 考试内容和合格标准全国统一，根据不同准驾车型规定相应的考试项目。

第三十二条 科目一考试内容包括：道路通行、交通信号、道路交通安全违法行为和交通事故处理、机动车驾驶证申领和使用、机动车登记等规定以及其他道路交通安全法律、法规和规章。

第三十三条 科目二考试内容包括：

（一）大型客车、重型牵引挂车、城市公交车、中型客车、大型货车考试桩考、坡道定点停车和起步、侧方停车、通过单边桥、曲线行驶、直角转弯、通过限宽门、窄路掉头，以及模拟高速公路、连续急弯山区路、隧道、雨（雾）天、湿滑路、紧急情况处置；

（二）小型汽车、低速载货汽车考试倒车入库、坡道定点停车和起步、侧方停车、曲线行驶、直角转弯；

（三）小型自动挡汽车、残疾人专用小型自动挡载客汽车考试倒车入库、侧方停车、曲线行驶、直角转弯；

（四）轻型牵引挂车考试桩考、曲线行驶、直角转弯；

（五）三轮汽车、普通三轮摩托车、普通二轮摩托车和轻便摩托车考试桩考、坡道定点停车和起步、通过单边桥；

（六）轮式专用机械车、无轨电车、有轨电车的考试内容由省级公安机关交通管理部门确定。

对第一款第一项至第三项规定的准驾车型，省级公安机关交通管理部门可以根据实际增加考试内容。

第三十四条 科目三道路驾驶技能考试内容包括：大型客车、重型牵引挂车、城市公交车、中型客车、大型货车、小型汽车、小型自动挡汽车、低速载货汽车和残疾人专用小型自动挡载客汽车考试上车准备、起步、直线行驶、加减挡位操作、变更车道、靠边停车、直行通过路口、路口左转弯、路口右转弯、通过人行横道线、通过学校区域、通过公共汽车站、会车、超车、掉头、夜间行驶；其他准驾车型的考试内容，由省级公安机关交通管理部门确定。

大型客车、重型牵引挂车、城市公交车、中型客车、大型货车考试里程不少于10公里，其中初次申领城市公交车、大型货车准驾车型的，白天考试里程不少于5公里，夜间考试里程不少于3公里。小型汽车、小型自动挡汽车、低速载货汽车、残疾人专用小型自动挡载客汽车考试里程不少于3公里。不进行夜间考试的，应当进行模拟夜间灯光考试。

对大型客车、重型牵引挂车、城市公交车、中型客车、大型货车准驾车型，省级公安机关交通管理部门应当根据实际增加山区、隧道、陡坡等复杂道路驾驶考试内容。对其他汽车准驾车型，省级公安机关交通管理部门可以根据实际增加考试内容。

第三十五条 科目三安全文明驾驶常识考试内容包括：安全文明驾驶操作要求、恶劣气象和复杂道路条件下的安全驾驶知识、爆胎等紧急情况下的临危处置方法、防范次生事故处置知识、伤员急救知识等。

第三十六条 持军队、武装警察部队机动车驾驶证的人申请大型客车、重型牵引挂车、城市公交车、中型客车、大型货车准驾车型机动车驾驶证的，应当考试科目一和科目三；申请其他准驾车型机动车驾驶证的，免予考试核发机动车驾驶证。

第三十七条 持境外机动车驾驶证申请机动车驾驶证的，应当考试科目一。申请准驾车型为大型客车、重型牵引挂车、城市公交车、中型客车、大型货车机动车驾驶证的，应当考试科目一、科目二和科目三。

属于外国驻华使馆、领馆人员及国际组织驻华代表机构人员申请的，应当按照外交对等原则执行。

第三十八条 各科目考试的合格标准为：

（一）科目一考试满分为100分，成绩达到90分的为合格；

（二）科目二考试满分为100分，考试大型客车、重型牵引挂车、城市公交车、中型客车、大型货车、轻型牵引挂车准驾车型的，成绩达到90分的为合格，其他准驾车型的成绩达到80分的为合格；

（三）科目三道路驾驶技能和安全文明驾驶常识考试满分分别为100分，成绩分别达到90分的为合格。

第二节　考试要求

第三十九条　车辆管理所应当按照预约的考场和时间安排考试。申请人科目一考试合格后，可以预约科目二或者科目三道路驾驶技能考试。有条件的地方，申请人可以同时预约科目二、科目三道路驾驶技能考试，预约成功后可以连续进行考试。科目二、科目三道路驾驶技能考试均合格后，申请人可以当日参加科目三安全文明驾驶常识考试。

申请人申请大型客车、重型牵引挂车、城市公交车、中型客车、大型货车、轻型牵引挂车驾驶证，因当地尚未设立科目二考场的，可以选择省(自治区)内其他考场参加考试。

申请人申领小型汽车、小型自动挡汽车、低速载货汽车、三轮汽车、残疾人专用小型自动挡载客汽车、轻型牵引挂车驾驶证期间，已通过部分科目考试后，居住地发生变更的，可以申请变更考试地，在现居住地预约其他科目考试。申请变更考试地不得超过三次。

车辆管理所应当使用全国统一的考试预约系统，采用互联网、电话、服务窗口等方式供申请人预约考试。

第四十条　初次申请机动车驾驶证或者申请增加准驾车型的，科目一考试合格后，车辆管理所应当在一日内核发学习驾驶证明。

属于第三十条第二款至第四款规定申请增加准驾车型以及第五款规定申请变更准驾车型的，受理后直接核发学习驾驶证明。

属于自学直考的，车辆管理所还应当按规定发放学车专用标识(附件2)。

第四十一条　申请人在场地和道路上学习驾驶，应当按规定取得学习驾驶证明。学习驾驶证明的有效期为三年，但有效期截止日期不得超过申请年龄条件上限。申请人应当在有效期内完成科目二和科目三考试。未在有效期内完成考试的，已考试合格的科目成绩作废。

学习驾驶证明可以采用纸质或者电子形式，纸质学习驾驶证明和电子学习驾驶证明具有同等效力。申请人可以通过互联网交通安全综合服务管理平台打印或者下载学习驾驶证明。

第四十二条　申请人在道路上学习驾驶，应当随身携带学习驾驶证明，使用教练车或者学车专用标识签注的自学用车，在教练员或者学车专用标识签注的指导人员随车指导下，按照公安机关交通管理部门指定的路线、时间进行。

申请人为自学直考人员的，在道路上学习驾驶时，应当在自学用车上按规定放置、粘贴学车专用标识，自学用车不得搭载随车指导人员以外的其他人员。

第四十三条　初次申请机动车驾驶证或者申请增加准驾车型的，申请人预约考试科目二，应当符合下列规定：

(一)报考小型汽车、小型自动挡汽车、低速载货汽车、三轮汽车、残疾人专用小型自动挡载客汽车、轮式专用机械车、无轨电车、有轨电车准驾车型的，在取得学习驾驶证明满十日后预约考试；

（二）报考大型客车、重型牵引挂车、城市公交车、中型客车、大型货车、轻型牵引挂车准驾车型的，在取得学习驾驶证明满二十日后预约考试。

第四十四条 初次申请机动车驾驶证或者申请增加准驾车型的，申请人预约考试科目三，应当符合下列规定：

（一）报考小型自动挡汽车、残疾人专用小型自动挡载客汽车、低速载货汽车、三轮汽车准驾车型的，在取得学习驾驶证明满二十日后预约考试；

（二）报考小型汽车、轮式专用机械车、无轨电车、有轨电车准驾车型的，在取得学习驾驶证明满三十日后预约考试；

（三）报考大型客车、重型牵引挂车、城市公交车、中型客车、大型货车准驾车型的，在取得学习驾驶证明满四十日后预约考试。属于已经持有汽车类驾驶证，申请增加准驾车型的，在取得学习驾驶证明满三十日后预约考试。

第四十五条 持军队、武装警察部队或者境外机动车驾驶证申请机动车驾驶证的，应当自车辆管理所受理之日起三年内完成科目考试。

第四十六条 申请人因故不能按照预约时间参加考试的，应当提前一日申请取消预约。对申请人未按照预约考试时间参加考试的，判定该次考试不合格。

第四十七条 每个科目考试一次，考试不合格的，可以补考一次。不参加补考或者补考仍不合格的，本次考试终止，申请人应当重新预约考试，但科目二、科目三考试应当在十日后预约。科目三安全文明驾驶常识考试不合格的，已通过的道路驾驶技能考试成绩有效。

在学习驾驶证明有效期内，科目二和科目三道路驾驶技能考试预约考试的次数分别不得超过五次。第五次考试仍不合格的，已考试合格的其他科目成绩作废。

第四十八条 车辆管理所组织考试前应当使用全国统一的计算机管理系统当日随机选配考试员，随机安排考生分组，随机选取考试路线。

第四十九条 从事考试工作的人员，应当持有公安机关交通管理部门颁发的资格证书。公安机关交通管理部门应当在公安民警、警务辅助人员中选拔足够数量的考试员，从事考试工作。可以聘用运输企业驾驶人、警风警纪监督员等人员承担考试辅助工作和监督职责。

考试员应当认真履行考试职责，严格按照规定考试，接受社会监督。在考试前应当自我介绍，讲解考试要求，核实申请人身份；考试中应当严格执行考试程序，按照考试项目和考试标准评定考试成绩；考试后应当当场公布考试成绩，讲评考试不合格原因。

每个科目的考试成绩单应当有申请人和考试员的签名。未签名的不得核发机动车驾驶证。

第五十条 考试员、考试辅助人员及考场工作人员应当严格遵守考试工作纪律，不得为不符合机动车驾驶许可条件、未经考试、考试不合格人员签注合格考试成绩，不得减少考试项目、降低评判标准或者参与、协助、纵容考试作弊，不得参与或者变相参与驾驶培训机构、社会考场经营活动，不得收取驾驶培训机构、社会考场、教练员、申请人的财物。

第五十一条 直辖市、设区的市或者相当于同级的公安机关交通管理部门应当根据本地考试需求建设考场,配备足够数量的考试车辆。对考场布局、数量不能满足本地考试需求的,应当采取政府购买服务等方式使用社会考场,并按照公平竞争、择优选定的原则,依法通过公开招标等程序确定。对考试供给能力能够满足考试需求的,应当及时向社会公告,不再购买社会考场服务。

考试场地建设、路段设置、车辆配备、设施设备配置以及考试项目、评判要求应当符合相关标准。考试场地、考试设备和考试系统应当经省级公安机关交通管理部门验收合格后方可使用。公安机关交通管理部门应当加强对辖区考场的监督管理,定期开展考试场地、考试车辆、考试设备和考场管理情况的监督检查。

第三节 考试监督管理

第五十二条 车辆管理所应当在办事大厅、候考场所和互联网公开各考场的考试能力、预约计划、预约人数和约考结果等情况,公布考场布局、考试路线和流程。考试预约计划应当至少在考试前十日在互联网上公开。

车辆管理所应当在候考场所、办事大厅向群众直播考试视频,考生可以在考试结束后三日内查询自己的考试视频资料。

第五十三条 车辆管理所应当严格比对、核验考生身份,对考试过程进行全程录音、录像,并实时监控考试过程,没有使用录音、录像设备的,不得组织考试。严肃考试纪律,规范考场秩序,对考场秩序混乱的,应当中止考试。考试过程中,考试员应当使用执法记录仪记录监考过程。

车辆管理所应当建立音视频信息档案,存储录音、录像设备和执法记录仪记录的音像资料。建立考试质量抽查制度,每日抽查音视频信息档案,发现存在违反考试纪律、考场秩序混乱以及音视频信息缺失或者不完整的,应当进行调查处理。

省级公安机关交通管理部门应当定期抽查音视频信息档案,及时通报、纠正、查处发现的问题。

第五十四条 车辆管理所应当根据考试场地、考试设备、考试车辆、考试员数量等实际情况,核定每个考场、每个考试员每日最大考试量。

车辆管理所应当根据驾驶培训主管部门提供的信息对驾驶培训机构教练员、教练车、训练场地等情况进行备案。

第五十五条 公安机关交通管理部门应当建立业务监督管理中心,通过远程监控、数据分析、日常检查、档案抽查、业务回访等方式,对机动车驾驶人考试和机动车驾驶证业务办理情况进行监督管理。

直辖市、设区的市或者相当于同级的公安机关交通管理部门应当通过监管系统每周对机动车驾驶人考试情况进行监控、分析,及时查处整改发现的问题。省级公安机关交通管理部门应当通过监管系统每月对机动车驾驶人考试情况进行监控、分析,及时查处、通报发现的问题。

车辆管理所存在为未经考试或者考试不合格人员核发机动车驾驶证等严重违规办理机动车驾驶证业务情形的,上级公安机关交通管理部门可以暂停该车辆管理所办理相关业务或者指派其他车辆管理所人员接管业务。

第五十六条 县级公安机关交通管理部门办理机动车驾驶证业务的,办公场所、设施设备、人员资质和信息系统等应当满足业务办理需求,并符合相关规定和标准要求。

直辖市、设区的市公安机关交通管理部门应当加强对县级公安机关交通管理部门办理机动车驾驶证相关业务的指导、培训和监督管理。

第五十七条 公安机关交通管理部门应当对社会考场的场地设施、考试系统、考试工作等进行统一管理。

社会考场的考试系统应当接入机动车驾驶人考试管理系统,实时上传考试过程录音录像、考试成绩等信息。

第五十八条 直辖市、设区的市或者相当于同级的公安机关交通管理部门应当每月向社会公布车辆管理所考试员考试质量情况、三年内驾龄驾驶人交通违法率和交通肇事率等信息。

直辖市、设区的市或者相当于同级的公安机关交通管理部门应当每月向社会公布辖区内驾驶培训机构的考试合格率、三年内驾龄驾驶人交通违法率和交通肇事率等信息,按照考试合格率、三年内驾龄驾驶人交通违法率和交通肇事率对驾驶培训机构培训质量公开排名,并通报培训主管部门。

第五十九条 对三年内驾龄驾驶人发生一次死亡 3 人以上交通事故且负主要以上责任的,省级公安机关交通管理部门应当倒查车辆管理所考试、发证情况,向社会公布倒查结果。对三年内驾龄驾驶人发生一次死亡 1 至 2 人的交通事故且负主要以上责任的,直辖市、设区的市或者相当于同级的公安机关交通管理部门应当组织责任倒查。

直辖市、设区的市或者相当于同级的公安机关交通管理部门发现驾驶培训机构及其教练员存在缩短培训学时、减少培训项目以及贿赂考试员、以承诺考试合格等名义向学员索取财物、参与违规办理驾驶证或者考试舞弊行为的,应当通报培训主管部门,并向社会公布。

公安机关交通管理部门发现考场、考试设备生产销售企业及其工作人员存在组织或者参与考试舞弊、伪造或者篡改考试系统数据的,不得继续使用该考场或者采购该企业考试设备;构成犯罪的,依法追究刑事责任。

第四章 发证、换证、补证

第六十条 申请人考试合格后,应当接受不少于半小时的交通安全文明驾驶常识和交通事故案例警示教育,并参加领证宣誓仪式。

车辆管理所应当在申请人参加领证宣誓仪式的当日核发机动车驾驶证。

第六十一条 公安机关交通管理部门应当实行机动车驾驶证电子化，机动车驾驶人可以通过互联网交通安全综合服务管理平台申请机动车驾驶证电子版。

机动车驾驶证电子版与纸质版具有同等效力。

第六十二条 机动车驾驶人在机动车驾驶证的六年有效期内，每个记分周期均未记满12分的，换发十年有效期的机动车驾驶证；在机动车驾驶证的十年有效期内，每个记分周期均未记满12分的，换发长期有效的机动车驾驶证。

第六十三条 机动车驾驶人应当于机动车驾驶证有效期满前九十日内，向机动车驾驶证核发地或者核发地以外的车辆管理所申请换证。申请时应当确认申请信息，并提交以下证明、凭证：

（一）机动车驾驶人的身份证明；

（二）医疗机构出具的有关身体条件的证明。

第六十四条 机动车驾驶人户籍迁出原车辆管理所管辖区的，应当向迁入地车辆管理所申请换证。机动车驾驶人在核发地车辆管理所管辖区以外居住的，可以向居住地车辆管理所申请换证。申请时应当确认申请信息，提交机动车驾驶人的身份证明和机动车驾驶证，并申报身体条件情况。

第六十五条 年龄在60周岁以上的，不得驾驶大型客车、重型牵引挂车、城市公交车、中型客车、大型货车、轮式专用机械车、无轨电车和有轨电车。持有大型客车、重型牵引挂车、城市公交车、中型客车、大型货车驾驶证的，应当到机动车驾驶证核发地或者核发地以外的车辆管理所换领准驾车型为小型汽车或者小型自动挡汽车的机动车驾驶证，其中属于持有重型牵引挂车驾驶证的，还可以保留轻型牵引挂车准驾车型。

年龄在70周岁以上的，不得驾驶低速载货汽车、三轮汽车、轻型牵引挂车、普通三轮摩托车、普通二轮摩托车。持有普通三轮摩托车、普通二轮摩托车驾驶证的，应当到机动车驾驶证核发地或者核发地以外的车辆管理所换领准驾车型为轻便摩托车的机动车驾驶证；持有驾驶证包含轻型牵引挂车准驾车型的，应当到机动车驾驶证核发地或者核发地以外的车辆管理所换领准驾车型为小型汽车或者小型自动挡汽车的机动车驾驶证。

有前两款规定情形之一的，车辆管理所应当通知机动车驾驶人在三十日内办理换证业务。机动车驾驶人逾期未办理的，车辆管理所应当公告准驾车型驾驶资格作废。

申请时应当确认申请信息，并提交第六十三条规定的证明、凭证。

机动车驾驶人自愿降低准驾车型的，应当确认申请信息，并提交机动车驾驶人的身份证明和机动车驾驶证。

第六十六条 有下列情形之一的，机动车驾驶人应当在三十日内到机动车驾驶证核发地或者核发地以外的车辆管理所申请换证：

（一）在车辆管理所管辖区域内，机动车驾驶证记载的机动车驾驶人信息发生变化的；

（二）机动车驾驶证损毁无法辨认的。

申请时应当确认申请信息，并提交机动车驾驶人的身份证明；属于第一款第一项的，还应当提交机动车驾驶证；属于身份证明号码变更的，还应当提交相关变更证明。

第六十七条 机动车驾驶人身体条件发生变化，不符合所持机动车驾驶证准驾车型的条件，但符合准予驾驶的其他准驾车型条件的，应当在三十日内到机动车驾驶证核发地或者核发地以外的车辆管理所申请降低准驾车型。申请时应当确认申请信息，并提交机动车驾驶人的身份证明、医疗机构出具的有关身体条件的证明。

机动车驾驶人身体条件发生变化，不符合第十四条第二项规定或者具有第十五条规定情形之一，不适合驾驶机动车的，应当在三十日内到机动车驾驶证核发地车辆管理所申请注销。申请时应当确认申请信息，并提交机动车驾驶人的身份证明和机动车驾驶证。

机动车驾驶人身体条件不适合驾驶机动车的，不得驾驶机动车。

第六十八条 车辆管理所对符合第六十三条至第六十六条、第六十七条第一款规定的，应当在一日内换发机动车驾驶证。对符合第六十七条第二款规定的，应当在一日内注销机动车驾驶证。其中，对符合第六十四条、第六十五条、第六十六条第一款第一项、第六十七条规定的，还应当收回原机动车驾驶证。

第六十九条 机动车驾驶证遗失的，机动车驾驶人应当向机动车驾驶证核发地或者核发地以外的车辆管理所申请补发。申请时应当确认申请信息，并提交机动车驾驶人的身份证明。符合规定的，车辆管理所应当在一日内补发机动车驾驶证。

机动车驾驶人补领机动车驾驶证后，原机动车驾驶证作废，不得继续使用。

机动车驾驶证被依法扣押、扣留或者暂扣期间，机动车驾驶人不得申请补发。

第七十条 机动车驾驶人向核发地以外的车辆管理所申请办理第六十三条、第六十五条、第六十六条、第六十七条第一款、第六十九条规定的换证、补证业务时，应当同时按照第六十四条规定办理。

第五章 机动车驾驶人管理

第一节 审 验

第七十一条 公安机关交通管理部门对机动车驾驶人的道路交通安全违法行为，除依法给予行政处罚外，实行道路交通安全违法行为累积记分制度，记分周期为12个月，满分为12分。

机动车驾驶人在一个记分周期内记分达到12分的，应当按规定参加学习、考试。

第七十二条 机动车驾驶人应当按照法律、行政法规的规定，定期到公安机关交通管理部门接受审验。

机动车驾驶人按照本规定第六十三条、第六十四条换领机动车驾驶证时，应当接受公安机关交通管理部门的审验。

持有大型客车、重型牵引挂车、城市公交车、中型客车、大型货车驾驶证的驾驶人，应当在每个记分周期结束后三十日内到公安机关交通管理部门接受审验。但在一个记分周期内没有记分记录的，免予本记分周期审验。

持有第三款规定以外准驾车型驾驶证的驾驶人，发生交通事故造成人员死亡承担同等以上责任未被吊销机动车驾驶证的，应当在本记分周期结束后三十日内到公安机关交通管理部门接受审验。

年龄在70周岁以上的机动车驾驶人发生责任交通事故造成人员重伤或者死亡的，应当在本记分周期结束后三十日内到公安机关交通管理部门接受审验。

机动车驾驶人可以在机动车驾驶证核发地或者核发地以外的地方参加审验、提交身体条件证明。

第七十三条 机动车驾驶证审验内容包括：

（一）道路交通安全违法行为、交通事故处理情况；

（二）身体条件情况；

（三）道路交通安全违法行为记分及记满12分后参加学习和考试情况。

持有大型客车、重型牵引挂车、城市公交车、中型客车、大型货车驾驶证一个记分周期内有记分的，以及持有其他准驾车型驾驶证发生交通事故造成人员死亡承担同等以上责任未被吊销机动车驾驶证的驾驶人，审验时应当参加不少于三小时的道路交通安全法律法规、交通安全文明驾驶、应急处置等知识学习，并接受交通事故案例警示教育。

年龄在70周岁以上的机动车驾驶人审验时还应当按照规定进行记忆力、判断力、反应力等能力测试。

对道路交通安全违法行为或者交通事故未处理完毕的、身体条件不符合驾驶许可条件的、未按照规定参加学习、教育和考试的，不予通过审验。

第七十四条 年龄在70周岁以上的机动车驾驶人，应当每年进行一次身体检查，在记分周期结束后三十日内，提交医疗机构出具的有关身体条件的证明。

持有残疾人专用小型自动挡载客汽车驾驶证的机动车驾驶人，应当每三年进行一次身体检查，在记分周期结束后三十日内，提交医疗机构出具的有关身体条件的证明。

机动车驾驶人按照本规定第七十二条第三款、第四款规定参加审验时，应当申报身体条件情况。

第七十五条 机动车驾驶人因服兵役、出国（境）等原因，无法在规定时间内办理驾驶证期满换证、审验、提交身体条件证明的，可以在驾驶证有效期内或者有效期届满一年内向机动车驾驶证核发地车辆管理所申请延期办理。申请时应当确认申请信息，并提交机动车驾驶人的身份证明。

延期期限最长不超过三年。延期期间机动车驾驶人不得驾驶机动车。

第二节 监督管理

第七十六条 机动车驾驶人初次取得汽车类准驾车型或者初次取得摩托车类准驾车型后的12个月为实习期。

在实习期内驾驶机动车的，应当在车身后部粘贴或者悬挂统一式样的实习标志（附件3）。

第七十七条 机动车驾驶人在实习期内不得驾驶公共汽车、营运客车或者执行任务的警车、消防车、救护车、工程救险车以及载有爆炸物品、易燃易爆化学物品、剧毒或者放射性等危险物品的机动车；驾驶的机动车不得牵引挂车。

驾驶人在实习期内驾驶机动车上高速公路行驶，应当由持相应或者包含其准驾车型驾驶证三年以上的驾驶人陪同。其中，驾驶残疾人专用小型自动挡载客汽车的，可以由持有小型自动挡载客汽车以上准驾车型驾驶证的驾驶人陪同。

在增加准驾车型后的实习期内，驾驶原准驾车型的机动车时不受上述限制。

第七十八条 持有准驾车型为残疾人专用小型自动挡载客汽车的机动车驾驶人驾驶机动车时，应当按规定在车身设置残疾人机动车专用标志（附件4）。

有听力障碍的机动车驾驶人驾驶机动车时，应当佩戴助听设备。有视力矫正的机动车驾驶人驾驶机动车时，应当佩戴眼镜。

第七十九条 机动车驾驶人有下列情形之一的，车辆管理所应当注销其机动车驾驶证：

（一）死亡的；

（二）提出注销申请的；

（三）丧失民事行为能力，监护人提出注销申请的；

（四）身体条件不适合驾驶机动车的；

（五）有器质性心脏病、癫痫病、美尼尔氏症、眩晕症、癔病、震颤麻痹、精神病、痴呆以及影响肢体活动的神经系统疾病等妨碍安全驾驶疾病的；

（六）被查获有吸食、注射毒品后驾驶机动车行为，依法被责令社区戒毒、社区康复或者决定强制隔离戒毒，或者长期服用依赖性精神药品成瘾尚未戒除的；

（七）代替他人参加机动车驾驶人考试的；

（八）超过机动车驾驶证有效期一年以上未换证的；

（九）年龄在70周岁以上，在一个记分周期结束后一年内未提交身体条件证明的；或者持有残疾人专用小型自动挡载客汽车准驾车型，在三个记分周期结束后一年内未提交身体条件证明的；

（十）年龄在60周岁以上，所持机动车驾驶证只具有轮式专用机械车、无轨电车或者有轨电车准驾车型，或者年龄在70周岁以上，所持机动车驾驶证只具有低速载货汽车、三轮汽车准驾车型的；

（十一）机动车驾驶证依法被吊销或者驾驶许可依法被撤销的。

有第一款第二项至第十一项情形之一，未收回机动车驾驶证的，应当公告机动车驾驶证作废。

有第一款第八项情形被注销机动车驾驶证未超过二年的，机动车驾驶人参加道路交通安全法律、法规和相关知识考试合格后，可以恢复驾驶资格。申请人可以向机动车驾驶证核发地或者核发地以外的车辆管理所申请。

有第一款第九项情形被注销机动车驾驶证，机动车驾驶证在有效期内或者超过有效期不满一年的，机动车驾驶人提交身体条件证明后，可以恢复驾驶资格。申请人可以向机动车驾驶证核发地或者核发地以外的车辆管理所申请。

有第一款第二项至第九项情形之一，按照第二十七条规定申请机动车驾驶证，有道路交通安全违法行为或者交通事故未处理记录的，应当将道路交通安全违法行为、交通事故处理完毕。

第八十条　机动车驾驶人在实习期内发生的道路交通安全违法行为被记满 12 分的，注销其实习的准驾车型驾驶资格。

第八十一条　机动车驾驶人联系电话、联系地址等信息发生变化的，应当在信息变更后三十日内，向驾驶证核发地车辆管理所备案。

持有大型客车、重型牵引挂车、城市公交车、中型客车、大型货车驾驶证的驾驶人从业单位等信息发生变化的，应当在信息变更后三十日内，向从业单位所在地车辆管理所备案。

第八十二条　道路运输企业应当定期将聘用的机动车驾驶人向所在地公安机关交通管理部门备案，督促及时处理道路交通安全违法行为、交通事故和参加机动车驾驶证审验。

公安机关交通管理部门应当每月向辖区内交通运输主管部门、运输企业通报机动车驾驶人的道路交通安全违法行为、记分和交通事故等情况。

第八十三条　车辆管理所在办理驾驶证核发及相关业务过程中发现存在以下情形的，应当及时开展调查：

（一）涉嫌提交虚假申请材料的；

（二）涉嫌在考试过程中有贿赂、舞弊行为的；

（三）涉嫌以欺骗、贿赂等不正当手段取得机动车驾驶证的；

（四）涉嫌使用伪造、变造的机动车驾驶证的；

（五）存在短期内频繁补换领、转出转入驾驶证等异常情形的；

（六）存在其他违法违规情形的。

车辆管理所发现申请人通过互联网办理驾驶证补证、换证等业务存在前款规定嫌疑情形的，应当转为现场办理，当场审查申请材料，及时开展调查。

第八十四条　车辆管理所开展调查时，可以通知申请人协助调查，询问嫌疑情况，记录调查内容，并可以采取实地检查、调取档案、调取考试视频监控等方式进行核查。

对经调查发现涉及行政案件或者刑事案件的，应当依法采取必要的强制措施或者其他处置措施，移交有管辖权的公安机关按照《公安机关办理行政案件程序规定》《公安机关办理刑事案件程序规定》等规定办理。

第八十五条 办理残疾人专用小型自动挡载客汽车驾驶证业务时，提交的身体条件证明应当由经省级卫生健康行政部门认定的专门医疗机构出具。办理其他机动车驾驶证业务时，提交的身体条件证明应当由县级、部队团级以上医疗机构，或者经地市级以上卫生健康行政部门认定的具有健康体检资质的二级以上医院、乡镇卫生院、社区卫生服务中心、健康体检中心等医疗机构出具。

身体条件证明自出具之日起六个月内有效。

公安机关交通管理部门应当会同卫生健康行政部门在办公场所和互联网公示辖区内可以出具有关身体条件证明的医疗机构名称、地址及联系方式。

第八十六条 医疗机构出具虚假身体条件证明的，公安机关交通管理部门应当停止认可该医疗机构出具的证明，并通报卫生健康行政部门。

第三节 校车驾驶人管理

第八十七条 校车驾驶人应当依法取得校车驾驶资格。

取得校车驾驶资格应当符合下列条件：

（一）取得相应准驾车型驾驶证并具有三年以上驾驶经历，年龄在25周岁以上、不超过60周岁；

（二）最近连续三个记分周期内没有被记满12分记录；

（三）无致人死亡或者重伤的交通事故责任记录；

（四）无酒后驾驶或者醉酒驾驶机动车记录，最近一年内无驾驶客运车辆超员、超速等严重道路交通安全违法行为记录；

（五）无犯罪记录；

（六）身心健康，无传染性疾病，无癫痫病、精神病等可能危及行车安全的疾病病史，无酗酒、吸毒行为记录。

第八十八条 机动车驾驶人申请取得校车驾驶资格，应当向县级或者设区的市级公安机关交通管理部门提出申请，确认申请信息，并提交以下证明、凭证：

（一）申请人的身份证明；

（二）机动车驾驶证；

（三）医疗机构出具的有关身体条件的证明。

第八十九条 公安机关交通管理部门自受理申请之日起五日内审查提交的证明、凭证，并向所在地县级公安机关核查，确认申请人无犯罪、吸毒行为记录。对符合条件的，在机动车驾驶证上签注准许驾驶校车及相应车型，并通报教育行政部门；不符合条件的，应当书面说明理由。

第九十条 校车驾驶人应当在每个记分周期结束后三十日内到公安机关交通管理部门接受审验。审验时，应当提交医疗机构出具的有关身体条件的证明，参加不少于三小时的道路交通安全法律法规、交通安全文明驾驶、应急处置等知识学习，并接受交通事故案例警示教育。

第九十一条 公安机关交通管理部门应当与教育行政部门和学校建立校车驾驶人的信息交换机制，每月通报校车驾驶人的交通违法、交通事故和审验等情况。

第九十二条 校车驾驶人有下列情形之一的，公安机关交通管理部门应当注销其校车驾驶资格，通知机动车驾驶人换领机动车驾驶证，并通报教育行政部门和学校：

（一）提出注销申请的；

（二）年龄超过60周岁的；

（三）在致人死亡或者重伤的交通事故负有责任的；

（四）有酒后驾驶或者醉酒驾驶机动车，以及驾驶客运车辆超员、超速等严重道路交通安全违法行为的；

（五）有记满12分或者犯罪记录的；

（六）有传染性疾病，癫痫病、精神病等可能危及行车安全的疾病，有酗酒、吸毒行为记录的。

未收回签注校车驾驶许可的机动车驾驶证的，应当公告其校车驾驶资格作废。

第六章　法 律 责 任

第九十三条 申请人隐瞒有关情况或者提供虚假材料申领机动车驾驶证的，公安机关交通管理部门不予受理或者不予办理，处五百元以下罚款；申请人在一年内不得再次申领机动车驾驶证。

申请人在考试过程中有贿赂、舞弊行为的，取消考试资格，已经通过考试的其他科目成绩无效，公安机关交通管理部门处二千元以下罚款；申请人在一年内不得再次申领机动车驾驶证。

申请人以欺骗、贿赂等不正当手段取得机动车驾驶证的，公安机关交通管理部门收缴机动车驾驶证，撤销机动车驾驶许可，处二千元以下罚款；申请人在三年内不得再次申领机动车驾驶证。

组织、参与实施前三款行为之一牟取经济利益的，由公安机关交通管理部门处违法所得三倍以上五倍以下罚款，但最高不超过十万元。

申请人隐瞒有关情况或者提供虚假材料申请校车驾驶资格的，公安机关交通管理部门不予受理或者不予办理，处五百元以下罚款；申请人在一年内不得再次申请校车驾驶资格。申请人以欺骗、贿赂等不正当手段取得校车驾驶资格的，公安机关交通管理部门撤销校车驾驶资格，处二千元以下罚款；申请人在三年内不得再次申请校车驾驶资格。

第九十四条 申请人在教练员或者学车专用标识签注的指导人员随车指导下，使用符合规定的机动车学习驾驶中有道路交通安全违法行为或者发生交通事故的，按照《道路交通安全法实施条例》第二十条规定,由教练员或者随车指导人员承担责任。

第九十五条 申请人在道路上学习驾驶时,有下列情形之一的,由公安机关交通管理部门对教练员或者随车指导人员处二十元以上二百元以下罚款:

(一)未按照公安机关交通管理部门指定的路线、时间进行的;

(二)未按照本规定第四十二条规定放置、粘贴学车专用标识的。

第九十六条 申请人在道路上学习驾驶时,有下列情形之一的,由公安机关交通管理部门对教练员或者随车指导人员处二百元以上五百元以下罚款:

(一)未使用符合规定的机动车的;

(二)自学用车搭载随车指导人员以外的其他人员的。

第九十七条 申请人在道路上学习驾驶时,有下列情形之一的,由公安机关交通管理部门按照《道路交通安全法》第九十九条第一款第一项规定予以处罚:

(一)未取得学习驾驶证明的;

(二)没有教练员或者随车指导人员的;

(三)由不符合规定的人员随车指导的。

将机动车交由有前款规定情形之一的申请人驾驶的,由公安机关交通管理部门按照《道路交通安全法》第九十九条第一款第二项规定予以处罚。

第九十八条 机动车驾驶人有下列行为之一的,由公安机关交通管理部门处二十元以上二百元以下罚款:

(一)机动车驾驶人补换领机动车驾驶证后,继续使用原机动车驾驶证的;

(二)在实习期内驾驶机动车不符合第七十七条规定的;

(三)持有大型客车、重型牵引挂车、城市公交车、中型客车、大型货车驾驶证的驾驶人,未按照第八十一条规定申报变更信息的。

有第一款第一项规定情形的,由公安机关交通管理部门收回原机动车驾驶证。

第九十九条 机动车驾驶人有下列行为之一的,由公安机关交通管理部门处二百元以上五百元以下罚款:

(一)机动车驾驶证被依法扣押、扣留或者暂扣期间,采用隐瞒、欺骗手段补领机动车驾驶证的;

(二)机动车驾驶人身体条件发生变化不适合驾驶机动车,仍驾驶机动车的;

(三)逾期不参加审验仍驾驶机动车的。

有第一款第一项、第二项规定情形之一的,由公安机关交通管理部门收回机动车驾驶证。

第一百条 机动车驾驶人参加审验教育时在签注学习记录、学习过程中弄虚作假的,相应学习记录无效,重新参加审验学习,由公安机关交通管理部门处一千元以下罚款。

代替实际机动车驾驶人参加审验教育的,由公安机关交通管理部门处二千元以下罚款。

组织他人实施前两款行为之一,有违法所得的,由公安机关交通管理部门处违法所得三倍以下罚款,但最高不超过二万元;没有违法所得的,由公安机关交通管理部门处二万元以下罚款。

第一百零一条 省、自治区、直辖市公安厅、局可以根据本地区的实际情况,在本规定的处罚幅度范围内,制定具体的执行标准。

对本规定的道路交通安全违法行为的处理程序按照《道路交通安全违法行为处理程序规定》执行。

第一百零二条 公安机关交通管理部门及其交通警察、警务辅助人员办理机动车驾驶证业务、开展机动车驾驶人考试工作,应当接受监察机关、公安机关督察审计部门等依法实施的监督。

公安机关交通管理部门及其交通警察、警务辅助人员办理机动车驾驶证业务、开展机动车驾驶人考试工作,应当自觉接受社会和公民的监督。

第一百零三条 交通警察有下列情形之一的,按照有关规定给予处分;聘用人员有下列情形之一的予以解聘。构成犯罪的,依法追究刑事责任:

(一)为不符合机动车驾驶许可条件、未经考试、考试不合格人员签注合格考试成绩或者核发机动车驾驶证的;

(二)减少考试项目、降低评判标准或者参与、协助、纵容考试作弊的;

(三)为不符合规定的申请人发放学习驾驶证明、学车专用标识的;

(四)与非法中介串通牟取经济利益的;

(五)违反规定侵入机动车驾驶证管理系统,泄漏、篡改、买卖系统数据,或者泄漏系统密码的;

(六)违反规定向他人出售或者提供机动车驾驶证信息的;

(七)参与或者变相参与驾驶培训机构、社会考场、考试设备生产销售企业经营活动的;

(八)利用职务上的便利索取、收受他人财物或者牟取其他利益的。

交通警察未按照第五十三条第一款规定使用执法记录仪的,根据情节轻重,按照有关规定给予处分。

公安机关交通管理部门有第一款所列行为之一的,按照有关规定对直接负责的主管人员和其他直接责任人员给予相应的处分。

第七章 附 则

第一百零四条 国家之间对机动车驾驶证有互相认可协议的,按照协议办理。

国家之间签订有关协定涉及机动车驾驶证的,按照协定执行。

第一百零五条 机动车驾驶人可以委托代理人代理换证、补证、提交身体条件证明、提交审验材料、延期办理和注销业务。代理人申请机动车驾驶证业务时,应当提交代理人的身份证明和机动车驾驶人的委托书。

第一百零六条 公安机关交通管理部门应当实行驾驶人考试、驾驶证管理档案电子化。机动车驾驶证电子档案与纸质档案具有同等效力。

第一百零七条 机动车驾驶证、临时机动车驾驶许可和学习驾驶证明的式样由公安部统一制定并监制。

机动车驾驶证、临时机动车驾驶许可和学习驾驶证明的制作应当按照中华人民共和国公共安全行业标准《中华人民共和国机动车驾驶证件》执行。

第一百零八条 拖拉机驾驶证的申领和使用另行规定。拖拉机驾驶证式样、规格应当符合中华人民共和国公共安全行业标准《中华人民共和国机动车驾驶证件》的规定。

第一百零九条 本规定下列用语的含义：

（一）身份证明是指：

1. 居民的身份证明，是居民身份证或者临时居民身份证；

2. 现役军人（含武警）的身份证明，是居民身份证或者临时居民身份证。在未办理居民身份证前，是军队有关部门核发的军官证、文职干部证、士兵证、离休证、退休证等有效军人身份证件，以及其所在的团级以上单位出具的部队驻地住址证明；

3. 香港、澳门特别行政区居民的身份证明，是港澳居民居住证；或者是其所持有的港澳居民来往内地通行证或者外交部核发的中华人民共和国旅行证，以及公安机关出具的住宿登记证明；

4. 台湾地区居民的身份证明，是台湾居民居住证；或者是其所持有的公安机关核发的五年有效的台湾居民来往大陆通行证或者外交部核发的中华人民共和国旅行证，以及公安机关出具的住宿登记证明；

5. 定居国外的中国公民的身份证明，是中华人民共和国护照和公安机关出具的住宿登记证明；

6. 外国人的身份证明，是其所持有的有效护照或者其他国际旅行证件，停居留期三个月以上的有效签证或者停留、居留许可，以及公安机关出具的住宿登记证明；或者是外国人永久居留身份证；

7. 外国驻华使馆、领馆人员、国际组织驻华代表机构人员的身份证明，是外交部核发的有效身份证件。

（二）住址是指：

1. 居民的住址，是居民身份证或者临时居民身份证记载的住址；

2. 现役军人（含武警）的住址，是居民身份证或者临时居民身份证记载的住址。在未办理居民身份证前，是其所在的团级以上单位出具的部队驻地住址；

3. 境外人员的住址，是公安机关出具的住宿登记证明记载的地址；

4. 外国驻华使馆、领馆人员及国际组织驻华代表机构人员的住址，是外交部核发的有效身份证件记载的地址。

（三）境外机动车驾驶证是指外国、香港、澳门特别行政区、台湾地区核发的具有单独驾驶资格的正式机动车驾驶证，不包括学习驾驶证、临时驾驶证、实习驾驶证。

（四）汽车类驾驶证是指大型客车、重型牵引挂车、城市公交车、中型客车、大型货车、小型汽车、小型自动挡汽车、低速载货汽车、三轮汽车、残疾人专用小型自动挡汽车、轻型牵引挂车、轮式专用机械车、无轨电车、有轨电车准驾车型驾驶证。摩托车类驾驶证是指普通三轮摩托车、普通二轮摩托车、轻便摩托车准驾车型驾驶证。

第一百一十条 本规定所称"一日"、"三日"、"五日"，是指工作日，不包括节假日。

本规定所称"以上"、"以下"，包括本数。

第一百一十一条 本规定自2022年4月1日起施行。2012年9月12日发布的《机动车驾驶证申领和使用规定》（公安部令第123号）和2016年1月29日发布的《公安部关于修改〈机动车驾驶证申领和使用规定〉的决定》（公安部令第139号）同时废止。本规定生效后，公安部以前制定的规定与本规定不一致的，以本规定为准。

附件：（略）

机动车登记规定

1. 2021年12月17日公安部令第164号修订公布
2. 自2022年5月1日起施行

第一章 总 则

第一条 为了规范机动车登记，保障道路交通安全，保护公民、法人和其他组织的合法权益，根据《中华人民共和国道路交通安全法》及其实施条例，制定本规定。

第二条 本规定由公安机关交通管理部门负责实施。

省级公安机关交通管理部门负责本省（自治区、直辖市）机动车登记工作的指导、检查和监督。直辖市公安机关交通管理部门车辆管理所、设区的市或者相当于同级的公安机关交通管理部门车辆管理所负责办理本行政区域内机动车登记业务。

县级公安机关交通管理部门车辆管理所可以办理本行政区域内除危险货物运输车、校车、中型以上载客汽车登记以外的其他机动车登记业务。具体业务范围和办理条件由省级公安机关交通管理部门确定。

警用车辆登记业务按照有关规定办理。

第三条 车辆管理所办理机动车登记业务，应当遵循依法、公开、公正、便民的原则。

车辆管理所办理机动车登记业务，应当依法受理申请人的申请，审查申请人提交的材料，按规定查验机动车。对符合条件的，按照规定的标准、程序和期限办理机动车登记。对申请材料不齐全或者不符合法定形式的，应当一次书面或者电子告知申请人需要补正的全部内容。对不符合规定的，应当书面或者电子告知不予受理、登记的理由。

车辆管理所应当将法律、行政法规和本规定的有关办理机动车登记的事项、条件、依据、程序、期限以及收费标准、需要提交的全部材料的目录和申请表示范文本等在办公场所公示。

省级、设区的市或者相当于同级的公安机关交通管理部门应当在互联网上发布信息，便于群众查阅办理机动车登记的有关规定，查询机动车登记、检验等情况，下载、使用有关表格。

第四条 车辆管理所办理机动车登记业务时，应当按照减环节、减材料、减时限的要求，积极推行一次办结、限时办结等制度，为申请人提供规范、便利、高效的服务。

公安机关交通管理部门应当积极推进与有关部门信息互联互通，对实现信息共享、网上核查的，申请人免予提交相关证明凭证。

公安机关交通管理部门应当按照就近办理、便捷办理的原则，推进在机动车销售企业、二手车交易市场等地设置服务站点，方便申请人办理机动车登记业务，并在办公场所和互联网公示辖区内的业务办理网点、地址、联系电话、办公时间和业务范围。

第五条 车辆管理所应当使用全国统一的计算机管理系统办理机动车登记、核发机动车登记证书、号牌、行驶证和检验合格标志。

计算机管理系统的数据库标准和软件全国统一，能够完整、准确地记录和存储机动车登记业务全过程和经办人员信息，并能够实时将有关信息传送到全国公安交通管理信息系统。

第六条 车辆管理所应当使用互联网交通安全综合服务管理平台受理申请人网上提交的申请，验证申请人身份，按规定办理机动车登记业务。

互联网交通安全综合服务管理平台信息管理系统数据库标准和软件全国统一。

第七条 申请办理机动车登记业务的，应当如实向车辆管理所提交规定的材料、交验机动车，如实申告规定的事项，并对其申请材料实质内容的真实性以及机动车的合法性负责。

第八条 公安机关交通管理部门应当建立机动车登记业务监督制度，加强对机动车登记、牌证生产制作和发放等监督管理。

第九条 车辆管理所办理机动车登记业务时可以依据相关法律法规认可、使用电子签名、电子印章、电子证照。

第二章 机动车登记

第一节 注册登记

第十条 初次申领机动车号牌、行驶证的，机动车所有人应当向住所地的车辆管理所申请注册登记。

第十一条 机动车所有人应当到机动车安全技术检验机构对机动车进行安全技术检验，取得机动车安全技术检验合格证明后申请注册登记。但经海关进口的机动车和国务院机动车产品主管部门认定免予安全技术检验的机动车除外。

免予安全技术检验的机动车有下列情形之一的，应当进行安全技术检验：

（一）国产机动车出厂后两年内未申请注册登记的；

（二）经海关进口的机动车进口后两年内未申请注册登记的；

（三）申请注册登记前发生交通事故的。

专用校车办理注册登记前，应当按照专用校车国家安全技术标准进行安全技术检验。

第十二条 申请注册登记的，机动车所有人应当交验机动车，确认申请信息，并提交以下证明、凭证：

（一）机动车所有人的身份证明；

（二）购车发票等机动车来历证明；

（三）机动车整车出厂合格证明或者进口机动车进口凭证；

（四）机动车交通事故责任强制保险凭证；

（五）车辆购置税、车船税完税证明或者免税凭证，但法律规定不属于征收范围的除外；

（六）法律、行政法规规定应当在机动车注册登记时提交的其他证明、凭证。

不属于经海关进口的机动车和国务院机动车产品主管部门规定免予安全技术检验的机动车，还应当提交机动车安全技术检验合格证明。

车辆管理所应当自受理申请之日起二日内，查验机动车，采集、核对车辆识别代号拓印膜或者电子资料，审查提交的证明、凭证，核发机动车登记证书、号牌、行驶证和检验合格标志。

机动车安全技术检验、税务、保险等信息实现与有关部门或者机构联网核查的，申请人免予提交相关证明、凭证，车辆管理所核对相关电子信息。

第十三条 车辆管理所办理消防车、救护车、工程救险车注册登记时，应当对车辆的使用性质、标志图案、标志灯具和警报器进行审查。

机动车所有人申请机动车使用性质登记为危险货物运输、公路客运、旅游客运的，应当具备相关道路运输许可；实现与有关部门联网核查道路运输许可信息、车辆使用性质信息的，车辆管理所应当核对相关电子信息。

申请危险货物运输车登记的，机动车所有人应当为单位。

车辆管理所办理注册登记时，应当对牵引车和挂车分别核发机动车登记证书、号牌、行驶证和检验合格标志。

第十四条 车辆管理所实现与机动车制造厂新车出厂查验信息联网的，机动车所有人申请小型、微型非营运载客汽车注册登记时，免予交验机动车。

车辆管理所应当会同有关部门在具备条件的摩托车销售企业推行摩托车带牌销售，方便机动车所有人购置车辆、投保保险、缴纳税款、注册登记一站式办理。

第十五条 有下列情形之一的,不予办理注册登记:

(一)机动车所有人提交的证明、凭证无效的;

(二)机动车来历证明被涂改或者机动车来历证明记载的机动车所有人与身份证明不符的;

(三)机动车所有人提交的证明、凭证与机动车不符的;

(四)机动车未经国务院机动车产品主管部门许可生产或者未经国家进口机动车主管部门许可进口的;

(五)机动车的型号或者有关技术参数与国务院机动车产品主管部门公告不符的;

(六)机动车的车辆识别代号或者有关技术参数不符合国家安全技术标准的;

(七)机动车达到国家规定的强制报废标准的;

(八)机动车被监察机关、人民法院、人民检察院、行政执法部门依法查封、扣押的;

(九)机动车属于被盗抢骗的;

(十)其他不符合法律、行政法规规定的情形。

第二节 变更登记

第十六条 已注册登记的机动车有下列情形之一的,机动车所有人应当向登记地车辆管理所申请变更登记:

(一)改变车身颜色的;

(二)更换发动机的;

(三)更换车身或者车架的;

(四)因质量问题更换整车的;

(五)机动车登记的使用性质改变的;

(六)机动车所有人的住所迁出、迁入车辆管理所管辖区域的。

属于第一款第一项至第三项规定的变更事项的,机动车所有人应当在变更后十日内向车辆管理所申请变更登记。

第十七条 申请变更登记的,机动车所有人应当交验机动车,确认申请信息,并提交以下证明、凭证:

(一)机动车所有人的身份证明;

(二)机动车登记证书;

(三)机动车行驶证;

(四)属于更换发动机、车身或者车架的,还应当提交机动车安全技术检验合格证明;

(五)属于因质量问题更换整车的,还应当按照第十二条的规定提交相关证明、凭证。

车辆管理所应当自受理之日起一日内,查验机动车,审查提交的证明、凭证,在机动车登记证书上签注变更事项,收回行驶证,重新核发行驶证。属于第十六条第一款第三项、第四项、第六项规定的变更登记事项的,还应当采集、核对车辆识别代号拓印膜或者电子资料。属于机动车使用性质变更为公路客运、旅游客运,实现与有关部门联网核查道路运输许可信息、车辆使用性质信息的,还应当核对相关电子信息。属于需要重新核发机动车号牌的,收回号牌、行驶证,核发号牌、行驶证和检验合格标志。

小型、微型载客汽车因改变车身颜色申请变更登记,车辆不在登记地的,可以向车辆所在地车辆管理所提出申请。车辆所在地车辆管理所应当按规定查验机动车,审查提交的证明、凭证,并将机动车查验电子资料转递至登记地车辆管理所,登记地车辆管理所按规定复核并核发行驶证。

第十八条 机动车所有人的住所迁出车辆管理所管辖区域的,转出地车辆管理所应当自受理之日起三日内,查验机动车,在机动车登记证书上签注变更事项,制作上传机动车电子档案资料。机动车所有人应当在三十日内到住所地车辆管理所申请机动车转入。属于小型、微型载客汽车或者摩托车机动车所有人的住所迁出车辆管理所管辖区域的,应当向转入地车辆管理所申请变更登记。

申请机动车转入的,机动车所有人应当确认申请信息,提交身份证明、机动车登记证书,并交验机动车。机动车在转入时已超过检验有效期的,应当按规定进行安全技术检验并提交机动车安全技术检验合格证明和交通事故责任强制保险凭证。车辆管理所应当自受理之日起三日内,查验机动车,采集、核对车辆识别代号拓印膜或者电子资料,审查相关证明、凭证和机动车电子档案资料,在机动车登记证书上签注转入信息,收回号牌、行驶证,确定新的机动车号牌号码,核发号牌、行驶证和检验合格标志。

机动车所有人申请转出、转入前,应当将涉及该车的道路交通安全违法行为和交通事故处理完毕。

第十九条 机动车所有人为两人以上,需要将登记的所有人姓名变更为其他共同所有人姓名的,可以向登记地车辆管理所申请变更登记。申请时,机动车所有人应当共同提出申请,确认申请信息,提交机动车登记证书、行驶证、变更前和变更后机动车所有人的身份证明和共同所有的公证证明,但属于夫妻双方共同所有的,可以提供结婚证或者证明夫妻关系的居民户口簿。

车辆管理所应当自受理之日起一日内,审查提交的证明、凭证,在机动车登记证书上签注变更事项,收回号牌、行驶证,确定新的机动车号牌号码,重新核发号牌、行驶证和检验合格标志。变更后机动车所有人的住所不在车辆管理所管辖区域内的,迁出地和迁入地车辆管理所应当按照第十八条的规定办理变更登记。

第二十条 同一机动车所有人名下机动车的号牌号码需要互换,符合以下情形的,可以向登记地车辆管理所申请变更登记:

(一)两辆机动车在同一辖区车辆管理所登记;

（二）两辆机动车属于同一号牌种类；

（三）两辆机动车使用性质为非营运。

机动车所有人应当确认申请信息，提交机动车所有人身份证明、两辆机动车的登记证书、行驶证、号牌。申请前，应当将两车的道路交通安全违法行为和交通事故处理完毕。

车辆管理所应当自受理之日起一日内，审查提交的证明、凭证，在机动车登记证书上签注变更事项，收回两车的号牌、行驶证，重新核发号牌、行驶证和检验合格标志。

同一机动车一年内可以互换变更一次机动车号牌号码。

第二十一条 有下列情形之一的，不予办理变更登记：

（一）改变机动车的品牌、型号和发动机型号的，但经国务院机动车产品主管部门许可选装的发动机除外；

（二）改变已登记的机动车外形和有关技术参数的，但法律、法规和国家强制性标准另有规定的除外；

（三）属于第十五条第一项、第七项、第八项、第九项规定情形的。

距机动车强制报废标准规定要求使用年限一年以内的机动车，不予办理第十六条第五项、第六项规定的变更事项。

第二十二条 有下列情形之一，在不影响安全和识别号牌的情况下，机动车所有人不需要办理变更登记：

（一）增加机动车车内装饰；

（二）小型、微型载客汽车加装出入口踏步件；

（三）货运机动车加装防风罩、水箱、工具箱、备胎架等。

属于第一款第二项、第三项规定变更事项的，加装的部件不得超出车辆宽度。

第二十三条 已注册登记的机动车有下列情形之一的，机动车所有人应当在信息或者事项变更后三十日内，向登记地车辆管理所申请变更备案：

（一）机动车所有人住所在车辆管理所管辖区域内迁移、机动车所有人姓名（单位名称）变更的；

（二）机动车所有人身份证明名称或者号码变更的；

（三）机动车所有人联系方式变更的；

（四）车辆识别代号因磨损、锈蚀、事故等原因辨认不清或者损坏的；

（五）小型、微型自动挡载客汽车加装、拆除、更换肢体残疾人操纵辅助装置的；

（六）载货汽车、挂车加装、拆除车用起重尾板的；

（七）小型、微型载客汽车在不改变车身主体结构且保证安全的情况下加装车顶行李架，换装不同式样散热器面罩、保险杠、轮毂的；属于换装轮毂的，不得改变轮胎规格。

第二十四条 申请变更备案的，机动车所有人应当确认申请信息，按照下列规定办理：

(一)属于第二十三条第一项规定情形的,机动车所有人应当提交身份证明、机动车登记证书、行驶证。车辆管理所应当自受理之日起一日内,在机动车登记证书上签注备案事项,收回并重新核发行驶证;

(二)属于第二十三条第二项规定情形的,机动车所有人应当提交身份证明、机动车登记证书;属于身份证明号码变更的,还应当提交相关变更证明。车辆管理所应当自受理之日起一日内,在机动车登记证书上签注备案事项;

(三)属于第二十三条第三项规定情形的,机动车所有人应当提交身份证明。车辆管理所应当自受理之日起一日内办理备案;

(四)属于第二十三条第四项规定情形的,机动车所有人应当提交身份证明、机动车登记证书、行驶证,交验机动车。车辆管理所应当自受理之日起一日内,查验机动车,监督重新打刻原车辆识别代号,采集、核对车辆识别代号拓印膜或者电子资料,在机动车登记证书上签注备案事项;

(五)属于第二十三条第五项、第六项规定情形的,机动车所有人应当提交身份证明、行驶证、机动车安全技术检验合格证明、操纵辅助装置或者尾板加装合格证明,交验机动车。车辆管理所应当自受理之日起一日内,查验机动车,收回并重新核发行驶证;

(六)属于第二十三条第七项规定情形的,机动车所有人应当提交身份证明、行驶证,交验机动车。车辆管理所应当自受理之日起一日内,查验机动车,收回并重新核发行驶证。

因第二十三条第五项、第六项、第七项申请变更备案,车辆不在登记地的,可以向车辆所在地车辆管理所提出申请。车辆所在地车辆管理所应当按规定查验机动车,审查提交的证明、凭证,并将机动车查验电子资料转递至登记地车辆管理所,登记地车辆管理所按规定复核并核发行驶证。

第三节 转让登记

第二十五条 已注册登记的机动车所有权发生转让的,现机动车所有人应当自机动车交付之日起三十日内向登记地车辆管理所申请转让登记。

机动车所有人申请转让登记前,应当将涉及该车的道路交通安全违法行为和交通事故处理完毕。

第二十六条 申请转让登记的,现机动车所有人应当交验机动车,确认申请信息,并提交以下证明、凭证:

(一)现机动车所有人的身份证明;

(二)机动车所有权转让的证明、凭证;

(三)机动车登记证书;

(四)机动车行驶证;

(五)属于海关监管的机动车,还应当提交海关监管车辆解除监管证明书或者海关批准的转让证明；

（六）属于超过检验有效期的机动车，还应当提交机动车安全技术检验合格证明和交通事故责任强制保险凭证。

车辆管理所应当自受理申请之日起一日内，查验机动车，核对车辆识别代号拓印膜或者电子资料，审查提交的证明、凭证，收回号牌、行驶证，确定新的机动车号牌号码，在机动车登记证书上签注转让事项，重新核发号牌、行驶证和检验合格标志。

在机动车抵押登记期间申请转让登记的，应当由原机动车所有人、现机动车所有人和抵押权人共同申请，车辆管理所一并办理新的抵押登记。

在机动车质押备案期间申请转让登记的，应当由原机动车所有人、现机动车所有人和质权人共同申请，车辆管理所一并办理新的质押备案。

第二十七条 车辆管理所办理转让登记时，现机动车所有人住所不在车辆管理所管辖区域内的，转出地车辆管理所应当自受理之日起三日内，查验机动车，核对车辆识别代号拓印膜或者电子资料，审查提交的证明、凭证，收回号牌、行驶证，在机动车登记证书上签注转让和变更事项，核发有效期为三十日的临时行驶车号牌，制作上传机动车电子档案资料。机动车所有人应当在临时行驶车号牌的有效期限内到转入地车辆管理所申请机动车转入。

申请机动车转入时，机动车所有人应当确认申请信息，提交身份证明、机动车登记证书，并交验机动车。机动车在转入时已超过检验有效期的，应当按规定进行安全技术检验并提交机动车安全技术检验合格证明和交通事故责任强制保险凭证。转入地车辆管理所应当自受理之日起三日内，查验机动车，采集、核对车辆识别代号拓印膜或者电子资料，审查相关证明、凭证和机动车电子档案资料，在机动车登记证书上签注转入信息，核发号牌、行驶证和检验合格标志。

小型、微型载客汽车或者摩托车在转入地交易的，现机动车所有人应当向转入地车辆管理所申请转让登记。

第二十八条 二手车出口企业收购机动车的，车辆管理所应当自受理之日起三日内，查验机动车，核对车辆识别代号拓印膜或者电子资料，审查提交的证明、凭证，在机动车登记证书上签注转让待出口事项，收回号牌、行驶证，核发有效期不超过六十日的临时行驶车号牌。

第二十九条 有下列情形之一的，不予办理转让登记：

（一）机动车与该车档案记载内容不一致的；

（二）属于海关监管的机动车，海关未解除监管或者批准转让的；

（三）距机动车强制报废标准规定要求使用年限一年以内的机动车；

（四）属于第十五条第一项、第二项、第七项、第八项、第九项规定情形的。

第三十条 被监察机关、人民法院、人民检察院、行政执法部门依法没收并拍卖，或者被仲裁机构依法仲裁裁决，或者被监察机关依法处理，或者被人民法院调解、裁定、判决机动车所有权转让时，原机动车所有人未向现机动车所有人提供机动车登记证书、号牌或者行驶证的，现机动车所有人在办理转让登记时，应当提交监察机关或者人民法院出具的未得到机动车登记证书、号牌或者行驶证的协助执行通知书，或者人民检察院、行政执法部门出具的未得到机动车登记证书、号牌或者行驶证的证明。车辆管理所应当公告原机动车登记证书、号牌或者行驶证作废，并在办理转让登记的同时，补发机动车登记证书。

第四节 抵押登记

第三十一条 机动车作为抵押物抵押的，机动车所有人和抵押权人应当向登记地车辆管理所申请抵押登记；抵押权消灭的，应当向登记地车辆管理所申请解除抵押登记。

第三十二条 申请抵押登记的，由机动车所有人和抵押权人共同申请，确认申请信息，并提交下列证明、凭证：

（一）机动车所有人和抵押权人的身份证明；

（二）机动车登记证书；

（三）机动车抵押合同。

车辆管理所应当自受理之日起一日内，审查提交的证明、凭证，在机动车登记证书上签注抵押登记的内容和日期。

在机动车抵押登记期间，申请因质量问题更换整车变更登记、机动车迁出迁入、共同所有人变更或者补领、换领机动车登记证书的，应当由机动车所有人和抵押权人共同申请。

第三十三条 申请解除抵押登记的，由机动车所有人和抵押权人共同申请，确认申请信息，并提交下列证明、凭证：

（一）机动车所有人和抵押权人的身份证明；

（二）机动车登记证书。

人民法院调解、裁定、判决解除抵押的，机动车所有人或者抵押权人应当确认申请信息，提交机动车登记证书、人民法院出具的已经生效的调解书、裁定书或者判决书，以及相应的协助执行通知书。

车辆管理所应当自受理之日起一日内，审查提交的证明、凭证，在机动车登记证书上签注解除抵押登记的内容和日期。

第三十四条 机动车作为质押物质押的，机动车所有人可以向登记地车辆管理所申请质押备案；质押权消灭的，应当向登记地车辆管理所申请解除质押备案。

申请办理机动车质押备案或者解除质押备案的，由机动车所有人和质权人共同申请，确认申请信息，并提交以下证明、凭证：

（一）机动车所有人和质权人的身份证明；

（二）机动车登记证书。

车辆管理所应当自受理之日起一日内，审查提交的证明、凭证，在机动车登记证书上签注质押备案或者解除质押备案的内容和日期。

第三十五条 机动车抵押、解除抵押信息实现与有关部门或者金融机构等联网核查的，申请人免予提交相关证明、凭证。

机动车抵押登记日期、解除抵押登记日期可以供公众查询。

第三十六条 属于第十五条第一项、第七项、第八项、第九项或者第二十九条第二项规定情形的，不予办理抵押登记、质押备案。对机动车所有人、抵押权人、质权人提交的证明、凭证无效，或者机动车被监察机关、人民法院、人民检察院、行政执法部门依法查封、扣押的，不予办理解除抵押登记、质押备案。

第五节 注销登记

第三十七条 机动车有下列情形之一的，机动车所有人应当向登记地车辆管理所申请注销登记：

（一）机动车已达到国家强制报废标准的；

（二）机动车未达到国家强制报废标准，机动车所有人自愿报废的；

（三）因自然灾害、失火、交通事故等造成机动车灭失的；

（四）机动车因故不在我国境内使用的；

（五）因质量问题退车的。

属于第一款第四项、第五项规定情形的，机动车所有人申请注销登记前，应当将涉及该车的道路交通安全违法行为和交通事故处理完毕。

属于二手车出口符合第一款第四项规定情形的，二手车出口企业应当在机动车办理海关出口通关手续后二个月内申请注销登记。

第三十八条 属于第三十七条第一款第一项、第二项规定情形，机动车所有人申请注销登记的，应当向报废机动车回收企业交售机动车，确认申请信息，提交机动车登记证书、号牌和行驶证。

报废机动车回收企业应当确认机动车，向机动车所有人出具报废机动车回收证明，七日内将申请表、机动车登记证书、号牌、行驶证和报废机动车回收证明副本提交车辆管理所。属于报废校车、大型客车、重型货车及其他营运车辆的，申请注销登记时，还应当提交车辆识别代号拓印膜、车辆解体的照片或者电子资料。

车辆管理所应当自受理之日起一日内，审查提交的证明、凭证，收回机动车登记证书、号牌、行驶证，出具注销证明。

对车辆不在登记地的，机动车所有人可以向车辆所在地机动车回收企业交售报废机动车。报废机动车回收企业应当确认机动车，向机动车所有人出具报废机动车回收证明，七日内将申请表、机动车登记证书、号牌、行驶证、报废机动车回收证明副本以及车辆识别代号拓印膜或者电子资料提交报废地车辆管理所。属于报废校车、大型客车、重型货车及其他营运车辆的，还应当提交车辆解体的照片或者电子资料。

报废地车辆管理所应当自受理之日起一日内，审查提交的证明、凭证，收回机动车登记证书、号牌、行驶证，并通过计算机登记管理系统将机动车报废信息传递给登记地车辆管理所。登记地车辆管理所应当自接到机动车报废信息之日起一日内办理注销登记，并出具注销证明。

机动车报废信息实现与有关部门联网核查的，报废机动车回收企业免予提交相关证明、凭证，车辆管理所应当核对相关电子信息。

第三十九条 属于第三十七条第一款第三项、第四项、第五项规定情形，机动车所有人申请注销登记的，应当确认申请信息，并提交以下证明、凭证：

（一）机动车所有人身份证明；

（二）机动车登记证书；

（三）机动车行驶证；

（四）属于海关监管的机动车，因故不在我国境内使用的，还应当提交海关出具的海关监管车辆进（出）境领（销）牌照通知书；

（五）属于因质量问题退车的，还应当提交机动车制造厂或者经销商出具的退车证明。

申请人因机动车灭失办理注销登记的，应当书面承诺因自然灾害、失火、交通事故等导致机动车灭失，并承担不实承诺的法律责任。

二手车出口企业因二手车出口办理注销登记的，应当提交机动车所有人身份证明、机动车登记证书和机动车出口证明。

车辆管理所应当自受理之日起一日内，审查提交的证明、凭证，属于机动车因故不在我国境内使用的还应当核查机动车出境记录，收回机动车登记证书、号牌、行驶证，出具注销证明。

第四十条 已注册登记的机动车有下列情形之一的，登记地车辆管理所应当办理机动车注销：

（一）机动车登记被依法撤销的；

（二）达到国家强制报废标准的机动车被依法收缴并强制报废的。

第四十一条 已注册登记的机动车有下列情形之一的，车辆管理所应当公告机动车登记证书、号牌、行驶证作废：

（一）达到国家强制报废标准，机动车所有人逾期不办理注销登记的；

（二）机动车登记被依法撤销后，未收缴机动车登记证书、号牌、行驶证的；

（三）达到国家强制报废标准的机动车被依法收缴并强制报废的；

（四）机动车所有人办理注销登记时未交回机动车登记证书、号牌、行驶证的。

第四十二条 属于第十五条第一项、第八项、第九项或者第二十九条第一项规定情形的，不予办理注销登记。机动车在抵押登记、质押备案期间的，不予办理注销登记。

第三章 机动车牌证

第一节 牌证发放

第四十三条 机动车所有人可以通过计算机随机选取或者按照选号规则自行编排的方式确定机动车号牌号码。

公安机关交通管理部门应当使用统一的机动车号牌选号系统发放号牌号码,号牌号码公开向社会发放。

第四十四条 办理机动车变更登记、转让登记或者注销登记后,原机动车所有人申请机动车登记时,可以向车辆管理所申请使用原机动车号牌号码。

申请使用原机动车号牌号码应当符合下列条件:

(一)在办理机动车迁出、共同所有人变更、转让登记或者注销登记后两年内提出申请;

(二)机动车所有人拥有原机动车且使用原号牌号码一年以上;

(三)涉及原机动车的道路交通安全违法行为和交通事故处理完毕。

第四十五条 夫妻双方共同所有的机动车将登记的机动车所有人姓名变更为另一方姓名,婚姻关系存续期满一年且经夫妻双方共同申请的,可以使用原机动车号牌号码。

第四十六条 机动车具有下列情形之一,需要临时上道路行驶的,机动车所有人应当向车辆管理所申领临时行驶车号牌:

(一)未销售的;

(二)购买、调拨、赠予等方式获得机动车后尚未注册登记的;

(三)新车出口销售的;

(四)进行科研、定型试验的;

(五)因轴荷、总质量、外廓尺寸超出国家标准不予办理注册登记的特型机动车。

第四十七条 机动车所有人申领临时行驶车号牌应当提交以下证明、凭证:

(一)机动车所有人的身份证明;

(二)机动车交通事故责任强制保险凭证;

(三)属于第四十六条第一项、第五项规定情形的,还应当提交机动车整车出厂合格证明或者进口机动车进口凭证;

(四)属于第四十六条第二项规定情形的,还应当提交机动车来历证明,以及机动车整车出厂合格证明或者进口机动车进口凭证;

(五)属于第四十六条第三项规定情形的,还应当提交机动车制造厂出具的安全技术检验证明以及机动车出口证明;

(六)属于第四十六条第四项规定情形的,还应当提交书面申请,以及机动车安全技术检验合格证明或者机动车制造厂出具的安全技术检验证明。

车辆管理所应当自受理之日起一日内，审查提交的证明、凭证，属于第四十六条第一项、第二项、第三项规定情形，需要临时上道路行驶的，核发有效期不超过三十日的临时行驶车号牌。属于第四十六条第四项规定情形的，核发有效期不超过六个月的临时行驶车号牌。属于第四十六条第五项规定情形的，核发有效期不超过九十日的临时行驶车号牌。

因号牌制作的原因，无法在规定时限内核发号牌的，车辆管理所应当核发有效期不超过十五日的临时行驶车号牌。

对属于第四十六条第一项、第二项规定情形，机动车所有人需要多次申领临时行驶车号牌的，车辆管理所核发临时行驶车号牌不得超过三次。属于第四十六条第三项规定情形的，车辆管理所核发一次临时行驶车号牌。

临时行驶车号牌有效期不得超过机动车交通事故责任强制保险有效期。

机动车办理登记后，机动车所有人收到机动车号牌之日起三日后，临时行驶车号牌作废，不得继续使用。

第四十八条　对智能网联机动车进行道路测试、示范应用需要上道路行驶的，道路测试、示范应用单位应当向车辆管理所申领临时行驶车号牌，提交以下证明、凭证：

（一）道路测试、示范应用单位的身份证明；

（二）机动车交通事故责任强制保险凭证；

（三）经主管部门确认的道路测试、示范应用凭证；

（四）机动车安全技术检验合格证明。

车辆管理所应当自受理之日起一日内，审查提交的证明、凭证，核发临时行驶车号牌。临时行驶车号牌有效期应当与准予道路测试、示范应用凭证上签注的期限保持一致，但最长不得超过六个月。

第四十九条　对临时入境的机动车需要上道路行驶的，机动车所有人应当按规定向入境地或者始发地车辆管理所申领临时入境机动车号牌和行驶证。

第五十条　公安机关交通管理部门应当使用统一的号牌管理信息系统制作、发放、收回、销毁机动车号牌和临时行驶车号牌。

第二节　牌证补换领

第五十一条　机动车号牌灭失、丢失或者损毁的，机动车所有人应当向登记地车辆管理所申请补领、换领。申请时，机动车所有人应当确认申请信息并提交身份证明。

车辆管理所应当审查提交的证明、凭证，收回未灭失、丢失或者损毁的号牌，自受理之日起十五日内补发、换发号牌，原机动车号牌号码不变。

补发、换发号牌期间，申请人可以申领有效期不超过十五日的临时行驶车号牌。

补领、换领机动车号牌的，原机动车号牌作废，不得继续使用。

第五十二条 机动车登记证书、行驶证灭失、丢失或者损毁的，机动车所有人应当向登记地车辆管理所申请补领、换领。申请时，机动车所有人应当确认申请信息并提交身份证明。

车辆管理所应当审查提交的证明、凭证，收回损毁的登记证书、行驶证，自受理之日起一日内补发、换发登记证书、行驶证。

补领、换领机动车登记证书、行驶证的，原机动车登记证书、行驶证作废，不得继续使用。

第五十三条 机动车所有人发现登记内容有错误的，应当及时要求车辆管理所更正。车辆管理所应当自受理之日起五日内予以确认。确属登记错误的，在机动车登记证书上更正相关内容，换发行驶证。需要改变机动车号牌号码的，应当收回号牌、行驶证，确定新的机动车号牌号码，重新核发号牌、行驶证和检验合格标志。

第三节 检验合格标志核发

第五十四条 机动车所有人可以在机动车检验有效期满前三个月内向车辆管理所申请检验合格标志。除大型载客汽车、校车以外的机动车因故不能在登记地检验的，机动车所有人可以向车辆所在地车辆管理所申请检验合格标志。

申请前，机动车所有人应当将涉及该车的道路交通安全违法行为和交通事故处理完毕。申请时，机动车所有人应当确认申请信息并提交行驶证、机动车交通事故责任强制保险凭证、车船税纳税或者免税证明、机动车安全技术检验合格证明。

车辆管理所应当自受理之日起一日内，审查提交的证明、凭证，核发检验合格标志。

第五十五条 对免予到机动车安全技术检验机构检验的机动车，机动车所有人申请检验合格标志时，应当提交机动车所有人身份证明或者行驶证、机动车交通事故责任强制保险凭证、车船税纳税或者免税证明。

车辆管理所应当自受理之日起一日内，审查提交的证明、凭证，核发检验合格标志。

第五十六条 公安机关交通管理部门应当实行机动车检验合格标志电子化，在核发检验合格标志的同时，发放检验合格标志电子凭证。

检验合格标志电子凭证与纸质检验合格标志具有同等效力。

第五十七条 机动车检验合格标志灭失、丢失或者损毁，机动车所有人需要补领、换领的，可以持机动车所有人身份证明或者行驶证向车辆管理所申请补领或者换领。对机动车交通事故责任强制保险在有效期内的，车辆管理所应当自受理之日起一日内补发或者换发。

第四章 校车标牌核发

第五十八条 学校或者校车服务提供者申请校车使用许可，应当按照《校车安全管理条例》向县级或者设区的市级人民政府教育行政部门提出申请。公安机关交通管理部门收到教育行政部门送来的征求意见材料后，应当在一日内通知申请人交验机动车。

第五十九条 县级或者设区的市级公安机关交通管理部门应当自申请人交验机动车之日起二日内确认机动车,查验校车标志灯、停车指示标志、卫星定位装置以及逃生锤、干粉灭火器、急救箱等安全设备,审核行驶线路、开行时间和停靠站点。属于专用校车的,还应当查验校车外观标识。审查以下证明、凭证:

(一)机动车所有人的身份证明;

(二)机动车行驶证;

(三)校车安全技术检验合格证明;

(四)包括行驶线路、开行时间和停靠站点的校车运行方案;

(五)校车驾驶人的机动车驾驶证。

公安机关交通管理部门应当自收到教育行政部门征求意见材料之日起三日内向教育行政部门回复意见,但申请人未按规定交验机动车的除外。

第六十条 学校或者校车服务提供者按照《校车安全管理条例》取得校车使用许可后,应当向县级或者设区的市级公安机关交通管理部门领取校车标牌。领取时应当确认表格信息,并提交以下证明、凭证:

(一)机动车所有人的身份证明;

(二)校车驾驶人的机动车驾驶证;

(三)机动车行驶证;

(四)县级或者设区的市级人民政府批准的校车使用许可;

(五)县级或者设区的市级人民政府批准的包括行驶线路、开行时间和停靠站点的校车运行方案。

公安机关交通管理部门应当在收到领取表之日起三日内核发校车标牌。对属于专用校车的,应当核对行驶证上记载的校车类型和核载人数;对不属于专用校车的,应当在行驶证副页上签注校车类型和核载人数。

第六十一条 校车标牌应当记载本车的号牌号码、机动车所有人、驾驶人、行驶线路、开行时间、停靠站点、发牌单位、有效期限等信息。校车标牌分前后两块,分别放置于前风窗玻璃右下角和后风窗玻璃适当位置。

校车标牌有效期的截止日期与校车安全技术检验有效期的截止日期一致,但不得超过校车使用许可有效期。

第六十二条 专用校车应当自注册登记之日起每半年进行一次安全技术检验,非专用校车应当自取得校车标牌后每半年进行一次安全技术检验。

学校或者校车服务提供者应当在校车检验有效期满前一个月内向公安机关交通管理部门申请检验合格标志。

公安机关交通管理部门应当自受理之日起一日内,审查提交的证明、凭证,核发检验合格标志，换发校车标牌。

第六十三条 已取得校车标牌的机动车达到报废标准或者不再作为校车使用的，学校或者校车服务提供者应当拆除校车标志灯、停车指示标志，消除校车外观标识，并将校车标牌交回核发的公安机关交通管理部门。

专用校车不得改变使用性质。

校车使用许可被吊销、注销或者撤销的，学校或者校车服务提供者应当拆除校车标志灯、停车指示标志，消除校车外观标识，并将校车标牌交回核发的公安机关交通管理部门。

第六十四条 校车行驶线路、开行时间、停靠站点或者车辆、所有人、驾驶人发生变化的，经县级或者设区的市级人民政府批准后，应当按照本规定重新领取校车标牌。

第六十五条 公安机关交通管理部门应当每月将校车标牌的发放、变更、收回等信息报本级人民政府备案，并通报教育行政部门。

学校或者校车服务提供者应当自取得校车标牌之日起，每月查询校车道路交通安全违法行为记录，及时到公安机关交通管理部门接受处理。核发校车标牌的公安机关交通管理部门应当每月汇总辖区内校车道路交通安全违法和交通事故等情况，通知学校或者校车服务提供者，并通报教育行政部门。

第六十六条 校车标牌灭失、丢失或者损毁的，学校或者校车服务提供者应当向核发标牌的公安机关交通管理部门申请补领或者换领。申请时，应当提交机动车所有人的身份证明及机动车行驶证。公安机关交通管理部门应当自受理之日起三日内审核，补发或者换发校车标牌。

第五章 监督管理

第六十七条 公安机关交通管理部门应当建立业务监督管理中心，通过远程监控、数据分析、日常检查、档案抽查、业务回访等方式，对机动车登记及相关业务办理情况进行监督管理。

直辖市、设区的市或者相当于同级的公安机关交通管理部门应当通过监管系统每周对机动车登记及相关业务办理情况进行监控、分析，及时查处整改发现的问题。省级公安机关交通管理部门应当通过监管系统每月对机动车登记及相关业务办理情况进行监控、分析，及时查处、通报发现的问题。

车辆管理所存在严重违规办理机动车登记情形的，上级公安机关交通管理部门可以暂停该车辆管理所办理相关业务或者指派其他车辆管理所人员接管业务。

第六十八条 县级公安机关交通管理部门办理机动车登记及相关业务的，办公场所、设施设备、人员资质和信息系统等应当满足业务办理需求，并符合相关规定和标准要求。

直辖市、设区的市公安机关交通管理部门应当加强对县级公安机关交通管理部门办理机动车登记及相关业务的指导、培训和监督管理。

第六十九条 机动车销售企业、二手车交易市场、机动车安全技术检验机构、报废机动车回收企业和邮政、金融机构、保险机构等单位,经公安机关交通管理部门委托可以设立机动车登记服务站,在公安机关交通管理部门监督管理下协助办理机动车登记及相关业务。

机动车登记服务站应当规范设置名称和外观标识,公开业务范围、办理依据、办理程序、收费标准等事项。机动车登记服务站应当使用统一的计算机管理系统协助办理机动车登记及相关业务。

机动车登记服务站协助办理机动车登记的,可以提供办理保险和车辆购置税、机动车预查验、信息预录入等服务,便利机动车所有人一站式办理。

第七十条 公安机关交通管理部门应当建立机动车登记服务站监督管理制度,明确设立条件、业务范围、办理要求、信息系统安全等规定,签订协议及责任书,通过业务抽查、网上巡查、实地检查、业务回访等方式加强对机动车登记服务站协助办理业务情况的监督管理。

机动车登记服务站存在违反规定办理机动车登记及相关业务、违反信息安全管理规定等情形的,公安机关交通管理部门应当暂停委托其业务办理,限期整改;有严重违规情形的,终止委托其业务办理。机动车登记服务站违反规定办理业务给当事人造成经济损失的,应当依法承担赔偿责任;构成犯罪的,依法追究相关责任人员刑事责任。

第七十一条 公安机关交通管理部门应当建立号牌制作发放监管制度,加强对机动车号牌制作单位和号牌质量的监督管理。

机动车号牌制作单位存在违反规定制作和发放机动车号牌的,公安机关交通管理部门应当暂停其相关业务,限期整改;构成犯罪的,依法追究相关责任人员刑事责任。

第七十二条 机动车安全技术检验机构应当按照国家机动车安全技术检验标准对机动车进行检验,对检验结果承担法律责任。

公安机关交通管理部门在核发机动车检验合格标志时,发现机动车安全技术检验机构存在为未经检验的机动车出具检验合格证明、伪造或者篡改检验数据等出具虚假检验结果行为的,停止认可其出具的检验合格证明,依法进行处罚,并通报市场监督管理部门;构成犯罪的,依法追究相关责任人员刑事责任。

第七十三条 从事机动车查验工作的人员,应当持有公安机关交通管理部门颁发的资格证书。公安机关交通管理部门应当在公安民警、警务辅助人员中选拔足够数量的机动车查验员,从事查验工作。机动车登记服务站工作人员可以在车辆管理所监督下承担机动车查验工作。

机动车查验员应当严格遵守查验工作纪律,不得减少查验项目、降低查验标准,不得参与、协助、纵容为违规机动车办理登记。公安民警、警务辅助人员不得参与或者变相参与机动车安全技术检验机构经营活动,不得收取机动车安全技术检验机构、机动车销售企业、二手车交易市场、报废机动车回收企业等相关企业、申请人的财物。

车辆管理所应当对机动车查验过程进行全程录像,并实时监控查验过程,没有使用录像设备的,不得进行查验。机动车查验中,查验员应当使用执勤执法记录仪记录查验过程。车辆管理所应当建立机动车查验音视频档案，存储录像设备和执勤执法记录仪记录的音像资料。

第七十四条 车辆管理所在办理机动车登记及相关业务过程中发现存在以下情形的，应当及时开展调查：

（一）机动车涉嫌走私、被盗抢骗、非法生产销售、拼（组）装、非法改装的；

（二）涉嫌提交虚假申请材料的；

（三）涉嫌使用伪造、变造机动车牌证的；

（四）涉嫌以欺骗、贿赂等不正当手段取得机动车登记的；

（五）存在短期内频繁补换领牌证、转让登记、转出转入等异常情形的；

（六）存在其他违法违规情形的。

车辆管理所发现申请人通过互联网办理机动车登记及相关业务存在第一款规定嫌疑情形的，应当转为现场办理，当场审查申请材料，及时开展调查。

第七十五条 车辆管理所开展调查时，可以通知申请人协助调查，询问嫌疑情况，记录调查内容，并可以采取检验鉴定、实地检查等方式进行核查。

对经调查发现涉及行政案件或者刑事案件的，应当依法采取必要的强制措施或者其他处置措施，移交有管辖权的公安机关按照《公安机关办理行政案件程序规定》《公安机关办理刑事案件程序规定》等规定办理。

对办理机动车登记时发现机动车涉嫌走私的，公安机关交通管理部门应当将机动车及相关资料移交海关依法处理。

第七十六条 已注册登记的机动车被盗抢骗的，车辆管理所应当根据刑侦部门提供的情况，在计算机登记系统内记录，停止办理该车的各项登记和业务。被盗抢骗机动车发还后，车辆管理所应当恢复办理该车的各项登记和业务。

机动车在被盗抢骗期间，发动机号码、车辆识别代号或者车身颜色被改变的，车辆管理所应当凭有关技术鉴定证明办理变更备案。

第七十七条 公安机关交通管理部门及其交通警察、警务辅助人员办理机动车登记工作，应当接受监察机关、公安机关督察审计部门等依法实施的监督。

公安机关交通管理部门及其交通警察、警务辅助人员办理机动车登记工作，应当自觉接受社会和公民的监督。

第六章　法 律 责 任

第七十八条 有下列情形之一的，由公安机关交通管理部门处警告或者二百元以下罚款：

（一）重型、中型载货汽车、专项作业车、挂车及大型客车的车身或者车厢后部未按照规定喷涂放大的牌号或者放大的牌号不清晰的；

（二）机动车喷涂、粘贴标识或者车身广告，影响安全驾驶的；

（三）载货汽车、专项作业车及挂车未按照规定安装侧面及后下部防护装置、粘贴车身反光标识的；

（四）机动车未按照规定期限进行安全技术检验的；

（五）改变车身颜色、更换发动机、车身或者车架，未按照第十六条规定的时限办理变更登记的；

（六）机动车所有权转让后，现机动车所有人未按照第二十五条规定的时限办理转让登记的；

（七）机动车所有人办理变更登记、转让登记，未按照第十八条、第二十七条规定的时限到住所地车辆管理所申请机动车转入的；

（八）机动车所有人未按照第二十三条规定申请变更备案的。

第七十九条 除第十六条、第二十二条、第二十三条规定的情形外，擅自改变机动车外形和已登记的有关技术参数的，由公安机关交通管理部门责令恢复原状，并处警告或者五百元以下罚款。

第八十条 隐瞒有关情况或者提供虚假材料申请机动车登记的，公安机关交通管理部门不予受理或者不予登记，处五百元以下罚款；申请人在一年内不得再次申请机动车登记。

对发现申请人通过机动车虚假交易、以合法形式掩盖非法目的等手段，在机动车登记业务中牟取不正当利益的，依照第一款的规定处理。

第八十一条 以欺骗、贿赂等不正当手段取得机动车登记的，由公安机关交通管理部门收缴机动车登记证书、号牌、行驶证，撤销机动车登记，处二千元以下罚款；申请人在三年内不得再次申请机动车登记。

以欺骗、贿赂等不正当手段办理补、换领机动车登记证书、号牌、行驶证和检验合格标志等业务的，由公安机关交通管理部门收缴机动车登记证书、号牌、行驶证和检验合格标志，未收缴的，公告作废，处二千元以下罚款。

组织、参与实施第八十条、本条前两款行为之一牟取经济利益的，由公安机关交通管理部门处违法所得三倍以上五倍以下罚款，但最高不超过十万元。

第八十二条 省、自治区、直辖市公安厅、局可以根据本地区的实际情况，在本规定的处罚幅度范围内，制定具体的执行标准。

对本规定的道路交通安全违法行为的处理程序按照《道路交通安全违法行为处理程序规定》执行。

第八十三条 交通警察有下列情形之一的，按照有关规定给予处分；对聘用人员予以解聘。构成犯罪的，依法追究刑事责任：

（一）违反规定为被盗抢骗、走私、非法拼（组）装、达到国家强制报废标准的机动车办理登记的；

（二）不按照规定查验机动车和审查证明、凭证的；

（三）故意刁难，拖延或者拒绝办理机动车登记的；

（四）违反本规定增加机动车登记条件或者提交的证明、凭证的；

（五）违反第四十三条的规定，采用其他方式确定机动车号牌号码的；

（六）违反规定跨行政辖区办理机动车登记和业务的；

（七）与非法中介串通牟取经济利益的；

（八）超越职权进入计算机登记管理系统办理机动车登记和业务，或者不按规定使用计算机登记管理系统办理机动车登记和业务的；

（九）违反规定侵入计算机登记管理系统，泄漏、篡改、买卖系统数据，或者泄漏系统密码的；

（十）违反规定向他人出售或者提供机动车登记信息的；

（十一）参与或者变相参与机动车安全技术检验机构经营活动的；

（十二）利用职务上的便利索取、收受他人财物或者牟取其他利益的；

（十三）强令车辆管理所违反本规定办理机动车登记的。

交通警察未按照第七十三条第三款规定使用执法记录仪的，根据情节轻重，按照有关规定给予处分。

第八十四条 公安机关交通管理部门有第八十三条所列行为之一的，按照有关规定对直接负责的主管人员和其他直接责任人员给予相应的处分。

公安机关交通管理部门及其工作人员有第八十三条所列行为之一，给当事人造成损失的，应当依法承担赔偿责任。

第七章 附 则

第八十五条 机动车登记证书、号牌、行驶证、检验合格标志的式样由公安部统一制定并监制。

机动车登记证书、号牌、行驶证、检验合格标志的制作应当符合有关标准。

第八十六条 机动车所有人可以委托代理人代理申请各项机动车登记和业务，但共同所有人变更、申请补领机动车登记证书、机动车灭失注销的除外；对机动车所有人因死亡、出境、重病、伤残或者不可抗力等原因不能到场的，可以凭相关证明委托代理人代理申请，或者由继承人申请。

代理人申请机动车登记和业务时，应当提交代理人的身份证明和机动车所有人的委托书。

第八十七条 公安机关交通管理部门应当实行机动车登记档案电子化，机动车电子档案与纸质档案具有同等效力。车辆管理所对办理机动车登记时不需要留存原件的证明、凭证，应当以电子文件形式归档。

第八十八条 本规定所称进口机动车以及进口机动车的进口凭证是指：

（一）进口机动车：

1. 经国家限定口岸海关进口的汽车；

2. 经各口岸海关进口的其他机动车；

3. 海关监管的机动车；

4. 国家授权的执法部门没收的走私、无合法进口证明和利用进口关键件非法拼(组)装的机动车。

(二)进口机动车的进口凭证：

1. 进口汽车的进口凭证,是国家限定口岸海关签发的货物进口证明书；

2. 其他进口机动车的进口凭证,是各口岸海关签发的货物进口证明书；

3. 海关监管的机动车的进口凭证,是监管地海关出具的海关监管车辆进(出)境领(销)牌照通知书；

4. 国家授权的执法部门没收的走私、无进口证明和利用进口关键件非法拼(组)装的机动车的进口凭证,是该部门签发的没收走私汽车、摩托车证明书。

第八十九条 本规定所称机动车所有人、身份证明以及住所是指：

(一)机动车所有人包括拥有机动车的个人或者单位。

1. 个人是指我国内地的居民和军人(含武警)以及香港、澳门特别行政区、台湾地区居民、定居国外的中国公民和外国人；

2. 单位是指机关、企业、事业单位和社会团体以及外国驻华使馆、领馆和外国驻华办事机构、国际组织驻华代表机构。

(二)身份证明：

1. 机关、企业、事业单位、社会团体的身份证明,是该单位的统一社会信用代码证书、营业执照或者社会团体法人登记证书,以及加盖单位公章的委托书和被委托人的身份证明。机动车所有人为单位的内设机构,本身不具备领取统一社会信用代码证书条件的,可以使用上级单位的统一社会信用代码证书作为机动车所有人的身份证明。上述单位已注销、撤销或者破产,其机动车需要办理变更登记、转让登记、解除抵押登记、注销登记、解除质押备案和补、换领机动车登记证书、号牌、行驶证的,已注销的企业的身份证明,是市场监督管理部门出具的准予注销登记通知书;已撤销的机关、事业单位、社会团体的身份证明,是其上级主管机关出具的有关证明;已破产无有效营业执照的企业,其身份证明是依法成立的财产清算机构或者人民法院依法指定的破产管理人出具的有关证明。商业银行、汽车金融公司申请办理抵押登记业务的,其身份证明是营业执照或者加盖公章的营业执照复印件；

2. 外国驻华使馆、领馆和外国驻华办事机构、国际组织驻华代表机构的身份证明,是该使馆、领馆或者该办事机构、代表机构出具的证明；

3. 居民的身份证明,是居民身份证或者临时居民身份证。在户籍地以外居住的内地居民,其身份证明是居民身份证或者临时居民身份证,以及公安机关核发的居住证明或者居住登记证明；

4. 军人(含武警)的身份证明,是居民身份证或者临时居民身份证。在未办理居民身份证前,是军队有关部门核发的军官证、文职干部证、士兵证、离休证、退休证等有效军人身份证件,以及其所在的团级以上单位出具的本人住所证明;

5. 香港、澳门特别行政区居民的身份证明,是港澳居民居住证;或者是其所持有的港澳居民来往内地通行证或者外交部核发的中华人民共和国旅行证,以及公安机关出具的住宿登记证明;

6. 台湾地区居民的身份证明,是台湾居民居住证;或者是其所持有的公安机关核发的五年有效的台湾居民来往大陆通行证或者外交部核发的中华人民共和国旅行证,以及公安机关出具的住宿登记证明;

7. 定居国外的中国公民的身份证明,是中华人民共和国护照和公安机关出具的住宿登记证明;

8. 外国人的身份证明,是其所持有的有效护照或者其他国际旅行证件,停居留期三个月以上的有效签证或者停留、居留许可,以及公安机关出具的住宿登记证明;或者是外国人永久居留身份证;

9. 外国驻华使馆、领馆人员、国际组织驻华代表机构人员的身份证明,是外交部核发的有效身份证件。

(三)住所:

1. 单位的住所是其主要办事机构所在地;

2. 个人的住所是户籍登记地或者其身份证明记载的住址。在户籍地以外居住的内地居民的住所是公安机关核发的居住证明或者居住登记证明记载的住址。

属于在户籍地以外办理除机动车注册登记、转让登记、住所迁入、共同所有人变更以外业务的,机动车所有人免予提交公安机关核发的居住证明或者居住登记证明。

属于在户籍地以外办理小型、微型非营运载客汽车注册登记的,机动车所有人免予提交公安机关核发的居住证明或者居住登记证明。

第九十条 本规定所称机动车来历证明以及机动车整车出厂合格证明是指:

(一)机动车来历证明:

1. 在国内购买的机动车,其来历证明是机动车销售统一发票或者二手车交易发票。在国外购买的机动车,其来历证明是该车销售单位开具的销售发票及其翻译文本,但海关监管的机动车不需提供来历证明;

2. 监察机关依法没收、追缴或者责令退赔的机动车,其来历证明是监察机关出具的法律文书,以及相应的协助执行通知书;

3. 人民法院调解、裁定或者判决转让的机动车,其来历证明是人民法院出具的已经生效的调解书、裁定书或者判决书,以及相应的协助执行通知书;

4. 仲裁机构仲裁裁决转让的机动车,其来历证明是仲裁裁决书和人民法院出具的协助执行通知书；

5. 继承、赠予、中奖、协议离婚和协议抵偿债务的机动车，其来历证明是继承、赠予、中奖、协议离婚、协议抵偿债务的相关文书和公证机关出具的公证书；

6. 资产重组或者资产整体买卖中包含的机动车，其来历证明是资产主管部门的批准文件；

7. 机关、企业、事业单位和社会团体统一采购并调拨到下属单位未注册登记的机动车，其来历证明是机动车销售统一发票和该部门出具的调拨证明；

8. 机关、企业、事业单位和社会团体已注册登记并调拨到下属单位的机动车，其来历证明是该单位出具的调拨证明。被上级单位调回或者调拨到其他下属单位的机动车，其来历证明是上级单位出具的调拨证明；

9. 经公安机关破案发还的被盗抢骗且已向原机动车所有人理赔完毕的机动车，其来历证明是权益转让证明书。

（二）机动车整车出厂合格证明：

1. 机动车整车厂生产的汽车、摩托车、挂车，其出厂合格证明是该厂出具的机动车整车出厂合格证；

2. 使用国产或者进口底盘改装的机动车，其出厂合格证明是机动车底盘生产厂出具的机动车底盘出厂合格证或者进口机动车底盘的进口凭证和机动车改装厂出具的机动车整车出厂合格证；

3. 使用国产或者进口整车改装的机动车，其出厂合格证明是机动车生产厂出具的机动车整车出厂合格证或者进口机动车的进口凭证和机动车改装厂出具的机动车整车出厂合格证；

4. 监察机关、人民法院、人民检察院或者行政执法机关依法扣留、没收并拍卖的未注册登记的国产机动车，未能提供出厂合格证明的，可以凭监察机关、人民法院、人民检察院或者行政执法机关出具的证明替代。

第九十一条 本规定所称二手车出口企业是指经商务主管部门认定具备二手车出口资质的企业。

第九十二条 本规定所称“一日”、“二日”、“三日”、“五日”、“七日”、“十日”、“十五日”，是指工作日，不包括节假日。

临时行驶车号牌的最长有效期“十五日”、“三十日”、“六十日”、“九十日”、“六个月”，包括工作日和节假日。

本规定所称“以下”、“以上”、“以内”，包括本数。

第九十三条 本规定自2022年5月1日起施行。2008年5月27日发布的《机动车登记规定》（公安部令第102号）和2012年9月12日发布的《公安部关于修改〈机动车登记规定〉的决定》（公安部令第124号）同时废止。本规定生效后，公安部以前制定的规定与本规定不一致的，以本规定为准。

道路交通事故处理程序规定

1．2017 年 7 月 22 日公安部令第 146 号修订公布

2．自 2018 年 5 月 1 日起施行

第一章　总　　则

第一条　为了规范道路交通事故处理程序，保障公安机关交通管理部门依法履行职责，保护道路交通事故当事人的合法权益，根据《中华人民共和国道路交通安全法》及其实施条例等有关法律、行政法规，制定本规定。

第二条　处理道路交通事故，应当遵循合法、公正、公开、便民、效率的原则，尊重和保障人权，保护公民的人格尊严。

第三条　道路交通事故分为财产损失事故、伤人事故和死亡事故。

财产损失事故是指造成财产损失，尚未造成人员伤亡的道路交通事故。

伤人事故是指造成人员受伤，尚未造成人员死亡的道路交通事故。

死亡事故是指造成人员死亡的道路交通事故。

第四条　道路交通事故的调查处理应当由公安机关交通管理部门负责。

财产损失事故可以由当事人自行协商处理，但法律法规及本规定另有规定的除外。

第五条　交通警察经过培训并考试合格，可以处理适用简易程序的道路交通事故。

处理伤人事故，应当由具有道路交通事故处理初级以上资格的交通警察主办。

处理死亡事故，应当由具有道路交通事故处理中级以上资格的交通警察主办。

第六条　公安机关交通管理部门处理道路交通事故应当使用全国统一的交通管理信息系统。

鼓励应用先进的科技装备和先进技术处理道路交通事故。

第七条　交通警察处理道路交通事故，应当按照规定使用执法记录设备。

第八条　公安机关交通管理部门应当建立与司法机关、保险机构等有关部门间的数据信息共享机制，提高道路交通事故处理工作信息化水平。

第二章　管　　辖

第九条　道路交通事故由事故发生地的县级公安机关交通管理部门管辖。未设立县级公安机关交通管理部门的，由设区的市公安机关交通管理部门管辖。

第十条 道路交通事故发生在两个以上管辖区域的，由事故起始点所在地公安机关交通管理部门管辖。

对管辖权有争议的，由共同的上一级公安机关交通管理部门指定管辖。指定管辖前，最先发现或者最先接到报警的公安机关交通管理部门应当先行处理。

第十一条 上级公安机关交通管理部门在必要的时候，可以处理下级公安机关交通管理部门管辖的道路交通事故，或者指定下级公安机关交通管理部门限时将案件移送其他下级公安机关交通管理部门处理。

案件管辖权发生转移的，处理时限从案件接收之日起计算。

第十二条 中国人民解放军、中国人民武装警察部队人员、车辆发生道路交通事故的，按照本规定处理。依法应当吊销、注销中国人民解放军、中国人民武装警察部队核发的机动车驾驶证以及对现役军人实施行政拘留或者追究刑事责任的，移送中国人民解放军、中国人民武装警察部队有关部门处理。

上道路行驶的拖拉机发生道路交通事故的，按照本规定处理。公安机关交通管理部门对拖拉机驾驶人依法暂扣、吊销、注销驾驶证或者记分处理的，应当将决定书和记分情况通报有关的农业（农业机械）主管部门。吊销、注销驾驶证的，还应当将驾驶证送交有关的农业（农业机械）主管部门。

第三章 报警和受案

第十三条 发生死亡事故、伤人事故的，或者发生财产损失事故且有下列情形之一的，当事人应当保护现场并立即报警：

（一）驾驶人无有效机动车驾驶证或者驾驶的机动车与驾驶证载明的准驾车型不符的；

（二）驾驶人有饮酒、服用国家管制的精神药品或者麻醉药品嫌疑的；

（三）驾驶人有从事校车业务或者旅客运输，严重超过额定乘员载客，或者严重超过规定时速行驶嫌疑的；

（四）机动车无号牌或者使用伪造、变造的号牌的；

（五）当事人不能自行移动车辆的；

（六）一方当事人离开现场的；

（七）有证据证明事故是由一方故意造成的。

驾驶人必须在确保安全的原则下，立即组织车上人员疏散到路外安全地点，避免发生次生事故。驾驶人已因道路交通事故死亡或者受伤无法行动的，车上其他人员应当自行组织疏散。

第十四条 发生财产损失事故且有下列情形之一，车辆可以移动的，当事人应当组织车上人员疏散到路外安全地点，在确保安全的原则下，采取现场拍照或者标划事故车辆现场位置等方式固定证据，将车辆移至不妨碍交通的地点后报警：

（一）机动车无检验合格标志或者无保险标志的；

（二）碰撞建筑物、公共设施或者其他设施的。

第十五条 载运爆炸性、易燃性、毒害性、放射性、腐蚀性、传染病病原体等危险物品车辆发生事故的，当事人应当立即报警，危险物品车辆驾驶人、押运人应当按照危险物品安全管理法律、法规、规章以及有关操作规程的规定，采取相应的应急处置措施。

第十六条 公安机关及其交通管理部门接到报警的，应当受理，制作受案登记表并记录下列内容：

（一）报警方式、时间，报警人姓名、联系方式，电话报警的，还应当记录报警电话；

（二）发生或者发现道路交通事故的时间、地点；

（三）人员伤亡情况；

（四）车辆类型、车辆号牌号码，是否载有危险物品以及危险物品的种类、是否发生泄漏等；

（五）涉嫌交通肇事逃逸的，还应当询问并记录肇事车辆的车型、颜色、特征及其逃逸方向、逃逸驾驶人的体貌特征等有关情况。

报警人不报姓名的，应当记录在案。报警人不愿意公开姓名的，应当为其保密。

第十七条 接到道路交通事故报警后，需要派员到现场处置，或者接到出警指令的，公安机关交通管理部门应当立即派交通警察赶赴现场。

第十八条 发生道路交通事故后当事人未报警，在事故现场撤除后，当事人又报警请求公安机关交通管理部门处理的，公安机关交通管理部门应当按照本规定第十六条规定的记录内容予以记录，并在三日内作出是否接受案件的决定。

经核查道路交通事故事实存在的，公安机关交通管理部门应当受理，制作受案登记表；经核查无法证明道路交通事故事实存在，或者不属于公安机关交通管理部门管辖的，应当书面告知当事人，并说明理由。

第四章 自行协商

第十九条 机动车与机动车、机动车与非机动车发生财产损失事故，当事人应当在确保安全的原则下，采取现场拍照或者标划事故车辆现场位置等方式固定证据后，立即撤离现场，将车辆移至不妨碍交通的地点，再协商处理损害赔偿事宜，但有本规定第十三条第一款情形的除外。

非机动车与非机动车或者行人发生财产损失事故，当事人应当先撤离现场，再协商处理损害赔偿事宜。

对应当自行撤离现场而未撤离的，交通警察应当责令当事人撤离现场；造成交通堵塞的，对驾驶人处以200元罚款。

第二十条 发生可以自行协商处理的财产损失事故，当事人可以通过互联网在线自行协商处理；当事人对事实及成因有争议的，可以通过互联网共同申请公安机关交通管理部门在线确定当事人的责任。

当事人报警的，交通警察、警务辅助人员可以指导当事人自行协商处理。当事人要求交通警察到场处理的，应当指派交通警察到现场调查处理。

第二十一条 当事人自行协商达成协议的，制作道路交通事故自行协商协议书，并共同签名。道路交通事故自行协商协议书应当载明事故发生的时间、地点、天气、当事人姓名、驾驶证号或者身份证号、联系方式、机动车种类和号牌号码、保险公司、保险凭证号、事故形态、碰撞部位、当事人的责任等内容。

第二十二条 当事人自行协商达成协议的，可以按照下列方式履行道路交通事故损害赔偿：

（一）当事人自行赔偿；

（二）到投保的保险公司或者道路交通事故保险理赔服务场所办理损害赔偿事宜。

当事人自行协商达成协议后未履行的，可以申请人民调解委员会调解或者向人民法院提起民事诉讼。

第五章 简易程序

第二十三条 公安机关交通管理部门可以适用简易程序处理以下道路交通事故，但有交通肇事、危险驾驶犯罪嫌疑的除外：

（一）财产损失事故；

（二）受伤当事人伤势轻微，各方当事人一致同意适用简易程序处理的伤人事故。

适用简易程序的，可以由一名交通警察处理。

第二十四条 交通警察适用简易程序处理道路交通事故时，应当在固定现场证据后，责令当事人撤离现场，恢复交通。拒不撤离现场的，予以强制撤离。当事人无法及时移动车辆影响通行和交通安全的，交通警察应当将车辆移至不妨碍交通的地点。具有本规定第十三条第一款第一项、第二项情形之一的，按照《中华人民共和国道路交通安全法实施条例》第一百零四条规定处理。

撤离现场后，交通警察应当根据现场固定的证据和当事人、证人陈述等，认定并记录道路交通事故发生的时间、地点、天气、当事人姓名、驾驶证号或者身份证号、联系方式、机动车种类和号牌号码、保险公司、保险凭证号、道路交通事故形态、碰撞部位等，并根据本规定第六十条确定当事人的责任，当场制作道路交通事故认定书。不具备当场制作条件的，交通警察应当在三日内制作道路交通事故认定书。

道路交通事故认定书应当由当事人签名，并现场送达当事人。当事人拒绝签名或者接收的，交通警察应当在道路交通事故认定书上注明情况。

第二十五条 当事人共同请求调解的，交通警察应当当场进行调解，并在道路交通事故认定书上记录调解结果，由当事人签名，送达当事人。

第二十六条 有下列情形之一的，不适用调解，交通警察可以在道路交通事故认定书上载明有关情况后，将道路交通事故认定书送达当事人：

（一）当事人对道路交通事故认定有异议的；

（二）当事人拒绝在道路交通事故认定书上签名的；

（三）当事人不同意调解的。

第六章 调 查

第一节 一般规定

第二十七条 除简易程序外，公安机关交通管理部门对道路交通事故进行调查时，交通警察不得少于二人。

交通警察调查时应当向被调查人员出示《人民警察证》，告知被调查人依法享有的权利和义务，向当事人发送联系卡。联系卡载明交通警察姓名、办公地址、联系方式、监督电话等内容。

第二十八条 交通警察调查道路交通事故时，应当合法、及时、客观、全面地收集证据。

第二十九条 对发生一次死亡三人以上道路交通事故的，公安机关交通管理部门应当开展深度调查；对造成其他严重后果或者存在严重安全问题的道路交通事故，可以开展深度调查。具体程序另行规定。

第二节 现场处置和调查

第三十条 交通警察到达事故现场后，应当立即进行下列工作：

（一）按照事故现场安全防护有关标准和规范的要求划定警戒区域，在安全距离位置放置发光或者反光锥筒和警告标志，确定专人负责现场交通指挥和疏导。因道路交通事故导致交通中断或者现场处置、勘查需要采取封闭道路等交通管制措施的，还应当视情在事故现场来车方向提前组织分流，放置绕行提示标志；

（二）组织抢救受伤人员；

（三）指挥救护、勘查等车辆停放在安全和便于抢救、勘查的位置，开启警灯，夜间还应当开启危险报警闪光灯和示廓灯；

（四）查找道路交通事故当事人和证人，控制肇事嫌疑人；

（五）其他需要立即开展的工作。

第三十一条 道路交通事故造成人员死亡的，应当经急救、医疗人员或者法医确认，并由具备资质的医疗机构出具死亡证明。尸体应当存放在殡葬服务单位或者医疗机构等有停尸条件的场所。

第三十二条 交通警察应当对事故现场开展下列调查工作：

（一）勘查事故现场，查明事故车辆、当事人、道路及其空间关系和事故发生时的天气情况；

(二)固定、提取或者保全现场证据材料;

(三)询问当事人、证人并制作询问笔录;现场不具备制作询问笔录条件的,可以通过录音、录像记录询问过程;

(四)其他调查工作。

第三十三条 交通警察勘查道路交通事故现场,应当按照有关法规和标准的规定,拍摄现场照片,绘制现场图,及时提取、采集与案件有关的痕迹、物证等,制作现场勘查笔录。现场勘查过程中发现当事人涉嫌利用交通工具实施其他犯罪的,应当妥善保护犯罪现场和证据,控制犯罪嫌疑人,并立即报告公安机关主管部门。

发生一次死亡三人以上事故的,应当进行现场摄像,必要时可以聘请具有专门知识的人参加现场勘验、检查。

现场图、现场勘查笔录应当由参加勘查的交通警察、当事人和见证人签名。当事人、见证人拒绝签名或者无法签名以及无见证人的,应当记录在案。

第三十四条 痕迹、物证等证据可能因时间、地点、气象等原因导致改变、毁损、灭失的,交通警察应当及时固定、提取或者保全。

对涉嫌饮酒或者服用国家管制的精神药品、麻醉药品驾驶车辆的人员,公安机关交通管理部门应当按照《道路交通安全违法行为处理程序规定》及时抽血或者提取尿样等检材,送交有检验鉴定资质的机构进行检验。

车辆驾驶人员当场死亡的,应当及时抽血检验。不具备抽血条件的,应当由医疗机构或者鉴定机构出具证明。

第三十五条 交通警察应当核查当事人的身份证件、机动车驾驶证、机动车行驶证、检验合格标志、保险标志等。

对交通肇事嫌疑人可以依法传唤。对在现场发现的交通肇事嫌疑人,经出示《人民警察证》,可以口头传唤,并在询问笔录中注明嫌疑人到案经过、到案时间和离开时间。

第三十六条 勘查事故现场完毕后,交通警察应当清点并登记现场遗留物品,迅速组织清理现场,尽快恢复交通。

现场遗留物品能够当场发还的,应当当场发还并做记录;当场无法确定所有人的,应当登记,并妥善保管,待所有人确定后,及时发还。

第三十七条 因调查需要,公安机关交通管理部门可以向有关单位、个人调取汽车行驶记录仪、卫星定位装置、技术监控设备的记录资料以及其他与事故有关的证据材料。

第三十八条 因调查需要,公安机关交通管理部门可以组织道路交通事故当事人、证人对肇事嫌疑人、嫌疑车辆等进行辨认。

辨认应当在交通警察的主持下进行。主持辨认的交通警察不得少于二人。多名辨认人对同一辨认对象进行辨认时,应当由辨认人个别进行。

辨认时，应当将辨认对象混杂在特征相类似的其他对象中，不得给辨认人任何暗示。辨认肇事嫌疑人时，被辨认的人数不得少于七人；对肇事嫌疑人照片进行辨认的，不得少于十人的照片。辨认嫌疑车辆时，同类车辆不得少于五辆；对肇事嫌疑车辆照片进行辨认时，不得少于十辆的照片。

对尸体等特定辨认对象进行辨认，或者辨认人能够准确描述肇事嫌疑人、嫌疑车辆独有特征的，不受数量的限制。

对肇事嫌疑人的辨认，辨认人不愿意公开进行时，可以在不暴露辨认人的情况下进行，并应当为其保守秘密。

对辨认经过和结果，应当制作辨认笔录，由交通警察、辨认人、见证人签名。必要时，应当对辨认过程进行录音或者录像。

第三十九条 因收集证据的需要，公安机关交通管理部门可以扣留事故车辆，并开具行政强制措施凭证。扣留的车辆应当妥善保管。

公安机关交通管理部门不得扣留事故车辆所载货物。对所载货物在核实重量、体积及货物损失后，通知机动车驾驶人或者货物所有人自行处理。无法通知当事人或者当事人不自行处理的，按照《公安机关办理行政案件程序规定》的有关规定办理。

严禁公安机关交通管理部门指定停车场停放扣留的事故车辆。

第四十条 当事人涉嫌犯罪的，因收集证据的需要，公安机关交通管理部门可以依据《中华人民共和国刑事诉讼法》《公安机关办理刑事案件程序规定》，扣押机动车驾驶证等与事故有关的物品、证件，并按照规定出具扣押法律文书。扣押的物品应当妥善保管。

对扣押的机动车驾驶证等物品、证件，作为证据使用的，应当随案移送，并制作随案移送清单一式两份，一份留存，一份交人民检察院。对于实物不宜移送的，应当将其清单、照片或者其他证明文件随案移送。待人民法院作出生效判决后，按照人民法院的通知，依法作出处理。

第四十一条 经过调查，不属于公安机关交通管理部门管辖的，应当将案件移送有关部门并书面通知当事人，或者告知当事人处理途径。

公安机关交通管理部门在调查过程中，发现当事人涉嫌交通肇事、危险驾驶犯罪的，应当按照《中华人民共和国刑事诉讼法》《公安机关办理刑事案件程序规定》立案侦查。发现当事人有其他违法犯罪嫌疑的，应当及时移送有关部门，移送不影响事故的调查和处理。

第四十二条 投保机动车交通事故责任强制保险的车辆发生道路交通事故，因抢救受伤人员需要保险公司支付抢救费用的，公安机关交通管理部门应当书面通知保险公司。

抢救受伤人员需要道路交通事故社会救助基金垫付费用的，公安机关交通管理部门应当书面通知道路交通事故社会救助基金管理机构。

道路交通事故造成人员死亡需要救助基金垫付丧葬费用的，公安机关交通管理部门应当在送达尸体处理通知书的同时，告知受害人亲属向道路交通事故社会救助基金管理机构提出书面垫付申请。

第三节　交通肇事逃逸查缉

第四十三条　公安机关交通管理部门应当根据管辖区域和道路情况，制定交通肇事逃逸案件查缉预案，并组织专门力量办理交通肇事逃逸案件。

发生交通肇事逃逸案件后，公安机关交通管理部门应当立即启动查缉预案，布置警力堵截，并通过全国机动车缉查布控系统查缉。

第四十四条　案发地公安机关交通管理部门可以通过发协查通报、向社会公告等方式要求协查、举报交通肇事逃逸车辆或者侦破线索。发出协查通报或者向社会公告时，应当提供交通肇事逃逸案件基本事实、交通肇事逃逸车辆情况、特征及逃逸方向等有关情况。

中国人民解放军和中国人民武装警察部队车辆涉嫌交通肇事逃逸的，公安机关交通管理部门应当通报中国人民解放军、中国人民武装警察部队有关部门。

第四十五条　接到协查通报的公安机关交通管理部门，应当立即布置堵截或者排查。发现交通肇事逃逸车辆或者嫌疑车辆的，应当予以扣留，依法传唤交通肇事逃逸人或者与协查通报相符的嫌疑人，并及时将有关情况通知案发地公安机关交通管理部门。案发地公安机关交通管理部门应当立即派交通警察前往办理移交。

第四十六条　公安机关交通管理部门查获交通肇事逃逸车辆或者交通肇事逃逸嫌疑人后，应当按原范围撤销协查通报，并通过全国机动车缉查布控系统撤销布控。

第四十七条　公安机关交通管理部门侦办交通肇事逃逸案件期间，交通肇事逃逸案件的受害人及其家属向公安机关交通管理部门询问案件侦办情况的，除依法不应当公开的内容外，公安机关交通管理部门应当告知并做好记录。

第四十八条　道路交通事故社会救助基金管理机构已经为受害人垫付抢救费用或者丧葬费用的，公安机关交通管理部门应当在交通肇事逃逸案件侦破后及时书面告知道路交通事故社会救助基金管理机构交通肇事逃逸驾驶人的有关情况。

第四节　检验、鉴定

第四十九条　需要进行检验、鉴定的，公安机关交通管理部门应当按照有关规定，自事故现场调查结束之日起三日内委托具备资质的鉴定机构进行检验、鉴定。

尸体检验应当在死亡之日起三日内委托。对交通肇事逃逸车辆的检验、鉴定自查获肇事嫌疑车辆之日起三日内委托。

对现场调查结束之日起三日后需要检验、鉴定的，应当报经上一级公安机关交通管理部门批准。

对精神疾病的鉴定，由具有精神病鉴定资质的鉴定机构进行。

第五十条 检验、鉴定费用由公安机关交通管理部门承担,但法律法规另有规定或者当事人自行委托伤残评定、财产损失评估的除外。

第五十一条 公安机关交通管理部门应当与鉴定机构确定检验、鉴定完成的期限,确定的期限不得超过三十日。超过三十日的,应当报经上一级公安机关交通管理部门批准,但最长不得超过六十日。

第五十二条 尸体检验不得在公众场合进行。为了确定死因需要解剖尸体的,应当征得死者家属同意。死者家属不同意解剖尸体的,经县级以上公安机关或者上一级公安机关交通管理部门负责人批准,可以解剖尸体,并且通知死者家属到场,由其在解剖尸体通知书上签名。

死者家属无正当理由拒不到场或者拒绝签名的,交通警察应当在解剖尸体通知书上注明。对身份不明的尸体,无法通知死者家属的,应当记录在案。

第五十三条 尸体检验报告确定后,应当书面通知死者家属在十日内办理丧葬事宜。无正当理由逾期不办理的应记录在案,并经县级以上公安机关或者上一级公安机关交通管理部门负责人批准,由公安机关或者上一级公安机关交通管理部门处理尸体,逾期存放的费用由死者家属承担。

对于没有家属、家属不明或者因自然灾害等不可抗力导致无法通知或者通知后家属拒绝领回的,经县级以上公安机关或者上一级公安机关交通管理部门负责人批准,可以及时处理。

对身份不明的尸体,由法医提取人身识别检材,并对尸体拍照、采集相关信息后,由公安机关交通管理部门填写身份不明尸体信息登记表,并在设区的市级以上报纸刊登认尸启事。登报后三十日仍无人认领的,经县级以上公安机关或者上一级公安机关交通管理部门负责人批准,可以及时处理。

因宗教习俗等原因对尸体处理期限有特殊需要的,经县级以上公安机关或者上一级公安机关交通管理部门负责人批准,可以紧急处理。

第五十四条 鉴定机构应当在规定的期限内完成检验、鉴定,并出具书面检验报告、鉴定意见,由鉴定人签名,鉴定意见还应当加盖机构印章。检验报告、鉴定意见应当载明以下事项:

(一)委托人;

(二)委托日期和事项;

(三)提交的相关材料;

(四)检验、鉴定的时间;

(五)依据和结论性意见,通过分析得出结论性意见的,应当有分析证明过程。

检验报告、鉴定意见应当附有鉴定机构、鉴定人的资质证明或者其他证明文件。

第五十五条 公安机关交通管理部门应当对检验报告、鉴定意见进行审核,并在收到检验报告、鉴定意见之日起五日内,将检验报告、鉴定意见复印件送达当事人,但有下列情形之一的除外:

（一）检验、鉴定程序违法或者违反相关专业技术要求，可能影响检验报告、鉴定意见公正、客观的；

（二）鉴定机构、鉴定人不具备鉴定资质和条件的；

（三）检验报告、鉴定意见明显依据不足的；

（四）故意作虚假鉴定的；

（五）鉴定人应当回避而没有回避的；

（六）检材虚假或者检材被损坏、不具备鉴定条件的；

（七）其他可能影响检验报告、鉴定意见公正、客观的情形。

检验报告、鉴定意见有前款规定情形之一的，经县级以上公安机关交通管理部门负责人批准，应当在收到检验报告、鉴定意见之日起三日内重新委托检验、鉴定。

第五十六条 当事人对检验报告、鉴定意见有异议，申请重新检验、鉴定的，应当自公安机关交通管理部门送达之日起三日内提出书面申请，经县级以上公安机关交通管理部门负责人批准，原办案单位应当重新委托检验、鉴定。检验报告、鉴定意见不具有本规定第五十五条第一款情形的，经县级以上公安机关交通管理部门负责人批准，由原办案单位作出不准予重新检验、鉴定的决定，并在作出决定之日起三日内书面通知申请人。

同一交通事故的同一检验、鉴定事项，重新检验、鉴定以一次为限。

第五十七条 重新检验、鉴定应当另行委托鉴定机构。

第五十八条 自检验报告、鉴定意见确定之日起五日内，公安机关交通管理部门应当通知当事人领取扣留的事故车辆。

因扣留车辆发生的费用由作出决定的公安机关交通管理部门承担，但公安机关交通管理部门通知当事人领取，当事人逾期未领取产生的停车费用由当事人自行承担。

经通知当事人三十日后不领取的车辆，经公告三个月仍不领取的，对扣留的车辆依法处理。

第七章　认定与复核

第一节　道路交通事故认定

第五十九条 道路交通事故认定应当做到事实清楚、证据确实充分、适用法律正确、责任划分公正、程序合法。

第六十条 公安机关交通管理部门应当根据当事人的行为对发生道路交通事故所起的作用以及过错的严重程度，确定当事人的责任。

（一）因一方当事人的过错导致道路交通事故的，承担全部责任；

（二）因两方或者两方以上当事人的过错发生道路交通事故的，根据其行为对事故发生的作用以及过错的严重程度，分别承担主要责任、同等责任和次要责任；

（三）各方均无导致道路交通事故的过错，属于交通意外事故的，各方均无责任。

一方当事人故意造成道路交通事故的，他方无责任。

第六十一条 当事人有下列情形之一的，承担全部责任：

（一）发生道路交通事故后逃逸的；

（二）故意破坏、伪造现场、毁灭证据的。

为逃避法律责任追究，当事人弃车逃逸以及潜逃藏匿的，如有证据证明其他当事人也有过错，可以适当减轻责任，但同时有证据证明逃逸当事人有第一款第二项情形的，不予减轻。

第六十二条 公安机关交通管理部门应当自现场调查之日起十日内制作道路交通事故认定书。交通肇事逃逸案件在查获交通肇事车辆和驾驶人后十日内制作道路交通事故认定书。对需要进行检验、鉴定的，应当在检验报告、鉴定意见确定之日起五日内制作道路交通事故认定书。

有条件的地方公安机关交通管理部门可以试行在互联网公布道路交通事故认定书，但对涉及的国家秘密、商业秘密或者个人隐私，应当保密。

第六十三条 发生死亡事故以及复杂、疑难的伤人事故后，公安机关交通管理部门应当在制作道路交通事故认定书或者道路交通事故证明前，召集各方当事人到场，公开调查取得的证据。

证人要求保密或者涉及国家秘密、商业秘密以及个人隐私的，按照有关法律法规的规定执行。

当事人不到场的，公安机关交通管理部门应当予以记录。

第六十四条 道路交通事故认定书应当载明以下内容：

（一）道路交通事故当事人、车辆、道路和交通环境等基本情况；

（二）道路交通事故发生经过；

（三）道路交通事故证据及事故形成原因分析；

（四）当事人导致道路交通事故的过错及责任或者意外原因；

（五）作出道路交通事故认定的公安机关交通管理部门名称和日期。

道路交通事故认定书应当由交通警察签名或者盖章，加盖公安机关交通管理部门道路交通事故处理专用章。

第六十五条 道路交通事故认定书应当在制作后三日内分别送达当事人，并告知申请复核、调解和提起民事诉讼的权利、期限。

当事人收到道路交通事故认定书后，可以查阅、复制、摘录公安机关交通管理部门处理道路交通事故的证据材料，但证人要求保密或者涉及国家秘密、商业秘密以及个人隐私的，按照有关法律法规的规定执行。公安机关交通管理部门对当事人复制的证据材料应当加盖公安机关交通管理部门事故处理专用章。

第六十六条 交通肇事逃逸案件尚未侦破，受害一方当事人要求出具道路交通事故认定书的，公安机关交通管理部门应当在接到当事人书面申请后十日内，根据本规定第六十一条确定各方当事人责任，制作道路交通事故认定书，并送达受害方当事人。道路交通事故认定书应当载明事故发生的时间、地点、受害人情况及调查得到的事实，以及受害方当事人的责任。

交通肇事逃逸案件侦破后，已经按照前款规定制作道路交通事故认定书的，应当按照本规定第六十一条重新确定责任，制作道路交通事故认定书，分别送达当事人。重新制作的道路交通事故认定书除应当载明本规定第六十四条规定的内容外，还应当注明撤销原道路交通事故认定书。

第六十七条 道路交通事故基本事实无法查清、成因无法判定的，公安机关交通管理部门应当出具道路交通事故证明，载明道路交通事故发生的时间、地点、当事人情况及调查得到的事实，分别送达当事人，并告知申请复核、调解和提起民事诉讼的权利、期限。

第六十八条 由于事故当事人、关键证人处于抢救状态或者因其他客观原因导致无法及时取证，现有证据不足以认定案件基本事实的，经上一级公安机关交通管理部门批准，道路交通事故认定的时限可中止计算，并书面告知各方当事人或者其代理人，但中止的时间最长不得超过六十日。

当中止认定的原因消失，或者中止期满受伤人员仍然无法接受调查的，公安机关交通管理部门应当在五日内，根据已经调查取得的证据制作道路交通事故认定书或者出具道路交通事故证明。

第六十九条 伤人事故符合下列条件，各方当事人一致书面申请快速处理的，经县级以上公安机关交通管理部门负责人批准，可以根据已经取得的证据，自当事人申请之日起五日内制作道路交通事故认定书：

（一）当事人不涉嫌交通肇事、危险驾驶犯罪的；

（二）道路交通事故基本事实及成因清楚，当事人无异议的。

第七十条 对尚未查明身份的当事人，公安机关交通管理部门应当在道路交通事故认定书或者道路交通事故证明中予以注明，待身份信息查明以后，制作书面补充说明送达各方当事人。

第二节 复　　核

第七十一条 当事人对道路交通事故认定或者出具道路交通事故证明有异议的，可以自道路交通事故认定书或者道路交通事故证明送达之日起三日内提出书面复核申请。当事人逾期提交复核申请的，不予受理，并书面通知申请人。

复核申请应当载明复核请求及其理由和主要证据。同一事故的复核以一次为限。

第七十二条 复核申请人通过作出道路交通事故认定的公安机关交通管理部门提出复核申请的，作出道路交通事故认定的公安机关交通管理部门应当自收到复核申请之日起二日内将复核申请连同道路交通事故有关材料移送上一级公安机关交通管理部门。

复核申请人直接向上一级公安机关交通管理部门提出复核申请的，上一级公安机关交通管理部门应当通知作出道路交通事故认定的公安机关交通管理部门自收到通知之日起五日内提交案卷材料。

第七十三条 除当事人逾期提交复核申请的情形外，上一级公安机关交通管理部门收到复核申请之日即为受理之日。

第七十四条 上一级公安机关交通管理部门自受理复核申请之日起三十日内，对下列内容进行审查，并作出复核结论：

（一）道路交通事故认定的事实是否清楚、证据是否确实充分、适用法律是否正确、责任划分是否公正；

（二）道路交通事故调查及认定程序是否合法；

（三）出具道路交通事故证明是否符合规定。

复核原则上采取书面审查的形式，但当事人提出要求或者公安机关交通管理部门认为有必要时，可以召集各方当事人到场，听取各方意见。

办理复核案件的交通警察不得少于二人。

第七十五条 复核审查期间，申请人提出撤销复核申请的，公安机关交通管理部门应当终止复核，并书面通知各方当事人。

受理复核申请后，任何一方当事人就该事故向人民法院提起诉讼并经人民法院受理的，公安机关交通管理部门应当将受理当事人复核申请的有关情况告知相关人民法院。

受理复核申请后，人民检察院对交通肇事犯罪嫌疑人作出批准逮捕决定的，公安机关交通管理部门应当将受理当事人复核申请的有关情况告知相关人民检察院。

第七十六条 上一级公安机关交通管理部门认为原道路交通事故认定事实清楚、证据确实充分、适用法律正确、责任划分公正、程序合法的，应当作出维持原道路交通事故认定的复核结论。

上一级公安机关交通管理部门认为调查及认定程序存在瑕疵，但不影响道路交通事故认定的，在责令原办案单位补正或者作出合理解释后，可以作出维持原道路交通事故认定的复核结论。

上一级公安机关交通管理部门认为原道路交通事故认定有下列情形之一的，应当作出责令原办案单位重新调查、认定的复核结论：

（一）事实不清的；

（二）主要证据不足的；

（三）适用法律错误的；

（四）责任划分不公正的；

（五）调查及认定违反法定程序可能影响道路交通事故认定的。

第七十七条 上一级公安机关交通管理部门审查原道路交通事故证明后，按下列规定处理：

（一）认为事故成因确属无法查清，应当作出维持原道路交通事故证明的复核结论；

（二）认为事故成因仍需进一步调查的，应当作出责令原办案单位重新调查、认定的复核结论。

第七十八条 上一级公安机关交通管理部门应当在作出复核结论后三日内将复核结论送达各方当事人。公安机关交通管理部门认为必要的，应当召集各方当事人，当场宣布复核结论。

第七十九条 上一级公安机关交通管理部门作出责令重新调查、认定的复核结论后，原办案单位应当在十日内依照本规定重新调查，重新作出道路交通事故认定，撤销原道路交通事故认定书或者原道路交通事故证明。

重新调查需要检验、鉴定的，原办案单位应当在检验报告、鉴定意见确定之日起五日内，重新作出道路交通事故认定。

重新作出道路交通事故认定的，原办案单位应当送达各方当事人，并报上一级公安机关交通管理部门备案。

第八十条 上一级公安机关交通管理部门可以设立道路交通事故复核委员会，由办理复核案件的交通警察会同相关行业代表、社会专家学者等人员共同组成，负责案件复核，并以上一级公安机关交通管理部门的名义作出复核结论。

第八章 处罚执行

第八十一条 公安机关交通管理部门应当按照《道路交通安全违法行为处理程序规定》，对当事人的道路交通安全违法行为依法作出处罚。

第八十二条 对发生道路交通事故构成犯罪，依法应当吊销驾驶人机动车驾驶证的，应当在人民法院作出有罪判决后，由设区的市公安机关交通管理部门依法吊销机动车驾驶证。同时具有逃逸情形的，公安机关交通管理部门应当同时依法作出终生不得重新取得机动车驾驶证的决定。

第八十三条 专业运输单位六个月内两次发生一次死亡三人以上事故，且单位或者车辆驾驶人对事故承担全部责任或者主要责任的，专业运输单位所在地的公安机关交通管理部门应当报经设区的市公安机关交通管理部门批准后，作出责令限期消除安全隐患的决定，禁止未消除安全隐患的机动车上道路行驶，并通报道路交通事故发生地及运输单位所在地的人民政府有关行政管理部门。

第九章 损害赔偿调解

第八十四条 当事人可以采取以下方式解决道路交通事故损害赔偿争议：

（一）申请人民调解委员会调解；

（二）申请公安机关交通管理部门调解；

（三）向人民法院提起民事诉讼。

第八十五条 当事人申请人民调解委员会调解，达成调解协议后，双方当事人认为有必要的，可以根据《中华人民共和国人民调解法》共同向人民法院申请司法确认。

当事人申请人民调解委员会调解，调解未达成协议的，当事人可以直接向人民法院提起民事诉讼，或者自人民调解委员会作出终止调解之日起三日内，一致书面申请公安机关交通管理部门进行调解。

第八十六条 当事人申请公安机关交通管理部门调解的，应当在收到道路交通事故认定书、道路交通事故证明或者上一级公安机关交通管理部门维持原道路交通事故认定的复核结论之日起十日内一致书面申请。

当事人申请公安机关交通管理部门调解，调解未达成协议的，当事人可以依法向人民法院提起民事诉讼，或者申请人民调解委员会进行调解。

第八十七条 公安机关交通管理部门应当按照合法、公正、自愿、及时的原则进行道路交通事故损害赔偿调解。

道路交通事故损害赔偿调解应当公开进行，但当事人申请不予公开的除外。

第八十八条 公安机关交通管理部门应当与当事人约定调解的时间、地点，并于调解时间三日前通知当事人。口头通知的，应当记入调解记录。

调解参加人因故不能按期参加调解的，应当在预定调解时间一日前通知承办的交通警察，请求变更调解时间。

第八十九条 参加损害赔偿调解的人员包括：

（一）道路交通事故当事人及其代理人；

（二）道路交通事故车辆所有人或者管理人；

（三）承保机动车保险的保险公司人员；

（四）公安机关交通管理部门认为有必要参加的其他人员。

委托代理人应当出具由委托人签名或者盖章的授权委托书。授权委托书应当载明委托事项和权限。

参加损害赔偿调解的人员每方不得超过三人。

第九十条 公安机关交通管理部门受理调解申请后，应当按照下列规定日期开始调解：

（一）造成人员死亡的，从规定的办理丧葬事宜时间结束之日起；

（二）造成人员受伤的，从治疗终结之日起；

（三）因伤致残的，从定残之日起；

（四）造成财产损失的，从确定损失之日起。

公安机关交通管理部门受理调解申请时已超过前款规定的时间，调解自受理调解申请之日起开始。

公安机关交通管理部门应当自调解开始之日起十日内制作道路交通事故损害赔偿调解书或者道路交通事故损害赔偿调解终结书。

第九十一条 交通警察调解道路交通事故损害赔偿,按照下列程序实施:

(一)告知各方当事人权利、义务;

(二)听取各方当事人的请求及理由;

(三)根据道路交通事故认定书认定的事实以及《中华人民共和国道路交通安全法》第七十六条的规定,确定当事人承担的损害赔偿责任;

(四)计算损害赔偿的数额,确定各方当事人承担的比例,人身损害赔偿的标准按照《中华人民共和国侵权责任法》《最高人民法院关于审理人身损害赔偿案件适用法律若干问题的解释》《最高人民法院关于审理道路交通事故损害赔偿案件适用法律若干问题的解释》等有关规定执行,财产损失的修复费用、折价赔偿费用按照实际价值或者评估机构的评估结论计算;

(五)确定赔偿履行方式及期限。

第九十二条 因确定损害赔偿的数额,需要进行伤残评定、财产损失评估的,由各方当事人协商确定有资质的机构进行,但财产损失数额巨大涉嫌刑事犯罪的,由公安机关交通管理部门委托。

当事人委托伤残评定、财产损失评估的费用,由当事人承担。

第九十三条 经调解达成协议的,公安机关交通管理部门应当当场制作道路交通事故损害赔偿调解书,由各方当事人签字,分别送达各方当事人。

调解书应当载明以下内容:

(一)调解依据;

(二)道路交通事故认定书认定的基本事实和损失情况;

(三)损害赔偿的项目和数额;

(四)各方的损害赔偿责任及比例;

(五)赔偿履行方式和期限;

(六)调解日期。

经调解各方当事人未达成协议的,公安机关交通管理部门应当终止调解,制作道路交通事故损害赔偿调解终结书,送达各方当事人。

第九十四条 有下列情形之一的,公安机关交通管理部门应当终止调解,并记录在案:

(一)调解期间有一方当事人向人民法院提起民事诉讼的;

(二)一方当事人无正当理由不参加调解的;

(三)一方当事人调解过程中退出调解的。

第九十五条 有条件的地方公安机关交通管理部门可以联合有关部门,设置道路交通事故保险理赔服务场所。

第十章 涉外道路交通事故处理

第九十六条 外国人在中华人民共和国境内发生道路交通事故的,除按照本规定执行外,还应当按照办理涉外案件的有关法律、法规、规章的规定执行。

公安机关交通管理部门处理外国人发生的道路交通事故，应当告知当事人我国法律、法规、规章规定的当事人在处理道路交通事故中的权利和义务。

第九十七条 外国人发生道路交通事故有下列情形之一的，不准其出境：

（一）涉嫌犯罪的；

（二）有未了结的道路交通事故损害赔偿案件，人民法院决定不准出境的；

（三）法律、行政法规规定不准出境的其他情形。

第九十八条 外国人发生道路交通事故并承担全部责任或者主要责任的，公安机关交通管理部门应当告知道路交通事故损害赔偿权利人可以向人民法院提出采取诉前保全措施的请求。

第九十九条 公安机关交通管理部门在处理道路交通事故过程中，使用中华人民共和国通用的语言文字。对不通晓我国语言文字的，应当为其提供翻译；当事人通晓我国语言文字而不需要他人翻译的，应当出具书面声明。

经公安机关交通管理部门批准，外国人可以自行聘请翻译，翻译费由当事人承担。

第一百条 享有外交特权与豁免的人员发生道路交通事故时，应当主动出示有效身份证件，交通警察认为应当给予暂扣或者吊销机动车驾驶证处罚的，可以扣留其机动车驾驶证。需要对享有外交特权与豁免的人员进行调查的，可以约谈，谈话时仅限于与道路交通事故有关的内容。需要检验、鉴定车辆的，公安机关交通管理部门应当征得其同意，并在检验、鉴定后立即发还。

公安机关交通管理部门应当根据收集的证据，制作道路交通事故认定书送达当事人，当事人拒绝接收的，送达至其所在机构；没有所在机构或者所在机构不明确的，由当事人所属国家的驻华使领馆转交送达。

享有外交特权与豁免的人员应当配合公安机关交通管理部门的调查和检验、鉴定。对于经核查确实享有外交特权与豁免但不同意接受调查或者检验、鉴定的，公安机关交通管理部门应当将有关情况记录在案，损害赔偿事宜通过外交途径解决。

第一百零一条 公安机关交通管理部门处理享有外交特权与豁免的外国人发生人员死亡事故的，应当将其身份、证件及事故经过、损害后果等基本情况记录在案，并将有关情况迅速通报省级人民政府外事部门和该外国人所属国家的驻华使馆或者领馆。

第一百零二条 外国驻华领事机构、国际组织、国际组织驻华代表机构享有特权与豁免的人员发生道路交通事故的，公安机关交通管理部门参照本规定第一百条、第一百零一条规定办理，但《中华人民共和国领事特权与豁免条例》、中国已参加的国际公约以及我国与有关国家或者国际组织缔结的协议有不同规定的除外。

第十一章　执 法 监 督

第一百零三条 公安机关警务督察部门可以依法对公安机关交通管理部门及其交通警察处

理道路交通事故工作进行现场督察,查处违纪违法行为。

上级公安机关交通管理部门对下级公安机关交通管理部门处理道路交通事故工作进行监督,发现错误应当及时纠正,造成严重后果的,依纪依法追究有关人员的责任。

第一百零四条 公安机关交通管理部门及其交通警察处理道路交通事故,应当公开办事制度、办事程序,建立警风警纪监督员制度,并自觉接受社会和群众的监督。

任何单位和个人都有权对公安机关交通管理部门及其交通警察不依法严格公正处理道路交通事故、利用职务上的便利收受他人财物或者谋取其他利益、徇私舞弊、滥用职权、玩忽职守以及其他违纪违法行为进行检举、控告。收到检举、控告的机关,应当依据职责及时查处。

第一百零五条 在调查处理道路交通事故时,交通警察或者公安机关检验、鉴定人员有下列情形之一的,应当回避:

(一)是本案的当事人或者是当事人的近亲属的;

(二)本人或者其近亲属与本案有利害关系的;

(三)与本案当事人有其他关系,可能影响案件公正处理的。

交通警察或者公安机关检验、鉴定人员需要回避的,由本级公安机关交通管理部门负责人或者检验、鉴定人员所属的公安机关决定。公安机关交通管理部门负责人需要回避的,由公安机关或者上一级公安机关交通管理部门负责人决定。

对当事人提出的回避申请,公安机关交通管理部门应当在二日内作出决定,并通知申请人。

第一百零六条 人民法院、人民检察院审理、审查道路交通事故案件,需要公安机关交通管理部门提供有关证据的,公安机关交通管理部门应当在接到调卷公函之日起三日内,或者按照其时限要求,将道路交通事故案件调查材料正本移送人民法院或者人民检察院。

第一百零七条 公安机关交通管理部门对查获交通肇事逃逸车辆及人员提供有效线索或者协助的人员、单位,应当给予表彰和奖励。

公安机关交通管理部门及其交通警察接到协查通报不配合协查并造成严重后果的,由公安机关或者上级公安机关交通管理部门追究有关人员和单位主管领导的责任。

第十二章 附　　则

第一百零八条 道路交通事故处理资格等级管理规定由公安部另行制定,资格证书式样全国统一。

第一百零九条 公安机关交通管理部门应当在邻省、市(地)、县交界的国、省、县道上,以及辖区内交通流量集中的路段,设置标有管辖地公安机关交通管理部门名称及道路交通事故报警电话号码的提示牌。

第一百一十条 车辆在道路以外通行时发生的事故,公安机关交通管理部门接到报案的,参照本规定处理。涉嫌犯罪的,及时移送有关部门。

第一百一十一条 执行本规定所需要的法律文书式样,由公安部制定。公安部没有制定式样,执法工作中需要的其他法律文书,省级公安机关可以制定式样。

当事人自行协商处理损害赔偿事宜的,可以自行制作协议书,但应当符合本规定第二十一条关于协议书内容的规定。

第一百一十二条 本规定中下列用语的含义是:

(一)“交通肇事逃逸”,是指发生道路交通事故后,当事人为逃避法律责任,驾驶或者遗弃车辆逃离道路交通事故现场以及潜逃藏匿的行为。

(二)“深度调查”,是指以有效防范道路交通事故为目的,对道路交通事故发生的深层次原因以及道路交通安全相关因素开展延伸调查,分析查找安全隐患及管理漏洞,并提出从源头解决问题的意见和建议的活动。

(三)“检验报告、鉴定意见确定”,是指检验报告、鉴定意见复印件送达当事人之日起三日内,当事人未申请重新检验、鉴定的,以及公安机关交通管理部门批准重新检验、鉴定,鉴定机构出具检验报告、鉴定意见的。

(四)“外国人”,是指不具有中国国籍的人。

(五)本规定所称的“一日”、“二日”、“三日”、“五日”、“十日”,是指工作日,不包括节假日。

(六)本规定所称的“以上”、“以下”均包括本数在内。

(七)“县级以上公安机关交通管理部门”,是指县级以上人民政府公安机关交通管理部门或者相当于同级的公安机关交通管理部门。

(八)“设区的市公安机关交通管理部门”,是指设区的市人民政府公安机关交通管理部门或者相当于同级的公安机关交通管理部门。

(九)“设区的市公安机关”,是指设区的市人民政府公安机关或者相当于同级的公安机关。

第一百一十三条 本规定没有规定的道路交通事故案件办理程序,依照《公安机关办理行政案件程序规定》《公安机关办理刑事案件程序规定》的有关规定执行。

第一百一十四条 本规定自2018年5月1日起施行。2008年8月17日发布的《道路交通事故处理程序规定》(公安部令第104号)同时废止。

道路交通安全违法行为处理程序规定

1．2008 年 12 月 20 日公安部令第 105 号修订公布

2．根据 2020 年 4 月 7 日公安部令第 157 号《关于修改〈道路交通安全违法行为处理程序规定〉的决定》修正

第一章　总　　则

第一条　为了规范道路交通安全违法行为处理程序，保障公安机关交通管理部门正确履行职责，保护公民、法人和其他组织的合法权益，根据《中华人民共和国道路交通安全法》及其实施条例等法律、行政法规制定本规定。

第二条　公安机关交通管理部门及其交通警察对道路交通安全违法行为（以下简称违法行为）的处理程序，在法定职权范围内依照本规定实施。

第三条　对违法行为的处理应当遵循合法、公正、文明、公开、及时的原则，尊重和保障人权，保护公民的人格尊严。

对违法行为的处理应当坚持教育与处罚相结合的原则，教育公民、法人和其他组织自觉遵守道路交通安全法律法规。

对违法行为的处理，应当以事实为依据，与违法行为的事实、性质、情节以及社会危害程度相当。

第二章　管　　辖

第四条　交通警察执勤执法中发现的违法行为由违法行为发生地的公安机关交通管理部门管辖。

对管辖权发生争议的，报请共同的上一级公安机关交通管理部门指定管辖。上一级公安机关交通管理部门应当及时确定管辖主体，并通知争议各方。

第五条　违法行为人可以在违法行为发生地、机动车登记地或者其他任意地公安机关交通管理部门处理交通技术监控设备记录的违法行为。

违法行为人在违法行为发生地以外的地方（以下简称处理地）处理交通技术监控设备记录的违法行为的，处理地公安机关交通管理部门可以协助违法行为发生地公安机关交通管理部门调查违法事实、代为送达法律文书、代为履行处罚告知程序，由违法行为发生地公安机关交通管理部门按照发生地标准作出处罚决定。

违法行为人或者机动车所有人、管理人对交通技术监控设备记录的违法行为事实有异议的，可以通过公安机关交通管理部门互联网站、移动互联网应用程序或者违法行为处理窗口向公安机关交通管理部门提出。处理地公安机关交通管理部门应当在收到当事人申请后当日，通过道路交通违法信息管理系统通知违法行为发生地公安机关交通管理部门。违法行为发生地公安机关交通管理部门应当在五日内予以审查，异议成立的，予以消除；异议不成立的，告知当事人。

第六条 对违法行为人处以警告、罚款或者暂扣机动车驾驶证处罚的，由县级以上公安机关交通管理部门作出处罚决定。

对违法行为人处以吊销机动车驾驶证处罚的，由设区的市公安机关交通管理部门作出处罚决定。

对违法行为人处以行政拘留处罚的，由县、市公安局、公安分局或者相当于县一级的公安机关作出处罚决定。

第三章 调查取证

第一节 一般规定

第七条 交通警察调查违法行为时，应当表明执法身份。

交通警察执勤执法应当严格执行安全防护规定，注意自身安全，在公路上执勤执法不得少于两人。

第八条 交通警察应当全面、及时、合法收集能够证实违法行为是否存在、违法情节轻重的证据。

第九条 交通警察调查违法行为时，应当查验机动车驾驶证、行驶证、机动车号牌、检验合格标志、保险标志等牌证以及机动车和驾驶人违法信息。对运载爆炸物品、易燃易爆化学物品以及剧毒、放射性等危险物品车辆驾驶人违法行为调查的，还应当查验其他相关证件及信息。

第十条 交通警察查验机动车驾驶证时，应当询问驾驶人姓名、住址、出生年月并与驾驶证上记录的内容进行核对；对持证人的相貌与驾驶证上的照片进行核对。必要时，可以要求驾驶人出示居民身份证进行核对。

第十一条 调查中需要采取行政强制措施的，依照法律、法规、本规定及国家其他有关规定实施。

第十二条 交通警察对机动车驾驶人不在现场的违法停放机动车行为，应当在机动车侧门玻璃或者摩托车座位上粘贴违法停车告知单，并采取拍照或者录像方式固定相关证据。

第十三条 调查中发现违法行为人有其他违法行为的，在依法对其道路交通安全违法行为作出处理决定的同时，按照有关规定移送有管辖权的单位处理。涉嫌构成犯罪的，转为刑事案件办理或者移送有权处理的主管机关、部门办理。

第十四条 公安机关交通管理部门对于控告、举报的违法行为以及其他行政主管部门移送的案件应当接受,并按规定处理。

第二节　交通技术监控

第十五条　公安机关交通管理部门可以利用交通技术监控设备、执法记录设备收集、固定违法行为证据。

交通技术监控设备、执法记录设备应当符合国家标准或者行业标准,需要认定、检定的交通技术监控设备应当经认定、检定合格后,方可用于收集、固定违法行为证据。

交通技术监控设备应当定期维护、保养、检测,保持功能完好。

第十六条　交通技术监控设备的设置应当遵循科学、规范、合理的原则,设置的地点应当有明确规范相应交通行为的交通信号。

固定式交通技术监控设备设置地点应当向社会公布。

第十七条　使用固定式交通技术监控设备测速的路段,应当设置测速警告标志。

使用移动测速设备测速的,应当由交通警察操作。使用车载移动测速设备的,还应当使用制式警车。

第十八条　作为处理依据的交通技术监控设备收集的违法行为记录资料,应当清晰、准确地反映机动车类型、号牌、外观等特征以及违法时间、地点、事实。

第十九条　交通技术监控设备收集违法行为记录资料后五日内,违法行为发生地公安机关交通管理部门应当对记录内容进行审核,经审核无误后录入道路交通违法信息管理系统,作为处罚违法行为的证据。

第二十条　交通技术监控设备记录的违法行为信息录入道路交通违法信息管理系统后当日,违法行为发生地和机动车登记地公安机关交通管理部门应当向社会提供查询。违法行为发生地公安机关交通管理部门应当在违法行为信息录入道路交通违法信息管理系统后五日内,按照机动车备案信息中的联系方式,通过移动互联网应用程序、手机短信或者邮寄等方式将违法时间、地点、事实通知违法行为人或者机动车所有人、管理人,并告知其在三十日内接受处理。

公安机关交通管理部门应当在违法行为人或者机动车所有人、管理人处理违法行为和交通事故、办理机动车或者驾驶证业务时,书面确认违法行为人或者机动车所有人、管理人的联系方式和法律文书送达方式,并告知其可以通过公安机关交通管理部门互联网站、移动互联网应用程序等方式备案或者变更联系方式、法律文书送达方式。

第二十一条　对交通技术监控设备记录的违法行为信息,经核查能够确定实际驾驶人的,公安机关交通管理部门可以在道路交通违法信息管理系统中将其记录为实际驾驶人的违法行为信息。

第二十二条　交通技术监控设备记录或者录入道路交通违法信息管理系统的违法行为信息,有下列情形之一并经核实的,违法行为发生地或者机动车登记地公安机关交通管理部门应当自核实之日起三日内予以消除：

（一）警车、消防救援车辆、救护车、工程救险车执行紧急任务期间交通技术监控设备记录的违法行为；

（二）机动车所有人或者管理人提供报案记录证明机动车被盗抢期间、机动车号牌被他人冒用期间交通技术监控设备记录的违法行为；

（三）违法行为人或者机动车所有人、管理人提供证据证明机动车因救助危难或者紧急避险造成的违法行为；

（四）已经在现场被交通警察处理的交通技术监控设备记录的违法行为；

（五）因交通信号指示不一致造成的违法行为；

（六）作为处理依据的交通技术监控设备收集的违法行为记录资料，不能清晰、准确地反映机动车类型、号牌、外观等特征以及违法时间、地点、事实的；

（七）经比对交通技术监控设备记录的违法行为照片、道路交通违法信息管理系统登记的机动车信息，确认记录的机动车号牌信息错误的；

（八）其他应当消除的情形。

第二十三条 经查证属实，单位或者个人提供的违法行为照片或者视频等资料可以作为处罚的证据。

对群众举报的违法行为照片或者视频资料的审核录入要求，参照本规定执行。

第四章 行政强制措施适用

第二十四条 公安机关交通管理部门及其交通警察在执法过程中，依法可以采取下列行政强制措施：

（一）扣留车辆；

（二）扣留机动车驾驶证；

（三）拖移机动车；

（四）检验体内酒精、国家管制的精神药品、麻醉药品含量；

（五）收缴物品；

（六）法律、法规规定的其他行政强制措施。

第二十五条 采取本规定第二十四条第（一）、（二）、（四）、（五）项行政强制措施，应当按照下列程序实施：

（一）口头告知违法行为人或者机动车所有人、管理人违法行为的基本事实、拟作出行政强制措施的种类、依据及其依法享有的权利；

（二）听取当事人的陈述和申辩，当事人提出的事实、理由或者证据成立的，应当采纳；

（三）制作行政强制措施凭证，并告知当事人在十五日内到指定地点接受处理；

（四）行政强制措施凭证应当由当事人签名、交通警察签名或者盖章，并加盖公安机关交通管理部门印章；当事人拒绝签名的，交通警察应当在行政强制措施凭证上注明；

（五）行政强制措施凭证应当当场交付当事人；当事人拒收的，由交通警察在行政强制措施凭证上注明，即为送达。

现场采取行政强制措施的，交通警察应当在二十四小时内向所属公安机关交通管理部门负责人报告，并补办批准手续。公安机关交通管理部门负责人认为不应当采取行政强制措施的，应当立即解除。

第二十六条 行政强制措施凭证应当载明当事人的基本情况、车辆牌号、车辆类型、违法事实、采取行政强制措施种类和依据、接受处理的具体地点和期限、决定机关名称及当事人依法享有的行政复议、行政诉讼权利等内容。

第二十七条 有下列情形之一的，依法扣留车辆：

（一）上道路行驶的机动车未悬挂机动车号牌，未放置检验合格标志、保险标志，或者未随车携带机动车行驶证、驾驶证的；

（二）有伪造、变造或者使用伪造、变造的机动车登记证书、号牌、行驶证、检验合格标志、保险标志、驾驶证或者使用其他车辆的机动车登记证书、号牌、行驶证、检验合格标志、保险标志嫌疑的；

（三）未按照国家规定投保机动车交通事故责任强制保险的；

（四）公路客运车辆或者货运机动车超载的；

（五）机动车有被盗抢嫌疑的；

（六）机动车有拼装或者达到报废标准嫌疑的；

（七）未申领《剧毒化学品公路运输通行证》通过公路运输剧毒化学品的；

（八）非机动车驾驶人拒绝接受罚款处罚的。

对发生道路交通事故，因收集证据需要的，可以依法扣留事故车辆。

第二十八条 交通警察应当在扣留车辆后二十四小时内，将被扣留车辆交所属公安机关交通管理部门。

公安机关交通管理部门扣留车辆的，不得扣留车辆所载货物。对车辆所载货物应当通知当事人自行处理，当事人无法自行处理或者不自行处理的，应当登记并妥善保管，对容易腐烂、损毁、灭失或者其他不具备保管条件的物品，经县级以上公安机关交通管理部门负责人批准，可以在拍照或者录像后变卖或者拍卖，变卖、拍卖所得按照有关规定处理。

第二十九条 对公路客运车辆载客超过核定乘员、货运机动车超过核定载质量的，公安机关交通管理部门应当按照下列规定消除违法状态：

（一）违法行为人可以自行消除违法状态的，应当在公安机关交通管理部门的监督下，自行将超载的乘车人转运、将超载的货物卸载；

（二）违法行为人无法自行消除违法状态的，对超载的乘车人，公安机关交通管理部门应当及时通知有关部门联系转运；对超载的货物，应当在指定的场地卸载，并由违法行为人与指定场地的保管方签订卸载货物的保管合同。

消除违法状态的费用由违法行为人承担。违法状态消除后，应当立即退还被扣留的机动车。

第三十条 对扣留的车辆，当事人接受处理或者提供、补办的相关证明或者手续经核实后，公安机关交通管理部门应当依法及时退还。

公安机关交通管理部门核实的时间不得超过十日；需要延长的，经县级以上公安机关交通管理部门负责人批准，可以延长至十五日。核实时间自车辆驾驶人或者所有人、管理人提供被扣留车辆合法来历证明，补办相应手续，或者接受处理之日起计算。

发生道路交通事故因收集证据需要扣留车辆的，扣留车辆时间依照《道路交通事故处理程序规定》有关规定执行。

第三十一条 有下列情形之一的，依法扣留机动车驾驶证：

（一）饮酒后驾驶机动车的；

（二）将机动车交由未取得机动车驾驶证或者机动车驾驶证被吊销、暂扣的人驾驶的；

（三）机动车行驶超过规定时速百分之五十的；

（四）驾驶有拼装或者达到报废标准嫌疑的机动车上道路行驶的；

（五）在一个记分周期内累积记分达到十二分的。

第三十二条 交通警察应当在扣留机动车驾驶证后二十四小时内，将被扣留机动车驾驶证交所属公安机关交通管理部门。

具有本规定第三十一条第（一）、（二）、（三）、（四）项所列情形之一的，扣留机动车驾驶证至作出处罚决定之日；处罚决定生效前先予扣留机动车驾驶证的，扣留一日折抵暂扣期限一日。只对违法行为人作出罚款处罚的，缴纳罚款完毕后，应当立即发还机动车驾驶证。具有本规定第三十一条第（五）项情形的，扣留机动车驾驶证至考试合格之日。

第三十三条 违反机动车停放、临时停车规定，驾驶人不在现场或者虽在现场但拒绝立即驶离，妨碍其他车辆、行人通行的，公安机关交通管理部门及其交通警察可以将机动车拖移至不妨碍交通的地点或者公安机关交通管理部门指定的地点。

拖移机动车的，现场交通警察应当通过拍照、录像等方式固定违法事实和证据。

第三十四条 公安机关交通管理部门应当公开拖移机动车查询电话，并通过设置拖移机动车专用标志牌明示或者以其他方式告知当事人。当事人可以通过电话查询接受处理的地点、期限和被拖移机动车的停放地点。

第三十五条 车辆驾驶人有下列情形之一的，应当对其检验体内酒精含量：

（一）对酒精呼气测试等方法测试的酒精含量结果有异议并当场提出的；

（二）涉嫌饮酒驾驶车辆发生交通事故的；

（三）涉嫌醉酒驾驶的；

（四）拒绝配合酒精呼气测试等方法测试的。

车辆驾驶人对酒精呼气测试结果无异议的，应当签字确认。事后提出异议的，不予采纳。

车辆驾驶人涉嫌吸食、注射毒品或者服用国家管制的精神药品、麻醉药品后驾驶车辆的，应当按照《吸毒检测程序规定》对车辆驾驶人进行吸毒检测，并通知其家属，但无法通知的除外。

对酒后、吸毒后行为失控或者拒绝配合检验、检测的，可以使用约束带或者警绳等约束性警械。

第三十六条 对车辆驾驶人进行体内酒精含量检验的，应当按照下列程序实施：

（一）由两名交通警察或者由一名交通警察带领警务辅助人员将车辆驾驶人带到医疗机构提取血样，或者现场由法医等具有相应资质的人员提取血样；

（二）公安机关交通管理部门应当在提取血样后五日内将血样送交有检验资格的单位或者机构进行检验，并在收到检验结果后五日内书面告知车辆驾驶人。

检验车辆驾驶人体内酒精含量的，应当通知其家属，但无法通知的除外。

车辆驾驶人对检验结果有异议的，可以在收到检验结果之日起三日内申请重新检验。

具有下列情形之一的，应当进行重新检验：

（一）检验程序违法或者违反相关专业技术要求，可能影响检验结果正确性的；

（二）检验单位或者机构、检验人不具备相应资质和条件的；

（三）检验结果明显依据不足的；

（四）检验人故意作虚假检验的；

（五）检验人应当回避而没有回避的；

（六）检材虚假或者被污染的；

（七）其他应当重新检验的情形。

不符合前款规定情形的，经县级以上公安机关交通管理部门负责人批准，作出不准予重新检验的决定，并在作出决定之日起的三日内书面通知申请人。

重新检验，公安机关应当另行指派或者聘请检验人。

第二十七条 对非法安装警报器、标志灯具或者自行车、三轮车加装动力装置的，公安机关交通管理部门应当强制拆除，予以收缴，并依法予以处罚。

交通警察现场收缴非法装置的，应当在二十四小时内，将收缴的物品交所属公安机关交通管理部门。

对收缴的物品，除作为证据保存外，经县级以上公安机关交通管理部门批准后，依法予以销毁。

第三十八条 公安机关交通管理部门对扣留的拼装或者已达到报废标准的机动车，经县级以上公安机关交通管理部门批准后，予以收缴，强制报废。

第三十九条 对伪造、变造或者使用伪造、变造的机动车登记证书、号牌、行驶证、检验合格标志、保险标志、驾驶证的，应当予以收缴，依法处罚后予以销毁。

对使用其他车辆的机动车登记证书、号牌、行驶证、检验合格标志、保险标志的，应当予以收缴，依法处罚后转至机动车登记地车辆管理所。

第四十条 对在道路两侧及隔离带上种植树木、其他植物或者设置广告牌、管线等，遮挡路灯、交通信号灯、交通标志，妨碍安全视距的，公安机关交通管理部门应当向违法行为人送达排除妨碍通知书，告知履行期限和不履行的后果。违法行为人在规定期限内拒不履行的，依法予以处罚并强制排除妨碍。

第四十一条 强制排除妨碍，公安机关交通管理部门及其交通警察可以当场实施。无法当场实施的，应当按照下列程序实施：

（一）经县级以上公安机关交通管理部门负责人批准，可以委托或者组织没有利害关系的单位予以强制排除妨碍；

（二）执行强制排除妨碍时，公安机关交通管理部门应当派员到场监督。

第五章 行政处罚

第一节 行政处罚的决定

第四十二条 交通警察对于当场发现的违法行为，认为情节轻微、未影响道路通行和安全的，口头告知其违法行为的基本事实、依据，向违法行为人提出口头警告，纠正违法行为后放行。

各省、自治区、直辖市公安机关交通管理部门可以根据实际确定适用口头警告的具体范围和实施办法。

第四十三条 对违法行为人处以警告或者二百元以下罚款的，可以适用简易程序。

对违法行为人处以二百元（不含）以上罚款、暂扣或者吊销机动车驾驶证的，应当适用一般程序。不需要采取行政强制措施的，现场交通警察应当收集、固定相关证据，并制作违法行为处理通知书。其中，对违法行为人单处二百元（不含）以上罚款的，可以通过简化取证方式和审核审批手续等措施快速办理。

对违法行为人处以行政拘留处罚的，按照《公安机关办理行政案件程序规定》实施。

第四十四条 适用简易程序处罚的，可以由一名交通警察作出，并应当按照下列程序实施：

（一）口头告知违法行为人违法行为的基本事实、拟作出的行政处罚、依据及其依法享有的权利；

（二）听取违法行为人的陈述和申辩，违法行为人提出的事实、理由或者证据成立的，应当采纳；

（三）制作简易程序处罚决定书；

（四）处罚决定书应当由被处罚人签名、交通警察签名或者盖章，并加盖公安机关交通管理部

门印章;被处罚人拒绝签名的,交通警察应当在处罚决定书上注明;

（五）处罚决定书应当当场交付被处罚人;被处罚人拒收的,由交通警察在处罚决定书上注明,即为送达。

交通警察应当在二日内将简易程序处罚决定书报所属公安机关交通管理部门备案。

第四十五条 简易程序处罚决定书应当载明被处罚人的基本情况、车辆牌号、车辆类型、违法事实、处罚的依据、处罚的内容、履行方式、期限、处罚机关名称及被处罚人依法享有的行政复议、行政诉讼权利等内容。

第四十六条 制发违法行为处理通知书应当按照下列程序实施:

（一）口头告知违法行为人违法行为的基本事实;

（二）听取违法行为人的陈述和申辩,违法行为人提出的事实、理由或者证据成立的,应当采纳;

（三）制作违法行为处理通知书,并通知当事人在十五日内接受处理;

（四）违法行为处理通知书应当由违法行为人签名、交通警察签名或者盖章,并加盖公安机关交通管理部门印章;当事人拒绝签名的,交通警察应当在违法行为处理通知书上注明;

（五）违法行为处理通知书应当当场交付当事人;当事人拒收的,由交通警察在违法行为处理通知书上注明,即为送达。

交通警察应当在二十四小时内将违法行为处理通知书报所属公安机关交通管理部门备案。

第四十七条 违法行为处理通知书应当载明当事人的基本情况、车辆牌号、车辆类型、违法事实、接受处理的具体地点和时限、通知机关名称等内容。

第四十八条 适用一般程序作出处罚决定,应当由两名以上交通警察按照下列程序实施:

（一）对违法事实进行调查,询问当事人违法行为的基本情况,并制作笔录;当事人拒绝接受询问、签名或者盖章的,交通警察应当在询问笔录上注明;

（二）采用书面形式或者笔录形式告知当事人拟作出的行政处罚的事实、理由及依据,并告知其依法享有的权利;

（三）对当事人陈述、申辩进行复核,复核结果应当在笔录中注明;

（四）制作行政处罚决定书;

（五）行政处罚决定书应当由被处罚人签名,并加盖公安机关交通管理部门印章;被处罚人拒绝签名的,交通警察应当在处罚决定书上注明;

（六）行政处罚决定书应当当场交付被处罚人;被处罚人拒收的,由交通警察在处罚决定书上注明,即为送达;被处罚人不在场的,应当依照《公安机关办理行政案件程序规定》的有关规定送达。

第四十九条 行政处罚决定书应当载明被处罚人的基本情况、车辆牌号、车辆类型、违法事实和证据、处罚的依据、处罚的内容、履行方式、期限、处罚机关名称及被处罚人依法享有的行政复议、行政诉讼权利等内容。

第五十条 一人有两种以上违法行为，分别裁决，合并执行，可以制作一份行政处罚决定书。

一人只有一种违法行为，依法应当并处两个以上处罚种类且涉及两个处罚主体的，应当分别制作行政处罚决定书。

第五十一条 对违法行为事实清楚，需要按照一般程序处以罚款的，应当自违法行为人接受处理之时起二十四小时内作出处罚决定；处以暂扣机动车驾驶证的，应当自违法行为人接受处理之日起三日内作出处罚决定；处以吊销机动车驾驶证的，应当自违法行为人接受处理或者听证程序结束之日起七日内作出处罚决定，交通肇事构成犯罪的，应当在人民法院判决后及时作出处罚决定。

第五十二条 对交通技术监控设备记录的违法行为，当事人应当及时到公安机关交通管理部门接受处理，处以警告或者二百元以下罚款的，可以适用简易程序；处以二百元（不含）以上罚款、吊销机动车驾驶证的，应当适用一般程序。

第五十三条 违法行为人或者机动车所有人、管理人收到道路交通安全违法行为通知后，应当及时到公安机关交通管理部门接受处理。机动车所有人、管理人将机动车交由他人驾驶的，应当通知机动车驾驶人按照本规定第二十条规定期限接受处理。

违法行为人或者机动车所有人、管理人无法在三十日内接受处理的，可以申请延期处理。延长的期限最长不得超过三个月。

第五十四条 机动车有五起以上未处理的违法行为记录，违法行为人或者机动车所有人、管理人未在三十日内接受处理且未申请延期处理的，违法行为发生地公安机关交通管理部门应当按照备案信息中的联系方式，通过移动互联网应用程序、手机短信或者邮寄等方式将拟作出的行政处罚决定的事实、理由、依据以及依法享有的权利，告知违法行为人或者机动车所有人、管理人。违法行为人或者机动车所有人、管理人未在告知后三十日内接受处理的，可以采取公告方式告知拟作出的行政处罚决定的事实、理由、依据、依法享有的权利以及公告期届满后将依法作出行政处罚决定。公告期为七日。

违法行为人或者机动车所有人、管理人提出申辩或者接受处理的，应当按照本规定第四十四条或者第四十八条办理；违法行为人或者机动车所有人、管理人未提出申辩的，公安机关交通管理部门可以依法作出行政处罚决定，并制作行政处罚决定书。

第五十五条 行政处罚决定书可以邮寄或者电子送达。邮寄或者电子送达不成功的，公安机关交通管理部门可以公告送达，公告期为六十日。

第五十六条 电子送达可以采用移动互联网应用程序、电子邮件、移动通信等能够确认受送达人收悉的特定系统作为送达媒介。送达日期为公安机关交通管理部门对应系统显示发送成功的日期。受送达人证明到达其特定系统的日期与公安机关交通管理部门对应系统显示发送成功的日期不一致的，以受送达人证明到达其特定系统的日期为准。

公告应当通过互联网交通安全综合服务管理平台、移动互联网应用程序等方式进行。公告期满,即为送达。

公告内容应当避免泄漏个人隐私。

第五十七条 交通警察在道路执勤执法时,发现违法行为人或者机动车所有人、管理人有交通技术监控设备记录的违法行为逾期未处理的,应当以口头或者书面方式告知违法行为人或者机动车所有人、管理人。

第五十八条 违法行为人可以通过公安机关交通管理部门自助处理平台自助处理违法行为。

第二节 行政处罚的执行

第五十九条 对行人、乘车人、非机动车驾驶人处以罚款,交通警察当场收缴的,交通警察应当在简易程序处罚决定书上注明,由被处罚人签名确认。被处罚人拒绝签名的,交通警察应当在处罚决定书上注明。

交通警察依法当场收缴罚款的,应当开具省、自治区、直辖市财政部门统一制发的罚款收据;不开具省、自治区、直辖市财政部门统一制发的罚款收据的,当事人有权拒绝缴纳罚款。

第六十条 当事人逾期不履行行政处罚决定的,作出行政处罚决定的公安机关交通管理部门可以采取下列措施:

(一)到期不缴纳罚款的,每日按罚款数额的百分之三加处罚款,加处罚款总额不得超出罚款数额;

(二)申请人民法院强制执行。

第六十一条 公安机关交通管理部门对非本辖区机动车驾驶人给予暂扣、吊销机动车驾驶证处罚的,应当在作出处罚决定之日起十五日内,将机动车驾驶证转至核发地公安机关交通管理部门。

违法行为人申请不将暂扣的机动车驾驶证转至核发地公安机关交通管理部门的,应当准许,并在行政处罚决定书上注明。

第六十二条 对违法行为人决定行政拘留并处罚款的,公安机关交通管理部门应当告知违法行为人可以委托他人代缴罚款。

第六章 执法监督

第六十三条 交通警察执勤执法时,应当按照规定着装,佩戴人民警察标志,随身携带人民警察证件,保持警容严整,举止端庄,指挥规范。

交通警察查处违法行为时应当使用规范、文明的执法用语。

第六十四条 公安机关交通管理部门所属的交警队、车管所及重点业务岗位应当建立值日警官和法制员制度，防止和纠正执法中的错误和不当行为。

第六十五条 各级公安机关交通管理部门应当加强执法监督，建立本单位及其所属民警的执法档案，实施执法质量考评、执法责任制和执法过错追究。

执法档案可以是电子档案或者纸质档案。

第六十六条 公安机关交通管理部门应当依法建立交通民警执勤执法考核评价标准，不得下达或者变相下达罚款指标，不得以处罚数量作为考核民警执法效果的依据。

第七章 其他规定

第六十七条 当事人对公安机关交通管理部门采取的行政强制措施或者作出的行政处罚决定不服的，可以依法申请行政复议或者提起行政诉讼。

第六十八条 公安机关交通管理部门应当使用道路交通违法信息管理系统对违法行为信息进行管理。对记录和处理的交通违法行为信息应当及时录入道路交通违法信息管理系统。

第六十九条 公安机关交通管理部门对非本辖区机动车有违法行为记录的，应当在违法行为信息录入道路交通违法信息管理系统后，在规定时限内将违法行为信息转至机动车登记地公安机关交通管理部门。

第七十条 公安机关交通管理部门对非本辖区机动车驾驶人的违法行为给予记分或者暂扣、吊销机动车驾驶证以及扣留机动车驾驶证的，应当在违法行为信息录入道路交通违法信息管理系统后，在规定时限内将违法行为信息转至驾驶证核发地公安机关交通管理部门。

第七十一条 公安机关交通管理部门可以与保险监管机构建立违法行为与机动车交通事故责任强制保险费率联系浮动制度。

第七十二条 机动车所有人为单位的，公安机关交通管理部门可以将严重影响道路交通安全的违法行为通报机动车所有人。

第七十三条 对非本辖区机动车驾驶人申请在违法行为发生地、处理地参加满分学习、考试的，公安机关交通管理部门应当准许，考试合格后发还扣留的机动车驾驶证，并将考试合格的信息转至驾驶证核发地公安机关交通管理部门。

驾驶证核发地公安机关交通管理部门应当根据转递信息清除机动车驾驶人的累积记分。

第七十四条 以欺骗、贿赂等不正当手段取得机动车登记的，应当收缴机动车登记证书、号牌、行驶证，由机动车登记地公安机关交通管理部门撤销机动车登记。

以欺骗、贿赂等不正当手段取得驾驶许可的，应当收缴机动车驾驶证，由驾驶证核发地公安机关交通管理部门撤销机动车驾驶许可。

非本辖区机动车登记或者机动车驾驶许可需要撤销的，公安机关交通管理部门应当将收缴的机动车登记证书、号牌、行驶证或者机动车驾驶证以及相关证据材料，及时转至机动车登记地或者驾驶证核发地公安机关交通管理部门。

第七十五条 撤销机动车登记或者机动车驾驶许可的,应当按照下列程序实施:

(一)经设区的市公安机关交通管理部门负责人批准,制作撤销决定书送达当事人;

(二)将收缴的机动车登记证书、号牌、行驶证或者机动车驾驶证以及撤销决定书转至机动车登记地或者驾驶证核发地车辆管理所予以注销;

(三)无法收缴的,公告作废。

第七十六条 简易程序案卷应当包括简易程序处罚决定书。一般程序案卷应当包括行政强制措施凭证或者违法行为处理通知书、证据材料、公安交通管理行政处罚决定书。

在处理违法行为过程中形成的其他文书应当一并存入案卷。

第八章 附 则

第七十七条 本规定中下列用语的含义:

(一)"违法行为人",是指违反道路交通安全法律、行政法规规定的公民、法人及其他组织。

(二)"县级以上公安机关交通管理部门",是指县级以上人民政府公安机关交通管理部门或者相当于同级的公安机关交通管理部门。"设区的市公安机关交通管理部门",是指设区的市人民政府公安机关交通管理部门或者相当于同级的公安机关交通管理部门。

第七十八条 交通技术监控设备记录的非机动车、行人违法行为参照本规定关于机动车违法行为处理程序处理。

第七十九条 公安机关交通管理部门可以以电子案卷形式保存违法处理案卷。

第八十条 本规定未规定的违法行为处理程序,依照《公安机关办理行政案件程序规定》执行。

第八十一条 本规定所称"以上""以下",除特别注明的外,包括本数在内。

本规定所称的"二日""三日""五日""七日""十日""十五日",是指工作日,不包括节假日。

第八十二条 执行本规定所需要的法律文书式样,由公安部制定。公安部没有制定式样,执法工作中需要的其他法律文书,各省、自治区、直辖市公安机关交通管理部门可以制定式样。

第八十三条 本规定自2009年4月1日起施行。2004年4月30日发布的《道路交通安全违法行为处理程序规定》(公安部第69号令)同时废止。本规定生效后,以前有关规定与本规定不一致的,以本规定为准。

机动车交通事故责任强制保险条例

1. 2006年3月21日国务院令第462号公布
2. 根据2012年3月30日国务院令第618号《关于修改〈机动车交通事故责任强制保险条例〉的决定》第一次修订
3. 根据2012年12月17日国务院令第630号《关于修改〈机动车交通事故责任强制保险条例〉的决定》第二次修订
4. 根据2016年2月6日国务院令第666号《关于修改部分行政法规的决定》第三次修订
5. 根据2019年3月2日国务院令第709号《关于修改部分行政法规的决定》第四次修订

第一章 总 则

第一条 为了保障机动车道路交通事故受害人依法得到赔偿,促进道路交通安全,根据《中华人民共和国道路交通安全法》、《中华人民共和国保险法》,制定本条例。

第二条 在中华人民共和国境内道路上行驶的机动车的所有人或者管理人,应当依照《中华人民共和国道路交通安全法》的规定投保机动车交通事故责任强制保险。

机动车交通事故责任强制保险的投保、赔偿和监督管理,适用本条例。

第三条 本条例所称机动车交通事故责任强制保险,是指由保险公司对被保险机动车发生道路交通事故造成本车人员、被保险人以外的受害人的人身伤亡、财产损失,在责任限额内予以赔偿的强制性责任保险。

第四条 国务院保险监督管理机构依法对保险公司的机动车交通事故责任强制保险业务实施监督管理。

公安机关交通管理部门、农业(农业机械)主管部门(以下统称机动车管理部门)应当依法对机动车参加机动车交通事故责任强制保险的情况实施监督检查。对未参加机动车交通事故责任强制保险的机动车,机动车管理部门不得予以登记,机动车安全技术检验机构不得予以检验。

公安机关交通管理部门及其交通警察在调查处理道路交通安全违法行为和道路交通事故时,应当依法检查机动车交通事故责任强制保险的保险标志。

第二章 投 保

第五条 保险公司可以从事机动车交通事故责任强制保险业务。

为了保证机动车交通事故责任强制保险制度的实行，国务院保险监督管理机构有权要求保险公司从事机动车交通事故责任强制保险业务。

除保险公司外，任何单位或者个人不得从事机动车交通事故责任强制保险业务。

第六条 机动车交通事故责任强制保险实行统一的保险条款和基础保险费率。国务院保险监督管理机构按照机动车交通事故责任强制保险业务总体上不盈利不亏损的原则审批保险费率。

国务院保险监督管理机构在审批保险费率时，可以聘请有关专业机构进行评估，可以举行听证会听取公众意见。

第七条 保险公司的机动车交通事故责任强制保险业务，应当与其他保险业务分开管理，单独核算。

国务院保险监督管理机构应当每年对保险公司的机动车交通事故责任强制保险业务情况进行核查，并向社会公布；根据保险公司机动车交通事故责任强制保险业务的总体盈利或者亏损情况，可以要求或者允许保险公司相应调整保险费率。

调整保险费率的幅度较大的，国务院保险监督管理机构应当进行听证。

第八条 被保险机动车没有发生道路交通安全违法行为和道路交通事故的，保险公司应当在下一年度降低其保险费率。在此后的年度内，被保险机动车仍然没有发生道路交通安全违法行为和道路交通事故的，保险公司应当继续降低其保险费率，直至最低标准。被保险机动车发生道路交通安全违法行为或者道路交通事故的，保险公司应当在下一年度提高其保险费率。多次发生道路交通安全违法行为、道路交通事故，或者发生重大道路交通事故的，保险公司应当加大提高其保险费率的幅度。在道路交通事故中被保险人没有过错的，不提高其保险费率。降低或者提高保险费率的标准，由国务院保险监督管理机构会同国务院公安部门制定。

第九条 国务院保险监督管理机构、国务院公安部门、国务院农业主管部门以及其他有关部门应当逐步建立有关机动车交通事故责任强制保险、道路交通安全违法行为和道路交通事故的信息共享机制。

第十条 投保人在投保时应当选择从事机动车交通事故责任强制保险业务的保险公司，被选择的保险公司不得拒绝或者拖延承保。

国务院保险监督管理机构应当将从事机动车交通事故责任强制保险业务的保险公司向社会公示。

第十一条 投保人投保时，应当向保险公司如实告知重要事项。

重要事项包括机动车的种类、厂牌型号、识别代码、牌照号码、使用性质和机动车所有人或者管理人的姓名（名称）、性别、年龄、住所、身份证或者驾驶证号码（组织机构代码）、续保前该机动车发生事故的情况以及国务院保险监督管理机构规定的其他事项。

第十二条 签订机动车交通事故责任强制保险合同时，投保人应当一次支付全部保险费；保险公司应当向投保人签发保险单、保险标志。保险单、保险标志应当注明保险单号码、车牌号码、保险期限、保险公司的名称、地址和理赔电话号码。

被保险人应当在被保险机动车上放置保险标志。

保险标志式样全国统一。保险单、保险标志由国务院保险监督管理机构监制。任何单位或者个人不得伪造、变造或者使用伪造、变造的保险单、保险标志。

第十三条 签订机动车交通事故责任强制保险合同时,投保人不得在保险条款和保险费率之外,向保险公司提出附加其他条件的要求。

签订机动车交通事故责任强制保险合同时,保险公司不得强制投保人订立商业保险合同以及提出附加其他条件的要求。

第十四条 保险公司不得解除机动车交通事故责任强制保险合同;但是,投保人对重要事项未履行如实告知义务的除外。

投保人对重要事项未履行如实告知义务,保险公司解除合同前,应当书面通知投保人,投保人应当自收到通知之日起 5 日内履行如实告知义务;投保人在上述期限内履行如实告知义务的,保险公司不得解除合同。

第十五条 保险公司解除机动车交通事故责任强制保险合同的,应当收回保险单和保险标志,并书面通知机动车管理部门。

第十六条 投保人不得解除机动车交通事故责任强制保险合同,但有下列情形之一的除外:

(一)被保险机动车被依法注销登记的;

(二)被保险机动车办理停驶的;

(三)被保险机动车经公安机关证实丢失的。

第十七条 机动车交通事故责任强制保险合同解除前,保险公司应当按照合同承担保险责任。

合同解除时,保险公司可以收取自保险责任开始之日起至合同解除之日止的保险费,剩余部分的保险费退还投保人。

第十八条 被保险机动车所有权转移的,应当办理机动车交通事故责任强制保险合同变更手续。

第十九条 机动车交通事故责任强制保险合同期满,投保人应当及时续保,并提供上一年度的保险单。

第二十条 机动车交通事故责任强制保险的保险期间为 1 年,但有下列情形之一的,投保人可以投保短期机动车交通事故责任强制保险:

(一)境外机动车临时入境的;

(二)机动车临时上道路行驶的;

(三)机动车距规定的报废期限不足 1 年的;

（四）国务院保险监督管理机构规定的其他情形。

第三章 赔 偿

第二十一条 被保险机动车发生道路交通事故造成本车人员、被保险人以外的受害人人身伤亡、财产损失的，由保险公司依法在机动车交通事故责任强制保险责任限额范围内予以赔偿。

道路交通事故的损失是由受害人故意造成的，保险公司不予赔偿。

第二十二条 有下列情形之一的，保险公司在机动车交通事故责任强制保险责任限额范围内垫付抢救费用，并有权向致害人追偿：

（一）驾驶人未取得驾驶资格或者醉酒的；

（二）被保险机动车被盗抢期间肇事的；

（三）被保险人故意制造道路交通事故的。

有前款所列情形之一，发生道路交通事故的，造成受害人的财产损失，保险公司不承担赔偿责任。

第二十三条 机动车交通事故责任强制保险在全国范围内实行统一的责任限额。责任限额分为死亡伤残赔偿限额、医疗费用赔偿限额、财产损失赔偿限额以及被保险人在道路交通事故中无责任的赔偿限额。

机动车交通事故责任强制保险责任限额由国务院保险监督管理机构会同国务院公安部门、国务院卫生主管部门、国务院农业主管部门规定。

第二十四条 国家设立道路交通事故社会救助基金（以下简称救助基金）。有下列情形之一时，道路交通事故中受害人人身伤亡的丧葬费用、部分或者全部抢救费用，由救助基金先行垫付，救助基金管理机构有权向道路交通事故责任人追偿：

（一）抢救费用超过机动车交通事故责任强制保险责任限额的；

（二）肇事机动车未参加机动车交通事故责任强制保险的；

（三）机动车肇事后逃逸的。

第二十五条 救助基金的来源包括：

（一）按照机动车交通事故责任强制保险的保险费的一定比例提取的资金；

（二）对未按照规定投保机动车交通事故责任强制保险的机动车的所有人、管理人的罚款；

（三）救助基金管理机构依法向道路交通事故责任人追偿的资金；

（四）救助基金孳息；

（五）其他资金。

第二十六条 救助基金的具体管理办法，由国务院财政部门会同国务院保险监督管理机构、国务院公安部门、国务院卫生主管部门、国务院农业主管部门制定试行。

第二十七条 被保险机动车发生道路交通事故，被保险人或者受害人通知保险公司的，保险公司应当立即给予答复，告知被保险人或者受害人具体的赔偿程序等有关事项。

第二十八条 被保险机动车发生道路交通事故的，由被保险人向保险公司申请赔偿保险金。保险公司应当自收到赔偿申请之日起1日内，书面告知被保险人需要向保险公司提供的与赔偿有关的证明和资料。

第二十九条 保险公司应当自收到被保险人提供的证明和资料之日起5日内，对是否属于保险责任作出核定，并将结果通知被保险人；对不属于保险责任的，应当书面说明理由；对属于保险责任的，在与被保险人达成赔偿保险金的协议后10日内，赔偿保险金。

第三十条 被保险人与保险公司对赔偿有争议的，可以依法申请仲裁或者向人民法院提起诉讼。

第三十一条 保险公司可以向被保险人赔偿保险金，也可以直接向受害人赔偿保险金。但是，因抢救受伤人员需要保险公司支付或者垫付抢救费用的，保险公司在接到公安机关交通管理部门通知后，经核对应当及时向医疗机构支付或者垫付抢救费用。

因抢救受伤人员需要救助基金管理机构垫付抢救费用的，救助基金管理机构在接到公安机关交通管理部门通知后，经核对应当及时向医疗机构垫付抢救费用。

第三十二条 医疗机构应当参照国务院卫生主管部门组织制定的有关临床诊疗指南，抢救、治疗道路交通事故中的受伤人员。

第三十三条 保险公司赔偿保险金或者垫付抢救费用，救助基金管理机构垫付抢救费用，需要向有关部门、医疗机构核实有关情况的，有关部门、医疗机构应当予以配合。

第三十四条 保险公司、救助基金管理机构的工作人员对当事人的个人隐私应当保密。

第三十五条 道路交通事故损害赔偿项目和标准依照有关法律的规定执行。

第四章 罚　　则

第三十六条 保险公司以外的单位或者个人，非法从事机动车交通事故责任强制保险业务的，由国务院保险监督管理机构予以取缔；构成犯罪的，依法追究刑事责任；尚不构成犯罪的，由国务院保险监督管理机构没收违法所得，违法所得20万元以上的，并处违法所得1倍以上5倍以下罚款；没有违法所得或者违法所得不足20万元的，处20万元以上100万元以下罚款。

第三十七条 保险公司违反本条例规定，有下列行为之一的，由国务院保险监督管理机构责令改正，处5万元以上30万元以下罚款；情节严重的，可以限制业务范围、责令停止接受新业务或者吊销经营保险业务许可证：

（一）拒绝或者拖延承保机动车交通事故责任强制保险的；

（二）未按照统一的保险条款和基础保险费率从事机动车交通事故责任强制保险业务的；

（三）未将机动车交通事故责任强制保险业务和其他保险业务分开管理，单独核算的；

（四）强制投保人订立商业保险合同的；

（五）违反规定解除机动车交通事故责任强制保险合同的；

（六）拒不履行约定的赔偿保险金义务的；

（七）未按照规定及时支付或者垫付抢救费用的。

第三十八条 机动车所有人、管理人未按照规定投保机动车交通事故责任强制保险的，由公安机关交通管理部门扣留机动车，通知机动车所有人、管理人依照规定投保，处依照规定投保最低责任限额应缴纳的保险费的2倍罚款。

机动车所有人、管理人依照规定补办机动车交通事故责任强制保险的，应当及时退还机动车。

第三十九条 上道路行驶的机动车未放置保险标志的，公安机关交通管理部门应当扣留机动车，通知当事人提供保险标志或者补办相应手续，可以处警告或者20元以上200元以下罚款。

当事人提供保险标志或者补办相应手续的，应当及时退还机动车。

第四十条 伪造、变造或者使用伪造、变造的保险标志，或者使用其他机动车的保险标志，由公安机关交通管理部门予以收缴，扣留该机动车，处200元以上2000元以下罚款；构成犯罪的，依法追究刑事责任。

当事人提供相应的合法证明或者补办相应手续的，应当及时退还机动车。

第五章 附 则

第四十一条 本条例下列用语的含义：

（一）投保人，是指与保险公司订立机动车交通事故责任强制保险合同，并按照合同负有支付保险费义务的机动车的所有人、管理人。

（二）被保险人，是指投保人及其允许的合法驾驶人。

（三）抢救费用，是指机动车发生道路交通事故导致人员受伤时，医疗机构参照国务院卫生主管部门组织制定的有关临床诊疗指南，对生命体征不平稳和虽然生命体征平稳但如果不采取处理措施会产生生命危险，或者导致残疾、器官功能障碍，或者导致病程明显延长的受伤人员，采取必要的处理措施所发生的医疗费用。

第四十二条 挂车不投保机动车交通事故责任强制保险。发生道路交通事故造成人身伤亡、财产损失的，由牵引车投保的保险公司在机动车交通事故责任强制保险责任限额范围内予以赔偿；不足的部分，由牵引车方和挂车方依照法律规定承担赔偿责任。

第四十三条 机动车在道路以外的地方通行时发生事故，造成人身伤亡、财产损失的赔偿，比照适用本条例。

第四十四条 中国人民解放军和中国人民武装警察部队在编机动车参加机动车交通事故责任强制保险的办法，由中国人民解放军和中国人民武装警察部队另行规定。

第四十五条 机动车所有人、管理人自本条例施行之日起3个月内投保机动车交通事故责任强制保险;本条例施行前已经投保商业性机动车第三者责任保险的,保险期满,应当投保机动车交通事故责任强制保险。

第四十六条 本条例自2006年7月1日起施行。

交通运输行政执法程序规定

1. 2019年4月12日交通运输部令2019年第9号公布
2. 根据2021年6月30日交通运输部令2021年第6号《关于修改〈交通运输行政执法程序规定〉的决定》修正

第一章 总 则

第一条 为规范交通运输行政执法行为,促进严格规范公正文明执法,保护公民、法人和其他组织的合法权益,根据《中华人民共和国行政处罚法》《中华人民共和国行政强制法》等法律、行政法规,制定本规定。

第二条 交通运输行政执法部门(以下简称执法部门)及其执法人员实施交通运输行政执法行为,适用本规定。

前款所称交通运输行政执法,包括公路、水路执法部门及其执法人员依法实施的行政检查、行政强制、行政处罚等执法行为。

第三条 执法部门应当全面推行行政执法公示制度、执法全过程记录制度、重大执法决定法制审核制度,加强执法信息化建设,推进执法信息共享,提高执法效率和规范化水平。

第四条 实施交通运输行政执法应当遵循以下原则:

(一)事实认定清楚,证据确凿;

(二)适用法律、法规、规章正确;

(三)严格执行法定程序;

(四)正确行使自由裁量权;

(五)依法公平公正履行职责;

(六)依法维护当事人合法权益;

(七)处罚与教育相结合。

第五条 执法部门应当建立健全执法监督制度。上级交通运输执法部门应当定期组织开展行政执法评议、考核,加强对行政执法的监督检查,规范行政执法。

执法部门应当主动接受社会监督。公民、法人或者其他组织对执法部门实施行政执法的行为,有权申诉或者检举;执法部门应当认真审查,发现有错误的,应当主动改正。

第二章　一般规定

第一节　管　　辖

第六条　行政处罚由违法行为发生地的执法部门管辖。行政检查由执法部门在法定职权范围内实施。法律、行政法规、部门规章另有规定的,从其规定。

第七条　对当事人的同一违法行为,两个以上执法部门都有管辖权的,由最先立案的执法部门管辖。

第八条　两个以上执法部门因管辖权发生争议的,应当协商解决,协商不成的,报请共同的上一级部门指定管辖;也可以直接由共同的上一级部门指定管辖。

第九条　执法部门发现所查处的案件不属于本部门管辖的,应当移送有管辖权的其他部门。执法部门发现违法行为涉嫌犯罪的,应当及时依照《行政执法机关移送涉嫌犯罪案件的规定》将案件移送司法机关。

第十条　下级执法部门认为其管辖的案件属重大、疑难案件,或者由于特殊原因难以办理的,可以报请上一级部门指定管辖。

第十一条　跨行政区域的案件,相关执法部门应当相互配合。相关行政区域执法部门共同的上一级部门应当做好协调工作。

第二节　回　　避

第十二条　执法人员有下列情形之一的,应当自行申请回避,当事人及其代理人有权用口头或者书面方式申请其回避:

(一)是本案当事人或者当事人、代理人近亲属的;

(二)本人或者其近亲属与本案有利害关系的;

(三)与本案当事人或者代理人有其他利害关系,可能影响案件公正处理的。

第十三条　申请回避,应当说明理由。执法部门应当对回避申请及时作出决定并通知申请人。

执法人员的回避,由其所属的执法部门负责人决定。

第十四条　执法部门作出回避决定前,执法人员不得停止对案件的调查;作出回避决定后,应当回避的执法人员不得再参与该案件的调查、决定、实施等工作。

第十五条　检测、检验及技术鉴定人员、翻译人员需要回避的,适用本节规定。

检测、检验及技术鉴定人员、翻译人员的回避,由指派或者聘请上述人员的执法部门负责人决定。

第十六条 被决定回避的执法人员、鉴定人员和翻译人员,在回避决定作出前进行的与执法有关的活动是否有效,由作出回避决定的执法部门根据其活动是否对执法公正性造成影响的实际情况决定。

第三节 期间与送达

第十七条 期间以时、日、月、年计算,期间开始当日或者当时不计算在内。期间届满的最后一日为节假日的,以节假日后的第一日为期间届满的日期。

第十八条 执法部门应当按照下列规定送达执法文书:

(一)直接送交受送达人,由受送达人记明收到日期,签名或者盖章,受送达人的签收日期为送达日期。受送达人是公民的,本人不在交其同住的成年家属签收;受送达人是法人或者其他组织的,应当由法人的法定代表人、该组织的主要负责人或者办公室、收发室、值班室等负责收件的人签收或者盖章;当事人指定代收人的,交代收人签收。受送达人的同住成年家属,法人或者其他组织的负责收件的人或者代收人在《送达回证》上签收的日期为送达日期;

(二)受送达人或者他的同住成年家属拒绝接收的,可以邀请受送达人住所地的居民委员会、村民委员会的工作人员或者受送达人所在单位的工作人员作见证人,说明情况,在《送达回证》上记明拒收事由和日期,由执法人员、见证人签名或者盖章,将执法文书留在受送达人的住所;也可以把执法文书留在受送达人的住所,并采取拍照、录像等方式记录送达过程,即视为送达;

(三)经受送达人同意,可以采用传真、电子邮件、移动通信等能够确认其即时收悉的特定系统作为送达媒介电子送达执法文书。受送达人同意采用电子方式送达的,应当在送达地址确认书中予以确认。采取电子送达方式送达的,以执法部门对应系统显示发送成功的日期为送达日期,但受送达人证明到达其确认的特定系统的日期与执法部门对应系统显示发送成功的日期不一致的,以受送达人证明到达其特定系统的日期为准;

(四)直接送达有困难的,可以邮寄送达或者委托其他执法部门代为送达。委托送达的,受委托的执法部门按照直接送达或者留置送达方式送达执法文书,并及时将《送达回证》交回委托的执法部门。邮寄送达的,以回执上注明的收件日期为送达日期。执法文书在期满前交邮的,不算过期;

(五)受送达人下落不明或者用上述方式无法送达的,采取公告方式送达,说明公告送达的原因,并在案卷中记明原因和经过。公告送达可以在执法部门的公告栏和受送达人住所地张贴公告,也可以在报纸、信息网络等媒体上刊登公告,发出公告日期以最后张贴或者刊登的日期为准,经过六十日,即视为送达。在受送达人住所地张贴公告的,应当采取拍照、录像等方式记录张贴过程。

第三章 行政检查

第十九条 执法部门在路面、水面、生产经营等场所实施现场检查，对行政相对人实施书面调查，通过技术系统、设备实施电子监控，应当符合法定职权，依照法律、法规、规章规定实施。

第二十条 执法部门应当建立随机抽取被检查对象、随机选派检查人员的抽查机制，健全随机抽查对象和执法检查人员名录库，合理确定抽查比例和抽查频次。随机抽查情况及查处结果除涉及国家秘密、商业秘密、个人隐私的，应当及时向社会公布。

海事执法部门根据履行国际公约要求的有关规定开展行政检查的，从其规定。

第二十一条 执法部门应当按照有关装备标准配备交通工具、通讯工具、交通管理器材、个人防护装备、办公设备等装备，加大科技装备的资金投入。

第二十二条 实施行政检查时，执法人员应当依据相关规定着制式服装，根据需要穿着多功能反光腰带、反光背心、救生衣，携带执法记录仪、对讲机、摄像机、照相机，配备发光指挥棒、反光锥筒、停车示意牌、警戒带等执法装备。

第二十三条 实施行政检查，执法人员不得少于两人，应当出示交通运输行政执法证件，表明执法身份，并说明检查事由。

第二十四条 实施行政检查，不得超越检查范围和权限，不得检查与执法活动无关的物品，避免对被检查的场所、设施和物品造成损坏。

第二十五条 实施路（水）面巡查时，应当保持执法车（船）清洁完好、标志清晰醒目、车（船）技术状况良好，遵守相关法律法规，安全驾驶。

第二十六条 实施路面巡查，应当遵守下列规定：

（一）根据道路条件和交通状况，选择不妨碍通行的地点进行，在来车方向设置分流或者避让标志，避免引发交通堵塞；

（二）依照有关规定，在距离检查现场安全距离范围摆放发光或者反光的示警灯、减速提示标牌、反光锥筒等警示标志；

（三）驾驶执法车辆巡查时，发现涉嫌违法车辆，待其行驶至视线良好、路面开阔地段时，发出停车检查信号，实施检查；

（四）对拒绝接受检查、恶意闯关冲卡逃逸、暴力抗法的涉嫌违法车辆，及时固定、保存、记录现场证据或线索，或者记下车号依法交由相关部门予以处理。

第二十七条 实施水面巡航，应当遵守下列规定：

（一）一般在船舶停泊或者作业期间实施行政检查；

（二）除在航船舶涉嫌有明显违法行为且如果不对其立即制止可能造成严重后果的情况外，不得随意截停在航船舶登临检查；

（三）不得危及船舶、人员和货物的安全，避免对环境造成污染。除法律法规规定情形外，不得操纵或者调试船上仪器设备。

第二十八条 检查生产经营场所,应当遵守下列规定:

(一)有被检查人或者见证人在场;

(二)对涉及被检查人的商业秘密、个人隐私,应当为其保密;

(三)不得影响被检查人的正常生产经营活动;

(四)遵守被检查人有关安全生产的制度规定。

第二十九条 实施行政检查,应当制作检查记录,如实记录检查情况。对于行政检查过程中涉及到的证据材料,应当依法及时采集和保存。

第四章 调查取证

第一节 一般规定

第三十条 执法部门办理执法案件的证据包括:

(一)书证;

(二)物证;

(三)视听资料;

(四)电子数据;

(五)证人证言;

(六)当事人的陈述;

(七)鉴定意见;

(八)勘验笔录、现场笔录。

第三十一条 证据应当具有合法性、真实性、关联性。

第三十二条 证据必须查证属实,方可作为认定案件事实的根据。

第二节 证据收集

第三十三条 执法人员应当合法、及时、客观、全面地收集证据材料,依法履行保密义务,不得收集与案件无关的材料,不得将证据用于法定职责以外的其他用途。

第三十四条 执法部门可以通过下列方式收集证据:

(一)询问当事人、利害关系人、其他有关单位或者个人,听取当事人或者有关人员的陈述、申辩;

(二)向有关单位和个人调取证据;

(三)通过技术系统、设备收集、固定证据;

(四)委托有资质的机构对与违法行为有关的问题进行鉴定;

(五)对案件相关的现场或者涉及的物品进行勘验、检查;

(六)依法收集证据的其他方式。

第三十五条 收集、调取书证应当遵守下列规定:

(一)收集书证原件。收集原件确有困难的,可以收集与原件核对无误的复制件、影印件或者节录本;

(二)收集书证复制件、影印件或者节录本的,标明"经核对与原件一致",注明出具日期、证据来源,并由被调查对象或者证据提供人签名或者盖章;

(三)收集图纸、专业技术资料等书证的,应当附说明材料,明确证明对象;

(四)收集评估报告的,应当附有评估机构和评估人员的有效证件或者资质证明的复印件;

(五)取得书证原件的节录本的,应当保持文件内容的完整性,注明出处和节录地点、日期,并有节录人的签名;

(六)公安、税务、市场监督管理等有关部门出具的证明材料作为证据的,证明材料上应当加盖出具部门的印章并注明日期;

(七)被调查对象或者证据提供者拒绝在证据复制件、各式笔录及其他需要其确认的证据材料上签名或者盖章的,可以邀请有关基层组织、被调查对象所在单位、公证机构、法律服务机构或者公安机关代表到场见证,说明情况,在相关证据材料上记明拒绝确认事由和日期,由执法人员、见证人签名或者盖章。

第三十六条 收集、调取物证应当遵守下列规定:

(一)收集原物。收集原物确有困难的,可以收集与原物核对无误的复制件或者证明该物证的照片、录像等其他证据;

(二)原物为数量较多的种类物的,收集其中的一部分,也可以采用拍照、取样、摘要汇编等方式收集。拍照取证的,应当对物证的现场方位、全貌以及重点部位特征等进行拍照或者录像;抽样取证的,应当通知当事人到场,当事人拒不到场或者暂时难以确定当事人的,可以由在场的无利害关系人见证;

(三)收集物证,应当载明获取该物证的时间、原物存放地点、发现地点、发现过程以及该物证的主要特征,并对现场尽可能以照片、视频等方式予以同步记录;

(四)物证不能入卷的,应当采取妥善保管措施,并拍摄该物证的照片或者录像存入案卷。

第三十七条 收集视听资料应当遵守下列规定:

(一)收集有关资料的原始载体,并由证据提供人在原始载体或者说明文件上签名或者盖章确认;

(二)收集原始载体确有困难的,可以收集复制件。收集复制件的,应当由证据提供人出具由其签名或者盖章的说明文件,注明复制件与原始载体内容一致;

(三)原件、复制件均应当注明制作方法、制作时间、制作地点、制作人和证明对象等;

(四)复制视听资料的形式包括采用存储磁盘、存储光盘进行复制保存、对屏幕显示内容进行打印固定、对所载内容进行书面摘录与描述等。条件允许时,应当优先以书面形式对视听资料内容进行固定,由证据提供人注明“经核对与原件一致”,并签名或者盖章确认;

(五)视听资料的存储介质无法入卷的,可以转录入存储光盘存入案卷,并标明光盘序号、证据原始制作方法、制作时间、制作地点、制作人,及转录的制作人、制作时间、制作地点等。证据存储介质需要退还证据提供人的,应当要求证据提供人对转录的复制件进行确认。

第三十八条 收集电子数据应当遵守下列规定:

(一)收集电子数据的原始存储介质。收集电子数据原始存储介质确有困难的,可以收集电子数据复制件,但应当附有不能或者难以提取原始存储介质的原因、复制过程以及原始存储介质存放地点或者电子数据网络地址的说明,并由复制件制作人和原始存储介质持有人签名或者盖章,或者以公证等其他有效形式证明电子数据与原始存储介质的一致性和完整性;

(二)收集电子数据应当记载取证的参与人员、技术方法、步骤和过程,记录收集对象的事项名称、内容、规格、类别以及时间、地点等,或者将收集电子数据的过程拍照或者录像;

(三)收集的电子数据应当使用光盘或者其他数字存储介质备份;

(四)收集通过技术手段恢复或者破解的与案件有关的光盘或者其他数字存储介质,电子设备中被删除、隐藏或者加密的电子数据,应当附有恢复或者破解对象、过程、方法和结果的专业说明;

(五)依照法律、行政法规规定利用电子技术监控设备收集、固定违法事实的,应当经过法制和技术审核,确保电子技术监控设备符合标准、设置合理、标志明显,设置地点应当向社会公布。电子技术监控设备记录违法事实应当真实、清晰、完整、准确。执法部门应当审核记录内容是否符合要求;未经审核或者经审核不符合要求的,不得作为行政处罚的证据。执法部门应当及时告知当事人违法事实,并采取信息化手段或者其他措施,为当事人查询、陈述和申辩提供便利。不得限制或者变相限制当事人享有的陈述权、申辩权。

第三十九条 收集当事人陈述、证人证言应当遵守下列规定:

(一)询问当事人、证人,制作《询问笔录》或者由当事人、证人自行书写材料证明案件事实;

(二)询问应当个别进行,询问时可以全程录音、录像,并保持录音、录像资料的完整性;

(三)《询问笔录》应当客观、如实地记录询问过程和询问内容,对询问人提出的问题被询问人不回答或者拒绝回答的,应当注明;

(四)《询问笔录》应当交被询问人核对,对阅读有困难的,应当向其宣读。记录有误或者遗漏的,应当允许被询问人更正或者补充,并要求其在修改处签名或者盖章;

(五)被询问人确认执法人员制作的笔录无误的,应当在《询问笔录》上逐页签名或者盖章。被询问人确认自行书写的笔录无误的,应当在结尾处签名或者盖章。拒绝签名或者盖章的,执法人员应当在《询问笔录》中注明。

第四十条 对与案件事实有关的物品或者场所实施勘验的,应当遵守下列规定:

(一)制作《勘验笔录》;

(二)实施勘验,应当有当事人或者第三人在场。如当事人不在场且没有第三人的,执法人员应当在《勘验笔录》中注明;

(三)勘验应当限于与案件事实相关的物品和场所;

(四)根据实际情况进行音像记录。

第四十一条 执法人员抽样取证时,应当制作《抽样取证凭证》,对样品加贴封条,开具物品清单,由执法人员和当事人在封条和相关记录上签名或者盖章。

法律、法规、规章或者国家有关规定对抽样机构或者方式有规定的,执法部门应当委托相关机构或者按规定方式抽取样品。

第四十二条 为查明案情,需要对案件中专门事项进行鉴定的,执法部门应当委托具有法定鉴定资格的鉴定机构进行鉴定。没有法定鉴定机构的,可以委托其他具备鉴定条件的机构进行鉴定。

第三节 证据先行登记保存

第四十三条 在证据可能灭失或者以后难以取得的情况下,经执法部门负责人批准,可以对与涉嫌违法行为有关的证据采取先行登记保存措施。

第四十四条 先行登记保存有关证据,应当当场清点,制作《证据登记保存清单》,由当事人和执法人员签名或者盖章,当场交当事人一份。

先行登记保存期间,当事人或者有关人员不得销毁或者转移证据。

第四十五条 对先行登记保存的证据,执法部门应当于先行登记保存之日起七日内采取以下措施:

(一)及时采取记录、复制、拍照、录像等证据保全措施,不再需要采取登记保存措施的,及时解除登记保存措施,并作出《解除证据登记保存决定书》;

(二)需要鉴定的,及时送交有关部门鉴定;

(三)违法事实成立,应当依法予以没收的,作出行政处罚决定,没收违法物品。

执法部门逾期未作出处理决定的,先行登记保存措施自动解除。

第四节 证据审查与认定

第四十六条 执法部门应当对收集到的证据逐一审查,进行全面、客观和公正地分析判断,审查证据的合法性、真实性、关联性,判断证据有无证明力以及证明力的大小。

第四十七条 审查证据的合法性,应当审查下列事项:

(一)调查取证的执法人员是否具有相应的执法资格;

(二)证据的取得方式是否符合法律、法规和规章的规定;

(三)证据是否符合法定形式;

(四)是否有影响证据效力的其他违法情形。

第四十八条 审查证据的真实性,应当审查下列事项:

(一)证据形成的原因;

(二)发现证据时的客观环境;

(三)证据是否为原件、原物,复制件、复制品与原件、原物是否相符;

(四)提供证据的人或者证人与当事人是否具有利害关系;

(五)影响证据真实性的其他因素。

单个证据的部分内容不真实的,不真实部分不得采信。

第四十九条 审查证据的关联性,应当审查下列事项:

(一)证据的证明对象是否与案件事实有内在联系,以及关联程度;

(二)证据证明的事实对案件主要情节和案件性质的影响程度;

(三)证据之间是否互相印证,形成证据链。

第五十条 当事人对违法事实无异议,视听资料、电子数据足以认定案件事实的,视听资料、电子数据可以替代询问笔录、现场笔录,必要时,对视听资料、电子数据的关键内容和相应时间段等作文字说明。

第五十一条 下列证据材料不能作为定案依据:

(一)以非法手段取得的证据;

(二)被进行技术处理而无法辨明真伪的证据材料;

(三)不能正确表达意志的证人提供的证言;

(四)不具备合法性和真实性的其他证据材料。

第五章 行政强制措施

第五十二条 为制止违法行为、防止证据损毁、避免危害发生、控制危险扩大等情形,执法部门履行行政执法职能,可以依照法律、法规的规定,实施行政强制措施。

违法行为情节显著轻微或者没有明显社会危害的,可以不采取行政强制措施。

第五十三条 行政强制措施由执法部门在法定职权范围内实施。行政强制措施权不得委托。

第五十四条 执法部门实施行政强制措施应当遵守下列规定:

(一)实施前向执法部门负责人报告并经批准;

(二)由不少于两名执法人员实施,并出示行政执法证件;

(三)通知当事人到场;

(四)当场告知当事人采取行政强制措施的理由、依据以及当事人依法享有的权利、救济途径;

（五）听取当事人的陈述和申辩；

（六）制作《现场笔录》，由当事人和执法人员签名或者盖章，当事人拒绝的，在笔录中予以注明；当事人不到场的，邀请见证人到场，由见证人和执法人员在现场笔录上签名或者盖章；

（七）制作并当场交付《行政强制措施决定书》；

（八）法律、法规规定的其他程序。

对查封、扣押的现场执法活动和执法办案场所，应当进行全程音像记录。

第五十五条 发生紧急情况，需要当场实施行政强制措施的，执法人员应当在二十四小时内向执法部门负责人报告，补办批准手续。执法部门负责人认为不应当采取行政强制措施的，应当立即解除。

第五十六条 实施查封、扣押的期限不得超过三十日；情况复杂需延长查封、扣押期限的，应当经执法部门负责人批准，可以延长，但是延长期限不得超过三十日。法律、行政法规另有规定的除外。

需要延长查封、扣押期限的，执法人员应当制作《延长行政强制措施期限通知书》，将延长查封、扣押的决定及时书面通知当事人，并说明理由。

对物品需要进行检测、检验或者技术鉴定的，应当明确检测、检验或者技术鉴定的期间，并书面告知当事人。查封、扣押的期间不包括检测、检验或者技术鉴定的期间。检测、检验或者技术鉴定的费用由执法部门承担。

第五十七条 执法部门采取查封、扣押措施后，应当及时查清事实，在本规定第五十六条规定的期限内作出处理决定。对违法事实清楚，依法应当没收的非法财物予以没收；法律、行政法规规定应当销毁的，依法销毁；应当解除查封、扣押的，作出解除的决定。

第五十八条 对查封、扣押的财物，执法部门应当妥善保管，不得使用或者损毁；造成损失的，应当承担赔偿责任。

第五十九条 有下列情形之一的，应当及时作出解除查封、扣押决定，制作《解除行政强制措施决定书》，并及时送达当事人，退还扣押财物：

（一）当事人没有违法行为；

（二）查封、扣押的场所、设施、财物与违法行为无关；

（三）对违法行为已经作出处理决定，不再需要查封、扣押；

（四）查封、扣押期限已经届满；

（五）其他不再需要采取查封、扣押措施的情形。

第六章 行政处罚

第一节 简易程序

第六十条 违法事实确凿并有法定依据，对公民处二百元以下、对法人或者其他组织处三千元以下罚款或者警告的行政处罚的,可以适用简易程序,当场作出行政处罚决定。法律另有规定的,从其规定。

第六十一条 执法人员适用简易程序当场作出行政处罚的,应当按照下列步骤实施:

(一)向当事人出示交通运输行政执法证件并查明对方身份;

(二)调查并收集必要的证据;

(三)口头告知当事人违法事实、处罚理由和依据;

(四)口头告知当事人享有的权利与义务;

(五)听取当事人的陈述和申辩并进行复核;当事人提出的事实、理由或者证据成立的,应当采纳;

(六)填写预定格式、编有号码的《当场行政处罚决定书》并当场交付当事人,《当场行政处罚决定书》应当载明当事人的违法行为,行政处罚的种类和依据、罚款数额、时间、地点,申请行政复议、提起行政诉讼的途径和期限以及执法部门名称,并由执法人员签名或者盖章;

(七)当事人在《当场行政处罚决定书》上签名或盖章,当事人拒绝签收的,应当在行政处罚决定书上注明;

(八)作出当场处罚决定之日起五日内,将《当场行政处罚决定书》副本提交所属执法部门备案。

第二节 普通程序

第六十二条 除依法可以当场作出的行政处罚外,执法部门实施行政检查或者通过举报、其他机关移送、上级机关交办等途径,发现公民、法人或者其他组织有依法应当给予行政处罚的交通运输违法行为的,应当及时决定是否立案。

第六十三条 立案应当填写《立案登记表》,同时附上与案件相关的材料,由执法部门负责人批准。

第六十四条 执法部门应当按照本规定第四章的规定全面、客观、公正地调查,收集相关证据。

第六十五条 委托其他单位协助调查、取证的,应当制作并出具协助调查函。

第六十六条 执法部门作出行政处罚决定的,应当责令当事人改正或者限期改正违法行为;构成违法行为、但依法不予行政处罚的,执法部门应当制作《责令改正违法行为通知书》,责令当事人改正或者限期改正违法行为。

第六十七条 执法人员在初步调查结束后,认为案件事实清楚,主要证据齐全的,应当制作案件调查报告,提出处理意见,报办案机构审核。

第六十八条 案件调查报告经办案机构负责人审查后,执法人员应当将案件调查报告、案卷报执法部门负责人审查批准。

第六十九条 执法部门负责人批准案件调查报告后，拟对当事人予以行政处罚的，执法人员应当制作《违法行为通知书》，告知当事人拟作出行政处罚的事实、理由、依据、处罚内容，并告知当事人依法享有陈述权、申辩权或者要求举行听证的权利。

第七十条 当事人要求陈述、申辩的，应当如实记录当事人的陈述、申辩意见。符合听证条件，当事人要求组织听证的，应当按照本章第三节的规定组织听证。

执法部门应当充分听取当事人的意见，对当事人提出的事实、理由、证据认真进行复核；当事人提出的事实、理由或者证据成立的，应当予以采纳。不得因当事人陈述、申辩而加重处罚。

第七十一条 有下列情形之一，在执法部门负责人作出行政处罚的决定之前，应当由从事行政处罚决定法制审核的人员进行法制审核：

（一）涉及重大公共利益的；

（二）直接关系当事人或者第三人重大权益，经过听证程序的；

（三）案件情况疑难复杂、涉及多个法律关系的；

（四）法律、法规规定应当进行法制审核的其他情形。

初次从事行政处罚决定法制审核的人员，应当通过国家统一法律职业资格考试取得法律职业资格。

第七十二条 从事行政处罚决定法制审核的人员主要从下列方面进行合法性审核，并提出书面审核意见：

（一）行政执法主体是否合法，行政执法人员是否具备执法资格；

（二）行政执法程序是否合法；

（三）案件事实是否清楚，证据是否合法充分；

（四）适用法律、法规、规章是否准确，裁量基准运用是否适当；

（五）执法是否超越执法部门的法定权限；

（六）行政执法文书是否完备、规范；

（七）违法行为是否涉嫌犯罪、需要移送司法机关。

第七十三条 执法部门负责人经审查，根据不同情况分别作出如下决定：

（一）确有应受行政处罚的违法行为的，根据情节轻重及具体情况，作出行政处罚决定；

（二）违法行为轻微，依法可以不予行政处罚的，不予行政处罚；

（三）违法事实不能成立的，不予行政处罚；

（四）违法行为涉嫌犯罪的，移送司法机关。

第七十四条 有下列情形之一的，依法不予行政处罚：

（一）违法行为轻微并及时改正，没有造成危害后果的，不予行政处罚；

（二）除法律、行政法规另有规定的情形外，当事人有证据足以证明没有主观过错的，不予行政处罚；

（三）精神病人、智力残疾人在不能辨认或者不能控制自己行为时有违法行为的，不予行政处罚，但应当责令其监护人严加看管和治疗；

（四）不满十四周岁的未成年人有违法行为的，不予行政处罚，但应责令监护人加以管教；

（五）其他依法不予行政处罚的情形。

初次违法且危害后果轻微并及时改正的，可以不予行政处罚。

违法行为在二年内未被处罚的，不再给予行政处罚；涉及公民生命健康安全、金融安全且有危害后果的，上述期限延长至五年。法律另有规定的除外。

对当事人的违法行为依法不予行政处罚的，执法部门应当对当事人进行教育。

第七十五条 作出行政处罚决定应当适用违法行为发生时的法律、法规、规章的规定。但是，作出行政处罚决定时，法律、法规、规章已被修改或者废止，且新的规定处罚较轻或者不认为是违法的，适用新的规定。

第七十六条 行政处罚案件有下列情形之一的，应当提交执法部门重大案件集体讨论会议决定：

（一）拟作出降低资质等级、吊销许可证件、责令停产停业、责令关闭、限制从业、较大数额罚款、没收较大数额违法所得、没收较大价值非法财物的；

（二）认定事实和证据争议较大的，适用的法律、法规和规章有较大异议的，违法行为较恶劣或者危害较大的，或者复杂、疑难案件的执法管辖区域不明确或有争议的；

（三）对情节复杂或者重大违法行为给予较重的行政处罚的其他情形。

第七十七条 执法部门作出行政处罚决定，应当制作《行政处罚决定书》。行政处罚决定书的内容包括：

（一）当事人的姓名或者名称、地址等基本情况；

（二）违反法律、法规或者规章的事实和证据；

（三）行政处罚的种类和依据；

（四）行政处罚的履行方式和期限；

（五）不服行政处罚决定，申请行政复议或者提起行政诉讼的途径和期限；

（六）作出行政处罚决定的执法部门名称和作出决定的日期。

行政处罚决定书应当盖有作出行政处罚决定的执法部门的印章。

第七十八条 执法部门应当自行政处罚案件立案之日起九十日内作出行政处罚决定。案情复杂、期限届满不能终结的案件，可以经执法部门负责人批准延长三十日。

第七十九条 执法部门应当依法公开行政处罚决定信息，但法律、行政法规另有规定的除外。

公开的行政处罚决定被依法变更、撤销、确认违法或者确认无效的，执法部门应当在三日内撤回行政处罚决定信息并公开说明理由。

第三节　听证程序

第八十条　执法部门在作出下列行政处罚决定前,应当在送达《违法行为通知书》时告知当事人有要求举行听证的权利:

(一)责令停产停业、责令关闭、限制从业;

(二)降低资质等级、吊销许可证件;

(三)较大数额罚款;

(四)没收较大数额违法所得、没收较大价值非法财物;

(五)其他较重的行政处罚;

(六)法律、法规、规章规定的其他情形。

前款第(三)、(四)项规定的较大数额,地方执法部门按照省级人大常委会或者人民政府规定或者其授权部门规定的标准执行。海事执法部门按照对自然人处1万元以上、对法人或者其他组织10万元以上的标准执行。

第八十一条　执法部门不得因当事人要求听证而加重处罚。

第八十二条　当事人要求听证的,应当自收到《违法行为通知书》之日起五日内以书面或者口头形式提出。当事人以口头形式提出的,执法部门应当将情况记入笔录,并由当事人在笔录上签名或者盖章。

第八十三条　执法部门应当在举行听证的七日前向当事人及有关人员送达《听证通知书》,将听证的时间、地点通知当事人和其他听证参加人。

第八十四条　听证设听证主持人一名,负责组织听证;记录员一名,具体承担听证准备和制作听证笔录工作。

听证主持人由执法部门负责人指定;记录员由听证主持人指定。

本案调查人员不得担任听证主持人或者记录员。

第八十五条　听证主持人在听证活动中履行下列职责:

(一)决定举行听证的时间、地点;

(二)决定听证是否公开举行;

(三)要求听证参加人到场参加听证、提供或者补充证据;

(四)就案件的事实、理由、证据、程序、处罚依据和行政处罚建议等相关内容组织质证和辩论;

(五)决定听证的延期、中止或者终止,宣布结束听证;

(六)维持听证秩序。对违反听证会场纪律的,应当警告制止;对不听制止,干扰听证正常进行的旁听人员,责令其退场;

(七)其他有关职责。

第八十六条 听证参加人包括：

（一）当事人及其代理人；

（二）本案执法人员；

（三）证人、检测、检验及技术鉴定人；

（四）翻译人员；

（五）其他有关人员。

第八十七条 要求举行听证的公民、法人或者其他组织是听证当事人。当事人在听证活动中享有下列权利：

（一）申请回避；

（二）参加听证，或者委托一至二人代理参加听证；

（三）进行陈述、申辩和质证；

（四）核对、补正听证笔录；

（五）依法享有的其他权利。

第八十八条 与听证案件处理结果有利害关系的其他公民、法人或者其他组织，作为第三人申请参加听证的，应当允许。为查明案情，必要时，听证主持人也可以通知其参加听证。

第八十九条 委托他人代为参加听证的，应当向执法部门提交由委托人签名或者盖章的授权委托书以及委托代理人的身份证明文件。

授权委托书应当载明委托事项及权限。委托代理人代为放弃行使陈述权、申辩权和质证权的，必须有委托人的明确授权。

第九十条 听证主持人有权决定与听证案件有关的证人、检测、检验及技术鉴定人等听证参加人到场参加听证。

第九十一条 听证应当公开举行，涉及国家秘密、商业秘密或者个人隐私依法予以保密的除外。

公开举行听证的，应当公告当事人姓名或者名称、案由以及举行听证的时间、地点等。

第九十二条 听证按下列程序进行：

（一）宣布案由和听证纪律；

（二）核对当事人或其代理人、执法人员、证人及其他有关人员是否到场，并核实听证参加人的身份；

（三）宣布听证员、记录员和翻译人员名单，告知当事人有申请主持人回避、申辩和质证的权利；对不公开听证的，宣布不公开听证的理由；

（四）宣布听证开始；

（五）执法人员陈述当事人违法的事实、证据，拟作出行政处罚的建议和法律依据；执法人员提出证据时，应当向听证会出示。证人证言、检测、检验及技术鉴定意见和其他作为证据的文书，应当当场宣读；

（六）当事人或其代理人对案件的事实、证据、适用法律、行政处罚意见等进行陈述、申辩和质证，并可以提供新的证据；第三人可以陈述事实，提供证据；

（七）听证主持人可以就案件的有关问题向当事人或其代理人、执法人员、证人询问；

（八）经听证主持人允许，当事人、执法人员就案件的有关问题可以向到场的证人发问。当事人有权申请通知新的证人到会作证，调取新的证据。当事人提出申请的，听证主持人应当当场作出是否同意的决定；申请重新检测、检验及技术鉴定的，按照有关规定办理；

（九）当事人、第三人和执法人员可以围绕案件所涉及的事实、证据、程序、适用法律、处罚种类和幅度等问题进行辩论；

（十）辩论结束后，听证主持人应当听取当事人或其代理人、第三人和执法人员的最后陈述意见；

（十一）中止听证的，听证主持人应当宣布再次听证的有关事宜；

（十二）听证主持人宣布听证结束，听证笔录交当事人或其代理人核对。当事人或其代理人认为听证笔录有错误的，有权要求补充或改正。当事人或其代理人核对无误后签名或者盖章；当事人或其代理人拒绝的，在听证笔录上写明情况。

第九十三条 有下列情形之一的，听证主持人可以决定延期举行听证：

（一）当事人因不可抗拒的事由无法到场的；

（二）当事人临时申请回避的；

（三）其他应当延期的情形。

延期听证，应当在听证笔录中写明情况，由听证主持人签名。

第九十四条 听证过程中，有下列情形之一的，应当中止听证：

（一）需要通知新的证人到会、调取新的证据或者证据需要重新检测、检验及技术鉴定的；

（二）当事人提出新的事实、理由和证据，需要由本案调查人员调查核实的；

（三）当事人死亡或者终止，尚未确定权利、义务承受人的；

（四）当事人因不可抗拒的事由，不能继续参加听证的；

（五）因回避致使听证不能继续进行的；

（六）其他应当中止听证的情形。

中止听证，应当在听证笔录中写明情况，由听证主持人签名。

第九十五条 延期、中止听证的情形消失后，听证主持人应当及时恢复听证，并将听证的时间、地点通知听证参加人。

第九十六条 听证过程中，有下列情形之一的，应当终止听证：

（一）当事人撤回听证申请的；

（二）当事人或其代理人无正当理由不参加听证或者未经听证主持人允许，中途退出听证的；

（三）当事人死亡或者终止，没有权利、义务承受人的；

（四）听证过程中，当事人或其代理人扰乱听证秩序，不听劝阻，致使听证无法正常进行的；

（五）其他应当终止听证的情形。

听证终止，应当在听证笔录中写明情况，由听证主持人签名。

第九十七条 记录员应当将举行听证的全部活动记入《听证笔录》，经听证参加人审核无误或者补正后，由听证参加人当场签名或者盖章。当事人或其代理人、证人拒绝签名或盖章的，由听证主持人在《听证笔录》中注明情况。

《听证笔录》经听证主持人审阅后，由听证主持人和记录员签名。

第九十八条 听证结束后，执法部门应当根据听证笔录，依照本规定第七十三条的规定，作出决定。

第七章 执　　行

第一节 罚款的执行

第九十九条 执法部门对当事人作出罚款处罚的，当事人应当自收到处罚决定书之日起十五日内，到指定的银行缴纳罚款；具备条件的，也可以通过电子支付系统缴纳罚款。具有下列情形之一的，执法人员可以当场收缴罚款：

（一）依法当场作出行政处罚决定，处一百元以下的罚款或者不当场收缴事后难以执行的；

（二）在边远、水上、交通不便地区，当事人到指定的银行或者通过电子支付系统缴纳罚款确有困难，经当事人提出的。

当场收缴罚款的，应当向当事人出具国务院财政部门或者省、自治区、直辖市人民政府财政部门统一制发的专用票据。

第一百条 执法人员当场收缴的罚款，应当自收缴罚款之日起二日内，交至其所属执法部门。在水上当场收缴的罚款，应当自抵岸之日起二日内交至其所属执法部门。执法部门应当在二日内将罚款缴付指定的银行。

第一百零一条 当事人确有经济困难，经当事人申请和作出处罚决定的执法部门批准，可以暂缓或者分期缴纳罚款。执法人员应当制作并向当事人送达《分期（延期）缴纳罚款通知书》。

第一百零二条 罚款必须全部上缴国库，不得以任何形式截留、私分或者变相私分。

第一百零三条 当事人未在规定期限内缴纳罚款的，作出行政处罚决定的执法部门可以依法加处罚款。加处罚款的标准应当告知当事人。

加处罚款的数额不得超出原罚款的数额。

第一百零四条 执法部门实施加处罚款超过三十日，经催告当事人仍不履行的，作出行政处罚决定的执法部门应当依法向所在地有管辖权的人民法院申请强制执行。但是，当事人在法定期限内不申请行政复议或者提起行政诉讼，经催告仍不履行行政处罚决定、加处罚款决定的，在实施行政执法过程中已经采取扣押措施的执法部门,可以将扣押的财物依法拍卖抵缴罚款。

第一百零五条 依法拍卖财物,由执法部门委托拍卖机构依照《中华人民共和国拍卖法》的规定办理。

拍卖所得的款项应当上缴国库或者划入财政专户。任何单位或者个人不得以任何形式截留、私分或者变相私分。

第二节 行政强制执行

第一百零六条 执法部门依法作出行政决定后,当事人在执法部门决定的期限内不履行义务的,执法部门可以依法强制执行。

第一百零七条 法律规定具有行政强制执行权的执法部门依法作出强制执行决定前,应当制作《催告书》,事先以书面形式催告当事人履行义务。

第一百零八条 当事人收到催告书后有权进行陈述和申辩。执法部门应当充分听取并记录、复核。当事人提出的事实、理由或者证据成立的,执法部门应当采纳。

第一百零九条 经催告,当事人逾期仍不履行行政决定,且无正当理由的,执法部门可以依法作出强制执行决定,制作《行政强制执行决定书》,并送达当事人。

第一百一十条 有下列情形之一的,执法部门应当中止执行,制作《中止行政强制执行通知书》:

(一)当事人履行行政决定确有困难或者暂无履行能力的;

(二)第三人对执行标的主张权利,确有理由的;

(三)执行可能造成难以弥补的损失,且中止执行不损害公共利益的;

(四)执法部门认为需要中止执行的其他情形。

中止执行的情形消失后,执法部门应当恢复执行,制作《恢复行政强制执行通知书》。对没有明显社会危害,当事人确无能力履行,中止执行满三年未恢复执行的,执法部门不再执行。

第一百一十一条 有下列情形之一的,执法部门应当终结执行,制作《终结行政强制执行通知书》,并送达当事人:

(一)公民死亡,无遗产可供执行,又无义务承受人的;

(二)法人或者其他组织终止,无财产可供执行,又无义务承受人的;

(三)执行标的灭失的;

(四)据以执行的行政决定被撤销的;

(五)执法部门认为需要终结执行的其他情形。

第一百一十二条 在执行中或者执行完毕后,据以执行的行政决定被撤销、变更,或者执行错误的,应当恢复原状或者退还财物;不能恢复原状或者退还财物的,依法给予赔偿。

第一百一十三条 实施行政强制执行过程中,执法部门可以在不损害公共利益和他人合法权益的情况下，与当事人达成执行协议。执行协议可以约定分阶段履行；当事人采取补救措施的，可以减免加处的罚款或者滞纳金。

执行协议应当履行。当事人不履行执行协议的，执法部门应当恢复强制执行。

第一百一十四条 对违法的建筑物、构筑物、设施等需要强制拆除的，应当由执法部门发布《执行公告》，限期当事人自行拆除。当事人在法定期限内不申请行政复议或者提起行政诉讼，又不拆除的，执法部门可以依法强制拆除。

第一百一十五条 执法部门依法作出要求当事人履行排除妨碍、恢复原状等义务的行政决定，当事人逾期不履行，经催告仍不履行，其后果已经或者即将危害交通安全、造成环境污染或者破坏自然资源的，执法部门可以代履行，或者委托没有利害关系的第三人代履行。

第一百一十六条 代履行应当遵守下列规定：

(一)代履行前送达《代履行决定书》；

(二)代履行三日前催告当事人履行；当事人履行的，停止代履行；

(三)委托无利害关系的第三人代履行时，作出决定的执法部门应当派员到场监督；

(四)代履行完毕，执法部门到场监督的工作人员、代履行人、当事人或者见证人应当在执行文书上签名或者盖章。

代履行的费用按照成本合理确定，由当事人承担。但是，法律另有规定的除外。

第一百一十七条 需要立即清理道路、航道等的遗洒物、障碍物、污染物，当事人不能清除的，执法部门可以决定立即实施代履行；当事人不在场的，执法部门应当在事后立即通知当事人，并依法作出处理。

第三节 申请人民法院强制执行

第一百一十八条 当事人在法定期限内不申请行政复议或者提起行政诉讼，又不履行行政决定的，没有行政强制执行权的执法部门可以自期限届满之日起三个月内，依法向有管辖权的人民法院申请强制执行。

执法部门批准延期、分期缴纳罚款的，申请人民法院强制执行的期限，自暂缓或者分期缴纳罚款期限结束之日起计算。

强制执行的费用由被执行人承担。

第一百一十九条 申请人民法院强制执行前，执法部门应当制作《催告书》，催告当事人履行义务。催告书送达十日后当事人仍未履行义务的，执法部门可以向人民法院申请强制执行。

第一百二十条 执法部门向人民法院申请强制执行，应当提供下列材料：

(一)强制执行申请书；

(二)行政决定书及作出决定的事实、理由和依据；

(三)当事人的意见及执法部门催告情况；

(四)申请强制执行标的情况;

(五)法律、行政法规规定的其他材料。

强制执行申请书应当由作出处理决定的执法部门负责人签名,加盖执法部门印章,并注明日期。

第一百二十一条 执法部门对人民法院不予受理强制执行申请、不予强制执行的裁定有异议的,可以在十五日内向上一级人民法院申请复议。

第八章 案件终结

第一百二十二条 有下列情形之一的,执法人员应当制作《结案报告》,经执法部门负责人批准,予以结案:

(一)决定撤销立案的;

(二)作出不予行政处罚决定的;

(三)作出行政处罚等行政处理决定,且已执行完毕的;

(四)案件移送有管辖权的行政机关或者司法机关的;

(五)作出行政处理决定后,因执行标的灭失、被执行人死亡等客观原因导致无法执行或者无需执行的;

(六)其他应予结案的情形。

申请人民法院强制执行,人民法院受理的,按照结案处理。人民法院强制执行完毕后,执法部门应当及时将相关案卷材料归档。

第一百二十三条 经过调查,有下列情形之一的,经执法部门负责人批准,终止调查:

(一)没有违法事实的;

(二)违法行为已过追究时效的;

(三)其他需要终止调查的情形。

终止调查时,当事人的财物已被采取行政强制措施的,应当立即解除。

第九章 涉案财物的管理

第一百二十四条 对于依法查封、扣押、抽样取证的财物以及由执法部门负责保管的先行证据登记保存的财物,执法部门应当妥善保管,不得使用、挪用、调换或者损毁。造成损失的,应当承担赔偿责任。

涉案财物的保管费用由作出决定的执法部门承担。

第一百二十五条 执法部门可以建立专门的涉案财物保管场所、账户,并指定内设机构或专门人员负责对办案机构的涉案财物集中统一管理。

第一百二十六条 执法部门应当建立台账,对涉案财物逐一编号登记,载明案由、来源、保管状态、场所和去向。

第一百二十七条 执法人员应当在依法提取涉案财物后的二十四小时内将财物移交涉案财物管理人员，并办理移交手续。对查封、扣押、先行证据登记保存的涉案财物，应当在采取措施后的二十四小时内，将执法文书复印件及涉案财物的情况送交涉案财物管理人员予以登记。

在异地或者偏远、交通不便地区提取涉案财物的，执法人员应当在返回单位后的二十四小时内移交。

对情况紧急，需要在提取涉案财物后的二十四小时内进行鉴定的，经办案机构负责人批准，可以在完成鉴定后的二十四小时内移交。

第一百二十八条 容易腐烂变质及其他不易保管的物品，经执法部门负责人批准，在拍照或者录像后依法变卖或者拍卖，变卖或者拍卖的价款暂予保存，待结案后按有关规定处理。

易燃、易爆、毒害性、放射性等危险物品应当存放在符合危险物品存放条件的专门场所。

第一百二十九条 当事人下落不明或者无法确定涉案物品所有人的，执法部门按照本规定第十八条第五项规定的公告送达方式告知领取。公告期满仍无人领取的，经执法部门负责人批准，将涉案物品上缴国库或者依法拍卖后将所得款项上缴国库。

第十章 附 则

第一百三十条 本规定所称以上、以下、以内，包括本数或者本级。

第一百三十一条 执法部门应当使用交通运输部统一制定的执法文书式样。交通运输部没有制定式样，执法工作中需要的其他执法文书，或者对已有执法文书式样需要调整细化的，省级交通运输主管部门可以制定式样。

直属海事执法部门的执法文书式样，由交通运输部海事局统一制定。

第一百三十二条 本规定自 2019 年 6 月 1 日起施行。交通部于 1996 年 9 月 25 日发布的《交通行政处罚程序规定》（交通部令 1996 年第 7 号）和交通运输部于 2008 年 12 月 30 日发布的《关于印发交通行政执法风纪等 5 个规范的通知》（交体法发〔2008〕562 号）中的《交通行政执法风纪》《交通行政执法用语规范》《交通行政执法检查行为规范》《交通行政处罚行为规范》《交通行政执法文书制作规范》同时废止。

附件：（略）

最高人民法院关于审理交通肇事刑事案件具体应用法律若干问题的解释

1．2000年11月10日最高人民法院审判委员会第1136次会议通过

2．2000年11月15日公布

3．法释〔2000〕33号

4．自2000年11月21日起施行

为依法惩处交通肇事犯罪活动，根据刑法有关规定，现将审理交通肇事刑事案件具体应用法律的若干问题解释如下：

第一条 从事交通运输人员或者非交通运输人员，违反交通运输管理法规发生重大交通事故，在分清事故责任的基础上，对于构成犯罪的，依照刑法第一百三十三条的规定定罪处罚。

第二条 交通肇事具有下列情形之一的，处三年以下有期徒刑或者拘役：

（一）死亡一人或者重伤三人以上，负事故全部或者主要责任的；

（二）死亡三人以上，负事故同等责任的；

（三）造成公共财产或者他人财产直接损失，负事故全部或者主要责任，无能力赔偿数额在三十万元以上的。

交通肇事致一人以上重伤，负事故全部或者主要责任，并具有下列情形之一的，以交通肇事罪定罪处罚：

（一）酒后、吸食毒品后驾驶机动车辆的；

（二）无驾驶资格驾驶机动车辆的；

（三）明知是安全装置不全或者安全机件失灵的机动车辆而驾驶的；

（四）明知是无牌证或者已报废的机动车辆而驾驶的；

（五）严重超载驾驶的；

（六）为逃避法律追究逃离事故现场的。

第三条 “交通运输肇事后逃逸”，是指行为人具有本解释第二条第一款规定和第二款第（一）至（五）项规定的情形之一，在发生交通事故后，为逃避法律追究而逃跑的行为。

第四条 交通肇事具有下列情形之一的，属于“有其他特别恶劣情节”，处三年以上七年以下有期徒刑：

（一）死亡二人以上或者重伤五人以上，负事故全部或者主要责任的；

(二)死亡六人以上,负事故同等责任的;

(三)造成公共财产或者他人财产直接损失,负事故全部或者主要责任,无能力赔偿数额在六十万元以上的。

第五条 “因逃逸致人死亡”,是指行为人在交通肇事后为逃避法律追究而逃跑,致使被害人因得不到救助而死亡的情形。

交通肇事后,单位主管人员、机动车辆所有人、承包人或者乘车人指使肇事人逃逸,致使被害人因得不到救助而死亡的,以交通肇事罪的共犯论处。

第六条 行为人在交通肇事后为逃避法律追究,将被害人带离事故现场后隐藏或者遗弃,致使被害人无法得到救助而死亡或者严重残疾的,应当分别依照刑法第二百三十二条、第二百三十四条第二款的规定,以故意杀人罪或者故意伤害罪定罪处罚。

第七条 单位主管人员、机动车辆所有人或者机动车辆承包人指使、强令他人违章驾驶造成重大交通事故,具有本解释第二条规定情形之一的,以交通肇事罪定罪处罚。

第八条 在实行公共交通管理的范围内发生重大交通事故的,依照刑法第一百三十三条和本解释的有关规定办理。

在公共交通管理的范围外,驾驶机动车辆或者使用其他交通工具致人伤亡或者致使公共财产或者他人财产遭受重大损失,构成犯罪的,分别依照刑法第一百三十四条、第一百三十五条、第二百三十三条等规定定罪处罚。

第九条 各省、自治区、直辖市高级人民法院可以根据本地实际情况,在三十万元至六十万元、六十万元至一百万元的幅度内,确定本地区执行本解释第二条第一款第(三)项、第四条第(三)项的起点数额标准,并报最高人民法院备案。

最高人民法院关于审理人身损害赔偿案件适用法律若干问题的解释

1. 2003年12月4日最高人民法院审判委员会第1299次会议通过、2003年12月26日公布、自2004年5月1日起施行(法释〔2003〕20号)
2. 根据2020年12月23日最高人民法院审判委员会第1823次会议通过、2020年12月29日公布、自2021年1月1日起施行的《最高人民法院关于修改〈最高人民法院关于在民事审判工作中适用《中华人民共和国工会法》若干问题的解释〉等二十七件民事类司法解释的决定》(法释〔2020〕17号)第一次修正
3. 根据2022年2月15日最高人民法院审判委员会第1864次会议通过、2022年4月24日公布、自2022年5月1日起施行的《最高人民法院关于修改〈最高人民法院关于审理人身损害赔偿案件适用法律若干问题的解释〉的决定》(法释〔2022〕14号)第二次修正

为正确审理人身损害赔偿案件,依法保护当事人的合法权益,根据《中华人民共和国民法典》《中华人民共和国民事诉讼法》等有关法律规定,结合审判实践,制定本解释。

第一条 因生命、身体、健康遭受侵害,赔偿权利人起诉请求赔偿义务人赔偿物质损害和精神损害的,人民法院应予受理。

本条所称"赔偿权利人",是指因侵权行为或者其他致害原因直接遭受人身损害的受害人以及死亡受害人的近亲属。

本条所称"赔偿义务人",是指因自己或者他人的侵权行为以及其他致害原因依法应当承担民事责任的自然人、法人或者非法人组织。

第二条 赔偿权利人起诉部分共同侵权人的,人民法院应当追加其他共同侵权人作为共同被告。赔偿权利人在诉讼中放弃对部分共同侵权人的诉讼请求的,其他共同侵权人对被放弃诉讼请求的被告应当承担的赔偿份额不承担连带责任。责任范围难以确定的,推定各共同侵权人承担同等责任。

人民法院应当将放弃诉讼请求的法律后果告知赔偿权利人,并将放弃诉讼请求的情况在法律文书中叙明。

第三条 依法应当参加工伤保险统筹的用人单位的劳动者,因工伤事故遭受人身损害,劳动者或者其近亲属向人民法院起诉请求用人单位承担民事赔偿责任的,告知其按《工伤保险条例》的规定处理。

因用人单位以外的第三人侵权造成劳动者人身损害，赔偿权利人请求第三人承担民事赔偿责任的，人民法院应予支持。

第四条 无偿提供劳务的帮工人，在从事帮工活动中致人损害的，被帮工人应当承担赔偿责任。被帮工人承担赔偿责任后向有故意或者重大过失的帮工人追偿的，人民法院应予支持。被帮工人明确拒绝帮工的，不承担赔偿责任。

第五条 无偿提供劳务的帮工人因帮工活动遭受人身损害的，根据帮工人和被帮工人各自的过错承担相应的责任；被帮工人明确拒绝帮工的，被帮工人不承担赔偿责任，但可以在受益范围内予以适当补偿。

帮工人在帮工活动中因第三人的行为遭受人身损害的，有权请求第三人承担赔偿责任，也有权请求被帮工人予以适当补偿。被帮工人补偿后，可以向第三人追偿。

第六条 医疗费根据医疗机构出具的医药费、住院费等收款凭证，结合病历和诊断证明等相关证据确定。赔偿义务人对治疗的必要性和合理性有异议的，应当承担相应的举证责任。

医疗费的赔偿数额，按照一审法庭辩论终结前实际发生的数额确定。器官功能恢复训练所必要的康复费、适当的整容费以及其他后续治疗费，赔偿权利人可以待实际发生后另行起诉。但根据医疗证明或者鉴定结论确定必然发生的费用，可以与已经发生的医疗费一并予以赔偿。

第七条 误工费根据受害人的误工时间和收入状况确定。

误工时间根据受害人接受治疗的医疗机构出具的证明确定。受害人因伤致残持续误工的，误工时间可以计算至定残日前一天。

受害人有固定收入的，误工费按照实际减少的收入计算。受害人无固定收入的，按照其最近三年的平均收入计算；受害人不能举证证明其最近三年的平均收入状况的，可以参照受诉法院所在地相同或者相近行业上一年度职工的平均工资计算。

第八条 护理费根据护理人员的收入状况和护理人数、护理期限确定。

护理人员有收入的，参照误工费的规定计算；护理人员没有收入或者雇佣护工的，参照当地护工从事同等级别护理的劳务报酬标准计算。护理人员原则上为一人，但医疗机构或者鉴定机构有明确意见的，可以参照确定护理人员人数。

护理期限应计算至受害人恢复生活自理能力时止。受害人因残疾不能恢复生活自理能力的，可以根据其年龄、健康状况等因素确定合理的护理期限，但最长不超过二十年。

受害人定残后的护理，应当根据其护理依赖程度并结合配制残疾辅助器具的情况确定护理级别。

第九条 交通费根据受害人及其必要的陪护人员因就医或者转院治疗实际发生的费用计算。交通费应当以正式票据为凭；有关凭据应当与就医地点、时间、人数、次数相符合。

第十条 住院伙食补助费可以参照当地国家机关一般工作人员的出差伙食补助标准予以确定。

受害人确有必要到外地治疗，因客观原因不能住院，受害人本人及其陪护人员实际发生的住宿费和伙食费，其合理部分应予赔偿。

第十一条 营养费根据受害人伤残情况参照医疗机构的意见确定。

第十二条 残疾赔偿金根据受害人丧失劳动能力程度或者伤残等级，按照受诉法院所在地上一年度城镇居民人均可支配收入标准，自定残之日起按二十年计算。但六十周岁以上的，年龄每增加一岁减少一年；七十五周岁以上的，按五年计算。

受害人因伤致残但实际收入没有减少，或者伤残等级较轻但造成职业妨害严重影响其劳动就业的，可以对残疾赔偿金作相应调整。

第十三条 残疾辅助器具费按照普通适用器具的合理费用标准计算。伤情有特殊需要的，可以参照辅助器具配制机构的意见确定相应的合理费用标准。

辅助器具的更换周期和赔偿期限参照配制机构的意见确定。

第十四条 丧葬费按照受诉法院所在地上一年度职工月平均工资标准，以六个月总额计算。

第十五条 死亡赔偿金按照受诉法院所在地上一年度城镇居民人均可支配收入标准，按二十年计算。但六十周岁以上的，年龄每增加一岁减少一年；七十五周岁以上的，按五年计算。

第十六条 被扶养人生活费计入残疾赔偿金或者死亡赔偿金。

第十七条 被扶养人生活费根据扶养人丧失劳动能力程度，按照受诉法院所在地上一年度城镇居民人均消费支出标准计算。被扶养人为未成年人的，计算至十八周岁；被扶养人无劳动能力又无其他生活来源的，计算二十年。但六十周岁以上的，年龄每增加一岁减少一年；七十五周岁以上的，按五年计算。

被扶养人是指受害人依法应当承担扶养义务的未成年人或者丧失劳动能力又无其他生活来源的成年近亲属。被扶养人还有其他扶养人的，赔偿义务人只赔偿受害人依法应当负担的部分。被扶养人有数人的，年赔偿总额累计不超过上一年度城镇居民人均消费支出额。

第十八条 赔偿权利人举证证明其住所地或者经常居住地城镇居民人均可支配收入高于受诉法院所在地标准的，残疾赔偿金或者死亡赔偿金可以按照其住所地或者经常居住地的相关标准计算。

被扶养人生活费的相关计算标准，依照前款原则确定。

第十九条 超过确定的护理期限、辅助器具费给付年限或者残疾赔偿金给付年限，赔偿权利人向人民法院起诉请求继续给付护理费、辅助器具费或者残疾赔偿金的，人民法院应予受理。赔偿权利人确需继续护理、配制辅助器具，或者没有劳动能力和生活来源的，人民法院应当判令赔偿义务人继续给付相关费用五至十年。

第二十条 赔偿义务人请求以定期金方式给付残疾赔偿金、辅助器具费的，应当提供相应的担保。人民法院可以根据赔偿义务人的给付能力和提供担保的情况，确定以定期金方式给付相关费用。但是，一审法庭辩论终结前已经发生的费用、死亡赔偿金以及精神损害抚慰金，应当一次性给付。

第二十一条 人民法院应当在法律文书中明确定期金的给付时间、方式以及每期给付标准。执行期间有关统计数据发生变化的,给付金额应当适时进行相应调整。

定期金按照赔偿权利人的实际生存年限给付,不受本解释有关赔偿期限的限制。

第二十二条 本解释所称“城镇居民人均可支配收入”“城镇居民人均消费支出”“职工平均工资”,按照政府统计部门公布的各省、自治区、直辖市以及经济特区和计划单列市上一年度相关统计数据确定。

“上一年度”,是指一审法庭辩论终结时的上一统计年度。

第二十三条 精神损害抚慰金适用《最高人民法院关于确定民事侵权精神损害赔偿责任若干问题的解释》予以确定。

第二十四条 本解释自2022年5月1日起施行。施行后发生的侵权行为引起的人身损害赔偿案件适用本解释。

本院以前发布的司法解释与本解释不一致的,以本解释为准。

最高人民法院关于审理道路交通事故损害赔偿案件适用法律若干问题的解释

1. 2012年9月17日最高人民法院审判委员会第1556次会议通过、2012年11月27日公布、自2012年12月21日起施行(法释〔2012〕19号)
2. 根据2020年12月23日最高人民法院审判委员会第1823次会议通过、2020年12月29日公布、自2021年1月1日起施行的《最高人民法院关于修改〈最高人民法院关于在民事审判工作中适用《中华人民共和国工会法》若干问题的解释〉等二十七件民事类司法解释的决定》(法释〔2020〕17号)修正

为正确审理道路交通事故损害赔偿案件,根据《中华人民共和国民法典》《中华人民共和国道路交通安全法》《中华人民共和国保险法》《中华人民共和国民事诉讼法》等法律的规定,结合审判实践,制定本解释。

一、关于主体责任的认定

第一条 机动车发生交通事故造成损害,机动车所有人或者管理人有下列情形之一,人民法院应当认定其对损害的发生有过错,并适用民法典第一千二百零九条的规定确定其相应的赔偿

责任:

(一)知道或者应当知道机动车存在缺陷,且该缺陷是交通事故发生原因之一的;

(二)知道或者应当知道驾驶人无驾驶资格或者未取得相应驾驶资格的;

(三)知道或者应当知道驾驶人因饮酒、服用国家管制的精神药品或者麻醉药品,或者患有妨碍安全驾驶机动车的疾病等依法不能驾驶机动车的;

(四)其它应当认定机动车所有人或者管理人有过错的。

第二条 被多次转让但是未办理登记的机动车发生交通事故造成损害,属于该机动车一方责任,当事人请求由最后一次转让并交付的受让人承担赔偿责任的,人民法院应予支持。

第三条 套牌机动车发生交通事故造成损害,属于该机动车一方责任,当事人请求由套牌机动车的所有人或者管理人承担赔偿责任的,人民法院应予支持;被套牌机动车所有人或者管理人同意套牌的,应当与套牌机动车的所有人或者管理人承担连带责任。

第四条 拼装车、已达到报废标准的机动车或者依法禁止行驶的其他机动车被多次转让,并发生交通事故造成损害,当事人请求由所有的转让人和受让人承担连带责任的,人民法院应予支持。

第五条 接受机动车驾驶培训的人员,在培训活动中驾驶机动车发生交通事故造成损害,属于该机动车一方责任,当事人请求驾驶培训单位承担赔偿责任的,人民法院应予支持。

第六条 机动车试乘过程中发生交通事故造成试乘人损害,当事人请求提供试乘服务者承担赔偿责任的,人民法院应予支持。试乘人有过错的,应当减轻提供试乘服务者的赔偿责任。

第七条 因道路管理维护缺陷导致机动车发生交通事故造成损害,当事人请求道路管理者承担相应赔偿责任的,人民法院应予支持。但道路管理者能够证明已经依照法律、法规、规章的规定,或者按照国家标准、行业标准、地方标准的要求尽到安全防护、警示等管理维护义务的除外。

依法不得进入高速公路的车辆、行人,进入高速公路发生交通事故造成自身损害,当事人请求高速公路管理者承担赔偿责任的,适用民法典第一千二百四十三条的规定。

第八条 未按照法律、法规、规章或者国家标准、行业标准、地方标准的强制性规定设计、施工,致使道路存在缺陷并造成交通事故,当事人请求建设单位与施工单位承担相应赔偿责任的,人民法院应予支持。

第九条 机动车存在产品缺陷导致交通事故造成损害,当事人请求生产者或者销售者依照民法典第七编第四章的规定承担赔偿责任的,人民法院应予支持。

第十条 多辆机动车发生交通事故造成第三人损害,当事人请求多个侵权人承担赔偿责任的,人民法院应当区分不同情况,依照民法典第一千一百七十条、第一千一百七十一条、第一千一百七十二条的规定,确定侵权人承担连带责任或者按份责任。

二、关于赔偿范围的认定

第十一条 道路交通安全法第七十六条规定的“人身伤亡”,是指机动车发生交通事故侵害被侵权人的生命权、身体权、健康权等人身权益所造成的损害,包括民法典第一千一百七十九条和第一千一百八十三条规定的各项损害。

道路交通安全法第七十六条规定的“财产损失”,是指因机动车发生交通事故侵害被侵权人的财产权益所造成的损失。

第十二条 因道路交通事故造成下列财产损失,当事人请求侵权人赔偿的,人民法院应予支持:

(一)维修被损坏车辆所支出的费用、车辆所载物品的损失、车辆施救费用;

(二)因车辆灭失或者无法修复,为购买交通事故发生时与被损坏车辆价值相当的车辆重置费用;

(三)依法从事货物运输、旅客运输等经营性活动的车辆,因无法从事相应经营活动所产生的合理停运损失;

(四)非经营性车辆因无法继续使用,所产生的通常替代性交通工具的合理费用。

三、关于责任承担的认定

第十三条 同时投保机动车第三者责任强制保险(以下简称“交强险”)和第三者责任商业保险(以下简称“商业三者险”)的机动车发生交通事故造成损害,当事人同时起诉侵权人和保险公司的,人民法院应当依照民法典第一千二百一十三条的规定,确定赔偿责任。

被侵权人或者其近亲属请求承保交强险的保险公司优先赔偿精神损害的,人民法院应予支持。

第十四条 投保人允许的驾驶人驾驶机动车致使投保人遭受损害,当事人请求承保交强险的保险公司在责任限额范围内予以赔偿的,人民法院应予支持,但投保人为本车上人员的除外。

第十五条 有下列情形之一导致第三人人身损害,当事人请求保险公司在交强险责任限额范围内予以赔偿,人民法院应予支持:

(一)驾驶人未取得驾驶资格或者未取得相应驾驶资格的;

(二)醉酒、服用国家管制的精神药品或者麻醉药品后驾驶机动车发生交通事故的;

(三)驾驶人故意制造交通事故的。

保险公司在赔偿范围内向侵权人主张追偿权的,人民法院应予支持。追偿权的诉讼时效期间自保险公司实际赔偿之日起计算。

第十六条 未依法投保交强险的机动车发生交通事故造成损害,当事人请求投保义务人在交强险责任限额范围内予以赔偿的,人民法院应予支持。

投保义务人和侵权人不是同一人，当事人请求投保义务人和侵权人在交强险责任限额范围内承担相应责任的，人民法院应予支持。

第十七条 具有从事交强险业务资格的保险公司违法拒绝承保、拖延承保或者违法解除交强险合同，投保义务人在向第三人承担赔偿责任后，请求该保险公司在交强险责任限额范围内承担相应赔偿责任的，人民法院应予支持。

第十八条 多辆机动车发生交通事故造成第三人损害，损失超出各机动车交强险责任限额之和的，由各保险公司在各自责任限额范围内承担赔偿责任；损失未超出各机动车交强险责任限额之和，当事人请求由各保险公司按照其责任限额与责任限额之和的比例承担赔偿责任的，人民法院应予支持。

依法分别投保交强险的牵引车和挂车连接使用时发生交通事故造成第三人损害，当事人请求由各保险公司在各自的责任限额范围内平均赔偿的，人民法院应予支持。

多辆机动车发生交通事故造成第三人损害，其中部分机动车未投保交强险，当事人请求先由已承保交强险的保险公司在责任限额范围内予以赔偿的，人民法院应予支持。保险公司就超出其应承担的部分向未投保交强险的投保义务人或者侵权人行使追偿权的，人民法院应予支持。

第十九条 同一交通事故的多个被侵权人同时起诉的，人民法院应当按照各被侵权人的损失比例确定交强险的赔偿数额。

第二十条 机动车所有权在交强险合同有效期内发生变动，保险公司在交通事故发生后，以该机动车未办理交强险合同变更手续为由主张免除赔偿责任的，人民法院不予支持。

机动车在交强险合同有效期内发生改装、使用性质改变等导致危险程度增加的情形，发生交通事故后，当事人请求保险公司在责任限额范围内予以赔偿的，人民法院应予支持。

前款情形下，保险公司另行起诉请求投保义务人按照重新核定后的保险费标准补足当期保险费的，人民法院应予支持。

第二十一条 当事人主张交强险人身伤亡保险金请求权转让或者设定担保的行为无效的，人民法院应予支持。

四、关于诉讼程序的规定

第二十二条 人民法院审理道路交通事故损害赔偿案件，应当将承保交强险的保险公司列为共同被告。但该保险公司已经在交强险责任限额范围内予以赔偿且当事人无异议的除外。

人民法院审理道路交通事故损害赔偿案件，当事人请求将承保商业三者险的保险公司列为共同被告的，人民法院应予准许。

第二十三条 被侵权人因道路交通事故死亡，无近亲属或者近亲属不明，未经法律授权的机关或者有关组织向人民法院起诉主张死亡赔偿金的，人民法院不予受理。

侵权人以已向未经法律授权的机关或者有关组织支付死亡赔偿金为理由，请求保险公司在交强险责任限额范围内予以赔偿的,人民法院不予支持。

被侵权人因道路交通事故死亡,无近亲属或者近亲属不明,支付被侵权人医疗费、丧葬费等合理费用的单位或者个人,请求保险公司在交强险责任限额范围内予以赔偿的,人民法院应予支持。

第二十四条 公安机关交通管理部门制作的交通事故认定书,人民法院应依法审查并确认其相应的证明力,但有相反证据推翻的除外。

五、关于适用范围的规定

第二十五条 机动车在道路以外的地方通行时引发的损害赔偿案件,可以参照适用本解释的规定。

第二十六条 本解释施行后尚未终审的案件,适用本解释;本解释施行前已经终审,当事人申请再审或者按照审判监督程序决定再审的案件,不适用本解释。

最高人民法院、最高人民检察院、公安部、司法部关于办理醉酒危险驾驶刑事案件的意见

1. 2023年12月13日公布
2. 高检发办字〔2023〕187号
3. 自2023年12月28日起施行

为维护人民群众生命财产安全和道路交通安全,依法惩治醉酒危险驾驶(以下简称醉驾)违法犯罪,根据刑法、刑事诉讼法等有关规定,结合执法司法实践,制定本意见。

一、总 体 要 求

第一条 人民法院、人民检察院、公安机关办理醉驾案件,应当坚持分工负责,互相配合,互相制约,坚持正确适用法律,坚持证据裁判原则,严格执法,公正司法,提高办案效率,实现政治效果、法律效果和社会效果的有机统一。人民检察院依法对醉驾案件办理活动实行法律监督。

第二条 人民法院、人民检察院、公安机关办理醉驾案件,应当全面准确贯彻宽严相济刑事政策,根据案件的具体情节,实行区别对待,做到该宽则宽,当严则严,罚当其罪。

第三条 人民法院、人民检察院、公安机关和司法行政机关应当坚持惩治与预防相结合,采取多种方式强化综合治理、诉源治理,从源头上预防和减少酒后驾驶行为发生。

二、立案与侦查

第四条 在道路上驾驶机动车,经呼气酒精含量检测,显示血液酒精含量达到80毫克/100毫升以上的,公安机关应当依照刑事诉讼法和本意见的规定决定是否立案。对情节显著轻微、危害不大,不认为是犯罪的,不予立案。

公安机关应当及时提取犯罪嫌疑人血液样本送检。认定犯罪嫌疑人是否醉酒,主要以血液酒精含量鉴定意见作为依据。

犯罪嫌疑人经呼气酒精含量检测,显示血液酒精含量达到80毫克/100毫升以上,在提取血液样本前脱逃或者找人顶替的,可以以呼气酒精含量检测结果作为认定其醉酒的依据。

犯罪嫌疑人在公安机关依法检查时或者发生道路交通事故后,为逃避法律追究,在呼气酒精含量检测或者提取血液样本前故意饮酒的,可以以查获后血液酒精含量鉴定意见作为认定其醉酒的依据。

第五条 醉驾案件中"道路""机动车"的认定适用道路交通安全法有关"道路""机动车"的规定。

对机关、企事业单位、厂矿、校园、居民小区等单位管辖范围内的路段是否认定为"道路",应当以其是否具有"公共性",是否"允许社会机动车通行"作为判断标准。只允许单位内部机动车、特定来访机动车通行的,可以不认定为"道路"。

第六条 对醉驾犯罪嫌疑人、被告人,根据案件具体情况,可以依法予以拘留或者取保候审。具有下列情形之一的,一般予以取保候审:

(一)因本人受伤需要救治的;

(二)患有严重疾病,不适宜羁押的;

(三)系怀孕或者正在哺乳自己婴儿的妇女;

(四)系生活不能自理的人的唯一扶养人;

(五)其他需要取保候审的情形。

对符合取保候审条件,但犯罪嫌疑人、被告人不能提出保证人,也不交纳保证金的,可以监视居住。对违反取保候审、监视居住规定的犯罪嫌疑人、被告人,情节严重的,可以予以逮捕。

第七条 办理醉驾案件,应当收集以下证据:

(一)证明犯罪嫌疑人情况的证据材料,主要包括人口信息查询记录或者户籍证明等身份证明;驾驶证、驾驶人信息查询记录;犯罪前科记录、曾因饮酒后驾驶机动车被查获或者行政处罚记录、本次交通违法行政处罚决定书等;

(二)证明醉酒检测鉴定情况的证据材料,主要包括呼气酒精含量检测结果、呼气酒精含量检测仪标定证书、血液样本提取笔录、鉴定委托书或者鉴定机构接收检材登记材料、血液酒精含量鉴定意见、鉴定意见通知书等;

（三）证明机动车情况的证据材料，主要包括机动车行驶证、机动车信息查询记录、机动车照片等；

（四）证明现场执法情况的照片，主要包括现场检查机动车、呼气酒精含量检测、提取与封装血液样本等环节的照片，并应当保存相关环节的录音录像资料；

（五）犯罪嫌疑人供述和辩解。

根据案件具体情况，还应当收集以下证据：

（一）犯罪嫌疑人是否饮酒、驾驶机动车有争议的，应当收集同车人员、现场目击证人或者共同饮酒人员等证人证言、饮酒场所及行驶路段监控记录等；

（二）道路属性有争议的，应当收集相关管理人员、业主等知情人员证言、管理单位或者有关部门出具的证明等；

（三）发生交通事故的，应当收集交通事故认定书、事故路段监控记录、人体损伤程度等鉴定意见、被害人陈述等；

（四）可能构成自首的，应当收集犯罪嫌疑人到案经过等材料；

（五）其他确有必要收集的证据材料。

第八条 对犯罪嫌疑人血液样本提取、封装、保管、送检、鉴定等程序，按照公安部、司法部有关道路交通安全违法行为处理程序、鉴定规则等规定执行。

公安机关提取、封装血液样本过程应当全程录音录像。血液样本提取、封装应当做好标记和编号，由提取人、封装人、犯罪嫌疑人在血液样本提取笔录上签字。犯罪嫌疑人拒绝签字的，应当注明。提取的血液样本应当及时送往鉴定机构进行血液酒精含量鉴定。因特殊原因不能及时送检的，应当按照有关规范和技术标准保管检材并在五个工作日内送检。

鉴定机构应当对血液样品制备和仪器检测过程进行录音录像。鉴定机构应当在收到送检血液样本后三个工作日内，按照有关规范和技术标准进行鉴定并出具血液酒精含量鉴定意见，通知或者送交委托单位。

血液酒精含量鉴定意见作为证据使用的，办案单位应当自收到血液酒精含量鉴定意见之日起五个工作日内，书面通知犯罪嫌疑人、被告人、被害人或者其法定代理人。

第九条 具有下列情形之一，经补正或者作出合理解释的，血液酒精含量鉴定意见可以作为定案的依据；不能补正或者作出合理解释的，应当予以排除：

（一）血液样本提取、封装、保管不规范的；

（二）未按规定的时间和程序送检、出具鉴定意见的；

（三）鉴定过程未按规定同步录音录像的；

（四）存在其他瑕疵或者不规范的取证行为的。

三、刑事追究

第十条 醉驾具有下列情形之一，尚不构成其他犯罪的，从重处理：

（一）造成交通事故且负事故全部或者主要责任的；

（二）造成交通事故后逃逸的；

（三）未取得机动车驾驶证驾驶汽车的；

（四）严重超员、超载、超速驾驶的；

（五）服用国家规定管制的精神药品或者麻醉药品后驾驶的；

（六）驾驶机动车从事客运活动且载有乘客的；

（七）驾驶机动车从事校车业务且载有师生的；

（八）在高速公路上驾驶的；

（九）驾驶重型载货汽车的；

（十）运输危险化学品、危险货物的；

（十一）逃避、阻碍公安机关依法检查的；

（十二）实施威胁、打击报复、引诱、贿买证人、鉴定人等人员或者毁灭、伪造证据等妨害司法行为的；

（十三）二年内曾因饮酒后驾驶机动车被查获或者受过行政处罚的；

（十四）五年内曾因危险驾驶行为被判决有罪或者作相对不起诉的；

（十五）其他需要从重处理的情形。

第十一条 醉驾具有下列情形之一的，从宽处理：

（一）自首、坦白、立功的；

（二）自愿认罪认罚的；

（三）造成交通事故，赔偿损失或者取得谅解的；

（四）其他需要从宽处理的情形。

第十二条 醉驾具有下列情形之一，且不具有本意见第十条规定情形的，可以认定为情节显著轻微、危害不大，依照刑法第十三条、刑事诉讼法第十六条的规定处理：

（一）血液酒精含量不满150毫克/100毫升的；

（二）出于急救伤病人员等紧急情况驾驶机动车，且不构成紧急避险的；

（三）在居民小区、停车场等场所因挪车、停车入位等短距离驾驶机动车的；

（四）由他人驾驶至居民小区、停车场等场所短距离接替驾驶停放机动车的，或者为了交由他人驾驶，自居民小区、停车场等场所短距离驶出的；

（五）其他情节显著轻微的情形。

醉酒后出于急救伤病人员等紧急情况，不得已驾驶机动车，构成紧急避险的，依照刑法第二十一条的规定处理。

第十三条 对公安机关移送审查起诉的醉驾案件，人民检察院综合考虑犯罪嫌疑人驾驶的动机和目的、醉酒程度、机动车类型、道路情况、行驶时间、速度、距离以及认罪悔罪表现等因素，认为属于犯罪情节轻微的,依照刑法第三十七条、刑事诉讼法第一百七十七条第二款的规定处理。

第十四条 对符合刑法第七十二条规定的醉驾被告人,依法宣告缓刑。具有下列情形之一的,一般不适用缓刑:

(一)造成交通事故致他人轻微伤或者轻伤,且负事故全部或者主要责任的;

(二)造成交通事故且负事故全部或者主要责任,未赔偿损失的;

(三)造成交通事故后逃逸的;

(四)未取得机动车驾驶证驾驶汽车的;

(五)血液酒精含量超过180毫克/100毫升的;

(六)服用国家规定管制的精神药品或者麻醉药品后驾驶的;

(七)采取暴力手段抗拒公安机关依法检查,或者实施妨害司法行为的;

(八)五年内曾因饮酒后驾驶机动车被查获或者受过行政处罚的;

(九)曾因危险驾驶行为被判决有罪或者作相对不起诉的;

(十)其他情节恶劣的情形。

第十五条 对被告人判处罚金,应当根据醉驾行为、实际损害后果等犯罪情节,综合考虑被告人缴纳罚金的能力,确定与主刑相适应的罚金数额。起刑点一般不应低于道路交通安全法规定的饮酒后驾驶机动车相应情形的罚款数额;每增加一个月拘役,增加一千元至五千元罚金。

第十六条 醉驾同时构成交通肇事罪、过失以危险方法危害公共安全罪、以危险方法危害公共安全罪等其他犯罪的,依照处罚较重的规定定罪,依法从严追究刑事责任。

醉酒驾驶机动车,以暴力、威胁方法阻碍公安机关依法检查,又构成妨害公务罪、袭警罪等其他犯罪的,依照数罪并罚的规定处罚。

第十七条 犯罪嫌疑人醉驾被现场查获后,经允许离开,再经公安机关通知到案或者主动到案,不认定为自动投案;造成交通事故后保护现场、抢救伤者,向公安机关报告并配合调查的,应当认定为自动投案。

第十八条 根据本意见第十二条第一款、第十三条、第十四条处理的案件,可以将犯罪嫌疑人、被告人自愿接受安全驾驶教育、从事交通志愿服务、社区公益服务等情况作为作出相关处理的考量因素。

第十九条 对犯罪嫌疑人、被告人决定不起诉或者免予刑事处罚的,可以根据案件的不同情况,予以训诫或者责令具结悔过、赔礼道歉、赔偿损失,需要给予行政处罚、处分的,移送有关主管机关处理。

第二十条 醉驾属于严重的饮酒后驾驶机动车行为。血液酒精含量达到80毫克/100毫升以上,公安机关应当在决定不予立案、撤销案件或者移送审查起诉前,给予行为人吊销机动车驾驶证行政处罚。根据本意见第十二条第一款处理的案件,公安机关还应当按照道路交通安全法规定的饮酒后驾驶机动车相应情形，给予行为人罚款、行政拘留的行政处罚。

人民法院、人民检察院依据本意见第十二条第一款、第十三条处理的案件，对被不起诉人、被告人需要予以行政处罚的，应当提出检察意见或者司法建议，移送公安机关依照前款规定处理。公安机关应当将处理情况通报人民法院、人民检察院。

四、快速办理

第二十一条 人民法院、人民检察院、公安机关和司法行政机关应当加强协作配合，在遵循法定程序、保障当事人权利的前提下，因地制宜建立健全醉驾案件快速办理机制，简化办案流程，缩短办案期限，实现醉驾案件优质高效办理。

第二十二条 符合下列条件的醉驾案件，一般应当适用快速办理机制：

（一）现场查获，未造成交通事故的；

（二）事实清楚，证据确实、充分，法律适用没有争议的；

（三）犯罪嫌疑人、被告人自愿认罪认罚的；

（四）不具有刑事诉讼法第二百二十三条规定情形的。

第二十三条 适用快速办理机制办理的醉驾案件，人民法院、人民检察院、公安机关一般应当在立案侦查之日起三十日内完成侦查、起诉、审判工作。

第二十四条 在侦查或者审查起诉阶段采取取保候审措施的，案件移送至审查起诉或者审判阶段时，取保候审期限尚未届满且符合取保候审条件的，受案机关可以不再重新作出取保候审决定，由公安机关继续执行原取保候审措施。

第二十五条 对醉驾被告人拟提出缓刑量刑建议或者宣告缓刑的，一般可以不进行调查评估。确有必要的，应当及时委托社区矫正机构或者有关社会组织进行调查评估。受委托方应当及时向委托机关提供调查评估结果。

第二十六条 适用简易程序、速裁程序的醉驾案件，人民法院、人民检察院、公安机关和司法行政机关可以采取合并式、要素式、表格式等方式简化文书。

具备条件的地区，可以通过一体化的网上办案平台流转、送达电子卷宗、法律文书等，实现案件线上办理。

五、综合治理

第二十七条 人民法院、人民检察院、公安机关和司法行政机关应当积极落实普法责任制，加强道路交通安全法治宣传教育，广泛开展普法进机关、进乡村、进社区、进学校、进企业、进单位、进网络工作，引导社会公众培养规则意识，养成守法习惯。

第二十八条 人民法院、人民检察院、公安机关和司法行政机关应当充分运用司法建议、检察建议、提示函等机制，督促有关部门、企事业单位，加强本单位人员教育管理，加大驾驶培训环节安全驾驶教育，规范代驾行业发展，加强餐饮、娱乐等涉酒场所管理，加大警示提醒力度。

第二十九条 公安机关、司法行政机关应当根据醉驾服刑人员、社区矫正对象的具体情况，制定有针对性的教育改造、矫正方案，实现分类管理、个别化教育，增强其悔罪意识、法治观念，帮助其成为守法公民。

六、附　　则

第三十条 本意见自2023年12月28日起施行。《最高人民法院　最高人民检察院　公安部关于办理醉酒驾驶机动车刑事案件适用法律若干问题的意见》(法发〔2013〕15号)同时废止。

附录

校车许可程序流程

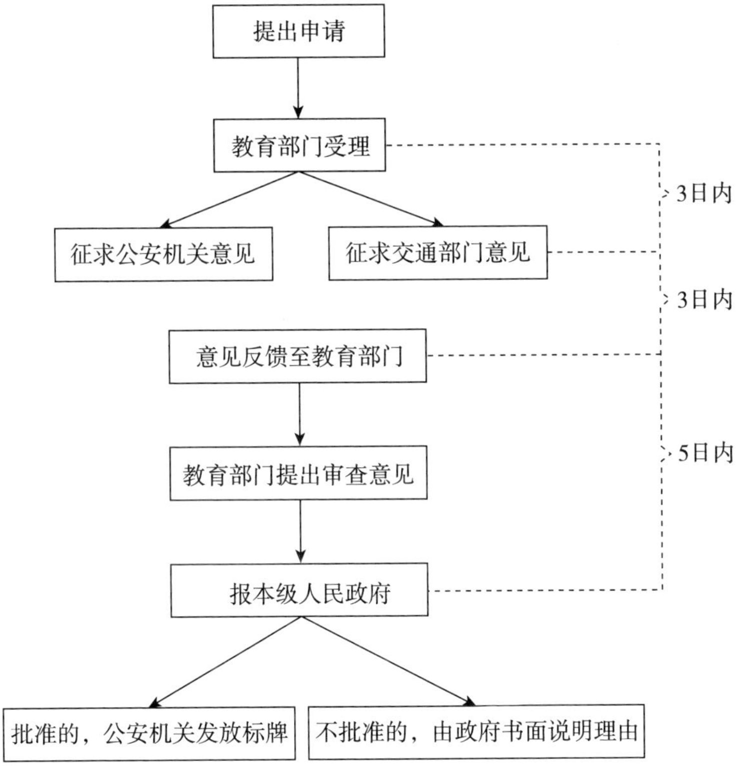
提出申请
教育部门受理
征求公安机关意见
征求交通部门意见
3日内
3日内
意见反馈至教育部门
教育部门提出审查意见
5日内
报本级人民政府
批准的，公安机关发放标牌
不批准的，由政府书面说明理由

交通事故处理流程

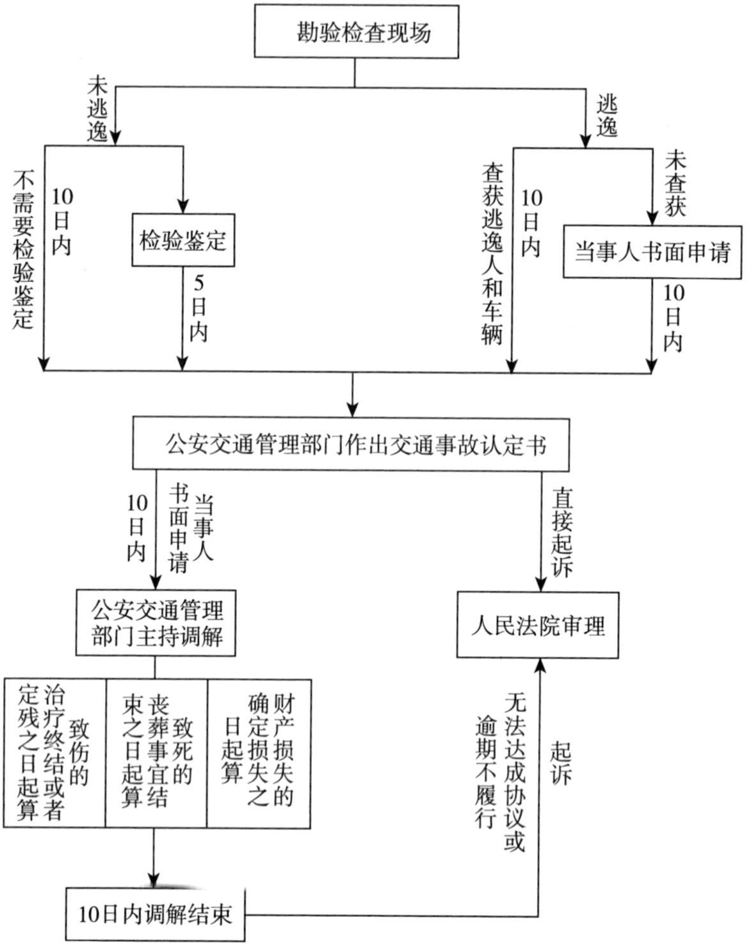
勘验检查现场
未逃逸
逃逸
不需要检验鉴定
10日内
检验鉴定
5日内
查获逃逸人和车辆
10日内
未查获
当事人书面申请
10日内
公安交通管理部门作出交通事故认定书
10日内
当事人书面申请
直接起诉
公安交通管理部门主持调解
人民法院审理
致伤的治疗终结或者定残之日起算
致死的丧葬事宜结束之日起算
财产损失的确定损失之日起算
无法达成协议或逾期不履行
起诉
10日内调解结束

交通事故索赔流程

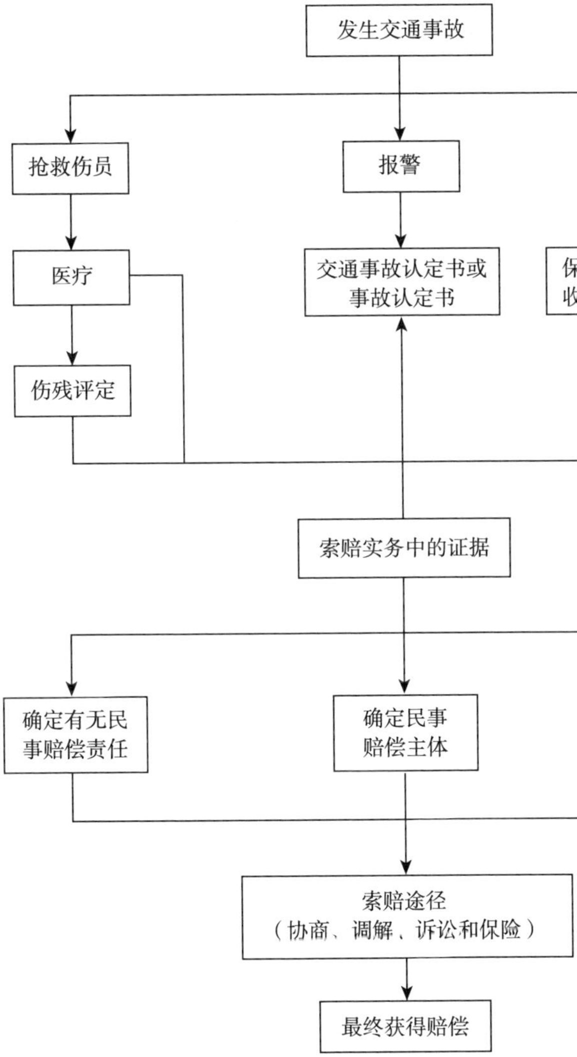
发生交通事故
抢救伤员
报警
车辆定损
医疗
交通事故认定书或事故认定书
保护现场收集证据
伤残评定
索赔实务中的证据
确定有无民事赔偿责任
确定民事赔偿主体
确定民事赔偿项目
索赔途径（协商、调解、诉讼和保险）
最终获得赔偿

交通事故赔偿金额计算公式

一、医疗费赔偿金额的计算公式

公式一：

医疗费赔偿金额 = 已发生医疗费用（不含原发病医疗费用）+ 预期医疗费用

公式二：

已发生医疗费用 = 挂号费 + 住院费 + 检查费 + 治疗费 + 药费 + 其他

其中：

①挂号费 = 普通门诊挂号费 + 专家门诊挂号费

②住院费 = 床位费 + 医疗机构的护理费 + 其他在住院期间医院收取的费用

③检查费 = 治疗所需的各种医疗检查费用（如 X 光透视费、血液检查费、彩超费、CT 费用、B 超费等）

④治疗费 = 各项治疗费用（如打针费、换药费、手术费、理疗费、化疗费、矫正费、整容费等）

⑤药费 = 购买治疗所需药品的费用（包括中药费、西药费）

⑥其他 = 如器官移植费、聘请专家会诊费等

公式三：

预期医疗费用 = 基本医疗费用

二、误工费赔偿金额的计算

公式一（适用于有固定收入的受害人）：

误工费赔偿金额 = 误工时间 × 收入标准（患者因误工减少的固定收入）

公式二(适用于无固定收入的受害人):

误工费赔偿金额=误工时间×收入标准 (受害人近三年平均收入或法院所在地 相同或近似行业上一年度职工的平均工资)

三、护理费赔偿金额的计算公式

公式一(适用于护理人员有收入的):

护理费赔偿金额=护理天数×护理 人数×护理人员误工费

公式二(适用于护理人员无收入或雇佣护工的):

护理费赔偿金额=护理天数×护理 人数×当地护工同等级别护理的劳务报酬

四、交通费赔偿金额的计算公式

交通费赔偿金额=实际必需的 交通费用单据数额之和

五、住宿费赔偿金额的计算公式

住宿费赔偿金额=住宿天数× 当地国家机关一般工作人员的 出差住宿补助标准

六、住院伙食补助费赔偿金额的计算公式

住院伙食补助费赔偿金额=住院时间× 当地国家机关一般工作人员的 出差伙食补助标准

七、残疾赔偿金的计算公式

残疾赔偿金＝伤残等级×收入标准（受诉法院所在地上一年度城镇居民人均可支配收入或农村居民人均纯收入）×赔偿期限

八、残疾辅助器具费赔偿金额的计算公式

残疾用具费赔偿金额＝普通适用器具的费用

九、被扶养人生活费赔偿金额的计算公式

被扶养人生活费赔偿金额＝被扶养人的人数×受诉法院所在地上年度城镇居民人均消费性支出或农村居民人均年生活消费支出×扶养年限

公式一（适用于被扶养人不满18周岁的）：

扶养年限＝18－实际年龄

公式二（适用于被扶养人年满18周岁但无劳动能力的）：

扶养年限＝20年

其中：60周岁以上的＝20－（实际年龄－60）；75周岁以上的＝5年

十、丧葬费赔偿金额的计算公式

丧葬补助费＝受诉法院所在地上年度职工月平均工资×6个月

十一、死亡赔偿金的计算公式

死亡赔偿金＝受诉法院所在地上年度城镇居民人均可支配收入或农村居民人均纯收入标准×赔偿年限

其中,死者不满60周岁的＝20年;60周岁以上的＝20－(实际年龄－60);75周岁以上的＝5年。